中国工商银行 宁夏分行

自治区政府主席刘慧在工商银行宁夏分行调研

宁夏分行党委书记、行长王保林参观考察中银绒业

助银行布局扩容、电子银行柜面分流、服务投诉治理“四大工程”，深挖服务内涵，规范服务行为，促使全行服务效率和品质稳步提升。

强化风险管理与内部控制，全力保障全行稳健经营和健康发展。不断强化全面风险管理，继续深入推进了内部评级法成果应用，扎实做好内部评级基础性建设、压力测试、风险评估、情景分析等工作，促使全行风险量化管理水平进一步提升。全年压降退出潜在风险贷款4.41亿元，累计清收处置不良贷款2.4亿元，并确保全年无重大违规事件和经济案件发生。

获聘中阿经贸论坛金融服务顾问，开启新的征程。2012年，中国工商银行被宁夏自治区政府聘为中阿经贸论坛永久金融服务顾问，工行宁夏分行作为中国工商银行统一法人体制下的一级分行，将依托工商银行的品牌优势、科技优势和产品优势，以积极致力于中阿经贸往来金融服务为契机，恪守“提供卓越金融服务”的企业使命，以创新驱动发展，积极应对挑战，增强发展的稳定性、协调性和可持续性，努力将自己锻造为区内“最盈利、最优秀、最受尊重”的国际一流现代金融企业。同时积极投身服务于宁夏地方经济社会发展和民生改善，为建设和谐富裕新宁夏作出新的更大贡献。

宁夏分行党委书记、行长王保林参观考察宁煤煤化工基地

举办大型广场文化活动展示工行员工风貌

中电投宁夏青铜峡能源铝业集团有限公司

CHINA POWER INVESTMENT CORPORATION NINGXIA QINGTONGXIA ENERGY ALUMINIUM GROUP CO.,LTD

公司办公楼

中电投宁夏青铜峡能源铝业集团有限公司（以下简称宁夏能源铝业）是中国电力投资集团公司（以下简称中电投集团）旗下的二级控股子公司。宁夏能源铝业成立于2008年12月26日，由原中电投宁夏能源公司和宁夏自治区国资委监管的青铜峡铝业集团有限公司战略重组设立，全面负责中电投集团在宁夏项目的投资、建设、发展与生产经营管理，重在打造宁东产业集群，电解铝产业也由此进入中电投集团的三大主营业务。

公司自重组以来，认真贯彻落实科学发展观，以中电投集团“奉献绿色能源、服务社会公众”的企业精神，“符合国家西部发展战略、符合宁夏回族自治区经济社会发展战略、符合中电投集团发展战略”为指引，以打造电力产业、煤电铝产业链、煤电化产业链三条主线所构成的宁东产业集群为目标，以一定时期内“煤为基础、电为支撑、铝为核心，产业一体化协同发展”和“优先打通煤电铝产业链”为方针，依照循环、低碳经济发展模式，借助宁夏资源优势和地域优势、面向市场，积极推进在宁夏区域电力、煤炭、电解铝、煤化工的产业项目建设。目前建成并已投运的项目有：临河电厂2×35万千瓦机组、中卫香山一至五期24.85万千瓦风电、吴忠太阳山一期3万千瓦光伏电站、青铝异地改造一期27万吨和二期一系列30万吨电解铝。至2012年底，取得实质进展的项目有：中卫香山六期4.95万千瓦风电建成待投；中卫香山一期3万千瓦光伏电站获取路条；红墩子一期3万千瓦光伏电站取得核准；红一煤矿路条申请已列入国家能源局2013年审批计划；铝电协同方面，与电力公司就临河电厂自备达成协议，初步形成青铜峡铝业自备电厂、临河电厂共4台机组自备宁东电解铝基地的格局，宁东铝电产业链初步形成。（至2013年6月供稿时为止，红墩子一期3万千瓦光伏电站已开工建设；红墩子煤矿总规获国家发改委批复；红墩子二期3万千瓦光伏电站、中卫香山六期及七期各4.95万千瓦风电、积家井210万千瓦火电项目均取得路条。）

截至2012年末，公司拥有电力装机容量185.66万千瓦，其中控股装机容量97.85万千瓦，权益装机容量87.81万千瓦。拥有120kA、150kA、200kA、350kA（2个）和400kA六个预焙电解铝生产系列及配套的电解阳极生产系统，电解铝产能115万吨，阳极炭素制品产能48万吨；铝深加工能力25万吨，铝用阴极炭素制品产能4万吨。资产总额达到235.49亿元，营业收入173.43亿元。相比公司成立之初，电力控股装机容量实现了从无到有，电解铝产能增长近一倍，资产总额、营业收入分别增长1.4倍和2.6倍，整体实力得到显著提升。

未来几年，公司将成为结构布局合理、产业链群完整、环保水平领先、核心竞争力强的一流企业，为中电投集团“三步走”战略宁夏区域的实施和地方经济跨越式发展做出积极的贡献。

临河电厂2×35万千瓦机组

石墨质、石墨化炭块

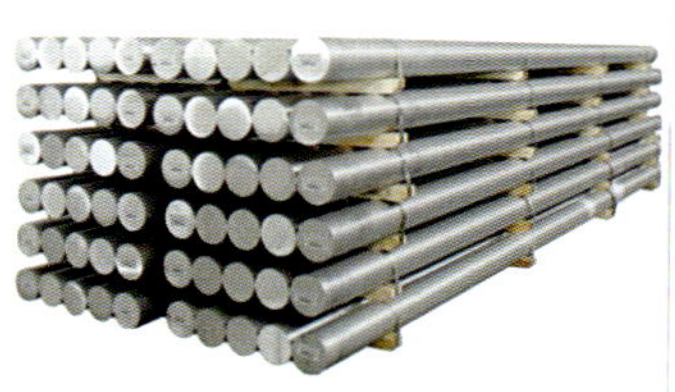
铝合金圆棒

整装待运的铝锭产品

中卫香山一至五期24.85万千瓦风电

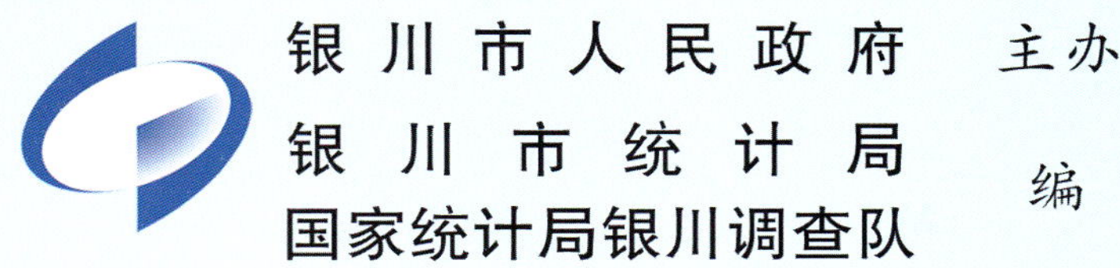

银川市人民政府 主办

银川市统计局

国家统计局银川调查队 编

银川统计年鉴

2013

YINCHUAN STATISTICAL YEARBOOK

中国统计出版社
China Statistics Press

图书在版编目(CIP)数据

银川统计年鉴. 2013 / 银川市统计局, 国家统计局银川调查队编.
— 北京 : 中国统计出版社, 2013.8
ISBN 978-7-5037-6910-8
Ⅰ. ①银… Ⅱ. ①银… ②国… Ⅲ. ①统计资料 – 银川市 – 2013 – 年鉴 Ⅳ. ①C832.431-54
中国版本图书馆 CIP 数据核字(2013)第 184286 号

银川统计年鉴 -2013

作　　者 / 银川市统计局　国家统计局银川调查队
责任编辑 / 陈越月
装帧设计 / 郭　俊
出版发行 / 中国统计出版社
地　　址 / 北京市丰台区西三环南路甲 6 号　邮政编码 /100073
电　　话 / 邮购(010)63376909　书店(010)68783171
网　　址 / http://csp.stats.gov.cn
印　　刷 / 宁夏飞马彩色印务有限公司
经　　销 / 新华书店
开　　本 / 890mm × 1240mm　1/16
字　　数 / 880 千字
印　　张 / 42.25
版　　别 / 2013 年 8 月第 1 版
版　　次 / 2013 年 8 月第 1 次印刷
定　　价 / 300.00 元

如有印装差错，由本社发行部调换。

《银川统计年鉴——2013》编辑委员会

《银川统计年鉴——2013》编辑部

编辑说明

一、《银川统计年鉴—2013》是一部全面反映银川市经济和社会发展状况的综合性统计资料年刊。本书收录了银川市2012年经济和社会发展等方面的统计数据以及重要历史年份的全市主要统计数据，它是认识和研究银川市情、交流社会信息、制定政策、指导工作不可缺少的重要工具，也是国内外界了解银川市的主要窗口。

二、本统计年鉴内容分特载、统计资料、附记三个部分。统计资料有14个部分组成，即：1.综合；2.人口及劳动力；3.农业；4.工业能源；5.固定资产投资；6.建筑业；7.交通运输与邮电；8.内贸、外贸和旅游；9.财政、金融和保险；10.人民生活和物价；11.城市公用事业；12.教育、科学、文化；13.卫生、体育、民政、司法及其他；14.全区分市县资料。以便于读者使用，每部分都附有主要统计指标解释。

三、本年鉴的统计范围均为“地区”口径，含三区两县一市，包括行政区划内中央、自治区属在银单位的统计资料内容，为地域统计。

四、《银川统计年鉴—2013》是在市委、市政府和编委会领导以及各供稿单位的关心和大力支持下完成的，在次谨致以诚挚的谢意！竭诚欢迎广大读者对年鉴的不足之处给予批评和指正，帮助我们进一步提高年鉴的编辑水平。

编者

2013年7月

主要年份银川市生产总值(亿元)

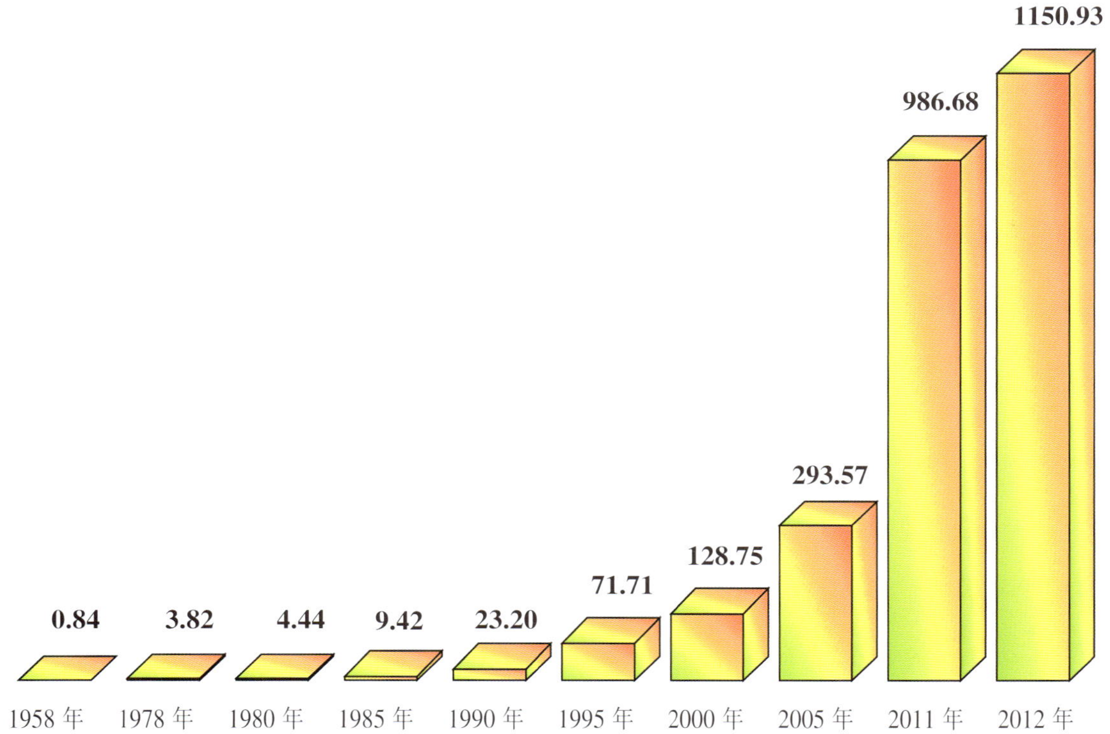

主要年份银川市人均生产总值(元)

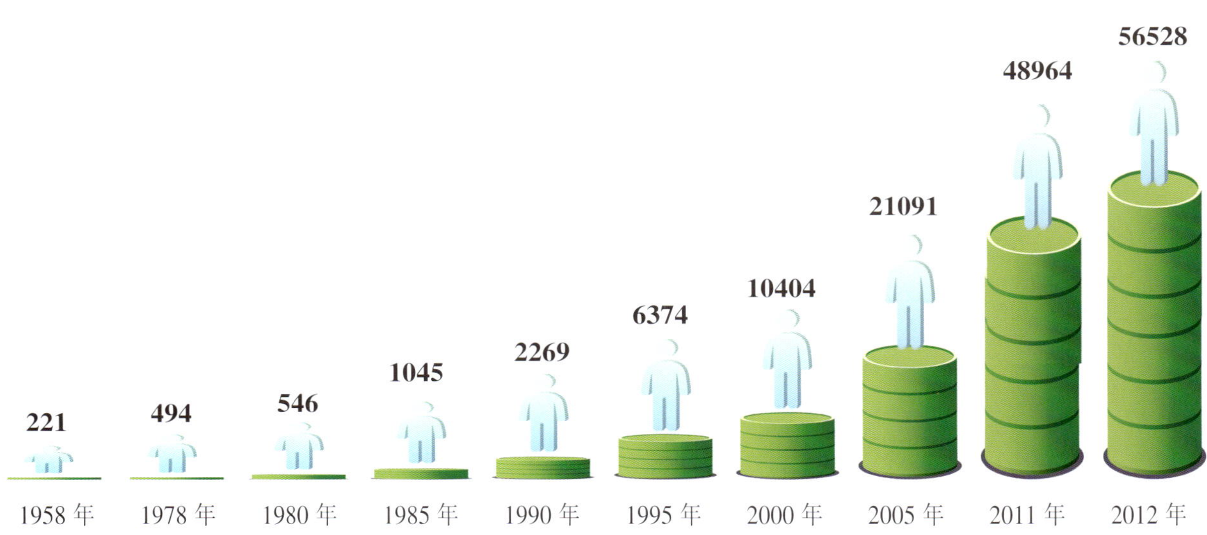

主要年份银川市生产总值构成(%)

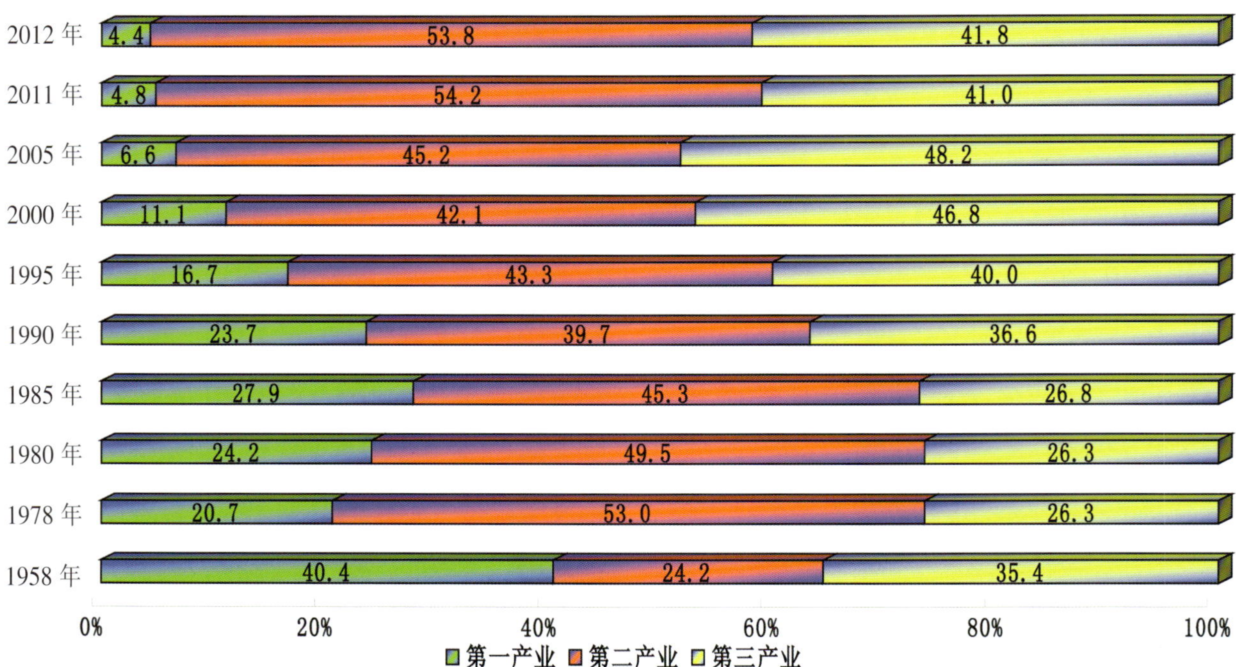

主要年份银川市全社会固定资产投资额(亿元)

主要年份银川市社会消费品零售总额(亿元)

主要年份银川市地方财政收入、支出(亿元)

	1958 年	1978 年	1980 年	1985 年	1990 年	1995 年	2000 年	2005 年	2011 年	2012 年
财政收入	0.08	0.73	0.39	1.32	2.30	2.64	9.50	24.93	180.14	187.31
财政支出	0.10	0.68	0.67	1.22	2.24	4.30	12.38	34.36	237.79	267.23

主要年份银川市城镇居民人均可支配收入（元）

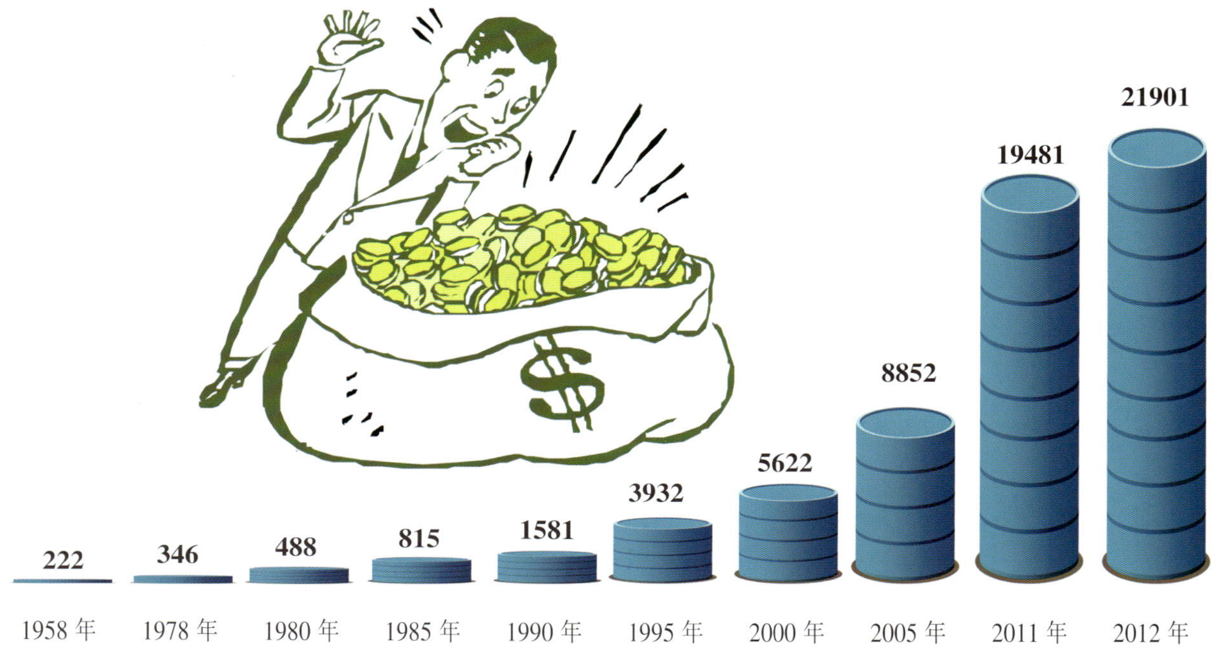

主要年份银川市农民人均纯收入（元）

目　录

CONTENTS

特　载

Special Issue

统计资料

Statistial Data

一、综合

General Survey

二、人口及劳动力

Population and Labor Resources

三、农业

Agriculture

四、工业能源

Industry and Energy

五、固定资产投资

Investment in Fixed Assets

六、建筑业

Construction

七、交通运输与邮电

Transport,Postal and Telecommunication Services

八、内贸、外贸和旅游

Domestic Trade, Foreign Trade and Tourism

九、财政金融保险

Government Finance, Financial Intermediation and Insurance

十、人民生活和物价

People´s Living Conditions and Price Indices

十一、城市公用事业

City Public Utilities

十二、教育、科学、文化

Education, Science and Technology and Culture

十三、卫生、体育、民政、司法及其他

Public Health,Sports, Civil Administration , Justic and Others

十四、全区分市县资料

Statistical Data by City and County

附记

Appendix

特 载

Special Issue

政府工作报告

——2012年12月20日在银川市第十四届人民代表大会第一次会议上

银川市代市长　马　力

各位代表：

现在，我代表市人民政府向大会作政府工作报告，请予审议，并请市政协委员和其他列席会议的同志提出意见。

一、过去五年工作回顾

2008年以来的五年，是银川发展历程中不平凡、不寻常的五年。在自治区党委、政府和市委的正确领导下，在市人大、市政协的监督支持下，市政府团结带领全市各族人民，认真贯彻落实科学发展观，抢抓西部大开发和沿黄经济区建设等重大战略机遇，积极应对国际金融危机等各种困难和挑战，坚持稳中求进、稳中求快和经济工作项目化，全力以赴保增长、调结构、转方式、促改革、惠民生，奋力建设“两个最适宜”城市，圆满完成了市十三届人大一次会议确定的各项目标任务，实现了经济持续快速发展和社会和谐稳定，书写了科学发展、跨越发展的崭新篇章。

——综合实力显著提升。主要经济指标连续五年保持两位数增长。今年地区生产总值突破千亿元大关，达到1140.83亿元，是2007年的2.6倍，年均增长13.1%；完成规模以上工业增加值430亿元，是2007年的2.7倍，年均增长17%；地方公共财政预算收入突破百亿元大关，达到113.13亿元，是2007年的4倍，年均增长33.4%；完成全社会固定资产投资918.73亿元，是2007年的3.1倍，五年累计达到3159亿元，年均增长26.9%；完成社会消费品零售总额316.02亿元，是2007年的2.5倍，年均增长18.9%；城镇居民人均可支配收入和农民人均纯收入分别达到21900元和8068元，是2007年的1.8倍和1.9倍，年均增长12.5%和13.4%。县域经济跨越发展，灵武市跻身全国科学发展百强县（市），贺兰、永宁两县在“西部百强县”中争先进位。“五创”目标全面实现，“新五创”旗开得胜，获得全国文明城市、全国创业先进城市等20余项殊荣，城市综合竞争力明显提升。

——发展方式加快转变。深入实施“兴工强市”战略，力促优势特色产业做大做强。工业“一强四优五新”产业支撑作用凸显，宁东能源化工基地、银川经济技术开发区等园区建设不断提速，灵武羊绒工业园升级为国家级高新技术产业开发区，银川科技园、滨河新区工业园启动建设；65户工业企业位列全区百强企业，培育162户“小巨人企业”，工业发展质量和效益稳步提高。农业“两强四优四新”产业规模不断扩大，粮食生产实现“九连增”，设施园艺达到33万亩，鲜奶、水产、清真牛羊肉总产均比2007年增长20%以上，有机水稻种植面积达到11.2万亩；贺兰山东麓葡萄文化产业带建设迅速起步，轩尼诗等世界著名品牌企业纷纷入驻。服务业“三个中心一个目的地”格局初步形成，空港、陆港、银川物流港建设全面推进，商贸业态提档升级；总部经济、星级酒店、会展业加快发展，动漫、创意等新兴产业初步发展，进入全国服务业综合改革试点城市、流通领域现代物流示范城市和电子商务示范城市行列。运动休闲城市品牌逐步形成，旅游接待人数、旅游收入年均分别增长23.3%和36.4%。科技进步对经济增长的贡献率达到49%，成为国家创新型试点城市。节能减排成效明显，万元GDP综合能耗累计下降24.1%，主要污染物减排任务全面完成，灵武再生资源循环经济示范区成为国家“城市矿产”示范基地。

——城乡面貌变化巨大。完成《银川市城市总体规划(2010-2020)》修编,启动滨河新区规划建设,加快建设阅海湾中央商务区,城市发展空间不断拓展,建成区面积由107平方公里扩大至135.1平方公里,城市化率达到73.2%,比2007年提高10个百分点。持续实施以道路、水系、绿化和特色街区改造为重点的城乡环境综合整治,大力推进以“洁净银川”、亮化美化为重点的“六大工程”。“三馆两中心”、览山公园、新火车站、贺兰山体育场等一批地标式建筑相继建成;新建扩建沈阳路、长城路等城市道路100余条,改造特色街区、小街巷175条,快速公交一号线建成运营;完成老旧小区和城市棚户区改造1000万平方米,城市供水、供暖、污水处理等基础设施体系逐步完善;市区东南、北部水系全线贯通,新增湖泊湿地1250公顷,建成区绿化覆盖率达到42.87%,森林覆盖率达到14.4%,建成海宝公园、唐徕公园市区段,完成红花渠改造,城市空气质量优良天数连续五年位居西北地区省会首府城市首位;统筹城乡发展有力推进,掌政等小城镇建设初具规模,新建“塞上农民新居”示范点69个,改造农村危房20880户,完成农村环境集中连片整治296个,农村面貌明显改观。“塞上湖城、回乡风情、西夏古都”城市特色更加显现,中心城市带动和沿黄城市带龙头作用进一步增强。

——民计民生持续改善。每年为民办好10件实事,并在人代会上向代表报告完成情况,公共财政预算收入优先用于改善民生。累计投资34.7亿元,新建改造中小学、幼儿园300余所,建成市职教中心,全面实现“两基”和基本普及高中阶段教育目标。完成市属5家医院、4所社区卫生服务中心等一批新建改造项目,建成标准化村卫生室69所,在全国率先实施人人享有基本医疗卫生服务试点,基本药物制度实现全覆盖,医疗服务水平和公共卫生保障能力不断提升。率先提出创建“食品安全城市”,食品药品监管卓有成效。文化惠民工程扎实推进,“湖城之夏·广场文化季”等群众性文化活动蓬勃开展,大型回族舞剧《月上贺兰》荣获多项国家大奖,成功承办第22届全国图书交易博览会,农家书屋实现全覆盖。银川汽车摩托车旅游节、贺兰山岩画艺术节、龙舟节等品牌活动影响日益广泛。“全民创业”深入开展,覆盖城乡的创业就业服务体系初步建立,累计新增城镇就业25万人。社会保障、社会救助体系逐步完善,率先在全区实现城乡居民养老保险全覆盖,在全国首创将城镇“三无人员”等弱势群体集中供养,建成社区老年活动中心60个。住房保障政策、制度不断健全完善,累计建设各类保障性住房281万平方米。扶贫开发、生态移民扎实推进,建成生态移民安置区7个、移民20139人。着力稳定居民生活必需品价格,建设社区平价蔬菜直销店,及时出台蔬菜、牛羊肉价格临时干预措施,保障了中低收入群众基本生活。加强和创新社会管理,“平安银川”建设深入推进,治安突出问题有效治理,安全生产控制指标连续五年下降,防灾减灾、应急管理体系逐步健全。民族团结进步创建活动扎实开展,人民防空、国防动员和后备力量建设稳步推进,荣获全国双拥模范城“七连冠”。

——发展活力日益增强。成功承办举办三届宁洽会暨中阿经贸论坛、两届中国银川(国际)穆斯林企业家峰会,开通银川至首尔国际直航航班,与韩国庆山、吉尔吉斯斯坦比什凯克等8个城市结为友好城市,面向阿拉伯国家和穆斯林地区、东北亚开放合作不断拓展,毗邻地区合作发展不断深化,承接国际、国内产业转移成果斐然。五年招商引资到位资金达到1640亿元,引进世界、中国500强企业58家。坚持推进改革创新,完成新一轮政府机构改革,推行“扁平化”管理。行政审批制度改革不断深化,成为西北地区行政审批项目数量最少的城市。建立市民服务中心22个,街道(社区)社会管理和公共服务职能得到加强。自觉接受人大法律监督、政协民主监督和社会监督,共办结人大议案30件、代表建议326件、政协委员提案1851件,办复率均达到100%;提请人大审议通过地方性法规34部,制定政府规章25部,法治政府建设和依法行政水平明显提升。在全国率先出台《党和国家机关及其工作人员不当行为问责办法》等制度,严肃查处“三不”案件,建立重大项目推进、巡视督查机制,政府效能和诚信建设富有成效。引进交通银行、招商银行等各类金融机构10余家,组建铸龙、水务、交通等政府投融资平台,中小企业担保融资机制逐步健全。推进土地流转、集体林权等农村综合改革,农业科技推广服务体系改革成效明显。稳步推进教育、文化、卫生、园林等事业单位人事分配制度改革,自来水、污水等公用事业市场化改革基本完成。审计、仲裁、档案、地方志、红十字等各项工作实现新发展。

各位代表：过去的五年，是银川经济社会发展最快的五年，是城乡面貌变化最大的五年，是人民群众受益最多的五年。发展凝聚汗水，成就来之不易。这得益于自治区党委、政府和市委的坚强领导、科学决策，得益于市人大、市政协的有力监督、鼎力支持，得益于各级干部和全市人民的同心协力、不懈奋斗，还得益于历届政府班子和离退休老同志打下的良好基础。在此，我代表市人民政府，向全市各族人民，向各民主党派、工商联、无党派人士和人民团体，向驻银部队指战员、武警官兵、公安民警，向所有关心支持银川建设发展的社会各界朋友们，表示衷心的感谢和崇高的敬意！

五年的努力奋斗，五年的光辉历程，我们收获了经济社会发展的丰硕成果，积累了实现新跨越的宝贵经验：必须始终坚持科学发展不放松。我们立足市情，发挥比较优势，加快建设“两个最适宜”城市，走出了一条符合银川实际的科学发展之路。今后也必须坚持科学发展，把加快发展、跨越发展作为首要任务，把调整经济结构、转变发展方式作为主攻方向，把保障和改善民生作为根本目的，努力实现率先发展、创新发展、和谐发展、可持续发展。必须始终坚持改革开放不放松。我们坚持深化改革、扩大开放，创新体制机制，破解了一些多年来影响经济发展、社会进步和民生改善的突出问题，发展内生动力和活力不断增强。今后也必须坚定不移地推进改革，坚持对外开放、对内放开，不断释放发展潜力，拓展发展空间，增强发展后劲。必须始终坚持团结稳定不放松。作为少数民族自治区首府，民族团结、宗教和顺、社会和谐是银川最大的优势，也是最亮的城市名片。我们必须切实履行稳定第一责任，巩固发展社会安定团结、和谐稳定的大好局面。必须始终坚持抓好落实不放松。我们把抓落实作为政府的重要职责，确立并大力弘扬“贺兰岿然、长河不息”的银川精神，咬定目标不松劲，拼搏实干不懈怠，狠抓各项工作特别是重大决策、重点项目、重要工作的落实，才取得了今天的发展成就。今后，必须把抓执行、抓落实作为重中之重，加强督察检查和考核奖惩，把各项工作不断向前推进。必须始终坚持自身建设不放松。我们积极转变政府职能，推动管理创新，以政府管理方式转变推动发展方式转变，着力建设规范高效务实清廉的服务型政府。今后也必须不断加强政府自身建设，强化公共服务和社会管理职能，正确处理好政府、市场、社会的关系，让全社会创新创造活力竞相迸发。

在肯定成绩、总结经验的同时，我们也清醒地认识到，目前经济社会发展中还存在不少困难和挑战。一是经济实力还不够强，主导产业规模不大，新兴产业刚刚起步，产业层次有待提升。二是科技创新能力不足，资源能源消耗刚性增长压力较大，城乡发展还不平衡，转变经济发展方式难度增大。三是保障和改善民生的任务艰巨，推进扶贫开发、移民增收的任务尤为繁重。四是干部群众的思想观念、创新意识、开放意识与新形势、新任务要求还有差距。这些问题，我们将在今后工作中采取有力措施，不断加以解决。

二、今后五年的目标任务

各位代表：今后五年，是全面贯彻落实党的十八大精神，率先全面建成小康社会，实现银川跨越式发展的关键时期，也是全面推进宁夏内陆开放型经济试验区和银川综合保税区（以下简称“两区”）建设，深化改革开放，实现银川经济社会转型升级的攻坚时期。党的十八大确定了全面建成小康社会、全面深化改革开放的战略目标，描绘了夺取中国特色社会主义事业新胜利、加快推进现代化、实现中华民族伟大复兴的宏伟蓝图，提出了推进中国特色社会主义“五位一体”的总体布局。特别是明确提出“优先推进西部大开发战略，加大对民族地区、贫困地区扶持力度”，为我市科学发展、跨越发展带来了新机遇，提供了新动力。自治区第十一次党代会提出了建设和谐富裕新宁夏、与全国同步进入全面小康社会的奋斗目标，要求银川市在“四个方面继续走在全区前列”、发挥“三个方面龙头作用”，打造“宁夏航母”和“中国迪拜”，为我市科学发展、跨越发展指明了新方向，提出了新要求。市第十三次党代会提出了“四个新跨越”的奋斗目标，市委、市政府确立了“2258”工作思路和任务，为我市科学发展、跨越发展明确了新目标，描绘了新蓝图。

面对党中央、自治区党委、政府和市委提出的新要求，面对全市人民过上更好生活的新期待，我们必须牢固树立强烈的发展意识、责任意识和忧患意识，紧紧抓住新一轮经济发展的机遇、新一轮扩大开放的机遇、新一轮城镇化的机遇、新一轮社会建设的机遇、新一轮生态文明建设的机遇，解放思想，凝心聚力，真抓实干，改革创新，把重大战略机遇期转变为推动银川跨越式发展的黄金发展期，共同创造更加美好的明天！

今后五年政府工作的总体思路是：深入贯彻落实党的十八大及自治区第十一次党代会、市十三次党代会精神，坚持以邓小平理论、“三个代表”重要思想、科学发展观为指导，紧紧围绕实施“两大战略”和推进“两区”建设，全面落实“2258”工作思路和任务，统筹推进工业化、信息化、城镇化和农业现代化，更加注重提高经济发展质量、效益，更加注重深化改革、扩大开放，更加注重创新驱动发展，更加注重保障和改善民生，更加注重维护社会和谐稳定，打造现代化、国际化、生态化城市，率先全面建成小康社会，建成“两个最适宜”城市，建设实力倍增、文明开放、城市靓丽、生态优美、民族团结、人民幸福的和谐富裕新银川。主要预期目标是：在全面完成市十三次党代会“四个新跨越”目标基础上，努力实现新的突破。到2017年，经济实力大幅提升，实现地区生产总值、地方公共财政预算收入、全社会固定资产投资比2012年翻一番。发展方式明显转变，优势特色产业规模明显扩大，效益显著提升，现代服务业比重大幅提高；高新技术产业增加值占规模以上工业增加值比重达到30%以上；科技进步对经济增长的贡献率达到55%以上，进入国家创新型城市行列；“资源节约型、环境友好型”社会建设取得重大进展。内陆开放新格局基本形成，对内对外开放实现战略新转变，打造向西开放的大窗口、连通阿拉伯国家和穆斯林地区的大通道、聚集产业和金融的大平台。城乡一体化全面推进，城镇化进程全面加速，质量明显提升，城镇化率达到80%以上；“新五创”目标全面实现，建成现代化区域性中心城市。人民生活水平全面提高，基本公共服务均等化初步实现，教育、卫生、文化等社会事业发展指标高于全国平均水平，在周边毗邻地区领先地位牢固确立；城乡居民人均收入比2012年翻一番，社会保障水平进一步提高。

围绕上述目标任务，重点在“六个方面”实现新突破：

（一）加快建立现代产业体系，在建设实力银川上实现新突破。

壮大经济实力、提升经济竞争力是银川率先发展、领先发展的根本路径。要立足资源优势和产业实际，以发展高端产业和产业高端为重点，建立以战略性新兴产业为先导、以先进制造业和现代农业为支撑、以现代服务业和总部经济为核心的新型产业体系，显著提升经济竞争力。深入推进工业振兴工程，全面加快新型工业化进程。加快培育发展战略性新兴产业，着力打造新能源、新材料、装备制造及再制造、高新技术等产业集群；大力推进优势特色产业转型升级，加快技术创新和“两化”深度融合，促进产业链向高附加值延伸。力争到2017年规模以上工业增加值突破1000亿元大关，比2012年增长1.5倍以上。深入推进现代农业示范工程，大力发展“三精农业”。坚持园区化、标准化、生态化、规模化方向，加快农业科技创新，促进优势特色产业集约发展，打造一批优质农产品产业带、一批加工销售龙头企业和一批知名品牌，建成全国现代农业示范区和农产品安全区。深入推进服务业提升工程，促进服务业发展提速、规模扩大、结构优化。把阅海湾中央商务区打造成高端服务业、总部经济和会展经济高地，建成区域性现代服务业中心。实施金融强市战略，建成区域性金融中心；大力发展现代物流业，建成全国重要的区域性物流中心；促进商贸服务业等传统产业优化升级，建成区域性商贸中心；打造全国知名的旅游度假休闲目的地城市，力争把文化旅游产业打造成我市支柱产业。深入实施项目带动战略，着力引进大企业、建设大项目、培育大园区，确保全社会固定资产投资持续较快增长，为保增长、转方式、调结构提供有力支撑。

（二）加速推进城镇化，在建设宜居银川上实现新突破。

宜居宜业是银川的优势和潜力所在。要围绕打造“两个最适宜”城市，着力推进城乡规划、基础设施、产业发展、公共服务一体化，加快形成工业化与城镇化良性互动、城镇化与农业现代化相互协调的城乡统筹发展新格局。建立“全域银川”规划体系，完善重点区域控制性详规、村镇体系规划、综合交通规划，形成相互衔接、覆盖城乡的规划体系。编制《产城一体规划》，调整产业战略功能分区，形成“一区一主业”发展格局，构建新型产城关系。坚持“提升主城、建设新城、重心东扩、跨河发展”，优化城市整体格局，提升城市承载功能。以改善旧城区交通环境、提高宜居水平为目标，坚持系统规划、稳步开展，突出提质限容、做好“减法”，全面完成旧城更新改造，使历史文化名城特色更加鲜明。高起点规划、高标准建设、高水平发展滨河新区,初步建成产业功能区、文化旅游休闲区、城市生活服务区"三大功能区",打造城市建设新亮点、经济发展新引擎和黄河金岸璀璨明珠,向国家级新区迈进。推进灵武、永宁、贺兰县城扩容提质,加快"同城化"步伐,大力发展特色小城镇,合理确定村庄规模,引导农村居民向小城镇和中心村集中居住,打造城乡融合、多极支撑、组团发展的现代化城市圈。加快推进户籍管理及配套制度改革,有序推进农村人口市民化,努力实现城镇基本公共服务全覆盖。加快以综合交通体系为重点的基础设施建设,完善延伸城乡路网;完成兵沟、永灵等跨黄河大桥及连接线、铁路运输中心等交通枢纽建设;推动包兰铁路扩能改造,争取开通银川至西安等城市高速列车;加快河东机场三期扩建,开通与国内更多城市的直达航线以及到阿拉伯、东北亚国家的国际航线,形成快捷通畅的现代化立体交通网络。完善城乡供水、供气、供电及防洪防汛设施。实施《"智慧银川"建设与发展十年规划》,加快资源整合和集成共享,建设"智慧银川"。

(三)打造"两区"核心区,在建设开放银川上实现新突破。

对外开放是银川走向国际化、现代化的必由之路,"两区"建设是银川跨越式发展和对外开放的重大机遇。要大力实施开放带动战略,以内陆开放型经济试验区为引领,以阅海湾中央商务区、综合保税区、滨河新区为载体,先行先试、敢闯敢试、创新突破,加快构建全方位对外开放格局。以阅海湾中央商务区为核心,规划建设阅海湾经济区,打造向西开放与国际交流先导平台、现代化国际化城市核心展示平台、都市生态与低碳经济示范平台。扩大面向阿拉伯国家和穆斯林地区的经贸文化交流与合作,培育对阿商品交易大市场,吸引对阿总部,积极发展伊斯兰金融。推进向东北亚开放,扩大与韩国、俄罗斯等国家在园区建设、医疗卫生、文化旅游等方面的合作。以综合保税区为先导,引领外向型经济快速发展,打造内陆开放型经济试验区的核心和引擎。完善产业配套区和附属区功能,发展保税物流、保税加工、保税服务和口岸作业业务,建设全国重要的清真食品及穆斯林用品、羊绒制品等优势特色产业出口加工区和集聚区、我国面向中东及穆斯林地区开放先导区和中阿投资贸易合作先行区。以滨河新区为载体,推进区域经济合作,打造承接国内外产业转移示范区。全面深化与珠三角、长三角、环渤海、成渝经济圈等区域的交流与合作,高起点承接产业转移和产业链的跨区域延伸;加强与陕甘蒙等毗邻地区、能源"金三角"、呼包银经济圈的战略协作,提升区域中心城市的聚集辐射带动能力。

(四)积极构建"两型社会",在建设美丽银川上实现新突破。

"塞上湖城"是银川最值得珍惜的靓丽名片。要牢固树立生态文明理念,加快建设"资源节约型、环境友好型"社会,促进资源环境与经济社会全面协调可持续发展。深入实施主体功能区规划,严格按照功能定位发展。加强节能减排目标管理和考核评价,抓好工业、建筑、交通和公共机构等重点行业、重点用能企业节能监管,完善落后产能淘汰机制。大力发展循环经济,全面推行清洁生产,提升资源综合利用和污染防治水平。坚持集约节约用地,清理处置闲置土地,严格水源地保护,提高中水利用率,农村环境连片整治实现全覆盖。加快创建国家生态园林城市,实施城市水系连通工程,加强湖泊湿地生态修复、保护和利用,全力打造"塞上湖城、西北水乡"。建设"黄河外滩"绿色景观线、阅海环湖和唐徕公园生态休闲线、贺兰山东麓及银西绿色防护线。打造城市景观绿化精品,建成"绿博园",申办2015年第三届中国绿化博览会。到2017年,全市森林覆盖率达到20%以上,为建设国家西部生态安全屏障作出应有贡献。

(五)大力改善民生,在建设幸福银川上实现新突破。

提升人民群众幸福指数是政府工作的永恒主题。要坚持民生导向、富民优先,加快健全基本公共服务体系,让全市人民享受更多经济社会发展成果。实施就业优先战略,深入推进全民创业带动就业,城镇新增就业15万人。实施城乡居民收入"倍增计划",稳步提高企业最低工资标准和城乡低保标准,着力提高中低收入者收入,创造条件增加群众的经营性收入、财产性收入,缩小城乡、行业和区域之间收入差距。健全完善覆盖城乡居民的社会保障和社会救助体系,大力开展慈善城市创建活动。建设保障性住房4.1万套,实现应保尽保。加快实施扶贫攻坚计划,全面完成自治区下达的7.8万人的生态移民安置任务。坚持教育优先发展,加大中小学、幼儿园建设投入,逐步提高教师待遇。完善教育考核评价机制，大力实施素质教育和特色化办学，着力提高教育质量。推行集团化办学，促进民办教育规范发展。建设国家健康城市和食品安全城市，完善基层卫生服务体系，加快推进公立医院改革，健全食品药品安全监管体制机制，实现人人享有基本医疗卫生服务目标。完善四级公共文化服务体系，扩大文明城市成果，全面提升市民素质和城市文明水平。

(六)创新社会管理，在建设和谐银川上实现新突破。

和谐包容是银川最优秀的人文品质。要进一步优化环境、创新服务，最大限度地促进社会和谐。改进政府公共服务和社会管理方式，完善市、县(市)区、乡镇(街道)、村(社区)四级政务服务体系，加强基层社会管理和服务体系建设。健全重大决策社会稳定风险评估机制，完善矛盾纠纷排查调处机制，加强专业调解队伍建设，拓宽畅通群众诉求表达、利益协调、权益保障渠道。推进“诚信银川”建设，建立完善全市统一的征信体系和失信惩戒机制。深化“平安银川”创建，完善立体化社会治安综合防控体系，严格安全生产监管，加强防灾减灾体系建设，提高公共安全和突发事件应急处置能力。创建全国双拥模范城“八连冠”，提高国防后备力量建设质量。争创民族团结进步模范城市，加强宗教事务规范化管理，切实维护民族和睦、宗教和顺、社会和谐的大好局面。

三、2013年主要工作

各位代表:2013年是全面贯彻落实党的十八大精神的开局之年，是实施“十二五”规划承前启后的关键之年，是为全面建成小康社会奠定坚实基础的重要一年。做好明年的工作，对于新一届政府开好局、起好步，加快建设“两个最适宜”城市，推动跨越式发展，具有重大意义。

政府工作总的要求是:认真贯彻中央经济工作会议精神，抢抓“两区”建设重大机遇，紧紧围绕建设和谐富裕新宁夏和“两个最适宜”城市的目标，以科学发展为主题，以经济工作项目化为主线，深入实施“2258”工作思路，稳中求快，开拓创新，扎实开局，着力推动产业优化升级，着力统筹城乡发展，着力深化改革开放，着力保障和改善民生，着力维护社会和谐稳定，着力加强政府自身建设，奋力开创银川科学发展、跨越发展新局面。主要预期目标是:地区生产总值增长13%左右，地方公共财政预算收入增长15%以上，全社会固定资产投资增长20%以上，社会消费品零售总额增长18%以上，外贸进出口总额增长15%，城镇居民人均可支配收入和农村居民人均纯收入增长13%，居民消费价格总水平涨幅控制在4%以内，城镇登记失业率控制在4%以内，单位地区生产总值能耗、主要污染物减排完成自治区下达的控制指标。

重点抓好以下九个方面工作:

(一)全力建设“两个新区”，构建跨越发展大格局

加快阅海湾经济区开发建设。完成规划设计，完善优化功能布局，基本建成中央商务区道路、绿化、水系、“中阿之轴”等基础设施。实施“510”工程，抓好绿地中心、新华联广场、鸿曦铂金酒店等项目，开工建设银川迎宾馆和规划展示馆，引进世茂集团、远大集团等大企业，加快建设国际化、现代化、生态化城市新区。

全面推进滨河新区建设。完成总体规划和专项规划，推进横城村等重点片区拆迁和土地整理，启动兵沟、红墩子黄河公路大桥及连接线工程，加快给排水、污水处理等基础设施建设。抓好黄河银川段航道疏浚及堤岸砌护整治，完成“银川舰回家”工程，建设军事主题公园。实施国际医疗中心、教育基地、移民安置区等项目建设，力争滨河新区建设集中突破。

(二)加快“五大园区”建设，力促工业转型升级

推进园区扩容提质。延伸宁东能源化工基地产业链，加快建设滨河新区工业园，启动潮商工业园、台商产业园、韩国中小企业园建设。突出抓好银川经济技术开发区建设，加快培育发展战略性新兴产业和大型龙头企业，提升可持续发展能力。开工建设生态纺织产业示范园基础设施和核心项目，建设灵武园区。推动银川高新技术产业开发区建设，大力发展羊绒精深加工，壮大产业集群，引领经济结构调整和发展方式转变。高标准规划建设银川科技园，建设研发中心和科技人才大厦，推进区市共建，合作建设宁东科技园。推进工业向园区集中，严格限制在工业园区外新建工业企业，鼓励市内现有工业企业搬迁入园。建立园区评价考核机制，切实提高投资强度和产出效益。

提升工业发展水平。促进能源化工产业优化发展，大力发展新型煤化工项目及产业链延伸产品。开工建设石油天然气化工产业园。引导电工电气企业兼并重组和管理创新，培育发展竞争力强、带动力大的龙头企业。改造提升清真食品及穆斯林用品、特色农产品加工等传统产业，实施80个技改项目，加强品牌建设。大力发展新能源、新材料、先进装备制造等新兴产业，重点扶持银和新能源、隆基硅业、巨能机器人等自主创新能力强、高成长性企业做大做强。大力发展信息产业，加快培育葡萄酿酒、家具装饰等新的经济增长点。落实支持小微企业发展的政策措施，建立大型龙头企业与中小微企业协作配套机制，培育一批“专精特新”中小微企业。全年工业投资增长20%以上，规模以上工业增加值增长16%以上。

打好节能减排攻坚战。推进管理、技术、结构节能，加强重点用能企业能源审计，推行合同能源管理。加大环境监察执法力度，严厉打击违法违规排放行为。启动东部热电配套热力管网改造工程，逐步拆除市区燃煤锅炉，监测公布PM2.5等指标。严格执行建筑节能标准，推进绿色建筑试点。继续实施节能产品惠民工程，推动节能环保产业发展。

（三）突出提质增效，推动现代农业上水平

加快现代农业示范园区建设。扩大设施园艺、奶产业、有机大米、“适水”产业、酿酒葡萄等优势产业规模，建设一批标准化和产业化程度较高的生产基地，发挥新品种试验展示、新技术集成推广、新模式示范引领作用。新建5个示范园区，改造提升10个老旧园区，新增设施园艺2万亩、有机水稻4万亩、酿酒葡萄1万亩，奶牛存栏达到17万头，全年农业总产值增长5%以上。

培育壮大龙头企业。着力培育一批规模型、创新型和成长型农业产业化龙头企业，重点扶持20个龙头企业做强做优。完善农产品营销体系，加快推进农超对接、农产品直销，积极发展连锁经营、冷链体系等新型流通方式。狠抓品牌创建，加强农产品质量监管，完成10个以上绿色、有机农产品认证认定，促进农产品加工转化和增值增效。

建立新型农业经营方式。加快农村土地、房屋确权登记，建立产权交易平台，引导土地经营权合法有序流转，推进土地规模化、集约化经营。大力发展农民专业合作组织，创建市级以上示范社36个，提高农民组织化程度。完善农业科技服务体系，加大新型农民培训力度。

加强农村基础设施建设。大力开展农田水利建设，实施沟渠塘田林路综合整治，建设巩固高标准农田50万亩，改造中低产田30万亩，新增高效节水灌溉5万亩，新建农村道路200公里，保持好塞上江南田园风光。加快推进掌政、镇北堡等特色小城镇建设，加强农村住宅建设管理，推广农村“社区化”，新建“塞上农民新居”示范点9个，明显改善农村生产生活条件。

（四）大力推进“两带”建设，加速现代服务业发展

打造文化旅游核心品牌。加快东西两条文化旅游带建设步伐，全力推动滨河新区5A级景区规划建设，推进华夏河图、希诺国际健康城、回乡文化园二期、贺兰山东麓葡萄文化博览中心等项目，抓好西夏陵申遗及西夏博物馆迁建工程。推进与首旅、首汽等集团的合作，启动建设汽车摩托车旅游运动基地和自驾游基地。全方位扩大营销宣传，全年旅游接待人数和旅游总收入分别增长20%和22%以上。

提升现代服务业发展水平。出台《关于加快促进区域性物流中心建设发展的若干政策》，加快推进陆港、国际公铁物流城建设，开工建设新百现代物流和润恒农副产品物流产业园，培育现代物流企业，构建“大物流”发展格局。优化商业布局，积极引进国内外知名商贸企业，构建金凤区大世界广场-万达广场-阅海新天地新商圈，增强商业集聚功能。加快发展生产型服务业，大力发展现代服务业和总部经济、会展经济，办好第六届银川（国际）汽车博览会等大型展会。扎实推进电子商务示范城市建设，加快培育文化创意、软件动漫、服务外包等新兴业态。

（五）强力实施“四大工程”，全面提升城市功能品位

实施旧城更新改造工程。坚持政府主导、项目带动、市场运作、多方参与，充分尊重群众意愿，实施三区重点片区老旧小区改造，加快改造城中村、城边村，完善旧城区公共服务和市政基础设施，大幅增加绿地、停车场，提高亮化美化水平，改善市民居住环境。

实施道路畅通工程。加快完善城市路网，新建续建友爱中心路连接线、六盘山路等16条道路，改造延伸西桥巷、鼓楼北街等10条街巷，实施新华西街、湖滨西街跨唐徕渠桥及道路打通工程。优先发展公共交通，完善公交线网布局和站点设置，优化快速公交一号线运营组织，启动综合交通枢纽项目建设，创建国家“公交都市”示范城市。规划建设城市公共自行车系统，新建公共自行车亭300个，倡导低碳绿色环保出行。加强交通智能化管理，优化交通组织和信号灯配时，抓好节点改造，有效缓解市区交通拥堵。

实施生态品位提升工程。加快推进湖泊湿地连通，完成爱伊河北京路码头至北塔湖水系景观一期工程，启动城市南部水系建设，实施七子连湖扩整工程。完善中山公园等城市公园综合功能，加快旧城区绿地精品化改造。推进唐徕渠六期整治和“绿博园”建设，完成贺兰山路等7条城市主干道生态景观林带及道路配套绿化工程。抓好黄河金岸银川段生态景观提升、滨河新区大环境绿化和阅海环湖景观绿地改造，大力推动全民植绿、爱绿护绿，全年新建完善园林绿化面积500公顷，造林6667公顷。

实施“洁净银川”深化工程。强化城乡环境卫生综合整治，抓好城市出入口、城乡结合部、主要道路沿线整治，坚决清理占道经营和马路市场，规范早市夜市管理，加强“三乱”治理，从严整治建筑垃圾清运洒漏等突出问题。抓好特色街区改造，规范门头牌匾、户外广告、建筑外立面装饰。建立建筑垃圾和农村生活垃圾收集转运处理机制，统筹城乡环卫工作。加快建立“大城管”体制机制，加强“数字城管”系统应用，推进城市全方位、精细化管理。积极开展爱国卫生运动，严格落实“门前三包”责任制，让我们的城市更干净、更整洁、更美丽。

（六）抓紧抓好银川综合保税区建设，促进外向型经济快速发展

加快综合保税区规划建设。高起点编制完成综保区及配套区规划，实现控制性详细规划与滨河新区、临空经济区、河东机场三期等规划无缝对接。出台综保区管理办法及有关政策。加快建设海关检验检疫查验设施、物流仓储、对外交通等基础设施，同步引进外向型出口加工企业和项目，确保2013年9月前建成通过验收并封关运行。

扩大对阿对东北亚开放合作。高水平办好2013中国（银川）国际穆斯林企业家峰会，力争对阿拉伯国家和穆斯林地区经贸合作与文化交流取得更大成果。举办中韩（银川）活动周，稳定银川至首尔国际航班运营，组建股份制航空公司，开展“第五航权”试点，争取“离银免税”和“落地签”政策。提高招商引资质量和实效，突出招大引强、招研引智，积极引进大项目和战略投资者，全年招商引资实际到位资金增长25%以上。出台《加快外经贸发展的实施意见》，大力发展外向型经济。

（七）推进改革创新，增强发展内生动力

推进重点领域改革。进一步明确市、辖区两级事权和财权，建立财政一般性转移支付制度和稳定增长机制。集中财力办大事，加大对主导产业、重点项目、基本公共服务的财政支持，在社会事业和社会管理领域更多采取购买服务、民办公助等方式，放大财政资金效益。建立向上向外争项目、争资金考核奖励机制。建立完善政府投融资平台市场化稳定运行机制，组建科技、住房等投资公司。推行国有资本经营预算制度，制定促进非公经济发展的政策措施，放宽民间资本投资领域，降低准入门槛。积极稳妥推进事业单位分类改革。

推进创新型银川建设。坚持创新引领发展，加大科技投入，加快科技创新体系建设。围绕重点产业和领域，突出企业主体作用，推动产学研结合，实施共性关键技术研发和科技成果转化项目100个。提升与中科院、浙江大学等国家级科研机构、高等院校合作水平，搭建科技服务平台，建设科技成果转移转化中心和中试基地。新培育高新技术企业10家，国家级、自治区级企业技术中心4家，专利申请量和授权量增长15%以上，增强科技创新能力。

推进“人才特区”建设。大力实施“引凤”工程，面向全国引进一批创新型和外向型人才，加大柔性引才力度。深入推进“育英”工程，实施以专业技术人才、高技能人才和农村实用人才为重点的人才培养计划。优化人才发展环境，提高人才待遇，健全完善以实绩为导向的人才评价考核和激励保障机制，让各类人才人尽其才，才尽其用，大显身手。

（八）坚持民生为重，全面加强社会建设

倾力保障和改善民生。继续为民办好10件实事。建成市人力资源市场，加强公共就业服务和职业技能培训，发挥好政府投资项目带动就业的作用，着力解决高校毕业生、农民工、就业困难人员和退役军人就业问题，城镇新增就业5万人，农村劳动力转移10万人。巩固创业先进城市创建成果，完善创业扶持政策，健全服务体系，实施就业创业培训1万人以上，提升创业示范园区（基地）孵化功能，全年培育小企业1000个、小老板1000个。推进社会保障扩面提标，加快统筹城乡居民养老保险和医疗保险。鼓励引导社会力量兴办养老服务业，建设10个老年人日间照料中心。新建各类保障性住房40万平方米，建立完善分配、管理和退出机制，让住房困难家庭真正受益。促进房地产业健康稳定发展。加强居民生活必需品价格监测调控，新建改造标准化蔬菜生产基地10个、菜市场10个，规范社区蔬菜直销店运营管理，及时启动物价补贴联动机制。扎实推进蔬菜肉品流通追溯体系建设试点。统筹推进扶贫攻坚和生态移民工程，加强培训转移、产业扶持和公共服务，完成4000户生态移民安置任务，移民地区农民人均纯收入达到6000元，增长20%以上。

加快发展社会事业。实施优质教育扩面提升工程，采取名校带动、校际联盟、结对帮扶等方式，促进优质教育资源跨区域整合，新建改造中小学16所、幼儿园14所。推进义务教育均衡发展，支持各县(市)区率先实现义务教育均衡发展目标。鼓励高中教育特色化、多样化发展，创新发展职业教育，加快宁夏幼儿师范学校“升格”。深入推进公立医院改革，实施中俄韩医疗合作项目和口腔医院迁建工程，推进社区卫生服务机构和村卫生室标准化建设，提高基层卫生服务水平。大力推进全民健身工程，深化创建“幸福家庭”活动，促进人口计生公共服务转型发展。加快创建国家公共文化服务体系示范区，实施市文化艺术馆建设和图书馆数字化改造，完成三区“两馆”建设，提升村级(社区)文化活动室功能，推进“踏歌起舞、幸福银川”文化工程。实现农村直播卫星户户通全覆盖。办好中阿文化艺术节。

提高社会管理科学化水平。建设社会管理创新综合平台，全面推进社区“网格化”管理，积极引导社会组织和民间团体参与社会管理服务，提高社区工作者待遇。进一步完善“三调联动”机制，深入开展矛盾纠纷大排查、大调处，强化信访维稳工作领导责任。建立“以房管人、以证管人、以业管人”的流动人口服务管理新模式，加强社区矫正和刑释解教人员服务管理工作。深入创建“平安银川”，扎实推进“六五”普法，扩大法律援助覆盖面。强化安全生产监管责任和企业主体责任落实，加强道路交通、消防、建筑施工、危险化学品等重点领域安全隐患排查整治，切实增强群众安全感。创新推进民族团结进步、和谐寺观教堂创建活动。深入开展国防教育，加强国防动员和民兵预备役建设。

(九)着力加强自身建设，打造为民高效务实廉洁的服务型政府

做到依法行政。加强政府立法和制度建设，规范行政执法行为，加强行政复议工作，促进严格公正文明执法。大力推进政务公开，推行“电视问政”等创新做法。完善重大事项专家论证、公众参与、合法性审查、集体决策等制度，推进决策科学化、民主化、法治化。主动接受市人大及其常委会和人民政协的监督，不断提高人大议案、政协提案办理质量，认真听取各民主党派、工商联、无党派人士和人民团体的意见，支持新闻舆论监督和社会监督，把政府工作置于广泛的监督之下。

做到高效施政。建设市民中心。完善行政审批运行机制，推进“简政放权”和“三减两提高”，推行重大项目“绿色通道”和“全程代办制”，促进审批办事效率再提速。推行政府绩效管理，完善重点工作公开承诺、目标管理和督查考核机制。强化行政问责，坚决治理公务人员“庸懒散软奢”等不当行为，建设讲学习、重实干、高素质公务员队伍，提高政府效能和执行力。推进营造风清气正发展环境活动常态化、长效化，着力解决企业和群众反映强烈的突出问题，为民营经济和中小企业发展创造良好条件，打造西北一流的投资创业环境。

做到廉洁从政。认真落实党风廉政建设责任制，加强政府内部监督、行政监察和审计监督，突出抓好工程建设、土地出让、征地拆迁、政府采购等重要领域和关键环节的监督。贯彻落实中央八项规定，大力改进工作作风，从政府领导班子成员做起，带头深入基层联系群众、调查研究、解决实际问题；带头开短会、讲短话、发短文、集中精力抓落实。推进财政预算、决算公开，厉行勤俭节约。严肃查处违纪违法案件，切实纠正各类损害群众利益的不正之风，以政府勤政廉政新成效取信于民。各位代表！

肩负新使命，我们的责任重大而光荣；展望新蓝图，银川的前景光明而美好。让我们在自治区党委、政府和市委的坚强领导下，深入学习贯彻十八大精神，大力践行“贺兰岿然、长河不息”的银川精神，坚定信心，凝聚力量，攻坚克难，加快银川跨越式发展，为建设和谐富裕新宁夏和“两个最适宜”城市，率先全面建成小康社会而努力奋斗！

银川市 2013 年国民经济和社会发展计划

银川市发展和改革委员会

一、总体要求

2013 年是深入贯彻落实党的十八大精神的第一年，也是全面实施“十二五”规划的重要一年和落实自治区第十一次党代会和市第十三次党代会精神，建设和谐富裕新宁夏、全面推进银川率先全面建成小康社会，实现跨越式发展的关键之年。面对复杂多变的国内外经济发展环境，全年经济和社会发展工作，要以科学发展为主题，牢牢把握“稳中求进、稳中求快、以进保稳”的主基调。以国家批准设立宁夏内陆开放型经济试验区和银川综合保税区为契机，继续解放思想，扩大开放，改革创新，大胆实践。以推进银川的国际化、现代化、生态化建设为目标，以向西开放为动力，以打造“宁夏航母”、“东方迪拜”为加快发展的要求，深入实施“2258”工作思路和经济工作项目化，坚持项目带动战略，狠抓项目促落实，举全市之力强力推进滨河新区重点项目建设和银川综合保税区基础设施建设。推进阅海湾经济区、宁夏生态纺织园、银川科技园等重点项目建设。强力推进现代服务业快速发展。进一步转变发展方式和思维方式，加快调整经济结构和知识结构，推进智慧型城市建设，提升城市功能，拓展发展空间，实现由阅海时代向黄河时代的跨越。突出抓好产业发展和生态移民工程，大力培育和发展新兴产业；突出抓好项目带动和产业集群，促进区域经济融合发展；突出抓好保障和改善民生，切实把工作重点放到提高经济增长的质量和效益上来，保持经济社会平稳较快持续协调发展，促进社会和谐稳定，不断为“两宜城市”建设和率先全面建成小康社会开创新局面、实现新跨越、打好新基础。

二、主要预期目标

遵循上述总体要求，根据国家宏观调控政策取向和自治区 2013 年预期目标，结合我市“十二五”时期经济社会发展年度预定目标，三者相互衔接，经过综合平衡测算，建议 2013 年国民经济和社会发展主要预期目标如下：

——地区生产总值增长 13%左右。

第一产业增加值增长 7.5%以上。第二产业增加值增长 16%左右，其中工业增加值增长 17%左右。第三产业增加值增长 11.5%左右。

——全社会固定资产投资增长 20%以上。

——社会消费品零售总额增长 18%以上。

——地方财政一般预算收入增长 15%以上。

——外贸进出口总额增长 15%。其中，出口增长 12%。

——城镇居民人均可支配收入增长 13%以上。

——农民人均纯收入增长 13%以上。

——居民消费价格涨幅控制在 4%以内。

——城镇新增就业 5 万人，城镇登记失业率控制在 4%以内。

——城镇参加基本养老保险人数达到 53 万人。

——新型农村社会养老保险参保人数达到 30 万人。

——单位生产总值综合能耗、化学需氧量排放量、二氧化硫排放量完成自治区下达考核目标。

三、主要任务

（一）转方式调结构，加快推进产业优化升级，确保经济平稳较快持续增长

大力培育和发展新兴产业。加快实施银川科技园项目建设，组织实施一批技术创新和新产品开发项目，不断增强企业核心竞争力，力争新培育国家级、自治区级企业技术研发中心 2 至 5 家，攻克“一强四优五新”等重点产业领域关键技术 30 项。重点实施长城须崎大型船舶推进系统关键部件铸件研

发等58个重点技术创新项目，天佳仪器仪表电子温度补偿膜式燃气表等55个重点新产品试产项目。加快实施宁夏生态纺织园、500兆瓦单晶棒三期等项目建设。全力抓好清真食品和穆斯林用品产业发展，重点抓好总投资36.7亿元的清真荞麦乳酸菌饮品建设、清真肉制品深加工等70个新建、技扩改项目。

加快提升和发展现代服务业。进一步加快空港、陆港、物流港等重点项目建设，支持新百连超、北京华联等骨干流通企业及麦德龙等品牌企业发展连锁经营、城市快递、电子商务等现代流通方式，增强银川市商业集聚功能。进一步推进金融创新工作，优化金融发展环境，重点做好融资和城投债的发行、埠外金融机构的引进、村镇银行的组建等工作。进一步发展节庆会展经济，认真办好中阿博览会、第五届中国西部房·车生活文化节等10个以上大型节会活动。加快文化旅游产业融合发展，推动5A级景区建设，实施中华回乡文化园二期、华夏河图生态度假旅游区等项目建设。不断提升"三个中心一个目的地"发展活力。

稳步推进和发展现代农业。加快实施以设施农业为突破的现代农业示范工程，扶持建设5个现代化农业科技示范园区，改造提升10个老旧园区；新增设施园艺2万亩、酿酒葡萄1万亩、奶牛2万头。加快花卉产业发展步伐，扩大有机大米生产基地，加强标准化养殖示范场建设，实现高产、高效、安全、健康的现代水产养殖，打造银川稻蟹品牌。进一步推进农业标准化生产，全年完成10个以上绿色、有机农产品认证认定工作。加快推进贺兰山东麓葡萄酒小镇建设。

(二)抓项目提速度，进一步扩大融资渠道，确保投资规模保持平稳增长

科学编制全年项目计划安排。从近几年全区总体发展趋势看，银川市固定资产投资份额一直占据全区总量的近50%左右，份量举足轻重。为完成全区与全国同步实现全面小康社会目标，确保银川率先实现全面小康社会目标，2013年全市投资目标确定为20%，投资额度1100亿元左右。市本级投资项目将分两批计划安排150个左右，六个县区和经济技术开发区投资项目保持在1000个左右。全市要集中力量办大事，财政投资额的三分之一向滨河新区倾斜，三分之二用于主城区的城市建设和民生改善。

立足"两区五园"狠抓招商。以滨河新区和阅海湾经济区为重点加大总部经济、高端服务业的招商力度；以银川经济技术开发区、银川高新技术产业开发区、宁夏生态纺织园、银川科技园等十大工业园为重点加大工业项目的招商力度；以丽景物流园、西夏公铁物流园、永宁望远物流带为重点加强物流、商贸企业的招商力度；以黄河两岸、贺兰山东麓葡萄酒产业带和文化旅游产业带、环阅海旅游产业区为重点加大文化旅游、创意产业的招商力度。力争全市招商引资实际到位资金突破380亿元。

继续拓宽金融投资渠道。深入实施"金融强市"战略，充分利用城投、铸龙、交通、水务四大融资平台的融资效应，推进城投二期债券发行工作，引进外埠金融机构1–2家。鼓励具有实力的企业申请发行债券。认真落实国务院关于鼓励和引进民间投资健康发展的36条措施，切实放宽市场准入，新成立1–2家小额贷款公司。积极引导社会资本进入基础设施、公用事业、保障性住房和社会事业等领域。加快形成多元化的投融资渠道，积极争取1–3家高新技术企业登陆"新三板"。

(三)全方位多领域，继续扩大对外交流与合作，全面推进内陆开放

加快两个新区建设。全面推进阅海湾经济区建设，继续完善基础设施建设，全力推进阿拉伯风情商业综合体、宁夏云计算服务中心和国际清真食品中心等项目建设，采取有效措施，确保首批入区的企业全部开工建设，同时抓好第二批入区企业项目签约落地。进一步完善银川滨河新区发展战略规划和各功能区专项规划的编制，积极推进道路、供电等基础设施及配套设施建设，切实抓好主导产业、核心区建设和招商引资工作，使两个新区的建设成为银川未来经济发展的新引擎。

狠抓保税区建设。按照银川综合保税区的发展定位，坚持边建设边招商原则，做好功能区规划布局和招商引资，充分利用保税区的优惠政策重点发展清真食品产业、穆斯林用品产业。加快保税区卡口与通道、隔离围网、联检综合大楼建设，做好监控系统和信息化辅助管理系统等相关配套设施建设。争取用一年时间完成封关验收并投入运行。做到"审批快、建设快、见效快"。

扩大对外交流合作。全力做好"2013年韩国宁夏友好周”和“2013第四届中阿博览会”。深化中韩文化交流合作。做好北京经贸洽谈会、浙江经贸洽谈会、哈洽会、西洽会等“10+3”全国重点经贸洽谈和招商节会活动。组织重点外贸企业参加慕尼黑欧洲精细化工展览会、俄罗斯纺织轻工产品及机械展、法国国际食品展、沙迦中国商品交易会等行业展会活动，重点开拓中东、中亚、东南亚、俄罗斯等新兴市场。

（四）强功能提品位，加快沿黄城市建设，促进城乡统筹发展

继续完善基础设施建设。加快兵沟黄河公路大桥及连接线工程建设进度。实施北京路向东延伸及红墩子黄河大桥工程建设。加快道路畅通工程建设，实施公交场站建设。继续加大旧城改造力度，实施小街巷改造和路灯安装等亮化工程。夯实康居及保障性住房周边配套市政设施建设，有效改善保障性住房周边基础设施。

加快生态移民和新农村建设。继续完善特色小城镇和中心村建设规划，实施“塞上农民新居”中心村建设9个、整治村台庄点41个、改造危房5219户。抓好生态移民建设，启动三期移民住房等工程，建设移民住房4000套，完成19465人的移民搬迁定居任务，切实保证移民群众“搬得出、稳得住、逐步致富奔小康”。

进一步抓好生态环境建设。重点实施以水系改造为突破的生态城市建设工程。继续实施爱伊河水系景观工程，加快银川绿博园建设，实施迎宾大道两侧道路绿化工程，加快友爱中心路、大连路、上海路等城市道路两侧城市生态景观林草绿化建设，启动银川黄河湿地保护与恢复项目和“庭院居住区再绿化工程”，全力打造“湖城百水流，夜航灯如昼；舟行碧波上，人在画中游”的“西北水乡”美景。

（五）惠民生促和谐，积极发展各项社会事业，确保社会和谐稳定

进一步加强和改善民生。继续加大保障性住房建设力度，新建各类保障性住房（含城市棚户区改造）6263套、39.5万平方米。继续扩大养老保险和医疗保险覆盖范围，城镇职工基本养老和医疗保险人数分别达到53万人和55万人，城乡居民社会养老保险参保率达到92%以上，医疗保险参保人数达到87.1万人。新增城镇就业人员5万人，城镇登记失业率控制在4.5%以内，农村劳动力转移就业稳定在10万人。进一步促进义务教育均衡发展，继续实施中小学改造和公办幼儿园建设工程。落实自治区级社区卫生服务示范中心、示范站和标准化村卫生室创建任务。

进一步加快和完善文化建设。紧紧围绕成功创建国家公共文化服务体系示范区建设目标和任务，完善四级公共文化设施网络建设，延伸服务领域，扎实推进“三馆”零门槛进入。继续推进“踏歌起舞”文化工程，提升“湖城之夏·广场文化”活动品牌，完成玉皇阁等文化广场演出800场，农村数字电影放映8000场，送戏下乡600场（次），文化“六进”活动1000场（次），流动图书4万册。进一步做好文物保护工作。

进一步提高物价监控水平。认真落实国家、自治区、银川市各项稳价惠民政策。继续加强平价农产品商店建设，建立稳价惠民的长效机制。加强对商品房审核备案制度的执行力度，保持我市商品房价格的基本稳定。贯彻落实节假日期间各项临时价格干预措施，完善社会救助和保障标准与物价上涨挂钩联动机制。继续加强“12358”价格举报投诉受理调查工作，开展专项价格和收费监督检查，规范市场价格行为，全年物价指数（CPI）控制在4%以内。

进一步推动“两型社会”建设。加快实施节能工程建设。推进宁夏西部热电一厂、银川泽翔供热、宁夏赛马等一批重大节能技改项目建成投入使用。实施造纸、生物发酵、炼油等行业7个废水深度治理工程。进一步降低重点行业污染物排放强度，严格落实减排目标责任，强化考核机制，抓好重点减排项目的建设，完成火力发电、建材等行业5个脱硫脱硝项目。率先开展对PM2.5等空气质量指标的监测与发布。

银川市2013年国民经济和社会发展计划主要指标表

指标名称	单位	2013年计划	
		预期目标	增长%
一、经济增长指标			
1. 地区生产总值	亿元	1250	13
第一产业增加值	亿元	56	7.5
第二产业增加值	亿元	684	16
其中:工业增加值	亿元	540	17
第三产业	亿元	510	11.5
2. 地方财政公共预算收入	亿元	130	15
二、经济结构			
3. 全社会固定资产投资	亿元	1100	20
4. 全社会消费品零售总额	亿元	440	18
5. 外贸进出口总额	亿美元	15	15
其中:出口	亿美元	11	20
6. 实际利用外资	亿美元	2.35	20
三、改善民生指标			
7. 城镇居民人均可支配收入	元	24000	13
8. 农民人均纯收入	元	9000	13
9. 城镇新增就业人数	万人	5	/
10. 城镇登记失业率	%	4以内	/
11. 城镇基本养老参保人数	万人	53	/
12. 新型农村社会养老参保人数	万人	30	/
13. 居民消费价格指数	%	104	4
四、人口发展指标			
14. 年末总人口	万人	212	/
15. 人口自然增长率	‰	6	/
五、生态环境指标			
16. 万元GDP能耗	吨标煤	完成自治区下达的控制指标	
17. 化学需氧量排放量	万吨		
18. 二氧化硫排放量	万吨		
六、安全生产			
19. 亿元GDP安全生产事故死亡率	%	0.12	−5

注:1. 生产总值、增加值增速按2010年价格测算,其它均按照当年价格测算。

关于银川市2012年预算执行情况和2013年预算草案的报告

——在银川市第十四届人民代表大会第一次会议上

银川市财政局局长　马雪飞

各位代表：

受市人民政府委托，现将银川市2012年预算执行情况和2013年预算草案的报告提请市第十四届人民代表大会第一次会议审议，并请市政协各位委员提出意见。

一、2012年预算执行情况

2012年，在自治区党委、政府和银川市委的正确领导下，在市人大、政协的监督支持下，全市认真贯彻执行中央、自治区各项决策部署和市第十三届人大第五次会议的各项决议，坚持以科学发展为主题，以加快转变经济发展方式为主线，按照“稳中求进、稳中求快、以进保稳”的工作总基调，紧紧围绕加快“两区”建设，深入实施“2258”工作思路，着力稳增长、调结构、促改革、惠民生，全市财政预算执行情况总体良好。

（一）全市财政预算执行情况

今年以来，面对复杂严峻的经济形势，面对各种矛盾和困难，各级财税部门把保证财政收入增长作为今年工作重中之重，加强税收征缴管理，制定了狠抓收入的八条措施，强化非税收入征管，合力攻坚，扎实工作，圆满完成了全年财政预算收入目标任务。

2012年，全市财政总收入预计完成340.2亿元。其中：中央及自治区级收入152.7亿元，占总收入比重为44.9%；地方财政收入预计完成187.5亿元，占总收入比重为55.1%。地方财政收入中公共财政预算收入预计完成112.5亿元，完成预算的105.1%，增长16.5%；政府性基金预算收入预计完成75.0亿元，完成预算的116.7%。

2012年，全市地方财政支出预计完成252.4亿元，增长9.6%。其中：公共财政预算支出预计完成168.7亿元，增长14.5%，完成预算的95.3%；政府性基金预算支出预计完成83.7亿元，完成预算的92.8%。

根据《预算法》和《银川市预算监督条例》的规定，下面重点报告市本级财政预算执行情况。

（二）市本级财政预算执行情况

1. 市本级公共财政预算执行情况。市本级公共财政预算总收入预计完成93.0亿元，增长16.1%。其中：本年公共财政预算收入预计完成52.4亿元，增长16.5%，完成预算的104.8%，预计超收2.4亿元；预计争取上级各类补助收入31.2亿元，增加4.7亿元，增长17.7%；上年结余收入4.6亿元，辖区上解收入0.8亿元，调入预算稳定调节基金4.0亿元。市本级公共财政预算总支出预计完成93亿元，增长16.1%。其中：本年地方公共财政预算支出预计完成61.9亿元，增长2.16%；对辖区各类补助支出19.7亿元，增长9.0%；上解自治区0.8亿元，安排预算稳定调解节金1.7亿元，年终结转8.9亿元，市本级公共财政预算收支平衡。

市本级动用预算稳定调节基金4亿元。主要用于解决金凤万达广场政策兑现和自治区教育资源移交支出。

市本级预计超收2.4亿元，动用2.2亿元。其中：安排8000万元用于提高城乡低保标准等七项社会保障支出；安排7000万元用于发放民族团结奖；安排3000万元用于城乡公共设施建设；安排2000万元用于科技人才引进、政策兑现及新产品开发应用等支出；安排2000万元用于医疗卫生事业支出；超收结余2000万元转入预算稳定调节基金。

2. 市本级政府性基金预算执行情况。市本级政府性基金预算总收入预计完成59.8亿元。其中：本年政府性基金预算收入预计完成50.4亿元，完成预算的100.5%；预计争取上级补助收入0.4亿元；上年结转收入9亿元。市本级政府性基金预算总支出预计完成59.8亿元。其中：本年政府性基金预算支出预计完成35.2亿元，对辖区补助支出19.0亿元，结转下年使用5.6亿元，市本级政府性基金预算收支平衡。

上述数字是以2012年12月14日快报统计数据及经济运行情况进行预计的全年完成数，在地方财政决算编成审查汇总，并与自治区财政办理结算后将会有一些变化，届时再向市人大常委会报告。

（三）2012年财政预算执行主要效果

2012年，在各县（市）区、各部门的积极配合下，各级财政部门围绕中心，服务大局，依法严格执行预算，坚持开源与节流并举，全力保障我市经济社会健康快速发展。

1. 全力以赴"稳增长"，支持经济可持续发展的能力进一步提升

围绕"稳增长"，着眼扩大投资、提振消费、推动开放，强化财政资金拉动和引导作用，不断增强经济增长的内生动力。

加大财政投入，带动全社会固定资产投资。通过多渠道、多形式加大财政投入，充分发挥政府投资的引导放大作用。全年共筹集各类资金57亿元，其中财政性资金20亿元，地方债3亿元，金融贷款34亿元，保障滨河新区、阅海湾中央商务区、银川科技园等131个重点项目建设。创新投融资模式，成立银川滨河新区投资发展（集团）有限公司，落实资金6亿元，支持滨河新区发展。创新金融租赁融资模式，向金融机构融资1亿元，支持公共交通事业发展。支出9.1亿元，实施城乡建设用地增减挂钩项目。支出1.2亿元，实施异地占补平衡项目，增加城乡建设用地1.5万亩。引进外资共同组建"宁夏银粤水务投资公司"，探索采用BT模式市场化运作，筹资3.5亿元进行城市水系生态建设。

加大财政投入，拉动城乡居民消费。通过提高各类人群收入水平、落实各种补贴政策和实施消费便民工程等方式扩大内需。认真贯彻落实国家的减免税政策，共为企业减免税收15亿元。支出3.2亿元，落实机关事业单位津贴补贴和绩效工资政策，提高离退休人员和城镇从业人员最低工资标准，提高城乡居民低保补助标准，统筹提高城乡高龄老人生活津贴，向低收入和生活困难家庭发放临时价格补贴。支出2.2亿元，落实家电下乡、石油价格改革和农业补贴等政策。建立价格调节基金，对定点限量限价销售的鲜肉进行价格补贴，支持"农超对接"工程，减少流通环节和运营成本，稳定物价水平。

加大财政投入，不断扩大对外开放。通过支持构建大平台、打通大通道，扩大了开放领域、拓展了开放空间。支出1600万元，成功举办第三届宁洽会暨中阿经贸论坛、第二届中国银川（国际）穆斯林峰会，启动建设银川综合保税区，支持开通银川—首尔国际航线。支出8600万元，支持企业扩大出口规模，优化出口产品结构，鼓励企业开展品牌推介、资源开发、宣传营销等开拓国际市场活动，加快发展清真食品和穆斯林用品产业，培育新的经济增长点。

2. 千方百计"调结构"，支持经济发展方式转变的能力进一步增强

围绕"调结构"，转变财政资金支持方式，充分发挥财政资金"四两拨千斤"的导向作用，促进产业结构调整。

推进新型工业化。建立财政专项资金存放商业银行激励机制，撬动银行贷款29亿元，解决中小企业融资难问题。支出3150万元，支持中小企业担保业发展，担保贷款累计达到7.3亿元。支出1.1亿元，落实产业扶持政策，支持重点产业振兴、名牌产品及企业技术中心建设。支出2290万元，奖励"小巨人企业"地方税收贡献、荣获"中国驰名商标"及"宁夏名牌产品"企业、建立国家重点实验室和企业技术研发中心。支出1890万元，对63家新能源、装备制造、葡萄酒业、电子信息等一批战略性新兴产业给予资金支持。支出3000万元，加快推进宁夏生态纺织产业示范园区建设。

提升现代农业。支出7.2亿元，落实强农惠农政策，发展"三精农业"。支出2.9亿元，加快生态移民工程、农村公共服务体系建设和农村各项改革，积极推进特色小城镇建设，统筹推进城乡区域协调

发展。支出 1.8 亿元，大力提升农业产业竞争力，支持设施园艺和奶产业以及农业科技服务体系建设。启动实施银川市新型农民培训计划，培养 3000 多名有知识、懂技术、会经营、带动力强的新型农民。支出 1.5 亿元，大力推进农业农村基础设施建设，加强中小河流治理、小型病险水库除险加固和山洪地质灾害防治。

发展现代服务业。支出 2.5 亿元，推进“三个中心一个目的地”建设。支出 1.3 亿元，优化服务业布局，鼓励辐射带动作用强的商贸物流企业发展，重点支持骨干物流企业在区外设立分支机构以及物流企业吞吐量的增加，着力培育商贸流通业核心竞争力。支出 4200 万元，提升银川市文化旅游发展的能力和水平。支出 1200 万元，加大对企业技术创新和科研开发的扶持力度，鼓励企业科技研发投入，提高企业自主创新能力。探索和破解“三农”及小微企业融资难题，突破合作社资金运行模式，向银川市软件动漫产业资金互助社等机构注资 900 万元，有效缓解企业融资难问题，有力地支持“三农”和小微企业发展。

支持科技创新。支出 1.7 亿元，推进高新技术产业发展、传统产业技术创新、重大科技成果转化和重点学科建设，支持科技强市和人才强市战略。争取上级资金 7584 万元，落实国家和自治区的科技项目 269 项。支出 6000 万元，推进银川科技园建设。注入资金 7500 万元，建立“宁夏科技创业股权投资基金”。支出 1800 万元，安排实施市级科技计划项目 147 项，加大创新创业的扶持力度，推进产业技术创新。支出 600 万元，落实高层次人才创业项目资金扶持和人才激励政策，推进“人才特区”建设。

推进节能减排和环境保护。支出 3.5 亿元，重点支持城镇污水垃圾处理能力、农村环境连片整治、建筑节能等重点项目建设。支出 1.7 亿元，推进特色街区改造、城市亮化美化净化和卫生环境综合整治。支出 8300 万元，对 45 万平方米老旧小区进行既有居住建筑供热计量及节能改造，对 384 万平方米的建筑进行可再生一体化应用改造。支出 7600 万元，启动爱伊河公园完善提升工程，高标准建设城市生态景观林带（绿地），加快银川绿博园、火车站广场等绿化点建设，积极推进湖泊湿地综合整治与保护等生态环保项目实施。

3. 多措并举“惠民生”，促进和谐社会建设的能力进一步增强

围绕“惠民生”，坚持以人为本，切实保障和改善民生，让人民群众共享改革发展成果，努力实现公共财政阳光普照。

实施优质教育扩面工程。支出 6.5 亿元，可比增长 22.6%。支出 3.1 亿元，用于中小学校舍改造、购置教学设备仪器图书和确保教育经费保障机制改革，提高各级各类学校办学质量。支出 1.4 亿元，新建、改扩建银川实验中学、唐徕中学、阅海小学等 8 所学校。支出 4500 万元，新建幼儿园 6 所，推进 12 所幼儿园公办民营。支出 6600 万元，支持职业教育发展，免除家庭困难和涉农专业学生学费，落实国家“两免一补”政策，确保学生不因家庭困难而失学。

支持医疗卫生体制改革。支出 3.7 亿元，增长 12%。大力推进乡镇卫生院和村卫生室标准化建设，推进乡村卫生服务一体化管理，建立城市医疗卫生机构对口支援乡镇卫生院制度。支出 1.2 亿元，支持公立医院和基层卫生服务机构改革，群众看病难看病贵的问题得到有效缓解。支出 1.3 亿元，统一城乡居民医疗保险缴费标准和政策，人均补助标准提高到 300 元，基本公共卫生服务经费由人均 25 元提高到 30 元。支出 5830 万元，购买租赁 15 个社区卫生服务站（中心），新建 25 所标准化村卫生室，提升基层医疗机构服务能力，进一步改善群众看病就医条件。

推进社会保障扩面提标。支出 2.1 亿元，完善社会保障体系，按时足额发放城乡低保金，提高困难群体救助标准，落实城镇三无人员集中供养等七项社会保障办法。支出 2246 万元，落实国家各项优抚政策，发放重度残疾人生活救助津贴，保障残疾人就业，发放城乡 80 岁以上高龄老年人基本生活津贴。提高 60 周岁以上老人基础养老金待遇，达到每人每月 95 元。支出 4120 万元，用于征地农转非人员养老保险补助及城乡居民养老保险补助。支出 8500 万元，购买 2900 个公益性岗位及大学生村官补助。支出 2400 万元，建设 30 个社区老年人活动中心和 40 个社区居家养老服务站。支出 6100 万元，做好军队移交人员的安置工作。

全面落实创业就业政策。支出 7500 万元，加大对就业创业工作的扶持力度，对 4525 人进行各类创业培训。发放大学生村官补贴及创业贷款担保基

金,积极拓宽高校毕业生就业领域,以“三支一扶”等项目为抓手,鼓励引导高校毕业生到中小企业、城乡基层就业和自主创业。支出小额担保贷款基金2700万元,为符合条件的1675名创业人员发放担保贷款2.3亿元,带动就业8192人。

实施文化惠民工程。支出2000万元,完成市辖三区两馆、灵武市乡镇文化站建设项目和贺兰县图书馆数字改造建设项目,建设乡镇、社区公共电子阅览室156个。支持美术馆、公共图书馆、文化馆免费开放,积极推进公共文化服务体系建设。筹集3900万元,大力支持创办《银川日报》,升级改造广播影视设备,扩大传媒覆盖面和影响力。支出3300万元,举办全国第二十二届图书交易博览会和第二届中国西部国际艺术双年展,开展冰上龙舟比赛等群众体育活动,打造运动休闲城市品牌,支持文化广场活动,活跃市民文化体育生活。

维护社会和谐稳定。保障性住房建设支出4.6亿元,建设1000套廉租住房、3000套公共租赁住房、2000套经济适用住房,努力解决群众住房困难。支出12亿元,实施农民康居工程、土地增减挂钩安置房、经济适用房建设及老旧小区改造工程。支出4.1亿元,加强公共安全系统基础设施建设和专业技术装备配置。支出2300万元,支持消防站点建设及器材设施购置。支出954万元,在130辆公交车辆和25个公交车站点进行视频监控和系统平台建设。支出13亿元,化解政府性债务,清理历年工程欠款及偿还债务本息,维护社会和谐稳定。

4. 积极进取“促改革”,财政科学理财精细管理的能力进一步增强

围绕“促改革”,不断深化财政体制机制创新,着力提高财政科学化精细化管理水平。

推进部门预算公开。按照“谁编制谁公开”原则公开部门预算,全市244家单位的部门预算在政府门户网站或本单位网站进行了公开。完善依法理财机制。试点编制绩效预算,提高预算编制的精细化水平。加强行政事业单位账户管理,在全区率先实现账户管理网络信息化。简化审批程序。落实“三减两提高”要求,优化财政资金审批拨付流程。对非税收入缴费、燃油补贴发放等八项工作事项进行流程再造,减少办事审批环节28个。将会计从业资格证书申请办理时间由30个工作日减为10个工作日,提高财政审批办事效率。推进财政绩效预算。继续完善预算绩效管理办法,强化部门和单位在绩效管理中的主体责任,完善绩效评价指标体系和评价方式方法,着力加强对专项资金的绩效评价,强化项目执行过程中的绩效管理。加强财政监督和管理。加强行政事业单位资产管理,开展公务用车专项治理工作。财政监督工作由事后监督向事前事中预防转变,实现对财政资金运行全过程的科学、规范、有效监督和管理。促进财务人员合理流动。在全区首次推行了党政机关、事业单位和国有企业财务人员交流轮岗,强化了财务监督。

在总结成绩的同时,我们也清醒地看到,我市财政经济运行中仍存在一些不容忽视的问题,突出表现在财税收入结构有待进一步优化,财政收支矛盾比较突出,财政管理科学化精细化水平有待进一步提高,财政资金使用绩效偏低的问题在一定范围和程度上存在,财政体制和管理机制仍不健全,现代公共财政体系建设任重道远等等。上述问题既是社会各界关注的热点,也是财政工作的重点,需要通过进一步深化财政改革,加强财政管理,健全财政职能,逐步加以解决。

二、2013年财政预算安排情况

(一)2013年财政收支形势

2013年,我市财政工作机遇与困难并存,需要认真对待,仔细研究,并据此做出科学判断和决策。收入方面,一方面,国务院批准设立宁夏内陆开放型经济试验区和银川综合保税区,必将从政策、项目、资金方面拉动我市经济增长,继而带动财政增收;滨河新区、阅海湾中央商务区、五大园区、生态旅游带建设加快推进,工业、农业产业结构调整步伐加快,服务业发展势头良好,也将促进我市财政收入的稳定增长。另一方面,国家连续出台减税政策,实施一系列减轻小微企业税费负担的政策措施和扶持企业的税收优惠政策,必将对税收收入完成产生较大影响。支出方面,我市财政实力还十分有限,财政支出刚性需求在不断增大,随着经济社会发展,教育文化、社会保障、医疗卫生、住房建设等民生投入不断加大,滨河新区、综合保税区、阅海湾中央商务区等重点项目建设需要进一步加大财政投入,全市财政支出压力很大。

(二)2013年财政预算安排的指导思想、原则及总体安排

预算编制的指导思想:全面贯彻党的十八大、

自治区第十一次党代会、市第十三次党代会精神，抢抓“两区”建设重大战略机遇，认真落实“2258”工作思路，继续实施积极的财政政策，集中财力办大事，发挥财政资金的引领和撬动作用，更加突出民生优先，为促进经济社会全面、协调、可持续发展提供坚实的财力保障。

预算编制的原则：财政收入预算按照积极稳妥、留有余地的原则，根据全市国内生产总值等经济社会发展指标情况，并考虑税收政策调整因素，分税种、分项目测算税基和收入的增减情况进行编制。财政支出预算按照统筹兼顾、突出重点、有保有压，围绕全市中心工作和“2258”工作思路，进一步优化支出结构，严格控制行政经费等一般性支出，重点向保障和改善民生等领域倾斜，推动全市经济社会健康快速发展。

预算编制的总体安排：综合考虑经济发展形势和政策性增收减收因素，2013 年市本级地方公共财政预算收入 60.2 亿元，增加 8 亿元，增长 15%以上。基金预算收入 50.5 亿元，与上年实际完成数基本持平。这样安排与全市生产总值增长 13%左右、居民消费价格涨幅 4%以内的预期目标基本相适应，也是积极客观的。

（三）2013 年全市预算安排草案

2013 年，全市地方财政公共预算收入安排 125.6 亿元，基金预算收入安排 75 亿元，加上预计自治区转移支付补助 16.9 亿元，加上上年专项结转收入 22.4 亿元，加上调入资金 0.7 亿元，总财力为 240.6 亿元。减去上解自治区资金 1.8 亿元，全市安排的总支出为 238.8 亿元，收支平衡。

教育、科技、农业等三项支出按照有关法律要求安排落实。全市教育支出 15.1 亿元，按法定增长口径（下同）增长 15.0%；科技支出 3.3 亿元，增长 39.1%；农林水事务支出 11.5 亿元，增长 15.3%，均高于经常性财政收入增长幅度。

（四）2013 年市本级预算安排草案

2013 年市本级地方财政公共预算收入安排 60.2 亿元，基金预算收入安排 50.5 亿元，预计中央税收返还、自治区转移支付补助及辖区上解收入等资金 9.0 亿元，上年专项结转收入 14.5 亿元，总财力为 134.2 亿元。减去对辖区转移支付及上解自治区资金 5.0 亿元，减去政策性结转及转移性支出 18.3 亿元，市本级预算可用财力 110.9 亿元，比 2012 年年初预算增加了 10.7 亿元，增长 10.7%。按照综合预算方法，除去安排人员及机关运转支出 13.2 亿元，本级可统筹安排的财力为 97.7 亿元。据此，初步提出了 2013 年市本级财政支出预算的安排草案。

1. 抢抓战略机遇，着力推进经济健康快速发展

加快滨河新区和银川综合保税区建设。统筹安排资金 10 亿元（其中自治区和银川市安排基本建设项目资金 8 亿元，整合农业水利基金、教育基金、农业开发基金、文化旅游发展专项资金等 2 亿元），实施银川综合保税区和滨河新区基础设施建设，推进战略布局调整和对外开放。加快招商和入区企业落地步伐，确保银川综合保税区如期封关运行。加快滨河新区基础设施建设，不断推进新区产业园建设，培育新的经济增长极，实现产城一体共同发展。

加快宁夏内陆经济试验区和阅海湾中央商务区建设。统筹安排自治区和银川市基本建设项目资金 5 亿元，加快阅海湾中央商务区基础设施建设。充分发挥宁夏内陆经济试验区的政策优势，加快推进上海绿地、江苏润恒等企业投资落地建设。积极开展引进战略投资、金融合作等新型开发建设模式，实施集群投资战略，占领经济发展制高点，促进经济大发展、快发展。

加快基础设施和重点项目建设。统筹安排资金 15 亿元，全力支持市本级安排的重点基本建设项目。支持旧城更新改造，完善城市路网，推进道路畅通工程，提高宜居水平，优化生态环境，支持“洁净银川”工程，改善基础设施条件，优化经济发展的硬件环境，加强城乡绿化美化，加快推进美丽银川建设。

2. 调整支出结构，着力推进经济发展方式转变

推进新型工业振兴发展。安排工业专项资金 1.3 亿元。着力促进产业结构优化升级。深入推进“小巨人企业”培育工程和产业“铸龙”工程，发展壮大龙头企业，大力扶持中小微企业发展，着力推进新能源、电子信息、生物制药、高端装备制造等战略性新兴产业发展。支持中小企业担保中心扩大担保业务，加快培育一批科技型中小企业，为全市经济发展不断注入新活力。

推进现代农业提质增效。安排农业专项资金 1.2 亿元，支持设施园艺、奶产业、有机大米、适水产业等优势特色产业加快发展，扶持农业产业化龙头

企业做优做强，提升农业标准化、集约化、产业化水平。安排资金1.5亿元，重点支持爱伊河水系、北京路码头至北塔湖水系景观等水利基础设施建设以及节水灌溉。安排资金0.4亿元，支持农业综合开发、土地治理和耕地保护等项目。

推进科技创新和成果转化。安排科技人才专项资金1亿元，整合各类专项资金1亿元，共计2亿元，支持银川科技园区建设。安排科技三项资金0.24亿元，增加科技发展创新引导奖励资金，支持科技型中小企业技术改造和自主创新。加快学术人才引进培养，保障重大科技项目顺利实施。认真落实中长期人才发展规划纲要，努力打造高层次创新人才聚集地。

推进现代服务业快速发展。安排服务业专项0.6亿元，加快推进空港、陆港、公铁物流和银川物流港建设，培育现代物流企业，构建大物流格局。加快旅游、地方金融等服务业发展，积极发展社区服务业和家政服务业，新建提升一批标准化菜市场和平价超市网点，支持便民连锁超市扩展网络。

推进"两型"社会建设。安排资金2.5亿元，加快发展新能源、可再生能源等战略新兴产业，加大节能产品惠民工程实施力度。完善生态环境保护政策，支持重点流域及区域环境治理。加强城乡社区规划与管理，提高城乡社区公共设施建设，进一步整治城乡社区环境卫生。安排资金1.5亿元，实施生态城市建设，支持企业节能技术改造、淘汰落后产能、建筑节能以及城镇污水处理和供热配套管网等重点节能减排工程建设。

3. 保障和改善民生，着力推进社会和谐发展

全面落实社会保障和就业政策。安排资金0.35亿元，落实城乡低保政策，保障困难群众基本生活。安排资金0.3亿元，完善社会养老保险体系，落实被征地农民基本养老保险政策。安排资金2.4亿元，落实优抚安置和社会救助政策，支持残疾人事业发展，大力推进社会保障"一卡通"工程。安排资金0.98亿元，支持就业再就业，加强农民工、就业困难人员、高校毕业生等就业创业培训。安排资金3.36亿元，支持保障性安居工程建设，加快廉租住房、公共租赁住房建设和棚户区改造，努力实现居者有其屋。

积极支持社会事业发展。安排资金3.51亿元，支持教育事业加快发展，推进标准化配置，保障优质教育资源扩建与共享工程项目。改革教育分配机制，推进职业教育分级制改革。安排资金2.81亿元，推动医疗卫生事业发展。深入推进公立医院改革，加强基层医疗卫生服务和公共卫生体系建设，全面落实新型农村合作医疗和城镇居民医疗保险补助政策。安排资金0.81亿元，统筹城乡发展，支持生态扶贫开发、村级公益事业"一事一议"奖补配套和城乡村居公共事业发展。安排交通事业资金0.53亿元，支持城乡公路建设，加大城乡公交客运场站建设及公交运营补助。

加快发展文化旅游产业。安排资金1.43亿元，加快创建国家公共文化服务体系示范区，推进文化体制机制改革和文化产业发展。支持西夏王陵申遗及博物馆建设，加快贺兰山和黄河沿线文化旅游观光体验带建设。构建现代文化事业、产业体系，加快城乡文化一体化进程。加快滨河新区文化旅游建设，支持黄河军事主题公园建设，完成"银川舰"回家安置工程。

4. 加强和创新社会管理，着力维护社会稳定

加大安全保障投入。安排资金1.68亿元，推进基层政法经费保障机制改革，提高公共安全保障能力，提高城乡消防保障能力。进一步加大食品药品安全检测、监督检查，确保安全生产、生态环境安全设施和装备投入，切实保护人民群众生命财产安全。

落实保障安置政策。安排资金15亿元，落实政府拆迁安置政策，解决好事关老百姓的生产生活问题。其中安排资金10亿元，解决安置房建设、保障房建设及土地增减挂钩项目续建；安排资金5亿元，重点解决城乡建设发展中的拆迁安置补偿。

加强建设工程决算审核。安排资金5亿元，专项支付工程结算。加快建设工程项目的决算进度，进一步完善和规范工程决(结)算程序，强化工程决(结)算的审计、审查。

保障机关事业单位正常运转。安排4.5亿元，严格按照国家关于控制公用经费增长的有关规定和厉行节约的原则，压缩一般性支出，确保机关事业单位廉洁、高效和正常运转。

切实办好民生实事。安排1.8亿元，重点用于民生实事和人大议案工程，着力解决人民群众最关注最迫切需要解决的民生实事。安排总预备费1.5亿元(占市本级公共财政预算财力2.5%)，用于当

年突发应急性支出。

5. 深化财政改革，着力提升财政科学化精细化管理水平

完善市与辖区财政体制。安排资金 1 亿元，继续加大财力性转移支付，壮大辖区财政实力，提高辖区财政保障能力，促进我市地区经济均衡发展。

完善政府性债务防范机制。安排资金 1 亿元，完善偿债机制，化解政府性债务风险。安排资金 15 亿元，专项用于偿还中央代地方发行债券、金融贷款及外国政府借款。

调整收入分配关系。落实好增加群众收入的政策措施，大力推行工资集体协商，健全和完善企业职工工资正常增长机制和支付保障机制，促进职工收入与企业效益同步增长。全面实施事业单位绩效工资制度，规范收入分配，推动形成合理有序的收入分配格局。

三、真抓实干，攻坚克难，确保完成 2013 年预算任务

2013 年，是深入贯彻落实自治区第十一次党代会和银川市第十三次党代会精神承前启后的关键一年，我市财政要紧紧围绕全市中心工作，凝心聚力谋发展，开拓创新抓落实，确保完成全年财政工作任务。

（一）注重整合财政资金，集中财力促发展

充分发挥财政撬动作用，对财政资金进行整合筹划，通过项目捆绑、整合等方式将各级政府资金集中起来，有计划、有步骤地办一些群众关心，社会关注的大事、实事，增强经济发展后劲，促进社会和谐发展。统筹安排并有效整合市本级财政资金、中央和自治区专项资金，集中投向年度重大项目。积极培育多元化投资主体，加强金融创新，不断拓宽融资渠道，引导各类资金向项目集聚。积极转变财政投入方式，以集中资金办大事，节约资金办好事，引导资金办实事，放大资金办难事，通过整合不同种类不同途径财政资金，带动和吸引社会投入，充分发挥财政投入的乘数和倍增效应。

（二）注重建立收入稳定增长机制，提高统筹调控能力

坚持以项目建设为抓手，发挥投资拉动作用，培育新的税收增长点。运用预算、税收、奖励、转移支付、政府采购等政策工具，增强财政在促进经济和社会发展中的调控功能。广辟融资渠道，利用财政贴息、参股、资助等多种手段，最大限度的吸引金融信贷资金、民间资金和社会资金投入。积极争取国际金融组织、外国政府贷款，认真落实国家财政政策，积极争取中央和自治区的资金支持。

（三）注重推进发展方式转变，切实增强支撑保障能力

推进新型工业化，提升工业结构优化升级；支持设施农业和特色产业发展，促进传统农业向现代农业的转变；支持服务业发展，推进文化旅游区功能建设。保障教育优先发展，夯实教育发展基础；深化医药卫生体制改革，健全基层医疗卫生服务体系；提高社会保障水平，努力扩大各项社会保险覆盖面；加快保障性安居工程建设力度，完善多层次住房保障体系；发展繁荣文化事业，加强“精品文化”和“基层文化”建设。

（四）注重推进财政科学化精细化管理，切实增强依法理财能力

深化部门预算，建立编制科学、执行严格、监督有力、绩效考评、各环节有机衔接的预算管理机制，增强预算约束力。推进“民生预算”，实行民生项目预算管理，确保新增财力重点用于民生。深入实施行政审批制度改革，推进“简政放权”和“三减两提高”，促进审批办事再提速。加快建立预算支出绩效考评与监督机制，完善预算支出绩效考评与监督体系，提高政府管理效能和财政资金使用效益。

各位代表，2013 年全市财政工作任务光荣而艰巨。我们将在市委的正确领导和市人大、政协的监督支持下，深入贯彻落实科学发展观，开拓创新，求真务实，真抓实干，确保圆满完成全年各项财政工作任务，为加快推进银川科学发展、跨越发展，建设美丽银川做出新的更大的贡献！

名词解释和有关情况说明

综合保税区：指设立在内陆地区的具有保税港区功能的海关特殊监管区域，由海关参照有关规定对综合保税区进行管理，执行保税港区的税收和外汇政策，集保税区、出口加工区、保税物流区、港口的功能于一身，可以发展国际中转、配送、采购、转口贸易和出口加工等业务。根据现行有关政策，海关对保税区实行封闭管理，境外货物进入保税区，实行保税管理；境内其他地区货物进入保税区，视

同出境;同时,外经贸、外汇管理部门也对保税区实行相对优惠的政策。企业在综合保税区开展口岸作业业务,海关、商检等部门在园区内查验货物后,可在任何口岸(海港或空港)转关出口,无须再开箱查验。

公共财政预算:指政府凭借国家政治权力,以社会管理者身份筹集以税收为主体的财政收入,用于保障和改善民生、维持国家行政职能正常行使、保障国家安全等方面的收支预算。2012 年起“一般预算收支”改称为“公共财政预算收支”,在口径上与 2011 年以前的“一般预算收支”相同。

政府性基金预算:指政府通过向社会征收基金、收费,以及出让土地、发行彩票等方式取得收入,专项用于支持特定基础设施建设和社会事业发展等方面的收支预算。

国有资本经营预算:指国家以所有者身份依法取得国有资本收益,并对所得收益进行分配而发生的收支预算。

社会保险基金预算:指根据国家社会保险和预算管理法律法规建立,反映各项社会保险基金收支的年度计划。我国自 2010 年开始试编社会保险基金预算,包括企业职工基本养老保险基金、失业保险基金、城镇职工基本医疗保险基金、工伤保险基金、生育保险基金等内容。

积极的财政政策:指通过减少税费或增加财政支出扩大社会总需求、促进经济稳定增长的财政政策。

税收返还:指 1994 年分税制改革、2002 年所得税收入分享改革、2009 年成品油税费改革后,对原属于地方的收入划为中央收入部分,给予地方的补偿。包括增值税、消费税返还,所得税基数返还,以及成品油税费改革税收返还。

财政结转:指结转的财政结余资金中有专项用途、需继续安排使用的资金。一般来说,结转资金都是中央或自治区下达的跨年度使用的专项资金。

转移支付:指中央或上级政府按照有关法律法规、财政体制和政策规定,给予地方或下级政府的补助资金。现行转移支付主要包括一般性转移支付和专项转移支付。

一般性转移支付:指中央或地方政府对有财力缺口的地方政府(主要是中西部地区),按照规范的办法给予的补助。包括均衡性转移支付、民族地区转移支付、农村税费改革转移支付、调整工资转移支付以及农村义务教育转移支付等,地方政府可以按照相关规定统筹安排和使用。其中,均衡性转移支付是指以促进地区间基本公共服务均等化为目标,选取影响各地财政收支的客观因素,考虑地区间支出成本差异、收入努力程度以及财政困难程度等,按统一公式分配给地方的补助资金。

专项转移支付:指中央或地方政府对承担委托事务、共同事务的地方政府,给予的具有指定用途的资金补助,以及对应由下级政府承担的事务,给予的具有指定用途的奖励或补助。主要用于教育、社会保障、农业等方面。

预算稳定调节基金:指各级财政通过超收安排的具有储备性质的基金,用于弥补短收年份预算执行的收支缺口,以及视预算平衡情况,在安排年初预算时调入并安排使用,基金的安排使用接受人大及其常委会的监督。预算稳定调节基金单设科目,安排或补充基金时在支出方反映,调入使用基金时在收入方反映。

本级收入:指根据现行财政管理体制规定,划归地方财政的税收和非税收入。主要包括房产税、车船税、城镇土地使用税等固定收入,增值税、企业所得税、个人所得税等共享收入部分。

本级支出:指按照现行中央政府与地方政府事权的划分,经地方人大批准,用于保障地方经济社会发展的各项支出。

超收:指财政收入执行数超过预算的数额。

非税收入:指由各级政府、国家机关、事业单位、代行政府职能的社会团体及其他组织,依法利用政府权力、政府信誉、国家资源、国有资产或提供特定公共服务征收、收取、提取、募集的除税收和政府债务以外的财政收入。

增值税转型改革:指将生产型增值税改为消费型增值税。生产型增值税,即在征收增值税时,不允许扣除外购固定资产所含增值税进项税额。改革后,企业在计算缴纳增值税时,允许将外购固定资产所含的增值税进项税额予以全额抵扣,有效地消除了重复征税因素,优化了税收制度,减轻了企业设备投资和更新改造的税收负担。

农资综合补贴:指国家统筹考虑柴油、化肥等农业生产资料价格变动对农民种粮的增支影响,对种粮农民给予适当补助,以有效保护农民种粮收益，调动农民种粮积极性。

良种补贴：指国家对农民选用良种进行的资金补贴，目的是支持农民积极使用优良种子，加快良种推广，提高良种覆盖率，增加农产品产量，改善农产品品质，推进农业区域化布局、规模化种植、标准化管理、产业化经营。

农机购置补贴：指国家对农牧渔民、农场（林场）职工和直接从事农机作业的农业生产经营组织，购置先进适用的农业机械给予一定比例的补贴，目的是促进提高农业机械化水平和农业生产效率。

保障性安居工程：指政府为解决城乡中低收入家庭住房困难而出台的一项惠民政策，包括廉租房、经济适用房、公共租赁房、限价房、各类棚户区改造、农村危房改造和游牧民定居工程等。其中，廉租房、经济适用房、公共租赁房又统称保障性住房。

农村义务教育经费保障机制：指从 2006 年开始，用四年时间，逐步将农村义务教育全面纳入公共财政保障范围，建立起的中央财政和地方财政分项目、按比例分担，全面保障农村义务教育发展的一系列制度。具体内容是免学杂费、免费提供教科书、对家庭经济困难寄宿学生补助生活费，提高公用经费保障水平并制定和适时调整公用经费生均基准定额，建立校舍维修改造长效机制等。

新型农村社会养老保险：指按照“保基本、广覆盖、有弹性、可持续”的原则，采取个人缴费、集体补助、政府补贴相结合的模式，实行社会统筹与个人账户相结合，与家庭养老、土地保障、社会救助等其他社会保障政策相配套，保障老年居民的基本生活。

城乡建设用地增减挂钩：指依据土地利用总体规划，将若干拟整理复垦为耕地的农村建设用地地块（即拆旧地块）和拟用于城镇建设的地块（即建新地块）等面积共同组成建新拆旧项目区（以下简称项目区），通过建新拆旧和土地整理复垦等措施，在保证项目区内各类土地面积平衡的基础上，最终实现增加耕地有效面积，提高耕地质量，节约集约利用建设用地，城乡用地布局更合理的目标。

中华人民共和国
2012 年国民经济和社会发展统计公报[1]

中华人民共和国国家统计局

2013 年 2 月 22 日

2012 年，面对复杂严峻的国际经济形势和艰巨繁重的国内改革发展稳定任务，全国各族人民在党中央、国务院的正确领导下，坚持以科学发展为主题，以加快转变经济发展方 式为主线，按照稳中求进的工作总基调，认真贯彻落实加强和改善宏观调控的各项政策措施，国民经济运行总体平稳，各项社会事业取得新的进步，为全面建成小康 社会奠定了良好基础。

一、综合

初步核算，全年国内生产总值[2]519322 亿元，比上年增长 7.8%。其中，第一产业增加值 52377 亿元，增长 4.5%；第二产业增加值 235319 亿元，增长 8.1%；第三产业增加值 231626 亿元，增长 8.1%。第一产业增加值占国内生产总值的比重为 10.1%，第二产业增加值比重为 45.3%，第三产业增加值比重为 44.6%。

图 1　2008-2012 年国内生产总值及其增长速度

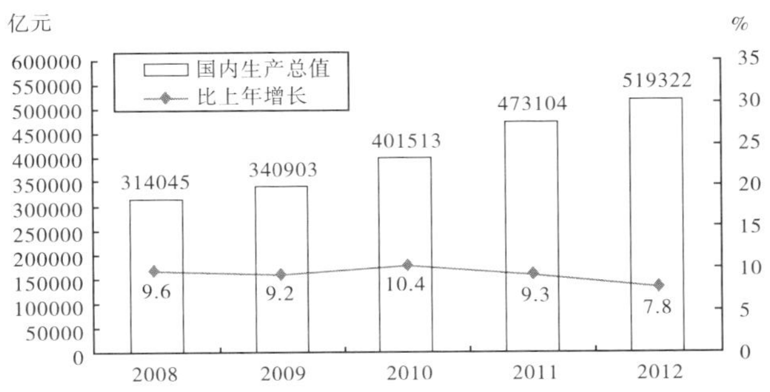

全年居民消费价格比上年上涨 2.6%，其中食品价格上涨 4.8%。固定资产投资价格上涨 1.1%。工业生产者出厂价格下降 1.7%。工业生产者购进价格下降 1.8%。农产品生产者价格[3]上涨 2.7%。

图 2　2012 年居民消费价格月度涨跌幅度

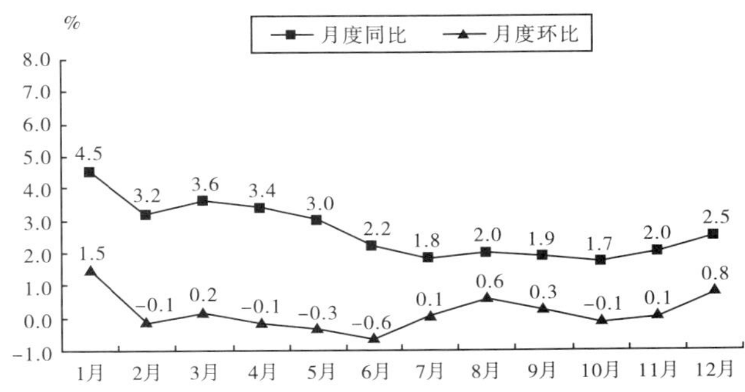

表 1　2012 年居民消费价格比上年涨跌幅度

单位：%

指　　标	全　国	城　市	农　村
居民消费价格	2.6	2.7	2.5
其中：食　品	4.8	5.1	4.0
烟酒及用品	2.9	2.9	2.7
衣　着	3.1	2.9	3.8
家庭设备用品及维修服务	1.9	2.1	1.5
医疗保健和个人用品	2.0	2.0	2.1
交通和通信	-0.1	-0.3	0.6
娱乐教育文化用品及服务	0.5	0.4	1.0
居　住	2.1	2.2	1.9

70 个大中城市新建商品住宅销售价格月环比上涨的城市个数年末为 54 个。

图 3　2012 年新建商品住宅月环比价格下降、持平、上涨城市个数变化情况

年末全国就业人员 76704 万人，其中城镇就业人员 37102 万人。全年城镇新增就业 1266 万人。年末城镇登记失业率为 4.1%，与上年末持平。全国农民工[4]总量为 26261 万人，比上年增长 3.9%。其中，外出农民工 16336 万人，增长 3.0%；本地农民工 9925 万人，增长 5.4%。

图 4　2008-2012 年城镇新城就业人数

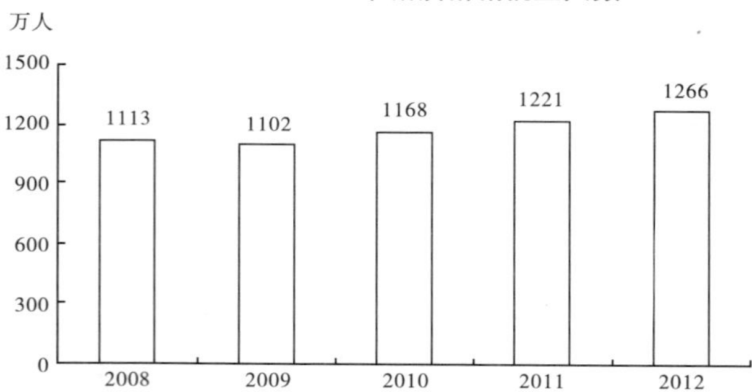

年末国家外汇储备 33116 亿美元，比上年末增加 1304 亿美元。年末人民币汇率为 1 美元兑 6.2855 元人民币，比上年末升值 0.25%。

图 5　2008-2012 年年末国家外汇储备及其增长速度

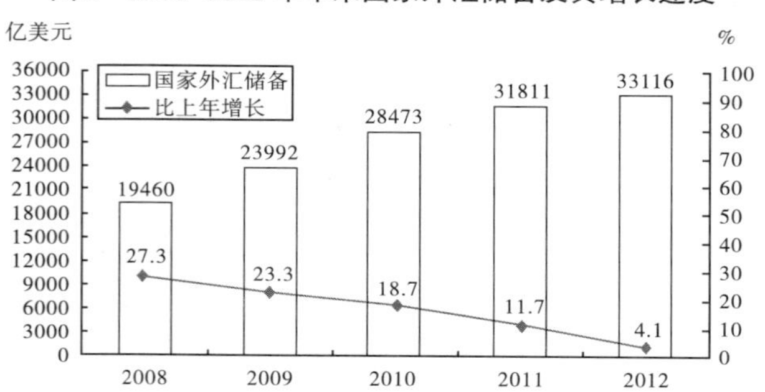

全年全国公共财政收入[5]117210 亿元，比上年增加 13335 亿元，增长 12.8%；其中税收收入 100601 亿元，增加 10862 亿元，增长 12.1%。

图 6　2008-2012 年公共财政收入[6]及其增长速度

二、农业

全年粮食种植面积 11127 万公顷，比上年增加 69 万公顷；棉花种植面积 470 万公顷，减少 34 万公顷；油料种植面积 1398 万公顷，增加 12 万公顷；糖料种植面积 203 万公顷，增加 9 万公顷。

全年粮食产量 58957 万吨，比上年增加 1836 万吨，增产 3.2%。其中，夏粮产量 12995 万吨，增产 2.8%；早稻产量 3329 万吨，增产 1.6%；秋粮产量 42633 万吨，增产 3.5%。其中，主要粮食品种中，稻谷产量 20429 万吨，增产 1.6%；小麦产量 12058 万吨，增产 2.7%；玉米产量 20812 万吨，增产 8.0%。

图 7　2008-2012 年粮食产量及其增长速度

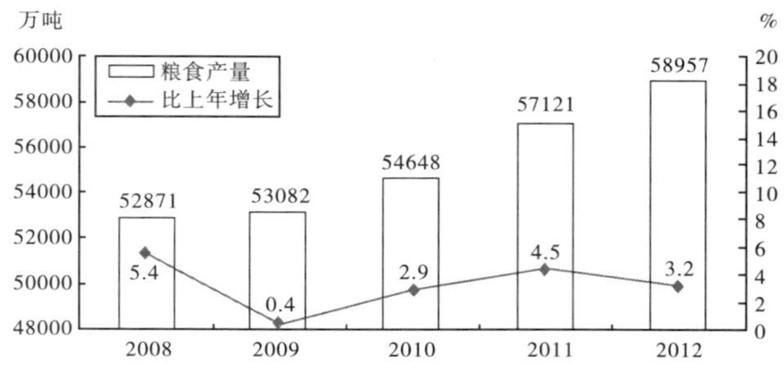

全年棉花产量684 万吨，比上年增产 3.8%。油料产量 3476 万吨，增产 5.1%。糖料产量 13493 万吨，增产 7.8%。烤烟产量 320 万吨，增产 11.5%。茶叶产量 180 万吨，增产 11.2%。

全年肉类总产量 8384 万吨，比上年增长 5.4%。其中，猪肉产量 5335 万吨，增长 5.6%；牛肉产量 662 万吨，增长 2.3%；羊肉产量 401 万吨，增长 2.0%；禽肉产量 1823 万吨，增长 6.7%。年末生猪存栏 47492 万头，增长 1.6%；生猪出栏 69628 万头，增长 5.2%。禽蛋产量 2861 万吨，增长 1.8%。牛奶产量 3744 万吨，增长 2.3%。

全年水产品产量 5906 万吨，比上年增长 5.4%。其中，养殖水产品产量 4305 万吨，增长 7.0%；捕捞水产品产量 1601 万吨，增长 1.3%。

全年木材产量 8088 万立方米，比上年下降 0.7%。

全年新增有效灌溉面积 172 万公顷，新增节水灌溉面积 235 万公顷。

三、工业和建筑业

全年全部工业增加值 199860 亿元，比上年增长 7.9%。规模以上工业增加值增长 10.0%。在规模以上工业中，国有及国有控股企业增长 6.4%；集体企业增长 7.1%，股份制企业增长 11.8%，外商及港澳台商投资企业增长 6.3%；私营企业增长 14.6%。轻工业增长 10.1%，重工业增长 9.9%。

全年规模以上工业[7]中，农副食品加工业增加值比上年增长 13.6%，纺织业增长 12.2%，通用设备制造业增长 8.4%，专用设备制造业增长 8.9%，汽车制造业增长 8.4%，计算机、通信和其他电子设备制

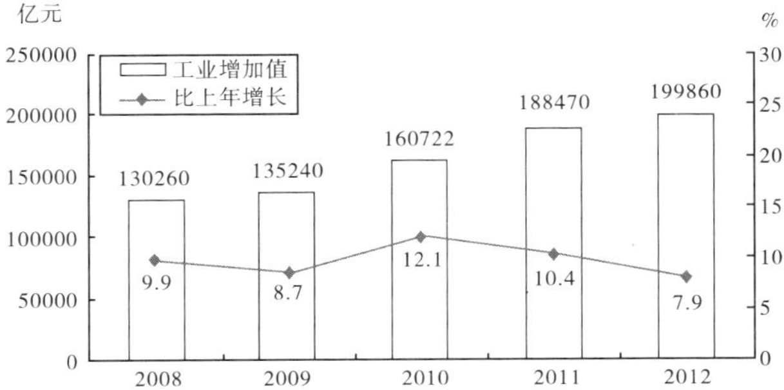

图 8　2008-2012 年全部工业增加值及其增长速度

造业增长 12.1%，电气机械和器材制造业增长 9.7%。六大高耗能行业[8]增加值比上年增长 9.5%，其中，非金属矿物制品业增长 11.2%，化学原料和化学制品制造业增长 11.7%，有色金属冶炼和压延加工业增长 13.2%，黑色金属冶炼和压延加工业增长 9.5%，电力、热力生产和供应业增长 5.0%，石油加工、炼焦和核燃料加工业增长 6.3%。高技术制造业增加值比上年增长 12.2%。

表 2　2012 年主要工业产品产量及其增长速度

产品名称	单　位	产　量	比上年增长%
纱	万吨	2984.0	9.8
布	亿米	840.8	3.3
化学纤维	万吨	3800.0	12.1
成品糖	万吨	1406.8	18.5
卷　烟	亿支	25160.9	2.8
彩色电视机	万台	12823.3	4.8
其中：液晶电视机	万台	11418.3	10.9
家用电冰箱	万台	8427.0	-3.1
房间空气调节器	万台	13281.1	-4.5
一次能源生产总量	亿吨标准煤	33.3	4.8
原　煤	亿吨	36.5	3.8
原　油	亿吨	2.07	2.3
天然气	亿立方米	1072.2	4.4
发电量	亿千瓦小时	49377.7	4.8
其中：火电	亿千瓦小时	38554.5	0.6
水电	亿千瓦小时	8608.5	23.2
核电	亿千瓦小时	973.9	12.8
粗　钢	万吨	71716.0	4.7
钢　材[9]	万吨	95317.6	7.6
十种有色金属	万吨	3672.2	6.9
其中：精炼铜（电解铜）	万吨	574.0	9.5
原铝（电解铝）	万吨	1985.8	12.3
氧化铝	万吨	3769.6	10.3
水　泥	亿吨	22.1	5.3
硫　酸	万吨	7686.3	2.7
纯　碱	万吨	2408.8	5.0
烧　碱	万吨	2696.1	9.0
乙　烯	万吨	1486.8	-2.7
化　肥（折 100%）	万吨	7296.0	10.1
发电机组（发电设备）	万千瓦	13005.6	-9.7
汽　车	万辆	1927.7	4.7
其中：基本型乘用车（轿车）	万辆	1077.1	6.4
大中型拖拉机	万台	46.3	15.3
集成电路	亿块	823.1	14.4
程控交换机	万线	2826.3	-6.8
移动通信手持机	万台	118154.3	4.3
微型计算机设备	万台	35411.0	10.5

全年规模以上工业企业实现利润 55578 亿元，比上年增长 5.3%，其中国有及国有控股企业 14163 亿元，下降 5.1%；集体企业 819 亿元，增长 7.5%，股份制企业 32867 亿元，增长 7.2%，外商及港澳台商投资企业 12688 亿元，下降 4.1%；私营企业 18172 亿元，增长 20.0%。

全年全社会建筑业增加值 35459 亿元，比上年增长 9.3%。全国具有资质等级的总承包和专业承包建筑业企业实现利润 4818 亿元，增长 15.6%，其中国有及国有控股企业 1236 亿元，增长 21.9%。

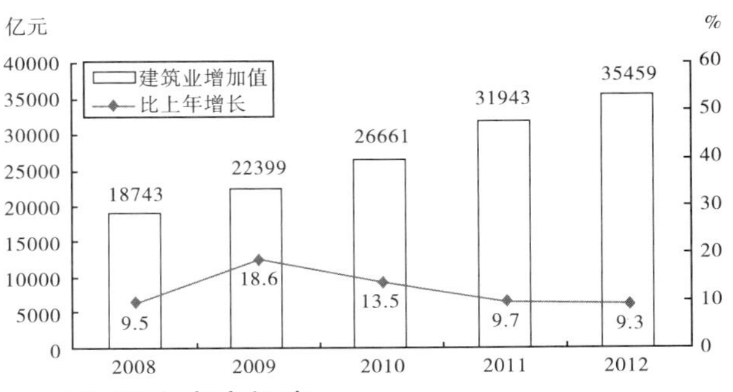

图 9　2008-2012 年建筑业增加值及其增长速度

四、固定资产投资

全年全社会固定资产投资 374676 亿元，比上年增长 20.3%，扣除价格因素，实际增长 19.0%。其中，固定资产投资（不含农户）364835 亿元，增长 20.6%；农户投资 9841 亿元，增长 8.3%。东部地区投资[10]151742 亿元，比上年增长 16.5%；中部地区投资 87909 亿元，增长 24.1%；西部地区投资 88749 亿元，增长 23.1%；东北地区投资 41243 亿元，增长 26.3%。

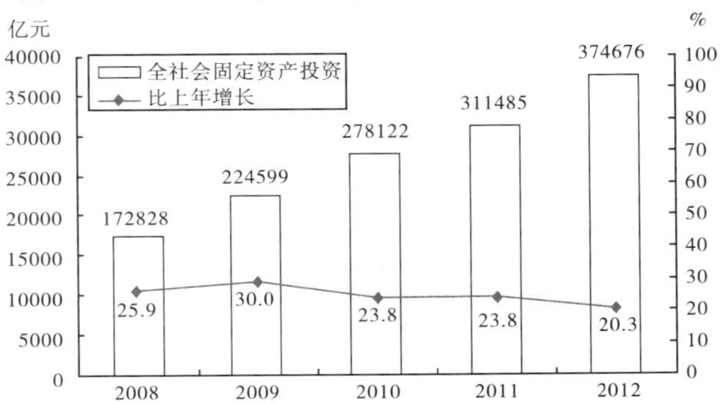

图 10　2008-2012 年全社会固定资产投资及其增长速度

表 3　2012 年分行业固定资产投资（不含农户）及其增长速度

单位：亿元

行　　业	投资额	比上年增长%
总　　计	364835	20.6
农、林、牧、渔业	9004	32.2
采矿业	13129	11.8
制造业	124971	22.0

续表3

行　　业	投资额	比上年增长%
电力、热力、燃气及水的生产和供应业	16536	12.8
建筑业	4036	24.6
批发和零售业	9816	33.0
交通运输、仓储和邮政业	30296	9.1
住宿和餐饮业	5102	30.2
信息传输、软件和信息技术服务业	2834	30.6
金融业	932	46.2
房地产业[11]	92357	22.1
租赁和商务服务业	4645	37.4
科学研究和技术服务业	2176	27.8
水利、环境和公共设施管理业	29296	19.5
居民服务、修理和其他服务业	1718	26.0
教育	4679	20.3
卫生和社会工作	2645	23.0
文化、体育和娱乐业	4299	36.2
公共管理、社会保障和社会组织	6363	9.2

在固定资产投资(不含农户)中,第一产业投资9004亿元,比上年增长32.2%;第二产业投资158672亿元,增长20.2%;第三产业投资197159亿元,增长20.6%。

表4　2012年固定资产投资新增主要生产能力

指　　标	单　位	绝对数
新增发电机组容量	万千瓦	8020
新增220千伏及以上变电设备	万千伏安	18208
新建铁路投产里程	公里	5382
其中:高速铁路[12]	公里	2723
增建铁路复线投产里程	公里	4763
电气化铁路投产里程	公里	6054
新建公路	公里	58672
其中:高速公路	公里	9910
港口万吨级码头泊位新增吞吐能力	万吨	49522
新增光缆线路长度	万公里	267

全年房地产开发投资71804亿元,比上年增长16.2%。其中,住宅投资49374亿元,增长11.4%;办公楼投资3367亿元,增长31.6%;商业营业用房投资9312亿元,增长25.4%。

全年新开工建设城镇保障性安居工程住房781万套(户),基本建成城镇保障性安居工程住房601万套。

表5　2012年房地产开发和销售主要指标完成情况及其增长速度

指　　标	单　位	绝对数	比上年增长%
投资额	亿元	71804	16.2
其中:住宅	亿元	49374	11.4
其中:90平方米及以下	亿元	16789	21.9
房屋施工面积	万平方米	573418	13.2
其中:住宅	万平方米	428964	10.6

续表5

指　　标	单　位	绝对数	比上年增长%
房屋新开工面积	万平方米	177334	-7.3
其中:住宅	万平方米	130695	-11.2
房屋竣工面积	万平方米	99425	7.3
其中:住宅	万平方米	79043	6.4
商品房销售面积	万平方米	111304	1.8
其中:住宅	万平方米	98468	2.0
本年资金来源	亿元	96538	12.7
其中:国内贷款	亿元	14778	13.2
其中:个人按揭贷款	亿元	10524	21.3
本年土地购置面积	万平方米	35667	-19.5
本年土地成交价款[13]	亿元	7410	-16.7

五、国内贸易

全年社会消费品零售总额210307亿元,比上年增长14.3%,扣除价格因素,实际增长12.1%。按经营地统计,城镇消费品零售额182414亿元,增长14.3%;乡村消费品零售额27893亿元,增长14.5%。按消费形态统计,商品零售额186859亿元,增长14.4%;餐饮收入额23448亿元,增长13.6%。

图11　2008-2012年社会消费品零售总额及其增长速度

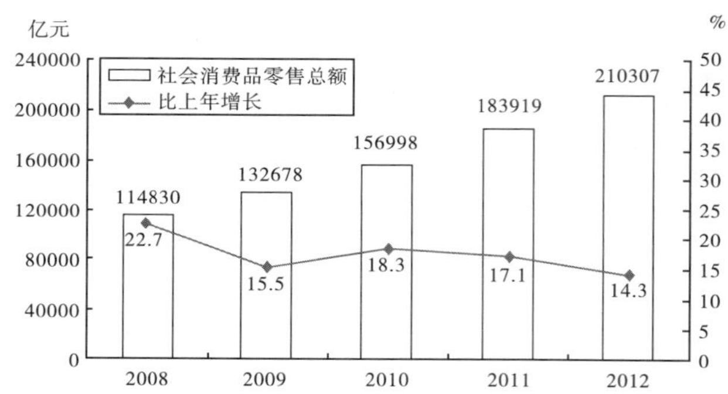

在限额以上企业商品零售额中,汽车类零售额比上年增长7.3%,粮油类增长19.9%,肉禽蛋类增长18.0%,服装类增长17.7%,日用品类增长17.5%,文化办公用品类增长17.7%,通讯器材类增长28.9%,化妆品类增长17.0%,金银珠宝类增长16.0%,中西药品类增长23.0%,家用电器和音像器材类增长7.2%,家具类增长27.0%,建筑及装潢材料类增长24.6%。

六、对外经济

全年货物进出口总额38668亿美元,比上年增长6.2%。其中,出口20489亿美元,增长7.9%;进口18178亿美元,增长4.3%。进出口差额(出口减进口)2311亿美元,比上年增加762亿美元。

表6　2012年货物进出口总额及其增长速度

单位:亿美元

指　　标	绝对数	比上年增长%
货物进出口总额	38668	6.2
货物出口额	20489	7.9
其中:一般贸易	9880	7.7
加工贸易	8628	3.3
其中:机电产品	11794	8.7
高新技术产品	6012	9.6
其中:国有企业	2563	-4.1
外商投资企业	10227	2.8
其他企业	7699	21.1
货物进口额	18178	4.3
其中:一般贸易	10218	1.4
加工贸易	4812	2.4
其中:机电产品	7824	3.8
高新技术产品	5068	9.5
其中:国有企业	4954	0.3
外商投资企业	8712	0.8
其他企业	4512	17.2
进出口差额(出口减进口)	2311	—

表7　2012年主要商品出口数量、金额及其增长速度

商品名称	单位	数量	比上年增长%	金额(亿美元)	比上年增长%
煤(包括褐煤)	万吨	926	-36.8	16	-41.6
钢材	万吨	5573	14.0	515	0.5
纺织纱线、织物及制品	—	—	—	958	1.2
服装及衣着附件	—	—	—	1591	3.9
鞋类	—	—	—	468	12.2
家具及其零件	—	—	—	488	28.7
自动数据处理设备及其部件	万台	183275	-0.1	1853	5.1
手持或车载无线电话	万台	101447	15.9	810	29.1
集装箱	万个	248	-23.5	84	-26.1
液晶显示板	万个	316650	29.7	363	22.9
汽车(包括整套散件)	万辆	99	20.1	127	27.5

表8　2012年主要商品进口数量、金额及其增长速度

商品名称	数量(万吨)	比上年增长%	金额(亿美元)	比上年增长%
谷物及谷物粉	1398	156.7	48	134.2
大豆	5838	11.2	350	17.6
食用植物油	845	28.7	97	25.6
铁矿砂及其精矿	74355	8.4	956	-15.0
氧化铝	502	165.1	18	133.3
煤(包括褐煤)	28851	29.8	287	20.2
原油	27102	6.8	2207	12.1
成品油	3982	-1.9	330	0.6
初级形状的塑料	2370	2.9	462	-2.2
纸浆	1646	14.0	110	-7.5
钢材	1366	-12.3	178	-17.5
未锻造的铜及铜材	465	14.1	386	4.9

表9　2012年对主要国家和地区货物进出口额及其增长速度

单位:亿美元

国家和地区	出口额	比上年增长%	进口额	比上年增长%
美国	3518	8.4	1329	8.8
欧盟	3340	-6.2	2121	0.4
中国香港	3235	20.7	180	15.9
东盟	2043	20.1	1958	1.5
日本	1516	2.3	1778	-8.6
韩国	877	5.7	1686	3.7
印度	477	-5.7	188	-19.6
俄罗斯	441	13.2	441	9.2
中国台湾	368	4.8	1322	5.8

全年非金融领域新批外商直接投资企业24925家,比上年下降10.1%。实际使用外商直接投资金额1117亿美元,下降3.7%。

图12　2008-2012年货物进出口总额

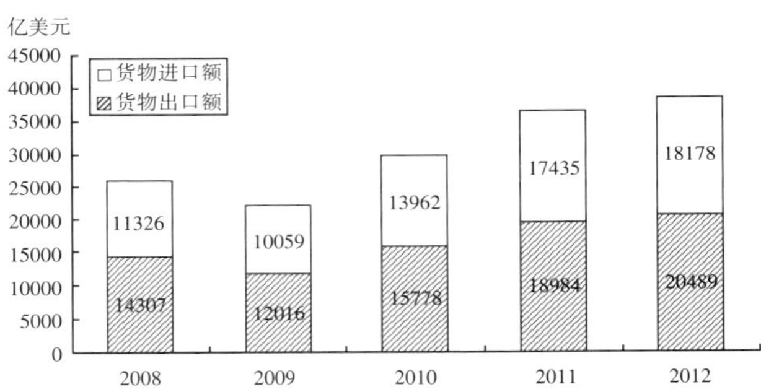

表10　2012年非金融领域外商直接投资及其增长速度

行　　业	企业数(家)	比上年增长%	实际使用金额(亿美元)	比上年增长%
总　　计	24925	-10.1	1117.2	-3.7
其中:农、林、牧、渔业	882	2.0	20.6	2.7
制造业	8970	-19.3	488.7	-6.2
电力、燃气及水的生产和供应业	187	-12.6	16.4	-22.6
交通运输、仓储和邮政业	397	-3.9	34.7	8.9
信息传输、计算机服务和软件业	926	-6.8	33.6	24.4
批发和零售业	7029	-3.2	94.6	12.3
房地产业	472	1.3	241.2	-10.3
租赁和商务服务业	3229	-8.2	82.1	-2.0
居民服务和其他服务业	192	-9.4	11.6	-38.2

全年非金融类对外直接投资额772亿美元,比上年增长28.6%。

全年对外承包工程业务完成营业额1166亿美元,比上年增长12.7%;对外劳务合作派出各类劳务人员51.2万人,增长13.3%。

七、交通、邮电和旅游

全年货物运输总量412亿吨,比上年增长11.5%。货物运输周转量173145亿吨公里,增长8.7%。全年规模以上港口完成货物吞吐量97.4亿吨,比上年增长6.8%,其中外贸货物吞吐量30.1亿吨,增长8.8%。规模以上港口集装箱吞吐量17651

万标准箱,增长8.1%。

表11　2012年各种运输方式完成货物运输量及其增长速度

指　标	单　位	绝对数	比上年增长%
货物运输总量	亿　吨	412.1	11.5
铁路	亿　吨	39.0	-0.7
公路	亿　吨	322.1	14.2
水运	亿　吨	45.6	7.0
民航	万　吨	541.6	-2.0
管道	亿　吨	5.3	-7.8
货物运输周转量	亿吨公里	173145.1	8.7
铁路	亿吨公里	29187.1	-0.9
公路	亿吨公里	59992.0	16.8
水运	亿吨公里	80654.5	6.9
民航	亿吨公里	162.2	-6.8
管道	亿吨公里	3149.3	9.1

全年旅客运输总量379亿人次，比上年增长7.6%。旅客运输周转量33369亿人公里，增长7.7%。

表12　2012年各种运输方式完成旅客运输量及其增长速度

指　标	单　位	绝对数	比上年增长%
旅客运输总量	亿人次	379.0	7.6
铁路	亿人次	18.9	4.8
公路	亿人次	354.3	7.8
水运	亿人次	2.6	4.3
民航	亿人次	3.2	9.2
旅客运输周转量	亿人公里	33368.8	7.7
铁路	亿人公里	9812.3	2.1
公路	亿人公里	18468.4	10.2
水运	亿人公里	77.4	3.9
民航	亿人公里	5010.7	10.4

年末全国民用汽车保有量达到12089万辆(包括三轮汽车和低速货车1145万辆),比上年末增长14.3%，其中私人汽车保有量9309万辆，增长18.3%。民用轿车保有量5989万辆,增长20.7%,其中私人轿车5308万辆,增长22.8%。

全年完成邮电业务总量[14]15022亿元,比上年增长13.0%。其中,邮政业务总量2037亿元,增长26.7%;电信业务总量12985亿元,增长11.1%。邮政业全年完成邮政函件业务70.74亿件,包裹业务0.69亿件，快递业务量56.85亿件。电信业全年局用交换机容量新增478万门，总容量43906万门；新增移动电话交换机容量[15]11234万户，达到182870万户。年末固定电话用户27815万户,其中,城市电话用户18893万户，农村电话用户8922万户。新增移动电话用户12590万户，年末达到111216万户,其中3G移动电话用户[16]23280万户。年末全国固定及移动电话用户总数达到139031万户，比上年末增加11896万户。电话普及率达到103.2部/百人。互联网上网人数5.64亿人,其中宽带上网人数5.30亿人。互联网普及率达到42.1%。

图13　2008-2012年年末电话用户数

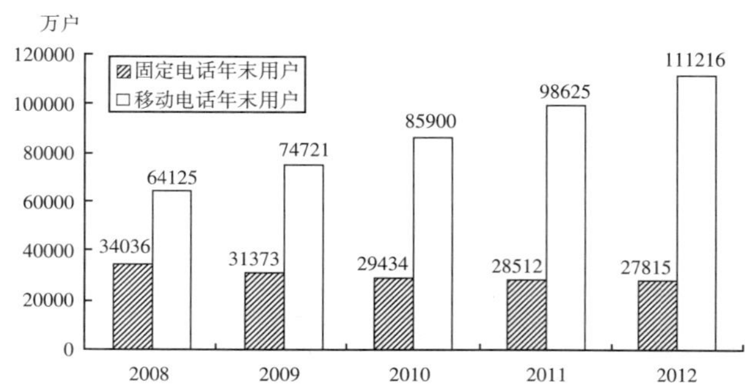

全年国内出游人数29.6亿人次，比上年增长12.1%;国内旅游收入22706亿元,增长17.6%。入境旅游人数13241万人次,下降2.2%。其中,外国人2719万人次,增长0.3%;香港、澳门和台湾同胞10521万人次,下降2.9%。在入境旅游者中,过夜旅游者5772万人次,增长0.3%。国际旅游外汇收入500亿美元,增长3.1%。国内居民出境人数8318万人次,增长18.4%。其中因私出境7706万人次,增长20.2%,占出境人数的92.6%。

八、金融

年末广义货币供应量（M2）余额为97.4万亿元,比上年末增长13.8%;狭义货币供应量(M1)余额为30.9万亿元,增长6.5%;流通中现金(M0)余额为5.5万亿元,增长7.7%。

年末全部金融机构本外币各项存款余额94.3万亿元,比年初增加11.6万亿元,其中人民币各项存款余额91.8万亿元,增加10.8万亿元。全部金融机构本外币各项贷款余额67.3万亿元,增加9.1万亿元,其中人民币各项贷款余额63.0万亿元,增加8.2万亿元。全年社会融资规模[17]为15.8万亿元,按可比口径计算,比上年多2.9万亿元。

表13　2012年年末全部金融机构本外币存贷款余额及其增长速度

单位:亿元

指　标	年末数	比上年末增长%
各项存款余额	943102	14.1
其中:住户存款	410201	16.6
其中:人民币	406192	16.7
非金融企业存款	345124	9.9
各项贷款余额	672875	15.6
其中:境内短期贷款	268152	23.3
境内中长期贷款	363894	9.0

年末主要农村金融机构(农村信用社、农村合作银行、农村商业银行)人民币贷款余额78320亿元,比年初增加11544亿元。全部金融机构人民币消费贷款余额104357亿元,增加15656亿元。其中,个人短期消费贷款余额19367亿元,增加5826亿元;个人中长期消费贷款余额84990亿元,增加9830亿元。

全年上市公司通过境内市场累计筹资5841亿元,比上年减少939亿元。其中,首次公开发行A股154只,筹资1034亿元,减少1791亿元;A股再筹资(包括配股、公开增发、非公开增发[18]、认股权证)2093亿元,减少155亿元;上市公司通过发行可转债、可分离债、公司债筹资2713亿元,增加1006亿元。全年公开发行创业板股票74只,筹资351亿元。

全年发行公司信用类债券[19]3.7万亿元,比上年增加1.4万亿元。

全年保险公司原保险保费收入[20]15488亿元,比上年增长8.0%,其中寿险业务原保险保费收入8908亿元;健康险和意外伤害险业务原保险保费收入1249亿元;财产险业务原保险保费收入5331亿元。支付各类赔款及给付4716亿元,其中寿险业务给付1505亿元;健康险和意外伤害险赔款及给付395亿元;财产险业务赔款2816亿元。

九、教育、科学技术和文化

全年研究生教育招生59.0万人,在学研究生172.0万人,毕业生48.6万人。普通高等教育本专科招生688.8万人,在校生2391.3万人,毕业生624.7万人。各类中等职业教育招生761.0万人,在校生2120.3万人,毕业生673.6万人。全国普通高中招生844.6万人,在校生2467.2万人,毕业生791.5万人。全国初中招生1570.8万人,在校生4763.1万人,毕业生1660.8万人。普通小学招生1714.7万人,在校生9695.9万人,毕业生1641.6万人。特殊教育招生6.6万人,在校生37.9万人,毕业生4.9万人。幼儿园在园幼儿3685.8万人。

图14 2008-2012年年末电话用户数

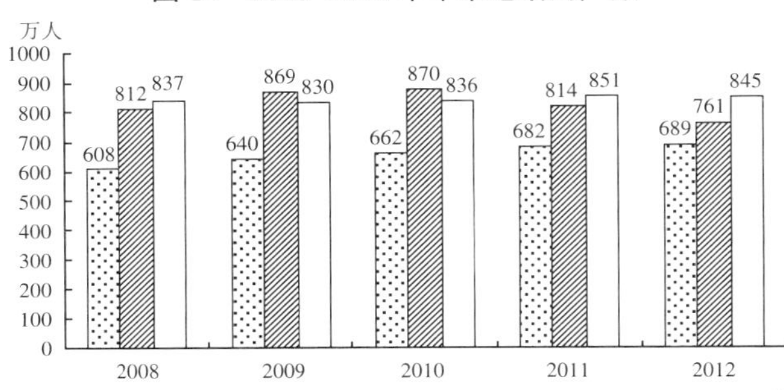

全年研究与试验发展(R&D)经费支出10240亿元,比上年增长17.9%,占国内生产总值的1.97%,其中基础研究经费498亿元。全年国家安排了1701项科技支撑计划课题,1165项“863”计划课题。累计建设国家工程研究中心130个,国家工程实验室128个。累计建设国家地方联合工程研究中心149个,国家地方联合工程实验室180个。国家认定企业技术中心达到887家。省级企业技术中心达到8137家。实施新兴产业创投计划[21],累计支持设立102家创业投资企业,资金总规模近290亿元,投资了创业企业238家。全年受理境内外专利申请205.1万件,其中境内申请188.6万件,占91.9%。受理境内外发明专利申请65.3万件,其中境内申请52.3万件,占80.1%。全年授予专利权125.5万件,其中境内授权114.4万件,占91.1%。授予发明专利权21.7万件,其中境内授权13.7万件,占63.2%。截至年底,有效专利350.9万件,其中境内有效专利289.9万件,占82.6%;有效发明专利87.5万件,其中境内有效发明专利43.5万件,占49.7%。全年共签订技术合同28.2万项,技术合同成交金额6437.1亿元,比上年增长35.1%。全年成功发射卫星19次。神舟九号载人飞船与天宫一号目标飞行器顺利实现首次空间交会对接,北斗二号卫星导航系统完成区域组网并正式提供运行服务,“蛟龙”号载人深潜器海试成功突破7000米。

图15 2008-2012年研究与试验发展(R&D)经费支出

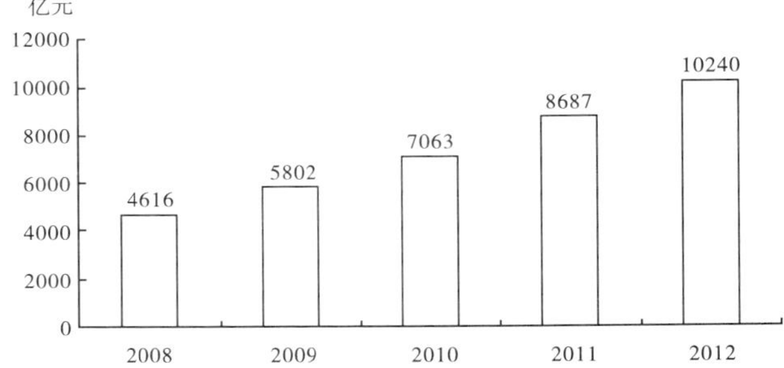

年末全国共有产品检测实验室28128个,其中国家检测中心509个。全国现有产品质量、体系认证机构173个,已累计完成对105224个企业的产品认证。全国共有法定计量技术机构3496个,全年强制检定计量器具6267万台(件)。全年制定、修订国家标准1986项,其中新制定1375项。全年中央气象台和省级气象台共发布气象预警信号5123次,警报4049次。全国共有地震台站1687个,区域地震台网32个。全国共有海洋观测站79个。测绘地理信息部门公开出版地图1662种。

年末全国文化系统共有艺术表演团体2089个，博物馆2838个，全国共有公共图书馆2975个，文化馆3286个。各类广播电视播出机构共有2579座。有线电视用户2.14亿户，有线数字电视用户1.43亿户。年末广播节目综合人口覆盖率为97.5%；电视节目综合人口覆盖率为98.2%。全年生产电视剧506部17703集，电视动画片222838分钟。全年生产故事影片745部，科教、纪录、动画和特种影片[22]148部。出版各类报纸476亿份，各类期刊34亿册，图书81亿册(张)。年末全国共有档案馆4107个，已开放各类档案11662万卷(件)。

全年我国运动员在24个运动大项中获得107个世界冠军，共创14项世界纪录。在伦敦奥运会上，我国运动员共获得38枚金牌，奖牌总数88枚，位列奥运会金牌榜和奖牌榜第二位。在伦敦残奥会上，我国运动员共获得95枚金牌，蝉联金牌榜和奖牌榜第一位。

十、卫生和社会服务

年末全国共有医疗卫生机构961830个，其中医院23005个，乡镇卫生院37128个，社区卫生服务中心(站)33646个，诊所(卫生所、医务室)179644个，村卫生室663355个，疾病预防控制中心3506个，卫生监督所(中心)3037个。卫生技术人员650万人，其中执业医师和执业助理医师252万人，注册护士242万人。医疗卫生机构床位557万张，其中医院403万张，乡镇卫生院106万张。全年甲、乙类法定报告传染病发病人数321.7万例，报告死亡16721人；报告传染病发病率238.76/10万，死亡率1.24/10万。

图16　2008-2012年卫生技术人员人数

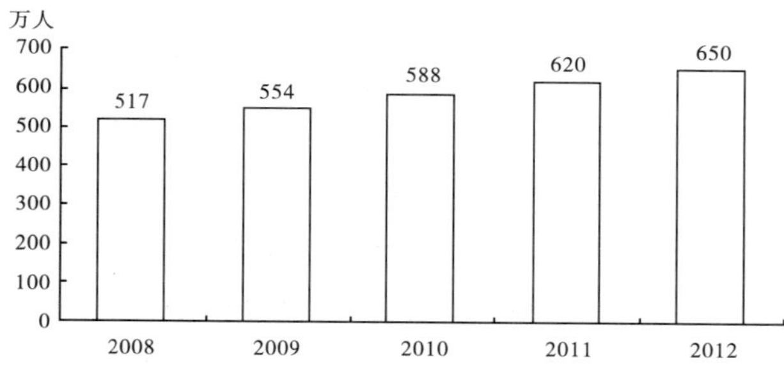

年末全国共有各类提供住宿的社会服务机构[23]4.7万个，床位429.8万张，收养救助各类人员296.7万人。其中，养老服务机构4.2万个，床位381.0万张，收养各类人员262.0万人。年末共有社区服务中心1.6万个，社区服务站7.2万个。年末全国共有2142.5万人纳入城市居民最低生活保障，5340.9万人纳入农村居民最低生活保障，545.9万人纳入农村五保供养[24]。全年救助城市医疗困难群众666.4万人次，救助农村医疗困难群众1908.4万人次；资助1158.9万城镇困难群众参加城镇医疗保险，资助3915.1万农村困难群众参加新型农村合作医疗。

十一、人口、人民生活和社会保障

年末全国大陆总人口为135404万人，比上年末增加669万人，其中城镇人口为71182万人，占总人口比重为52.6%，比上年末提高1.3个百分点。全年出生人口1635万人，出生率为12.10‰；死亡人口966万人，死亡率为7.15‰；自然增长率为4.95‰。出生人口性别比为117.70。0-14岁(含不满15周岁)人口22287万人，占总人口的16.5%，比上年末提高0.01个百分点；15-59岁（含不满60周岁）劳动年龄人口93727万人，比上年末减少345万人，占总人口的69.2%，比上年末下降0.60个百分点；60周岁及以上人口19390万人，占总人口的14.3%，比上年末提高0.59个百分点。全国人户分离的人口[25]为2.79亿人，其中流动人口[26]为2.36亿人。

表14　2012年年末人口数及其构成

单位：万人

指　　标	年末数	比重%
全国总人口	135404	100.0
其中：城镇	71182	52.6
乡村	64222	47.4
其中：男性	69395	51.3
女性	66009	48.7
其中：0-14岁(含不满15周岁)	22287	16.5
15-59岁(含不满60周岁)	93727	69.2
60周岁及以上	19390	14.3
其中：65周岁及以上	12714	9.4

全年农村居民人均纯收入7917元，比上年增长13.5%，扣除价格因素，实际增长10.7%；农村居民人均纯收入中位数[27]为7019元，增长13.3%。城镇居民人均可支配收入24565元，比上年增长12.6%，扣除价格因素，实际增长9.6%；城镇居民人均可支配收入中位数为21986元，增长15.0%。农村居民食品消费支出占消费总支出的比重为39.3%，城镇为36.2%。

图 17　2008-2012 年农村居民人均纯收入及其实际增长速度

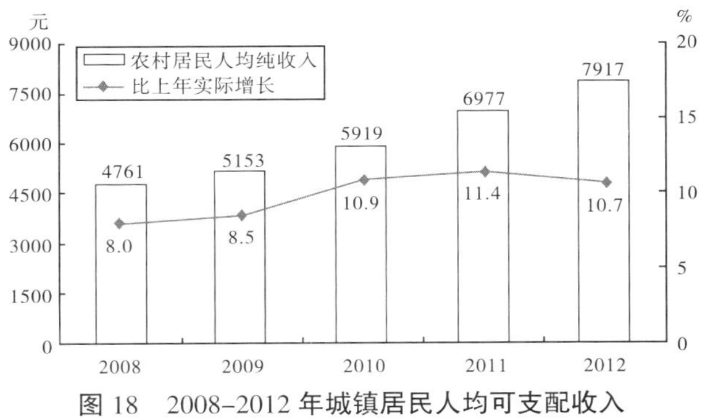

图 18　2008-2012 年城镇居民人均可支配收入及其实际增长速度

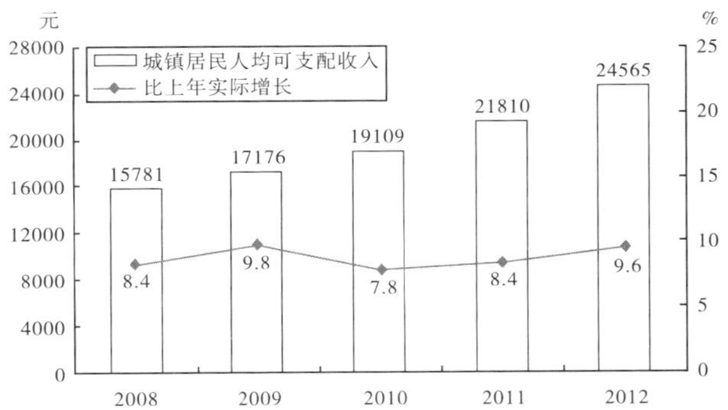

年末全国参加城镇职工基本养老保险人数 30379 万人，比上年末增加 1988 万人。其中，参保职工 22978 万人，参保离退休人员 7401 万人。全国参加城乡居民社会养老保险人数 48370 万人，增加 15187 万人。其中享受待遇人数 13075 万人。参加城镇基本医疗保险的人数 53589 万人，增加 6246 万人。其中，参加城镇职工基本医疗保险[28]人数 26467 万人，参加城镇居民基本医疗保险人数 27122 万人。参加城镇基本医疗保险的农民工 4996 万人，增加 355 万人。参加失业保险的人数 15225 万人，增加 908 万人。年末全国领取失业保险金人数 204 万人。参加工伤保险的人数 18993 万人，增加 1297 万人，其中参加工伤保险的农民工 7173 万人，增加 345 万人。参加生育保险的人数 15445 万人，增加 1553 万人。年末，2566 个县（市、区）开展了新型农村合作医疗工作，新型农村合作医疗参合率 98.1%；1-9 月新型农村合作医疗基金支出总额[29]为 1717 亿元，受益 11.5 亿人次。2012 年，按照农村扶贫标准年人均纯收入 2300 元（2010 年不变价），年末农村贫困人口为 9899 万人，比上年末减少 2339 万人。

十二、资源、环境和安全生产

全年全国国有建设用地供应总量[30]69.0 万公顷，比上年增长 17.5%。其中，工矿仓储用地 20.3 万公顷，增长 5.6%；房地产用地[31]16.0 万公顷，下降 4.2%；基础设施等其他用地 32.7 万公顷，增长 43.4%。

全年水资源总量 28410 亿立方米。全年平均降水量 676 毫米。年末全国 422 座大型水库蓄水总量 2120 亿立方米，比上年末多蓄水 164 亿立方米。全年总用水量 6110 亿立方米，与上年基本持平。其中，生活用水增长 3.2%，工业用水下降 0.8%，农业用水下降 0.5%，生态补水增长 7.2%。万元国内生产总值用水量[32]129 立方米，比上年下降 7.2%。万元工业增加值用水量 76 立方米，下降 8.0%。人均用水量 452 立方米，下降 0.4%。

全年完成造林面积 601 万公顷，其中人工造林 410 万公顷。林业重点工程完成造林面积 274 万公顷，占全部造林面积的 45.6%。截至年底，自然保护区达到 2640 个，其中国家级自然保护区 363 个。新增水土流失治理面积 4.2 万平方公里，新增实施水土流失地区封育保护面积 2.6 万平方公里。截至年底，已确权集体林地面积为 18000 万公顷，其中发放林权证的面积为 17187 万公顷。

全年平均气温为 9.4℃，共有 7 个台风登陆。

初步核算，全年能源消费总量 36.2 亿吨标准煤，比上年增长 3.9%。煤炭消费量增长 2.5%；原油消费量增长 6.0%；天然气消费量增长 10.2%；电力消费量增长 5.5%。全国万元国内生产总值能耗下降 3.6%。

七大水系的 571 个水质监测断面中，Ⅰ~Ⅲ类水质断面比例占 63.9%，劣Ⅴ类水质断面比例占 12.4%。七大水系水质总体为轻度污染，水质保持基本稳定。

近岸海域 301 个海水水质监测点中，达到国家一、二类海水水质标准的监测点占 69.4%，三类海水占 6.6%，四类、劣四类海水占 23.9%。

在监测的 316 个城市中，城市区域声环境质量好的城市占 3.5%，较好的占 75.9%，轻度污染的占 20.3%，中度污染的占 0.3%。

年末城市污水处理厂日处理能力达 11858 万立方米，比上年末增长 4.9%；城市污水处理率达到 84.9%，提高 1.3 个百分点。城市集中供热面积 49.2 亿平方米，增长 3.8%。建成区绿地率达到 35.5%，提高 0.2 个百分点。

全年农作物受灾面积 2496 万公顷，下降

23.1%，其中绝收183万公顷，下降36.9%。全年因洪涝地质灾害造成直接经济损失1661亿元，上升31.8%。全年因旱灾造成直接经济损失244亿元，下降73.7%。全年因低温冷冻和雪灾造成直接经济损失61亿元，下降79.0%。全年因海洋灾害造成直接经济损失155亿元，上升150%。全年大陆地区共发生5级以上地震16次，成灾11次，造成直接经济损失83亿元。全年共发生森林火灾3966起，下降28.5%。

全年各类生产安全事故共死亡71983人，比上年下降4.7%。亿元国内生产总值生产安全事故死亡人数为0.142人，下降17.9%；工矿商贸企业就业人员10万人生产安全事故死亡人数为1.64人，下降12.8%；道路交通万车死亡人数为2.5人，下降10.7%；煤矿百万吨死亡人数为0.374人，下降33.7%。

注释：

[1] 本公报中数据均为初步统计数。各项统计数据均未包括香港特别行政区、澳门特别行政区和台湾省。部分数据因四舍五入的原因，存在着与分项合计不等的情况。

[2] 国内生产总值、各产业增加值绝对数按现价计算，增长速度按不变价格计算。

[3] 农产品生产者价格是指农产品生产者直接出售其产品时的价格。

[4] 年度农民工数量包括年内在本乡镇以外从业6个月以上的外出农民工和在本乡镇内从事非农产业6个月以上的本地农民工两部分。

[5] 公共财政收入是指政府凭借国家政治权力，以社会管理者身份筹集以税收为主体的财政收入。

[6] 图中2008年至2011年数据为公共财政收入决算数，2012年为执行数。

[7] 2012年起，国家统计局执行新的国民经济行业分类标准，工业行业大类由原来的39个调整为41个，固定资产投资（不含农户）行业分类也按新的标准进行了调整。

[8] 六大高耗能行业分别为：化学原料和化学制品制造业、非金属矿物制品业、黑色金属冶炼和压延加工业、有色金属冶炼和压延加工业、石油加工炼焦和核燃料加工业、电力热力生产和供应业。

[9] 钢材产量数据中含部分使用钢材加工成其他钢材的重复计算因素。

[10] 固定资产投资按东部、中部、西部和东北地区计算的合计数据小于全国数据，是因为有部分跨地区的投资未计算在地区数据中。其中，东部地区是指北京、天津、河北、上海、江苏、浙江、福建、山东、广东和海南10省（市）；中部地区是指山西、安徽、江西、河南、湖北和湖南6省；西部地区是指内蒙古、广西、重庆、四川、贵州、云南、西藏、陕西、甘肃、青海、宁夏和新疆12省（区、市）；东北地区是指辽宁、吉林和黑龙江3省。

[11] 房地产业投资除房地产开发投资外，还包括建设单位自建房屋以及物业管理、中介服务和其他房地产投资。

[12] 高速铁路是指最高营运速度达到200公里/小时及以上的铁路。

[13] 本年土地成交价款是指房地产开发企业进行土地使用权交易活动的最终金额，与土地购置费不同。

[14] 邮电业务总量按2010年不变价格计算。

[15] 移动电话交换机容量是指移动电话交换机根据一定话务模型和交换机处理能力计算出来的最大同时服务用户的数量。

[16] 3G是指第三代蜂窝移动通信系统（3rd-generation，简称3G），3G移动电话用户是指报告期末在计费系统拥有使用信息、占用3G网络资源的在网用户。

[17] 社会融资规模是指一定时期内实体经济从金融体系获得的资金总额，是增量概念。

[18] 非公开增发又叫定向增发，不含资产认购部分。

[19] 公司信用类债券包括非金融企业债务融资工具、企业债券以及公司债、可转债等。

[20] 原保险保费收入是指保险企业确认的原保险合同保费收入。

[21] 新兴产业创投计划是指中央财政专项资金通过与地方政府资金、社会资本共同发起设立创业投资企业，或以股权投资模式直接投资创业企业等方式，培育和促进新兴产业发展的活动。

[22] 特种影片是指那些采用与常规影院放映在技术、设备、节目方面不同的电影展示方式，如巨幕电影、立体电影、立体特效（4D）电影、动感电影、球幕电影等。

[23] 提供住宿的社会服务机构除收养性机构外，还包括救助类机构、社区类机构以及军休所、军供站等机构。

[24] 农村五保供养是指老年、残疾和未满16周岁的村民，无劳动能力、无生活来源又无法定赡养、抚养、扶养义务人，或者其法定赡养、抚养、扶养义务人无赡养、抚养、扶养能力的村民，在吃、穿、住、医、葬方面得到的生活照顾和物质帮助。

[25] 人户分离的人口是指居住地与户口登记地所在的乡镇街道不一致且离开户口登记地半年以上的人口。

[26] 流动人口是指人户分离人口中不包括市辖区内人户分离的人口。市辖区内人户分离的人口是指一个直辖市或地级市所辖区内和区与区之间，居住地和户口登记地不在同一乡镇街道的人口。

[27] 人均收入中位数是指将所有调查户按人均收入水平从低到高顺序排列，处于最中间位置的调查户的人均收入。

[28] 城镇职工基本医疗保险人数包括参保职工和参保退休人员。城镇居民基本医疗保险的参保对象是不属于城镇职工基本医疗保险覆盖范围的城镇非从业人员。

[29] 按卫生部统计制度规定，新型农村合作医疗基金支出总额和受益人次目前仅统计到1–9月份。

[30] 国有建设用地供应总量是指报告期市、县人民政府根据年度土地供应计划依法以出让、划拨、租赁等方式将国有建设用地使用权提供给单位或个人使用的国有建设用地总量。

[31] 房地产用地是指商服用地和住宅用地的总和。

[32] 万元国内生产总值用水量、万元工业增加值用水量和万元国内生产总值能耗按2010年不变价格计算。

资料来源：

本公报中城镇新增就业、登记失业率、社会保障数据来自人力资源社会保障部；外汇储备和汇率数据来自外汇局；财政数据来自财政部；水产品产量数据来自农业部；木材产量、林业、森林火灾数据来自林业局；灌溉面积、水资源数据来自水利部；新增发电机组容量、新增220千伏及以上变电设备数据来自中电联；新建铁路投产里程、增建铁路复线投产里程、电气化铁路投产里程、铁路运输数据来自铁道部；新建公路、港口万吨级码头泊位 新增吞吐能力、公路运输、水运、港口货物吞吐量数据来自交通运输部；新增光缆线路长度、新增移动电话交换机容量、电话用户、上网人数等通信数据来自工业和 信息化部；保障性住房、城市污水处理、城市集中供热面积、建成区绿地率数据来自住房城乡建设部；货物进出口数据来自海关总署；外商直接投资、对外直接投资、对外承包工程、对外劳务合作等数据来自商务部；民航数据来自民航局；管道数据来自中石油、中石化；民用汽车、交通事故数据来自公安部；邮政业务数据来 自邮政局；旅游数据来自旅游局、公安部；货币金融、公司信用类债券数据来自人民银行；上市公司数据来自证监会；保险业数据来自保监会；教育数据来自教育 部；安排科技计划课题、技术合同等数据来自科技部；国家工程研究中心、企业技术中心、新兴产业创投等数据来自发展改革委；专利数据来自知识产权局；发射卫 星数据来自国防科工局；质量检验、国家标准制定修订数据来自质检总局；气象预警、平均气温、登陆台风数据来自气象局；地震数据来自地震局；测绘数据来自测 绘局；海洋观测站、海洋灾害造成直接经济损失数据来自海洋局；艺术表演团体、博物馆、公共图书馆、文化馆数据来自文化部；广播电视、电影数据来自广电总 局；报纸、期刊、图书数据来自新闻出版总署；档案数据来自档案局；体育数据来自体育总局；残奥会数据来自中国残联；卫生、新农合数据来自卫生部；社会服 务、低保和五保供养数据、农作物受灾面积、洪涝地质灾害造成直接经济损失、旱灾造成直接经济损失、低温冷冻和雪灾造成直接经济损失来自民政部；国有建设用 地供应数据来自国土资源部；自然保护区、环境监测数据来自环境保护部；安全生产数据来自安全监管总局；其他数据均来自国家统计局。

宁夏回族自治区 2012 年国民经济和社会发展统计公报

宁夏回族自治区统计局　国家统计局宁夏调查总队

2013 年 3 月 18 日

2012 年，面对复杂严峻的国内外经济形势，自治区党委、自治区政府带领全区人民，紧扣科学发展主题和加快转变经济发展方式主线，坚持稳中求进的工作总基调，着力推进稳增长、控物价、调结构、惠民生、抓改革、保稳定的各项工作，把稳增长放在更加重要的位置，采取一系列行之有效的举措加大对经济运行的调节，全区经济继续朝着宏观调控的预期方向发展，经济筑底回升，呈现出经济发展、民生改善的良好局面，各项社会事业全面进步。

一、综合

初步核算，全区实现生产总值 2326.64 亿元，按可比价格计算，比上年增长 11.5%。其中，第一产业增加值 200.16 亿元，增长 5.6%；第二产业增加值 1158.58 亿元，增长 13.8%；第三产业增加值 967.90 亿元，增长 9.7%。按常住人口计算，全区人均生产总值 36166 元，增长 10.3%。

三次产业增加值构成由 2011 年的 8.8:50.2:41.0 调整为 2012 年的 8.6:49.8:41.6。2012 年，三次产业对经济增长的贡献率分别由 2011 年的 3.9%、71.2% 和 24.9% 转变为 2012 年的 4.3%、62.0% 和 33.7%。

图 1　2007-2012 年全区生产总值及其增长速度

单位：亿元、%

表 1　2012 年全区生产总值及增长速度

指　　标	绝对值(亿元)	比上年增长(%)
全区生产总值	2326.64	11.5
第一产业	200.16	5.6
第二产业	1158.58	13.8
工业	878.64	13.5
建筑业	279.94	14.8
第三产业	967.90	9.7
交通运输、仓储和邮政业	195.48	8.7
批发和零售业	124.34	11.6
住宿和餐饮业	42.39	5.9
金融业	165.34	21.1
房地产业	83.10	3.2
其他服务业	57.25	7.4

2012 年，全区居民消费价格总水平比上年上涨 2.0%。其中，城市、农村分别上涨 2.2% 和 1.7%。

全年服务项目价格上涨 2.0%；商品零售价格上涨 1.0%。

全年工业生产者出厂价格下降 2.6%；工业生产者购进价格下降 0.5%；农业生产资料价格上涨 7.6%。

图 2　2012 年全区居民消费价格月度同比涨跌幅度(%)

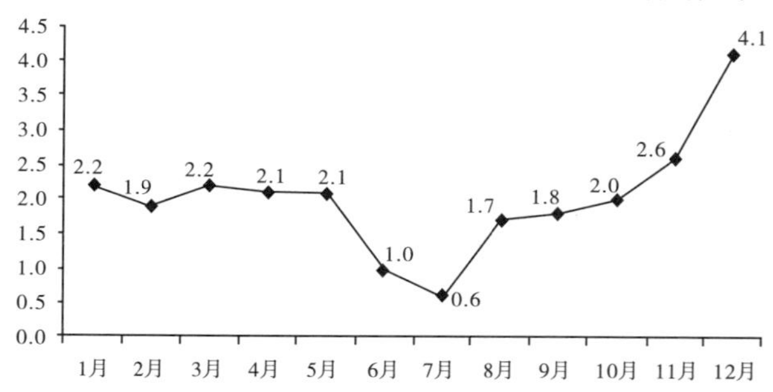

图 3　2007-2012 年全区居民消费价格涨跌幅度(%)

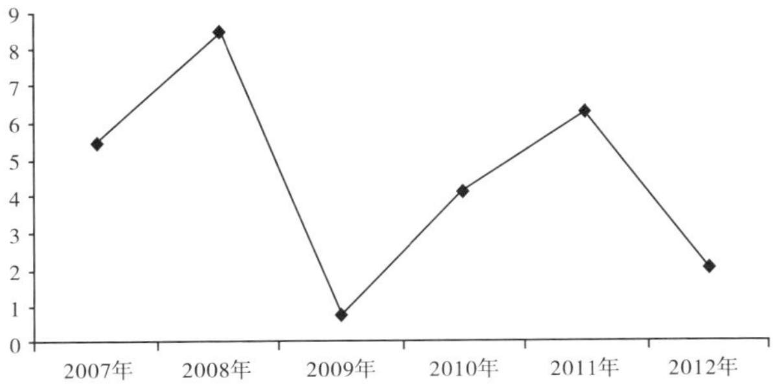

表 2　2012 年全区居民消费价格指数(上年=100)

指　标	全　区	城　市	乡　村
居民消费价格总指数	102.0	102.2	101.7
食　品	104.5	104.9	103.7
其中:粮食	101.0	101.8	100.0
烟酒及用品	101.5	101.3	101.8
衣　着	103.0	102.7	104.1
家庭设备用品及服务	100.2	99.9	101.0
医疗保健及个人用品	101.6	101.6	101.7
交通和通信	99.5	99.5	99.5
娱乐教育文化用品及服务	98.6	98.0	100.3
居　住	100.8	101.8	98.8

二、农业

全年完成农业总产值 385.9 亿元，比上年增长 5.7%。其中,种植业产值 241.9 亿元,增长 5.0%;林业产值 10.0 亿元,增长 6.9%;畜牧业产值 105.5 亿元,增长 5.9%;渔业产值 12.6 亿元,增长 9.7%;农林牧渔服务业产值 15.9 亿元,增长 11.9%。

全年粮食播种面积 1242.41 万亩，比上年减少 2.8%,粮食总产量 375.03 万吨,增长 4.5%,实现连续九年增产，总产再创历史新高。油料播种面积 132.57 万亩，减少 0.3%。蔬菜播种面积 167.36 万亩,增长 4.0%。

图 4　2007-2012 年全区粮食产量

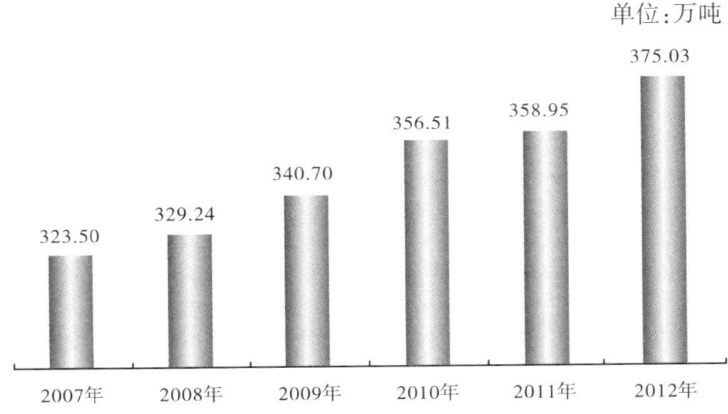

2012 年末全区育苗面积 42.47 万亩,比上年增长 19.5%。其中,本年新育苗面积 12.18 万亩。2012 年末实有封山(沙)育林面积 439.46 万亩,比上年增长 15.3%;完成人工造林 80.15 万亩。

表 3　2012 年全区主要农林牧渔产品产量

指　标	单　位	产量	比上年增长(%)
粮食	万吨	375.03	4.5
小麦	万吨	62.04	-1.5
水稻	万吨	71.33	0.8
玉米	万吨	191.18	10.9
油料	万吨	18.03	-2.1
蔬菜	万吨	471.11	7.4
猪牛羊禽肉产量	万吨	26.12	5.6
禽蛋	万吨	6.18	-15.2
牛奶	万吨	103.49	7.8
水产品	万吨	12.35	17.2

2012 年末全区农业机械总动力 811.29 万千瓦,比上年增长 5.5%。机耕、机播和机收面积分别达到 1376.86 万亩、1085.42 万亩和 776.31 万亩,分别增长 4.5%、4.1%和 13.0%。

三、工业和建筑业

全年全部工业增加值 878.64 亿元,比上年增长 13.5%。全年规模以上工业实现工业增加值 818.24 亿元, 比上年增长 14.0%。在规模以上工业增加值中,轻工业增加值 98.45 亿元,增长 8.6%;重工业增加值 719.79 亿元,增长 14.8%。

图 5　2007-2012 年全区规模以上工业增加值增长速度(%)

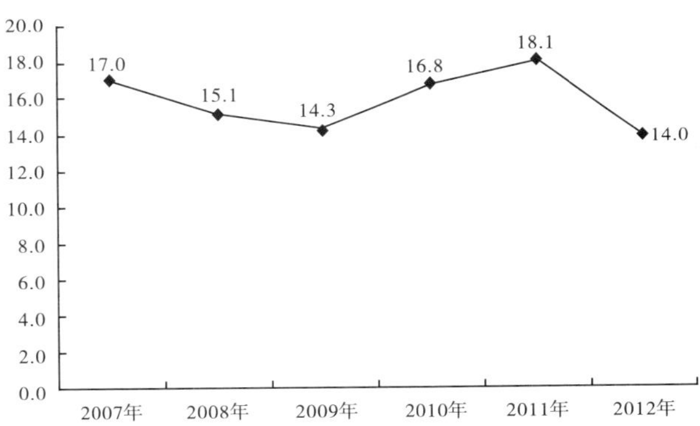

全年规模以上工业企业实现销售产值 2940.31 亿元，比上年增长 24.7%，工业产品销售率为 97.5%;工业品出口交货值 65.62 亿元,下降 1.6%。在全区重点监测考核的 46 种工业产品中,有 30 种产品产量增长,增长面达 65.2%。

全年规模以上工业企业经济效益综合指数达到 255.74,比上年提高 8.46 个百分点;实现主营业务收入 2972.55 亿元,比上年增长 24.6%;盈亏相抵后实现利润 106.98 亿元,比上年下降 22.3%。实现税金总额 153.32 亿元,比上年增长 58.0%。

表4　2012年全区主要工业产品产量及增长速度

指　　标	单位	产量	比上年增长(%)
发电量	亿千瓦时	1005.91	3.4
焦炭	万吨	492.58	12.6
原铝	万吨	152.35	28.7
橡胶轮胎外胎	万条	141.91	-24.7
农用化肥(折纯)	万吨	87.99	-0.7
烧碱(氢氧化钠)	万吨	44.42	4.5
电石(碳化钙)	万吨	309.48	14.3
水泥	万吨	1605.29	8.5
铁合金	万吨	198.13	10.1
乳制品	万吨	56.56	76.5
饮料酒	千升	196226	-1.4
白酒	千升	16669	468.7
啤酒	千升	153746	-5.2
葡萄酒	千升	16527	-34.4
金属切削机床	台	3739	-41.1
轴承	万套	401	76.5

全区具有资质的总承包和专业承包建筑业企业541家,全年完成建筑业总产值461.93亿元,比上年增长10.8%。按建筑业总产值计算的劳动生产率24.9万元/人,同比增加9.3万元/人。建筑业企业房屋施工面积3753.07万平方米，比上年增长12.1%；房屋竣工面积1491.64万平方米，增长17.1%。

四、固定资产投资

全年全社会完成固定资产投资2109.52亿元,比上年增长27.5%。其中,基本建设投资1361.49亿元,增长28.8%;更新改造投资238.18亿元,增长26.3%;房地产开发投资429.15亿元,增长27.6%。分投资主体看，国有及国有经济控股完成投资876.21亿元，增长4.6%；非国有经济完成投资1233.31亿元,增长51.1%,其中,民间投资1194.33亿元,增长51.2%。

图6　2007-2012年全区全社会固定资产投资总额及增长速度

单位:亿元、%

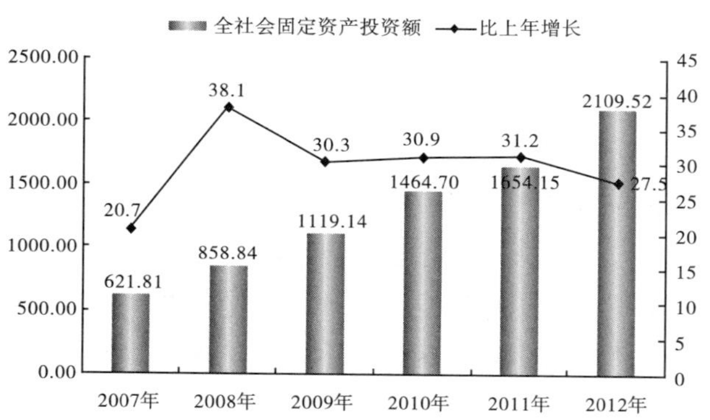

从投资结构看,第一产业投资71.81亿元,增长50.3%。第二产业投资1049.34亿元,增长27.0%。其中,工业投资1018.03亿元,增长27.6%。第三产业投资988.37亿元,增长26.7%。

表5　2012年全区分行业全社会固定资产投资

指　　标	绝对量(亿元)	比上年增长(%)
全社会固定资产投资	2109.52	27.5
采矿业	163.62	21.9
制造业	628.10	47.9
电力、热力、燃气及水的生产和供应业	226.30	-5.4
建筑业	31.31	11.3
批发和零售业	53.55	28.8
交通运输、仓储和邮政业	113.78	7.8
住宿和餐饮业	13.17	18.6
信息传输、软件和信息技术服务业	11.47	-29.7
金融业	0.69	-74.1
房地产业	597.17	43.4
租赁和商务服务业	8.03	969.1
科学研究和技术服务业	0.99	-21.7
水利、环境和公共设施管理业	108.29	11.9
居民服务和其他服务业	9.97	300.4
教育	29.15	7.5
卫生和社会工作	11.09	65.0
文化、体育和娱乐业	8.03	-27.4
公共管理和社会组织	23.02	-42.9

全年固定资产投资施工项目2965个，增长18.6%，施工项目计划总投资7675.11亿元，增长24.6%。全区亿元以上项目完成固定资产投资1223.91亿元,同比增长29.4%。

全年房地产开发投资429.15亿元,比上年增长27.6%。其中,住宅投资279.49亿元,增长16.7%;办公楼完成投资10.84亿元,增长27.3%;商业营业用房投资83.01亿元，增长66.8%。房屋施工面积5033.26万平方米，比上年增长23.4%，竣工面积1151.97万平方米,增长19.1%。

全年商品房销售面积为804.43万平方米,比上年下降5.0%。其中，住宅销售面积707.57万平方米，增长0.3%；商品房销售额317.58亿元，增长0.5%。其中，商品住宅销售额256.19亿元，增长7.2%。

五、国内贸易

全年实现社会消费品零售总额548.83亿元,比上年增长14.9%。扣除价格因素,实际增长13.8%。按经营地统计，城镇消费品零售额502.31亿元,增长15.0%；乡村消费品零售额46.52亿元，增长13.7%。按消费形态统计,商品零售额466.93亿元,增长13.8%;餐饮收入额81.90亿元,增长21.6%。

图 7　2007-2012 年全区社会消费品零售总额及增长速度

单位:亿元、%

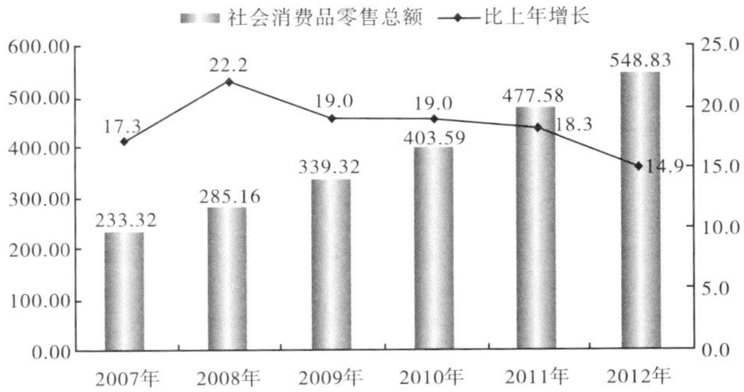

在限额以上企业(单位)商品零售额中,基本生活类消费品增长较快,主要集中在粮油食品类和日用品类,分别增长 21.0%和 20.1%,肉禽蛋类增幅达到 26.4%。中西药品类增长 29.5%,电子出版物及音像制品类增长 20.6%,金银珠宝类增长 18.1%,化妆品类增长 17.4%。建筑及装潢材料类下降 34.0%,机电产品及设备类下降 31.9%,家用电器和音像器材类下降 1.2%。

六、对外经济

据海关统计,全年实现进出口总额 22.17 亿美元,比上年下降 3.0%。其中,出口总额 16.41 亿美元,增长 2.6%;进口总额 5.76 亿美元,下降 16.2%。全年累计实现贸易顺差 10.65 亿美元。

全年高新技术产品出口 4.23 亿美元,比上年下降 15.4%。机电产品出口额增长 31.1%,纺织品出口增长 44.1%,碳化硅出口下降 56.3%,钽铌铍及制品出口下降 28.9%,机床及铸件出口增长 10.7%,羊绒纱线出口增长 97.1%,铁合金出口下降 45.9%,金属镁出口下降 73.8%,轮胎出口下降 84.5%。

全年实际利用外资 3.48 亿美元,比上年增长 1.7%。其中,实际利用外商直接投资 2.18 亿美元,增长 8.0%。2012 年全区新批准外商直接投资项目 11 个,合同外资金额 4.03 亿美元。其中,制造业签订利用外商直接投资项目 4 个,合同额 2.88 亿美元。2012 年底,全区注册登记外商投资法人企业累计达到 150 家。其中,中外合资企业占 30.7%。

七、交通、邮电和旅游

年末铁路营业里程 1029.3 公里。公路通车里程 26522 公里,增长 8.2%。高速公路里程 1323.6 公里,比上年增长 1.3%。全年各种运输方式完成货物周转量 1101.99 亿吨公里,增长 14.6%;完成旅客周转量 144.10 亿人公里,增长 7.6%;机场旅客吞吐量 380.96 万人,增长 12.8%。

表 6　2012 年全区各种运输方式完成运输量及增长速度

运输方式	货物				旅客			
	运输总量		运输周转量		运输总量		运输周转量	
	绝对数（万吨）	比上年增长（%）	绝对数（亿吨公里）	比上年增长（%）	绝对数（万人）	比上年增长（%）	绝对数（亿人公里）	比上年增长（%）
总计	42246.8	11.0	1102.0	14.6	16389	8.2	144.1	7.6
铁路	8458.6	7.8	364.6	13.1	535	-1.5	40.9	-0.5
公路	32646	12.5	700.1	15.1	15666	8.5	79.7	10.1
航空	0.9	6.6	0.1	-3.3	187.9	16.4	23.5	14.9
管道	1141.4	-5.0	37.1	18.0	—	—	—	—

年末全区民用汽车拥有量达到 72.93 万辆,比上年末增长 20.9%,其中私人汽车保有量 59.41 万辆,增长 24.5%。民用轿车拥有量 30.84 万辆,增长 26.8%,其中私人轿车 27.67 万辆,增长 29.4%。

全年完成邮电业务总量 70.79 亿元,比上年增长 22.4%。其中,电信业务总量 60.98 亿元,增长 14.2%;邮政业务总量 4.55 亿元,增长 55.0%;快递业务总量 5.27 亿元,增长 249.7%。年末全区固定电话用户达 104.96 万户,比上年下降 3.3%;本地局用交换机容量 125.36 万门,下降 43.2%。每百人拥有固定电话 16.32 部 ,净减 0.78 部。新增移动电话用户 80.64 万户,年末达到 605.44 万户,其中 3G 移动电话用户 109.94 万户。每百人拥有移动电话 94.11 部,净增 11.21 部。计算机互联网用户数 60.91 万户,互联网普及率达到 31.0%。

全年接待国内外游客 1340.89 万人次,比上年增长 14.6%。其中,国内游客 1338.99 万人次,增长 14.7%;过夜入境旅游者 18994 人次,下降 2.5%。其中,外国人 14300 人次。接待过夜国内游客 734.19 万人次,增长 17.2%。实现旅游总收入 103.39 亿元,增长 22.8%。其中,国内旅游收入 103.05 亿元,增长 23.0%。全区实现旅游外汇收入 545.10 万美元。

全区有旅行社 119 家,比上年增加 9 家。其中出境组团社 12 家,国内社 107 家。全区共有旅游星级饭店 82 家。其中,五星级酒店 1 家,四星级 25 家,三星级 45 家,二星级 11 家。

八、财政、金融、证券和保险

全年完成公共财政预算总收入 460.14 亿元,比上年增长 23.9%,完成地方公共财政预算收入 264.04 亿元,增长 20.0%。其中:增值税、营业税、企业所得税和个人所得税等主体税种分别实现 26.25 亿元、92.48 亿元、25.39 亿元和 6.68 亿元,分别增长 7.6%、15.4%、5.1%和下降 10.9%。

图 8　2007-2012 年全区地方公共财政预算收入及增长速度

单位：亿元、%

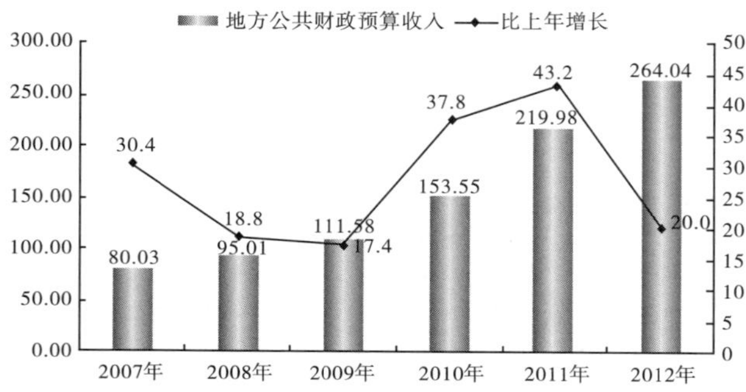

全年公共财政预算支出 872.19 亿元，比上年增长 22.7%。其中，教育支出 106.91 亿元，增长 1.2%；农林水事务支出 132.16 亿元，增长 16.5%；社会保障和就业支出 89.45 亿元，增长 28.4%；医疗卫生支出 45.80 亿元，增长 11.3%；住房保障支出 56.40 亿元，增长 67.3%；城乡社区事务支出 112.72 亿元，增长 33.6%。

2012 年末，全区金融机构本外币各项存款余额 3507.16 亿元，比年初增加 534.48 亿元，同比多增 143.20 亿元。其中，人民币各项存款余额 3495.41 亿元,外汇存款余额 1.87 亿美元。金融机构本外币各项贷款余额 3372.12 亿元，比年初增加 465.01 亿元，同比少增 22.65 亿元，其中，人民币各项贷款余额 3339.58 亿元，外汇贷款余额 5.18 亿美元。

表 7　2012 年末金融机构存贷款余额

指　　标	年末数(亿元)	比年初增减(亿元)	比上年末±%
本外币存款余额	3507.16	534.48	17.8
人民币存款余额	3495.41	534.26	17.8
#单位存款	1672.39	263.46	18.2
个人存款	1688.05	334.10	24.6
本外币贷款余额	3372.12	465.01	16.0
人民币贷款余额	3339.58	479.14	16.8
#短期贷款	1281.67	337.97	35.7
中长期贷款	1949.42	147.95	8.3

图 9　2007-2012 年城乡居民人民币储蓄存款余额及增长速度

单位：亿元、%

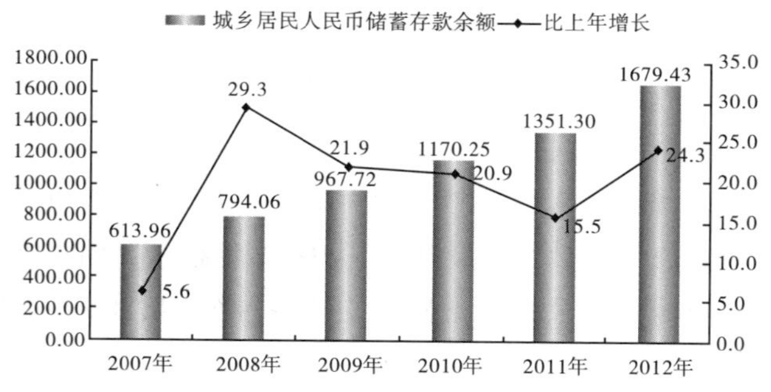

年末上市公司 12 家，总股本 44.60 亿股，总市值 381.72 亿元，比上年下降 0.06%。其中，流通市值 328.69 亿元，比上年下降 1.8%。全区有 2 家证券分公司、24 家证券营业部。全年证券交易额 101.69 亿元，比上年增长 113.1%。

全区营业性保险分公司 16 家，保险从业人员 1.61 万人，比上年下降 0.65%。全年保险公司实现保费收入 62.69 亿元，比上年增长 13.3%。其中，财产险收入 26.47 亿元，增长 21.0%；寿险收入 28.71 亿元，增长 7.5%；健康险收入 5.83 亿元，增长 15.1%；意外伤害险收入 1.68 亿元，下降 0.9%。全年支付各项赔款和给付 19.99 亿元，增长 35.5%。其中，财产险赔款 13.16 亿元，增长 46.2%；寿险给付 4.64 亿元，增长 20.7%；健康险给付 1.70 亿元，增长 16.6%；意外伤害险赔款 0.48 亿元，增长 9.6%。

九、教育与科技

年末全区各级各类学校 2796 所，教职工 91297 人。其中，各类普通高校 16 所，中等职业教育学校 34 所，普通中学 314 所，初中阶段毛入学率 100.94%，普通小学 1896 所，小学学龄儿童入学率 99.68%，特殊学校 8 所。全区共有幼儿园 527 所，在园幼儿 160254 人。

表 8　2012 年各级教育招生、在校、毕业生人数

类　别	招生数(人)	在校学生数(人)	毕业学生数(人)
普通高等学校	32536	100188	21832
#研究生	1201	3356	1017
中等职业教育学校	36055	104757	32461
普通中等学校	154675	450195	142708
高中	54814	157521	47693
初中	99861	292674	95015
普通小学	104818	618140	107655
特殊教育学校	358	1985	84

全年登记自治区级科技成果 234 项，比上年增长 21.2%。其中，基础理论成果 41 项，应用技术成果 151 项，软科学成果 42 项。全年申请专利量 1985 件。其中，发明专利 846 件，增长 91.4%。专利授权量 842 件，增长 37.4%。其中，发明专利授权量 141 件，增长 36.9%。

年末全区拥有国家级工程研究中心 3 个，自治区级工程研究中心 25 个；国家重点实验室 4 个，省部共建国家重点实验室培育基地 4 个，自治区级重点实验室 8 个；国家级企业(集团)技术中心 10 个，自治区级企业(集团)技术中心 51 个。

十、文化、卫生和体育

年末全区共有博物馆 6 个，公共图书馆 27 个，

文化馆 28 个，各类艺术表演团体 37 个。全年地方出版报纸 24 种，出版杂志 36 种，出版图书 1760 种。广播综合人口覆盖率 95.2%，有线电视数字用户 83.21 万户，电视综合人口覆盖率 98.9%。

年末全区共有医疗卫生机构 4136 个，其中：医院 141 个，卫生院 228 个，疗养院（所）1 个，门诊部（所）21 个，疾病预防控制中心 25 个，妇幼保健机构 22 个，卫生监督所 25 个，村卫生室 2431 个。床位 27393 张；卫生技术人员 34265 人。其中，执业（助理）医师 13011 人，护师、护士 12504 人。

2012 年举办县级以上全民健身活动 130 次，举办青少年单项比赛 13 项，参加活动的人数总计达到 100 万人次。全区运动员在世界比赛中取得金牌 4 枚、银牌 2 枚。在全国比赛取得金牌 12 枚、银牌 15 枚、铜牌 13 枚；全年有 36 人达国家一级运动员等级标准，265 人达国家二级运动员等级标准，78 人获得国家一级裁判员等级称号。

十一、人口、人民生活和社会保障

年末全区常住人口 647.19 万人。其中，城镇人口 327.96 万人，占常住人口比重 50.67%，比上年提高 0.85 个百分点。人口出生率为 13.26‰，比上年下降 0.39 个千分点；死亡率为 4.33‰，比上年下降 0.35 个千分点；人口自然增长率为 8.93‰，比上年下降 0.04 个千分点。

表 9　2012 年年末人口数及其构成

指　　标	年末数（万人）	比重（%）
年末总人口	647.19	100.00
其中：城镇	327.96	50.67
乡村	319.23	49.33
其中：男性	328.58	50.77
女性	318.61	49.23
其中：0–14 岁	134.10	20.72
15–59 岁	442.03	68.30
60 岁及以上	71.06	10.98
其中：65 岁及以上	46.60	7.20

全年农民人均纯收入 6180 元，比上年增加 770 元，增长 14.2%，扣除价格因素实际增长 12.3%。农村居民家庭恩格尔系数为 35.3%。农村居民人均居住面积 26.16 平方米，比上年增加 0.3 平方米。

全年城镇居民人均可支配收入 19831 元，比上年增加 2253 元，增长 12.8%，扣除价格因素实际增长 10.4%。城镇居民家庭恩格尔系数为 33.9%。城镇居民人均居住建筑面积 30.3 平方米。

图 10　2007–2012 年全区农民人均纯收入及增长速度

单位：元、%

图 11　2007–2012 年全区城镇居民人均可支配收入及增长速度

单位：元、%

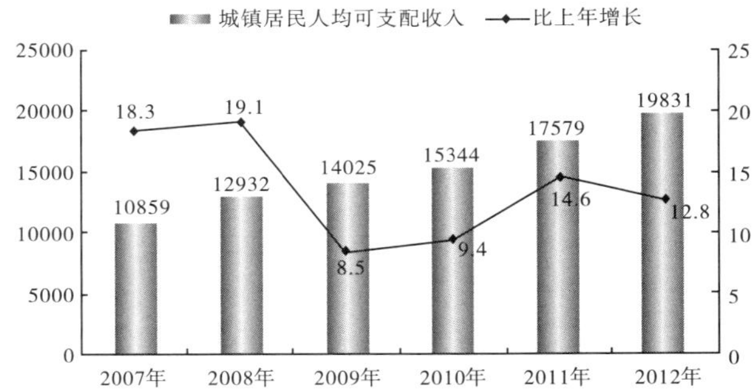

2012 年末全区参加基本养老保险人数为 131.23 万人，比上年增长 8.4%，其中参保职工 91.23 万人，参保离退休人员 40 万人。离退休人员养老金社会化发放率继续保持在 100%。参加失业保险人数 64 万人，增长 6.1%。参加基本医疗保险人数 558.39 万人，其中，参加城镇职工基本医疗保险 105.2 万人，参加城乡居民基本医疗保险 453.19 万人。2012 年末，全区养老保险、失业保险、医疗保险、工伤保险和生育保险五项保险基金收入 127.9 亿元。年末五项社保基金累计结余 204.1 亿元，较上年末增加 13.76 亿元，增长 7.2%。到 2012 年底，全区享受低保救济的困难群众达 54.04 万人。其中，城镇 17.78 万人，农村 36.27 万人。

年末全区共有各类收养性社会福利单位数 80 个，床位数 7831 张，收养各类人员 4996 人。全区共发行销售福利彩票 8.7 亿元，筹集公益资金 2.64 亿元。

十二、能源、环境与安全生产

初步核算，2012 年全区能源消费量为 4560.2 万吨标准煤，增长 5.7%，单位地区生产总值能耗下降 5.2%。

全年水资源总量 11.5 亿立方米，比上年增长 31.0%。年降水量 334 毫米，比上年增长 17.6%。

年末全区环境保护系统人员986人，各级环境监测站16个，环境监测人员228人。全区自然保护区13个，面积54.7万公顷。国家级自然保护区6个。

全年各类事故死亡人数488人，比上年下降13.58%。亿元地区生产总值生产安全事故死亡率为0.251，比上年下降24.39%；煤矿百万吨死亡率为0.10，比上年下降54.55%；道路交通万车死亡率为2.7，比上年下降26.0%。

注：

1. 本公报中数据为初步统计数，正式数据以《宁夏统计年鉴-2013》为准。个别数据因四舍五入的原因，存在着与分项合计不等的情况。

2. 全区生产总值及各产业和各行业增加值指标绝对数按现价计算，增长速度按可比价格计算。

3. 2007年至2011年数据为公共财政收入决算数，2012年为执行数。

4. 邮电业务总量按2010年不变价格计算。

5. 限额以上批发业包括年主营业务收入在2000万元及以上的批发业企业及个体户；限额以上零售业包括年主营业务收入在500万元及以上的零售业企业及个体户；限额以上住宿、餐饮业包括年主营业务收入在200万元及以上的住宿、餐饮业企业及个体户。

6. 城镇职工基本医疗保险人数包括参保职工和参保退休人员。城镇居民基本医疗保险的参保对象是不属于城镇职工基本医疗保险覆盖范围的城镇非从业人员。

7. 医疗卫生机构包括村卫生室。

银川市2012年国民经济和社会发展统计公报

银川市统计局　国家统计局银川调查队

2013年3月22日

2012年,面对复杂多变的国际形势和国内经济运行环境，全市人民在市委政府的坚强领导下,认真贯彻落实党的十八大和市第十三次党代会精神,紧紧抓住“两区”建设的重大战略机遇,坚持“稳中求进、稳中求快、以进保稳”的工作基调,扎实推进“稳增长、调结构、抓改革、惠民生”各项工作,国民经济运行平稳有序,社会事业全面进步,民生持续改善。

一、综合

初步核算，全年全市实现生产总值1140.83亿元,按可比价格计算,比上年增长12.5%。分产业看,第一产业完成增加值51.06亿元,增长5.5%;第二产业完成增加值624.91亿元,增长15.1%;第三产业完成增加值464.86亿元,增长10.1%。按常住人口计算,人均地区生产总值56032元。三次产业结构比为4.5:54.8:40.7，对经济增长的贡献率分别为2.1%、63.7%、34.2%。

图1　2008-2012年地区生产总值及增长速度

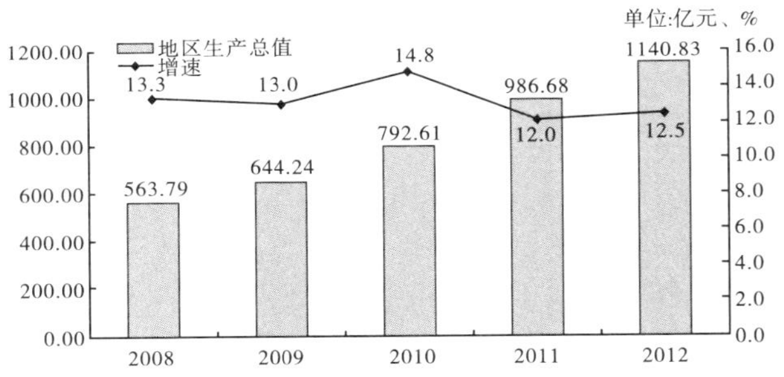

全年居民消费价格总水平比上年上涨2.6%，其中食品价格上涨5.3%，医疗保健及个人用品类价格上涨1.4%,衣着类价格上涨4.0%,居住类价格上涨2.7%,烟酒及用品类价格上涨1.2%,家庭设备用品及维修服务类价格下降0.3%，娱乐教育文化用品及服务类价格下降1.6%，交通和通信类价格下降0.8%。工业生产者出厂价格下降0.6%,工业生产者购进价格上涨4.2%,新建住宅价格上涨1.1%,商品零售价格上涨0.6%。

图2　2008-2012年全市居民消费价格涨跌幅度

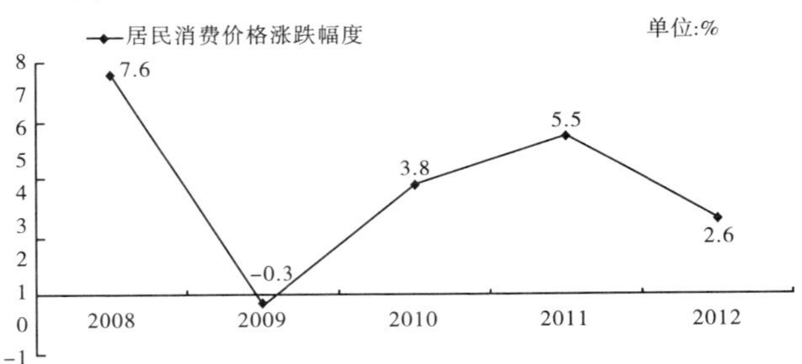

图3　2012年全市各月居民消费价格涨跌幅度

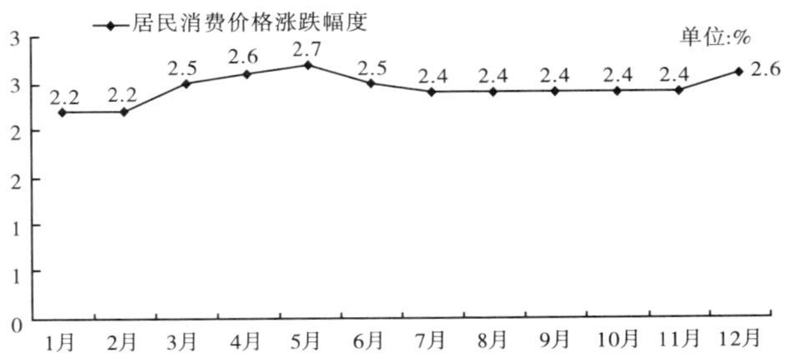

表1　2012年全市居民消费价格比上年涨跌幅度

单位:%

指　　标	2012年
居民消费价格总水平	2.6
食品	5.3
#粮食	1.7
油脂	6.7
肉禽及其制品	4.9
蛋	-2.1
鲜菜	0.8
烟酒及用品	1.2
衣着	4.0
家庭设备用品及维修服务	-0.3
医疗保健及个人用品	1.4
交通和通信	-0.8
娱乐教育文化用品及服务	-1.6
居住	2.7

全年完成地方财政收入187.26亿元,比上年增长5.9%。公共财政预算收入113.13亿元，增长

20.7%，其中税收收入 90.20 亿元，增长 13.6%，税收占公共财政预算收入的比重为 79.7%。全年完成地方财政支出 272.19 亿元，增长 12.4%。公共财政预算支出 189.53 亿元，增长 26.7%。其中，社会保障和就业支出增长 37.7%、科学技术支出增长 41.9%、住房保障支出增长 94.0%。

图 4　2008-2012 年地方财政收入及增长速度

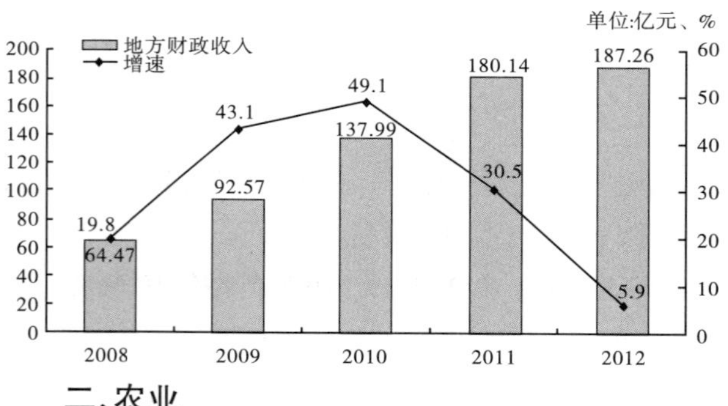

二、农业

全年完成农林牧渔业总产值 95.26 亿元，按可比价格计算，比上年增长 5.6%。其中农业产值 59.67 亿元，增长 4.9%；畜牧业产值 22.73 亿元，增长 3.1%；渔业产值 6.61 亿元，增长 16.5%；农林牧渔服务业产值 2.96 亿元，增长 11.5%。全年农作物总播种面积 16.03 万公顷，其中粮食作物播种面积 11.96 万公顷,小麦播种面积 2.40 万公顷。蔬菜播种面积 3.19 万公顷，比上年增长 4.9%；园林水果播种面积 2.79 万公顷，增长 7.7%。

全年粮食产量 88.50 万吨，增长 2.7%；蔬菜产量 148.86 万吨，增长 8.0%；园林水果产量 22.31 万吨，增长 10.0%。肉类产量 5.10 万吨，增长 2.4%，其中猪牛羊肉产量 4.37 万吨，增长 1.6%；禽蛋产量 2.11 万吨，增长 35.3%；牛奶产量 40.21 万吨，增长 3.8%；水产品产量 5.86 万吨，增长 9.9%。

图 5　2008-2012 年粮食产量及增长速度

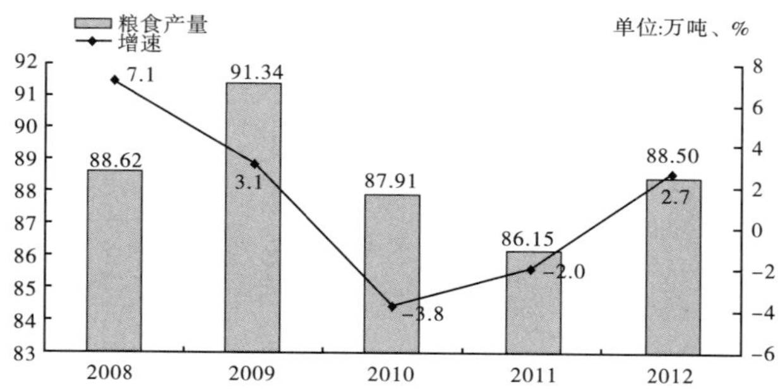

全年有效灌溉面积 14.05 万公顷，比上年下降 4.8%。年末荒山荒沙造林面积 1.60 万公顷，增长 6.0%，其中人工造林 0.84 万公顷，增长 5.0%。

年末全市农业机械总动力 183.26 万千瓦，比上年增长 3.6%；农用拖拉机 5.4 万台，下降 3.6%；农用运输车 2.31 万辆，增长 1.8%。农村用电量 3.51 亿千瓦小时，增长 10.0%；农用化肥施用量（按实物量计算）25.09 万吨，增长 1.0%。

三、工业和建筑业

全年规模以上工业实现增加值 430.00 亿元，比上年增长 16.0%。其中全市大中型企业完成增加值 363.34 亿元，增长 14.0%。按经济类型分，国有及国有控股企业完成增加值 96.21 亿元，增长 5.6%；股份制企业完成增加值 318.57 亿元，增长 20.8%；外商及港澳台商投资企业完成增加值 13.09 亿元，下降 3.9%。按轻重工业分，轻工业完成增加值 67.70 亿元，增长 10.8%；重工业完成增加值 362.30 亿元，增长 17.1%。按行业分，电力、热力的生产和供应业完成增加值 98.14 亿元，增长 5.3%；石油加工、炼焦业完成增加值 87.45 亿元，增长 80.5%；煤炭开采和洗选业完成增加值 81.80 亿元，增长 1.7%；化学原料及化学制品制造业完成增加值 26.08 亿元，增长 46.0%；纺织业完成增加值 15.81 亿元，增长 4.0%。全市规模以上非公有制工业企业完成增加值 121.39 亿元，增长 11.9%。

图 6　2008-2012 年全市规模以上工业增加值及增长速度

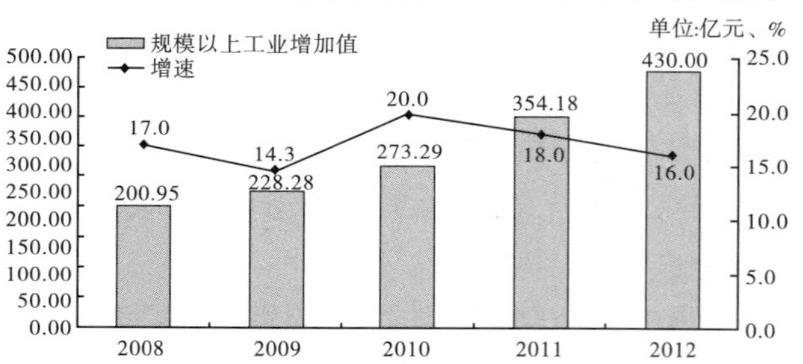

表 2　2012 年全市主要工业产品产量

产品名称	计量单位	产　量	比上年增长(%)
原煤	万吨	5439.12	2.0
水泥	万吨	509.22	1.8
液体乳	万吨	18.43	1.3 倍
农用化肥(折纯)	万吨	66.02	-6.0
轮胎外胎	万条	141.91	-24.7
金属切削机床	台	2570	-31.7
轴承	万套	80.70	-16.3
汽油	万吨	168.82	3.0 倍
机制纸	万吨	11.90	5.3
发电量	亿千瓦时	438.09	17.7
葡萄酒	千升	3661	-38.0
服装	万件	493.70	19.9
家具	件	92489	31.7
焦炭	万吨	217.32	7.0
电解铝	万吨	55.50	57.7

全年规模以上工业企业实现销售产值1609.07亿元，比上年增长38.2 %，工业产品销售率为98.1%;工业企业主营业务收入1335.10亿元,比上年增长31.3%；主营业务成本1149.77亿元，增长31.1%。工业企业利税总额111.59亿元，增长36.3%;利润总额31.03亿元,下降35.7%。工业品出口交货值38.86亿元,亏损企业亏损22.16亿元,企业亏损面22.9%,应收账款净额128.22亿元,年末产成品库存74.91亿元,资产负债率65.0%。

全年全市具有资质等级建筑业企业331个,实现建筑业总产值280.37亿元,增长4.7%;建筑装饰和其它建筑业实现产值6.17亿元,下降22.4%。房屋建筑施工面积2367.80万平方米,增长10.7%;房屋建筑竣工面积935.50万平方米,增长6.5%。具有资质等级的建筑企业实现利润总额7.11亿元,增长15.0%;实现税金总额9.26亿元,增长2.7%。

四、固定资产投资

全年完成全社会固定资产投资918.73亿元,比上年增长25.2%。其中,基本建设投资537.68亿元,增长24.3%；更新改造投资99.18亿元，增长15.3%;房地产开发投资275.70亿元,增长32.8%。分城乡看,城镇投资853.19亿元,增长21.4%;农村非农户投资50.51亿元，增长1.8倍。分投资主体看,国有经济投资346.24亿元,下降9.1%;非国有经济投资572.49亿元,增长62.2%。从投资结构看,第一产业投资10.55亿元,比上年增长81.3%;第二产业投资438.41亿元,增长31.3%,其中工业投资435.47亿元,增长30.7%;第三产业投资469.77亿元，增长19.2%。施工项目计划总投资2721.12亿元,其中新开工项目计划总投资669.23亿元,增长99.0%。

图7　2008-2012年全市全社会固定资产投资及增长速度

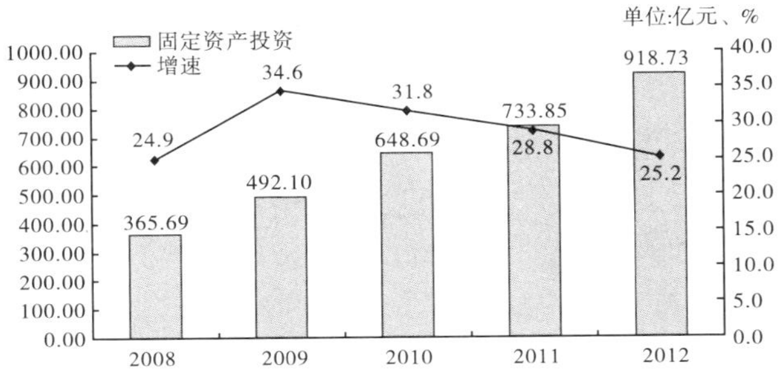

全年完成房地产开发投资275.70亿元,比上年增长32.8%,其中住宅开发投资175.51亿元,增长22.2%。全年购置土地面积179.55万平方米,下降24.7%。商品房施工面积2948.53万平方米，增长22.4%；商品房销售面积450.26万平方米，下降7.2%，其中住宅销售面积388.33万平方米，增长2.1%；商品房空置面积449.64万平方米，增长37.0%。全年商品房销售额205.97亿元,下降3.2%,其中住宅销售额162.61亿元,增长7.3%。

全年完成各类保障性安居工程19439套;其中新开工建设保障性住房15810套,购买各类保障性住房30套,货币补贴2241户,异地安置1358户。

五、国内贸易

全年实现社会消费品零售总额316.02亿元,比上年增长15.1%。分地域看，城镇消费品零售额307.18亿元,增长15.2%;乡村消费品零售额8.84亿元,增长14.5%。分行业看,批发零售业零售额282.98亿元,增长14.2%;住宿餐饮业零售额33.04亿元,增长24.3%。分经济类型看,国有经济实现零售额6.69亿元,增长20.4%;集体经济实现零售额1.35亿元，增长4.5%；股份制经济实现零售额147.46亿元，增长16.2%；私营经济实现零售额107.00亿元，增长5.4%；个体经济实现零售额52.32亿元,增长36.8%。

在限额以上批发和零售业零售额中,石油及制品类增长24.2%;粮油、食品、饮料及烟酒类增长22.4%;金银珠宝类增长10.1%;服装鞋帽针纺织品类增长10.0%;体育娱乐用品类增长9.0%;通讯器材类增长4.2%;汽车类增长3.6%;家用电器和音像器材类下降0.6%。

重点商品交易市场成交额195.97亿元，增长6.8%，其中亿元以上商品交易市场成交额189.66亿元,增长7.5%。

六、对外经济

全年实现进出口总额13.64亿美元，比上年增长12.7%。其中，出口总额10.75亿美元，增长32.1%;进口总额2.89亿美元,下降27.1%。

全年签订利用外资项目7个；合同外资金额1.50亿美元，比上年下降57.0%；实际利用外资1.46亿美元,下降22.0%。

七、交通、邮电和旅游

全年铁路货运量542万吨,增长66.3%;铁路客运量328万人次，增长0.1%。铁路货运周转量28.56亿吨公里，铁路客运周转量21.32亿人公里，分别增长66.2%和0.1%。公路货运量1.30亿吨,增长 13.1%；公路客运量 3201.15 万人次，增长 9.4%。公路货运周转量 172.80 亿吨公里，公路客运周转量 27.95 亿人公里，分别增长 15.4%和 11.0%。民航货运量 0.79 万吨，下降 2.7%，民航客运量 179.76 万人次，增长 14.3%；民航货运周转量 1179 万吨公里，下降 1.8%，客运周转量 23.68 亿人公里，增长 16.9%。年末全市各种民用汽车保有量 37.02 万辆，增长 24.9%，私人汽车保有量 30.72 万辆，增长 28.2%。

表 3 2012 年全市公路、铁路、航空完成运输量及增长速度

运输方式	货运周转量		货运量		客运周转量		客运量	
	总量（亿吨公里）	增长速度（%）	总量（万吨）	增长速度（%）	总量（亿人公里）	增长速度（%）	总量（万人）	增长速度（%）
铁路	28.56	66.2	542	66.3	21.32	0.1	328	0.1
公路	172.80	15.4	12976	13.1	27.95	11.0	3201.15	9.4
民航	0.12	−1.8	0.79	−2.7	23.68	16.9	179.76	14.3

全年完成邮电业务总量 29.31 亿元，比上年增长 11.0%。其中，邮政业务总量 1.23 亿元，增长 13.9%；电信业务总量 28.08 亿元，增长 10.9%。全年订销报刊 3005.67 万份，增长 3.8%；完成邮政函件业务 828.05 万件，增长 38.1%。年末邮政储蓄余额 52.17 亿元，增长 15.8%。年末本地固定电话用户 50.81 万户，增长 2.7%；移动电话用户 310.23 万户，增长 27.7%；计算机互联网用户 33.96 万户，增长 10.6%。

全年共接待国内外游客 532.14 万人次，增长 15.0%，其中入境游客 1.39 万人次，下降 3.5%。国内旅游收入 58.51 亿元，增长 25.3%；国际旅游外汇收入 405.16 万美元，下降 17.0%。

八、金融和保险

年末金融机构人民币各项存款余额 2108.28 亿元，比上年末增长 16.5%。其中，城乡居民储蓄存款余额 901.47 亿元，增长 24.3%。人民币各项贷款余额 2282.97 亿元，比上年末增长 17.4%。其中，短期贷款 685.01 亿元，增长 37.6%；中长期贷款 1527.99 亿元，增长 11.9%。

全年实现保费收入 38.43 亿元，比上年增长 16.2%。其中，财产险保费收入 15.24 亿元，增长 25.1%；人身险保费收入 23.18 亿元，增长 10.9%。全年支付各项赔款及给付额 10.71 亿元，增长 37.7%。其中，财产险赔款 7.04 亿元，人身险赔款及给付 3.67 亿元，分别增长 53.7%和 14.8%。

九、教育和科学技术

年末全市有研究生培养单位 3 个，招生 1374 人，比上年增长 6.5%；在学研究生 3748 人，增长 6.7%；毕业生 1114 人，增长 15.2%。普通高等院校 14 所，招生 2.63 万人，比上年增长 9.6%；在校生 8.24 万人，毕业生 1.73 万人，分别增长 11.2%和 6.8%。成人高校 1 所，招生 1.49 万人，增长 34.2%；在校生 2.93 万人，增长 17.7%；毕业生 0.88 万人，增长 4.1%。中等职业技术教育 19 所，招生 2.16 万人，下降 15.6%；在校生 6.15 万人，增长 2.3 %；毕业生 2.04 万人，增长 33.3%。普通高中 23 所，招生 1.80 万人，增长 1.7%；在校生 5.12 万人，增长 5.8%；毕业生 1.45 万人，下降 8.8%。初中 44 所，招生 2.58 万人，增长 1.6%；在校生 7.45 万人，下降 1.2%；毕业生 2.36 万人，增长 4.4%。小学 209 所，招生 2.53 万人，增长 1.6%；在校生 14.77 万人，下降 0.3%；毕业生 2.52 万人，下降 0.4%。特殊教育招生 43 人，在校生 238 人。幼儿园 190 所，在园幼儿 4.88 万人，增长 23.2%。农村小学、初中阶段适龄人口入学率均达到 100%。“三免一补”安排资金 1.40 亿元，资助困难学生 3536 人。

全年投入科技三项费用 1800 万元，比上年增长 20.0%；实施各类科技计划项目 147 项。获得国家科技进步奖 1 项，区级科技进步奖 12 项。全年申请专利 1216 件，增长 90.9%。拥有宁夏名牌产品 140 种。

十、文化、卫生和体育

年末全市拥有艺术表演团体 6 个，文化馆 5 个，公共图书馆 5 个，博物馆 5 个，全国重点文物保护单位 7 处，广播电台 2 座，电视台 6 座，广播综合人口覆盖率、电视综合人口覆盖率均达到 100%。有线广播电视用户 40.10 万户，增长 0.4%。全年地方出版报纸 14 种，总印数 9461 万份；出版杂志 37 种，总印数 1600 万册；出版图书 1760 种，新出版 1263 种，总印数 1712 万册。

年末全市有卫生机构 903 个，其中医院和卫生院 91 个。卫生机构床位 11313 张，其中医院、卫生院床位 10659 张。卫生技术人员 1.60 万人，其中执业医师及执业助理医师 5829 人，注册护士 6506 人。疾病预防控制中心 8 个，卫生技术人员 348 人；妇幼保健机构 5 个，卫生技术人员 757 人；乡镇卫生院 38 个，床位数 379 张，卫生技术人员 687 人。卫生监督检验机构 8 个，卫生技术人员 215 人。全市已认定医疗保险定点医疗机构 185 个，定点零售药店 391 个。全市儿童“五苗”报告接种率达到 99.6%。

全年体育健儿获得亚洲冠军 1 个。在全国比赛中获得金牌 6 块，银牌 3 块，铜牌 1 块。

十一、人口、人民生活和社会保障

年末全市常住总人口 204.63 万人，比上年末增长 1.0%。其中回族人口 48.43 万人，占总人口的比重为 23.7%。城镇人口 153.55 万人，乡村人口 51.08 万人；男性 104.17 万人，女性 100.46 万人。人口出生率为 10.52‰，死亡率为 3.41‰，人口自然增长率为 7.11‰。

全年城镇居民人均可支配收入 21901 元，比上年增加 2420 元，增长 12.4%。城镇居民人均消费性支出 16399 元，增长 9.8%。城镇居民恩格尔系数 33.4%。其中，支出增幅较大的是：交通和通信增长 29.3%、其他商品和服务增长 18.6%，医疗保健增长 12.2%。城镇 10%最高收入户人均可支配收入 52376 元，城镇 10%最低收入户人均可支配收入 5904 元。城市居民人均住房建筑面积 30.46 平方米，增长 0.2%。

图 8　2008-2012 年全市城镇居民人均可支配收入及其增长速度

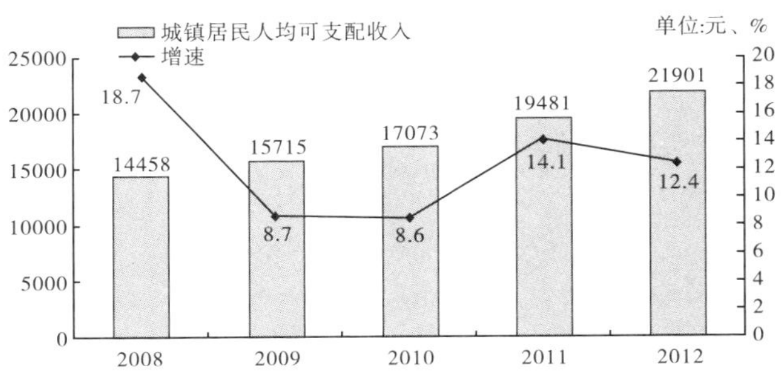

表 4　全市城镇居民每百户主要消费品拥有量

指　标	单位	2012 年	2011 年	比上年±%
#空调器	台	12.66	13.31	-4.9
淋浴热水器	台	90.58	86.07	5.2
彩电	台	101.62	102.79	-1.1
电冰箱	台	93.83	91.95	2.0
移动电话	部	206.17	197.21	4.5
家用电脑	台	70.45	62.54	12.6
微波炉	台	55.84	56.35	-0.9
家用汽车	辆	18.51	12.69	45.9
摩托车	辆	15.26	11.46	33.2
洗衣机	台	93.51	91.95	1.7
照相机	架	25.32	23.84	6.2
摄像机	架	7.14	4.33	64.9
健身器材	套	1.30	1.24	4.8

全年农民人均纯收入 8068 元，比上年增加 998 元，增长 14.1%。农民人均生活消费支出 7089 元，增长 5.7%。农村居民恩格尔系数 35.9%。农村居民人均住房使用面积 44.69 平方米，下降 3.3%。

图 9　2008-2012 年全市农民人均纯收入及其增长速度

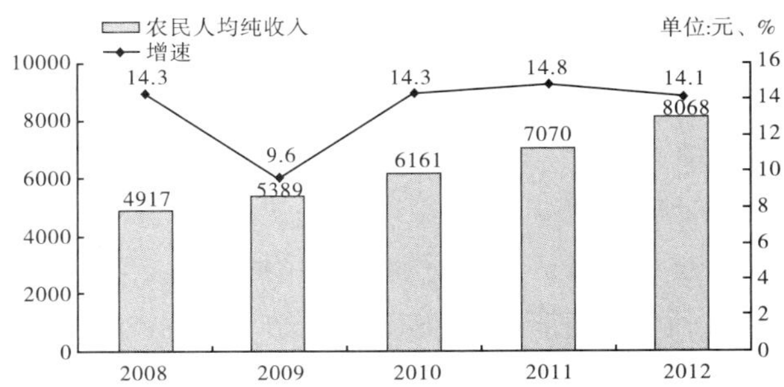

年末全市参加基本养老保险 53.48 万人，比上年增长 2.6%，其中参保职工 40.85 万人，参保离退休人员 12.63 万人。参加基本失业保险职工 34.42 万人。参加城乡医疗保险 88.37 万人，参加城镇职工基本医疗保险 56.77 万人。

年末全市拥有中心敬老院、敬老院、老年公寓 12 个，共有床位 1448 张；收养性社会福利单位 1 个，床位数 150 张，收养各类人员 83 人。全市享受政府最低生活保障人数为 3.1 万人，发放城镇居民最低生活保障金 0.84 亿元；农村享受最低保障人数 2.08 万人，发放农村最低生活保障金 0.34 亿元。发放城乡医疗救助金 3530 万元，接受城乡医疗救助 9.43 万人次。城镇建立各种社区服务设施 478 个，其中市民服务中心 22 个。全年销售社会福利彩票 1815 万元，筹集社会公益资金 376 万元，直接接受社会捐赠 180 万元。

十二、城市建设

年末城市建成区面积 135.11 平方公里，增长 6.9%。建成区绿化覆盖面积 5632 公顷。园林绿地面积 5656 公顷，其中公共绿地面积 1780 公顷。

年末全市公共汽车线路达到 72 条，公交标准运营车辆 1762 标台；出租汽车运营车辆 5278 辆。全年城市公共交通共运送乘客 2.54 亿人次，比上年增长 27.7%。

十三、环境与安全生产

全年城市空气质量优良天数 329 天，占总天数的 89.9%。区域噪声平均值 53.0 分贝，交通干线噪声平均值 68.1 分贝。城市饮用水源水质达标率 100%，黄河银川段水质达到Ⅲ类。

全年发生各类生产安全事故 2120 起，死亡 116 人，比上年下降 6.5%。亿元 GDP 生产安全事故死亡人数为0.10人，道路交通万车死亡人数为1.94人，煤矿百万吨死亡人数为0.09人。

注：

1. 本公报中数据均为初步统计数。

2. 地区生产总值、各产业增加值绝对数按现行价格计算，增长速度按可比价格计算。

3. 2012年起，国家统计局执行新的国民经济行业分类标准，工业行业大类由原来的39个调整为41个，固定资产投资（不含农户）行业分类也按新的标准进行了调整。

4. 铁路货运、客运数据仅为银川站数据，不包含宁东铁路数据。

5. 从2011年起邮电业务总量和电信业务总量不包含联通数据。

6. 公报中旅游数据来源于自治区统计局和旅游局联合发布的《2012年宁夏旅游经济发展统计公报》。

7. 卫生机构含村卫生室。

综 合

General Survey

1—1 行政区划及区划面积

Administrative Divisions and Area of Zoning

（2012）

县(市)区名称	County, Municipalities and District	镇（个）Towns (unit)	乡（个）Townships (unit)	街道办事处（个）Street Communities (unit)	居民委员会（个）Neighbour-hood Committees(unit)	村民委员会（个）Village Committees (unit)	区划面积（平方公里）Area of Zoning (sq.km)
总　计	**Total**	20	6	23	202	259	9025.38
市　区	City	6	2	22	164	67	2310.53
兴庆区	Xingqing	2	2	11	72	32	828.26
金凤区	Jinfeng	2		5	42	19	353.00
西夏区	Xixia	2		6	50	16	1129.27
永宁县	Yongning	5	1		17	66	1178.68
贺兰县	Helan	4	1		9	59	1527.20
灵武市	Lingwu	5	2	1	12	67	4008.97

注：灵武市不包含宁东镇

1-1 续表 continued

县(市)区名称	County, Municipalities and District	年末总人口（万人）Population at Year-end (10 000 persons)	人口密度（人/平方公里）Population Density (person/sq.km)	乡、镇、街道办事处名称 Townships,Towns and Street Communities
总　计	**Total**	204.63	227	
市　区	City	132.67	574	
兴庆区	Xingqing	69.74	842	大新镇　掌政镇　通贵乡　月牙湖乡 凤凰北街　富宁街　中山南街　胜利街　文化街 解放西街　新华街　玉皇阁北街　丽景街　前进街 银古路等街道办事处
金凤区	Jinfeng	29.14	825	良田镇　丰登镇 黄河东路　满城北街　长城中路　北京中路　上海西 路等办事处
西夏区	Xixia	33.79	299	兴泾镇　镇北堡镇 西花园　朔方路　北京西路　文昌路　宁华路 贺兰山西路等办事处
永宁县	Yongning	22.28	189	李俊镇　闽宁镇　杨和镇　望洪镇　望远镇　胜利乡
贺兰县	Helan	22.85	150	习岗镇　金贵镇　立岗镇　洪广镇　常信乡
灵武市	Lingwu	26.84	67	临河镇　东塔镇　崇兴镇　马家滩镇　郝家桥镇 白土岗乡　梧桐树乡　城区街道办事处

1—2 气象情况

（2012）

月份	Month	平均气温(℃) Average Temperature(℃)				降水量(毫米) Precipitation(mm)			
		银川 Yinchuan	永宁 Yongning	贺兰 Helan	灵武 Lingwu	银川 Yinchuan	永宁 Yongning	贺兰 Helan	灵武 Lingwu
一月	January	-8.5	-8.2	-9.1	-9.3	2.3	2.7	2.8	2.2
二月	February	-4.7	-4.5	-5.8	-5.4				
三月	March	4.5	4.6	4.0	4.1	2.0	1.2	1.3	3.4
四月	April	13.5	13.8	13.2	13.1	25.9	28.2	20.7	16.2
五月	May	19.3	19.6	18.5	18.6	10.0	12.4	13.1	8.6
六月	June	23.1	23.5	22.6	22.4	48.9	42.9	45.3	45.5
七月	July	24.8	25.0	24.1	23.9	143.4	137.1	160.9	78.3
八月	August	23.7	23.7	22.4	22.9	23.8	21.0	4.7	22.9
九月	September	16.3	16.2	15.0	14.9	34.2	44.0	57.9	57.7
十月	October	10.1	10.5	9.0	8.4	2.2	4.8	4.9	5.4
十一月	November	0.8	1.0	-0.3	-0.1	0.0	0.5	0.8	0.3
十二月	December	-5.2	-5.0	-6.0	-5.7	0.0	0.3	0.1	0.6

注:银川的蒸发1-3月11-12月用小型蒸发量;4-10月用大型蒸发测量。

a)Large-scale type of E-601B used to measurement 1-3 month and 11-12mouth; Smail-scale type measurmented 4-10 mouth evaporation.

1-2 续表

（2012）

月份	Month	平均风速(米/秒) Average Wind Speed(m/second)				平均相对湿度(%) Mean Relative Humidity(%)			
		银川 Yinchuan	永宁 Yongning	贺兰 Helan	灵武 Lingwu	银川 Yinchuan	永宁 Yongning	贺兰 Helan	灵武 Lingwu
一月	January	1.2	1.2	0.8	1.9	63	60	66	65
二月	February	1.4	1.2	1.0	1.9	39	38	46	44
三月	March	2.1	1.9	1.4	2.7	40	39	46	44
四月	April	2.3	2.0	1.5	2.7	36	32	40	37
五月	May	1.9	1.7	1.1	2.5	43	41	54	50
六月	June	1.8	1.6	1.0	2.3	45	44	55	53
七月	July	1.5	1.4	0.8	1.8	58	58	70	71
八月	August	1.6	1.5	0.7	2.1	56	56	71	65
九月	September	1.4	1.2	0.7	1.8	60	60	74	74
十月	October	1.3	1.4	0.7	2.0	47	46	60	61
十一月	November	1.8	1.7	1.2	2.7	44	45	58	52
十二月	December	1.9	1.9	1.3	2.9	45	47	56	52

注:平均风速为一日4次平均数。

a)The average wind speed is the day 4 times.

Meteorology

蒸发量(毫米) Evaporation(mm)				日照时数(小时) Hours of Sunshine(hour)			
银 川 Yinchuan	永 宁 Yongning	贺 兰 Helan	灵 武 Lingwu	银 川 Yinchuan	永 宁 Yongning	贺 兰 Helan	灵 武 Lingwu
23.5	21.2	19.2	25.8	140.6	179.9	190.7	190.4
54.4	43.7	38.4	51.3	174.1	200.3	199.8	209.5
140.3	125.7	101.3	140.4	220.0	232.5	228.2	232.6
146.5	213.6	176.4	224.4	261.2	289.9	272.5	270.6
163.7	219.7	194.1	238.6	285.5	305.3	294.6	275.9
188.5	255.4	237.8	260.8	312.0	331.3	328.4	317.0
154.6	204.9	188.1	202.6	270.6	298.0	294.3	256.9
152.3	197.4	159.4	211.5	272.4	283.2	280.3	254.4
110.0	127.8	105.0	134.8	249.2	270.0	267.1	250.8
99.0	105.1	86.1	112.8	234.4	255.7	254.5	245.9
68.3	56.2	40.9	58.8	179.3	215.4	204.0	215.7
41.5	37.0	26.8	44.2	129.0	161.8	157.9	179.3

continued

大风日数(日) Days of Wind(day)				雨日数(日) Days of Rain(day)			
银 川 Yinchuan	永 宁 Yongning	贺 兰 Helan	灵 武 Lingwu	银 川 Yinchuan	永 宁 Yongning	贺 兰 Helan	灵 武 Lingwu
			3	5	4	5	3
			5	5	3	3	4
			3	10	8	8	9
			1	11	8	8	9
			1	17	16	14	11
			1	10	8	7	9
				9	7	9	7
				7	5	6	6
2	1		3				1
	1		4				

1—3 主要年份地区生产总值

Gross Domestic Product in Main Years

单位:万元　　（按当年价格计算 caculated at current prices）　　（10 000 yuan）

年份 Year	地区生产总值 Gross Domestic Product	第一产业 Primary Industry	第二产业 Secondary Industry	工业 Industry	建筑业 Construction	第三产业 Tertiary Industry	交通运输、仓储和邮政业 Transport, Storageand PostService	批发和零售业、住宿和餐饮业 Wholesale, Retail Trade, Hoteling and Catering Services	人均地区生产总值(元/人) Per Capita Gross Domestic Produc (yuan/person)
1949	2025	1484	130	118	12	411	74	63	86
1950	2498	1885	149	131	18	464	84	125	103
1951	3486	2725	227	191	36	534	112	168	137
1952	3374	2343	396	278	118	635	146	186	126
1953	3833	2587	490	348	142	756	218	220	133
1954	4152	2715	560	384	176	877	278	260	134
1955	5064	3317	729	509	220	1018	346	278	154
1956	5443	3192	949	688	261	1302	486	337	159
1957	5716	2986	1143	963	180	1587	572	404	162
1958	8370	3380	2022	1359	663	2968	1189	746	221
1959	11758	3415	4481	3240	1241	3862	1214	1286	276
1960	13424	2691	6059	4612	1447	4674	1345	1463	288
1961	11225	3103	3632	3052	580	4490	1067	1483	240
1962	9188	3181	2664	2296	368	3343	786	980	211
1963	10284	3970	2772	2354	418	3542	827	1097	241
1964	10696	3739	3121	2532	589	3836	920	1124	240
1965	13338	5137	4222	3059	1163	3979	1078	1156	284
1966	17623	5516	7267	5947	1320	4840	1348	1369	363
1967	16109	4547	7650	6573	1077	3912	1089	1081	322
1968	16347	4374	7929	5491	2438	4044	1017	1149	309
1969	20202	5205	10172	8025	2147	4825	1311	1226	360
1970	24481	6111	12335	10855	1480	6035	1457	1478	415
1971	26132	7584	11418	10445	973	7130	1789	1851	427
1972	27538	7756	12016	10711	1305	7766	1930	1997	433
1973	28904	9152	11993	10605	1388	7759	2040	2069	437
1974	30101	7711	14523	13134	1389	7867	2093	2157	439
1975	34183	8139	17494	16129	1365	8550	2328	2287	483
1976	30851	6777	16035	14556	1479	8039	2161	2125	423
1977	33148	7078	17356	15462	1894	8714	2648	2271	441
1978	38222	7902	20245	18352	1893	10075	3202	2535	494
1979	41938	8639	22247	19444	2803	11052	3084	2820	527
1980	44412	10750	21982	18514	3468	11680	3529	3194	546
1981	46487	13019	21089	16140	4949	12379	3559	3655	559

1-3 续表 continued

单位:万元 （按当年价格计算 caculated at current prices） （10 000 yuan）

年 份 Year	地区生产总值 Gross Domestic Product	第一产业 Primary Industry	第二产业 Secondary Industry	工业 Industry	建筑业 Construction	第三产业 Tertiary Industry	交通运输、仓储和邮政业 Transport, Storageand PostService	批发和零售业、住宿和餐饮业 Wholesale, Retail Trade, Hoteling and Catering Services	人均地区生产总值(元/人) Per Capita Gross Domestic Produc (yuan/person)
1982	54549	16983	22778	17496	5282	14788	4862	4013	641
1983	64259	20044	27625	21848	5777	16590	5311	4590	740
1984	76756	24199	32715	24739	7976	19842	6685	4797	869
1985	94160	26286	42656	31326	11330	25218	8202	6837	1045
1986	111227	29980	49522	35973	13549	31725	9453	7813	1210
1987	132621	35567	55887	42430	13457	41167	11107	9072	1398
1988	168776	41278	67884	56327	11557	59614	11914	13203	1730
1989	207904	47293	87458	76787	10671	73153	14607	14841	2081
1990	231978	54868	92126	79482	12644	84984	11931	18579	2269
1991	270931	56593	112312	95973	16339	102026	15862	24997	2596
1992	320781	62329	138547	111057	27490	119905	18397	33689	3021
1993	432948	67372	202716	169764	32952	162860	26548	48531	4007
1994	571199	94993	268989	208527	60462	207217	32032	57667	5180
1995	717130	120037	310488	250658	59830	286605	44982	65922	6374
1996	827908	132842	367624	277398	90226	327442	61481	70838	7228
1997	951001	150519	406055	300693	105362	394427	76459	78802	8152
1998	1040857	155596	431705	303314	128391	453556	92422	96850	8769
1999	1145303	148970	473950	331604	142346	522383	107746	111132	9518
2000	1287473	143520	541292	383712	157580	602661	124901	124067	10404
2001	1440965	149840	595773	429809	165964	695352	143696	135795	11244
2002	1670921	155463	677801	493294	184507	837657	162583	157863	12716
2003	2015881	147152	858178	601247	256931	1010551	184020	187805	15159
2004	2508483	174756	1107760	866935	240825	1225967	192512	223081	18526
2005	2935714	194508	1325490	1040196	285294	1415716	209520	269605	21091
2006	3499164	210308	1632668	1275043	357625	1656188	225133	319793	24532
2007	4477383	248997	2129367	1684279	445088	2099019	298101	341911	30513
2008	5637874	300661	2674577	2085960	588617	2662636	390421	470510	34473
2009	6442421	328471	3142263	2366427	775836	2971687	429077	488431	38392
2010	7926140	402858	4002448	2987022	1015426	3520834	503756	583014	42771
2011	9866761	470509	5252471	3964581	1287890	4143781	634854	687791	48964
2012	11509344	509518	6190501	4719172	1471330	4809324	646693	708359	56528

注:1993-2010年数据为经济普查年度调整数。2008-2012年人均地区生产总值为常住人口计算。

a)Date in the table from 1993 to 2010 for the econmic census year adjustment. From 2008 to 2012 per capita GDP calculated by resident population.

1—4 主要年份地区生产总值构成

Composition of Gross Domestic Product in Main Years

单位:万元　　（按当年价格计算 caculated at current prices）　　(%)

年 份 Year	地区生产总值 Gross Domestic Product	第一产业 Primary Industry	第二产业 Secondary Industry	工业 Industry	建筑业 Construction	第三产业 Tertiary Industry	交通运输、仓储和邮政业 Transport, Storageand PostService	批发和零售业、住宿和餐饮业 Wholesale, Retail Trade, Hoteling and Catering Services
1949	100	73.3	6.4	5.8	0.6	20.3	3.7	3.1
1950	100	75.5	6.0	5.2	0.8	18.5	3.4	5.0
1951	100	78.2	6.5	5.5	1.0	15.3	3.2	4.8
1952	100	69.4	11.8	8.2	3.6	18.8	4.3	5.5
1953	100	67.5	12.8	9.1	3.7	19.7	5.7	5.7
1954	100	65.4	13.5	9.3	4.2	21.1	6.7	6.3
1955	100	65.5	14.4	10.1	4.3	20.1	6.8	5.5
1956	100	58.6	17.5	12.6	4.9	23.9	8.9	6.2
1957	100	52.2	20.0	16.9	3.1	27.8	10.0	7.1
1958	100	40.4	24.2	16.2	8.0	35.4	14.2	8.9
1959	100	29.1	38.1	27.6	10.5	32.8	10.3	10.9
1960	100	20.0	45.2	34.4	10.8	34.8	10.0	10.9
1961	100	27.6	32.4	27.2	5.2	40.0	9.5	13.2
1962	100	34.6	29.0	25.0	4.0	36.4	8.6	10.7
1963	100	38.6	27.0	22.9	4.1	34.4	8.0	10.7
1964	100	35.0	29.2	23.7	5.5	35.8	8.6	10.5
1965	100	38.5	31.7	22.9	8.8	29.8	8.1	8.7
1966	100	31.3	41.2	33.7	7.5	27.5	7.6	7.8
1967	100	28.2	47.5	40.8	6.7	24.3	6.8	6.7
1968	100	26.8	48.5	33.6	14.9	24.7	6.2	7.0
1969	100	25.8	50.4	39.7	10.7	23.8	6.5	6.1
1970	100	25.0	50.4	44.3	6.1	24.6	6.0	6.0
1971	100	29.0	43.7	40.0	3.7	27.3	6.8	7.1
1972	100	28.2	43.6	38.9	4.7	28.2	7.0	7.3
1973	100	31.7	41.5	36.7	4.8	26.8	7.1	7.2
1974	100	25.6	48.2	43.6	4.6	26.2	7.0	7.2
1975	100	23.8	51.2	47.2	4.0	25.0	6.8	6.7
1976	100	22.0	52.0	47.2	4.8	26.0	7.0	6.9
1977	100	21.4	52.4	46.6	5.8	26.2	8.0	6.9
1978	100	20.7	53.0	48.0	5.0	26.3	8.4	6.6
1979	100	20.6	53.0	46.4	6.6	26.4	7.4	6.7
1980	100	24.2	49.5	41.7	7.8	26.3	7.9	7.2
1981	100	28.0	45.4	34.7	10.7	26.6	7.7	7.9

单位:万元　　（按当年价格计算 caculated at current prices）　　（%）

年 份 Year	地区生产总值 Gross Domestic Product	第一产业 Primary Industry	第二产业 Secondary Industry	工业 Industry	建筑业 Construction	第三产业 Tertiary Industry	交通运输、仓储和邮政业 Transport, Storageand PostService	批发和零售业、住宿和餐饮业 Wholesale, Retail Trade, Hoteling and Catering Services
1982	100	31.1	41.8	32.1	9.7	27.1	8.9	7.4
1983	100	31.2	43.0	34.0	9.0	25.8	8.3	7.1
1984	100	31.5	42.6	32.2	10.4	25.9	8.7	6.2
1985	100	27.9	45.3	33.3	12.0	26.8	8.7	7.3
1986	100	27.0	44.5	32.3	12.2	28.5	8.5	7.0
1987	100	26.8	42.1	32.0	10.1	31.1	8.4	6.8
1988	100	24.5	40.2	33.4	6.8	35.3	7.1	7.8
1989	100	22.7	42.1	36.9	5.2	35.2	7.0	7.1
1990	100	23.7	39.7	34.3	5.4	36.6	5.1	8.0
1991	100	20.8	41.5	35.4	6.1	37.7	5.9	9.2
1992	100	19.4	43.2	34.6	8.6	37.4	5.7	10.5
1993	100	15.6	46.8	39.2	7.6	37.6	6.1	11.2
1994	100	16.6	47.1	36.5	10.6	36.3	5.6	10.1
1995	100	16.7	43.3	35.0	8.3	40.0	6.3	9.2
1996	100	16.0	44.4	33.5	10.9	39.6	7.4	8.6
1997	100	15.8	42.7	31.6	11.1	41.5	8.0	8.3
1998	100	14.9	41.5	29.1	12.4	43.6	8.9	9.3
1999	100	13.0	41.4	29.0	12.4	45.6	9.4	9.7
2000	100	11.1	42.1	29.8	12.3	46.8	9.7	9.6
2001	100	10.4	41.3	29.8	11.5	48.3	10.0	9.4
2002	100	9.3	40.6	29.5	11.1	50.1	9.7	9.4
2003	100	7.3	42.6	29.8	12.8	50.1	9.1	9.3
2004	100	7.0	44.1	34.6	9.5	48.9	7.7	8.9
2005	100	6.6	45.2	35.4	9.8	48.2	7.1	9.2
2006	100	6.0	46.7	36.4	10.3	47.3	6.4	9.1
2007	100	5.6	47.5	37.6	9.9	46.9	6.7	7.6
2008	100	5.3	47.5	37.0	10.5	47.2	6.9	8.3
2009	100	5.1	48.8	36.7	12.1	46.1	6.7	7.6
2010	100	5.1	50.5	37.7	12.8	44.4	6.4	7.4
2011	100	4.8	53.2	40.2	13.0	42.0	6.4	7.0
2012	100	4.4	53.8	41.0	12.8	41.8	5.6	6.2

注:1993-2010 年数据为经济普查年度调整数。2008-2012 年人均地区生产总值为常住人口计算。

a)Date in the table from 1993 to 2010 for the econmic census year adjustment. From 2008 to 2012 per capita GDP calculated by resident population.

1—5 主要年份地区生产总值指数

Indices of Gross Domestic Product in Main Years

单位:万元　　（按可比价格计算,比上年增长% caculated at constant prices,increase than last year %）　　(%)

年 份 Year	地区生产总值 Gross Domestic Product	第一产业 Primary Industry	第二产业 Secondary Industry	工业 Industry	建筑业 Construction	第三产业 Tertiary Industry	交通运输、仓储和邮政业 Transport, Storageand PostService	批发和零售业、住宿和餐饮业 Wholesale, Retail Trade, Hoteling and Catering Services
1950	6.0	4.6	14.1	11.1	47.4	13.5	11.5	69.4
1951	31.9	33.5	54.3	46.3	85.7	15.9	32.7	29.1
1952	13.9	10.5	81.6	49.8	225.0	16.2	31.0	12.4
1953	12.4	11.6	20.5	20.9	17.2	13.7	48.9	11.3
1954	14.5	13.9	23.4	23.1	28.8	13.1	28.2	11.4
1955	14.1	13.2	20.6	18.8	33.2	15.8	24.5	6.8
1956	7.9	3.3	29.1	34.6	15.3	25.1	41.4	15.1
1957	−3.9	−10.8	16.8	36.6	−31.4	20.6	16.8	23.5
1958	30.8	17.6	92.6	55.9	278.4	45.7	108.1	90.3
1959	28.4	0.3	115.4	128.9	92.7	48.2	2.1	72.4
1960	−0.4	−20.2	30.2	35.6	15.5	6.3	11.5	11.1
1961	−22.3	−10.9	−45.8	−40.6	−57.7	−6.0	−20.3	−11.5
1962	3.0	24.3	−18.2	−13.9	−37.7	−12.6	−26.8	−32.2
1963	27.2	42.7	2.1	−0.1	4.4	12.7	5.4	22.8
1964	1.5	−4.8	13.1	7.6	47.7	10.9	11.5	4.2
1965	26.3	29.6	44.2	30.5	107.4	4.7	16.4	5.7
1966	28.2	12.6	80.6	107.4	13.5	21.4	25.8	22.1
1967	−11.7	−9.7	−10.2	−8.4	−18.7	−19.7	−19.6	−27.1
1968	0.3	−4.1	13.7	−8.1	129.1	−8.8	−7.4	6.8
1969	15.3	4.1	31.7	52.5	−12.7	17.3	28.2	4.6
1970	14.5	1.8	25.8	38.3	−37.6	25.3	10.6	22.9
1971	−1.4	−4.2	−7.0	−1.5	−43.7	18.7	24.1	25.6
1972	4.7	0.1	7.3	4.9	53.8	8.6	8.4	6.6
1973	4.5	3.9	3.9	3.4	9.9	6.6	5.1	2.4
1974	7.6	2.6	12.1	13.5	−4.5	8.0	3.2	2.9
1975	11.2	2.5	20.5	22.8	−9.1	8.2	10.8	4.2
1976	−11.3	−24.5	−4.7	−5.9	0.7	−4.2	−6.7	−12.1
1977	6.9	10.0	3.5	2.4	−6.5	10.2	13.6	−1.7
1978	11.1	8.8	14.7	12.0	58.4	6.3	22.1	13.7
1979	7.1	0.3	11.0	6.9	50.0	7.8	0.7	10.5
1980	5.3	14.7	−1.4	−6.3	46.2	8.7	14.6	9.2
1981	1.5	10.1	−7.1	−13.8	2.3	7.4	−0.4	7.9

1-5 续表 continued

单位:万元 （按可比价格计算,比上年增长% caculated at constant prices,increase than last year %） （%）

年 份 Year	地区生产总值 Gross Domestic Product	第一产业 Primary Industry	第二产业 Secondary Industry	工业 Industry	建筑业 Construction	第三产业 Tertiary Industry	交通运输、仓储和邮政业 Transport, Storageand PostService	批发和零售业、住宿和餐饮业 Wholesale, Retail Trade, Hoteling and Catering Services
1982	14.8	23.8	8.0	8.7	6.1	14.7	26.9	17.1
1983	18.6	17.8	20.9	24.9	15.2	16.2	9.4	16.9
1984	16.7	18.9	16.9	12.1	40.7	13.3	21.1	1.7
1985	21.5	4.6	32.8	29.4	55.8	27.4	24.2	44.5
1986	11.7	13.7	8.5	6.3	9.8	15.1	8.3	10.2
1987	7.4	-4.1	7.1	14.6	-2.2	21.5	18.0	5.3
1988	10.5	3.0	10.7	18.8	-15.1	17.2	3.4	22.8
1989	9.5	6.6	5.0	10.6	-40.3	18.2	4.6	5.2
1990	6.5	2.0	4.4	4.0	11.2	12.5	-10.9	29.2
1991	12.7	4.1	16.2	13.8	37.2	14.4	28.7	30.3
1992	11.8	1.7	17.5	13.0	31.4	11.3	10.2	22.0
1993	14.6	-1.1	22.6	26.3	1.0	13.5	24.9	28.1
1994	9.5	6.9	13.0	9.8	48.4	6.1	13.1	1.1
1995	9.3	5.7	6.7	9.4	-9.6	14.8	17.9	-4.1
1996	10.2	6.4	15.0	10.2	50.7	5.6	23.5	3.4
1997	10.3	9.5	7.5	5.5	20.9	14.5	21.7	4.2
1998	9.2	6.8	8.0	5.4	22.5	11.8	20.3	23.4
1999	9.2	1.9	8.3	8.0	21.6	13.4	20.1	10.8
2000	9.6	2.8	9.4	10.0	3.4	12.5	17.1	11.4
2001	9.4	3.7	8.8	9.0	4.8	12.0	19.0	8.4
2002	11.4	2.8	13.8	12.6	14.5	11.4	11.1	15.8
2003	14.2	1.2	20.8	14.0	25.6	11.1	5.6	18.1
2004	14.9	3.6	21.0	29.5	-2.2	11.2	8.5	13.9
2005	13.0	4.2	16.9	20.5	4.4	10.8	5.7	12.7
2006	13.4	7.3	16.4	18.2	8.9	11.6	6.0	10.5
2007	14.0	3.7	17.6	19.3	9.8	11.9	7.0	6.0
2008	13.3	8.0	15.1	16.3	9.3	12.0	10.6	6.9
2009	13.0	6.9	15.1	14.2	19.2	11.7	3.5	7.3
2010	14.8	6.3	19.0	19.1	18.6	11.1	8.8	13.3
2011	12.0	5.0	16.8	17.7	14.0	7.2	15.0	5.2
2012	12.5	5.5	15.1	15.2	14.8	10.1	7.4	-5.0

1—6 主要年份地区生产总值指数

Indices of Gross Domestic Product in Main Years

单位:% （按可比价格计算,比 1952 年增长% caculated at constant prices,increase than 1952 %） (%)

年 份 Year	地区生产总值 Gross Domestic Product	第一产业 Primary Industry	第二产业 Secondary Industry	工业 Industry	建筑业 Construction	第三产业 Tertiary Industry	交通运输、仓储和邮政业 Transport, Storageand PostService	批发和零售业、住宿和餐饮业 Wholesale, Retail Trade, Hoteling and Catering Services
1950	62.8	64.8	31.3	76.2	23.3	65.4	51.1	122.4
1951	66.6	67.8	35.7	84.4	33.1	74.2	57.6	237.3
1952	87.8	90.5	55.1	37.7	23.5	86.0	75.1	83.6
1953	100.0	100.0	100.0	100.0	100.0	100.0	100.0	100.0
1954	112.4	111.6	120.5	120.9	117.2	113.7	148.9	111.3
1955	128.7	127.1	148.6	148.8	151.0	128.6	190.9	124.0
1956	146.8	144.0	179.2	176.8	201.1	149.0	237.7	132.4
1957	158.4	148.8	231.4	238.0	231.8	186.3	336.0	152.4
1958	152.2	132.7	270.4	325.1	159.0	224.8	392.5	188.2
1959	199.1	156.0	520.7	506.8	601.8	327.6	816.8	358.2
1960	255.7	156.5	1121.6	1160.1	1159.7	485.5	834.0	617.5
1961	254.5	124.8	1459.9	1573.1	1339.4	516.2	929.9	686.1
1962	197.8	111.2	791.5	934.4	566.6	485.3	741.1	607.2
1963	203.8	138.2	647.3	804.5	353.0	424.3	542.5	411.7
1964	259.2	197.1	660.6	803.7	368.5	478.0	571.8	505.5
1965	263.1	187.6	747.3	864.8	544.3	530.4	637.5	526.8
1966	332.3	243.2	1078.0	1128.6	1128.8	555.3	742.1	556.8
1967	425.8	273.8	1947.1	2340.6	1281.2	674.3	933.5	679.9
1968	376.1	247.4	1748.2	2144.0	1041.6	541.5	750.6	495.6
1969	377.2	237.3	1987.9	1970.4	2386.4	493.9	695.0	529.3
1970	434.8	247.1	2618.3	3004.8	2083.3	579.3	891.0	553.7
1971	497.9	251.5	3292.6	4155.6	1300.0	725.6	985.5	680.4
1972	490.8	241.1	3060.7	4093.3	731.9	861.4	1223.0	854.6
1973	513.7	241.2	3284.5	4293.9	1125.7	935.8	1325.7	911.1
1974	536.8	250.7	3412.7	4439.9	1237.1	997.7	1393.3	932.9
1975	577.5	257.3	3825.3	5039.2	1181.4	1077.9	1437.9	960.0
1976	642.3	263.7	4611.1	6188.2	1073.9	1165.8	1593.2	1000.3
1977	570.0	199.2	4393.2	5823.1	1081.4	1116.9	1486.5	879.3
1978	609.5	219.2	4547.6	5962.8	1011.1	1230.9	1688.6	864.3
1979	668.6	238.6	5101.4	6678.4	1601.7	1303.3	2061.8	982.7
1980	716.4	239.3	5662.2	7139.2	2402.5	1405.6	2076.2	1085.9
1981	766.0	302.3	5188.0	5766.3	3593.2	1640.7	2369.8	1279.5

1-6 续表 continued

单位:% （按可比价格计算,比 1952 年增长% caculated at constant prices,increase than 1952 %） （%）

年 份 Year	地区生产总值 Gross Domestic Product	第一产业 Primary Industry	第二产业 Secondary Industry	工业 Industry	建筑业 Construction	第三产业 Tertiary Industry	交通运输、仓储和邮政业 Transport, Storageand PostService	批发和零售业、住宿和餐饮业 Wholesale, Retail Trade, Hoteling and Catering Services
1982	879.3	374.0	5604.9	6268.0	3812.4	1881.2	3007.3	1498.3
1983	1043.2	440.6	6776.7	7828.7	4391.9	2186.5	3290.0	1751.5
1984	1217.3	523.8	7920.5	8775.9	6179.4	2478.2	3984.2	1781.3
1985	1479.6	547.7	10518.8	11356.1	9627.5	3156.3	4948.4	2573.9
1986	1653.2	623.0	11409.0	12071.5	10571.0	3633.4	5359.1	2836.5
1987	1774.8	597.3	12214.4	13833.9	10338.4	4415.4	6323.7	2986.8
1988	1960.5	615.0	13518.5	16434.7	8777.3	5175.3	6538.7	3667.8
1989	2147.5	655.6	14198.8	18176.8	5240.1	6118.8	6839.5	3858.5
1990	2287.5	668.8	14819.0	18903.9	5827.0	6885.9	6094.0	4985.2
1991	2576.9	696.3	17215.5	21512.6	7994.6	7877.4	7843.0	6495.7
1992	2880.1	708.4	20219.9	24309.3	10504.9	8768.6	8643.0	7924.8
1993	3299.8	700.7	24790.4	30702.6	10609.9	9954.8	10795.1	10151.6
1994	3612.5	748.8	28014.3	33711.5	15745.2	10560.1	12209.2	10263.3
1995	3947.8	791.1	29881.2	36880.3	14233.6	12119.3	14394.7	9842.5
1996	4350.4	841.5	34371.7	40642.1	21450.1	12798.3	17777.4	10177.1
1997	4796.4	921.1	36953.3	42877.4	25933.1	14658.1	21635.1	10604.6
1998	5236.5	983.9	39893.9	45192.8	31768.1	16394.0	26027.1	13086.0
1999	5719.2	1003.1	43216.9	48808.2	38630.0	18591.8	31258.5	14499.3
2000	6268.2	1031.2	47279.3	53689.1	39943.4	20915.8	36603.7	16152.3
2001	6857.4	1069.3	51439.9	58521.1	41860.7	23425.7	43558.4	17509.1
2002	7639.2	1099.3	58538.6	65894.7	47930.5	26096.2	48393.4	20275.5
2003	8724.0	1112.5	70714.6	75120.0	60200.7	28992.9	51103.4	23945.4
2004	10023.8	1152.5	85564.7	97280.4	58876.3	32240.1	55447.2	27273.8
2005	11326.9	1200.9	100025.1	117222.9	61466.8	35722.0	58607.7	30737.5
2006	12844.7	1288.6	116429.2	138557.5	66937.4	39856.6	62124.2	33965.0
2007	14643.0	1336.3	136920.7	165299.1	73497.2	44609.8	66472.9	36002.9
2008	16590.5	1443.2	157595.7	192242.8	80332.5	49963.0	73519.0	38487.1
2009	18747.3	1542.8	181392.7	219541.3	95756.3	55808.6	76092.2	41296.6
2010	21521.9	1640.0	215857.3	261473.7	113567.0	62003.4	82788.3	46789.0
2011	24104.5	1722.0	252121.3	307754.5	129466.4	66467.6	95206.5	49222.0
2012	27117.7	1816.8	290191.8	354533.3	148627.6	73180.9	102251.9	46760.9

1—7 地区生产总值构成

Composition of Gross Domestic Product

单位:万元 （2012） （10 000 yuan）

指 标	Item	按当年价格计算 Caculated at Current Prices		构 成(%) Composition(%)		上年=100(%) preceding year=100 (%)	
		地 区 Region	市 区 City	地 区 Region	市 区 City	地 区 Region	市 区 City
地区生产总值	**Gross Domestic Product**	**11509344**	**7135115**	**100.0**	**100.0**	**112.5**	**111.7**
第一产业	Primary Industry	509518	169972	4.4	2.4	105.5	104.9
第二产业	Secondary Industry	6190501	3047812	53.8	42.7	115.1	114.0
工业	Industry	4719172	2067811	41.0	29.0	115.2	114.2
建筑业	Construction	1471330	980002	12.8	13.7	114.8	113.6
第三产业	Tertiary Industry	4809324	3917331	41.8	54.9	110.1	110.4
交通运输仓储和邮政业	Transport, Storage and Post Service	646693	456848	5.6	6.4	107.4	107.5
批发和零售业	Wholesale and Re-tail Trade	513330	392008	4.5	5.5	94.5	93.5
住宿和餐饮业	Hoteling and Catering Services	195029	166534	1.7	2.3	96.3	93.2
金融业	Finance and Insurance	982027	853712	8.5	12.0	117.5	117.5
房地产业	Real Estate	474941	343411	4.1	4.8	109.0	110.0
其他服务业	Other Services	1997305	1704818	17.4	23.9	105.1	114.9
营利性服务业	Other for-profit Services	919243	835615	8.0	11.7	102.5	121.0
非营利性服务业	Non-profit Services	1078062	869203	9.4	12.2	108.2	107.7

1—8 主要年份人均社会经济发展主要指标

Key Indicators of Per Capita Socio-economic Development in Main Years

单位:万元 (10 000 yuan)

指 标	Item	单 位	Unit	1958年	1978年	1985年	1990年
地区生产总值(当年价格)	Gross Domestic Product(aurrent prices)	元	yuan	221	494	1045	2269
工农业总产值(当年价格)	Total Industrial and Agricultural Products(aurrent prices)	元	yuan	194	810	1417	3222
工业总产值	Total Industrial Products	元	yuan	83	643	1034	2448
农业总产值	Total Agricultural Products	元	yuan	111	167	383	774
农业产量	Output of Agricultural						
粮食	Grain	公斤	kg		402	476	577
牛奶	Cow Milk	公斤	kg		3	9	24
肉类	Meat	公斤	kg		3	7	13
水产品总产量	Total Aquatic Products	公斤	kg		0.13	1	7
主要工业产品产量	Output of Major Industrial Products						
原煤	Raw Coal	吨	ton	0.17	0.62	0.77	1.03
轮胎外胎	Tires	条	article		0.39	0.38	0.62
水泥	Cement	吨	ton		0.04	0.1	0.3
农用化肥	Chemical Fertilizers	吨	ton		0.20	0.05	0.23
地方财政收入	Local Financial Revenue	元	yuan	20	97	162	225
地方财政支出	Local Financial Expenditure	元	yuan	27	88	136	219
全社会固定资产投资	Total Investment in Fixed Assets	元	yuan	61	111	610	641
社会消费品零售总额	Total Retail Sales of Consumer Goods	元	yuan	134	292	714	1329
在岗职工年平均工资	Average Wages of Fully Employed Staff and Workers	元	yuan	404	723	1123	2030
城市居民人均可支配收入	Per Capita Annual Disposable Income of Urban Households	元	yuan	222	346	815	1581
城市居民人均消费支出	Per Capital Consumption Expenditure of Urban Households	元	yuan	210	306	703	1433
农民人均纯收入	Per Capital Net Income of Rural Households	元	yuan		131	488	934
农村居民人均生活消费支出	Per Capital Consumption Expenditure of Rural Households	元	yuan		103	380	765
城市居民住宅面积	Area of Urban Residential	平方米	sq.m		4.20	6.46	7.24
农民生活用房面积	Area of Rural Living Space	平方米	sq.m		10.19	15.88	18.28
普通高等学校在校生数	Number of Student Enrollment in Regular Institutions of Higher Education	人/万人	person/10 000persons	9	32	64	71

注:2008-2012 年人均地区生产总值为常住人口计算。

a)From 2008 to 2012 per capita GDP calculated by resident population.

1-8 续表 1 continued

单位:万元 (10 000 yuan)

指 标	Item	单 位	Unit	1995 年	2000 年	2005 年	2007 年
地区生产总值(当年价格)	Gross Domestic Product(aurrent prices)	元	yuan	6374	10404	21091	30513
工农业总产值(当年价格)	Total Industrial and Agricultural Products(aurrent prices)	元	yuan	8772	10943	27619	39110
工业总产值	Total Industrial Products	元	yuan	7131	9039	25097	36049
农业总产值	Total Agricultural Products	元	yuan	1641	1904	2522	3061
农业产量	Output of Agricultural						
粮食	Grain	公斤	kg	609	669	599	564
牛奶	Cow Milk	公斤	kg	56	64	153	188
肉类	Meat	公斤	kg	27	38	37	27
水产品总产量	Total Aquatic Products	公斤	kg	12	20	28	23
主要工业产品产量	Output of Major Industrial Products						
原煤	Raw Coal	吨	ton	1.80	3.01	6.07	13.24
轮胎外胎	Tires	条	article	1.47	1.57	2.19	2.70
水泥	Cement	吨	ton	0.46	0.67	1.28	1.78
农用化肥	Chemical Fertilizers	吨	ton	0.31	0.41	0.42	0.39
地方财政收入	Local Financial Revenue	元	yuan	235	771	1791	3678
地方财政支出	Local Financial Expenditure	元	yuan	382	1005	2468	5074
全社会固定资产投资	Total Investment in Fixed Assets	元	yuan	2022	4234	14487	19947
社会消费品零售总额	Total Retail Sales of Consumer Goods	元	yuan	2725	4202	6791	8730
在岗职工年平均工资	Average Wages of Fully Employed Staff and Workers	元	yuan	4872	8956	18424	28600
城市居民人均可支配收入	Per Capita Annual Disposable Income of Urban Households	元	yuan	3932	5622	8852	12185
城市居民人均消费支出	Per Capital Consumption Expenditure of Urban Households	元	yuan	3541	5369	7311	9176
农民人均纯收入	Per Capital Net Income of Rural Households	元	yuan	1683	2712	3493	4303
农村居民人均生活消费支出	Per Capital Consumption Expenditure of Rural Households	元	yuan	1449	1886	2836	3576
城市居民住宅面积	Area of Urban Residential	平方米	sq.m	8.60	14.22	18.90	27.05
农民生活用房面积	Area of Rural Living Space	平方米	sq.m	19.75	27.26	31.17	35.48
普通高等学校在校生数	Number of Student Enrollment in Regular Institutions of Higher Education	人/万人	person/10 000persons	88	129	294	359

注:2008-2012 年人均地区生产总值为常住人口计算。

a)From 2008 to 2011 per capita GDP calculated by resident population.

1-8 续表 2 continued

单位:万元 (10 000 yuan)

指 标	Item	单 位	Unit	2008 年	2009 年	2010 年	2011 年	2012 年
地区生产总值(当年价格)	Gross Domestic Product(aurrent prices)	元	yuan	34473	38392	42771	48964	56528
工农业总产值(当年价格)	Total Industrial and Agricultural Products(aurrent prices)	元	yuan	42031	47193	56697	68715	88711
工业总产值	Total Industrial Products	元	yuan	38648	43597	52664	64366	84036
农业总产值	Total Agricultural Products	元	yuan	3383	3596	4033	4349	4675
农业产量	Output of Agricultural							
粮食	Grain	公斤	kg	542	544	474	427	435
牛奶	Cow Milk	公斤	kg	205	190	191	192	197
肉类	Meat	公斤	kg	27	28	27	25	24
水产品总产量	Total Aquatic Products	公斤	kg	29	27	27	26	30
主要工业产品产量	Output of Major Industrial Products							
原煤	Raw Coal	吨	ton	15.49	21.12	23.62	26.45	26.71
轮胎外胎	Tires	条	article	2.06	1.34	1.14	0.93	0.70
水泥	Cement	吨	ton	1.70	1.98	2.47	2.36	2.50
农用化肥	Chemical Fertilizers	吨	ton	0.46	0.43	0.37	0.40	0.32
地方财政收入	Local Financial Revenue	元	yuan	3954	5517	7446	8939	9200
地方财政支出	Local Financial Expenditure	元	yuan	5665	6640	9545	11801	13125
全社会固定资产投资	Total Investment in Fixed Assets	元	yuan	22360	29326	35006	36417	45123
社会消费品零售总额	Total Retail Sales of Consumer Goods	元	yuan	9525	11053	12149	13621	15521
在岗职工年平均工资	Average Wages of Fully Employed Staff and Workers	元	yuan	33247	36799	43195	49937	54270
城市居民人均可支配收入	Per Capita Annual Disposable Income of Urban Households	元	yuan	14458	15715	17073	19481	21901
城市居民人均消费支出	Per Capital Consumption Expenditure of Urban Households	元	yuan	11455	12272	13589	14931	16390
农民人均纯收入	Per Capital Net Income of Rural Households	元	yuan	4917	5389	6161	7070	8068
农村居民人均生活消费支出	Per Capital Consumption Expenditure of Rural Households	元	yuan	4119	4817	5394	6260	7089
城市居民住宅面积	Area of Urban Residential	平方米	sq.m	28.77	28.94	29.09	30.39	30.46
农民生活用房面积	Area of Rural Living Space	平方米	sq.m	35.76	38.33	38.85	46.19	44.69
普通高等学校在校生数	Number of Student Enrollment in Regular Institutions of Higher Education	人/万人	person/ 10 000persons	370	372	376	368	387

注:2008-2012 年人均地区生产总值为常住人口计算。

a)From 2008 to 2012 per capita GDP calculated by resident population.

1—9 主要年份国民经济和社会发展主要指标

指 标	Item	单 位	Unit	1958 年
年末总人口	**Population at Year-end**	万人	10 000 persons	**40.10**
#回族人口	Hui Ethnic	万人	10 000 persons	11.41
人口自然增长率	**Natural Growth Rate of Population**	‰	‰	
国民经济核算	**National Accounting**			
地区生产总值	Gross Domestic Product	亿元	100 million yuan	0.84
第一产业	Primary Industry	亿元	100 million yuan	0.34
第二产业	Secondary Industry	亿元	100 million yuan	0.20
第三产业	Tertiary Industry	亿元	100 million yuan	0.30
农业	**Agricultural**			
农林牧渔业总产值	Gross Output Value of Agriculture, Forestry,Animal Husbandry and Fishery	亿元	100 million yuan	0.42
粮食总产量	Grain	万吨	10 000 tons	
肉类总产量	Meat	万吨	10 000 tons	
水产品产量	Aquatic Products	万吨	10 000 tons	
工业	**Industrial**			
全部工业总产值	Gross Output Value of Whole Industrial	亿元	100 million yuan	0.32
利税总额	Total Profits and Taxes	亿元	100 million yuan	
固定资产投资	**Investment in Fixed Assets**			
全社会固定资产投资额	Total Investment in Fixed Assets in the Whole Country	亿元	100 million yuan	0.23
#基本建设	Infrastructure	亿元	100 million yuan	0.23
更新改造	Renovation and Reformation Investment	亿元	100 million yuan	
房地产开发	Development of Real Estate	亿元	100 million yuan	
各类房屋施工面积	Floor Space under Construction	万平方米	10 000 sq.m	38.35
各类房屋竣工面积	Floor Space Completed	万平方米	10 000 sq.m	27.28
运输邮电	**Transport,Postal and Telecommunication Services**			
公路货运周转量	Freight Turnover Volume of Highways	亿吨公里	100 million ton-km	0.49
公路客运周转量	Passenger Turnover Volume of Highways	亿人公里	100 million person-km	0.01
邮电业务总量	Business Volume of Postal and Telecommunication Services	亿元	100 million yuan	

注:2005 年及以后各年份人口数据为常住人口。

a)2005 and later years population data for the resident population.

Principal Indicators on National Economic and Social Development in Main Years

1978年	1985年	1990年	1995年	2000年	2005年	2008年	2009年	2010年	2011年	2012年
78.67	**91.06**	**103.45**	**113.53**	**126.46**	**142.43**	**165.43**	**170.18**	**200.45**	**202.57**	**204.63**
19.12	22.44	25.40	28.01	33.17	36.95	43.33	44.81	46.21	48.17	48.43
			8.34	**9.00**	**6.31**	**6.08**	**6.49**	**7.23**	**5.77**	**7.11**
3.82	9.42	23.20	71.71	128.75	293.57	563.79	644.24	792.61	986.68	1150.93
0.79	2.63	5.49	12.00	14.35	19.45	30.07	32.85	40.29	47.05	50.95
2.02	4.27	9.21	31.05	54.13	132.55	267.46	314.22	400.24	525.25	619.05
1.01	2.52	8.50	28.66	60.27	141.57	266.26	297.17	352.08	414.38	480.93
1.29	3.45	7.91	18.47	23.46	35.10	55.33	60.35	74.73	87.64	95.18
31.09	42.91	58.99	68.55	82.40	83.43	88.62	91.34	87.91	86.15	88.63
0.27	0.62	1.29	3.04	4.65	5.16	4.30	4.66	4.96	4.98	4.97
0.01	0.12	0.73	1.28	2.58	3.94	4.68	4.59	4.95	5.33	6.03
4.98	9.32	25.02	80.24	135.08	349.34	641.21	731.58	975.92	1297.03	1711.02
0.93	1.54	2.27	7.25	4.98	22.50	36.61	90.79	135.13	163.50	197.09
0.86	5.50	6.55	22.75	52.39	201.65	365.69	492.10	648.69	733.85	918.73
0.84	3.49	3.64	10.51	20.49	90.54	228.05	330.76	392.73	419.45	522.65
	1.32	1.73	4.33	10.44	23.98	35.51	38.89	39.66	86.00	99.18
		0.21	3.84	12.66	56.61	78.61	99.60	160.82	207.67	275.70
50.29	225.55	139.81	241.10	455.27	1129.75	1343.05	1729.37	2566.76	3405.28	3948.48
22.70	124.12	93.95	153.04	311.58	618.89	567.33	629.12	650.52	894.39	814.37
1.75	3.03	3.68	5.96	17.09	23.21	26.40	125.79	134.72	149.81	172.80
1.24	3.06	4.96	7.46	13.40	16.04	18.74	21.69	23.18	25.18	27.95
0.02	0.05	0.23	1.30	7.30	21.82	32.64	36.02	43.19	26.40	29.31

1–9 续表

指　标	Item	单　位	Unit	1958 年
国内商业	**Domestic Commercial**			
社会消费品零售总额	Total Retail Sales of Consumer Goods	亿元	100 million yuan	0.51
# 国有经济	State–owned	亿元	100 million yuan	0.23
股份制经济	Share–holding	亿元	100 million yuan	
财政、金融	**Government Finance and Financial Intermediation**			
地方财政收入	Local Financial Revenue	亿元	100 million yuan	0.08
地方财政支出	Local Financial Expenditure	亿元	100 million yuan	0.10
金融机构存款余额	Total Deposits of Financial Institutions	亿元	100 million yuan	0.59
金融机构贷款余额	Total Loans of Financial Institutions	亿元	100 million yuan	0.61
人民生活与物价	**People´s Living Condition and Price Indices**			
在岗职工年平均工资	Average Wages of Fully Employed Staff and Workers	元	yuan	404
城市居民人均可支配收入	Per Capita Annual Disposable Income of Urban Households	元	yuan	222
城市居民人均消费性支出	Per Capital Consumption Expenditure of Urban Households	元	yuan	210
农民人均纯收入	Per Capital Net Income of Rural Households	元	yuan	
农民人均生活消费支出	Per Capital Consumption Expenditure of Rural Households	元	yuan	
城乡居民储蓄存款余额	Urban and Rural Household Saving Deposits	亿元	100 million yuan	0.04
居民消费价格指数(以上年价格为100)	Consumer Price Index(preceding year=100)	%	%	102.4
商品零售价格指数(以上年价格为100)	Retail Price Index(preceding year=100)	%	%	101.7
教育、卫生	**Education and Public Health**			
高等学校在校学生数	Number of Student Enrollment in Institutions of Higher Education	万人	10 000 persons	0.03
# 普通高等学校	Regular Institutions of Higher Education	万人	10 000 persons	0.03
中等专业学校在校学生数	Number of Student Enrollment in Specialized Secondary Schools	万人	10 000 persons	0.23
普通中学在校学生数	Number of Student Enrollment in Regular Secondary Education Schools	万人	10 000 persons	0.53
小学在校学生数	Number of Student Enrollment in Primary Schools	万人	10 000 persons	5.23
卫生机构数	Number of Health Care Institutions	个	unit	96
医院个数	Number of Hospital	个	unit	14
卫生机构床位数	Number of Beds	张	bed	501
卫生技术人员	Medical Technical Personnel in Health Care Institutions	人	person	992
# 医生	Doctors	人	person	487

注:2005 年及以后各年份人口数据为常住人口。

a)2005 and later years population data for the resident population.

continued

1978年	1985年	1990年	1995年	2000年	2005年	2008年	2009年	2010年	2011年	2012年
2.26	6.44	13.59	30.66	51.99	95.41	161.65	185.48	225.14	274.47	316.02
1.43	3.60	6.52	14.32	11.11	7.69	9.76	12.25	8.00	11.36	6.69
			0.27	9.90	28.66	34.98	66.05	91.57	129.43	147.46
0.73	1.32	2.30	2.64	9.50	24.93	64.67	92.57	137.99	180.14	187.31
0.68	1.22	2.24	4.30	12.38	34.36	92.64	111.42	176.88	237.79	267.23
4.97	9.51	22.54	86.38	223.23	612.69	993.91	1278.97	1597.96	1810.2	2118.33
5.03	9.86	31.18	90.01	205.31	551.71	965.08	1289.13	1641.06	1945.42	2313.87
723	1123	2030	4872	8956	18424	33247	36799	43195	49937	54270
346	815	1581	3932	5622	8852	14458	15715	17073	19481	21901
306	703	1433	3541	5369	7311	11455	12272	13589	14931	16390
131	488	934	1683	2712	3493	4917	5389	6161	7070	8068
103	380	765	1449	1886	2836	4119	4817	5394	6260	7089
0.39	3.04	12.26	49.34	99.82	264.95	423.15	519.4	634.45	725.26	905.95
100.6	108.9	106.3	117.3	99.2	101.7	107.6	99.7	103.8	105.5	102.6
100.7	108.6	102.9	114.7	97.7	100.6	105.9	98.5	102.5	104.2	100.6
0.27	1.11	1.23	1.46	2.89	6.00	7.96	8.63	9.81	9.90	10.80
0.25	0.58	0.73	0.99	1.59	4.09	6.05	6.24	6.97	7.41	7.87
0.19	0.44	0.65	1.26	2.30	3.07	3.39	4.05	4.61	5.03	4.54
6.68	7.25	6.96	6.52	7.70	10.73	11.52	12.06	12.33	12.38	12.57
12.65	12.80	12.33	12.36	13.60	14.25	15.00	14.77	14.75	14.82	14.77
312	433	510	134	137	158	595	533	543	862	903
60	59	54	76	39	59	59	61	61	61	53
2859	3495	4491	5759	6166	8058	8333	8506	9472	10329	11313
4280	6252	7876	7552	7932	8619	11532	12626	13667	14651	15952
2000	2758	4082	3845	4033	3660	4827	5096	5301	5461	5829

1—10 主要年份国民经济和社会发展结构指标

单位:%

指 标	Item	1958 年	1978 年	1985 年
人口	**Population**			
农业与非农业结构	Structural of Agricultural and Non-agricultural			
农业	Agricultural	73.4	68.4	63.0
非农业	Non-agricultural	26.6	31.6	37.0
性别结构	Gender Structural			
男性	Male	54.2	51.8	50.8
女性	Female	45.8	48.2	49.2
地域结构	Geographical structure			
市区	Urban	37.0	41.3	43.6
县	County	44.4	38.0	35.4
市	City	18.6	20.7	21.0
单位从业人员结构	**Structural of Empolyed Persons**			
第一产业	Primary Industry	7.4	9.2	13.1
第二产业	Secondary Industry	21.5	54.6	45.7
第三产业	Tertiary Industry	71.1	36.2	41.2
国民经济核算	**National Econonmic Accounting**			
地区生产总值	Gross Domestic Product			
第一产业	Primary Industry	40.4	20.7	27.9
第二产业	Secondary Industry	24.2	53.0	45.3
第三产业	Tertiary Industry	35.5	26.3	26.8
农业	Agricultural			
农林牧渔业总产值结构	Structural of Agriculture, Forestry,Animal Husbandry and Fishery			
农业	Agriculture	89.2	86.2	75.6
林业	Forestry	1.8	2.2	4.7
牧业	Animal Husbandry	8.7	11.6	18.7
渔业	Fishery	0.3	0.1	1.0
工业	**Industrial**			
经济类型结构	Structural of Economic Types			
国有经济	State-owned Enterprises	74.4	81.5	75.7
集体经济	Collective-owned Enterprises	25.5	18.3	17.6
其他	Other Enterprises	0.1	0.2	6.7
轻重工业结构	Structural of Light & Heavy Industries			
轻工业	Light Industry	61.4	39.4	46.3
重工业	Heavy Industry	38.6	60.6	53.7

注:1. 2008-2012 年人口为常住人口结构数据。 a)From 2008 to 2012 the population structure data for the resident Population.
2. 从 2009 年起,工业结构数据为规模以上口径。
b)The industrial structural data caliber change to industrial above designated size since 2009.

Structural Indicators on National Economic and Social Development in Main Years

(%)

1990年	1995年	2000年	2005年	2009年	2010年	2011年	2012年
56.2	51.8	48.5	38.4	33.2	35.1	34.9	34.7
43.8	48.2	51.5	61.6	66.8	64.9	65.1	65.3
51.1	50.9	50.8	50.5	50.2	51.8	51.3	50.9
48.9	49.1	49.2	49.5	49.8	48.2	48.7	49.1
46.4	48.0	50.7	56.2	62.2	64.8	64.8	64.8
32.4	30.7	29.1	27.3	24.0	22.1	22.1	22.1
21.2	21.3	20.2	16.5	13.8	13.1	13.1	13.1
10.7	8.4	8.6	6.1	4.3	4.0	3.8	3.3
45.3	49.2	42.0	50.3	47.5	46.4	45.4	41.6
44.0	42.4	49.4	43.6	48.2	49.6	50.8	55.1
23.7	16.7	11.1	6.6	5.1	5.1	4.8	4.4
39.7	43.3	42.1	45.2	48.8	50.5	53.2	53.8
36.6	40.0	46.8	48.2	46.1	44.4	42.0	41.8
70.6	68.3	63.2	59.4	63.8	63.4	63.1	62.2
5.4	0.7	1.9	1.5	1.9	1.7	1.5	1.5
19.8	26.6	29.6	28.9	22.9	24.5	25.0	24.7
4.2	4.4	5.3	7.7	6.1	5.6	5.2	6.6
84.8	64.7	23.8	23.8	18.5	19.0	46.1	28.1
13.6	10.6	5.1	0.5				
1.6	24.7	71.1	75.7	81.5	81.0	53.9	71.9
35.3	22.9	24.2	25.9	22.8	19.1	17.6	16.7
64.7	77.1	75.8	74.1	77.2	80.9	82.4	83.3

1—10 续表

单位:%

指　标	Item	1958 年	1978 年	1985 年
企业规模结构	Structural of Size of Enterprises			
大型企业	Large Enterprises			
中型企业	Medium-sized Enterprises	10.1	34.0	30.8
小型企业	Small Enterprises	89.9	66.0	69.2
固定资产投资	**Investment in Fixed Assets**			
投资经济类型结构	Structural of Investment Economic Types			
第一产业	Primary Industry		11.2	5.0
第二产业	Secondary Industry		44.4	50.7
第三产业	Tertiary Industry		44.4	44.3
投资种类结构	Structural of Investment Types			
# 基本建设	Infrastructure		97.9	63.4
更新改造	Renovation and Reformation Investment			23.9
房地产开发	Development of Real Estate			
社会消费品零售总额	**Total Retail Sales of Consumer Goods**			
经济类型结构	Structural of Economic Types			
国有经济	State-owned Enterprises	45.1	63.2	56.0
集体经济	Collective-owned Enterprises	37.8	26.4	23.4
其他经济	Other Enterprises	17.1	10.4	20.6
行业结构	Sector Structural			
批发零售贸易业	Wholesale and Retail Trade	83.8	79.9	79.2
餐饮业	Catering Services	3.8	4.0	3.6
其他	Others	12.4	2.0	17.2
居民生活消费	**Residents´ living consumption**			
城镇居民人均生活消费结构	Structural of Per Capital Annual Living Expenditure of Urban Households			
# 食品类	Food	60.0	58.8	47.9
衣着类	Clothing	16.2	14.6	18.6
居住	Residence	12.3	2.2	4.0
交通通讯	Transport and Communications	0.5	1.2	2.6
医疗保健类	Health Care and Medical Services	0.4	0.5	0.8
农村居民人均生活消费结构	Structural of Per Capital Annual Living Expenditure of Rural Households			
# 食品类	Food		72.5	64.2
衣着类	Clothing		22.9	14.7
居住	Residence		4.6	7.4
交通通讯	Transport and Communications			
医疗保健类	Health Care and Medical Services			
财政收入占地区生产总值的比例	**The Proportion of Fiscal Revenue in GDP**	**9.2**	**19.0**	**14.0**
固定资产投资占地区生产总值比例	**The Proportion of Investment in Fixed Assets in GDP**	**27.6**	**22.4**	**58.4**

continued

(%)

1990年	1995年	2000年	2005年	2009年	2010年	2011年	2012年
14.9	39.0	52.8	43.8	47.5	48.6	62.1	63.0
32.3	27.0	16.7	26.5	30.0	26.7	20.9	17.8
52.8	34.0	30.5	29.7	22.5	24.7	17.0	19.2
2.4	2.3	1.9	0.1	1.4	1.7	0.8	1.1
63.5	48.9	34.9	48.0	62.0	47.2	46.5	47.8
34.1	48.8	63.2	51.9	36.6	51.1	52.7	51.1
55.6	46.2	39.1	44.9	67.2	60.5	57.2	58.5
26.5	19.0	19.9	11.9	7.9	6.1	11.7	10.8
3.3	16.9	24.2	28.1	20.2	24.8	28.3	30.0
48.0	50.7	28.1	14.1	6.6	3.6	4.1	2.1
26.8	16.7	6.0	1.2	0.6	0.5	0.5	0.4
25.2	32.6	65.9	84.7	92.8	95.9	95.4	97.5
93.3	87.4	86.2	84.8	86.5	87.1	87.8	89.5
4.7	10.3	12.1	14.4	13.3	11.9	11.3	9.1
2.0	2.3	1.7	0.8	0.2	1.0	0.9	1.4
52.9	44.1	34.1	35.8	32.8	32.1	35.3	33.4
15.3	17.4	12.9	12.0	11.5	11.5	12.3	12.6
4.4	3.7	5.5	9.3	10.3	9.8	8.1	7.3
2.0	6.8	9.1	11.2	14.2	15.9	13.3	15.7
2.5	2.6	7.5	8.5	8.9	8.2	8.0	8.2
47.5	28.3	42.4	37.1	34.5	35.8	30.0	35.9
11.6	9.3	8.4	7.3	8.1	8.6	9.0	9.6
9.5	14.7	17.6	22.4	23.1	21.6	24.6	17.8
	2.9	4.9	8.2	10.9	9.7	10.1	10.1
	3.6	8.6	9.0	10.0	8.9	9.8	9.3
9.9	**3.7**	**7.4**	**8.5**	**14.4**	**17.4**	**18.3**	**16.3**
28.2	**31.7**	**40.7**	**68.7**	**76.4**	**81.8**	**74.4**	**79.8**

1—11 平均每天主要社会经济活动

指　标	Item	单　位	Unit	1958 年
地区生产总值(当年价格)	Gross Domestic Product(aurrent prices)	万元	10 000 yuan	23
工农业总产值(当年价格)	Total Industrial and Agricultural Products (aurrent prices)	万元	10 000 yuan	20
农业总产值	Total Agricultural Products	万元	10 000 yuan	11
工业总产值	Total Industrial Products	万元	10 000 yuan	9
地方财政收入	Local Financial Revenue	万元	10 000 yuan	2
地方财政支出	Local Financial Expenditure	万元	10 000 yuan	3
主要工业产品产量	Output of Major Industrial Products			
原煤	Raw Coal	万吨	10 000 tons	
金属切削机床	Metal-cutting Machine Tools	台	unit	
轮胎外胎	Tires	条	article	
水泥	Cement	吨	ton	
饮料酒	Alcoholic Drink	千升	kiloliter	3
乳制品	Dairy Products	吨	ton	
农用化肥	Chemical Fertilizers	吨	ton	
社会消费品零售总额	Total Retail Sales of Consumer Goods	万元	10 000 yuan	14
进出口总额	Total Value of Imports and Exports	万美元	USD 10 000	
全社会固定资产投资额	Total Investment in Fixed Assets	万元	10 000 yuan	6
邮电业务总量	Business Volume of Postal and Telecommunication Services	万元	10 000 yuan	
公路货运周转量	Freight Turnover Volume of Highways	万吨公里	10 000 ton-km	13
公路客运周转量	Passenger Turnover Volume of Highways	万人公里	10 000 person-km	
金融机构存款余额	Total Deposits of Financial Institutions	万元	10 000 yuan	16
金融机构贷款余额	Total Loans of Financial Institutions	万元	10 000 yuan	17
城市供水总量	Total Volume Water Supply of City Districts	万立方米	10 000 cu.m	
城市公交客运总量	Total Volume Bus and Trplley Bus of City Districts	万人次	10 000 person-times	

Major Indicators on Average Daily Social and Economic Activities

1978年	1985年	1990年	1995年	2000年	2005年	2009年	2010年	2011年	2012年
105	258	636	1965	3527	8043	17650	21715	27032	31532
171	350	902	2704	4344	10533	21697	28784	37936	49485
35	95	217	506	643	962	1653	2047	2401	2608
136	255	685	2198	3701	9571	20043	26737	35535	46877
21	40	63	72	260	683	2536	3781	4935	5132
19	33	61	118	339	941	3053	4846	6515	7321
0.1	0.2	0.3	0.6	1.0	3.2	9.7	11.9	14.6	14.9
1	1	1	3	2	4	4	9	10	7
825	940	1740	4519	5288	8344	6181	5765	5161	3888
86	236	835	1411	2253	4883	9103	12562	13038	13951
1	21	43	77	111	234	401	438	498	471
	2	9	12	19	136	128	103	66	537
413	119	644	941	1370	1585	1989	1891	2207	1809
62	176	372	840	1424	2590	5082	6168	7520	8658
8	15	23	74	70	144	182	274	332	374
23	151	179	623	1435	5525	13482	17772	20105	25171
1	1	6	36	200	598	987	1183	723	803
48	83	101	163	468	636	3446	3691	4104	4734
34	84	136	204	367	440	594	635	690	766
131	241	563	2367	6116	16786	35040	43780	49595	58036
133	250	792	2466	5625	15115	35318	44961	53299	63394
0.9	3.8	20.3	31.7	33.4	27.5	28.0	28.8	30.8	31.4
5.0	16.0	16.0	13.0	18.3	24.6	47.6	49.8	54.6	69.7

1—12 银川市主要经济指标与全国、全区对比

（2012）

指 标	Item	单 位	Unit
年末总人口	Population at Year-end	万人	10 000 persons
地区生产总值	Gross Domestic Product	亿元	100 million yuan
第一产业	Primary Industry	亿元	100 million yuan
第二产业	Secondary Industry	亿元	100 million yuan
#工业	Industrial	亿元	100 million yuan
第三产业	Tertiary Industry	亿元	100 million yuan
全社会固定资产投资	Total Investment in Fixed Assets in the Whole Country	亿元	100 million yuan
#房地产开发投资	Investment in Real Estate Development	亿元	100 million yuan
社会消费品零售总额	Total Retail Sales of Consumer Goods	亿元	100 million yuan
进出口总额	Total Value of Imports and Exports	亿美元	USD 10 000
#出口额	Total Export	亿美元	USD 10 000
实际利用外资	Foreign Capital Actually Utilized	亿美元	USD 10 000
金融机构存款余额	Total Deposits of Financial Institutions	亿元	100 million yuan
#城乡居民储蓄存款余额	Urban and Rural Household Saving Deposits	亿元	100 million yuan
金融机构贷款余额	Total Loans of Financial Institutions	亿元	100 million yuan
在岗职工年平均工资	Average Wages of Fully Employed Staff and Workers	元	yuan
城市居民人均可支配收入	Per Capita Annual Disposable Income of Urban Households	元	yuan
农民人均纯收入	Per Capital Net Income of Rural Households	元	yuan
居民消费价格指数	Consumer Price Index	%	%
工业生产者出厂价格指数	Producer Price Index for Manufactured Goods	%	%

The Main Economic Indicators of Yinchuan Compared to Country and Region

全　国 Country	全　区 Region	银川市 Yinchuan	银川市占全区比重% Yinchuan Accounted for Region
135404	647.19	204.63	31.6
519322	2341.29	1150.93	49.2
52377	199.40	50.95	25.6
235319	1159.37	619.05	53.4
199860	878.63	471.92	53.7
231626	982.52	480.93	48.9
374676	2109.52	918.73	43.6
71804	429.15	275.70	64.2
210307	548.83	316.02	57.6
38668	22.17	13.64	61.5
20489	16.41	10.75	65.5
1117	3.48	1.46	42.0
943102	3507.16	2118.33	60.4
410201	1684.93	905.95	53.8
672875	3372.12	2313.87	68.6
46769	48961	54270	+5309
24565	19831	21901	+2070
7917	6180	8068	+1888
102.6	102.0	102.6	
98.3	97.4	99.4	

1—13 主要年份银川市分县(市)区国民经济和社会发展主要指标

指　标	Item	单　位	Unit
总人口	Total Population	万人	10 000 persons
#回族人口	Hui Ethnic	万人	10 000 persons
人口自然增长率	Natural Growth Rate of Population	‰	‰
单位从业人员	Employed Persons	万人	10 000 persons
第一产业	Primary Industry	万人	10 000 persons
第二产业	Secondary Industry	万人	10 000 persons
第三产业	Tertiary Industry	万人	10 000 persons
地区生产总值	Gross Domestic Product	亿元	100 million yuan
第一产业	Primary Industry	亿元	100 million yuan
第二产业	Secondary Industry	亿元	100 million yuan
#工业增加值	Value-added of Industry	亿元	100 million yuan
第三产业	Tertiary Industry	亿元	100 million yuan
农、林、牧、渔业总产值	Gross Output Value of Agriculture, Forestry,Animal Husbandry and Fishery	亿元	100 million yuan
#畜牧业产值	Gross Output Value of Livestock	亿元	100 million yuan
粮食产量	Grain	万吨	10 000 tons
蔬菜产量	Vegetables	万吨	10 000 tons
水产品产量	Aquatic Products	万吨	10 000 tons
肉类总产量	Meat	万吨	10 000 tons
#猪牛羊肉产量	Products of Pork, Beef and Mutton	万吨	10 000 tons
全部工业总产值	Gross Industrial Output Value	亿元	100 million yuan
#规模以上工业	Industrial Enterprises above Designated Size	亿元	100 million yuan
#大中型工业	Large and Medium-sized Enterprises	亿元	100 million yuan
全社会固定资产投资	Investment in Fixed Assets	亿元	100 million yuan
#房地产开发投资	Investment in Real Estate Development	亿元	100 million yuan
社会消费品零售额	Total Retail Sales of Consumer Goods	亿元	100 million yuan
#批发和零售业	Wholesale and Retail Trade	亿元	100 million yuan
住宿和餐饮业	Hotels and Catering Services	亿元	100 million yuan
地方财政收入	Local Financial Revenue	亿元	100 million yuan
地方财政支出	Local Financial Expenditure	亿元	100 million yuan
在岗职工年平均工资	Average Wages of Fully Employed Staff and Workers	元	yuan
城市居民人均可支配收入	Per Capita Annual Disposable Income of Urban Households	元	yuan
城市居民人均消费性支出	Per Capital Consumption Expenditure of Urban Households	元	yuan
农民人均纯收入	Per Capital Net Income of Rural Households	元	yuan
农民人均生活消费性支出	Per Capital Consumption Expenditure of Rural Households	元	yuan
普通中学在校生	Number of Student Enrollment in Regular Secondary Education Schools	万人	10 000 persons
小学在校生	Number of Student Enrollment in Primary Schools	万人	10 000 persons
卫生技术人员	Medical Technical Personnel in Health Care Institutions	万人	10 000 persons
#医生	Doctors	万人	10 000 persons

注:2008-2012 年人口为常住人口结构数据。

a)From 2008 to 2012 the population structure data for the resident Population.

Major Indicators on National Economic and Social Development in Main Years by City and Country

地 区 Region							市 区 City						
2007年	2008年	2009年	2010年	2011年	2012年	2012年比2011年增长%	2007年	2008年	2009年	2010年	2011年	2012年	2012年比2011年增长%
148.79	165.43	170.18	200.45	202.57	204.63	1.0	86.08	102.49	105.82	129.91	131.33	132.67	1.0
38.61	43.33	44.81	46.21	48.17	48.43	0.5	18.28	22.48	23.43	24.15	25.24	25.73	1.9
6.81	6.08	6.49	7.23	5.77	7.11	23.3	5.60	5.59	5.70	6.97	5.65	6.76	19.6
29.22	28.98	29.66	30.07	31.30	33.51	7.1	24.35	23.95	24.59	24.75	25.72	27.63	7.4
1.41	1.35	1.27	1.22	1.20	1.12	-6.7	0.54	0.53	0.49	0.48	0.49	0.47	-4.1
14.09	13.74	14.09	13.95	14.20	13.93	-1.9	12.29	11.80	12.18	11.90	12.17	11.95	-1.8
13.72	13.89	14.30	14.90	15.90	18.46	16.1	11.52	11.62	11.92	12.37	13.06	15.21	16.5
447.74	563.79	644.24	792.61	986.68	1150.93	12.5	322.63	398.50	439.83	517.04	607.05	713.51	9.4
24.90	30.07	32.85	40.29	47.05	50.95	5.5	9.11	11.77	12.64	13.75	15.90	17.00	5.1
212.94	267.46	314.22	400.24	525.25	619.05	15.1	126.12	155.51	163.87	204.51	246.52	304.78	13.5
170.03	211.46	236.64	298.70	396.46	471.92	15.2	97.68	115.07	116.09	134.57	159.78	206.78	13.9
209.90	266.26	297.17	352.08	414.38	480.93	10.1	187.40	231.22	263.32	298.78	344.63	391.73	6.8
44.92	55.33	60.35	74.73	87.64	95.18	6.0	14.82	18.42	19.53	24.93	28.89	30.57	4.1
11.57	15.16	13.83	18.34	21.87	23.53	7.5	4.61	6.23	5.26	7.86	9.07	8.77	-1.5
82.73	88.62	91.34	87.91	86.15	88.63	2.9	21.12	21.66	21.70	22.22	21.69	22.46	3.6
77.86	99.43	111.32	126.93	137.84	141.18	2.4	27.59	40.68	39.16	40.27	45.75	43.70	-4.5
3.37	4.42	4.59	4.95	5.33	6.03	13.1	0.68	0.71	1.35	1.38	1.43	1.47	2.8
3.93	4.30	4.66	4.96	4.98	4.97	-0.2	1.00	1.14	1.14	1.31	1.26	1.07	-15.1
3.20	3.53	4.08	4.29	4.30	4.33	0.7	0.67	0.81	0.94	1.06	1.01	0.86	-14.9
528.98	641.21	731.58	975.92	1297.03	1711.03	31.9	318.50	376.45	370.72	494.70	602.30	842.90	39.9
492.23	599.95	688.53	935.56	1229.96	1647.57	34.0	309.32	366.40	359.87	484.06	582.15	824.36	41.6
387.09	472.08	533.84	735.30	1021.10	1330.43	30.3	270.93	314.62	300.52	402.13	519.15	756.94	45.8
292.69	365.69	492.10	648.69	733.85	918.73	25.2	130.10	141.35	157.46	253.61	309.58	377.52	21.9
62.72	78.61	99.60	160.82	207.67	275.70	32.8	55.11	68.39	84.74	109.47	142.60	210.25	47.4
128.10	155.77	185.48	225.14	274.47	316.02	15.1	111.75	132.43	147.38	166.18	194.83	219.78	13.7
109.58	132.03	160.41	196.12	241.08	282.88	14.1	93.57	111.36	125.44	140.25	165.44	191.76	12.2
17.97	23.18	24.71	29.02	33.39	33.14	25.2	17.91	21.06	21.84	25.94	29.39	28.02	25.1
53.97	64.67	92.57	137.99	180.14	187.31	4.0	38.90	46.73	65.53	93.27	125.36	133.13	6.2
74.45	92.64	111.42	176.88	237.79	267.23	12.4	49.95	61.42	64.14	104.18	151.60	169.35	11.7
28600	33247	36799	43195	49937	54270	8.7	30386	35481	39322	46497	50909	56907	11.8
11903	14180	15465	16842	19203	21620	12.6	12185	14458	15715	17073	19481	21901	12.4
8883	11062	11927	13237	14562	16007	9.9	9176	11455	12272	13589	14931	16390	9.8
4303	4917	5389	6161	7070	8068	14.1							
3576	4119	4817	5394	6260	7089	13.2							
10.98	11.52	12.06	12.33	12.38	12.57	1.5	7.12	7.70	8.16	8.29	8.31	8.36	0.6
14.92	15.00	14.77	14.75	14.82	14.77	-0.3	8.77	8.86	8.75	8.78	8.83	8.94	1.2
1.07	1.15	1.26	1.37	1.47	1.60	8.8	0.87	0.96	1.07	1.18	1.25	1.39	11.2
0.45	0.48	0.51	0.53	0.55	0.58	5.5	0.36	0.40	0.43	0.46	0.46	0.50	8.7

1-13 续表 1

指 标	Item	单 位	Unit
总人口	Total Population	万人	10 000 persons
#回族人口	Hui Ethnic	万人	10 000 persons
人口自然增长率	Natural Growth Rate of Population	‰	‰
单位从业人员	Employed Persons	万人	10 000 persons
第一产业	Primary Industry	万人	10 000 persons
第二产业	Secondary Industry	万人	10 000 persons
第三产业	Tertiary Industry	万人	10 000 persons
地区生产总值	Gross Domestic Product	亿元	100 million yuan
第一产业	Primary Industry	亿元	100 million yuan
第二产业	Secondary Industry	亿元	100 million yuan
#工业增加值	Value-added of Industry	亿元	100 million yuan
第三产业	Tertiary Industry	亿元	100 million yuan
农、林、牧、渔业总产值	Gross Output Value of Agriculture, Forestry,Animal Husbandry and Fishery	亿元	100 million yuan
#畜牧业产值	Gross Output Value of Livestock	亿元	100 million yuan
粮食产量	Grain	万吨	10 000 tons
蔬菜产量	Vegetables	万吨	10 000 tons
水产品产量	Aquatic Products	万吨	10 000 tons
肉类总产量	Meat	万吨	10 000 tons
#猪牛羊肉产量	Products of Pork, Beef and Mutton	万吨	10 000 tons
全部工业总产值	Gross Industrial Output Value	亿元	100 million yuan
#规模以上工业	Industrial Enterprises above Designated Size	亿元	100 million yuan
#大中型工业	Large and Medium-sized Enterprises	亿元	100 million yuan
全社会固定资产投资	Investment in Fixed Assets	亿元	100 million yuan
#房地产开发投资	Investment in Real Estate Development	亿元	100 million yuan
社会消费品零售额	Total Retail Sales of Consumer Goods	亿元	100 million yuan
#批发和零售业	Wholesale and Retail Trade	亿元	100 million yuan
住宿和餐饮业	Hotels and Catering Services	亿元	100 million yuan
地方财政收入	Local Financial Revenue	亿元	100 million yuan
地方财政支出	Local Financial Expenditure	亿元	100 million yuan
在岗职工年平均工资	Average Wages of Fully Employed Staff and Workers	元	yuan
城市居民人均可支配收入	Per Capita Annual Disposable Income of Urban Households	元	yuan
城市居民人均消费性支出	Per Capital Consumption Expenditure of Urban Households	元	yuan
农民人均纯收入	Per Capital Net Income of Rural Households	元	yuan
农民人均生活消费性支出	Per Capital Consumption Expenditure of Rural Households	元	yuan
普通中学在校生	Number of Student Enrollment in Regular Secondary Education Schools	万人	10 000 persons
小学在校生	Number of Student Enrollment in Primary Schools	万人	10 000 persons
卫生技术人员	Medical Technical Personnel in Health Care Institutions	万人	10 000 persons
#医生	Doctors	万人	10 000 persons

continued

兴庆区 Xingqing							金凤区 Jinfeng						
2007年	2008年	2009年	2010年	2011年	2012年	2012年比2011年增长%	2007年	2008年	2009年	2010年	2011年	2012年	2012年比2011年增长%
47.08	55.75	57.09	68.30	69.00	69.74	1.1	16.38	21.35	23.15	28.50	28.85	29.14	1.0
9.30	11.25	11.58	10.96	11.46	12.78	11.5	5.18	6.88	7.45	7.12	7.45	7.11	-4.6
5.56	6.05	6.08	7.10	5.34	7.28	36.3	6.93	5.30	6.34	9.25	6.07	6.53	7.6
15.81	15.35	10.14	9.82	9.63	10.90	13.2	3.95	3.93	9.96	10.35	11.50	11.81	2.7
0.07	0.08	0.08	0.08	0.10	0.10		0.08	0.08	0.07	0.07	0.06	0.06	
7.89	7.80	3.38	2.68	2.59	2.90	12.0	1.89	1.37	7.05	6.70	7.18	6.66	-7.2
7.85	7.47	6.68	7.06	6.95	7.89	13.5	1.98	2.48	2.84	3.58	4.26	5.08	19.2
178.66	213.76	241.94	270.98	318.37	356.73	9.8	53.64	65.35	70.47	90.37	107.50	123.85	13.5
3.21	4.15	4.55	4.96	5.64	5.88	5.4	1.73	2.24	2.42	2.63	2.95	3.04	5.4
59.23	68.79	76.79	83.11	103.16	110.84	9.8	25.92	31.25	30.69	43.77	55.14	63.40	16.3
47.41	52.58	58.12	60.96	83.11	88.35	9.1	16.56	18.76	16.70	18.27	21.56	22.42	6.7
116.22	140.82	160.60	182.91	209.57	240.02	9.9	25.99	31.86	37.36	43.97	49.41	57.41	10.7
5.54	8.38	8.64	9.34	12.37	13.01	4.1	3.52	4.26	4.98	6.60	7.44	8.01	4.1
2.00	3.75	3.08	2.66	4.26	4.12	-1.5	1.05	1.36	1.18	2.30	1.83	1.77	-1.5
6.97	6.97	7.12	6.88	6.89	7.08	2.1	4.45	4.08	3.54	3.94	3.48	3.51	0.9
20.07	21.31	18.00	19.14	20.32	19.92	-2.0	4.73	10.41	12.31	13.23	13.44	15.37	14.4
0.21	0.42	0.45	0.47	0.51	0.56	9.8	0.39	0.69	0.70	0.74	0.74	0.89	20.3
0.35	0.47	0.39	0.48	0.48	0.29	-39.6	0.24	0.31	0.33	0.39	0.31	0.41	32.3
0.30	0.31	0.29	0.36	0.37	0.22	-40.5	0.18	0.25	0.31	0.34	0.26	0.35	34.6
131.02	141.98	148.07	209.11	325.77	345.20	6.0	45.67	52.84	50.41	62.20	66.39	68.82	3.7
127.80	138.65	143.57	205.23	319.85	340.42	6.4	43.08	49.62	47.65	59.11	58.47	60.75	3.9
116.02	126.65	129.86	193.48	312.52	332.71	6.5	29.26	31.59	27.65	36.60	36.94	35.33	-4.4
	41.57	41.51	91.07	83.17	107.46	29.2		49.52	54.58	82.34	112.05	155.46	38.7
	27.21	29.45	44.94	47.50	67.69	42.5		22.07	29.81	57.52	77.01	123.47	60.3
92.66	102.79	114.96	119.23	145.60	163.55	13.5	11.51	19.01	20.62	29.27	31.34	35.77	14.1
77.99	86.76	101.77	102.09	126.94	144.58	11.3	9.69	16.69	14.03	24.14	24.83	30.91	14.5
14.66	16.03	13.16	17.14	18.66	18.97	33.8	1.79	2.32	6.58	5.13	6.50	4.86	12.0
	4.09	3.87	5.67	7.02	8.17	16.4		1.58	3.40	3.77	3.86	5.33	35.5
	8.51	12.28	13.58	21.16	23.94	13.1		5.09	9.07	8.99	28.91	22.12	-23.5
33339	39213	36204	42275	50809	54619	7.5	25579	31087	48573	57469	62453	65028	4.1
13666	15951	17305	18498	21235	23809	12.1	10628	12930	14304	15930	18156	20466	12.7
10402	12305	13218	14534	15773	17339	9.9	7737	11263	10669	14101	15059	17031	13.1
4994	5618	6040	6820	7804	8834	13.2	4240	4887	5307	6008	6900	7866	14.0
3630	4360	4696	5923	6641	7055	6.2	3989	4924	5800	6562	6535	8073	23.5
3.72	3.60	3.84	3.85	3.84	3.85	0.3	1.42	1.82	1.86	1.97	2.01	2.02	0.5
4.75	4.86	4.87	4.91	4.89	4.96	1.4	1.53	1.56	1.56	1.61	1.71	1.75	2.3
0.56	0.62	0.70	0.77	0.79	0.86	8.3	0.10	0.12	0.12	0.13	0.14	0.37	1.6倍
0.24	0.27	0.29	0.30	0.29	0.31	5.3	0.04	0.05	0.05	0.05	0.06	0.13	1.2倍

1-13 续表 2

指　标	Item	单　位	Unit
总人口	Total Population	万人	10 000 persons
# 回族人口	Hui Ethnic	万人	10 000 persons
人口自然增长率	Natural Growth Rate of Population	‰	‰
单位从业人员	Employed Persons	万人	10 000 persons
第一产业	Primary Industry	万人	10 000 persons
第二产业	Secondary Industry	万人	10 000 persons
第三产业	Tertiary Industry	万人	10 000 persons
地区生产总值	Gross Domestic Product	亿元	100 million yuan
第一产业	Primary Industry	亿元	100 million yuan
第二产业	Secondary Industry	亿元	100 million yuan
# 工业增加值	Value-added of Industry	亿元	100 million yuan
第三产业	Tertiary Industry	亿元	100 million yuan
农、林、牧、渔业总产值	Gross Output Value of Agriculture, Forestry,Animal Husbandry and Fishery	亿元	100 million yuan
# 畜牧业产值	Gross Output Value of Livestock	亿元	100 million yuan
粮食产量	Grain	万吨	10 000 tons
蔬菜产量	Vegetables	万吨	10 000 tons
水产品产量	Aquatic Products	万吨	10 000 tons
肉类总产量	Meat	万吨	10 000 tons
# 猪牛羊肉产量	Products of Pork, Beef and Mutton	万吨	10 000 tons
全部工业总产值	Gross Industrial Output Value	亿元	100 million yuan
# 规模以上工业	Industrial Enterprises above Designated Size	亿元	100 million yuan
# 大中型工业	Large and Medium-sized Enterprises	亿元	100 million yuan
全社会固定资产投资	Investment in Fixed Assets	亿元	100 million yuan
# 房地产开发投资	Investment in Real Estate Development	亿元	100 million yuan
社会消费品零售额	Total Retail Sales of Consumer Goods	亿元	100 million yuan
# 批发和零售业	Wholesale and Retail Trade	亿元	100 million yuan
住宿和餐饮业	Hotels and Catering Services	亿元	100 million yuan
地方财政收入	Local Financial Revenue	亿元	100 million yuan
地方财政支出	Local Financial Expenditure	亿元	100 million yuan
在岗职工年平均工资	Average Wages of Fully Employed Staff and Workers	元	yuan
城市居民人均可支配收入	Per Capita Annual Disposable Income of Urban Households	元	yuan
城市居民人均消费性支出	Per Capital Consumption Expenditure of Urban Households	元	yuan
农民人均纯收入	Per Capital Net Income of Rural Households	元	yuan
农民人均生活消费性支出	Per Capital Consumption Expenditure of Rural Households	元	yuan
普通中学在校生	Number of Student Enrollment in Regular Secondary Education Schools	万人	10 000 persons
小学在校生	Number of Student Enrollment in Primary Schools	万人	10 000 persons
卫生技术人员	Medical Technical Personnel in Health Care Institutions	万人	10 000 persons
# 医生	Doctors	万人	10 000 persons

continued

西夏区 Xixia							永宁县 Yongning						
2007年	2008年	2009年	2010年	2011年	2012年	2012年比2011年增长%	2007年	2008年	2009年	2010年	2011年	2012年	2012年比2011年增长%
22.62	25.39	25.58	33.11	33.48	33.79	0.9	20.85	20.61	20.76	21.87	22.08	22.28	0.9
3.80	4.35	4.39	6.07	6.33	5.84	-7.7	3.91	3.94	3.99	4.98	5.13	4.55	-11.3
3.88	4.74	4.28	5.32	4.41	5.92	34.2	7.13	4.35	6.51	4.94	5.13	5.86	13.6
4.59	4.67	4.49	4.58	4.59	4.93	7.4	2.10	2.01	1.97	2.02	1.93	1.96	1.6
0.39	0.37	0.34	0.32	0.33	0.31	-6.1	0.21	0.16	0.16	0.16	0.13	0.11	-15.4
2.51	2.63	2.46	2.52	2.39	2.39	0.0	1.23	1.18	1.12	1.15	0.99	0.89	-10.1
1.69	1.67	1.69	1.74	1.87	2.23	19.3	0.66	0.67	0.69	0.71	0.81	0.96	18.5
90.33	119.39	127.42	155.69	181.18	232.93	14.2	32.50	41.93	48.59	60.80	79.33	94.23	13.0
4.16	5.38	5.67	6.16	7.31	8.08	5.4	5.84	7.10	7.72	9.43	11.13	12.00	6.7
40.98	55.47	56.39	77.63	88.22	130.54	17.5	18.58	23.91	29.38	36.40	47.57	51.64	15.8
33.72	43.73	41.27	55.34	55.11	96.02	24.9	15.18	18.98	22.49	25.93	32.83	34.33	14.8
45.19	58.54	65.36	71.90	85.65	94.31	11.4	8.08	10.92	11.49	14.97	20.63	30.59	9.9
5.76	5.77	5.90	8.99	9.07	9.55	4.1	10.53	12.99	14.14	17.37	20.58	22.16	6.6
1.56	1.12	1.00	2.90	2.98	2.88	-1.5	2.66	3.19	3.18	3.92	4.63	4.83	4.1
9.71	10.61	11.05	11.40	11.32	11.87	4.9	19.77	24.36	24.95	23.60	23.76	24.81	4.4
2.79	8.96	8.85	7.89	11.99	8.41	-29.9	13.75	16.04	17.07	19.40	21.36	24.25	13.5
0.07	0.22	0.20	0.17	0.18	0.02	-88.9	0.77	0.78	0.80	0.87	0.88	0.88	0.0
0.41	0.36	0.41	0.44	0.47	0.38	-19.1	1.18	1.21	1.33	1.34	1.29	1.29	0.0
0.19	0.25	0.34	0.36	0.38	0.29	-23.7	0.99	0.99	1.11	1.10	1.05	1.07	1.9
142.06	181.63	172.24	223.39	210.14	428.89	1.0倍	49.41	60.50	71.13	88.08	107.46	121.66	13.2
138.70	178.13	168.65	219.72	203.83	423.20	1.1倍	40.48	50.12	60.59	76.28	94.67	108.71	14.8
125.60	156.38	143.01	172.06	169.69	388.90	1.3倍	32.85	43.12	47.24	58.95	74.66	90.51	21.2
	35.96	44.88	79.13	114.36	114.60	0.2	22.45	30.10	40.47	75.15	88.63	111.33	25.6
	6.81	6.21	7.01	18.09	19.10	5.6	1.06	0.51	2.88	19.47	21.94	13.58	-30.1
7.58	10.62	11.80	17.69	17.89	20.46	14.4	4.04	5.03	5.98	9.64	11.10	12.69	14.3
5.89	7.91	9.57	14.02	13.67	16.27	16.0	3.37	4.19	4.86	8.27	9.23	10.56	13.8
1.47	2.71	2.19	3.67	4.22	4.19	8.3	0.64	0.81	1.09	1.37	1.87	2.13	17.0
	1.27	1.56	1.73	1.92	2.26	17.7	2.15	3.13	8.30	10.21	13.63	15.32	12.4
	4.00	5.66	6.56	7.88	12.57	59.5	5.11	7.66	14.34	20.32	24.25	26.87	10.8
24213	26911	26971	31533	38533	43197	12.1	18927	21761	24718	25222	31200	35470	13.7
10265	11805	12785	14394	16356	18526	13.3	10017	12326	13729	15240	17202	19530	13.5
7688	9459	10921	10992	12811	13541	5.7	6313	7610	8539	9520	10426	12379	18.7
2792	3308	3655	4337	5050	5828	15.4	4193	4747	5127	5896	6792	7764	14.3
2559	3443	4385	5021	5945	7169	20.6	3428	3973	4196	4520	5756		
1.98	2.28	2.46	2.47	2.46	2.49	1.2	1.40	1.35	1.34	1.39	1.38	1.44	4.3
2.49	2.44	2.32	2.26	2.24	2.22	-0.9	2.07	2.03	1.97	1.99	2.02	2.11	4.5
0.21	0.22	0.25	0.28	0.32	0.16	-49.1	0.06	0.06	0.06	0.06	0.06	0.06	持平
0.08	0.08	0.09	0.11	0.11	0.06	-42.8	0.02	0.02	0.02	0.02	0.02	0.02	持平

1-13 续表 3

指 标	Item	单 位	Unit
总人口	Total Population	万人	10 000 persons
#回族人口	Hui Ethnic	万人	10 000 persons
人口自然增长率	Natural Growth Rate of Population	‰	‰
单位从业人员	Employed Persons	万人	10 000 persons
第一产业	Primary Industry	万人	10 000 persons
第二产业	Secondary Industry	万人	10 000 persons
第三产业	Tertiary Industry	万人	10 000 persons
地区生产总值	Gross Domestic Product	亿元	100 million yuan
第一产业	Primary Industry	亿元	100 million yuan
第二产业	Secondary Industry	亿元	100 million yuan
#工业增加值	Value-added of Industry	亿元	100 million yuan
第三产业	Tertiary Industry	亿元	100 million yuan
农、林、牧、渔业总产值	Gross Output Value of Agriculture, Forestry,Animal Husbandry and Fishery	亿元	100 million yuan
#畜牧业产值	Gross Output Value of Livestock	亿元	100 million yuan
粮食产量	Grain	万吨	10 000 tons
蔬菜产量	Vegetables	万吨	10 000 tons
水产品产量	Aquatic Products	万吨	10 000 tons
肉类总产量	Meat	万吨	10 000 tons
#猪牛羊肉产量	Products of Pork, Beef and Mutton	万吨	10 000 tons
全部工业总产值	Gross Industrial Output Value	亿元	100 million yuan
#规模以上工业	Industrial Enterprises above Designated Size	亿元	100 million yuan
#大中型工业	Large and Medium-sized Enterprises	亿元	100 million yuan
全社会固定资产投资	Investment in Fixed Assets	亿元	100 million yuan
#房地产开发投资	Investment in Real Estate Development	亿元	100 million yuan
社会消费品零售额	Total Retail Sales of Consumer Goods	亿元	100 million yuan
#批发和零售业	Wholesale and Retail Trade	亿元	100 million yuan
住宿和餐饮业	Hotels and Catering Services	亿元	100 million yuan
地方财政收入	Local Financial Revenue	亿元	100 million yuan
地方财政支出	Local Financial Expenditure	亿元	100 million yuan
在岗职工年平均工资	Average Wages of Fully Employed Staff and Workers	元	yuan
城市居民人均可支配收入	Per Capita Annual Disposable Income of Urban Households	元	yuan
城市居民人均消费性支出	Per Capital Consumption Expenditure of Urban Households	元	yuan
农民人均纯收入	Per Capital Net Income of Rural Households	元	yuan
农民人均生活消费性支出	Per Capital Consumption Expenditure of Rural Households	元	yuan
普通中学在校生	Number of Student Enrollment in Regular Secondary Education Schools	万人	10 000 persons
小学在校生	Number of Student Enrollment in Primary Schools	万人	10 000 persons
卫生技术人员	Medical Technical Personnel in Health Care Institutions	万人	10 000 persons
#医生	Doctors	万人	10 000 persons

continued

贺兰县 Helan							灵武市 Lingwu						
2007年	2008年	2009年	2010年	2011年	2012年	2012年比2011年增长%	2007年	2008年	2009年	2010年	2011年	2012年	2012年比2011年增长%
18.70	19.03	20.05	22.41	22.64	22.85	1.0	23.16	23.30	23.55	26.26	26.52	26.84	0.1
4.66	4.83	5.14	5.11	5.26	5.43	3.2	11.76	12.08	12.23	11.98	12.54	12.71	1.4
7.59	5.99	6.02	6.98	6.03	6.02	-0.2	9.88	9.68	9.66	11.09	9.48	8.51	-10.2
1.11	1.41	1.47	1.74	2.01	1.95	-3.0	1.66	1.61	1.63	1.56	1.64	1.97	20.1
0.17	0.19	0.18	0.17	0.17	0.15	-11.8	0.49	0.47	0.43	0.42	0.41	0.39	-4.9
0.33	0.56	0.60	0.77	0.85	0.66	-22.4	0.24	0.20	0.18	0.13	0.18	0.43	1.4 倍
0.61	0.66	0.69	0.80	0.99	1.14	15.2	0.93	0.94	1.02	1.01	1.05	1.15	9.5
26.86	34.36	44.28	57.89	76.65	92.70	14.4	65.74	88.99	111.55	156.88	223.65	250.49	14.1
6.28	7.46	8.54	10.18	11.82	13.15	5.5	4.26	5.21	5.58	6.92	8.20	8.80	4.9
12.96	17.08	23.39	31.33	41.69	48.95	19.7	50.84	67.56	88.23	128.01	189.47	213.68	15.6
10.40	13.51	18.18	23.89	29.73	34.26	18.3	45.17	61.03	79.87	114.31	174.12	196.55	15.9
7.62	9.82	12.35	16.38	23.14	30.60	8.4	10.64	16.22	17.74	21.95	25.98	28.01	7.0
11.58	14.02	16.11	19.29	22.48	25.28	7.4	7.99	9.89	10.57	13.14	15.70	17.16	6.8
1.72	2.27	2.16	2.57	3.02	3.64	19.6	2.59	3.45	3.22	4.00	5.16	6.30	19.3
26.78	24.21	25.15	23.79	23.84	24.63	3.3	15.06	18.38	19.54	17.64	16.86	16.74	-0.7
29.58	36.95	48.58	59.13	62.47	65.43	4.7	6.94	5.76	6.50	8.13	8.27	7.79	-7.8
1.78	2.15	2.28	2.51	2.79	3.38	21.1	0.14	0.15	0.15	0.19	0.23	0.30	30.4
0.78	0.78	0.81	0.78	0.73	0.73	0.0	0.98	1.16	1.38	1.53	1.69	1.88	11.2
0.65	0.65	0.71	0.68	0.62	0.64	3.2	0.88	1.06	1.31	1.46	1.62	1.76	8.6
35.80	48.00	62.03	79.41	110.08	139.54	26.8	125.27	156.27	227.71	313.73	477.20	606.93	27.2
26.80	37.68	53.10	65.07	81.15	111.55	37.5	115.63	145.75	214.96	310.15	472.00	602.94	27.7
5.83	8.98	15.36	9.94	14.92	15.40	3.2	77.47	105.36	170.72	264.28	412.37	467.59	13.4
16.87	23.56	32.83	57.07	77.91	107.29	37.7	123.27	170.68	261.34	262.86	257.73	322.59	25.2
3.94	5.35	7.38	20.76	31.82	39.69	24.7	2.60	4.35	4.60	11.12	11.31	12.19	7.8
7.23	12.28	25.17	41.90	59.22	72.90	20.1	5.09	6.03	6.94	7.41	9.32	10.65	14.3
7.00	11.87	24.74	41.49	58.63	71.68	19.5	4.15	4.84	5.37	6.12	7.78	8.88	13.8
0.41	0.40	0.42	0.41	0.59	1.22	64.9	0.69	0.91	1.25	1.29	1.54	1.77	16.4
5.90	8.51	9.92	16.98	21.61	18.20	-15.8	7.02	7.73	8.82	17.54	19.55	20.67	5.7
8.72	12.63	15.02	25.41	29.13	30.16	3.5	10.67	11.41	17.92	26.96	32.82	40.85	24.5
18667	21450	22947	27961	32399	39913	23.2	20650	24231	27272	31141	36253	51472	42.0
9687	11980	13416	15146	17290	19570	13.2	10078	12419	13936	15336	17522	19909	13.6
7888	9870	11870	12811	13275	13702	3.2	6446	7841	8618	10390	12505	13913	11.3
4346	4911	5480	6214	7163	8202	14.5	4426	5184	5733	6581	7570	8618	13.8
3798	4387	5105	6003	8011			3268	3813	5063	5277	6509		
1.23	1.20	1.19	1.22	1.24	1.28	3.2	1.23	1.27	1.37	1.44	1.45	1.49	2.8
1.67	1.74	1.74	1.74	1.76	1.80	2.3	2.41	2.37	2.31	2.24	2.20	1.91	-13.2
0.04	0.04	0.04	0.04	0.04	0.05	22.8	0.10	0.09	0.09	0.09	0.11	0.10	-8.4
0.02	0.02	0.02	0.02	0.02	0.02	持平	0.05	0.04	0.04	0.04	0.05	0.04	-18.0

主要统计指标解释

【生产总值】 是按市场价格计算的地区生产总值的简称。它是一个国家(地区)所有常住单位在一定时期内生产活动的最终成果。地区生产总值有三种表现形态,即价值形态、收入形态和产品形态。从价值形态看,它是所有常住单位在一定时期内所生产的全部货物和服务价值超过同期投入的全部非固定资产货物和服务价值的差额,即所有常住单位的增加值之和;从收入形态看,它是所有常住单位在一定时期内所创造并分配给常住单位和非常住单位的初次分配收入之和;从产品形态看,它是最终使用的货物和服务减去进口货物和服务。在实际核算中,地区生产总值的三种表现形态表现为三种计算方法,即生产法、收入法和支出法。三种方法分别从不同的方面反映地区生产总值及其构成。

地区生产总值同社会总产值、国民收入的区别。从核算范围看,社会总产值和国民收入都只计算物质生产部门的劳动成果,而地区生产总值除计算物质生产部门劳动成果外,还计算非物质生产部门的劳动成果。从这三个指标的价值构成看,社会总产值计算了社会产品的全部价值;地区生产总值计算了生产产品和提供劳务过程中增加的价值,即增加值,不计算中间产品和中间劳务投入的价值;而国民收入除了不计算中间产品价值外,还不包括固定资产折旧价值,即只计算净产值。

【三次产业】 是根据社会生产活动历史发展的顺序对产业结构的划分,产品直接取自自然界的部门称为第一产业,对初级产品进行再加工的部门称为第二产业,为生产和消费提供各种服务的部门称为第三产业。

第一产业:农业(包括种植业、林业、牧业、渔业等)。

第二产业:工业(包括采掘业、制造业、自来水、电力、蒸气、热水、煤气)和建筑业。

第三产业:除第一、第二产业以外的其他各业。

【当年价格】 指报告期的实际价格,如工厂的出厂价格,农产品的收购价格,商业的零售价格等。按当年价格计算,是指一些以货币表现的物量指标如工农业总产值、地区生产总值等,按照当年的实际价格来计算总量。使用当年价格是为了使国民经济各项指标互相衔接,便于考察当年经济效益,便于对生产和流通、生产和分配、生产和消费进行经济核算的综合平衡。

按当年价格计算的价值指标,在不同年份之间进行对比时,因为包含有各年间价格变动因素,不能确切地反映实物量的增减变动。必须消除价格变动因素后,才能真实反映经济发展动态。因此,在计算增长速度时都使用按可比价格计算。

【可比价格】 指计算各种总量指标所采用的扣除了价格变动因素的价格,可进行不同时期总量指标的对比。按可比价格计算总量指标有两种方法:一种是直接用产品产量乘某一年的不变价格计算;另一种是用价格指数进行缩减。

【不变价格】 指以同类产品某年的平均价格作为固定价格,用于计算各年的产品价值。按不变价格计算的产品价值消除了价格变动因素,不同时期对比可以反映生产的发展速度。新中国成立后,随着工农业产品价格水平的变化,国家统计局先后五次制定了全国统一的工业产品不变价格和农业产品不变价格,从1952年到1957年使用1952年工(农)业产品不变价格,从1957年到1970年使用1957年不变价格,从1971年到1980年使用1970年不变价格,从1981年到1990年使用1980年不变价格,从1991年开始使用1990年不变价格。

【平均增长速度】 我国计算平均增长速度有两种方法:一种是习惯上经常使用的"水平法",又称几何平均法,是以间隔期最后一年的水平同基期水平对比来计算平均每年增长(或下降)速度;另一种是"累计法",又称代数平均法或方程法,是以间隔期内各年水平的总和同基期水平对比来计算平均每年增长(或下降)速度。在一般正常情况下,两种方法计算的平均每年增长速度比较接近,但在经济发展不平衡、出现大起大落时,两种方法计算的结果差别较大。

人口及劳动力

Population and Labor Resources

2—1 主要年份人口发展情况

Basic Statistics of Population Development in Main Years

单位:户、人 (household, person)

年 份 Year	总户数 Number of Households	总人口 Population	# 市 区 City	回族人口 Huzu Population	女性人口 Female	非农业人口 Non-Agriculture Population	城镇人口 Urban Population	人口自然增长率(‰) Natural Growth Rate (‰)	平均人口 Average Population	# 市 区 City
1949	45256	236299	72485	72493	111211	39837			236299	72485
1950	49246	247749	77801	71380	113462	42900			242024	75143
1951	50672	260142	85270	74829	121187	48630			253946	81536
1952	56193	276639	89700	83045	126166	48748			268391	87485
1953	62679	300198	99841	88772	136787	56860			288419	94771
1954	68074	321563	113068	92594	147450	68597			310881	106455
1955	65000	336403	111411	99457	156189	67433			328983	112240
1956	70772	346777	112376	107249	157998	66609			341590	111894
1957	74573	357851	116554	109418	165002	78666			352314	114465
1958	73535	401035	148237	114052	183730	106548			379443	132396
1959	90677	451634	190649	110086	202026	144519			426335	169443
1960	97208	480697	224877	110131	217807	166649			466166	207763
1961	90646	453310	206414	103033	207847	154700			467004	215646
1962	89712	416967	178642	105447	196263	131349			435139	192528
1963	90863	435057	187218	109824	203553	141243			426012	182930
1964	91694	455163	203072	112522	213643	139169			445110	195145
1965	95562	485038	212627	118699	227103	152417			470101	207850
1966	99688	486125	207166	121888	228312	153574			485582	209897
1967	100959	515165	220804	124951	242186	168739			500645	213985
1968	107182	543598	231651	132374	259388	171832			529382	226227
1969	111049	579658	243705	140373	274716	180569			561628	237680
1970	116810	600701	259469	150395	287255	180451			590180	251589
1971	119482	623017	267693	148212	297348	190391			611859	263581
1972	123994	649755	279211	156770	311783	202290			636386	273452
1973	127707	674103	287667	163954	324245	210007			661929	283439
1974	134538	696414	292901	169429	335601	214666			685259	290284
1975	141395	718620	299393	174374	347737	220925			707517	296147
1976	148458	741390	308446	179583	358800	230423			730005	303920
1977	154491	761706	313951	184679	368776	235181			751548	311199
1978	160534	786743	325177	191204	378907	248658			774225	319573
1979	171646	804081	335217	195687	390468	263385			795412	330198
1980	168447	822542	344540	200710	399608	278972			813312	339879
1981	174855	841060	353829	206777	409152	289869			831801	349184

2—1 续表 continued

单位:户、人 (household, person)

年 份 Year	总户数 Number of Households	总人口 Population	# 市 区 City	回族人口 Huzu Population	女性人口 Female	非农业人口 Non-Agriculture Population	城镇人口 Urban Population	人口自然增长率(‰) Natural Growth Rate (‰)	平均人口 Average Population	# 市 区 City
1982	181967	862170	363880	211348	419974	300037			851615	358854
1983	187053	873994	371250	213679	425942	307414			868082	367565
1984	195337	891919	383299	220370	435484	318887			882957	377275
1985	202165	910561	396869	224365	448275	336723			901641	390084
1986	210372	933457	411827	230500	455453	373402			919009	404348
1987	223047	963326	433621	235950	467579	401117			948392	422724
1988	235297	987611	449907	242379	479741	421244			975469	441764
1989	244344	1010032	465096	247685	493369	438407			998822	457502
1990	257452	1034520	480184	253987	506191	453383			1022276	472640
1991	265654	1052684	490958	257580	514954	464682			1043602	485571
1992	273089	1070819	501332	262073	524145	476965			1061752	496145
1993	281340	1090204	513365	267994	535042	491087			1080512	507349
1994	296351	1115048	531311	273809	547009	531863			1102627	522338
1995	294670	1135274	544851	280070	556910	547034		8.34	1125162	538081
1996	309954	1155530	558596	285208	567825	561294		9.13	1145402	551724
1997	318000	1177693	573431	289890	578263	592096		8.95	1166512	566014
1998	334241	1196300	586022	293681	589103	616288		9.06	1186997	579727
1999	344758	1210342	593759	298484	596917	632274		8.84	1203321	589891
2000	381110	1264588	641723	331708	622676	650745		9.00	1237465	617741
2001	384942	1298407	654860	347309	640025	677134		8.25	1281498	648292
2002	397781	1329575	692845	357560	655968	700566		9.81	1313991	673853
2003	407714	1330128	718157	343834	655563	792032		7.23	1329852	705501
2004	437498	1377924	758219	360446	678596	840631		7.54	1354026	738188
2005	454690	1405971	790338	364337	695505	866730		6.31	1391947	774278
2006	476191	1446816	829696	372656	716392	916144		6.29	1426393	810017
2007	495822	1487934	860821	386131	738028	949098		6.81	1467375	845258
2008	526860	1654282	1024922	433347	822834	1095210		6.08	1635438	1020647
2009	558103	1701839	1058205	448080	847227	1137133		6.49	1678061	1041563
2010	636737	2004456	1299129	462089	966845	1301787		7.23	1853149	1178667
2011	698216	2025741	1313371	481653	986012	1319610	1506674	5.77	2015099	1306250
2012	698828	2046341	1326667	484276	1004636	1336039	1535549	7.11	2036041	1320019

注:从 1995 年起以每年的人口变动抽样调查为人口自然增长率统计数据依据;从 2008 年起总人口为常住人口,是按年度人口变动情况抽样调查数据推算。

a)Natural growth rate in aecordance with every year rational sample survey on population changes since 1995; From 2008, data in this table refers to resident population, which is estimated on the base of annual natinal sample survey on population changes.

2—2 户数、人口及变动情况

Household, Population and Change Conditions

单位:户、人 (household, person)

指 标	Item	总 计 Total	市 区 City	兴庆区 Xingqing	西夏区 Xixia	金凤区 Jinfeng	永宁县 Yongning	贺兰县 Helan	灵武市 Lingwu
年末总户数、总人口	Number of Households and Population at Year-end								
总户数	Households	698828	473197	248242	118044	106911	68343	76931	80357
常住人口	Usual Resident Population	2046341	1326667	697365	337942	291360	222797	228484	268393
#男	Male	1041705	673975	360538	166101	147336	113124	116359	138247
女	Female	1004636	652692	346827	161841	144024	109673	112125	130146
平均人口	Average Population	2036041	1320019	693694	336391	289934	221781	227423	266818
平均每户人数	Average Family Size	2.93	2.80	2.81	2.86	2.73	3.26	2.97	3.24
性别比(以女性为100)	Sex Ratio(female=100)	104	103	104	103	102	103	104	106
人口变动	Population Change at Year-end								
出生率	Birth Population	10.52	9.65	9.87	8.67	10.28	10.75	12.55	13.65
死亡率	Death Population	3.41	2.89	2.59	2.75	3.75	4.89	6.53	5.14
自然增长率	Natural Growth Population	7.11	6.76	7.28	5.92	6.53	5.86	6.02	8.51
分民族人口	Population by Ethnicity								
#汉族	Han	1528606	1039617	555660	270103	213854	175892	173063	140034
回族	Hui	484276	257345	127778	58425	71142	45542	54265	127124
其他少数民族	Other Ethnic Minorities	33459	29705	13927	9414	6364	1363	1156	1235

2—3 主要年份全市人口自然变动情况

Natural Change of City Population in Main Years

年 份 Year	出生率(‰) Birth Rate(‰)	死亡率(‰) Death Rate(‰)	人口自然增长率(‰) Natural Growth Rate(‰)
1995	12.23	3.89	8.34
1996	13.10	3.97	9.13
1997	13.62	4.67	8.95
1998	13.66	4.60	9.06
1999	14.05	5.21	8.84
2000	13.60	4.60	9.00
2001	12.66	4.41	8.25
2002	14.33	4.52	9.81
2003	11.64	4.41	7.23
2004	11.68	4.14	8.54
2005	11.10	4.79	6.31
2006	10.84	4.55	6.29
2007	10.78	3.98	6.80
2008	9.77	3.69	6.08
2009	10.42	3.93	6.49
2010	11.47	4.23	7.24
2011	9.69	3.92	5.77
2012	10.52	3.41	7.11

2—4 常住人口计划生育情况

The Resident Population of Family Planning

单位:人　　(2012)　　(person)

指　标	Item	已婚育龄妇女人数 Number of Married Women of Cchild-Bearing Age	领取独生子女证人数 Number of Married Couples with One-child Certificate
合　计	**Total**	**371642**	**51917**
市　区	City	234852	40862
兴庆区	Xingqing	123299	21317
西夏区	Xixia	55180	12646
金凤区	Jinfeng	56373	6899
永宁县	Yongning	43205	2945
贺兰县	Helan	42897	5434
灵武市	Lingwu	50688	2676

2—5 常住人口节育情况

The Resident Population of Family Birth Control

单位:人　　(2012)　　(person)

指　标	Item	期末选用各种避孕方法人数 Number of Contraceptive Methods	男性绝育 Male Sterilization	女性绝育 Female Sterilization	放置宫内节育器 Intrauterine Contraceptive Device	本期施行计划生育手术例数 Number of Birth Control Operating	女性绝育 Female Sterilization	放置宫内节育器 Intrauterine Contraceptive Device
合　计	**Total**	**347048**	**226**	**36006**	**181305**	**4667**	**257**	**2707**
市　区	City	219308	206	16434	100785	1665	147	790
兴庆区	Xingqing	115700	64	5801	54627	560	108	243
西夏区	Xixia	50766	135	6837	21515	435	25	233
金凤区	Jinfeng	52842	7	3796	24643	670	14	314
永宁县	Yongning	40054	6	3196	30848	1069	57	648
贺兰县	Helan	40043	5	2868	21647	786	36	352
灵武市	Lingwu	47643	9	13508	28025	1147	17	917

2—6 婚姻状况

Marital Status

指　标	Item	单　位	Unit	2011 年	2012 年
登记结婚	Marriage Registration	对	Pair	16587	17245
协议离婚	Divorced by Agreement	对	Pair	5323	4514
涉外婚姻	Marriage with Foreign Elements	对	Pair	52	43
# 结婚	Married	对	Pair	46	38
离婚	Divorced	对	Pair	6	5
法院调离、判离	To Transfer and Betray by Court	对	Pair	1162	1144
# 调离	Transfer	对	Pair	800	827
判离	Betray	对	Pair	362	317

2—7 全社会从业人员情况

Total Number of Employed Persons in the Whole Country

单位:人 (2012) (person)

指标	Item	城乡合计 Total of Urban and Rural		城镇 Urban		乡村 Rural	
		地区 Hegion	市区 City	地区 Hegion	市区 City	地区 Hegion	市区 City
从业人员	**Employees**	**1150011**	**722207**	**719392**	**598951**	**430619**	**123256**
按经济类型分组	**Grouped by Economic Type**						
国有经济	State-owned Economy	178408	144956	178408	144956		
集体经济	Collective-owned Economy	352527	93527	2278	402	350249	93125
私营经济	Private Economy	256772	208103	207902	184844	48870	23259
个体经济	Self-employed Economy	207890	144689	176390	137817	31500	6872
联营经济	Joint Ownership Economy	419	268	419	268		
股份制经济	Stock System Economy	137925	116909	137925	116909		
港、澳、台商投资经济	Economy of Funds from Hong Kong,Macao & Taiwan	1500	1357	1500	1357		
外商投资经济	Foreign Investment Economy	10437	9147	10437	9147		
其他经济	Economy of Other Types	4133	3251	4133	3251		
按国民经济行业分组	**Grouped by Sector**	**1150011**	**722207**	**719392**	**598951**	**430619**	**123256**
农、林、牧、渔业	Agriculture,Forestry,Animal Husbandry and Fishery	223693	69783	15310	8052	208383	61731
采矿业	Mining	36450	36184	36209	36128	241	56
制造业	Manufacturing	114925	53991	69226	45865	45699	8126
电力、燃气及水的生产和供应业	Production and Distribution of Electricity,Gas and Water	29427	26016	29156	25973	271	43
建筑业	Construction	90398	50480	46219	40711	44179	9769
交通运输、仓储和邮政业	Transport,Storage and Post	38134	17544	18100	13634	20034	3910
信息传输、计算机服务和软件业	Information Transmission,Computer Services and Software	18237	15438	11650	11118	6587	4320
批发和零售业	Wholesale and Retail Trades	290985	223206	234165	202519	56820	20687
住宿和餐饮业	Hotels and Catering Services	49900	32025	33322	26833	16578	5192
金融业	Financial Intermediation	21313	18225	20921	18109	392	116
房地产业	Real Estate	16342	13305	15367	13047	975	258
租赁和商务服务业	Leasing and Business Services	40967	37984	37152	35488	3815	2496
科学研究、技术服务和地质勘查业	Scientific Research,Technical Service and Geologic Prospecting	15715	14143	15032	13821	683	322
水利、环境和公共设施管理业	Management of Water Conservancy,Environment and Public Facilities	8681	7080	8407	6973	274	107
居民服务业和其他服务业	Services to Households and Other Services	33678	23203	27521	21213	6157	1990
教育	Education	29229	20612	29165	20563	64	49
卫生、社会保障和社会福利业	Health,Social Security and Social Welfare	17984	15267	17895	15240	89	27
文化、体育和娱乐业	Culture,Sports and Entertainment	8172	7280	7865	7164	307	116
公共管理和社会组织	Public Management and Social Organization	39061	31076	39061	31076		
其他行业	Others	26720	9365	7649	5424	19071	3941

注:由于本年度将神华宁夏煤业集团不在银川市的分支机构按属地统计原则调整其所在地统计,故采矿业人员与上年相比减少。

Shenhua Ningxia Coal Industry Group will not Yinchuan branches according to the territorial principle adjust their seat statistics since this year,therefore,the mining industry personnel reduction compared with the previous year.

2—8 主要年份单位从业人员和劳动报酬情况

Basic Statistics of Employees and Earning in Main Years

年 份 year	全部从业人员(人) Total Employees (person)	按经济类型分 Grouped by Economic Type			按三次产业分 Grouped by Three Strate of Industry			全部单位从业人员劳动报酬(万元) Employed Person′s Earning in Whole Units(10 000yuan)			在岗职工平均工资(元) Average Wages of staff and Work-ers (yuan)
		国 有 State-owned	集 体 Collec-tiveowned	其 他 Others	一 产 Primary Industry	二 产 Secondary Industry	三 产 Tertiary Industry	国 有 State-owned	集 体 Collec-tiveowned	其 他 Others	
1949	2093	2093			85	470	1538	61			291
1950	2625	2625			118	546	1961	78			297
1951	3645	3645			364	667	2614	116			318
1952	6422	6422			587	1688	4147	170			265
1953	7547	7547			883	1755	4909	281			372
1954	10823	10823			1076	3764	5983	309			286
1955	14253	14253			1561	4738	7954	380			267
1956	19438	19438			1818	7999	9621	481			247
1957	24365	24365			2712	7324	14329	1125			462
1958	55830	48722	7108		4110	12016	39704	1973	283		404
1959	75111	67958	7153		9884	17891	47336	4106	463		608
1960	102037	95039	6998		24956	16714	60367	5455	458		579
1961	80752	73717	7035		19144	15489	46119	4810	497		657
1962	61922	54284	7638		14467	8665	38790	3721	564		692
1963	61617	53891	7726		13698	8065	39854	3584	546		670
1964	61719	53719	8000		9132	7907	44680	3968	606		741
1965	76401	68613	7788		14354	10321	51726	4179	481		610
1966	81640	73748	7892		16834	12832	51974	5041	536		683
1967	85143	77265	7878		14621	14549	55973	5087	535		660
1968	87991	79956	8035		17786	18028	52177	5344	562		671
1969	92262	84100	8162		18051	21064	53147	4960	517		594
1970	98280	89753	8527		18455	26082	53743	6436	621		718
1971	90098	81728	8370		7366	28751	53981	5106	527		625
1972	99599	86739	12860		8889	29262	61448	5764	852		664
1973	99575	86690	12885		9278	27078	63219	6116	908		705
1974	104789	90583	14206		4844	28747	71198	6304	1004		697
1975	110702	96334	14368		5453	31900	73349	6575	733		660
1976	121335	103194	18141		5910	34171	81254	6975	967		655
1977	131687	106757	24930		6155	35171	90361	7362	1298		658
1978	140432	119913	20519		12987	76690	50755	8758	1240		723
1979	172876	147906	24970		28757	87308	56811	11040	1208		725
1980	179562	155695	23867		27932	89417	62213	12873	1945		845

2-8 续表 continued

年 份 year	全部从业人员(人) Total Employees (person)	按经济类型分 Grouped by Economic Type			按三次产业分 Grouped by Three Strate of Industry			全部单位从业人员劳动报酬(万元) Employed Person's Earning in Whole Units(10 000yuan)			在岗职工平均工资(元) Average Wages of staff and Work-ers (yuan)
		国有 State-owned	集体 Collec-tiveowned	其他 Others	一产 Primary Industry	二产 Secondary Industry	三产 Tertiary Industry	国有 State-owned	集体 Collec-tiveowned	其他 Others	
1981	184320	160582	23738		19772	84092	80456	13568	1634		844
1982	195580	167623	27957		29545	97124	68911	14331	1980		854
1983	205000	173416	31584		30534	99140	75326	15744	2330		893
1984	213989	177679	36310	509	30506	103021	80462	18465	3220	70	1031
1985	227504	188042	39462	463	29724	103918	93862	21243	3703	75	1123
1986	239109	198900	40209	531	29882	106677	102550	26484	4275	89	1316
1987	245636	206741	38386	509	29084	109716	106836	29355	4256	70	1400
1988	258697	219259	38975	463	29459	117262	111976	36172	5090	75	1621
1989	263150	224812	37807	531	29150	117440	116560	41681	5114	89	1804
1990	273130	232506	40013	611	29109	123701	120320	48167	6187	125	2030
1991	285992	242130	43147	715	29535	132204	124253	53653	7190	133	2168
1992	294964	250421	43044	1499	30487	126229	138248	63671	8631	284	2497
1993	286423	246224	35827	4372	25338	112844	148240	73796	9962	1187	2973
1994	298067	247197	38468	12402	27376	143979	126712	102737	12232	5729	4049
1995	300455	245332	39729	15394	25275	147718	127462	121134	15976	9960	4872
1996	292323	242851	33327	16145	24267	138476	129580	129480	15975	10935	5311
1997	302497	240231	35450	26816	24984	144183	133330	134443	21163	20730	5814
1998	270154	205418	23513	41223	24021	122597	123536	138258	15032	31538	6665
1999	262622	201497	21249	39876	23326	112295	127001	153426	15392	32685	7475
2000	256896	196906	19932	40058	22064	108001	126831	175568	17601	37367	8956
2001	242774	186461	16176	40137	21183	97812	123779	205138	16151	40684	10802
2002	238082	178375	15881	43826	19790	98553	119739	230735	16001	47760	11930
2003	288100	150722	8747	128631	21717	140882	125501	214125	8679	179234	13496
2004	288168	144760	6226	137182	18812	144160	125196	225972	9201	210971	15243
2005	291110	155832	5254	130024	17847	146241	127022	295553	9374	250918	18424
2006	295087	149499	4680	140908	12245	149952	132890	338458	9065	349326	23226
2007	292187	147703	4211	140273	14068	140914	137205	421883	10680	425923	28600
2008	289750	148292	2790	138668	13538	137391	138821	482799	9826	490599	33247
2009	296622	148135	2673	145814	12718	140974	142930	516595	10846	571061	36799
2010	300705	150687	2823	147195	12170	139485	149050	577227	12153	695780	43195
2011	313032	165037	2411	145584	11974	141976	159082	734679	12822	766228	49937
2012	335100	178408	2278	154414	11196	139294	184610	1014411	14902	878445	54270

2—9 全市单位从业人员人数

单位:人 （2012）

指 标	Item	单 位（个）Unit (unit)	单位从业人员年末人数 Number of Engaged Persons at Year-end
总 计	**Total**	**2493**	**335100**
按地区分组	**Grouped by Region**		
市区	City	1720	276290
永宁县	Yongning	277	19590
贺兰县	Helan	247	19527
灵武市	Lingwu	249	19693
按企业、事业、机关分组	**Grouped by Enterprises,Institutions and Agencies**		
企业	Enterprises	1056	227555
事业	Institutions	800	76314
机关	Agencies & Organizations	634	30812
按国民经济行业分组	**Grouped by Sector**		
农、林、牧、渔业	Agriculture,Forestry,Animal Husbandry and Fishery	73	11196
采矿业	Mining and Quarrying	34	35548
制造业	Manufacturing	179	44341
电力、燃气及水的生产和供应业	Production and Distribution of Electricity,Gas and Water	66	28398
建筑业	Construction	106	31007
交通运输、仓储和邮政业	Transport, Storage and Post	60	12687
信息传输、计算机服务和软件业	Information Transmission,Computer Services and Software	25	3486
批发和零售业	Wholesale and Retail Trades	178	18902
住宿和餐饮业	Hotels and Catering Services	25	3729
金融业	Financial Intermediation	169	19292
房地产业	Real Estate	111	7816
租赁和商务服务业	Leasing and Business Services	66	11947
科学研究、技术服务和地质勘查业	Scientific Research,Technical Service and Geologic Prospecting	131	9060
水利、环境和公共设施管理业	Management of Water Conservancy,Environment and Public Facilities	46	7508
居民服务和其他服务业	Services to Households and Other Services	10	405
教育	Education	316	28937
卫生、社会保障和社会福利业	Health,Social Security and Social Welfare	88	17033
文化、体育和娱乐业	Culture,Sports and Entertainment	79	4747
公共管理和社会组织	Public Management and Social Organization	731	39061

Number of Engaged Persons in the City Units

(person)

#女 性 Female	在岗职工 Staff and Workers	劳务派遣人员 Dispatch Personnel	其他从业人员 Other Engaged Persons	单位从业人员平均人数 Average Number of Engaged Persons	在岗职工 Staff and Workers	劳务派遣人员 Dispatch Personnel	其他从业人员 Other Engaged Persons
127886	**290472**	**21018**	**23610**	**381857**	**294325**	**60128**	**27404**
104988	239262	18918	18110	320122	241084	57954	21084
7803	18440	637	513	19547	18453	654	440
8129	15316	177	4034	21791	16573	264	4954
6966	17454	1286	953	20397	18215	1256	926
75514	191533	19717	16305	275991	196564	58816	20611
40634	71755	205	4354	74820	70382	205	4233
11382	26765	1096	2951	30646	26979	1107	2560
4444	11084	6	106	11356	11225	5	126
6414	30674	4874	30256	36199	30256	5943	
14709	42638	1327	376	45851	43997	1500	354
7450	26657	1500	241	27892	26018	1653	221
3921	17801	4297	8909	78687	22995	42251	13441
5849	11453	916	318	12392	11156	923	313
1863	3042	442	2	3553	3111	441	1
11516	16831	1710	361	18570	16622	1578	370
2111	3366	103	260	3785	3376	133	276
11625	12934	1169	5189	19003	12905	1140	4958
3214	7320	80	416	7759	7274	89	396
2694	8181	3316	450	11606	7981	3183	442
2757	8558	92	410	9119	8530	90	499
3935	6098	18	1392	6814	5864	18	932
128	405	404	404	404	404		
16777	27351	77	1509	28500	27037	77	1386
11301	16545	42	446	16385	15872	42	471
2210	4296	6	445	4695	4259	6	430
14968	35238	1043	2780	39287	35443	1056	2788

2-9 续表 1

单位：人　　　　　　　　　　　　　　　　　　　　　　　　　　　　　　　　　　　　　　　（2012）

指　标	Item	单　位（个）Unit (unit)	单位从业人员年末人数 Number of Engaged Persons at Year-end
国有单位合计	**Total State-owned Units**	**1723**	**178408**
按地区分组	**Grouped by Region**		
市区	City	1199	144956
永宁县	Yongning	198	8307
贺兰县	Helan	130	8821
灵武市	Lingwu	196	16324
按企业、事业、机关分组	**Grouped by Enterprises,Institutions and Agencies**		
企业	Enterprises	306	73344
事业	Institutions	784	74352
机关	Agencies & Organizations	633	30712
按国民经济行业分组	**Grouped by Sector**		
农、林、牧、渔业	Agriculture,Forestry,Animal Husbandry and Fishery	69	10898
采矿业	Mining and Quarrying		
制造业	Manufacturing	12	6684
电力、燃气及水的生产和供应业	Production and Distribution of Electricity,Gas and Water	49	23874
建筑业	Construction	29	10624
交通运输、仓储和邮政业	Transport,Storage and Post	20	8633
信息传输、计算机服务和软件业	Information Transmission,Computer Services and Software	19	2201
批发和零售业	Wholesale and Retail Trades	36	2593
住宿和餐饮业	Hotels and Catering Services	4	857
金融业	Financial Intermediation	94	8068
房地产业	Real Estate	9	471
租赁和商务服务业	Leasing and Business Services	18	550
科学研究、技术服务和地质勘查业	Scientific Research,Technical Service and Geologic Prospecting	121	8007
水利、环境和公共设施管理业	Management of Water Conservancy,Environment and Public Facilities	43	7371
居民服务和其他服务业	Services to Households and Other Services	10	405
教育	Education	305	26760
卫生、社会保障和社会福利业	Health,Social Security and Social Welfare	79	16692
文化、体育和娱乐业	Culture,Sports and Entertainment	75	4659
公共管理和社会组织	Public Management and Social Organization	731	39061

continued

(person)

# 女 性 Female	在岗职工 Staff and Workers	劳务派遣人员 Dispatch Personnel	其他从业人员 Other Engaged Persons	单位从业人员平均人数 Average Number of Engaged Persons	在岗职工 Staff and Workers	劳务派遣人员 Dispatch Personnel	其他从业人员 Other Engaged Persons
76335	**163344**	**5030**	**10034**	**202945**	**162046**	**31400**	**9499**
62325	134450	3503	7003	169323	132868	29882	6573
3815	7630	445	232	8239	7555	462	222
4309	6404	71	2346	8766	6420	71	2275
5886	14860	1011	453	16617	15203	985	429
25404	66616	3747	2981	99433	66424	30106	2903
39556	70003	187	4162	72966	68697	187	4082
11375	26725	1096	2891	30546	26925	1107	2514
4320	10790	6	102	11063	10936	5	122
2116	6432	243	9	6665	6396	260	9
5772	23152	630	92	23256	22550	639	67
1567	7694	1280	1650	37375	8188	27621	1566
4438	7810	630	193	8339	7508	640	191
1290	1761	440	1784	2223	1784	439	
1296	2462	2	129	2630	2498	2	130
582	750	828	107	828	736		92
4448	6695	543	830	8119	6758	527	834
178	351	469	120	469	352		117
228	501	5	44	551	498	5	48
2443	7543	83	381	8071	7520	81	470
3898	5992	6584	1379	6584	5658		926
128	405	404	404	404	404		
15451	25325	77	1358	26438	25092	77	1269
11051	16235	42	415	16036	15554	42	440
2161	4208	6	445	4607	4171	6	430
14968	35238	1043	2780	39287	35443	1056	2788

2-9 续表 2

单位：人 (2012)

指 标	Item	单 位（个）Unit (unit)	单位从业人员年末人数 Number of Engaged Persons at Year-end
城镇集体单位合计	**Total Urban Collective-owned**	**95**	**2278**
按地区分组	**Grouped by Region**		
市区	City	13	402
永宁县	Yongning	29	519
贺兰县	Helan	14	555
灵武市	Lingwu	39	802
按企业、事业、机关分组	**Grouped by Enterprises,Institutions and Agencies**		
企业	Enterprises	84	1893
事业	Institutions	11	385
机关	Agencies & Organizations		
按国民经济行业分组	**Grouped by Sector**		
农、林、牧、渔业	Agriculture,Forestry,Animal Husbandry and Fishery	1	7
采矿业	Mining and Quarrying		
制造业	Manufacturing	7	175
电力、燃气及水的生产和供应业	Production and Distribution of Electricity,Gas and Water		
建筑业	Construction	1	174
交通运输、仓储和邮政业	Transport,Storage and Post		
信息传输、计算机服务和软件业	Information Transmission,Computer Services and Software		
批发和零售业	Wholesale and Retail Trades	19	248
住宿和餐饮业	Hotels and Catering Services	1	128
金融业	Financial Intermediation	36	1099
房地产业	Real Estate		
租赁和商务服务业	Leasing and Business Services	20	111
科学研究、技术服务和地质勘查业	Scientific Research,Technical Service and Geologic Prospecting	1	19
水利、环境和公共设施管理业	Management of Water Conservancy,Environment and Public Facilities	1	93
居民服务和其他服务业	Services to Households and Other Services		
教育	Education		
卫生、社会保障和社会福利业	Health,Social Security and Social Welfare	8	224
文化、体育和娱乐业	Culture,Sports and Entertainment		
公共管理和社会组织	Public Management and Social Organization		

continued

（person）

# 女　性 Female	在岗职工 Staff and Workers	劳务派遣人员 Dispatch Personnel	其他从业人员 Other Engaged Persons	单位从业人员平均人数 Average Number of Engaged Persons	在岗职工 Staff and Workers	劳务派遣人员 Dispatch Personnel	其他从业人员 Other Engaged Persons
1031	**1853**	**18**	**407**	**2687**	**2267**	**18**	**402**
194	394		8	393	383		10
218	405	18	96	507	400	18	89
313	522		33	556	523		33
306	532		270	1231	961		270
820	1527		366	2323	1955		368
211	326	18	41	364	312	18	34
1	7		7	7	7		
31	170		5	175	170		5
35	174		614	614	614		
122	159		89	239	148		91
96	128		128	128	128		
522	829		270	1091	821		270
29	111		104	104	104		
10	17		2	19	17		2
28	65	18	10	86	65	18	3
157	193		31	224	193		31

2-9 续表 3

单位:人 （2012）

指　标	Item	单 位（个）Unit（unit）	单位从业人员年末人数 Number of Engaged Persons at Year-end
其他单位合计	**Total Other Units**	**675**	**154414**
按地区分组	**Grouped by Region**		
市区	City	508	130932
永宁县	Yongning	50	10764
贺兰县	Helan	103	10151
灵武市	Lingwu	14	2567
按企业、事业、机关分组	**Grouped by Enterprises,Institutions and Agencies**		
企业	Enterprises	666	152318
事业	Institutions	5	1577
机关	Agencies & Organizations	1	100
民间非营利组织	Manufacturing	3	419
按国民经济行业分组	**Grouped by Sector**		
农、林、牧、渔业	Agriculture,Forestry,Animal Husbandry and Fishery	3	291
交通运输、仓储和邮政业	Transport，Storage and Post		
采矿业	Mining and Quarrying	34	35548
制造业	Manufacturing	160	37482
电力、燃气及水的生产和供应业	Production and Distribution of Electricity,Gas and Water	17	4524
建筑业	Construction	76	20209
交通运输、仓储和邮政业	Transport，Storage and Post	40	4054
信息传输、计算机服务和软件业	Information Transmission,Computer Services and Software	6	1285
批发和零售业	Wholesale and Retail Trades	123	16061
住宿和餐饮业	Hotels and Catering Services	20	2744
金融业	Financial Intermediation	39	10125
房地产业	Real Estate	102	7345
租赁和商务服务业	Leasing and Business Services	28	11286
科学研究、技术服务和地质勘查业	Scientific Research,Technical Service and Geologic Prospecting	9	1034
水利、环境和公共设施管理业	Management of Water Conservancy,Environment and Public Facilities	2	44
居民服务和其他服务业	Services to Households and Other Services		
教育	Education	11	2177
卫生、社会保障和社会福利业	Health,Social Security and Social Welfare	1	117
文化、体育和娱乐业	Culture,Sports and Entertainment	4	88
公共管理和社会组织	Public Management and Social Organization		

continued

(person)

# 女　性 Female	在岗职工 Staff and Workers	劳务派遣人员 Dispatch Personnel	其他从业人员 Other Engaged Persons	单位从业人员平均人数 Average Number of Engaged Persons	在岗职工 Staff and Workers	劳务派遣人员 Dispatch Personnel	其他从业人员 Other Engaged Persons
50520	**125275**	**15970**	**13169**	**176225**	**130012**	**28710**	**17503**
42469	104418	15415	11099	150406	107833	28072	14501
3770	10405	174	185	10801	10498	174	129
3507	8390	106	1655	12469	9630	193	2646
774	2062	275	230	2549	2051	271	227
49290	123390	15970	12958	174235	128185	28710	17340
867	1426		151	1490	1373		117
7	40		60	100	54		46
356	419		400	400	400		
123	287		4	286	282		4
6414	30674	4874	30256	36199	30256	5943	
12562	36036	1084	362	39011	37431	1240	340
1678	3505	870	149	4636	3468	1014	154
2319	9933	3017	7259	40698	14193	14630	11875
1411	3643	286	125	4053	3648	283	122
573	1281	2	2	1330	1327	2	1
10098	14210	1708	143	15701	13976	1576	149
1433	2488	103	153	2829	2512	133	184
6655	5410	626	4089	9793	5326	613	3854
3036	6969	80	296	7290	6922	89	279
2437	7569	3311	406	10951	7379	3178	394
304	998	9	27	1029	993	9	27
9	41		3	144	141		3
1326	2026		151	2062	1945		117
93	117			125	125		
49	88			88	88		

2—10 全市单位从业人员劳动报酬

单位:万元　　(2012)

指　标	Item	单位从业人员工资总额 Total Wages of Engaged Persons
总　计	**Total**	**1907759**
按地区分组	**Grouped by Region**	
市区	City	1654949
永宁县	Yongning	67395
贺兰县	Helan	82460
灵武市	Lingwu	102955
按企业、事业、机关分组	**Grouped by Enterprises,Institutions and Agencies**	
企业	Enterprises	1421057
事业	Institutions	337601
机关	Agencies & Organizations	148027
按国民经济行业分组	**Grouped by Sector**	
农、林、牧、渔业	Agriculture,Forestry,Animal Husbandry and Fishery	30626
采矿业	Mining and Quarrying	311192
制造业	Manufacturing	178574
电力、燃气及水的生产和供应业	Production and Distribution of Electricity,Gas and Water	218924
建筑业	Construction	314233
交通运输、仓储和邮政业	Transport,Storage and Post	52378
信息传输、计算机服务和软件业	Information Transmission,Computer Services and Software	24190
批发和零售业	Wholesale and Retail Trades	70746
住宿和餐饮业	Hotels and Catering Services	11654
金融业	Financial Intermediation	132831
房地产业	Real Estate	32722
租赁和商务服务业	Leasing and Business Services	41179
科学研究、技术服务和地质勘查业	Scientific Research,Technical Service and Geologic Prospecting	45242
水利、环境和公共设施管理业	Management of Water Conservancy,Environment and Public Facilities	22427
居民服务和其他服务业	Services to Households and Other Services	1456
教育	Education	133950
卫生、社会保障和社会福利业	Health,Social Security and Social Welfare	78298
文化、体育和娱乐业	Culture,Sports and Entertainment	23370
公共管理和社会组织	Public Management and Social Organization	183769

Earning of Employed Persons in the City Units

(10 000yuan)

在岗职工工资总额 Total Wages of Staff and Workers	# 基本工资 Basic Wages	# 绩效工资 Performance Wages	# 工资性津贴和补贴 Wages Allowances and Subsidies	# 其他工资 Other Wages	劳务派遣人员工资总额 Total Wages of the Dispatch Personnel	其他从业人员工资总额 Total Wages of Other Engaged Persons	单位从业人员平均工资(元) Average Wages of Engaged Persons (yuan)	在岗职工平均工资 Average Wages of Staff and Workers	劳务派遣人员平均工资 Average Wages of the Dispatch Personnel	其他从业人员平均工资 Average Wages of Other Engaged Persons
1597295	**719138**	**608443**	**224690**	**45025**	**223991**	**86472**	**49960**	**54270**	**37252**	**31555**
1371940	603515	546533	187798	34094	216509	66500	51697	56907	37359	31540
65452	42133	12412	8873	2034	1362	581	34479	35470	20829	13209
66147	37754	16198	9945	2250	610	15702	37841	39913	23114	31696
93756	35736	33300	18073	6648	5510	3689	50476	51472	43869	39839
1125461	550848	462846	82581	29186	221465	74131	51489	57257	37654	35967
329602	122228	118591	76275	12508	546	7454	45122	46830	26644	17608
141159	45351	26837	65662	3310	1980	4888	48302	52322	17886	19093
30476	20157	6072	3371	876	15	135	26969	27150	30400	10706
287565	100242	141276	35653	10394	23627		85967	95044	39756	
172617	116627	43642	7339	5009	4732	1225	38947	39234	31549	34590
213630	58922	134159	16075	4475	4747	547	78490	82109	28717	24738
98026	65364	24356	6756	1549	160963	55244	39935	42629	38097	41101
47979	25795	18738	2884	561	3803	596	42268	43007	41205	19042
21774	9581	10217	1172	804	2416		68083	69990	54780	4000
63576	35194	21744	4669	1969	6427	743	38097	38248	40728	20068
10944	7258	2114	660	912	271	438	30789	32418	20406	15866
116211	59861	50533	3907	1910	4436	12184	69900	90051	38911	24575
31478	22125	6343	2503	508	310	933	42173	43275	34843	23568
28813	26390	1865	411	147	9747	2620	35481	36102	30621	59267
43732	18235	18229	5858	1410	182	1328	49613	51268	20189	26615
20600	10103	5806	3700	992	18	1808	32913	35130	10222	19397
1456	500	654	251	50			36035	36035		
131435	53756	34870	38177	4633	221	2294	47000	48613	28675	16552
77264	20389	38025	15199	3651	82	951	47786	48680	19595	20200
22565	8253	8580	4184	1548	20	785	49776	52982	32500	18258
177153	60384	41221	71920	3628	1974	4642	46776	49982	18692	16649

2-10 续表 1

单位:万元 (2012)

指 标	Item	单位从业人员工资总额 Total Wages of Engaged Persons
国有单位合计	**Total State-owned Units**	**1014411**
按地区分组	**Grouped by Region**	
市区	City	869598
永宁县	Yongning	26744
贺兰县	Helan	32818
灵武市	Lingwu	85251
按企业、事业、机关分组	**Grouped by Enterprises,Institutions and Agencies**	
企业	Enterprises	535841
事业	Institutions	330841
机关	Agencies & Organizations	147730
按国民经济行业分组	**Grouped by Sector**	
农、林、牧、渔业	Agriculture,Forestry,Animal Husbandry and Fishery	29614
制造业	Manufacturing	35720
电力、燃气及水的生产和供应业	Production and Distribution of Electricity,Gas and Water	198126
建筑业	Construction	142555
交通运输、仓储和邮政业	Transport, Storage and Post	35981
住宿和餐饮业	Hotels and Catering Services	3082
信息传输、计算机服务和软件业	Information Transmission,Computer Services and Software	13826
批发和零售业	Wholesale and Retail Trades	14148
金融业	Financial Intermediation	65495
房地产业	Real Estate	1714
租赁和商务服务业	Leasing and Business Services	2381
科学研究、技术服务和地质勘查业	Scientific Research,Technical Service and Geologic Prospecting	37680
水利、环境和公共设施管理业	Management of Water Conservancy,Environment and Public Facilities	21899
居民服务和其他服务业	Services to Households and Other Services	1456
教育	Education	126812
卫生、社会保障和社会福利业	Health,Social Security and Social Welfare	77262
文化、体育和娱乐业	Culture,Sports and Entertainment	22891
公共管理和社会组织	Public Management and Social Organization	183769

continued

(10 000yuan)

在岗职工工资总额 Total Wages of Staff and Workers	# 基本工资 Basic Wages	# 绩效工资 Performance Wages	# 工资性津贴和补贴 Wages Allowances and Subsidies	# 其他工资 Other Wages	劳务派遣人员工资总额 Total Wages of the Dispatch Personnel	其他从业人员工资总额 Total Wages of Other Engaged Persons	单位从业人员平均工资(元) Average Wages of Engaged Persons (yuan)	在岗职工平均工资 Average Wages of Staff and Workers	劳务派遣人员平均工资 Average Wages of the Dispatch Personnel	其他从业人员平均工资 Average Wages of Other Engaged Persons
878957	**323347**	**362880**	**166938**	**25793**	**116958**	**18496**	**49985**	**54241**	**37248**	**19471**
744523	269862	322641	134528	17492	111198	13877	51357	56035	37212	21112
25502	12314	4160	7484	1544	905	337	32460	33755	19587	15189
29233	14022	6868	7402	941	132	3452	37437	45535	18606	15175
79700	27149	29211	17524	5816	4723	829	51304	52424	47948	19322
414777	159984	219015	25671	10108	114450	6613	53890	62444	38016	22780
323117	118072	117044	75616	12385	528	7196	45342	47035	28225	17628
141063	45291	26821	65652	3300	1980	4687	48363	52391	17886	18643
29468	19371	5947	3274	876	15	131	26769	26945	30400	10762
34653	17886	13753	2635	379	1054	14	53594	54179	40542	15111
195255	46881	128841	15064	4469	2601	271	85194	86587	40696	40463
35293	18357	12154	3483	1299	103840	3422	38142	43103	37595	21852
32869	18700	11666	1965	539	2818	294	43148	43779	44038	15398
2917	1404	513	131	869		164	37216	39636		17859
11416	5001	5904	387	124	2411		62196	63988	54911	
13905	7000	5753	972	181	7	236	53796	55666	36000	18138
61536	23478	35817	657	1583	1743	2217	80669	91056	33065	26580
1527	825	524	100	79		187	36544	43386		15957
2270	1040	883	242	105	10	101	43212	45580	19600	21104
36278	15687	13919	5537	1135	163	1239	46685	48242	20123	26364
20097	9736	5759	3683	920		1801	33260	35520		19450
1456	500	654	251	50			36035	36035		
124475	49107	33321	37483	4565	221	2116	47966	49607	28675	16677
76305	19807	37761	15091	3646	82	875	48180	49058	19595	19891
22086	8185	8490	4065	1346	20	785	49687	52952	32500	18258
177153	60384	41221	71920	3628	1974	4642	46776	49982	18692	16649

2-10 续表 2

单位:万元 （2012）

指 标	Item	单位从业人员工资总额 Total Wages of Engaged Persons
城镇集体单位合计	**Total Urban Collective-owned**	**14902**
按地区分组	**Grouped by Region**	
市区	City	1499
永宁县	Yongning	2770
贺兰县	Helan	3919
灵武市	Lingwu	6714
按企业、事业、机关分组	**Grouped by Enterprises,Institutions and Agencies**	
企业	Enterprises	13719
事业	Institutions	1183
按国民经济行业分组	**Grouped by Sector**	
农、林、牧、渔业	Agriculture,Forestry,Animal Husbandry and Fishery	32
制造业	Manufacturing	464
建筑业	Construction	1714
批发和零售业	Wholesale and Retail Trades	652
住宿和餐饮业	Hotels and Catering Services	507
金融业	Financial Intermediation	10375
租赁和商务服务业	Leasing and Business Services	137
科学研究、技术服务和地质勘查业	Scientific Research,Technical Service and Geologic Prospecting	104
水利、环境和公共设施管理业	Management of Water Conservancy,Environment and Public Facilities	238
卫生、社会保障和社会福利业	Health,Social Security and Social Welfare	681

continued

（10 000yuan）

在岗职工工资总额 Total Wages of Staff and Workers	# 基本工资 Basic Wages	# 绩效工资 Performance Wages	# 工资性津贴和补贴 Wages Allowances and Subsidies	# 其他工资 Other Wages	劳务派遣人员工资总额 Total Wages of the Dispatch Personnel	其他从业人员工资总额 Total Wages of Other Engaged Persons	单位从业人员平均工资(元) Average Wages of Engaged Persons (yuan)	在岗职工平均工资 Average Wages of Staff and Workers	劳务派遣人员平均工资 Average Wages of the Dispatch Personnel	其他从业人员平均工资 Average Wages of Other Engaged Persons
12606	**9157**	**1706**	**1568**	**175**	**18**	**2278**	**55461**	**55605**	**10222**	**56674**
1486	1066	206	156	58		12	38137	38809		12400
2716	2087	221	297	111	18	36	54637	67888	10222	4067
3837	2202	527	1104	6		82	70493	73373		24848
4566	3802	753	12			2148	54542	47517		79544
11521	8453	1539	1431	98		2199	59059	58930		59742
1085	704	167	138	77	18	80	32500	34769	10222	23471
32	8	12	12				45714	45714		
454	351	56	48			9	26491	26718		18800
1714	1542	171					27909	27909		
615	377	39	101	97		38	27293	41534		4132
507	441	66					39609	39609		
8227	5820	1138	1270			2148	95094	100208		79544
137	129	5	3	1			13163	13163		
100	26	64	10			4	54632	58824		19000
216	80	48	17	71	18	4	27663	33215	10222	12000
604	383	107	108	6		76	30379	31311		24581

2-10 续表 3

单位:万元 (2012)

指 标	Item	单位从业人员工资总额 Total Wages of Engaged Persons
其他单位合计	**Total Other Units**	**878445**
按地区分组	**Grouped by Region**	
市区	City	783852
永宁县	Yongning	37882
贺兰县	Helan	45723
灵武市	Lingwu	10990
按企业、事业、机关分组	**Grouped by Enterprises,Institutions and Agencies**	
企业	Enterprises	871497
事业	Institutions	5578
机关	Agencies & Organizations	297
民间非营利组织	Non-profit Organizations	1074
按国民经济行业分组	**Grouped by Sector**	
农、林、牧、渔业	Agriculture,Forestry,Animal Husbandry and Fishery	980
采矿业	Mining and Quarrying	311192
制造业	Manufacturing	142390
电力、燃气及水的生产和供应业	Production and Distribution of Electricity,Gas and Water	20797
建筑业	Construction	169964
交通运输、仓储和邮政业	Transport,Storage and Post	16397
信息传输、计算机服务和软件业	Information Transmission,Computer Services and Software	10364
批发和零售业	Wholesale and Retail Trades	55945
住宿和餐饮业	Hotels and Catering Services	8065
金融业	Financial Intermediation	56962
房地产业	Real Estate	31008
租赁和商务服务业	Leasing and Business Services	38661
科学研究、技术服务和地质勘查业	Scientific Research,Technical Service and Geologic Prospecting	7458
水利、环境和公共设施管理业	Management of Water Conservancy,Environment and Public Facilities	290
教育	Education	7138
卫生、社会保障和社会福利业	Health,Social Security and Social Welfare	355
文化、体育和娱乐业	Culture,Sports and Entertainment	479
公共管理和社会组织	Public Management and Social Organization	

continued

（10 000yuan）

在岗职工工资总额 Total Wages of Staff and Workers	# 基本工资 Basic Wages	# 绩效工资 Performance Wages	# 工资性津贴和补贴 Wages Allowances and Subsidies	# 其他工资 Other Wages	劳务派遣人员工资总额 Total Wages of the Dispatch Personnel	其他从业人员工资总额 Total Wages of Other Engaged Persons	单位从业人员平均工资(元) Average Wages of Engaged Persons (yuan)	在岗职工平均工资 Average Wages of Staff and Workers	劳务派遣人员平均工资 Average Wages of the Dispatch Personnel	其他从业人员平均工资 Average Wages of Other Engaged Persons
705732	**386634**	**243857**	**56183**	**19058**	**107015**	**65698**	**49848**	**54282**	**37274**	**37536**
625931	332586	223686	53114	16544	105311	52610	52116	58046	37514	36280
37235	27732	8031	1092	380	439	208	35072	35469	25224	16109
33077	21530	8804	1440	1303	478	12168	36669	34348	24772	45986
9490	4785	3336	537	831	787	713	43113	46271	29041	31388
699163	382412	242292	55479	18980	107015	65320	50018	54543	37274	37670
5400	3452	1381	522	45		178	37434	39329		15197
96	60	16	10	10		201	29700	17778		43696
1074	711	168	172	22			26838	26838		
976	779	113	85			4	34255	34613		9000
287565	100242	141276	35653	10394	23627		85967	95044	39756	
137510	98391	29833	4657	4630	3678	1202	36500	36737	29664	35338
18375	12041	5317	1012	5	2146	276	44860	52985	21168	17896
61020	45465	12031	3273	251	57123	51822	41762	42993	39045	43639
15110	7096	7072	920	23	985	302	40456	41420	34799	24746
10358	4579	4313	786	680	5		77924	78058	26000	4000
49056	27817	15952	3597	1690	6420	469	35632	35100	40734	31483
7520	5413	1535	530	42	271	274	28509	29937	20406	14870
46448	30562	13579	1980	327	2693	7820	58166	87210	43938	20290
29951	21300	5819	2402	430	310	747	42535	43269	34843	26760
26406	25222	976	166	42	9737	2518	35304	35785	30638	63916
7354	2522	4246	311	275	19	85	72480	74061	20778	31556
287	287					3	20153	20362		10333
6960	4650	1549	694	67		178	34618	35786		15197
355	199	157					28432	28432		
479	69	90	119	202			54409	54409		

2—11 市区单位从业人员人数

单位：人 （2012）

指　标	Item	单　位（个）Unit (unit)	单位从业人员年末人数 Number of Engaged Persons at Year-end
总　计	**Total**	**1720**	**276290**
按企业、事业、机关分组	**Grouped by Enterprises,Institutions and Agencies**		
企业	Enterprises	766	192455
事业	Institutions	500	59445
机关	Agencies & Organizations	454	24390
按国民经济行业分组	**Grouped by Sector**		
农、林、牧、渔业	Agriculture,Forestry,Animal Husbandry and Fishery	36	4660
采矿业	Mining and Quarrying	34	35548
制造业	Manufacturing	117	31457
电力、燃气及水的生产和供应业	Production and Distribution of Electricity,Gas and Water	49	25504
建筑业	Construction	93	26998
交通运输、仓储和邮政业	Transport,Storage and Post	45	9416
信息传输、计算机服务和软件业	Information Transmission,Computer Services and Software	24	3481
批发和零售业	Wholesale and Retail Trades	113	14956
住宿和餐饮业	Hotels and Catering Services	22	3314
金融业	Financial Intermediation	100	16762
房地产业	Real Estate	96	7127
租赁和商务服务业	Leasing and Business Services	39	11697
科学研究、技术服务和地质勘查业	Scientific Research,Technical Service and Geologic Prospecting	109	8376
水利、环境和公共设施管理业	Management of Water Conservancy,Environment and Public Facilities	38	6150
居民服务和其他服务业	Services to Households and Other Services	10	405
教育	Education	183	20335
卫生、社会保障和社会福利业	Health,Social Security and Social Welfare	45	14566
文化、体育和娱乐业	Culture,Sports and Entertainment	62	4462
公共管理、社会保障和社会组织	Public Management and Social Organization	505	31076

Number of Engaged Persons in the Urban Units

（person）

# 女性 Female	在岗职工 Staff and Workers	劳务派遣人员 Dispatch Personnel	其他从业人员 Other Engaged Persons	单位从业人员平均人数 Average Number of Engaged Persons	在岗职工 Staff and Workers	劳务派遣人员 Dispatch Personnel	其他从业人员 Other Engaged Persons
104988	**239262**	**18918**	**18110**	**320122**	**241084**	**57954**	**21084**
64367	160571	18082	13802	238013	163750	57124	17139
31435	57024	75	2346	58368	55914	75	2379
9186	21667	761	1962	23741	21420	755	1566
2042	4626	5	29	4710	4677	4	29
6414	30674	4874		36199	30256	5943	
10333	29910	1255	292	31639	29928	1428	283
6786	24386	1046	72	25142	23846	1218	78
3769	15738	3777	7483	73120	20440	41650	11030
4869	8669	668	79	9133	8377	679	77
1861	3037	442	2	3548	3106	441	1
9770	13183	1521	252	14560	12910	1389	261
2021	3018	103	193	3372	3006	133	233
10311	11029	1031	4702	16480	11005	1003	4472
2940	6646	76	405	7087	6620	85	382
2601	7951	3310	436	11366	7760	3177	429
2566	7972	78	326	8430	7939	76	415
3081	5475		675	5555	5269		286
128	405			404	404		
11706	19256	58	1021	20197	19202	58	937
9575	14299	4	263	13927	13635	4	288
2074	4027	6	429	4419	3999	6	414
12141	28961	664	1451	30834	28705	660	1469

2-11 续表 1

单位:人 （2012）

指 标	Item	单 位（个）Unit（unit）	单位从业人员年末人数 Number of Engaged Persons at Year-end
国有单位合计	**Total State-owned Units**	**1199**	**144956**
按企业、事业、机关分组	**Grouped by Enterprises,Institutions and Agencies**		
企业	Enterprises	249	62093
事业	Institutions	497	58573
机关	Agencies & Organizations	453	24290
按国民经济行业分组	**Grouped by Sector**		
农、林、牧、渔业	Agriculture,Forestry,Animal Husbandry and Fishery	34	4373
采矿业	Mining and Quarrying		
制造业	Manufacturing	11	6568
电力、燃气及水的生产和供应业	Production and Distribution of Electricity,Gas and Water	37	21417
建筑业	Construction	25	8728
交通运输、仓储和邮政业	Transport,Storage and Post	12	6896
信息传输、计算机服务和软件业	Information Transmission,Computer Services and Software	18	2196
批发和零售业	Wholesale and Retail Trades	30	2433
住宿和餐饮业	Hotels and Catering Services	4	857
金融业	Financial Intermediation	72	7313
房地产业	Real Estate	9	471
租赁和商务服务业	Leasing and Business Services	11	455
科学研究、技术服务和地质勘查业	Scientific Research,Technical Service and Geologic Prospecting	101	7397
水利、环境和公共设施管理业	Management of Water Conservancy,Environment and Public Facilities	37	6115
居民服务和其他服务业	Services to Households and Other Services	10	405
教育	Education	180	19404
卫生、社会保障和社会福利业	Health,Social Security and Social Welfare	44	14449
文化、体育和娱乐业	Culture,Sports and Entertainment	59	4403
公共管理、社会保障和社会组织	Public Management and Social Organization	505	31076

continued

(person)

# 女性 Female	在岗职工 Staff and Workers	劳务派遣人员 Dispatch Personnel	其他从业人员 Other Engaged Persons	单位从业人员平均人数 Average Number of Engaged Persons	在岗职工 Staff and Workers	劳务派遣人员 Dispatch Personnel	其他从业人员 Other Engaged Persons
62325	**134450**	**3503**	**7003**	**169323**	**132868**	**29882**	**6573**
22202	56587	2667	2839	88116	56324	29052	2740
30944	56236	75	2262	57566	55178	75	2313
9179	21627	761	1902	23641	21366	755	1520
1921	4343	5	25	4428	4399	4	25
2054	6316	243	9	6559	6290	260	9
5219	21223	181	13	20896	20673	209	14
1511	6318	760	1650	35434	6760	27108	1566
3784	6226	591	79	6602	5924	601	77
1288	1756	440		2218	1779	439	
1204	2305	2	126	2470	2341	2	127
582	750		107	828	736		92
4108	6059	471	783	7365	6122	455	788
178	351		120	469	352		117
184	424		31	458	422		36
2275	7014	78	305	7456	6986	76	394
3075	5440		675	5420	5134		286
128	405			404	404		
11155	18409	58	937	19322	18393	58	871
9482	14182	4	263	13802	13510	4	288
2036	3968	6	429	4358	3938	6	414
12141	28961	664	1451	30834	28705	660	1469

2-11 续表 2

单位：人 （2012）

指 标	Item	单 位（个）Unit (unit)	单位从业人员年末人数 Number of Engaged Persons at Year-end
城镇集体单位合计	**Total Urban Collective-owned**	**13**	**402**
按企业、事业、机关分组	**Grouped by Enterprises,Institutions and Agencies**		
企业	Enterprises	12	341
事业	Institutions	1	61
机关	Agencies & Organizations		
按国民经济行业分组	Grouped by Sector		
农、林、牧、渔业	Agriculture,Forestry,Animal Husbandry and Fishery		
采矿业	Mining and Quarrying		
制造业	Manufacturing	2	92
电力、燃气及水的生产和供应业	Production and Distribution of Electricity,Gas and Water		
建筑业	Construction		
交通运输、仓储和邮政业	Transport,Storage and Post		
信息传输、计算机服务和软件业	Information Transmission,Computer Services and Software		
批发和零售业	Wholesale and Retail Trades	6	134
住宿和餐饮业	Hotels and Catering Services	1	128
金融业	Financial Intermediation	3	29
房地产业	Real Estate		
租赁和商务服务业	Leasing and Business Services		
科学研究、技术服务和地质勘查业	Scientific Research,Technical Service and Geologic Prospecting	1	19
水利、环境和公共设施管理业	Management of Water Conservancy,Environment and Public Facilities		
居民服务和其他服务业	Services to Households and Other Services		
教育	Education		
卫生、社会保障和社会福利业	Health,Social Security and Social Welfare		
文化、体育和娱乐业	Culture,Sports and Entertainment		

continued

(person)

# 女性 Female	在岗职工 Staff and Workers	劳务派遣人员 Dispatch Personnel	其他从业人员 Other Engaged Persons	单位从业人员平均人数 Average Number of Engaged Persons	在岗职工 Staff and Workers	劳务派遣人员 Dispatch Personnel	其他从业人员 Other Engaged Persons
194	**394**		**8**	**393**	**383**		**10**
169	333		8	346	336		10
25	61			47	47		
6	89		3	92	89		3
75	131		3	125	120		5
96	128			128	128		
7	29			29	29		
10	17		2	19	17		2

2-11 续表 3

单位:人 (2012)

指 标	Item	单 位(个) Unit (unit)	单位从业人员年末人数 Number of Engaged Persons at Year-end
其他单位合计	**Total Other Units**	**508**	**130932**
按企业、事业、机关分组	**Grouped by Enterprises,Institutions and Agencies**		
企业	Enterprises	505	130021
事业	Institutions	2	811
机关	Agencies & Organizations	1	100
按国民经济行业分组	**Grouped by Sector**		
农、林、牧、渔业	Agriculture,Forestry,Animal Husbandry and Fishery	2	287
采矿业	Mining and Quarrying	34	35548
制造业	Manufacturing	104	24797
电力、燃气及水的生产和供应业	Production and Distribution of Electricity,Gas and Water	12	4087
建筑业	Construction	68	18270
交通运输、仓储和邮政业	Transport,Storage and Post	33	2520
信息传输、计算机服务和软件业	Information Transmission,Computer Services and Software	6	1285
批发和零售业	Wholesale and Retail Trades	77	12389
住宿和餐饮业	Hotels and Catering Services	17	2329
金融业	Financial Intermediation	28	9449
房地产业	Real Estate	87	6656
租赁和商务服务业	Leasing and Business Services	25	11213
科学研究、技术服务和地质勘查业	Scientific Research,Technical Service and Geologic Prospecting	7	960
水利、环境和公共设施管理业	Management of Water Conservancy,Environment and Public Facilities	1	35
居民服务和其他服务业	Services to Households and Other Services		
教育	Education	3	931
卫生、社会保障和社会福利业	Public Management and Social Organization	1	117
文化、体育和娱乐业	Culture,Sports and Entertainment	3	59

continued

(person)

# 女性 Female	在岗职工 Staff and Workers	劳务派遣人员 Dispatch Personnel	其他从业人员 Other Engaged Persons	单位从业人员平均人数 Average Number of Engaged Persons	在岗职工 Staff and Workers	劳务派遣人员 Dispatch Personnel	其他从业人员 Other Engaged Persons
42469	**104418**	**15415**	**11099**	**150406**	**107833**	**28072**	**14501**
41996	103651	15415	10955	149551	107090	28072	14389
466	727		84	755	689		66
7	40		60	100	54		46
121	283		4	282	278		4
6414	30674	4874		36199	30256	5943	
8273	23505	1012	280	24988	23549	1168	271
1567	3163	865	59	4246	3173	1009	64
2258	9420	3017	5833	37686	13680	14542	9464
1085	2443	77		2531	2453	78	
573	1281	2	2	1330	1327	2	1
8491	10747	1519	123	11965	10449	1387	129
1343	2140	103	86	2416	2142	133	141
6203	4970	560	3919	9115	4883	548	3684
2762	6295	76	285	6618	6268	85	265
2410	7498	3310	405	10879	7309	3177	393
281	941		19	955	936		19
6	35			135	135		
551	847		84	875	809		66
93	117			125	125		
38	59			61	61		

2—12 市区单位从业人员劳动报酬

单位:万元 （2012）

指　标	Item	单位从业人员工资总额 Total Wages of Engaged Persons
总　计	**Total**	**1654949**
按企业、事业、机关分组	**Grouped by Enterprises,Institutions and Agencies**	
企业	Enterprises	1264625
事业	Institutions	269242
机关	Agencies & Organizations	121082
按国民经济行业分组	**Grouped by Sector**	
农、林、牧、渔业	Agriculture,Forestry,Animal Husbandry and Fishery	14412
采矿业	Mining and Quarrying	311192
制造业	Manufacturing	130943
电力、燃气及水的生产和供应业	Production and Distribution of Electricity,Gas and Water	197939
建筑业	Construction	288297
交通运输、仓储和邮政业	Transport,Storage and Post	36958
信息传输、计算机服务和软件业	Information Transmission,Computer Services and Software	24177
批发和零售业	Wholesale and Retail Trades	56129
住宿和餐饮业	Hotels and Catering Services	10777
金融业	Financial Intermediation	114059
房地产业	Real Estate	29659
租赁和商务服务业	Leasing and Business Services	40450
科学研究、技术服务和地质勘查业	Scientific Research,Technical Service and Geologic Prospecting	42162
水利、环境和公共设施管理业	Management of Water Conservancy,Environment and Public Facilities	19089
居民服务和其他服务业	Services to Households and Other Services	1456
教育	Education	96875
卫生、社会保障和社会福利业	Health,Social Security and Social Welfare	68179
文化、体育和娱乐业	Culture,Sports and Entertainment	22284
公共管理和社会组织	Public Management and Social Organization	149913

Revenue of Engaged Persons in the Urban Units

（10 000yuan）

在岗职工工资总额 Total Wages of Staff and Workers	# 基本工资 Basic Wages	# 绩效工资 Performance Wages	# 工资性津贴和补贴 Wages Allowances and Subsidies	# 其他工资 Other Wages	劳务派遣人员工资总额 Total Wages of the Dispatch Personnel	其他从业人员工资总额 Total Wages of Other Engaged Persons	单位从业人员平均工资(元) Average Wages of Engaged Persons (yuan)	在岗职工平均工资 Average Wages of Staff and Workers	劳务派遣人员平均工资 Average Wages of the Dispatch Personnel	其他从业人员平均工资 Average Wages of Other Engaged Persons
1371940	**603515**	**546533**	**187798**	**34094**	**216509**	**66500**	**51697**	**56907**	**37359**	**31540**
991013	470856	422923	75891	21344	214925	58686	53133	60520	37624	34241
264424	97008	100484	56798	10133	230	4589	46128	47291	30640	19289
116503	35651	23125	55110	2617	1354	3225	51001	54390	17931	20594
14355	9762	3113	1321	159	14	44	30599	30693	34000	15000
287565	100242	141276	35653	10394	23627		85967	95044	39756	
125338	81058	34188	6014	4077	4595	1011	41387	41880	32176	35714
194952	54205	125867	14875	5	2787	200	78728	81755	22885	25628
86583	58818	20586	5667	1512	158123	43590	39428	42360	37965	39520
33641	19635	11518	2027	462	3166	151	40467	40159	46627	19584
21761	9576	10213	1167	804	2416		68143	70061	54780	4000
49564	28535	16344	4054	631	5921	644	38550	38392	42631	24663
10099	6536	1991	660	912	271	406	31959	33597	20406	17421
100631	50940	45834	2387	1471	4001	9427	69211	91441	39890	21080
28428	19695	5832	2392	508	305	926	41850	42942	35918	24249
28115	25933	1802	280	99	9735	2599	35588	36231	30643	60590
40973	17313	17349	5058	1254	153	1035	50014	51610	20158	24945
18168	8872	5479	2897	920		920	34363	34481		32178
1456	500	654	251	50			36035	36035		
94997	38773	25543	26812	3870	197	1680	47965	49473	34034	17927
67544	16674	34460	13396	3014	8	627	48955	49537	20000	21771
21503	7859	8347	3891	1406	20	762	50428	53770	32500	18399
146267	48588	36138	58996	2545	1169	2478	48619	50955	17706	16868

2-12 续表 1

单位:万元 （2012）

指 标	Item	单位从业人员工资总额 Total Wages of Engaged Persons
国有单位合计	**Total State-owned Units**	**869598**
按企业、事业、机关分组	**Grouped by Enterprises,Institutions and Agencies**	
企业	Enterprises	482516
事业	Institutions	266298
机关	Agencies & Organizations	120785
按国民经济行业分组	**Grouped by Sector**	
农、林、牧、渔业	Agriculture,Forestry,Animal Husbandry and Fishery	13445
采矿业	Mining and Quarrying	
制造业	Manufacturing	35459
电力、燃气及水的生产和供应业	Production and Distribution of Electricity,Gas and Water	178195
建筑业	Construction	132018
交通运输、仓储和邮政业	Transport,Storage and Post	26697
信息传输、计算机服务和软件业	Information Transmission,Computer Services and Software	13813
批发和零售业	Wholesale and Retail Trades	13655
住宿和餐饮业	Hotels and Catering Services	3082
金融业	Financial Intermediation	60890
房地产业	Real Estate	1714
租赁和商务服务业	Leasing and Business Services	1966
科学研究、技术服务和地质勘查业	Scientific Research,Technical Service and Geologic Prospecting	34858
水利、环境和公共设施管理业	Management of Water Conservancy,Environment and Public Facilities	18816
居民服务和其他服务业	Services to Households and Other Services	1456
教育	Education	93812
卫生、社会保障和社会福利业	Health,Social Security and Social Welfare	67824
文化、体育和娱乐业	Culture,Sports and Entertainment	21986
公共管理和社会组织	Public Management and Social Organization	149913

continued

（10 000yuan）

在岗职工工资总额 Total Wages of Staff and Workers	# 基本工资 Basic Wages	# 绩效工资 Performance Wages	# 工资性津贴和补贴 Wages Allowances and Subsidies	# 其他工资 Other Wages	劳务派遣人员工资总额 Total Wages of the Dispatch Personnel	其他从业人员工资总额 Total Wages of Other Engaged Persons	单位从业人员平均工资(元) Average Wages of Engaged Persons (yuan)	在岗职工平均工资 Average Wages of Staff and Workers	劳务派遣人员平均工资 Average Wages of the Dispatch Personnel	其他从业人员平均工资 Average Wages of Other Engaged Persons
744523	**269862**	**322641**	**134528**	**17492**	**111198**	**13877**	**51357**	**56035**	**37212**	**21112**
366547	139281	199541	22974	4752	109615	6354	54759	65078	37731	23189
261569	94990	99991	56455	10133	230	4499	46260	47405	30640	19452
116407	35591	23109	55100	2607	1354	3024	51091	54482	17931	19895
13391	8996	3001	1236	159	14	40	30363	30442	34000	15960
34392	17625	13753	2635	379	1054	14	54062	54677	40542	15111
177448	42919	120637	13892		654	93	85277	85835	31268	66643
27332	15039	8605	2397	1291	101265	3422	37258	40432	37356	21852
23798	14914	6852	1570	462	2748	151	40438	40172	45730	19584
11403	4997	5900	382	124	2411		62277	64095	54911	
13418	6616	5654	972	176	7	230	55283	57316	36000	18110
2917	1404	513	131	869		164	37216	39636		17859
57229	22077	33381	526	1245	1500	2161	82674	93480	32960	27426
1527	825	524	100	79		187	36544	43386		15957
1884	895	821	112	57		82	42928	44642		22833
33749	14931	13089	4744	985	153	956	46751	48309	20158	24264
17896	8600	5479	2897	920		920	34717	34858		32178
1456	500	654	251	50			36035	36035		
92025	36637	25049	26469	3870	197	1590	48552	50032	34034	18258
67189	16475	34304	13396	3014	8	627	49140	49732	20000	21771
21205	7826	8288	3824	1267	20	762	50450	53847	32500	18399
146267	48588	36138	58996	2545	1169	2478	48619	50955	17706	16868

2-12 续表 2

单位:万元 (2012)

指 标	Item	单位从业人员工资总额 Total Wages of Engaged Persons
城镇集体单位合计	**Total Urban Collective-owned**	**1499**
按企业、事业、机关分组	**Grouped by Enterprises,Institutions and Agencies**	
企业	Enterprises	1266
事业	Institutions	233
机关	Agencies & Organizations	
按国民经济行业分组	**Grouped by Sector**	
农、林、牧、渔业	Agriculture,Forestry,Animal Husbandry and Fishery	
采矿业	Mining and Quarrying	
制造业	Manufacturing	248
电力、燃气及水的生产和供应业	Production and Distribution of Electricity,Gas and Water	
建筑业	Construction	
交通运输、仓储和邮政业	Transport,Storage and Post	
信息传输、计算机服务和软件业	Information Transmission,Computer Services and Software	
批发和零售业	Wholesale and Retail Trades	580
住宿和餐饮业	Hotels and Catering Services	507
金融业	Financial Intermediation	
房地产业	Real Estate	
租赁和商务服务业	Leasing and Business Services	60
科学研究、技术服务和地质勘查业	Scientific Research,Technical Service and Geologic Prospecting	104
水利、环境和公共设施管理业	Management of Water Conservancy,Environment and Public Facilities	
居民服务和其他服务业	Services to Households and Other Services	
教育	Education	
卫生、社会保障和社会福利业	Health,Social Security and Social Welfare	
文化、体育和娱乐业	Culture,Sports and Entertainment	
公共管理和社会组织	Public Management and Social Organization	

continued

(10 000yuan)

在岗职工工资总额 Total Wages of Staff and Workers	# 基本工资 Basic Wages	# 绩效工资 Performance Wages	# 工资性津贴和补贴 Wages Allowances and Subsidies	# 其他工资 Other Wages	劳务派遣人员工资总额 Total Wages of the Dispatch Personnel	其他从业人员工资总额 Total Wages of Other Engaged Persons	单位从业人员平均工资(元) Average Wages of Engaged Persons (yuan)	在岗职工平均工资 Average Wages of Staff and Workers	劳务派遣人员平均工资 Average Wages of the Dispatch Personnel	其他从业人员平均工资 Average Wages of Other Engaged Persons
1486	**1066**	**206**	**156**	**58**		**12**	**38137**	**38809**		**12400**
1254	834	206	156	58		12	36595	37315		12400
233	233						49489	49489		
244	171	31	42				26946	27449		12000
575	377	39	101	58			46416	47933		10000
507	441	66					39609	39609		
60	52	5	3	1			20655	20655		
100	26	64	10			4	54632	58824		19000

2-12 续表 3

单位:万元 (2012)

指　标	Item	单位从业人员工资总额 Total Wages of Engaged Persons
其他单位合计	**Total Other Units**	**783852**
按企业、事业、机关分组	**Grouped by Enterprises,Institutions and Agencies**	
企业	Enterprises	780843
事业	Institutions	2712
机关	Agencies & Organizations	297
按国民经济行业分组	**Grouped by Sector**	
农、林、牧、渔业	Agriculture,Forestry,Animal Husbandry and Fishery	967
采矿业	Mining and Quarrying	311192
制造业	Manufacturing	95236
电力、燃气及水的生产和供应业	Production and Distribution of Electricity,Gas and Water	19745
建筑业	Construction	156279
交通运输、仓储和邮政业	Transport,Storage and Post	10261
信息传输、计算机服务和软件业	Information Transmission,Computer Services and Software	10364
批发和零售业	Wholesale and Retail Trades	41894
住宿和餐饮业	Hotels and Catering Services	7188
金融业	Financial Intermediation	53170
房地产业	Real Estate	27945
租赁和商务服务业	Leasing and Business Services	38424
科学研究、技术服务和地质勘查业	Scientific Research,Technical Service and Geologic Prospecting	7200
水利、环境和公共设施管理业	Management of Water Conservancy,Environment and Public Facilities	272
居民服务和其他服务业	Services to Households and Other Services	
教育	Education	3062
卫生、社会保障和社会福利业	Health,Social Security and Social Welfare	355
文化、体育和娱乐业	Culture,Sports and Entertainment	298
公共管理和社会组织	Public Management and Social Organization	

continued

(10 000yuan)

在岗职工工资总额 Total Wages of Staff and Workers	#基本工资 Basic Wages	#绩效工资 Performance Wages	#工资性津贴和补贴 Wages Allowances and Subsidies	#其他工资 Other Wages	劳务派遣人员工资总额 Total Wages of the Dispatch Personnel	其他从业人员工资总额 Total Wages of Other Engaged Persons	单位从业人员平均工资(元) Average Wages of Engaged Persons (yuan)	在岗职工平均工资 Average Wages of Staff and Workers	劳务派遣人员平均工资 Average Wages of the Dispatch Personnel	其他从业人员平均工资 Average Wages of Other Engaged Persons
625931	**332586**	**223686**	**53114**	**16544**	**105311**	**52610**	**52116**	**58046**	**37514**	**36280**
623212	330741	223177	52761	16534	105311	52320	52212	58195	37514	36361
2622	1785	494	343			90	35915	38057		13561
96	60	16	10	10		201	29700	17778		43696
964	766	113	85			4	34301	34665		9000
287565	100242	141276	35653	10394	23627		85967	95044	39756	
90702	63263	20404	3337	3698	3541	994	38113	38516	30314	36661
17504	11286	5230	983	5	2134	107	46502	55166	21149	16656
59252	43779	11981	3270	221	56859	40168	41469	43313	39100	42443
9844	4721	4666	456		418	40542	40128	53538		
10358	4579	4313	786	680	5		77924	78058	26000	4000
35571	21542	10651	2981	397	5914	409	35014	34042	42640	31682
6675	4691	1412	530	42	271	242	29752	31163	20406	17135
43403	28862	12453	1861	227	2501	7266	58332	88885	45644	19723
26900	18871	5308	2292	430	305	740	42226	42917	35918	27909
26171	24987	976	166	42	9735	2517	35319	35807	30643	64048
7125	2357	4195	304	269		75	75394	76119		39684
272	272						20156	20156		
2973	2136	494	343				34999	36748		13561
355	199	157					28432	28432		
298	33	59	67	139			48803	48803		

主要统计指标解释

【总人口】 包括有常住户口和未落常住户口的人,以及被注销户口的押犯、劳改、劳教人员,但不包括现役军人及人民武装警察。

【总户数】 包括家庭户和集体户。

【农业人口和非农业人口】 (1)凡在农村从事农、林、牧、渔业的劳动者,以及乡和乡以下所办企业中不直接从事农业的人口。(2)国营的农、林、牧、渔、园艺场,拖拉机站在编的行政管理人员,文教卫生、财贸、邮电等人员,以及附属的独立核算的工业企业中常年不从事农业生产的国家职工,统计为非农业人口;这些单位的其他人员,都统计为农业人口。(3)住在农村由职工、军人抚养的家属、退休职工等国家定量粮的统计为农业人口。(4)农业与非农业之间不好区分的,一般统计为农业人口。

【性别比】 男性人数与女性人数之比(女=100)。

性别比=[男性人数女性人数]×100%

【年平均人口数】 指一年之中各个时点的平均生存人数。

年平均人口数=[年初人口数+年末人口数 2]

【出生人数】 指在一定时期内(通常为一年内)出生有生命现象(即有心跳和呼吸)婴儿数的总和。

【出生率】 指某个地区一定时期内的出生人数与同期平均人数之比。

出生率=[年出生人数年平均人数]×1000‰

【死亡率】 指某个地区一定时期内的死亡人数与同期平均人数之比。

死亡率=[年死亡人数年平均人数]×1000‰

【人口自然增长率】 在一定时期内(通常为一年)人口自然增加数(出生人数减死亡人数)占该时期内平均人数之比,一般用千分率表示。

人口自然增长率=[本年出生人数-本年死亡人数年平均人数]×1000‰

【从业人员期末数】 指期末最后一日 24 时在本单位中工作,并取得工资或其他形式劳动报酬的人员数。该指标为时点指标,不包括最后一日当天及以前已经与单位解除劳动合同关系的人员,是在岗职工、劳务派遣人员及其他从业人员之和。不包括:(1)离开本单位仍保留劳动关系,并定期领取生活费的人员;(2) 利用课余时间打工的学生及在本单位实习的各类在校学生;(3) 本单位因劳务外包而使用的人员。

【在岗职工】 指在本单位工作且与本单位签订劳动合同,并由单位支付各项工资和社会保险、住房公积金的人员,以及上述人员中由于学习、病伤、产假等原因暂未工作仍由单位支付工资的人员。在岗职工还包括:(1)应订立劳动合同而未订立劳动合同人员(如使用的农村户籍人员);(2)处于试用期人员;(3)编制外招用的人员;(4)派往外单位工作,但工资仍由本单位发放的人员(如挂职锻炼、外派工作等情况)。不包括:(1)本单位使用的且由本单位直接支付工资的劳务派遣人员,应统计在本单位"劳务派遣人员"指标中;(2)本单位因劳务外包而使用的人员,由承包劳务的单位统计为在岗职工。

【劳务派遣人员】 根据《中华人民共和国劳动合同法》规定,指与劳务派遣单位签订劳动合同,并被劳务派遣单位派遣到实际用工单位工作,且劳务派遣单位与实际用工单位签订《劳务派遣协议》的人员。

【其他从业人员】 指本单位中不能归到在岗职工、劳务派遣人员中的人员。此类人员是实际参加本单位生产或工作并从本单位取得劳动报酬的人员。具体包括:非全日制人员、聘用的正式离退休人员、兼职人员和第二职业者等,以及在本单位中工作的外籍和港澳台方人员。

【从业人员工资总额】 本单位在报告期内(季度或年度)直接支付给本单位全部从业人员的劳动报酬总额。包括计时工资、计件工作、资金、津贴和补贴、加班加点工资、特殊情况下支付的工资,是在岗职工工资总额、劳务派遣人员工资总额和其他从业人员工资总额之和。工资总额是税前工资,包括单位从个人工资中直接为其代扣或代缴的房费、水费、电费、住房公积金和社会保险基金个人缴纳部分等。工资总额不论是计入成本的还是不计入成本的,不论是以货币形式支付的还是以实物形式支付的,均应列入工资总额。

【在岗职工工资总额】 指本单位在报告期内直接支付给本单位全部在岗职工的劳动报酬总额。在岗职工工资总额由基本工资、绩效工资、工资性津贴和补贴、其他工资四部分组成。工资总额不包括病假、事假等情况的扣款。

【在岗职工平均工资】 指本单位在报告期内在岗职工的平均工资水平。

在岗职工平均工资=[报告期在岗职工工资总额报告期在岗职工平均人数]

农 业

Agriculture

3—1 主要年份农林牧渔业总产值

Gross Output Value of Agriculture, Forestry, Animal Husbandry and Fishery in Main Years

单位:万元　　（按当年价格计算 caculated at current prices）　　(10 000 yuan)

年份 Year	农、林、牧渔业总产值 Gross Output of Agriculture,Forestry, Animal Husbandry and Fishery	农业 Agriculture	#种植业 Farming	林业 Forestry	牧业 Animal Husbandry	渔业 Fishery
1949	1878	1594	1513	9	265	11
1950	2422	2022	1939	11	378	11
1951	3570	3065	2962	17	475	13
1952	3044	2616	2517	19	397	12
1953	3342	2901	2784	27	402	12
1954	3435	3029	2886	23	371	13
1955	4154	3711	3549	29	401	13
1956	4107	3701	3487	48	345	13
1957	3658	3220	3049	49	376	13
1958	4197	3742	3570	76	366	13
1959	4196	3678	3487	83	419	17
1960	3329	2784	2586	115	412	18
1961	3780	3160	2946	108	492	20
1962	3667	3035	2874	108	513	12
1963	5087	4171	3962	239	661	16
1964	4952	3961	3766	246	728	17
1965	6347	5075	4803	404	850	21
1966	7293	5853	5550	506	915	19
1967	6338	5122	4831	352	846	18
1968	6043	4757	4476	409	860	17
1969	7061	5761	5436	412	873	16
1970	8167	6240	5898	840	1068	18
1971	10117	7651	7232	183	2262	20
1972	10390	7159	6695	195	2897	16
1973	12292	8987	8716	245	2917	4
1974	10957	9527	9253	126	1146	4
1975	11579	9802	9529	178	1433	7
1976	9872	7946	7686	170	1593	9
1977	10979	9240	8773	190	1376	5
1978	12931	11149	10382	272	1504	6
1979	14735	12464	11102	430	1835	6
1980	17428	15446	15041	435	1532	15

3—1 续表 continued

单位:万元 （按当年价格计算 caculated at current prices） （10 000 yuan）

年 份 Year	农、林、牧渔业总产值 Gross Output of Agriculture,Forestry, Animal Husbandry and Fishery	农 业 Agriculture	#种植业 Farming	林 业 Forestry	牧 业 Animal Husbandry	渔 业 Fishery
1981	22347	19655	18098	446	2214	32
1982	27746	24721	23168	544	2428	53
1983	29844	26291	24529	855	2589	109
1984	32730	27116	26868	1598	3816	200
1985	34486	26068	25379	1606	6458	354
1986	40376	31413	30729	1104	7238	621
1987	47899	37709	36749	955	8095	1140
1988	62901	45291	44079	1290	14344	1976
1989	70137	53103	51638	1581	12840	2613
1990	79146	55864	55471	4245	15706	3331
1991	84975	61169	60275	5104	15315	3387
1992	88628	62770	61559	3995	17458	4405
1993	95826	68064	66106	1003	21342	5417
1994	136904	96774	93243	974	32398	6758
1995	184665	126159	123673	1167	49168	8171
1996	207459	144688	141700	1088	53255	8428
1997	229701	157343	154171	1166	61927	9265
1998	240193	166193	162779	1149	62415	10436
1999	232177	153460	150435	4182	64212	10323
2000	234643	148279	147025	4450	69435	12479
2001	248946	149497	147110	4271	80762	14416
2002	253094	149833	148000	4351	83030	15880
2003	251400	141388	141250	7087	85826	17099
2004	310885	184096	184096	4596	97939	24254
2005	350995	208512	208512	5148	101516	27063
2006	388734	238321	238321	4984	104641	29005
2007	449199	278391	278391	6941	115735	22794
2008	553292	332569	332569	8935	151560	32474
2009	603492	385219	385219	11320	138263	36747
2010	747284	474072	474072	12531	183407	42010
2011	876404	552911	552911	13492	218674	50521
2012	951769	591855	591855	14732	235317	62908

3—2 主要年份农林牧渔业总产值指数

Agriculture, Forestry, Animal Husbandry and Fishery Related Indices in Main Years

单位:%　　（按可比价格计算,以上年为 100　caculated at constant prices,preceding year=100）　　(%)

年　份 Year	农、林、牧渔业总产值 Gross Output of Agriculture,Forestry, Animal Husbandry and Fishery	农　业 Agriculture	林　业 Forestry	牧　业 Animal Husbandry	渔　业 Fishery
1950	106.02	103.53	80.00	119.92	100.00
1951	135.96	138.94	214.02	122.76	267.53
1952	110.40	110.94	165.15	106.49	77.16
1953	110.79	112.21	174.70	101.34	105.78
1954	109.31	111.01	100.74	99.95	57.67
1955	114.27	116.19	124.11	101.54	123.20
1956	104.82	104.29	298.45	89.20	240.46
1957	85.98	83.44	93.51	104.57	31.33
1958	118.33	118.93	166.81	100.52	178.40
1959	100.77	97.36	128.30	113.45	76.91
1960	80.83	74.48	127.70	97.34	99.53
1961	92.77	95.81	59.33	101.35	46.46
1962	119.52	117.53	130.59	127.64	220.11
1963	143.61	137.77	236.47	129.43	181.08
1964	98.30	94.88	104.69	109.95	44.27
1965	134.25	131.15	171.75	118.63	164.05
1966	109.70	110.11	114.10	103.23	66.43
1967	92.32	94.50	79.13	97.73	69.35
1968	95.73	90.89	113.85	101.17	143.88
1969	105.72	112.64	88.03	95.58	77.32
1970	103.87	93.90	153.64	103.73	174.52
1971	97.28	105.12	21.13	178.35	13.75
1972	101.00	93.25	108.01	121.43	511.21
1973	106.36	114.97	105.12	88.93	97.32
1974	784.53	125.76	63.91	51.75	60.79
1975	13.78	100.51	137.72	119.42	215.50
1976	78.90	74.27	87.86	101.98	63.80
1977	116.21	122.58	116.90	90.57	133.05
1978	110.58	111.52	138.32	100.18	100.00
1979	99.26	97.50	111.43	103.93	104.76
1980	112.93	118.37	87.34	95.03	118.18

3—2 续表 continued

单位:% （按可比价格计算,以上年为 100 caculated at constant prices,preceding year=100） (%)

年 份 Year	农、林、牧渔业总产值 Gross Output of Agriculture,Forestry, Animal Husbandry and Fishery	农 业 Agriculture	林 业 Forestry	牧 业 Animal Husbandry	渔 业 Fishery
1981	107.86	108.44	102.03	105.98	207.69
1982	118.48	117.91	143.50	109.10	229.63
1983	106.38	104.15	125.59	111.48	129.03
1984	114.62	108.70	158.37	125.12	200.63
1985	103.77	99.63	91.08	140.84	154.21
1986	105.87	108.49	73.71	111.01	149.29
1987	101.17	101.73	80.81	102.99	159.95
1988	108.88	109.83	85.32	107.06	158.46
1989	105.26	106.13	98.55	97.77	139.99
1990	106.27	96.15	223.13	124.97	119.37
1991	104.64	102.96	130.64	98.66	108.18
1992	96.80	97.39	68.96	106.92	115.65
1993	100.87	104.70	16.38	116.32	113.71
1994	106.55	104.60	80.62	113.19	111.99
1995	109.34	103.43	105.65	127.46	111.13
1996	109.96	109.52	96.93	112.37	104.60
1997	108.67	108.32	114.67	109.27	109.02
1998	107.11	104.84	109.83	110.75	116.39
1999	104.40	100.60	203.17	105.62	127.71
2000	106.25	103.51	115.14	110.62	110.69
2001	105.02	102.25	92.23	110.25	109.73
2002	102.65	99.33	109.03	106.03	113.43
2003	96.82	93.76	171.67	95.78	107.53
2004	109.63	112.85	79.11	103.56	121.01
2005	105.50	107.20	112.00	102.68	104.85
2006	108.40	110.22	207.69	102.86	108.85
2007	107.52	114.30	96.81	103.08	107.18
2008	108.67	109.67	118.09	102.60	120.04
2009	108.10	108.20	126.70	104.40	108.10
2010	107.20	103.50	179.50	114.30	111.30
2011	105.28	104.68	107.67	105.10	109.11
2012	106.00	104.40	109.20	107.50	110.90

3—3 主要年份农林牧渔业总产值指数

Agriculture, Forestry, Animal Husbandry and Fishery Related Indices in Main Years

单位:%　　（按可比价格计算,以 1952 为 100　caculated at constant prices,1952=100）　　（%）

年 份 Year	农、林、牧渔业总产值 Gross Output of Agriculture,Forestry, Animal Husbandry and Fishery	农 业 Agriculture	林 业 Forestry	牧 业 Animal Husbandry	渔 业 Fishery
1953	110.79	112.21	174.35	101.35	87.65
1954	121.10	124.56	175.64	101.30	100.00
1955	138.38	144.73	217.99	102.86	103.70
1956	145.05	150.94	650.58	91.75	108.64
1957	124.71	125.94	608.34	95.94	108.64
1958	147.57	149.78	1014.79	96.44	108.64
1959	148.72	145.84	1301.95	109.41	136.25
1960	120.21	108.62	1662.58	106.50	139.96
1961	111.52	104.07	986.37	107.94	131.32
1962	133.29	122.31	1288.06	137.78	88.56
1963	191.42	168.51	3045.87	178.33	127.61
1964	188.16	159.88	3188.82	196.07	127.61
1965	252.62	209.67	5476.66	232.60	164.65
1966	277.13	230.86	6248.62	240.12	161.73
1967	255.85	218.16	4944.46	234.66	149.38
1968	244.91	198.30	5629.14	237.40	137.04
1969	258.92	223.36	4955.39	226.89	137.04
1970	268.93	209.74	7613.22	235.35	128.40
1971	261.61	220.48	1608.62	419.73	108.64
1972	264.23	205.59	1737.54	509.69	75.31
1973	281.03	236.37	1826.51	453.29	16.34
1974	2204.75	297.26	1167.28	234.59	16.93
1975	303.79	298.78	1607.62	280.15	34.50
1976	239.68	221.90	1412.49	285.69	46.26
1977	278.52	272.00	1651.26	258.76	25.86
1978	320.48	307.94	2851.76	276.86	25.93
1979	318.11	300.25	3177.65	287.74	27.16
1980	359.24	355.42	2775.29	273.44	32.10
1981	387.47	385.44	2831.76	289.78	66.67
1982	459.08	454.45	4063.53	316.17	153.09

3—3 续表 continued

单位:% （按可比价格计算，以 1952 为 100 caculated at constant prices,1952=100） （%）

年 份 Year	农、林、牧渔业总产值 Gross Output of Agriculture,Forestry, Animal Husbandry and Fishery	农 业 Agriculture	林 业 Forestry	牧 业 Animal Husbandry	渔 业 Fishery
1983	488.36	473.29	5103.53	352.46	197.53
1984	559.76	514.47	8082.35	440.99	396.30
1985	580.84	512.59	7361.18	621.09	611.11
1986	614.96	556.09	5425.88	689.48	912.35
1987	622.13	565.69	4384.71	710.10	1459.26
1988	677.37	621.29	3741.18	760.22	2312.35
1989	713.02	659.37	3687.06	743.27	3237.04
1990	757.75	633.97	8227.06	928.85	3864.20
1991	792.87	652.72	10748.24	916.41	4180.25
1992	767.49	635.65	7411.76	979.81	4834.57
1993	774.18	665.50	1214.12	1139.72	5497.53
1994	824.91	696.09	978.82	1290.02	6156.79
1995	901.98	719.93	1034.12	1644.23	6841.98
1996	991.83	788.45	1002.35	1847.66	7156.79
1997	1077.80	854.08	1149.41	2018.93	7802.47
1998	1154.48	895.44	1262.35	2236.06	9081.48
1999	1205.33	900.80	2564.71	2361.66	11597.53
2000	1280.62	932.45	2952.94	2612.50	12837.04
2001	1344.93	953.46	2723.53	2880.17	14086.42
2002	1380.61	947.08	2969.41	3053.97	15977.78
2003	1336.77	888.03	5097.65	2925.00	17181.48
2004	1465.66	1002.10	4032.94	3029.03	20791.36
2005	1546.17	1074.25	4517.00	3110.20	21799.74
2006	1676.04	1184.04	9381.36	3199.15	23729.02
2007	1802.08	1353.36	9082.09	3297.68	25432.76
2008	1958.32	1484.23	10725.04	3383.42	30529.48
2009	2116.94	1605.94	13588.63	3532.29	33002.37
2010	2277.83	1662.15	24391.59	4037.41	36731.63
2011	2398.55	1740.27	26269.74	5692.75	40074.21
2012	2542.46	1816.84	28686.56	6119.71	44442.30

3—4 主要年份农民生活情况及主要农产品产量

Farmers Living Conditions and Output of Major Farm Products in Main Years

年 份 Year	农民人均纯收入(元) Per Capital Net Income of Rural Households (yuan)	农村居民人均生活消费支出(元) Per Capital Consumption Expenditure of Rural Households(yuan)	农民人均生活用房(平方米) Per Capita Living Space of Rural Households(sq.m)	粮食产量(吨) Grain Yield (ton)	肉类产量(吨) Meat Yield (ton)	牛奶产量(吨) Cow Milk Yield (ton)	禽蛋产量(吨) Poultry Eggs Yield (ton)	蔬菜产量(吨) Vegetables Yield (ton)	水果产量(吨) Fruits Yield (ton)	水产品产量(吨) Aquatic Products Yield (ton)
1978	131	103	10.19	310876	2678	2216			8516	97
1979	157	116	11.00	284150	2916	984			10174	101
1980	201	155	11.81	342624	3724	2739			8070	113
1981	298	191	12.61	397025	4281	2838			10110	188
1982	442	273	13.43	442365	4097	3500			9413	296
1983	447	276	14.24	462195	5473	4157			9339	466
1984	478	304	15.05	484005	4666	5651			12925	747
1985	488	380	15.88	429065	6203	8081			15551	1214
1986	573	457	16.36	480097	11070	11255	5741		15967	1824
1987	658	536	16.85	472011	10794	13432	5512		19031	2898
1988	727	576	17.34	514213	12560	15917	5769		19761	4647
1989	859	727	18.22	540498	13133	18947	6361		25382	6525
1990	934	765	18.28	589904	12926	24057	6516	282312	22273	7280
1991	971	765	19.02	612797	17014	29269	6215	273444	9417	7955
1992	977	785	19.27	578382	19108	35835	6755	249556	27050	9166
1993	1016	914	20.13	602581	20654	38438	7118	269711	31900	10419
1994	1336	1109	20.11	659909	23188	48050	9030	270407	28262	11738
1995	1683	1449	19.75	685534	30364	62858	11407	336380	41670	12813
1996	2212	1849	22.03	779537	34242	74558	13148	370634	46293	13602
1997	2578	2147	24.09	815924	35986	77501	14880	390504	56042	15195
1998	2811	1945	25.27	885305	41338	71216	17667	431349	46115	17182
1999	2657	1948	26.41	914116	45645	73415	17761	430633	62880	22044
2000	2712	1886	27.26	823967	46516	78903	19975	572113	62312	25823
2001	2858	2009	27.19	847511	52763	104822	21059	510440	76658	33337
2002	2932	1902	27.27	844114	54777	113842	21303	520652	64343	31326
2003	2984	2224	28.40	684527	58795	140134	20674	562710	86525	32833
2004	3324	2510	28.56	801508	52597	165329	11203	526949	92303	37615
2005	3493	2836	31.17	834345	51623	213294	11340	573445	113285	39405
2006	3800	2902	33.94	879841	50202	222775	9347	685197	111457	42961
2007	4303	3576	35.48	827505	39295	275678	14759	778551	123543	33734
2008	4917	4119	35.76	886219	42973	335385	14454	994344	165343	44163
2009	5389	4817	38.33	913417	46614	318801	15049	1113214	188695	45926
2010	6161	4893	38.90	879142	49633	354098	16512	1269280	187640	49510
2011	7070	6260	39.92	861547	49772	387525	15589	1378422	202848	53313
2012	8068	6734	44.69	886341	49744	401076	21094	1411762	233491	60323

3—5 农林牧渔业总产值

单位:万元 （2012）

指 标	Item	银川市 Yinchuan
农林牧渔业总产值	**Gross Output Value of Agriculture, Forestry, Animal Husbandry and Fishery**	**951769**
农业	**Agriculture**	**591855**
谷物及其他作物	Cereal and Other Crops	228651
粮食	Grain	201992
谷物(原粮)	Cereal	200845
小麦	Wheat	28376
冬小麦	Winter Wheat	6581
春小麦	Spring Wheat	21796
稻谷	Rice	103182
有机稻	Organic Rice	17920
玉米	Corn	69123
荞麦	Buckwheat	
其它谷物	Other Cereals	164
豆类	Soybeans	1147
大豆	Soja	1147
其他作物	Other Crops	8392
油料	Oil-bearing Crops	3301
花生	Peanut	68
胡麻	Rapeseeds	121
向日葵	Helianthus	3111
甜菜	Beetroots	2
其他农作物	Other Farm Crops	5089
青饲料	Succulence	4252
牧草	Pasture	836
谷物副产品	By-product of Cereal	18267
稻草	Straw	7358
小麦秸	Wheat Stalks	2665
玉米秸	Corn Stalks	8233
蔬菜、食用菌及花卉盆景园艺产品	Produces of Vegetables, Edible Fungus, Flowers and Gardening	232967
蔬菜	Vegetables	204448
叶菜类	Leafy	18099
芹菜	Celery	9583
油菜	Rape	2803
菠菜	Spinach	2342
其他	Others	3371
白菜类	Cabbages	9137
大白菜	Chinese Cabbage	5549

Gross Output Value of Agriculture, Forestry, Animal Husbandry and Fishery

(10 000 yuan)

兴庆区 Xingqing	金凤区 Jinfeng	西夏区 Xixia	永宁县 Yongning	贺兰县 Helan	灵武市 Lingwu
130132	**80146**	**95474**	**221642**	**252756**	**171620**
73324	**44370**	**57362**	**154046**	**173609**	**89144**
25940	10064	21658	58484	64578	47928
22395	8754	18326	53243	58420	40854
20587	9347	19541	52970	58235	40165
2134	489	739	12905	9654	2456
		172	1465	4764	180
2105	356	729	11440	4891	2276
14511	4000	6765	16686	34345	26875
346			2317	3955	11302
2718	5256	12862	23380	14072	10834
				164	
			272	185	690
			272	185	690
2338	592	1173	702	1345	2242
71	55	550	399	793	1434
22	23	23			
			121		
64	50	494	277	793	1434
		2			
960	1081	1383	303	553	808
1036	1636	84	240	451	806
	189	480	63	102	3
1341	764	1979	4539	4813	4831
894	237	448	1049	2213	2516
116	28	175	1190	903	253
278	511	1395	2300	1686	2062
44882	25508	13182	36899	97736	14761
31091	17670	9131	34498	97321	14736
2916	1301	895	2477	10005	505
2167	330	505	1630	4930	21
445	581	311	339	1103	24
39	16		508	1763	16
366	340	12		2209	444
276	582	267	2644	5139	228
126	220	124	2644	2347	89

3-5 续表1

单位:万元 (2012)

指 标	Item	银川市 Yinchuan
圆白菜	Cabbages	2761
其他	Otherss	826
甘蓝类	Brassica	331
卷心菜	Cabbages	331
块根、块茎类	Root Tubers and Stem Tuber	15104
白萝卜	White Radishs	4164
胡萝卜	Carrots	1653
马铃薯	Potatoes	6855
其他	Others	2432
瓜菜类	Melon and Vegetables	28332
黄瓜	Cucumbers	21080
西葫芦	Squashes	434
冬瓜	Melons	100
其他	Others	6719
菜用豆类	Vegetable Beans	19908
四季豆	Green Beans	15189
豇豆	Cowpea Beans	962
其他	Others	25750
茄果菜类	Eggplants, Fruits and Vegetables	48571
茄子	Eggplants	43302
西红柿	Tomatoes	15503
辣椒	Chilis	13209
其他	Others	28
葱蒜类	Onions and Garlices	11795
大葱	Onions	2309
蒜头	Garlics	11556
韭菜	Chives	8037
其他	Others	1560
水生菜类	Water Lettuces	5
莲藕	Lotus Root	
茭白	Zizania White	
其他蔬菜	Other Vegetables	23124
食用菌	Edible Fungus	14307
香菇(干品)	Mushrooms (dry goods)	326
黑木耳(干品)	Black fungus(dry goods)	269
磨菇(鲜品)	Mushrooms(fresh products)	3655
其他	Others	10056

continued

(10 000yuan)

兴庆区 Xingqing	金凤区 Jinfeng	西夏区 Xixia	永宁县 Yongning	贺兰县 Helan	灵武市 Lingwu
25	499			2098	140
54	49	29		695	
75	50	49			157
75	50	49			157
184	1515	868	1964	8577	1995
26	258	221	420	3153	87
25	153	158	456	846	15
186	1250	38	1089	2514	1778
	96	156		2064	116
5140	2933	3804	4765	10817	871
4171	2405	2769	3528	7337	869
				431	3
23	20	15		41	
1252	731	491	1237	3008	
1377	1582	758	5582	9227	1381
8		123	5147	8529	1381
5			435	522	
15861	6483	3229		177	
42	1114	1119	13640	25554	7101
16225	4288	1866	5220	13487	2214
142	2252	972	1957	9514	666
			6463	2525	4221
				28	
155	382	460	3373	4929	2497
11	10	9	713	1533	32
2226	7360	1617	259	63	31
	264		2401	2939	2434
	1166			394	
	5				
			51	23073	
4522	4843	2838	1848	230	25
			326		
			269		
796	852	499	1253	230	25
3727	3991	2338			

3-5　续表 2

单位:万元　　(2012)

指　标	Item	银川市 Yinchuan
花卉	Flowers	14213
鲜切花	Fresh Flowers	11717
盆栽类	Potted	2496
水果、坚果、茶、饮料和香料	Fruits, Nuts, Tea, Drinks and Spices	105849
果用瓜	Melon	27757
西瓜	Watermelons	23993
甜瓜	Melons	2843
草莓	Strawberrys	922
园林水果	Fruits of Garden	78092
苹果	Apples	11891
梨	Pears	2097
红枣	Jujubse	7241
葡萄	Grapes	45637
桃	Peaches	9466
杏	Apricots	878
其他	Others	882
坚果	Nuts	
核桃	Walnuts	
中药材	Medicinal Materials	24389
甘草	Licorice	
麻黄	Ephedra	5376
枸杞	Wolfberry	19013
林业	**Forestry**	**14732**
林木的培育和种植	Cultivation and Planting of Trees	14732
育苗育种面积	Areas of Nursery and Breeding	2453
造林面积	Afforestation Area	3161
幼林抚育管理面积	Management Area of Young Forest	3694
成林抚育管理面积	Management Area of Older Forest	5265
零星植树	Sporadic Cultivation	159
竹木采伐	Bamboo Harvesting	
牧业	**Animal Husbandry**	**235317**
牲畜饲养	Livestock Raising	178037
牛	Cow	33395
羊	Sheep	30838
山羊	Goats	3864
绵羊	Sheeps	26221
羊羔	Lambs	753

continued

(10 000yuan)

兴庆区 Xingqing	金凤区 Jinfeng	西夏区 Xixia	永宁县 Yongning	贺兰县 Helan	灵武市 Lingwu
11470	1764	241	553	185	
9632	1481	203	401		
920	619	620	152	185	
3302	7118	10444	48087	10443	26455
307	4650	968	7400	7640	6792
135	4603	283	7105	5075	6792
24	53	92	129	2544	
22	673	41	166	20	
2904	2846	9188	40686	2804	19663
1333	71	1360	1804	969	6355
	9	144	519	148	1278
15	8	361	108	214	6535
637	3340	7588	28790	1275	4009
24	3	4	8669	80	686
5	12	25	289	108	440
		1	509	10	362
	2399	10560	10577	852	
			5376		
	2399	10560	5201	852	
1429	**528**	**1113**	**2425**	**1009**	**8229**
1429	528	1113	2425	1009	8229
325	170	401	626	607	324
86	139	529	246	309	1854
228	515	357	906	43	1645
104	138	50	647	39	4287
8	12	8		11	120
41223	**17655**	**28780**	**48309**	**36359**	**62990**
28323	17171	26217	31891	27234	47201
1618	3137	2896	10660	7814	7271
2372	694	369	4665	3821	18917
166	5	14	872	906	1899
1656	736	326	3792	2880	16832
447	54	32		34	186

3-5 续表 3

单位:万元 (2012)

指 标	Item	银川市 Yinchuan
其他	Others	460
马	Horses	32
驴	Donkeys	358
骡	Mules	69
奶产品	Dairy Products	109878
牛奶	Cow Milk	109878
毛绒产品	Plush Products	3466
山羊毛	Goat Wool	124
绵羊毛	Sheep Wool	940
羊绒	Cashmere	1969
二毛皮	Two Fur	147
猪的饲养	Pigs	30543
家禽饲养	Poultry	26182
肉禽	Meat and Poultry	10385
鸡	Chickens	7718
鸭	Ducks	1396
其他	Others	1271
禽蛋	Poultry Eggs	15798
鸡蛋	Eggs	15321
其他	Others	476
其他畜牧业	Others	555
兔	Rabbit	48
蜂蜜	Honey	80
鹿茸	Antler	193
特种动物饲养	Special Animal	234
渔业(内陆水域水产品)	**Fishery(inland waters of aquathc)**	**62908**
养殖	Cultivation	62812
鱼类	Fish	61134
鲤鱼	Chub	24821
鲫鱼	Carp	1027
鲢鱼	Catfish	6588
草鱼	Grass Carp	26957
团头鲂	Bream	575
其他	Others	1167
虾蟹类	Shrimps,Prawns and Crabs	1735
螃蟹	Crabs	1735
其他	Others	20
农林牧渔服务业	**Output Value of Services for Agriculture,Forestry, Animal Husbandry and Fishery**	**46956**

continued

(10 000yuan)

兴庆区 Xingqing	金凤区 Jinfeng	西夏区 Xixia	永宁县 Yongning	贺兰县 Helan	灵武市 Lingwu
4	2	3	390	60	
			25	8	
3	2	3	299	51	
			67	2	
23734	13670	22765	15822	15166	18721
23734	13670	22765	15822	15166	18721
294	16	137	354	373	2293
7		5		20	93
27	4	10	214	134	551
66		42	140	180	1540
				39	109
2865	716	1275	7637	4902	13147
3912	1863	4926	8689	4149	2643
1571	900	1625	3025	1458	1806
1017	672	951	2171	1101	1806
159	158		854	225	
588	468	84		132	
2236	1133	3237	5664	2691	837
2109	1069	3052	5577	2677	837
174	116	86	87	13	
		389	92	74	
			37	11	
		25	56		
		130		63	
		234			
4376	**7147**	**2514**	**10062**	**34866**	**3943**
4359	7141	2512	10059	34799	3943
4249	6955	2449	9724	34446	3312
1713	2958	1660	6492	10452	1547
182	209	47	332	242	15
854	363	182	1350	3537	301
1381	3333	451	1391	18956	1443
	98		51	426	
115	107		107	833	5
189	177		338	400	631
189	177		338	400	631
				20	
9780	**10446**	**5705**	**6800**	**6912**	**7314**

3—6 农林牧渔业增加值

Value-added of Agriculture, Forestry, Animal Husbandry and Fishery

单位:万元　　　　（2012）　　　　（10 000 yuan）

指标	Item	银川市 Yinchuan	兴庆区 Xingqing	金凤区 Jinfeng	西夏区 Xixia	永宁县 Yongning	贺兰县 Helan	灵武市 Lingwu
总产值	**Gross Output Value**	**951769**	**130132**	**80146**	**95474**	**221642**	**252756**	**171620**
农业	Agriculture	591855	73324	44370	57362	154046	173609	89144
林业	Forestry	14732	1429	528	1113	2425	1009	8229
牧业	Animal Husbandry	235317	41223	17655	28780	48309	36359	62990
渔业	Fishery	62908	4376	7147	2514	10062	34866	3943
农林牧渔服务业	Output Value of Services for Agriculture,Forestry, Animal Husbandry and Fishery	46956	9780	10446	5705	6800	6912	7314
中间消耗	**Intermediate Consumption**	**442251**	**69819**	**38375**	**27586**	**101639**	**121231**	**83600**
农业	Agriculture	234643	26567	15585	20784	61649	73807	36251
林业	Forestry	9539	762	493	714	1604	653	5313
牧业	Animal Husbandry	141613	36695	14159	1785	29744	22198	37032
渔业	Fishery	39507	2776	3880	2264	6183	22053	2352
农林牧渔服务业	Output Value of Services for Agriculture,Forestry, Animal Husbandry and Fishery	16948	3019	4259	2039	2458	2521	2652
增加值	**Added Value**	**497464**	**59166**	**40976**	**66598**	**118851**	**125875**	**85998**
农业	Agriculture	348406	45503	28013	35598	91816	95735	51742
林业	Forestry	5193	667	35	399	820	356	2915
牧业	Animal Husbandry	93594	4613	3562	27502	18502	14062	25353
渔业	Fishery	20851	1426	2911	223	3456	11417	1418
农林牧渔服务业	Output Value of Services for Agriculture,Forestry, Animal Husbandry and Fishery	29420	6629	6066	3593	4257	4305	4571

3—7 农业基本情况及从业人员

Basic Statistics on Rural Areas and Employed Persons

（2012）

指　标	Item	单　位	Unit	银川市 Yinchuan	兴庆区 Xingqing	金凤区 Jinfeng	西夏区 Xixia	永宁县 Yongning	贺兰县 Helan	灵武市 Lingwu
农村基层组织情况	**Primary Organization of Rural Area**									
乡镇个数	Number of Township and Town Governments	个	unit	27	4	2	2	6	5	8
#镇个数	Towns	个	unit	21	2	2	2	5	4	6
村民委员会个数	Number of Villagers' Committees	个	unit	271	34	19	18	69	59	72
农村社会基础设施	**Infrastructure of Rural Area**									
自来水受益村数	Number of Villages Benefit from Using Tap Water	个	unit	248	34	19	18	49	59	69
通汽车村数	Number of Villages Openning Bus Line	个	unit	271	34	19	18	69	59	72
通电话村数	Number of Villages Openning Telephone	个	unit	271	34	19	18	69	59	72
乡村人口与从业人员	**Rural Population and Employees**									
乡村户数	Number of Countryside	户	household	162355	18974	14784	10552	38282	42019	37744
乡村人口数	Number of Rural Population	人	person	614159	68535	51994	47769	146282	140578	159001
男	Male	人	person	318499	35235	27328	24527	73678	74509	83222
女	Female	人	person	295660	33300	24666	23242	72604	66069	75779
乡村劳动力资源数	Number of Rural Labor Resources	人	person	389344	47890	31085	24261	91032	96738	98338
男	Male	人	person	201256	24494	16141	12603	45712	51273	51033
女	Female	人	person	188088	23396	14944	11658	45320	45465	47305
乡村从业人员数合计	Total Number of Rural Labor Force	人	person	350249	38735	30209	24181	90482	79786	86856
男	Male	人	person	180909	19847	15620	12603	45348	42286	45205
女	Female	人	person	169340	18888	14589	11578	45134	37500	41651
#农林牧渔业从业人员	Employees of Agriculture, Forestry, Animal Husbandry and Fishery	人	person	202191	26439	18919	14335	51242	51964	39292

3—8 农业机械化情况

Agriculture Machinery

（2012）

指　标	Item	单　位	Unit	银川市 Yinchuan	兴庆区 Xingqing	金凤区 Jinfeng	西夏区 Xixia	永宁县 Yongning	贺兰县 Helan	灵武市 Lingwu
农用机械总动力合计	**Total Agricultural Machinery Power**	**千瓦**	**kw**	**1832634**	**202838**	**97223**	**150317**	**451950**	**437622**	**492684**
柴油发动机动力	Diesel Engine Power	千瓦	kw	1552438	137827	116987	150483	353737	371960	421444
汽油发动机动力	Gasoline Engine Power	千瓦	kw	3883	747		29		1927	1179
电动机动力	Motor Power	千瓦	kw	276313	1994	9460	32850	98213	63735	70061
主要农业机械与设备	**Major Agriculture Machinery and Equipment**									
大中型拖拉机	Number of Large and Medium-sized Agricultural Tractors	台	unit	8261	757	695	1059	2096	2455	1199
小型拖拉机	Small Tractors	台	unit	46061	3981	2979	2731	11059	16938	8373
大中型拖拉机配套农具	Number of Large and Medium-sized Tractors Towing Farm Machinery	台	unit	10397	785	770	1254	2710	3222	1656
小型拖拉机配套农具	Number of Small Tractors Towing Farm Machinery	台	unit	64468	8218	4965	1610	16493	22752	10430
农用排灌电动机	Electric Motor	台	unit	4968	712	530	652	1059	1116	899
农用排灌柴油机	Diesel Engines	台	unit	1072	114	17	58	246	330	307
联合收割机	Combine Harvester	台	unit	2811	246	198	131	551	1056	629
自走式机动割晒机	Self-propelled Motor Windrower	台	unit	18			18			
机动脱粒机	Driven Threshers	台	unit	2481		11	48	2018	87	317
农用运输车	Farm Vehicles	辆	vehicle	23128	1697	2386	1056	5628	2885	9476
机电井	Electromechanical Wells	眼	eye	1554	10	70	394	154	926	
节水灌溉机械	Water-saving Irrigation Equipment	套	set	4082	16	3399	8	6	649	4
农用水泵	Agricultural Pumps	台	unit	4717	294	451	863	779	1256	1074

3—9 农业主要能源物资消耗及农用水利建设情况

Major Energy Material Consumption and Water Conservancy Contruction on Agriculture

（2012）

指 标	Item	单 位	Unit	银川市 Yinchuan	兴庆区 Xingqing	金凤区 Jinfeng
农村用电量	Electricity Consumed in Rural Areas	万千瓦小时	10 000kwh	33915	7714	1419
#农林牧渔业生产用电量	Electricity Consumed in Agriculture, Forestry, Animal Husbandry and Fishery	万千瓦小时	10 000kwh	15882	3321	690
农用化肥施用量(实物量)	Consumption of Chemical Fertilizer	吨	ton	249526	27322	16682
氮肥	Nitrogenous Fertilizer	吨	ton	153028	16386	10379
磷肥	Phosphate Fertilizer	吨	ton	35978	6704	2334
钾肥	Potash Fertilizer	吨	ton	8942	574	1193
复合肥	Compound Fertilizer	吨	ton	49578	3719	953
农用塑料薄膜使用量	Used Volume of Agricalture Plastics Film	公斤	kg	2322377	423287	37200
#地膜使用量	Used Volume of Plastic Film	公斤	kg	1023026	135166	24738
地膜覆盖面积	Mulching Arra of Plastic Film	公顷	hectare	18475	1467	274
农用柴油使用量	Agricultural Diesel Oil Amount	吨	ton	35315	4813	1149
农药使用量	Farm Chemical Amount	公斤	kg	883951	50967	26113
农用机油使用量	Agricultural Machine Oil Amount	公斤	kg	318189	11084	8232
农业生产用煤	Agricultural Produces with Coal	吨	ton	7292	789	114
有效灌溉面积	Effective Irrigated Area	公顷	hectare	124712	1312	14795
#当年实灌	Irrigate Actually This Year	公顷	hectare	124712	1312	14795
旱涝保收面积	Stably Area of Drought or Excessive Rain	公顷	hectare	132712		17555
机电排灌面积	Pumping Irrigation and Drainage Area	公顷	hectare	27312	2655	744
井窖个数	Number of Well Cellar	个	unit	3862		
机械耕地面积	Machinery Land Area	公顷	hectare	139771	12972	6339
机械播种面积	Machinery Seeds Saving Area	公顷	hectare	124629	10561	5058
机械收获面积	Machinery Gains Area	公顷	hectare	109701	9630	4034

3—9 续表 continued

(2012)

指　标	Item	西夏区 Xixia	永宁县 Yongning	贺兰县 Helan	灵武市 Lingwu
农村用电量	Electricity Consumed in Rural Areas	4004	6348	5966	8464
# 农林牧渔业生产用电量	Electricity Consumed in Agriculture, Forestry, Animal Husbandry and Fishery	2081	4211	1995	3584
农用化肥施用量(实物量)	Consumption of Chemical Fertilizer	36415	55711	73852	39544
氮肥	Nitrogenous Fertilizer	20895	37861	49133	18374
磷肥	Phosphate Fertilizer	5680	5451	9760	6049
钾肥	Potash Fertilizer	1790	2098	2255	1033
复合肥	Compound Fertilizer	7813	10301	12704	14088
农用塑料薄膜使用量	Used Volume of Agricalture Plastics Film	105882	620889	683511	451608
# 地膜使用量	Used Volume of Plastic Film	33034	149442	407417	273229
地膜覆盖面积	Mulching Arra of Plastic Film	2111	2711	7443	4470
农用柴油使用量	Agricultural Diesel Oil Amount	5381	8052	10140	5780
农药使用量	Farm Chemical Amount	253012	200423	251780	101656
农用机油使用量	Agricultural Machine Oil Amount	52665	74256	37827	134125
农业生产用煤	Agricultural Produces with Coal	3161	1773	108	1347
有效灌溉面积	Effective Irrigated Area	19143	43764	42027	3671
# 当年实灌	Irrigate Actually This Year	19143	43764	42027	3671
旱涝保收面积	Stably Area of Drought or Excessive Rain	7449	43764	42027	21917
机电排灌面积	Pumping Irrigation and Drainage Area	2562	3250	12202	5899
井窖个数	Number of Well Cellar	18	3844		
机械耕地面积	Machinery Land Area	12638	35625	44101	28095
机械播种面积	Machinery Seeds Saving Area	13766	31995	37274	25975
机械收获面积	Machinery Gains Area	11923	26553	33226	24335

3—10 主要农产品生产情况

Production of Major Farm Products

（2012）

指标	Item	银川市 Yinchuan		兴庆区 Xingqing		金凤区 Jinfeng		西夏区 Xixia	
		播种面积（公顷）Sown Area（hectare）	产量（吨）Yield（ton）	播种面积（公顷）Sown Area（hectare）	产量（吨）Yield（ton）	播种面积（公顷）Sown Area（hectare）	产量（吨）Yield（ton）	播种面积（公顷）Sown Area（hectare）	产量（吨）Yield（ton）
农作物总播种面积	**Total Sown Area**	**165457**		**13742**		**10282**		**18062**	
粮食作物	Grain Crops	121144	886341	9930	70837	5138	35085	12643	118729
夏收粮食	Summer Harvest Grain	24150	119364	1282	5302	665	2702	1070	5888
谷物	Cereal	24150	119364	1282	5302	665	2702	1070	5888
小麦	Wheat	23991	118398	1282	5302	665	2702	1070	5888
冬小麦	Winter Wheat	5256	27475					96	712
春小麦	Spring Wheat	18735	90923	1284	5296	666	2699	972	5185
其它谷物	Other Cereal	159	966						
秋收粮食	Autumn Harvest Grain	96994	766977	8656	65536	4477	32384	11559	112839
谷物	Cereal	91865	764289	8656	65536	4477	32384	11559	112839
稻谷	Rice	46327	397456	6712	54439	1636	13384	3769	30913
#有机稻	Organic Rice	8405	68043					183	1351
玉米	Corn	45538	366833	1934	12096	2843	18925	7797	81003
#套种玉米	Tnterplant Corn	10555	71051	117	771	1524	10000		
荞麦	Buckwheat								
豆类	Soybeans	5129	2688						
#大豆	Soja	5129	2688						
油料合计	Total Oil-bearing Crops	2025	6479	136	545	10	66	232	605
#花生	Peanut	68	123					68	123
胡麻籽	Benne	116	174						
向日葵籽	Helianthus	1841	6182	136	545	10	66	164	482
甜菜	Beetroots	2	88					2	88
药材	Medicinal Materials	3328	14428			166	142	1785	4730
#枸杞	Wolfberrys	2647	7260			166	142	1785	4730
麻黄	Ephedra	681	7168						
蔬菜(含菜用瓜)	Vegetables	29795	1411762	2985	199165	3950	153742	1802	84126
瓜果类	Melon and Fruit	4494	253312	33	1162	588	33245	132	8006
西瓜	Watermelon	4091	235137	23	914	576	32700	119	7709
甜瓜	Melon	382	17742			11	539	14	305
草莓	Strawberry	21	433	10	247				
其他作物	Other Crops	4669	100202	509	27127	634	718	1411	18823
#青饲料	Succulence	2614	75931	509	27127	600	310	18	128
牧草	Pasture	2055	24271			34	408	1393	27127

3—10 续表 continued

(2012)

指 标	Item	永宁县 Yongning 播种面积(公顷) Sown Area (hectare)	永宁县 Yongning 产量(吨) Yield (ton)	贺兰县 Helan 播种面积(公顷) Sown Area (hectare)	贺兰县 Helan 产量(吨) Yield (ton)	灵武市 Lingwu 播种面积(公顷) Sown Area (hectare)	灵武市 Lingwu 产量(吨) Yield (ton)
农作物总播种面积	**Total Sown Area**	43704		50318		29349	
粮食作物	Grain Crops	35388	248061	32886	246254	25159	167375
夏收粮食	Summer Harvest Grain	11043	54107	7920	41260	2169	10105
谷物	Cereal	11043	54107	7920	41260	2169	10105
小麦	Wheat	11043	54107	7761	40294	2169	10105
冬小麦	Winter Wheat	1347	6142	3688	19881	125	740
春小麦	Spring Wheat	9696	47965	4073	20413	2044	9365
其它谷物	Other Cereal			159	966		
秋收粮食	Autumn Harvest Grain	24345	193954	24966	204994	22990	157270
谷物	Cereal	23599	193323	24783	204556	18790	155651
稻谷	Rice	7001	65563	15714	132504	11494	100654
#有机稻	Organic Rice	1368	9104	2119	15260	4735	42328
玉米	Corn	16598	127760	9069	72052	7296	54997
#套种玉米	Tnterplant Corn	1401	6488	5533	39239	1980	14553
荞麦	Buckwheat						
豆类	Soybeans	746	631	183	438	4200	1619
#大豆	Soja	746	631	183	438	4200	1619
油料合计	Total Oil-bearing Crops	306	760	509	1641	832	2862
#花生	Peanut						
胡麻籽	Benne	116	174				
向日葵籽	Helianthus	190	586	509	1641	832	2862
甜菜	Beetroots						
药材	Medicinal Materials	1155	9184	222	372		
#枸杞	Wolfberrys	474	2016	222	372		
麻黄	Ephedra	681	7168				
蔬菜(含菜用瓜)	Vegetables	4869	242513	14164	654319	2025	77897
瓜果类	Melon and Fruit	1579	84350	1306	67488	856	59060
西瓜	Watermelon	1548	83592	969	51162	856	59060
甜瓜	Melon	21	588	336	16310		
草莓	Strawberry	10	170	1	16		
其他作物	Other Crops	407	8962	1231	21419	477	23153
#青饲料	Succulence	146	6862	1035	18479	306	23025
牧草	Pasture	261	2100	196	2940	171	128

3—11 蔬菜及特种作物生产情况

Production of Vegetables and Specialty Crops

（2012）

指 标	Item	银川市 Yinchuan			
		合 计 Total		设施农业 Agricultural Facilities	
		播种面积（公顷）Sown Area (hectare)	产 量（吨）Yield (ton)	播种面积（公顷）Sown Area (hectare)	产 量（吨）Yield (ton)
蔬菜合计	**Total Vegetables**	**29795**	**1411762**	**13074**	**686791**
叶菜类	Leafy	4581	155374	2383	99194
芹菜	Celery	2125	85256	1319	63047
油菜	Rape	699	21704	408	14826
菠菜	Spinach	517	15598	268	7939
其他	Others	1240	32816	388	13382
白菜类	Cabbage Kinds	2600	141999	423	15064
大白菜	Chinese Cabbage	1503	85960	159	7809
圆白菜	Cabbages	869	43408	241	6232
其他	Others	228	12631	23	1023
甘蓝类	Brassica	77	3983		
卷心菜	Cabbages	77	3983		
其他	Others				
块根、块茎类	Root Tuber and Stem Tuber	4532	182224	284	12076
白萝卜	White Radish	1032	45452	138	5929
胡萝卜	Carrots	658	26156	62	2554
马铃薯	Potatoes	2235	85799	72	3138
生姜	Ginger				
其他	Others	607	24817	12	455
瓜菜类	Melons and Vegetables	3155	184346	1809	116798
黄瓜	Cucumbers	2132	137232	1375	101347
西葫芦	Squashes	247	8901	64	1851
冬瓜	Melons	8	543		
其他	Others	768	37670	370	13600
菜用豆类	Dish with Beans	1821	55519	787	28215
四季豆	String Beans	1700	52090	757	27043
豇豆	Cowpea Beans	99	2943	19	909
其他	Others	22	486	11	263
茄果菜类	Eggplants Fruits and Vegetables	8452	455779	5549	297722
茄子	Eggplants	2324	107476	1378	63560
西红柿	Tomatoes	4690	288257	3267	197750
辣椒	Chili	1416	59439	889	36000
其他	Others	22	607	15	412
葱蒜类	Onions and Garlices	1706	66658	721	25946
大葱	Onions	545	20432	82	2829
蒜头	Garlic	57	2176	18	830
韭菜	Chives	870	35541	519	18692
其他	Others	234	8509	102	3595
水生菜类	Aquatic Dish	295	17		
莲藕	Lotus Root	175	17		
茭白	Zizania White	120			
其他蔬菜	Other Vegetables	2576	126363	1118	52276
食用菌（干鲜混合）	**Edible Fungus(dry and fresh)**		**39500**		**39500**
香菇（干品）	Mushrooms (dry goods)		680		680
黑木耳（干品）	Black fungus(dry goods)		560		560
蘑菇（鲜品）	Mushrooms(fresh products)		7415		7415
金针菇（鲜品）	Flammulina(fresh products)				
特种作物	**Specialty Crops**				
花卉种植面积（公顷）	Sown Area of Flowers(hectare)	528		357	
鲜切花（枝）	Fresh Cut-folwer(branch)		47269600		47269600
盆栽观赏植物（盆）	Potted Plants Ornamental Plant(pot)		7005132		3486000

3—11 续表 1

（2012）

指　标	Item	兴庆区 Xingqing 合　计 Total 播种面积（公顷）Sown Area (hectare)	兴庆区 Xingqing 合　计 Total 产　量（吨）Yield (ton)	兴庆区 Xingqing 设施农业 Agricultural Facilities 播种面积（公顷）Sown Area (hectare)	兴庆区 Xingqing 设施农业 Agricultural Facilities 产　量（吨）Yield (ton)
蔬菜合计	**Total Vegetables**	**2999**	**200427**	**1883**	**155802**
叶菜类	Leafy	947	33255	449	25610
芹菜	Celery	544	19857	334	19123
油菜	Rape	136	5621	61	2811
菠菜	Spinach	36	723	18	495
其他	Others	172	6610	42	3210
白菜类	Cabbage Kinds	93	6322	22	1620
大白菜	Chinese Cabbage	50	3311	22	1620
圆白菜	Cabbages				
其他	Others				
甘蓝类	Brassica				
卷心菜	Cabbages				
其他	Others				
块根、块茎类	Root Tuber and Stem Tuber	160	5663	3	99
白萝卜	White Radish	40	1881	3	122
胡萝卜	Carrots	21	714		4
马铃薯	Potatoes	102	3247		
生姜	Ginger				
其他	Others				
瓜菜类	Melons and Vegetables	388	46595	312	47293
黄瓜	Cucumbers	301	41387	255	43317
西葫芦	Squash				
冬瓜	Melons				
其他	Others	89	5208	57	3866
菜用豆类	Dish with Beans	119	5311	97	3895
四季豆	String Beans	96	4410	88	3683
豇豆	Cowpea Beans	7	186	1	46
其他	Others	2	16		6
茄果菜类	Eggplants Fruits and Vegetables	828	56954	689	47139
茄子	Eggplants	64	3491	23	1675
西红柿	Tomatoes	667	49717	652	44301
辣椒	Chili	63	3164	33	2122
其他	Others				
葱蒜类	Onions and Garlices	214	10844	101	3891
大葱	Onions	18	2601	4	91
蒜头	Garlic				
韭菜	Chives	14	894	6	626
其他	Others	182	6500	91	3225
水生菜类	Aquatic Dish				
莲藕	Lotus Root				
茭白	Zizania White				
其他蔬菜	Other Vegetables	271	16820	223	11785
食用菌（干鲜混合）	**Edible Fungus(dry and fresh)**		**34619**		**34619**
香菇（干品）	Mushrooms (dry goods)				
黑木耳（干品）	Black fungus(dry goods)				
蘑菇（鲜品）	Mushrooms(fresh products)		4192		4192
金针菇（鲜品）	Flammulina(fresh products)				
特种作物	**Specialty Crops**				
花卉种植面积（公顷）	Sown Area of Flowers(hectare)	247		114	
鲜切花（枝）	Fresh Cut-folwer(branch)				
盆栽观赏植物（盆）	Potted Plants Ornamental Plant(pot)		2060000		2060000

continued

(2012)

金凤区 Jinfeng				西夏区 Xixia			
合计 Total		设施农业 Agricultural Facilities		合计 Total		设施农业 Agricultural Facilities	
播种面积（公顷）Sown Area (hectare)	产量（吨）Yield (ton)	播种面积（公顷）Sown Area (hectare)	产量（吨）Yield (ton)	播种面积（公顷）Sown Area (hectare)	产量（吨）Yield (ton)	播种面积（公顷）Sown Area (hectare)	产量（吨）Yield (ton)
3961	**154576**	**1673**	**78005**	**1777**	**82030**	**890**	**66535**
908	14559	440	12638	344	10233	148	8714
376	6510	165	4098	153	6086	80	5235
186	4218	135	4798	103	2820	55	2557
11	86	7	91	7	361	3	343
475	5157	137	4202				
290	10734	100	1090	108	3367	49	1900
82	3324		5	61	2063	49	1900
263	9698	100	1085				
40	2097						
40	2097						
799	18021			263	12333	13	772
193	5035			64	4483	11	699
133	2422			48	2709	2	46
402	10234			140	2721		
443	29415	345	14637	224	15504	182	14975
339	21193	276	13240	211	14001	180	14003
107	8222	69	1309	1	13		
90	3363	61	1247	137	3558	32	1489
101	4100	72	1700	133	3326	27	1116
				7	194	2	79
679	52736	590	36641	504	26888	305	20410
143	5370	82	2148	106	4980	54	3171
419	39952	360	29629	239	15683	172	12868
148	9691	140	6108	162	4530	67	2169
164	4618	60	1259	64	2783	29	2128
66	1787			36	836	7	257
3	43			18	962	18	830
95	4532	60	2248	10	90	4	
295	17						
175	17						
120							
273	9391	103	5460	92	512	92	512
					521		**521**
					103		103
215		185		4			
	690000		590000		3419132		

3—11 续表 2

（2012）

指　标	Item	永宁县 Yongning			
		合　计 Total		设施农业 Agricultural Facilities	
		播种面积（公顷）Sown Area（hectare）	产　量（吨）Yield（ton）	播种面积（公顷）Sown Area（hectare）	产　量（吨）Yield（ton）
蔬菜合计	**Total Vegetables**	**4869**	**242513**	**2910**	**146803**
叶菜类	Leafy	455	19309	316	14673
芹菜	Celery	263	13085	253	12595
油菜	Rape	60	2100	33	1178
菠菜	Spinach	132	4124	30	900
其他	Others				
白菜类	Cabbage Kinds	651	40362		
大白菜	Chinese Cabbage	651	40362		
圆白菜	Cabbages				
其他	Others				
甘蓝类	Brassica				
卷心菜	Cabbages				
其他	Others				
块根、块茎类	Root Tuber and Stem Tuber	670	33012		
白萝卜	White Radish	143	7150		
胡萝卜	Carrots	236	10148		
马铃薯	Potatoes	291	15714		
生姜	Ginger				
其他	Others				
瓜菜类	Melons and Vegetables	654	29931	529	24630
黄瓜	Cucumbers	441	22050	389	19450
西葫芦	Squash				
冬瓜	Melons				
其他	Others	213	7881	140	5180
菜用豆类	Dish with Beans	321	15087	286	14554
四季豆	String Beans	296	13912	270	13770
豇豆	Cowpea Beans	25	1175	16	784
其他	Others				
茄果菜类	Eggplants Fruits and Vegetables	1694	86222	1607	82560
茄子	Eggplants	480	25440	465	24654
西红柿	Tomatoes	679	39382	652	37816
辣椒	Chili	535	21400	490	20090
其他	Others				
葱蒜类	Onions and Garlics	413	14553	172	6536
大葱	Onions	148	4588		
蒜头	Garlic	21	693		
韭菜	Chives	244	9272	172	6536
其他	Others				
水生菜类	Aquatic Dish				
莲藕	Lotus Root				
茭白	Zizania White				
其他蔬菜	Other Vegetables	11	187		
食用菌（干鲜混合）	**Edible Fungus(dry and fresh)**		**3850**		**3850**
香菇（干品）	Mushrooms (dry goods)		680		680
黑木耳（干品）	Black fungus(dry goods)		560		560
蘑菇（鲜品）	Mushrooms(fresh products)		2610		2610
金针菇（鲜品）	Flammulina(fresh products)				
特种作物	**Specialty Crops**				
花卉种植面积（公顷）	Sown Area of Flowers(hectare)	55		51	
鲜切花（枝）	Fresh Cut-folwer(branch)		2006000		2006000
盆栽观赏植物（盆）	Potted Plants Ornamental Plant(pot)		506000		506000

continued

(2012)

贺兰县 Helan				灵武市 Lingwu			
合　计 Total		设施农业 Agricultural Facilities		合　计 Total		设施农业 Agricultural Facilities	
播种面积 (公顷) Sown Area (hectare)	产　量 (吨) Yield (ton)	播种面积 (公顷) Sown Area (hectare)	产　量 (吨) Yield (ton)	播种面积 (公顷) Sown Area (hectare)	产　量 (吨) Yield (ton)	播种面积 (公顷) Sown Area (hectare)	产　量 (吨) Yield (ton)
14164	**654319**	**5370**	**226352**	**2025**	**77897**	**349**	**13294**
1838	74549	1026	37385	89	3469	4	174
785	39567	485	21905	4	151	2	91
211	6823	122	3400	3	123	2	83
328	10215	210	6110	3	90		
514	17944	209	5970	79	3105		
1404	78462	248	10304	54	2752	4	150
638	35829	84	4134	21	1071	4	150
573	32029	141	5147	33	1681		
193	10604	23	1023				
				37	1886		
				37	1886		
1972	93515	268	11205	667	19680		
572	26184	124	5108	20	720		
214	9983	60	2504	7	180		
693	36283	72	3138	607	17600		
493	21065	12	455	33	1180		
1381	59251	423	14363	66	3650	18	900
773	33811	256	9287	65	3620	17	880
246	8871	63	1831	1	30	1	20
5	223						
357	16346	104	3245				
1005	24528	311	7031	149	3672		
925	22670	300	6774	149	3672		
60	1388						
20	470	11	257				
4020	200017	2229	105952	727	32962	129	5020
1289	57393	751	31813	242	10802	3	100
2484	134763	1407	72116	202	8760	23	1020
225	7254	56	1611	283	13400	103	3900
22	607	15	412				
615	24084	165	5133	236	9776	194	7000
267	10400	71	2481	10	220		
11	322			4	156		
285	11353	83	2282	222	9400	194	7000
52	2009	11	370				
1929	99453	700	34519				
	460		**460**		**50**		**50**
	460		460		50		50
6		6					
	330000		330000				

3—12 水果、枸杞生产情况

（2012）

指 标	Item	银川市 Yinchuan			
		合 计 Total		设施农业 Agricultural Facilities	
		播种面积（公顷） Sown Area (hectare)	产 量（吨） Yield (ton)	播种面积（公顷） Sown Area (hectare)	产 量（吨） Yield (ton)
园林水果	**Garden Fruits**	**27988**	**233491**	**2284**	**23819**
本年新增面积	Added Area This Year	2792		318	
苹果	Apples	5057	91707		
本年新增苹果面积	Added Area of Apple This Year	100			
红富士苹果	Fuji Apple	1152	22757		
国光苹果	Guo Guang Apple	605	10427		
梨	Pears	472	8610		
雪花梨	Snowflake Pears	67	1209		
鸭梨	Pears	70	1091		
葡萄	Grapes	13525	85384	1780	13541
酿造用葡萄	Brewing Grapes	8508			
枣	Jujubes	7206	19459	11	103
桃	Peaches	1094	23700	355	9232
杏	Apricots	277	2191	83	576
其它园林水果	Other Fruits	357	2440	55	367
食用坚果	**Eat Nut**				
松子	Pine Nuts				
核桃	Walnuts				
枸杞	**Wolfberrys**	**2647**	**7260**		
本年新增枸杞面积	Added Area of Wolfberrys This Year	82			
枸杞结果面积	Area of Wolfbeery Results	2074			

Production of Fruits and Wolfberrys

兴庆区 Xingqing				金凤区 Jinfeng				西夏区 Xixia			
合计 Total		设施农业 Agricultural Facilities		合计 Total		设施农业 Agricultural Facilities		合计 Total		设施农业 Agricultural Facilities	
播种面积（公顷） Sown Area (hectare)	产量（吨） Yield (ton)	播种面积（公顷） Sown Area (hectare)	产量（吨） Yield (ton)	播种面积（公顷） Sown Area (hectare)	产量（吨） Yield (ton)	播种面积（公顷） Sown Area (hectare)	产量（吨） Yield (ton)	播种面积（公顷） Sown Area (hectare)	产量（吨） Yield (ton)	播种面积（公顷） Sown Area (hectare)	产量（吨） Yield (ton)
970	9179	25	262	1252	130890	3	57	3252	34047	27	134
2				59				25		12	
319	7657			54	30606			1338	13428		
63	1833			2	19			77	2516		
	400							7	472		
5	78			31	36			74	540		
								1	5		
504	2065	24	254	985	10157	2	37	1453	11869	25	133
467				744				1259			
138	52			47	19			331	5759		
1	8	1	8	77	40	1	20	30	21	1	
3	80			25				26	31	1	1
				33	2						
				388	4			1314	4888		
								13			
				114				700			

3–12 续表

(2012)

指 标	Item	永宁县 Yongning			
		合 计 Total		设施农业 Agricultural Facilities	
		播种面积（公顷）Sown Area (hectare)	产 量（吨）Yield (ton)	播种面积（公顷）Sown Area (hectare)	产 量（吨）Yield (ton)
园林水果	**Garden Fruits**	**12511**	**96843**	**2160**	**22675**
本年新增面积	Added Area This Year	1543		284	
苹果	Apples	1017	17178		
本年新增苹果面积	Added Area of Apple This Year	74			
红富士苹果	Fuji Apple	513	9114		
国光苹果	Guo Guang Apple	504	8064		
梨	Pears	122	2074		
雪花梨	Snowflake Pears	67	1139		
鸭梨	Pears	55	935		
葡萄	Grapes	9751	53314	1675	12563
酿造用葡萄	Brewing Grapes	5447			
枣	Jujubes	391	345		
桃	Peaches	840	21672	350	9170
杏	Apricots	129	825	81	575
其它园林水果	Other Fruits	261	1435	54	367
食用坚果	**Eat Nut**				
松子	Pine Nuts				
核桃	Walnuts				
枸杞	**Wolfberrys**	**474**	**2016**		
本年新增枸杞面积	Added Area of Wolfberrys This Year	45			
枸杞结果面积	Area of Wolfbeery Results	429			

continued

贺兰县 Helan				灵武市 Lingwu			
合 计 Total		设施农业 Agricultural Facilities		合 计 Total		设施农业 Agricultural Facilities	
播种面积 (公顷) Sown Area (hectare)	产 量 (吨) Yield (ton)	播种面积 (公顷) Sown Area (hectare)	产 量 (吨) Yield (ton)	播种面积 (公顷) Sown Area (hectare)	产 量 (吨) Yield (ton)	播种面积 (公顷) Sown Area (hectare)	产 量 (吨) Yield (ton)
1704	**13012**	**44**	**381**	**8299**	**76213**	**25**	**310**
112		7		629			
740	7874			1589	45390		
				26			
366	4068			131	5207		
60	539			34	952		
46	841			194	5041		
	20				50		
14	151						
667	3054	44	381	165	4924	10	173
591							
204	686			6095	17198	11	103
17	214			129	1745	2	34
27	316			67	939	1	
3	27			60	976	1	
222	**372**						
222							

3—13 林业生产情况

Production of Forestry

（2012）

指　标	Item	单位	Unit	银川市 Yinchuan	兴庆区 Xingqing	金凤区 Jinfeng	西夏区 Xixia	永宁县 Yongning	贺兰县 Helan	灵武市 Lingwu
荒山荒(沙)地造林面积	Afforestation Area of Barren Mountain	公顷	hectare	11642	1987	222	1139	868	806	6620
人工造林	Afforestation	公顷	hectare	5843	585	92	538	535	806	3287
乔木林面积	Area of Arbor Lin	公顷	hectare	2882	116	435	536	520	667	608
无林地和疏林地新封	No Forest and Woodland by New Sealed	公顷	hectare	5799				333		3333
按经济成份分	Grouped by Structural of Economic Types									
公有经济造林	Public Economy	公顷	hectare	10261	1156	119	712	868	786	6620
国有经济造林	State-owned Economy	公顷	hectare	8956	745	101	603	805	81	6620
集体经济造林	Collective-owned Economy	公顷	hectare	1305				63	705	
非公有经济造林	Non-public Economy	公顷	hectare	1381		3	1358		20	
按林种用途分	Grouped by Different Use of Forest									
经济林	Economic Forest	公顷	hectare	886	3	3	34	63	258	525
防护林	Shelter-forest	公顷	hectare	10756	2319	229	760	805	548	6095
四旁(零星)植树	Plant Scatteredly	株	plant	239726	12750	11670	15580		28000	171726
年末实有封山(沙)育林面积	Area of closed off the Mountains for Forest at Year-end	公顷	hectare	84382	5467		19866	7148	3000	48901
幼林抚育作业面积	Schoolwork Area of Young Growth Forsters	公顷	hectare	78163	5371	6745	1631	27466	1200	35750
幼林抚育实际面积	Actual Area of Young Growth Forsters	公顷	hectare	78163	3564	8951	1233	27466	1200	35750
成林抚育面积	Area of Completed Forst	公顷	hectare	128184	1248	2578	2268	14054	866	107170
中、幼龄林抚育面积	Area of Middle and Young Growth Forsters	公顷	hectare	103527				12520	333	84748
低产低效林改造	Inefficient and Low-yield Forest Transform			67					67	
林木种子采集量	The Pucking Quantity of Timber Seed	吨	ton	28					28	
当年苗木产量	Seedling Qutput This Year	万株	10 000trank	71226690	2048343	530714	1322643	18000000	10919990	38405000
育苗面积	Area of Grawing Seedings	公顷	hectare	3170	59	374	315	666	948	809
本年新增育苗面积	Square Measure of New Increasing Growing This Year	公顷	hectare	921	50	12	58	409	211	181

3—14 渔业生产情况

Production of Fishery

（2012）

指　标	Item	单位	Unit	银川市 Yinchuan	兴庆区 Xingqing	金凤区 Jinfeng	西夏区 Xixia	永宁县 Yongning	贺兰县 Helan	灵武市 Lingwu
水产品总产量	Total Output of Aquatic Products	吨	ton	60323	5616	8864	220	8803	33800	3020
内陆水域捕捞	Number of Catching Aquatics in Inland Waters	吨	ton	95	2	25		3	65	
鱼类	Fishes	吨	ton	74		19		3	52	
#黄河鲤鱼	Yellow River′s Carps	吨	ton	67		19		3	45	
虾蟹类	Shrimps,Prawns and Crabs	吨	ton	4					4	
其他类	Others	吨	ton	17	8				9	
内陆水域养殖	Number of Breeding Aquatics in Inland Waters	吨	ton	60228	5634	8818	221	8800	33735	3020
鱼类	Fish	吨	ton	59476	5554	8735	221	8670	33557	2739
#鲤鱼	Carp	吨	ton	21174	3245	2955	175	5057	8536	1206
鲢鱼	Silver Carp	吨	ton	11734	583	1553	17	1350	7913	318
鲫鱼	Crucian Carp	吨	ton	3131	474	839	20	1013	738	47
草鱼	Grass Carp	吨	ton	21951	1254	3114	10	1122	15287	1164
团头鲂	Group Head Triangular Bream	吨	ton	493		83		41	369	
其他	Others	吨	ton	976		188		87	697	4
虾蟹类	Shrimps,Prawns and Crabs	吨	ton	752	80	83		130	178	281
螃蟹	Crabs	吨	ton	752	80	83		130	178	281
内陆水域养殖面积	Area for Breeding Aquatics in Inland Waters	公顷	hectare	15701	1993	3200	178	1536	7606	1188
池塘养殖	Pond Breeding	公顷	hectare	7698	1043	694	189	843	4317	612
湖泊养殖	Lake Breeding	公顷	hectare	7773	983	2462		693	3289	346
河沟养殖	Brook Breeding	公顷	hectare							
稻田养蟹面积	Area of Grab Breeding in Rice Paddy	公顷	hectare	5115	435	443		805	2614	818

3—15 畜牧业生产情况

Production of Animal Husbandry

(2012)

指 标	Item	单位	Unit	银川市 Yinchuan	兴庆区 Xingqing	金凤区 Jinfeng	西夏区 Xixia	永宁县 Yongning	贺兰县 Helan	灵武市 Lingwu
年末大牲畜	**Number of Large Animals at Year-end**	头	head	194801	32187	21290	30947	42613	38481	29283
役畜	Draft Animals	头	head	2053	75		5	1282	691	
牛	Cows	头	head	189684	32118	21282	30937	38837	37226	29283
# 良种及改良种乳牛(奶牛)	Dairy Cows	头	head	135320	36539	15532	24113	14929	23850	20358
肉用牛	Mutton Cows	头	head	54364	1523	3521	3112	23908	13376	8925
马	Horses	头	head	936	11			486	439	
驴	Donkeys	头	head	3210	44		5	2494	667	
骡	Mules	头	head	968	20		3	796	149	
骆驼	Camels	头	head	3	3					
生猪存栏	**Number of Hogs on Hand**	头	head	154957	10088	16728	7809	37086	17194	66052
能繁殖的母猪	Breeding Sows	头	head	23360	1306	1593	2514	6125	2210	9612
羊只存栏	**Number of Sheeps and Goats on Hand**	只	head	614945	30244	21453	24482	114045	110895	313825
山羊	Goats	只	head	85587	220	60	7480	11298	28879	37650
绵羊	Sheeps	只	head	529358	28960	22324	17136	102747	82016	276175
滩羊	Beach Sheeps	只	head	20859	373	4566			15920	
家禽存栏	**Number of Poultry on Hand**	百只	100head	22562	1366	1691	3272	7797	6212	2224
鸡	Chicken	百只	100head	21377	1062	1567	3126	7586	5812	2224
蛋鸡	Hens	百只	100head	13528	192	1143	1607	6193	4011	382
年末养兔数	**Number of Rabbits at Year-end**	只	head	39220	366		633	34627	3594	
出栏大牲畜	**Large Animals Slaughtered**	头	head	102044	3383	15714	11574	31617	17724	22032
牛	Cattle and Buffaloes	头	head	98035	3323	15707	11572	28193	17208	22032
马	Horses	头	head	333		1		251	81	
驴	Donkeys	头	head	2963	67			2491	405	
骡	Mules	头	head	713		1		682	30	
生猪出栏	**Hogs Slaughtered**	头	head	216328	9619	12167	14190	58657	31027	90667
羊出栏	**Sheeps and Goats Slaughtered**	只	head	819274	44956	31074	21687	140933	100338	480286
山羊	Goats	只	head	101801	2019	400	4717	22423	23542	48700

（2012）

指 标	Item	单位	Unit	银川市 Yinchuan	兴庆区 Xingqing	金凤区 Jinfeng	西夏区 Xixia	永宁县 Yongning	贺兰县 Helan	灵武市 Lingwu
绵羊	Sheeps	只	head	717473	41888	31413	17280	118510	76796	431586
宰杀羊羔(供宰杀二毛的羊羔)	Slaughter Lamb(for the slaughter of secondary hair of lamb)	只	head	60681	25938	7012	8020		5211	14500
家禽出栏	**Number of Poultry Slaughtered**	百只	100head	33879	4169	3210	4577	10600	5052	6271
鸡	Chicken	百只	100head	25900	2938	2815	2246	7754	3876	6271
鸭	Ducks	百只	100head	4546	754	183	22	2846	741	
兔出栏	**Rabbits Slaughtered**	只	head	24539	178			18641	5720	
肉类总产量	**Total Output of Meat**	吨	ton	49744	2878	4072	3792	12909	7320	18772
猪肉	Pork	吨	ton	15735	715	881	1062	4384	2288	6405
牛肉	Beef	吨	ton	13685	679	2082	1531	3997	2390	3006
羊肉(包括羊羔)	Mutton(clamb included)	吨	ton	13869	809	500	328	2362	1686	8184
山羊	Goats	吨	ton	1442	61	9	74	119	399	780
绵羊	Sheeps	吨	ton	12427	731	502	259	2243	1287	7404
禽肉	Poultry Meat	吨	ton	6083	758	584	808	1860	896	1177
马肉	Horse Meat	吨	ton	36				27	9	
驴肉	Donkey Meat	吨	ton	246	5			210	31	
骡肉	Mule Meat	吨	ton	38				34	4	
兔肉	Rabbit Meat	吨	ton	52	1			35	16	
奶类产量	**Output of Milk**	吨	ton	401076	79198	46566	89129	59369	59475	67340
牛奶	Cow Milk	吨	ton	401076	76065	49414	89413	59369	59475	67340
山羊毛产量	**Goat Wool**	吨	ton	219	3		22		34	160
绵羊毛产量	**Sheep Wool**	吨	ton	1235	48		7	281	176	723
细羊毛产量	Fine Wool	吨	ton	21			4	1	16	
半细羊毛产量	Semi-fine	吨	ton	123	1		3	3	116	
山羊绒产量	**Pashm**	吨	ton	93	5			7	9	72
滩羊皮产量	**Tibet Lamb Skin**	张	unit	22507					22447	
鹿茸产量	**Antler**	公斤	kg	135			100		35	
蜂蜜产量	**Honey**	吨	ton	74	20			54		
禽蛋产量	**Output of Poultry Eggs**	吨	ton	21094	2054	2115	4300	7867	3636	1122
鸡蛋产量	Eggs	吨	ton	20473	2759	4059	1169	7746	3618	1122

主要统计指标解释

【农林牧渔业总产值】 指以货币表现的农、林、牧、渔业全部产品的总量，它反映一定时期内农业生产总规模和总成果。农业总产值的计算方法通常是按农林牧渔业产品及其副产品的产量分别乘以各自单位产品价格求得；少数生产周期较长，当年没有产品或产品产量不易统计的，则采用间接方法匡算其产值；然后将四业产品产值相加即为农业总产值。1957 年以前的农业总产值中包括厩肥和农民自给性手工业（如农民自制衣服、鞋袜，自己从事粮食初步加工等）。1958 年及以后的农业总产值，林业中增加了村及村以下竹木采伐产值；牧业中取消了厩肥产值；副业中取消了农民自给性手工业产值，增加了村及村以下的工业产值；渔业中增加了海洋捕捞水产品产值。1980 年及以后的农业总产值，在副业中增加了农民家庭兼营工业商品部分的产值。从 1984 年起村及村以上工业产值划归工业。从 1993 年起取消副业，将野生动物的捕猎划入牧业，野生植物采集和农民家庭兼营商品性工业划归农业。从 2005 年起计算农林牧渔服务业产值。

【农林牧渔业增加值】 指报告期内从事农业、林业、牧业、渔业和农林牧渔服务业生产活动的各种单位和农户从事生产活动所提供最终成果的货币表现。

【粮食产量】 指全社会的产量。包括国有经济经营的、集体统一经营的和农民家庭经营的粮食产量，还包括工矿企业办的农场和其他生产单位的产量。粮食除包括稻谷、小麦、玉米、高梁、谷子及其他杂粮外，还包括薯类和豆类。其产量计算方法，豆类按去豆荚后的干豆计算；薯类（包括甘薯和马铃薯，不包括芋头和木薯）1963 年以前按每 4 公斤鲜薯折 1 公斤粮食计算，从 1964 年开始改为按 5 公斤鲜薯折 1 公斤粮食计算。城市郊区作为蔬菜的薯类（如马铃薯等）按鲜品计算，并且不作粮食统计。其他粮食一律按脱粒后的原粮计算。

【油料产量】 指全部油料作物的生产量。包括花生、油菜籽、芝麻、向日葵籽、胡麻籽（亚麻籽）和其他油料，不包括大豆、木本油料和野生油料。花生以带壳干花生计算。

【水产品产量】 指人工养殖的水产品和天然生长的水产品的捕捞量。包括海水的鱼类、虾蟹类、贝类和藻类以及内陆水域的鱼类、虾蟹类和贝类，不包括淡水水生植物。

【猪、牛、羊肉产量】 指当年出栏并已屠宰、除去头蹄下水后带骨肉(即胴体重)的重量。

【期初（末）畜禽存栏头（只）数】 指报告期初（末）农村各种合作经济组织和国营农场、农民个人、机关、团体、学校、工矿企业、部队等单位以及城镇居民饲养的大牲畜、猪、羊、家禽等畜禽的存栏数。

【耕地面积】 指可以用来种植农作物、经常进行耕锄的田地，包括熟地、当年新开荒地、连续撂荒未满三年的耕地和当年休闲地（轮歇地），还包括以种植农作物为主并附带种植桑树、茶树、果树和其他林木的土地，以及沿海、沿湖地区已围垦利用的“海涂”、“湖田”等面积。不包括属于专业性的桑园、茶园、果园、果木苗圃、林地、芦苇地、天然或人工草地面积。

【农作物播种面积】 指实际播种或移植有农作物的面积。凡是实际种植有农作物的面积，不论种植在耕地上还是种植在非耕地上，均包括在农作物播种面积中。在播种季节基本结束后，因遭灾而重新改种和补种的农作物面积，也包括在内。

【有效灌溉面积】 指具有一定的水源，地块比较平整，灌溉工程或设备已经配套，在一般年景下当年能进行正常灌溉的耕地面积。

【农用化肥施用量】 指本年内实际用于农业生产的化肥数量，包括氮肥、磷肥、钾肥和复合肥。化肥施用量要求按折纯量计算数量。折纯量是指把氮肥、磷肥、钾肥分别按含氮、含五氧化二磷、含氧化钾的百分之一百成份进行折算后的数量。复合肥按其所含主要成分折算。

【农业机械总动力】 指主要用于农、林、牧、渔业的各种动力机械的动力总和。包括耕作机械、排灌机械、收获机械、农用运输机械、植物保护机械、牧业机械、林业机械、渔业机械和其他农业机械（内燃机按引擎马力折成瓦（特）计算、电动机按功率折成瓦（特）计算）。不包括专门用于乡、镇、村、组办工业、基本建设、非农业运输、科学试验和教学等非农业生产方面用的动力机械与作业机械。

【农林牧渔业劳动力】 指全社会直接参加农林牧渔业生产活动的劳动力。

【乡村从业人员】 是指乡村人口中 16 岁以上实际参加生产经营活动并取得实物或货币收入的人员，既包括劳动年龄内经常参加劳动的人员，也包括超过劳动年龄实际参加劳动人员。但不包括户口在家的在外学生、现役军人和丧失劳动能力的人，也不包括待业人员和家务劳动者。从业时间为一个农事季节，一般为 2 个月以上的劳动时间。

工业能源

Industry and Energy

4—1 主要年份全部工业总产值

Gross Output Value of Industrial in Main Years

单位:万元 (10 000yuan)

年份 Year	工业总产值 Industrial Output Value	按经济类型分 Grouped by Economic Type		按轻重工业分 Grouped by Light & Heavy Industries		按企业规模分 Grouped by Size of Enterprises				产品销售收入 Product Sales Revenue	利税总额 Total Profits and Taxes	利润总额 Total Profits
		# 国有 State-owned	# 股份制 Joint-stock	轻工业 Light Industry	重工业 Heavy Industry	大型企业 Large Enterprises	中型企业 Medium-sized Enterprises	小型企业 Small Enterprises	微型企业 Micro-enterprises			
1949	297	66		169	128			297				
1950	310	64		185	125			310				
1951	453	194		339	114			453				
1952	662	339		467	195			662				
1953	825	503		593	232			825				
1954	917	600		652	265			890				
1955	1206	864		922	284			1163				
1956	1679	1099		1186	493			1604				
1957	2285	1565		1863	422			2164				
1958	3167	2345		1944	1223			2847				
1959	6765	6126		3865	2900			5908				
1960	9712	8840		5105	4607			8241				
1961	7433	6696		4693	2740			6301				
1962	5638	4820		4028	1610			4681				
1963	5704	4853		4088	1616			4188				
1964	5915	4868		4134	1781			4336				
1965	6779	5709		4588	2191			5428				
1966	13766	12538		5372	8394			8166				
1967	15032	13684		5791	9241			9332				
1968	12290	11084		5103	7187			6794				
1969	17953	16445		7185	10768			10453				
1970	25292	23315		9836	15456			13456				
1971	24849	22219		8567	16282			10257				
1972	26973	23793		9325	17648			11921				
1973	28035	24713		9925	18110			12067				
1974	33140	28960		12015	21125			16306				
1975	37507	32086		14708	22799			20186				
1976	34485	28713		14620	19865			19926				
1977	37750	30288		15994	21756			21461				
1978	49750	40562		19609	30141		16905	32845		42091	9325	5681
1979	52665	38952		20153	32512		19169	33496		43043	9693	6416
1980	50576	40939		21794	28782		16818	33758		42957	8870	5314
1981	40537	27597		22618	17919		9448	31089		35640	4001	1187
1982	49769	35395		25607	24162		14018	35751		45053	6609	2921

4—1 续表 continued

单位:万元 (10 000yuan)

年 份 Year	工业总产值 Industrial Output Value	按经济类型分 Grouped by Economic Type		按轻重工业分 Grouped by Light & Heavy Industries		按企业规模分 Grouped by Size of Enterprises				产品销售收入 Product Sales Revenue	利税总额 Total Profits and Taxes	利润总额 Total Profits
		# 国有 State-owned	# 股份制 Joint-stock	轻工业 Light Industry	重工业 Heavy Industry	大型企业 Large Enterprises	中型企业 Medium-sized Enterprises	小型企业 Small Enterprises	微型企业 Micro-enterprises			
1983	61723	44428		30196	31527		19031	42692		54068	9561	5321
1984	73500	52327		35397	38103		23539	49961		63487	11735	6816
1985	93215	71703		43202	50013		28736	64479		81292	15352	8504
1986	109090	75233		51099	57991	7484	29507	72099		89511	15971	7908
1987	129119	90007		59760	69359	11969	35340	81810		115190	19616	8777
1988	176466	125938		73827	102639	25593	46651	104222		163440	26489	13155
1989	246317	182655		93009	153308	35118	71390	139809		186970	29735	14247
1990	250241	212169		88364	161877	37215	80762	132264		183729	22744	7641
1991	309257	238074		102155	207102	117109	50039	142109		224755	25145	7120
1992	377891	287885		114139	263752	122335	84395	171161		47571	25563	5418
1993	518930	381182	2809	131830	387100	164527	161566	192837		417825	40393	10905
1994	647702	376879	11488	169864	477838	235998	170081	241623		470561	50662	-703
1995	802370	518764	38729	183733	618637	312861	216678	272831		637133	72479	10699
1996	889899	392668	105954	227465	662434	334177	217877	337845		677803	79435	9377
1997	935361	387160	111202	239869	695492	335349	241466	358546		751831	82231	12180
1998	932899	233733	228741	269598	663301	304840	224244	403815		733525	43901	-14990
1999	995156	240935	307410	315424	679732	310981	234883	449292		776650	37975	-19000
2000	1350836	471680	447330	326300	1024536	712700	225517	412619		937746	49777	-4969
2001	1482460	401728	638451	384120	1098340	827255	239205	416000		1037883	64889	-7307
2002	1679417	392712	931177	406222	1273195	1067647	153157	458613		1128795	85731	11412
2003	1982866	421701	1152754	500897	1481969	681579	731810	569477		1449813	121890	34321
2004	2877823	729690	1719105	636613	2241210	1021355	813391	1043077		2392661	240109	107607
2005	3493447	829826	2015002	906523	2586924	1529342	924734	1039371		3178012	224963	84184
2006	4318730	959420	2627608	1040581	3278149	2048430	952857	1317443		3902884	243522	73093
2007	5289808	1167797	3344637	1241105	4048703	2431750	1439109	1418949		4738217	423298	204231
2008	6412142	1269453	4291828	1446856	4965286	2976139	1744631	1691372		5766846	366078	96540
2009	7315811	1275533	5064006	1571223	5314053	3273806	2064628	1546842		6577240	907872	476934
2010	9759157	1851934	6660556	1867855	7487782	4743640	2609348	2002649		9077515	1351264	785192
2011	12970305	5675470	5770813	2160715	10138923	7636982	2574014	2071981	16661	12082080	1634978	1062873
2012	17110249	4635723	7933085	2745582	13730075	10372335	2932009	3108869	62444	16156535	1970890	893286

注:1. 2000 年后指标数含宁夏电力公司全区口径;

2. 效益指标 2000 年前为独立核算口径,2000 年后(含 2000 年)为规模以上口径;

3. 从 2009 年起,数据除工业总产值外,其他指标均为规模以上口径。

a)After 2000 the number of indicators including the region caliber of Ningxia electric Power Company.

b)Efficiency indicators by the year 2000 as an independent accounting caliber, 2000(including 2000)for the above designated size caliber.

c)In addition to gross industrial output value Since 2009, other indicators are above the designated size caliber.

4—2 主要年份工业产品产量

Output of Major Industrial Products in Main Years

年 份 Year	轮胎外胎 （万条） Tires （10 000 tires）	水 泥 （万吨） Cement （10 000 tons）	金属切削机床 （台） Metal-cutting Machine Tools （unit）	电力变压器 （万千伏安） Power Transformers （10 000 kva）	平板玻璃 （万重量箱） Plate Glass （10 000 weight cases）	味 精 （吨） Monosodium Glutamate （ton）	乳制品 （吨） Dairy Products （ton）
1978	30.10	3.13	439	3.50		35	
1979	32.00	2.82	437	4.00	3.50		
1980	29.30	2.96	385	7.33	7.20		
1981	8.50	1.84	239	3.00	4.70	24	205
1982	16.20	3.35	245	2.66	9.10	53	258
1983	25.60	5.47	356	4.31	12.00	55	308
1984	29.50	5.77	406	6.49	16.40	48	527
1985	34.30	8.60	400	12.15	17.30	55	759
1986	38.45	10.09	392	13.88	13.30	87	1068
1987	57.01	14.70	417	18.65	5.99	151	1355
1988	67.08	28.34	480	19.61	13.20	250	1779
1989	69.10	35.11	403	24.73	7.50	423	3292
1990	63.51	30.46	289	24.54		433	3128
1991	75.62	32.26	228	23.90		393	4033
1992	103.59	36.96	337	26.54		420	7404
1993	123.56	38.11	386	33.90	36.96	500	4811
1994	144.20	47.19	1649	25.00	34.10	567	4643
1995	164.95	51.51	994	25.00	23.16	800	4329
1996	192.24	59.90	829	30.06	54.95	1000	5991
1997	186.74	60.95	983	36.82	57.25	1235	5079
1998	191.24	74.77	455	40.81	21.85	880	6531
1999	167.98	85.20	659	46.73	62.98	1567	7742
2000	193.00	82.22	909	67.00	67.00	2419	6760
2001	182.00	87.70	1298	124.00	65.00	3592	7814
2002	224.31	123.06	1816	116.02	59.50	3032	6099
2003	241.53	208.52	1953	105.00	17.31	14979	5621
2004	293.60	196.48	1095	73.25	65.01	24236	6876
2005	304.56	178.23	1418	67.66	66.00	24159	49656
2006	389.59	219.52	1892	159.41	66.06	32018	64688
2007	395.54	261.55	2494	224.85	61.14	62151	73347
2008	337.16	277.93	2458	178.90	151.82	66660	50159
2009	225.62	332.27	1620	685.27		75635	46553
2010	210.44	458.53	3110	43.55		84711	37433
2011	188.38	475.89	3762	705.43			24115
2012	141.91	509.22	2570	174.75			196140

4—2 续表 1 continued

年 份 Year	饮料酒（千升）Alcoholic Drink (ton)	农用化肥（万吨）Chemical Fertilizers (10 000 tons)	自来水售水量（万吨）Water Sales (10 000 tons)	服 装（万件）Clothing (10 000 units)	中成药（吨）Chinese Patent Modicines (ton)	汽 油（万吨）Gasoline (10 000 tons)	柴 油（万吨）Diesel Fuel (10 000 tons)
1978	424	15.07					
1979	743	3.64					
1980	855	3.62			200		
1981	2889	3.08		94.80	188		
1982	3658	3.84			191		
1983	4867	3.96		77.78	222		
1984	5830	4.84		100.76	230		
1985	7600	4.36	1283		172		
1986	13345	4.83	1596		222		
1987	14553	5.31	1840	107.26	243		
1988	16800	5.73	2208		340		
1989	16300	18.68	2560	192.46	277		
1990	15800	23.50	2864	171.34	255		0.01
1991	16200	26.96	3233	158.55	322	2.80	2.95
1992	14103	28.79	3625	139.36	281	9.43	9.23
1993	21970	25.22	4227	74.02	402	16.14	18.85
1994	21848	27.96	4865	119.31	317	15.75	18.45
1995	28063	34.34	5153	193.75	354	23.58	24.76
1996	31270	32.07	5249	72.00	392	25.66	25.16
1997	28068	32.97	5048	129.20	385	28.51	29.12
1998	28468	36.35	5697		300	28.57	31.16
1999	43712	43.02	4297	37.72	349	26.81	32.95
2000	40390	50.00	4399	51.00	461	21.60	33.87
2001	43934	57.00	4101	120.00	453	35.38	41.34
2002	77449	66.68	4108	132.34	459	29.06	32.90
2003	66167	63.67	4455	120.85	512	38.77	50.73
2004	95015	69.20	4592	96.62	481	48.19	98.51
2005	85439	57.84	4804	57.57	802	53.52	73.47
2006	76888	55.80	5079	41.35	1013	57.20	76.85
2007	103363	57.90	5578	169.54	762	50.04	68.00
2008	120124	74.91	5909	243.74	671	60.16	82.57
2009	146343	72.61	6380	319.97	869	64.42	76.32
2010	159947	69.02	6868	362.44	926	71.94	87.88
2011	181920	80.56	7078	411.70	943	41.80	49.29
2012	172088	66.02	7607	493.70	400	168.82	177.53

4—2 续表 2 continued

年 份 Year	燃料油 （万吨） Fuel Oil （10 000 tons）	合成氨 （万吨） Synthetic Ammonia （10 000 tons）	铁合金 （万吨） Ferroalloy （10 000 tons）	轴　承 （万套） Bearing （10 000 sets）	配混合饲料 （万吨） Feed （10 000 tons）	液化石油气 （万吨） Liquefied Petroleum Gas （10 000 tons）
1978		4.84		12.00		
1979		5.98		6.40		
1980		5.49	0.14	3.09		
1981		4.71	0.06			
1982		5.55	0.07			
1983		5.51	0.11			
1984		6.80	0.11			
1985		6.27	0.13			
1986		11.00	0.44	20.10		
1987		6.73				
1988		7.59	1.16			
1989		23.25				
1990		29.90	1.73	195.06		
1991	3.60	33.62	0.76	200.00		0.13
1992	9.17	34.84	1.26	171.40		0.68
1993	14.35	25.99	2.32	197.00		1.64
1994	13.93	35.14	3.54	203.55		1.84
1995	8.71	40.66	3.21	349.69		2.24
1996	7.30	39.76	4.53	309.37		2.67
1997	12.30	4.59	3.68	283.46		2.54
1998	10.75	45.52	3.04	622.67		2.20
1999	9.54	52.95	4.09	655.00		3.36
2000	5.00	63.00	5.38	735.00	2.02	4.16
2001	6.00	72.00	5.80	459.00	3.11	6.39
2002	8.55	82.93	7.38	354.30	4.58	3.87
2003	5.28	79.69	10.83	254.45	4.57	6.78
2004	3.59	85.89	12.49	215.45	9.42	9.31
2005	3.23	75.16	11.46	199.72	12.33	9.55
2006	3.05	74.02	15.75	176.28	12.27	11.65
2007	2.85	78.38	11.80	205.90	11.20	10.57
2008	2.97	89.66	10.35	161.97	15.91	9.22
2009	2.74	84.26	7.04	114.32	22.70	13.20
2010	3.10	79.75	6.39	133.59	19.46	10.93
2011	1.68	92.31	11.75	96.40	23.14	5.68
2012	9.88	84.15	11.23	80.70	24.73	22.37

4—3 主要年份规模以上工业总产值

Gross Industrial Output Value of Enterprises above Designated Size in Main Years

单位：万元 (10 000 yuan)

指　标	Item	2005 年	2006 年	2007 年	2008 年	2009 年	2010 年	2011 年	2012 年
总　计	**Total**	**3222799**	**4017086**	**4922282**	**5999463**	**6885276**	**9355637**	**12299638**	**16475657**
按地区分	**Gorped by Region**								
市区	City	2263583	2684876	3093216	3664004	3598719	4840629	5821471	8243637
永宁	Yongning	235257	292734	404768	501170	605906	762787	946682	1087063
贺兰	Helan	116541	178470	267981	376754	531029	650714	811479	1115541
灵武	Lingwu	607418	861006	1156318	1457534	2149623	3101507	4720005	6029416
按轻重工分	**Grouped by Light & Heavy Industries**								
轻工业	Light Industry	726522	835528	1054619	1272635	1571223	1867855	2160715	2745582
重工业	Heavy Industry	2496276	3181558	3867664	4726827	5314054	7487782	10138923	13730075
按企业规模分	**Grouped by Size of Enterprises**								
大型企业	Large Enterprises	1529342	2048439	2431750	2976139	3273806	4743640	7636982	10372335
中型企业	Medium-sized Enterprises	924734	952857	1439109	1744631	2064628	2609348	2574014	2932009
小型企业	Small Enterprises	768722	1015790	1051423	1278692	1546842	2002649	2071981	3108869
微型企业	Micro-enterprises							16661	62444
按登记注册类型分	**Grouped by Status of Registration**								
内资企业	Domestic Funded	2894754	3623471	4374544	5403065	6371170	8573221	11520664	15766254
国有企业	State-owned Enterprises	829826	959420	1164597	1258944	1275533	1851934	5675470	4635723
集体企业	Collective-owned Enterprises	9403	5014	7368	4711				
联营企业	Joint Ownership Enterprises	22536	5061	5314	7974	7335	12228		2424
有限责任公司	Limited Liability Corporations	673828	938111	1345937	1697668	2030857	2898609	2193134	4289162
国有独资公司	State Sole Funded Corporations	210359	285020	36020	597831	859926	1284139	106062	2212839
其他有限责任公司	Other Limited Liability Corporations	463469	653091	1309917	1099837	1170931	1614470	2087071	2076323
股份有限公司	Share-holding Corporations Limited	744347	842580	873486	1327548	1443287	1686254	1114111	3643923
私营企业	Private Enterprises	614815	873292	977841	1106221	1614158	2086997	2487739	3195021
私营独资企业	Private Sole Funded Corporations	17998	26375	38059	17873	24296	9572	24171	55542
私营有限责任公司	Private Limited Liability Corporations	592586	840711	923356	1086361	1588622	1923937	2334374	3139479
私营股份有限公司	Private Share-holding Corporations Limited	4231	6206	11356	1987	1240	151757	129195	
其他企业	Others							50210	
港、澳、台商投资企业	Enterprises with Funds from Hong Kong,Macao and Taiwan	18498	4887	26753	35347	39622	183095	117086	204590
外商投资企业	Foreign Funded Enterprises	309547	388722	520986	561051	474485	599321	661888	504812

4—4 全市规模以上工业企业增加值

Main Economic Indicators of Industrial Enterprises above Designated Size

单位:万元 （2012） （10 000 yuan）

指 标	Item	工业增加值（当年价格）Value-added of Industry (current prices)
总 计	**Total**	**4300003**
按地区分	**Gorped by Region**	
市区	City	1798525
兴庆区	Xingqing	705184
西夏区	Xixia	943457
金凤区	Jinfeng	149884
永宁	Yongning	296164
贺兰	Helan	293149
灵武	Lingwu	1912165
按轻重工分	**Grouped by Light & Heavy Industries**	
轻工业	Light Industry	676966
重工业	Heavy Industry	3623037
按企业规模分	**Grouped by Size of Enterprises**	
大型企业	Large Enterprises	2900063
中型企业	Medium-sized Enterprises	566587
小型企业	Small Enterprises	832042
微型企业	Micro-enterprises	1311
按登记注册类型分	**Grouped by Status of Registration**	
国有企业	State-owned Enterprises	962063
股份制企业	Joint-stock Enterprises	3185725
外商及港澳台投资企业	Foreign and Hongkong, Macau and Taiwan Invested Enterprises	130941
其他经济类型企业	Others	21274

4—4 续表 continued

单位:万元 (2012) (10 000 yuan)

指 标	Item	工业增加值（当年价格）Value-added of Industry (current prices)
按工业行业大类分	**Grouped by Sector**	
煤炭开采和洗选业	Mining and Washing of Coal	817998
农副食品加工业	Processing of Food from Agricultural Products	44556
食品制造业	Manufacture of Foods	166404
酒、饮料和精制茶制造业	Manufacture of Wine, Beverage and Tea	40908
纺织业	Manufacture of Textile	158145
纺织服装、服饰业	Manufacture of Textile Wearing Apparel and Apparel Industry	78456
皮革、毛皮、羽毛及其制品和制鞋业	Manufacture of leather, Fur, Feather, Footwear and Related Products	8546
木材加工及木、竹、藤、棕、草制品业	Processing of Timber,Manufacture of Wood,Bamboo,Rattan,Palm and Straw Products	18121
家具制造业	Manufacture of Furniture	8902
造纸及纸制品业	Manufacture of Paper and Paper Products	26975
印刷和记录媒介复制业	Printing,Reproduction of Recording Media	1716
石油加工、炼焦及核燃料加工业	Processing of Petroleum,Coking, Processing of Nuclear Fuel	874475
化学原料及化学制品制造业	Manufacture of Raw Chemical Materials and Chemical Products	260799
医药制造业	Manufacture of Medicines	108483
橡胶和塑料制品业	Manufacture of Rubber and Plastics	23696
非金属矿物制品业	Manufacture of Non-metallic Mineral Products	128203
黑色金属冶炼及压延加工业	Smelting and Pressing of Ferrous Metals	45225
有色金属冶炼及压延加工业	Smelting and Pressing of Non-ferrous Metals	221484
金属制品业	Manufacture of Metal Products	29649
通用设备制造业	Manufacture of General Purpose Machinery	59394
专用设备制造业	Manufacture of Special Purpose Machinery	15966
汽车制造业	Manufature of Automotive Industry	7391
铁路、船舶、航空航天和其他运输设备制造业	Manufature of Railways, Shipbailding, Aerospace and Other Transporation Equipment	1287
电气机械及器材制造业	Manufacture of Electrical Machinery and Equipment	93740
仪器仪表制造业	Manufacture of Measuring Instruments	24581
电力、热力的生产和供应业	Production and Supply of Electric Power,Gas and Water	981361
燃气生产和供应业	Production and Supply of Gas	23681
水的生产和供应业	Production and Supply of Water	25860

4—5 规模以上工业企业主要产品产量

Output Volume of Major Industrial Products in Enterprises above Designated Size

产 品	Product	单 位	Unit	2011 年	2012 年
大米	Rice	万吨	10 000tons	22.44	23.32
乳制品	DairyProducts	万吨	10 000tons	2.41	19.61
液体乳	LiquidMilk	万吨	10 000tons	1.42	18.43
小麦粉	WheatFlour	万吨	10 000tons	9.87	12.64
白酒	Liquor	千升	kiloliter	13291	14587
啤酒	Beer	千升	kiloliter	162216	153746
葡萄酒	Wine	千升	kiloliter	5901	3661
服装	Clothing	万件	10 000units	411.70	493.70
家具	Furniture	万件	10 000units	7.00	9.00
机制纸	Machine-madePaper	万吨	10 000tons	11.30	11.90
中成药	Medicine	吨	ton	943.00	399.50
塑料制品	PlasticProducts	吨	ton	55422	65042
水泥	Cement	万吨	10 000tons	475.89	509.22
汽油	Gasoline	万吨	10 000tons	41.80	168.82
柴油	DieselFuel	万吨	10 000tons	49.29	177.53
燃料油	FuelOil	万吨	10 000tons	1.68	9.88
液化石油气	LiquefiedPetroleumGas	万吨	10 000tons	5.68	22.37
合成氨	SyntheticAmmonia	万吨	10 000tons	92.31	84.15
农用化肥	ChemicalFertilizers	万吨	10 000tons	80.56	66.02
氮肥	Nitrogen	万吨	10 000tons	79.86	65.33
磷肥	Phosphate	万吨	10 000tons	0.70	0.69
轮胎外胎	Tires	万条	10 000tires	188.38	141.91
变压器	Transformer	万千伏安	10 000kva	705.43	234.37
金属切削机床	Metal-cuttingMachineTools	台	unit	3762	2570
铁合金	Ferroalloy	万吨	10 000tons	11.75	11.23
轴承	Bearing	万套	10 000sets	96.40	80.70
配混合饲料	Feed	吨	ton	231437	247327
钢材	RolledSteel	吨	ton	130415	121936
起重机	LiftingAppliances	吨	ton	18929	16593
发电量	Electricity	万千瓦时	10 000kwh	3817705	4380940
镁	Magnesium	吨	ton	6247	
铸铁件	CastIron	吨	ton	40128	26568
原煤	Coal	万吨	10 000tons	5332.10	5439.12
交流电动机	ElectricMotor	万千瓦时	10 000kwh	34.25	67.20

4—6 全市规模以上工业企业主要经济指标

Main Economic Indicators of Industrial Enterprises above Designated Size

单位:万元　　(2012)　　(10 000 yuan)

指　标	Item	企业单位数(个) Number of Enterprises (unit)	#亏损企业 Loss-suffering Enterprises	工业总产值(当年价格) Gross Output Value of Industrial (currentprices)	工业销售产值(当年价格) Output Value of Industrial Sold (current prices)
总　计	**Total**	**328**	**74**	**16475657**	**16180552**
#亏损企业	Loss-suffering Enterprises	74	74	3880792	3857456
按地区分	**Gorped by Region**				
市区	City	122	38	8243637	8224618
永宁	Yongning	34	6	1087063	979394
贺兰	Helan	96	18	1115541	1023676
灵武	Lingwu	76	12	6029416	5952865
按轻重工分	**Grouped by Light & Heavy Industries**				
轻工业	Light Industry	124	12	2745582	2555035
重工业	Heavy Industry	204	62	13730075	13625517
按企业规模分	**Grouped by Size of Enterprises**				
大型企业	Large Enterprises	17	4	10372335	10178548
中型企业	Medium-sized Enterprises	47	14	2932009	2904632
小型企业	Small Enterprises	251	52	3108869	3036275
微型企业	Micro-enterprises	13	4	62444	61097
按登记注册类型分	**Grouped by Status of Registration**				
内资企业	Domestic Funded	307	69	15766254	15514428
国有企业	State-owned Enterprises	14	2	4635723	4660116
中央企业	Central	5	1	4063791	4076126
地方企业	Local	9	1	571932	583989
联营企业	Joint Ownership Enterprises	1	1	2424	4526
国有联营企业	State-owned Joint Ownership Enterprises	1	1	2424	4526
有限责任公司	Limited Liability Corporations	86	18	4289162	4204627
国有独资公司	State Sole Funded Corporations	4	1	2212839	2169560
其他有限责任公司	Other Limited Liability Corporations	82	17	2076323	2035067
股份有限公司	Share-holding Corporations Limited	9	3	3643923	3539092
私营企业	Private Enterprises	197	45	3195021	3106067
私营独资企业	Private Sole Funded Corporations	7	4	55542	54794
私营有限责任公司	Private Limited Liability Corporations	190	41	3139479	3051274
港、澳、台商投资企业	Enterprises with Funds from Hong Kong,Macao and Taiwan	7	1	204590	157875
合资经营企业(港或澳、台资)	Joint-ventures Enterprises (Hongkong,Macao or Taiwan)	2	1	78316	56937
港澳台商独资经营企业	Enterprises with Funds from Hong Kong,Macao and Taiwan	5		126274	100938
外商投资企业	Foreign Funded Enterprises	14	4	504812	508249
中外合资经营企业	Joint-venture Enterprises	8	2	179502	167790
中外合作经营企业	Cooperation Enterprises	1		2979	2979
外资企业	Foreign Enterprises	5	2	322332	337479

4—6 续表1 continued

单位:万元 （2012） （10 000 yuan）

指 标	Item	企业单位数（个） Number of Enterprises （unit）	# 亏损企业 Loss-suffering Enterprises	工业总产值（当年价格） Gross Output Value of Industrial （current prices）	工业销售产值（当年价格） Output Value of Industrial Sold （current prices）
按工业行业大类分	**Grouped by Sector**				
煤炭开采和洗选业	Mining and Washing of Coal	3	2	2116544	2074091
农副食品加工业	Processing of Food from Agricultural Products	30	2	328537	324211
食品制造业	Manufacture of Foods	23	3	741931	679861
酒、饮料和精制茶制造业	Manufacture of Wine, Beverage and Tea	7		104292	80081
纺织业	Manufacture of Textile	31	2	916639	891128
纺织服装、服饰业	Manufacture of Textile Wearing Apparel and Apparel Industry	2		19890	22559
皮革、毛皮、羽毛及其制品和制鞋业	Manufacture of leather, Fur, Feather, Footwear and Related Products	4		38296	41801
木材加工及木、竹、藤、棕、草制品业	Processing of Timber,Manufacture of Wood,Bamboo,Rattan,Palm and Straw Products	2		35691	35482
家具制造业	Manufacture of Furniture	1		29054	25689
造纸及纸制品业	Manufacture of Paper and Paper Products	5		114377	108587
印刷和记录媒介复制业	Printing,Reproduction of Recording Media	1		6431	6431
石油加工、炼焦及核燃料加工业	Processing of Petroleum,Coking, Processing of Nuclear Fuel	9	5	3624664	3566051
化学原料及化学制品制造业	Manufacture of Raw Chemical Materials and Chemical Products	26	11	336293	309744
医药制造业	Manufacture of Medicines	10	2	293629	231064
橡胶和塑料制品业	Manufacture of Rubber and Plastics	13	4	237156	250017
非金属矿物制品业	Manufacture of Non-metallic Mineral Products	37	11	372386	369341
黑色金属冶炼及压延加工业	Smelting and Pressing of Ferrous Metals	15	10	219108	232591
有色金属冶炼及压延加工业	Smelting and Pressing of Non-ferrous Metals	9	3	1297332	1307835
金属制品业	Manufacture of Metal Products	13	2	189120	182563
通用设备制造业	Manufacture of General Purpose Machinery	20	5	270464	269893
专用设备制造业	Manufacture of Special Purpose Machinery	12	1	73915	71545
汽车制造业	Manufature of Automotive Industry	1		36000	29962
铁路、船舶、航空航天和其他运输设备制造业	Manufature of Railways, Shipbailding, Aerospace and Other Transporation Equipment	2		9518	8839
电气机械及器材制造业	Manufacture of Electrical Machinery and Equipment	22	4	326132	356951
仪器仪表制造业	Manufacture of Measuring Instruments	4		85849	64154
废弃资源综合利用业	Vtilization Waste Resources	1		3242	3220
电力、热力的生产和供应业	Production and Supply of Electric Power,Gas and Water	17	4	4469044	4463456
燃气生产和供应业	Production and Supply of Gas	6	2	141004	134283
水的生产和供应业	Production and Supply of Water	2	1	39124	39124

4—6 续表 2 continued

单位:万元 (2012) (10 000 yuan)

指 标	Item	资产总计 Total Assets	流动资产合计 Total Working Capitas	# 存货 Stock	# 产成品 Finished Products
总 计	**Total**	**25337746**	**8154745**	**2216353**	**1009868**
# 亏损企业	Loss-suffering Enterprises	4444323	1917353	410335	153211
按地区分	**Gorped by Region**				
市区	City	8733168	2830540	693040	249499
永宁	Yongning	1412202	509109	151402	59722
贺兰	Helan	984687	431623	161552	59411
灵武	Lingwu	14207689	4383473	1210359	641236
按轻重工分	**Grouped by Light & Heavy Industries**				
轻工业	Light Industry	4086677	2055265	865428	479834
重工业	Heavy Industry	21251069	6099480	1350925	530034
按企业规模分	**Grouped by Size of Enterprises**				
大型企业	Large Enterprises	15351493	4404416	1000794	547397
中型企业	Medium-sized Enterprises	5557384	1815538	523356	192199
小型企业	Small Enterprises	4321990	1875256	679151	263370
微型企业	Micro-enterprises	106879	59535	13051	6902
按登记注册类型分	**Grouped by Status of Registration**				
内资企业	Domestic Funded	24402920	7648668	2035413	938439
国有企业	State-owned Enterprises	5866619	1136010	194367	50126
中央企业	Central	3686701	773843	145513	46484
地方企业	Local	2179917	362167	48854	3643
联营企业	Joint Ownership Enterprises	3812	3227	2719	1050
国有联营企业	State-owned Joint Ownership Enterprises	3812	3227	2719	1050
有限责任公司	Limited Liability Corporations	10287010	2883578	875792	467040
国有独资公司	State Sole Funded Corporations	5607292	1223631	376697	202653
其他有限责任公司	Other Limited Liability Corporations	4679718	1659947	499095	264387
股份有限公司	Share-holding Corporations Limited	2347993	704454	298906	115503
私营企业	Private Enterprises	5897487	2921398	663629	304720
私营独资企业	Private Sole Funded Corporations	73981	30823	12268	7487
私营有限责任公司	Private Limited Liability Corporations	5823506	2890575	651360	297233
港、澳、台商投资企业	Enterprises with Funds from Hong Kong,Macao and Taiwan	234709	140275	47133	23450
合资经营企业(港或澳、台资)	Joint-ventures Enterprises (Hongkong, Macao or Taiwan)	81277	65726	10838	9422
港澳台商独资经营企业	Enterprises with Funds from Hong Kong,Macao and Taiwan	153432	74548	36295	14028
外商投资企业	Foreign Funded Enterprises	700116	365803	133807	47979
中外合资经营企业	Joint-venture Enterprises	350652	206452	59704	23392
中外合作经营企业	Cooperation Enterprises	3357	1877	715	181
外资企业	Foreign Enterprises	346108	157475	73387	24407

4—6 续表3 continued

单位:万元 (2012) (10 000 yuan)

指 标	Item	资产总计 Total Assets	流动资产合计 Total Working Capitas	# 存货 Stock	# 产成品 Finished Products
按工业行业大类分	**Grouped by Sector**				
煤炭开采和洗选业	Mining and Washing of Coal	5283452	1159364	377604	205765
农副食品加工业	Processing of Food from Agricultural Products	265417	133005	75531	23872
食品制造业	Manufacture of Foods	715972	245729	81099	39206
酒、饮料和精制茶制造业	Manufacture of Wine, Beverage and Tea	156198	84458	43813	9244
纺织业	Manufacture of Textile	1760117	1197673	547644	354554
纺织服装、服饰业	Manufacture of Textile Wearing Apparel and Apparel Industry	67359	57944	16274	9410
皮革、毛皮、羽毛及其制品和制鞋业	Manufacture of leather, Fur, Feather, Footwear and Related Products	38163	22122	7496	4619
木材加工及木、竹、藤、棕、草制品业	Processing of Timber,Manufacture of Wood,Bamboo,Rattan,Palm and Straw Products	5934	3985	209	23
家具制造业	Manufacture of Furniture	9186	3664	1799	834
造纸及纸制品业	Manufacture of Paper and Paper Products	134426	60255	18686	8403
印刷和记录媒介复制业	Printing,Reproduction of Recording Media	10912	4701	547	
石油加工、炼焦及核燃料加工业	Processing of Petroleum,Coking, Processing of Nuclear Fuel	4451879	1869398	250092	80485
化学原料及化学制品制造业	Manufacture of Raw Chemical Materials and Chemical Products	539908	225908	82519	29295
医药制造业	Manufacture of Medicines	644397	164178	43691	19933
橡胶和塑料制品业	Manufacture of Rubber and Plastics	205914	99359	43062	17309
非金属矿物制品业	Manufacture of Non-metallic Mineral Products	863563	337558	44695	13490
黑色金属冶炼及压延加工业	Smelting and Pressing of Ferrous Metals	346900	146436	41544	18236
有色金属冶炼及压延加工业	Smelting and Pressing of Non-ferrous Metals	1006280	420847	187032	60516
金属制品业	Manufacture of Metal Products	162924	90908	36501	15261
通用设备制造业	Manufacture of General Purpose Machinery	517047	289570	104269	36636
专用设备制造业	Manufacture of Special Purpose Machinery	77184	37257	11422	6358
汽车制造业	Manufature of Automotive Industry	13527	2032	1160	559
铁路、船舶、航空航天和其他运输设备制造业	Manufature of Railways, Shipbailding, Aerospace and Other Transporation Equipment	14306	8817	1662	1085
电气机械及器材制造业	Manufacture of Electrical Machinery and Equipment	454336	277965	97770	42898
仪器仪表制造业	Manufacture of Measuring Instruments	80102	67382	6295	3518
废弃资源综合利用业	Vtilization Waste Resources	3370	1057	465	79
电力、热力的生产和供应业	Production and Supply of Electric Power,Gas and Water	6897123	1065288	80775	
燃气生产和供应业	Production and Supply of Gas	405974	50153	12151	8283
水的生产和供应业	Production and Supply of Water	205876	27735	549	

4—6 续表 4 continued

单位:万元 (2012) (10 000 yuan)

指 标	Item	固定资产合计 Total Value of Fixed Assets	固定资产原价 Original Value of Fixed Assets	累计折旧 Accumulated Depreciation
总 计	**Total**	**13100712**	**16563088**	**4532375**
# 亏损企业	Loss-suffering Enterprises	1938011	2665901	804087
按地区分	**Gorped by Region**			
市区	City	4873627	6904640	2331063
永宁	Yongning	780463	945051	251085
贺兰	Helan	353043	409489	100182
灵武	Lingwu	7093579	8303908	1850045
按轻重工分	**Grouped by Light & Heavy Industries**			
轻工业	Light Industry	1395841	1672396	427950
重工业	Heavy Industry	11704870	14890692	4104425
按企业规模分	**Grouped by Size of Enterprises**			
大型企业	Large Enterprises	8044497	10622148	3401212
中型企业	Medium-sized Enterprises	3064289	3548146	597239
小型企业	Small Enterprises	1976961	2372826	528864
微型企业	Micro-enterprises	14965	19968	5060
按登记注册类型分	**Grouped by Status of Registration**			
内资企业	Domestic Funded	12783692	16100079	4367330
国有企业	State-owned Enterprises	4101411	5550116	1665698
中央企业	Central	2819281	4045738	1428521
地方企业	Local	1282130	1504378	237177
联营企业	Joint Ownership Enterprises	585	798	213
国有联营企业	State-owned Joint Ownership Enterprises	585	798	213
有限责任公司	Limited Liability Corporations	5269722	6885472	1708328
国有独资公司	State Sole Funded Corporations	2880086	4076986	1205383
其他有限责任公司	Other Limited Liability Corporations	2389636	2808487	502944
股份有限公司	Share-holding Corporations Limited	1529428	2112661	687721
私营企业	Private Enterprises	1882547	1551033	305371
私营独资企业	Private Sole Funded Corporations	38233	56948	21060
私营有限责任公司	Private Limited Liability Corporations	1844313	1494085	284312
港、澳、台商投资企业	Enterprises with Funds from Hong Kong,Macao and Taiwan	52766	72364	29172
合资经营企业(港或澳、台资)	Joint-ventures Enterprises (Hongkong, Macao or Taiwan)	13772	24433	12428
港澳台商独资经营企业	Enterprises with Funds from Hong Kong,Macao and Taiwan	38994	47930	16744
外商投资企业	Foreign Funded Enterprises	264254	390646	135873
中外合资经营企业	Joint-venture Enterprises	100714	113062	23373
中外合作经营企业	Cooperation Enterprises	1399	1953	867
外资企业	Foreign Enterprises	162141	275630	111633

4—6 续表 5 continued

单位:万元 (2012) (10 000 yuan)

指 标	Item	固定资产合计 Total Value of Fixed Assets	固定资产原价 Original Value of Fixed Assets	累计折旧 Accumulated Depreciation
按工业行业大类分	**Grouped by Sector**			
煤炭开采和洗选业	Mining and Washing of Coal	2655118	3769515	1115141
农副食品加工业	Processing of Food from Agricultural Products	122563	141075	27177
食品制造业	Manufacture of Foods	418718	449143	100296
酒、饮料和精制茶制造业	Manufacture of Wine, Beverage and Tea	62649	67387	14247
纺织业	Manufacture of Textile	232103	257969	58413
纺织服装、服饰业	Manufacture of Textile Wearing Apparel and Apparel Industry	9334	12236	4533
皮革、毛皮、羽毛及其制品和制鞋业	Manufacture of leather, Fur, Feather, Footwear and Related Products	15022	14794	1915
木材加工及木、竹、藤、棕、草制品业	Processing of Timber,Manufacture of Wood,Bamboo,Rattan,Palm and Straw Products	1949	5125	3176
家具制造业	Manufacture of Furniture	4519	5390	2239
造纸及纸制品业	Manufacture of Paper and Paper Products	65309	89635	34381
印刷和记录媒介复制业	Printing,Reproduction of Recording Media	4772	6930	3054
石油加工、炼焦及核燃料加工业	Processing of Petroleum,Coking, Processing of Nuclear Fuel	1950289	1958337	590906
化学原料及化学制品制造业	Manufacture of Raw Chemical Materials and Chemical Products	280542	337713	82265
医药制造业	Manufacture of Medicines	293562	413871	130126
橡胶和塑料制品业	Manufacture of Rubber and Plastics	95619	191526	94024
非金属矿物制品业	Manufacture of Non-metallic Mineral Products	243460	344654	114467
黑色金属冶炼及压延加工业	Smelting and Pressing of Ferrous Metals	141736	166218	35050
有色金属冶炼及压延加工业	Smelting and Pressing of Non-ferrous Metals	514334	704527	192284
金属制品业	Manufacture of Metal Products	62893	72209	11333
通用设备制造业	Manufacture of General Purpose Machinery	178266	259984	90777
专用设备制造业	Manufacture of Special Purpose Machinery	24829	26928	4461
汽车制造业	Manufature of Automotive Industry	4555	4184	218
铁路、船舶、航空航天和其他运输设备制造业	Manufature of Railways, Shipbailding, Aerospace and Other Transporation Equipment	1843	2297	539
电气机械及器材制造业	Manufacture of Electrical Machinery and Equipment	119965	117641	23183
仪器仪表制造业	Manufacture of Measuring Instruments	9005	8795	1783
废弃资源综合利用业	Vtilization Waste Resources	1893	2008	305
电力、热力的生产和供应业	Production and Supply of Electric Power,Gas and Water	5223121	6720317	1731958
燃气生产和供应业	Production and Supply of Gas	215832	223859	19716
水的生产和供应业	Production and Supply of Water	146911	188821	44407

4—6 续表 6 continued

单位:万元 (2012) (10 000 yuan)

指 标	Item	负债合计 Total Liabilities	流动负债合计 Total Working Liabilities	# 应付账款 Accounts Payable
总 计	**Total**	**16465970**	**8999537**	**2694509**
# 亏损企业	Loss-suffering Enterprises	3057067	1876828	461669
按地区分	**Gorped by Region**			
市区	City	5252645	3318210	1241682
永宁	Yongning	892347	688460	167249
贺兰	Helan	560493	393666	104676
灵武	Lingwu	9760485	4599202	1180903
按轻重工分	**Grouped by Light & Heavy Industries**			
轻工业	Light Industry	2270789	1858979	314981
重工业	Heavy Industry	14195181	7140558	2379528
按企业规模分	**Grouped by Size of Enterprises**			
大型企业	Large Enterprises	9661923	5098216	1754451
中型企业	Medium-sized Enterprises	3903776	1747021	452955
小型企业	Small Enterprises	2844062	2131873	483260
微型企业	Micro-enterprises	56209	22428	3844
按登记注册类型分	**Grouped by Status of Registration**			
内资企业	Domestic Funded	15910705	8504123	2564323
国有企业	State-owned Enterprises	3998174	1991553	817375
中央企业	Central	2526950	1673323	727800
地方企业	Local	1471224	318229	89576
联营企业	Joint Ownership Enterprises	3629	3629	3571
国有联营企业	State-owned Joint Ownership Enterprises	3629	3629	3571
有限责任公司	Limited Liability Corporations	6744190	3411917	1065792
国有独资公司	State Sole Funded Corporations	3445207	1548004	539561
其他有限责任公司	Other Limited Liability Corporations	3298983	1863913	526231
股份有限公司	Share-holding Corporations Limited	1376700	733864	236263
私营企业	Private Enterprises	3788013	2363160	441322
私营独资企业	Private Sole Funded Corporations	29758	18452	4291
私营有限责任公司	Private Limited Liability Corporations	3758255	2344709	437031
港、澳、台商投资企业	Enterprises with Funds from Hong Kong,Macao and Taiwan	164128	146501	24457
合资经营企业(港或澳、台资)	Joint-ventures Enterprises (Hongkong, Macao or Taiwan)	65416	58459	19734
港澳台商独资经营企业	Enterprises with Funds from Hong Kong,Macao and Taiwan	98712	88042	4724
外商投资企业	Foreign Funded Enterprises	391137	348912	105729
中外合资经营企业	Joint-venture Enterprises	176850	154070	16133
中外合作经营企业	Cooperation Enterprises	1739	1739	162
外资企业	Foreign Enterprises	212548	193103	89435

4—6 续表 7 continued

单位:万元 (2012) (10 000 yuan)

指 标	Item	负债合计 Total Liabilities	流动负债合计 Total Working Liabilities	# 应付账款 Accounts Payable
按工业行业大类分	**Grouped by Sector**			
煤炭开采和洗选业	Mining and Washing of Coal	3219387	1519380	520886
农副食品加工业	Processing of Food from Agricultural Products	110218	100679	15794
食品制造业	Manufacture of Foods	466246	372668	90492
酒、饮料和精制茶制造业	Manufacture of Wine, Beverage and Tea	84656	79007	6519
纺织业	Manufacture of Textile	913786	824254	114506
纺织服装、服饰业	Manufacture of Textile Wearing Apparel and Apparel Industry	49784	47721	22184
皮革、毛皮、羽毛及其制品和制鞋业	Manufacture of leather, Fur, Feather, Footwear and Related Products	18274	18274	3415
木材加工及木、竹、藤、棕、草制品业	Processing of Timber,Manufacture of Wood,Bamboo,Rattan,Palm and Straw Products	4192	3260	2802
家具制造业	Manufacture of Furniture	8774	2896	1563
造纸及纸制品业	Manufacture of Paper and Paper Products	91832	70342	5032
印刷和记录媒介复制业	Printing,Reproduction of Recording Media	4769	4769	1895
石油加工、炼焦及核燃料加工业	Processing of Petroleum,Coking, Processing of Nuclear Fuel	3028516	1596450	396018
化学原料及化学制品制造业	Manufacture of Raw Chemical Materials and Chemical Products	331796	245194	64205
医药制造业	Manufacture of Medicines	353871	237643	41754
橡胶和塑料制品业	Manufacture of Rubber and Plastics	145049	131932	76110
非金属矿物制品业	Manufacture of Non-metallic Mineral Products	402140	244810	87199
黑色金属冶炼及压延加工业	Smelting and Pressing of Ferrous Metals	246604	206493	24681
有色金属冶炼及压延加工业	Smelting and Pressing of Non-ferrous Metals	776211	671931	104535
金属制品业	Manufacture of Metal Products	113381	80368	31111
通用设备制造业	Manufacture of General Purpose Machinery	308099	265577	75628
专用设备制造业	Manufacture of Special Purpose Machinery	45543	42765	9588
汽车制造业	Manufature of Automotive Industry	5296	5296	368
铁路、船舶、航空航天和其他运输设备制造业	Manufature of Railways, Shipbailding, Aerospace and Other Transporation Equipment	4957	4365	-150
电气机械及器材制造业	Manufacture of Electrical Machinery and Equipment	273042	181166	74966
仪器仪表制造业	Manufacture of Measuring Instruments	57524	53715	19280
废弃资源综合利用业	Vtilization Waste Resources	876	876	267
电力、热力的生产和供应业	Production and Supply of Electric Power,Gas and Water	4998902	1723747	862758
燃气生产和供应业	Production and Supply of Gas	296827	224977	37879
水的生产和供应业	Production and Supply of Water	105420	38985	3225

4—6 续表 8

单位:万元 (2012)

指 标	Item	所有者权益合计 Owners´ Equities	实收资本 Paid-up Capital
总 计	**Total**	**8827923**	**4387002**
#亏损企业	Loss-suffering Enterprises	1387247	1386111
按地区分	**Gorped by Region**		
市区	City	3446737	1900571
永宁	Yongning	518525	184501
贺兰	Helan	416535	245123
灵武	Lingwu	4446126	2056808
按轻重工分	**Grouped by Light & Heavy Industries**		
轻工业	Light Industry	1812829	749501
重工业	Heavy Industry	7015094	3637501
按企业规模分	**Grouped by Size of Enterprises**		
大型企业	Large Enterprises	5689369	2397245
中型企业	Medium-sized Enterprises	1652451	1213387
小型企业	Small Enterprises	1468058	768520
微型企业	Micro-enterprises	18044	7850
按登记注册类型分	**Grouped by Status of Registration**		
内资企业	Domestic Funded	8448362	4147805
国有企业	State-owned Enterprises	1868244	724049
中央企业	Central	1159751	315917
地方企业	Local	708493	408132
联营企业	Joint Ownership Enterprises	183	589
国有联营企业	State-owned Joint Ownership Enterprises	183	589
有限责任公司	Limited Liability Corporations	3537138	1639501
国有独资公司	State Sole Funded Corporations	2162085	728881
其他有限责任公司	Other Limited Liability Corporations	1375052	910621
股份有限公司	Share-holding Corporations Limited	971293	774955
私营企业	Private Enterprises	2071504	1008710
私营独资企业	Private Sole Funded Corporations	43972	35246
私营有限责任公司	Private Limited Liability Corporations	2027533	973464
港、澳、台商投资企业	Enterprises with Funds from Hong Kong,Macao and Taiwan	70582	29242
合资经营企业(港或澳、台资)	Joint-ventures Enterprises (Hongkong,Macao or Taiwan)	15862	10100
港澳台商独资经营企业	Enterprises with Funds from Hong Kong,Macao and Taiwan	54720	19142
外商投资企业	Foreign Funded Enterprises	308979	209955
中外合资经营企业	Joint-venture Enterprises	173802	92815
中外合作经营企业	Cooperation Enterprises	1617	700
外资企业	Foreign Enterprises	133560	116440

continued

(10 000 yuan)

国家资本 State-owned Capital	集体资本 Collective-owned Capital	法人资本 Corporate Capital	个人资本 Personal Capital	港澳台资本 Capital frome Hong Kong, Macao and Taiwan	外商资本 Foreign Capital
1302275	**49464**	**2387445**	**469301**	**34701**	**143816**
684368	35477	522919	74809	2425	66113
807681	36377	755142	158859	20991	121521
1887		61503	121111		
7000	1853	147965	66010		22295
485708	11233	1422834	123322	13710	
65631	3237	417859	232314	1386	29073
1236644	46227	1969586	236987	33315	114743
956050	28700	1176329	172666	28850	34650
268385	2250	759714	89655	400	92984
77840	18514	448166	202366	5451	16183
		3236	4614		
1293650	49464	2322419	468561	13710	
171193	11233	516996	24627		
54000	11233	250684			
117193		266312	24627		
		589			
		589			
487450	4793	1045825	101433		
355625		373256			
131825	4793	672569	101433		
634007	31727	53282	55939		
1000	1710	705727	286562	13710	
		31364	3882		
1000	1710	674363	282680	13710	
		8252		20991	
		7275		2825	
		977		18166	
8625		56774	740		143816
8625		56774	215		27201
			525		175
					116440

4—6 续表 9

单位:万元 (2012)

指 标	Item	所有者权益合计 Owners´ Equities	实收资本 Paid-up Capital
按工业行业大类分	**Grouped by Sector**		
煤炭开采和洗选业	Mining and Washing of Coal	2064064	630721
农副食品加工业	Processing of Food from Agricultural Products	154699	30536
食品制造业	Manufacture of Foods	248726	102733
酒、饮料和精制茶制造业	Manufacture of Wine, Beverage and Tea	71542	26342
纺织业	Manufacture of Textile	845345	293541
纺织服装、服饰业	Manufacture of Textile Wearing Apparel and Apparel Industry	17575	1100
皮革、毛皮、羽毛及其制品和制鞋业	Manufacture of leather, Fur, Feather, Footwear and Related Products	19889	6649
木材加工及木、竹、藤、棕、草制品业	Processing of Timber,Manufacture of Wood,Bamboo,Rattan,Palm and Straw Products	1742	1717
家具制造业	Manufacture of Furniture	412	5000
造纸及纸制品业	Manufacture of Paper and Paper Products	42594	22278
印刷和记录媒介复制业	Printing,Reproduction of Recording Media	6143	5371
石油加工、炼焦及核燃料加工业	Processing of Petroleum,Coking, Processing of Nuclear Fuel	1423363	1168710
化学原料及化学制品制造业	Manufacture of Raw Chemical Materials and Chemical Products	207558	140551
医药制造业	Manufacture of Medicines	290454	120796
橡胶和塑料制品业	Manufacture of Rubber and Plastics	60687	81554
非金属矿物制品业	Manufacture of Non-metallic Mineral Products	428577	109508
黑色金属冶炼及压延加工业	Smelting and Pressing of Ferrous Metals	100288	71530
有色金属冶炼及压延加工业	Smelting and Pressing of Non-ferrous Metals	230069	112137
金属制品业	Manufacture of Metal Products	49542	32443
通用设备制造业	Manufacture of General Purpose Machinery	208948	134830
专用设备制造业	Manufacture of Special Purpose Machinery	30090	20336
汽车制造业	Manufature of Automotive Industry	8232	6000
铁路、船舶、航空航天和其他运输设备制造业	Manufature of Railways, Shipbailding, Aerospace and Other Transporation Equipment	9349	2300
电气机械及器材制造业	Manufacture of Electrical Machinery and Equipment	175140	126599
仪器仪表制造业	Manufacture of Measuring Instruments	22578	6226
废弃资源综合利用业	Vtilization Waste Resources	2495	50
电力、热力的生产和供应业	Production and Supply of Electric Power,Gas and Water	1898221	969085
燃气生产和供应业	Production and Supply of Gas	109147	36690
水的生产和供应业	Production and Supply of Water	100457	121670

continued

(10 000 yuan)

国家资本 State-owned Capital	集体资本 Collective-owned Capital	法人资本 Corporate Capital	个人资本 Personal Capital	港澳台资本 Capital frome Hong Kong, Macao and Taiwan	外商资本 Foreign Capital
308658		322064			
50		11454	17921	600	510
1420	3237	61158	28233		8685
7480		5426			13435
		184954	102394		6193
750		100			250
		6649			
		1500	217		
		5000			
		7025	15253		
5371					
624230		497028	33742	13710	
6379	28820	96688	6063	2426	175
576		53507	66713		
		8275	11554	2425	59300
23755	2000	31044	52709		
		36938	19452	15140	
	11233	99353	1550		
	23	12794	19626		
12399	1900	43658	26417		50455
		8579	11757		
		3200	2800		
		1500	800		
2750	2250	87326	29460		4813
		4500	1326	400	
		50			
254308		693943	20834		
4165		32045	480		
49984		71686			

4—6 续表 10

单位:万元 (2012)

指 标	Item	主营业务收入 Revenue from Principal Business
总 计	**Total**	**16156535**
# 亏损企业	Loss-suffering Enterprises	3868830
按地区分	**Gorped by Region**	
市区	City	8266888
永宁	Yongning	913982
贺兰	Helan	954090
灵武	Lingwu	6021575
按轻重工分	**Grouped by Light & Heavy Industries**	
轻工业	Light Industry	2526110
重工业	Heavy Industry	13630426
按企业规模分	**Grouped by Size of Enterprises**	
大型企业	Large Enterprises	10120657
中型企业	Medium-sized Enterprises	2924094
小型企业	Small Enterprises	3041649
微型企业	Micro-enterprises	70135
按登记注册类型分	**Grouped by Status of Registration**	
内资企业	Domestic Funded	15476022
国有企业	State-owned Enterprises	4682551
中央企业	Central	4097696
地方企业	Local	584856
联营企业	Joint Ownership Enterprises	4526
国有联营企业	State-owned Joint Ownership Enterprises	4526
有限责任公司	Limited Liability Corporations	4254942
国有独资公司	State Sole Funded Corporations	2239580
其他有限责任公司	Other Limited Liability Corporations	2015363
股份有限公司	Share-holding Corporations Limited	3497003
私营企业	Private Enterprises	3036999
私营独资企业	Private Sole Funded Corporations	55252
私营有限责任公司	Private Limited Liability Corporations	2981747
港、澳、台商投资企业	Enterprises with Funds from Hong Kong,Macao and Taiwan	164288
合资经营企业(港或澳、台资)	Joint-ventures Enterprises (Hongkong,Macao or Taiwan)	64937
港澳台商独资经营企业	Enterprises with Funds from Hong Kong,Macao and Taiwan	99351
外商投资企业	Foreign Funded Enterprises	516226
中外合资经营企业	Joint-venture Enterprises	169270
中外合作经营企业	Cooperation Enterprises	2057
外资企业	Foreign Enterprises	344898

continued

(10 000 yuan)

# 主营业务成本 Cost of Principal Business	# 主营业务税金及附加 Taxes and Other Charges on Principal Business	其他业务收入 Revenus from Other Business	其他业务利润 Other Profits	销售费用 Selling Costs	管理费用 Management Costs	# 税金 Taxex
13524881	**544932**	**177184**	**16457**	**289945**	**687677**	**34403**
3380238	455789	53299	-14069	51434	120703	6556
7361326	467659	87630	-10955	116382	229350	11941
772467	3220	41715	13061	35040	63231	4056
775935	9897	11893	6518	43076	51141	4262
4615153	64157	35945	7833	95447	343955	14145
2065679	10817	69256	16223	101504	126268	9837
11459201	534116	107928	234	188441	561409	24567
8377405	510975	85366	-662	113362	453905	16324
2400776	21133	53287	10075	87977	112921	8159
2689543	12538	38510	7043	84769	118877	9796
57158	287	20		3837	1974	124
12976687	537971	136587	11838	254302	640478	31094
4440342	22848	34139	7267	18407	63972	4678
3962978	13450	9345	1278	13616	51854	3546
477363	9398	24794	5989	4791	12118	1132
5413	1	2746	-18	763	272	21
5413	1	2746	-18	763	272	21
3088306	53363	34442	2030	105946	356842	13159
1405064	45398	679	313	37981	243180	6377
1683242	7965	33764	1717	67965	113661	6782
2923043	446791	32386	-5374	40337	101875	4923
2519584	14968	32874	7933	88850	117517	8313
50747	1585			983	2708	349
2468837	13383	32874	7933	87867	114809	7964
112858	1210	1981	680	7709	12883	744
44324	186	938	346	3846	5801	119
68534	1024	1043	334	3864	7082	625
435335	5751	38616	3939	27934	34316	2566
121391	4174	2796	2021	10779	12983	796
1564	3	9		99	157	21
312380	1574	35811	1918	17056	21176	1749

4—6 续表 11

单位：万元 （2012）

指 标	Item	主营业务收入 Revenue from Principal Business
按工业行业大类分	**Grouped by Sector**	
煤炭开采和洗选业	Mining and Washing of Coal	2142827
农副食品加工业	Processing of Food from Agricultural Products	323557
食品制造业	Manufacture of Foods	637209
酒、饮料和精制茶制造业	Manufacture of Wine, Beverage and Tea	86689
纺织业	Manufacture of Textile	969756
纺织服装、服饰业	Manufacture of Textile Wearing Apparel and Apparel Industry	22559
皮革、毛皮、羽毛及其制品和制鞋业	Manufacture of leather, Fur, Feather, Footwear and Related Products	35975
木材加工及木、竹、藤、棕、草制品业	Processing of Timber,Manufacture of Wood,Bamboo,Rattan,Palm and Straw Products	41055
家具制造业	Manufacture of Furniture	24470
造纸及纸制品业	Manufacture of Paper and Paper Products	93664
印刷和记录媒介复制业	Printing,Reproduction of Recording Media	6292
石油加工、炼焦及核燃料加工业	Processing of Petroleum,Coking, Processing of Nuclear Fuel	3421944
化学原料及化学制品制造业	Manufacture of Raw Chemical Materials and Chemical Products	289410
医药制造业	Manufacture of Medicines	205653
橡胶和塑料制品业	Manufacture of Rubber and Plastics	254013
非金属矿物制品业	Manufacture of Non-metallic Mineral Products	352289
黑色金属冶炼及压延加工业	Smelting and Pressing of Ferrous Metals	241040
有色金属冶炼及压延加工业	Smelting and Pressing of Non-ferrous Metals	1355540
金属制品业	Manufacture of Metal Products	158439
通用设备制造业	Manufacture of General Purpose Machinery	271685
专用设备制造业	Manufacture of Special Purpose Machinery	72630
汽车制造业	Manufature of Automotive Industry	36000
铁路、船舶、航空航天和其他运输设备制造业	Manufature of Railways, Shipbailding, Aerospace and Other Transporation Equipment	8803
电气机械及器材制造业	Manufacture of Electrical Machinery and Equipment	356559
仪器仪表制造业	Manufacture of Measuring Instruments	67441
废弃资源综合利用业	Vtilization Waste Resources	2771
电力、热力的生产和供应业	Production and Supply of Electric Power,Gas and Water	4487154
燃气生产和供应业	Production and Supply of Gas	152312
水的生产和供应业	Production and Supply of Water	38799

continued

(10 000 yuan)

# 主营业务成本 Cost of Principal Business	# 主营业务税金及附加 Taxes and Other Charges on Principal Business	其他业务收入 Revenus from Other Business	其他业务利润 Other Profits	销售费用 Selling Costs	管理费用 Management Costs	# 税金 Taxex
1319935	44775			37892	241220	5948
285477	402	3292	36	10049	8237	825
520907	1292	40969	9331	56749	34267	2226
51172	5981	10867	2581	9042	6751	821
808471	776	14	13	9575	30206	2401
19240	59	6	6	1197	1305	76
31715	52	112	63	211	838	61
35333	10			1855	941	5
14954	198			1132	1066	118
80567	173	491	52	2477	6787	339
4961	11	139	54	12	1223	28
2820043	455168	10123	-15437	28330	94257	3633
264986	515	2631	486	10091	16195	1372
156550	1461	13037	3786	6068	28270	2142
243871	1245	35446	1138	8126	14502	1480
293081	2004	7453	-33	19773	17256	1663
207944	597	5079	3503	8492	13842	626
1258175	2057	6009	391	27089	13263	2684
133159	1087	2108	254	1771	10476	359
217060	1193	2593	1427	17330	25620	1554
60253	320	1088	165	2255	4542	177
27716				2060	3366	174
6207	58	677	-31	227	847	11
315999	2620	656	78	10112	19917	994
43454	240	1447	393	4019	7499	139
2033	10			146	139	10
4156342	21053	31500	7647	1568	70295	3807
122615	1290	1118	255	9054	10999	392
22661	286	327	301	3249	3552	340

4—6 续表 12

单位:万元 (2012)

指 标	Item	财务费用 Financial Costs
总 计	**Total**	**535987**
#亏损企业	Loss-suffering Enterprises	81149
按地区分	**Gorped by Region**	
市区	City	157181
永宁	Yongning	32586
贺兰	Helan	14785
灵武	Lingwu	331435
按轻重工分	**Grouped by Light & Heavy Industries**	
轻工业	Light Industry	88440
重工业	Heavy Industry	447547
按企业规模分	**Grouped by Size of Enterprises**	
大型企业	Large Enterprises	253802
中型企业	Medium-sized Enterprises	182250
小型企业	Small Enterprises	98711
微型企业	Micro-enterprises	1224
按登记注册类型分	**Grouped by Status of Registration**	
内资企业	Domestic Funded	524960
国有企业	State-owned Enterprises	157994
中央企业	Central	79551
地方企业	Local	78443
联营企业	Joint Ownership Enterprises	472
国有联营企业	State-owned Joint Ownership Enterprises	472
有限责任公司	Limited Liability Corporations	221174
国有独资公司	State Sole Funded Corporations	85613
其他有限责任公司	Other Limited Liability Corporations	135561
股份有限公司	Share-holding Corporations Limited	49106
私营企业	Private Enterprises	96214
私营独资企业	Private Sole Funded Corporations	465
私营有限责任公司	Private Limited Liability Corporations	95749
港、澳、台商投资企业	Enterprises with Funds from Hong Kong,Macao and Taiwan	4295
合资经营企业(港或澳、台资)	Joint-ventures Enterprises (Hongkong,Macao or Taiwan)	1703
港澳台商独资经营企业	Enterprises with Funds from Hong Kong,Macao and Taiwan	2592
外商投资企业	Foreign Funded Enterprises	6733
中外合资经营企业	Joint-venture Enterprises	4280
中外合作经营企业	Cooperation Enterprises	39
外资企业	Foreign Enterprises	2414

continued

(10 000 yuan)

# 利息支出 Interest Expense	营业利润 Operating Profits	利润总额 Total Profits	亏损企业亏损总额 Total Loss of Loss-suffering enterprises	利税总额 Total Profits and Taxes
523950	**815415**	**893286**	**177822**	**1970890**
78182	-194624	-177822	177822	328158
148685	-7390	73815	143954	733977
30750	28155	47248	4386	74970
10954	89225	81371	5141	120757
333561	705425	690853	24341	1041187
87169	171648	220786	6051	287326
436781	643767	672500	171772	1683564
252805	524138	540058	80462	1419008
182620	150693	169967	55981	284141
87382	135949	177212	40163	260192
1143	4635	6049	1216	7549
511657	776146	836682	156173	1890157
157836	92314	108253	784	279666
77187	71738	72995	634	207202
80649	20576	35258	151	72464
	-4399	-3	3	-1
	-4399	-3	3	-1
212030	467833	478214	59817	784781
84967	419715	408547	3393	644178
127064	48117	69667	56424	140603
49512	-44617	-23799	56174	474234
92279	265015	274016	39395	351477
397	-1320	-2816	3880	777
91882	266334	276832	35515	350700
3776	29020	31781	504	35800
1413	9429	10710	504	12754
2362	19591	21071		23046
8517	10250	24824	21145	44934
4445	17845	18982	2748	28103
39	195	194		228
4033	-7790	5648	18397	16603

4—6 续表 13

单位:万元 （2012）

指　标	Item	财务费用 Financial Costs
按工业行业大类分	**Grouped by Sector**	
煤炭开采和洗选业	Mining and Washing of Coal	73130
农副食品加工业	Processing of Food from Agricultural Products	5049
食品制造业	Manufacture of Foods	15317
酒、饮料和精制茶制造业	Manufacture of Wine, Beverage and Tea	1898
纺织业	Manufacture of Textile	40495
纺织服装、服饰业	Manufacture of Textile Wearing Apparel and Apparel Industry	325
皮革、毛皮、羽毛及其制品和制鞋业	Manufacture of leather, Fur, Feather, Footwear and Related Products	606
木材加工及木、竹、藤、棕、草制品业	Processing of Timber,Manufacture of Wood,Bamboo,Rattan,Palm and Straw Products	1221
家具制造业	Manufacture of Furniture	136
造纸及纸制品业	Manufacture of Paper and Paper Products	5176
印刷和记录媒介复制业	Printing,Reproduction of Recording Media	36
石油加工、炼焦及核燃料加工业	Processing of Petroleum,Coking, Processing of Nuclear Fuel	64404
化学原料及化学制品制造业	Manufacture of Raw Chemical Materials and Chemical Products	7351
医药制造业	Manufacture of Medicines	13092
橡胶和塑料制品业	Manufacture of Rubber and Plastics	3472
非金属矿物制品业	Manufacture of Non-metallic Mineral Products	10724
黑色金属冶炼及压延加工业	Smelting and Pressing of Ferrous Metals	6185
有色金属冶炼及压延加工业	Smelting and Pressing of Non-ferrous Metals	36235
金属制品业	Manufacture of Metal Products	2863
通用设备制造业	Manufacture of General Purpose Machinery	5621
专用设备制造业	Manufacture of Special Purpose Machinery	1346
汽车制造业	Manufature of Automotive Industry	627
铁路、船舶、航空航天和其他运输设备制造业	Manufature of Railways, Shipbailding, Aerospace and Other Transporation Equipment	121
电气机械及器材制造业	Manufacture of Electrical Machinery and Equipment	8913
仪器仪表制造业	Manufacture of Measuring Instruments	1968
废弃资源综合利用业	Vtilization Waste Resources	153
电力、热力的生产和供应业	Production and Supply of Electric Power,Gas and Water	211827
燃气生产和供应业	Production and Supply of Gas	12746
水的生产和供应业	Production and Supply of Water	4950

continued

(10 000 yuan)

# 利息支出 Interest Expense	营业利润 Operating Profits	利润总额 Total Profits	亏损企业亏损总额 Total Loss of Loss-suffering enterprises	利税总额 Total Profits and Taxes
73477	421586	408173	2367	638622
4303	11418	19814	36	29114
15721	23396	30643	1713	44904
1837	18109	32820		45475
41991	88434	100679	135	110480
242	440	484		1211
594	5647	5856		7254
1076	3339	3339		3447
134	6983	399		786
3952	1608	2957		5126
	191	187		296
64162	-3899	-11033	91629	500548
7449	-4420	492	14635	5351
12081	3506	12453	1619	23384
3243	-16412	-15986	18903	-9061
11242	5680	21678	7309	37717
6004	8180	7829	5683	10720
35587	78478	81460	2710	112229
2742	12002	10973	1292	15015
6421	3783	27043	2015	39744
1354	5264	5791	299	8013
627	2232	2232		2232
123	1998	2037		2469
4849	19861	23389	9195	31532
1597	10692	12673		15591
82	350	336		379
205400	106076	101728	4371	276093
12623	-3496	-1539	12557	3275
5041	4388	6379	1354	8943

4—6 续表 14

单位:万元 （2012）

指 标	Item	本年应付职工薪酬 Wages Payable This Year
总 计	**Total**	**1146243**
＃亏损企业	Loss-suffering Enterprises	142185
按地区分	**Gorped by Region**	
市区	City	394529
永宁	Yongning	60162
贺兰	Helan	45258
灵武	Lingwu	646295
按轻重工分	**Grouped by Light & Heavy Industries**	
轻工业	Light Industry	118811
重工业	Heavy Industry	1027431
按企业规模分	**Grouped by Size of Enterprises**	
大型企业	Large Enterprises	872159
中型企业	Medium-sized Enterprises	147724
小型企业	Small Enterprises	123694
微型企业	Micro-enterprises	2666
按登记注册类型分	**Grouped by Status of Registration**	
内资企业	Domestic Funded	1092592
国有企业	State-owned Enterprises	215908
中央企业	Central	192864
地方企业	Local	23044
联营企业	Joint Ownership Enterprises	205
国有联营企业	State-owned Joint Ownership Enterprises	205
有限责任公司	Limited Liability Corporations	610421
国有独资公司	State Sole Funded Corporations	498554
其他有限责任公司	Other Limited Liability Corporations	111867
股份有限公司	Share-holding Corporations Limited	113303
私营企业	Private Enterprises	152756
私营独资企业	Private Sole Funded Corporations	5770
私营有限责任公司	Private Limited Liability Corporations	146986
港、澳、台商投资企业	Enterprises with Funds from Hong Kong,Macao and Taiwan	11391
合资经营企业(港或澳、台资)	Joint-ventures Enterprises (Hongkong,Macao or Taiwan)	3244
港澳台商独资经营企业	Enterprises with Funds from Hong Kong,Macao and Taiwan	8147
外商投资企业	Foreign Funded Enterprises	42260
中外合资经营企业	Joint-venture Enterprises	13640
中外合作经营企业	Cooperation Enterprises	193
外资企业	Foreign Enterprises	28427

continued

(10 000 yuan)

本年应交增值税 Value-added Tax Payable This Year	本年进项税额 Input Taxes This Year	本年销项税额 Output Taxes This Year	全部从业人员年平均人数(人) Annual Average Employed Persons(person)
531359	**2200790**	**2623609**	**141492**
50144	647014	675982	22827
191883	1201356	1358302	53224
23923	187771	186713	11046
29453	97519	111453	13769
286099	714145	967143	63453
55120	352127	342295	30865
476238	1848663	2281315	110627
367372	1431421	1737616	80210
92995	391669	476817	29482
69778	375761	406999	31340
1214	1939	2177	460
514191	2105685	2521848	131527
147584	664770	804392	21744
120391	591378	709250	18608
27192	73392	95142	3136
	514	950	40
	514	950	40
253142	474311	692579	59381
190233	166752	356539	36512
62909	307559	336041	22869
51032	582298	596102	14267
62434	383792	427826	36095
2008	7627	9321	1632
60427	376165	418505	34463
2809	19472	18708	2772
1858	7565	9640	818
950	11908	9069	1954
14359	75633	83053	7193
4948	20149	19014	3193
31	320	351	62
9380	55164	63688	3938

单位:万元 （2012）

指 标	Item	本年应付职工薪酬 Wages Payable This Year
按工业行业大类分	**Grouped by Sector**	
煤炭开采和洗选业	Mining and Washing of Coal	492321
农副食品加工业	Processing of Food from Agricultural Products	8338
食品制造业	Manufacture of Foods	27602
酒、饮料和精制茶制造业	Manufacture of Wine, Beverage and Tea	5185
纺织业	Manufacture of Textile	23329
纺织服装、服饰业	Manufacture of Textile Wearing Apparel and Apparel Industry	3271
皮革、毛皮、羽毛及其制品和制鞋业	Manufacture of leather, Fur, Feather, Footwear and Related Products	656
木材加工及木、竹、藤、棕、草制品业	Processing of Timber,Manufacture of Wood,Bamboo,Rattan,Palm and Straw Products	97
家具制造业	Manufacture of Furniture	1307
造纸及纸制品业	Manufacture of Paper and Paper Products	11084
印刷和记录媒介复制业	Printing,Reproduction of Recording Media	900
石油加工、炼焦及核燃料加工业	Processing of Petroleum,Coking, Processing of Nuclear Fuel	137172
化学原料及化学制品制造业	Manufacture of Raw Chemical Materials and Chemical Products	28650
医药制造业	Manufacture of Medicines	25209
橡胶和塑料制品业	Manufacture of Rubber and Plastics	18398
非金属矿物制品业	Manufacture of Non-metallic Mineral Products	24564
黑色金属冶炼及压延加工业	Smelting and Pressing of Ferrous Metals	17191
有色金属冶炼及压延加工业	Smelting and Pressing of Non-ferrous Metals	32486
金属制品业	Manufacture of Metal Products	8097
通用设备制造业	Manufacture of General Purpose Machinery	33426
专用设备制造业	Manufacture of Special Purpose Machinery	4227
汽车制造业	Manufature of Automotive Industry	5128
铁路、船舶、航空航天和其他运输设备制造业	Manufature of Railways, Shipbailding, Aerospace and Other Transporation Equipment	587
电气机械及器材制造业	Manufacture of Electrical Machinery and Equipment	17136
仪器仪表制造业	Manufacture of Measuring Instruments	4491
废弃资源综合利用业	Vtilization Waste Resources	84
电力、热力的生产和供应业	Production and Supply of Electric Power,Gas and Water	201408
燃气生产和供应业	Production and Supply of Gas	6139
水的生产和供应业	Production and Supply of Water	7760

continued

(10 000 yuan)

本年应交增值税 Value-added Tax Payable This Year	本年进项税额 Input Taxes This Year	本年销项税额 Output Taxes This Year	全部从业人员年平均人数(人) Annual Average Employed Persons(person)
185674	156573	342247	36594
8893	19576	21602	2423
12967	153407	152471	5659
6106	9042	15536	1509
9024	120829	104424	8227
668	2544	3210	1197
1346	3302	3595	331
99	9604	9076	93
189	887	1075	335
1981	6613	8569	3162
93	802	872	200
56414	541900	600587	15083
4345	38925	37408	6777
9463	26161	21143	5575
5680	40987	46749	3458
14007	42952	52401	5010
2292	33991	31475	4353
28712	186833	215076	5488
2949	22487	22604	1753
11494	35770	46143	6482
1902	6040	8182	1192
	836	574	1000
374	399	766	155
5523	60664	69495	3995
2679	6985	10197	986
33	438	471	30
152651	643257	768239	18452
3524	28988	29423	923
2278			1050

4—7 规模以上工业企业主要经济指标(市区)

Main Economic Indicators of Industrial Enterprises above Designated Size(City)

单位:万元　　(2012)　　(10 000 yuan)

指 标	Item	企业单位数(个) Number of Enterprises (unit)	# 亏损企业 Loss-suffering Enterprises	工业总产值(当年价格) Gross Output Value of Industrial (current prices)	工业销售产值(当年价格) Output Value of Industrial Sold (current prices)
总 计	**Total**	**122**	**38**	**8243637**	**8224618**
# 亏损企业	Loss-suffering Enterprises	38	38	3565558	3540655
按轻重工分	**Grouped by Light & Heavy Industries**				
轻工业	Light Industry	35	7	522392	514464
重工业	Heavy Industry	87	31	7721245	7710153
按企业规模分	**Grouped by Size of Enterprises**				
大型企业	Large Enterprises	7	3	6485832	6483857
中型企业	Medium-sized Enterprises	28	9	1083552	1060715
小型企业	Small Enterprises	84	25	643551	647312
微型企业	Micro-enterprises	3	1	30703	32734
按登记注册类型分	**Grouped by Status of Registration**				
内资企业	Domestic Funded	105	33	7637887	7639691
国有企业	State-owned Enterprises	5	1	3332199	3345559
中央企业	Central	1		3227829	3227829
地方企业	Local	4	1	104371	117730
联营企业	Joint Ownership Enterprises	1	1	2424	4526
国有联营企业	State-owned Joint Ownership Enterprises	1	1	2424	4526
有限责任公司	Limited Liability Corporations	46	12	788454	821869
国有独资公司	State Sole Funded Corporations	3	1	101428	100398
其他有限责任公司	Other Limited Liability Corporations	43	11	687027	721471
股份有限公司	Share-holding Corporations Limited	6	3	3091280	3058214
私营企业	Private Enterprises	47	16	423529	409523
私营有限责任公司	Private Limited Liability Corporations	47	16	423529	409523
港、澳、台商投资企业	Enterprises with Funds from Hong Kong,Macao and Taiwan	6	1	154248	130674
合资经营企业(港或澳、台资)	Joint-ventures Enterprises (Hongkong,Macao or Taiwan)	2	1	78316	56937
港澳台商独资经营企业	Enterprises with Funds from Hong Kong,Macao and Taiwan	4		75932	73736
外商投资企业	Foreign Funded Enterprises	11	4	451503	454253
中外合资经营企业	Joint-venture Enterprises	7	2	145523	133595
外资企业	Foreign Enterprises	4	2	305980	320659

4—7 续表1 continued

单位:万元 (2012) (10 000 yuan)

指 标	Item	企业单位数(个) Number of Enterprises (unit)	# 亏损企业 Loss-suffering Enterprises	工业总产值(当年价格) Gross Output Value of Industrial (current prices)	工业销售产值(当年价格) Output Value of Industrial Sold (current prices)
按工业行业大类分	**Grouped by Sector**				
农副食品加工业	Processing of Food from Agricultural Products	9	1	89478	90688
食品制造业	Manufacture of Foods	7	2	193125	188780
酒、饮料和精制茶制造业	Manufacture of Wine, Beverage and Tea	2		8107	8133
纺织业	Manufacture of Textile	5	2	112489	107615
纺织服装、服饰业	Manufacture of Textile Wearing Apparel and Apparel Industry	2		19890	22559
造纸及纸制品业	Manufacture of Paper and Paper Products	2		10959	9426
印刷和记录媒介复制业	Printing,Reproduction of Recording Media	1		6431	6431
石油加工、炼焦及核燃料加工业	Processing of Petroleum,Coking, Processing of Nuclear Fuel	2	2	2978502	2950867
化学原料及化学制品制造业	Manufacture of Raw Chemical Materials and Chemical Products	12	6	212609	199230
医药制造业	Manufacture of Medicines	3		14764	13792
橡胶和塑料制品业	Manufacture of Rubber and Plastics	4	3	195178	208338
非金属矿物制品业	Manufacture of Non-metallic Mineral Products	11	2	154011	169291
黑色金属冶炼及压延加工业	Smelting and Pressing of Ferrous Metals	6	3	115471	115630
有色金属冶炼及压延加工业	Smelting and Pressing of Non-ferrous Metals	1	1	22079	21320
金属制品业	Manufacture of Metal Products	2	1	9452	6365
通用设备制造业	Manufacture of General Purpose Machinery	17	4	260646	261348
专用设备制造业	Manufacture of Special Purpose Machinery	6	1	31395	32353
铁路、船舶、航空航天和其他运输设备制造业	Manufature of Railways, Shipbailding, Aerospace and Other Transporation Equipment	1		4556	4506
电气机械及器材制造业	Manufacture of Electrical Machinery and Equipment	11	4	136608	168635
仪器仪表制造业	Manufacture of Measuring Instruments	2		70466	50313
废弃资源综合利用业	Recycling and Disposal of Waste	1		3242	3220
电力、热力的生产和供应业	Production and Supply of Electric Power,Gas and Water	9	3	3428170	3423947
燃气生产和供应业	Production and Supply of Gas	4	2	126887	122707
水的生产和供应业	Production and Supply of Water	2	1	39124	39124

4—7 续表 2 continued

单位:万元 (2012) (10 000 yuan)

指标	Item	资产总计 Total Assets	流动资产合计 Total Working Capitas	# 存货 Stock	# 产成品 Finished Products
总计	**Total**	**8733168**	**2830540**	**693040**	**249499**
# 亏损企业	Loss-suffering Enterprises	2946295	1095204	341266	116446
按轻重工分	**Grouped by Light & Heavy Industries**				
轻工业	Light Industry	844948	374517	131496	45985
重工业	Heavy Industry	7888220	2456023	561544	203514
按企业规模分	**Grouped by Size of Enterprises**				
大型企业	Large Enterprises	4680862	997140	229714	66909
中型企业	Medium-sized Enterprises	2396525	1124704	273642	103731
小型企业	Small Enterprises	1581463	670492	187879	78382
微型企业	Micro-enterprises	74318	38205	1806	477
按登记注册类型分	**Grouped by Status of Registration**				
内资企业	Domestic Funded	7891215	2371622	537573	184169
国有企业	State-owned Enterprises	3128989	575343	13343	3059
中央企业	Central	2558405	443446	633	
地方企业	Local	570584	131897	12710	3059
联营企业	Joint Ownership Enterprises	3812	3227	2719	1050
国有联营企业	State-owned Joint Ownership Enterprises	3812	3227	2719	1050
有限责任公司	Limited Liability Corporations	2317588	896398	182612	77794
国有独资公司	State Sole Funded Corporations	354161	81251	3372	392
其他有限责任公司	Other Limited Liability Corporations	1963428	815147	179239	77402
股份有限公司	Share-holding Corporations Limited	1591354	434090	217383	71240
私营企业	Private Enterprises	849472	462565	121516	31026
私营有限责任公司	Private Limited Liability Corporations	849472	462565	121516	31026
港、澳、台商投资企业	Enterprises with Funds from Hong Kong,Macao and Taiwan	198095	115170	28227	18642
合资经营企业(港或澳、台资)	Joint-ventures Enterprises (Hongkong,Macao or Taiwan)	81277	65726	10838	9422
港澳台商独资经营企业	Enterprises with Funds from Hong Kong,Macao and Taiwan	116817	49444	17389	9219
外商投资企业	Foreign Funded Enterprises	643858	343748	127240	46689
中外合资经营企业	Joint-venture Enterprises	309798	189421	54784	23003
外资企业	Foreign Enterprises	334060	154327	72456	23685

4—7 续表 3 continued

单位:万元 (2012) (10 000 yuan)

指 标	Item	资产总计 Total Assets	流动资产合计 Total Working Capitas	#存货 Stock	#产成品 Finished Products
按工业行业大类分	**Grouped by Sector**				
农副食品加工业	Processing of Food from Agricultural Products	53812	37741	21060	6236
食品制造业	Manufacture of Foods	113456	29845	6521	3086
酒、饮料和精制茶制造业	Manufacture of Wine, Beverage and Tea	43634	23594	7752	2165
纺织业	Manufacture of Textile	282376	153355	62658	20022
纺织服装、服饰业	Manufacture of Textile Wearing Apparel and Apparel Industry	67359	57944	16274	9410
造纸及纸制品业	Manufacture of Paper and Paper Products	13052	7105	2053	198
印刷和记录媒介复制业	Printing,Reproduction of Recording Media	10912	4701	547	
石油加工、炼焦及核燃料加工业	Processing of Petroleum,Coking, Processing of Nuclear Fuel	1535526	611651	205643	59877
化学原料及化学制品制造业	Manufacture of Raw Chemical Materials and Chemical Products	461876	173558	57621	22774
医药制造业	Manufacture of Medicines	25715	14441	3556	224
橡胶和塑料制品业	Manufacture of Rubber and Plastics	177930	79539	38315	14530
非金属矿物制品业	Manufacture of Non-metallic Mineral Products	599902	212256	17128	4738
黑色金属冶炼及压延加工业	Smelting and Pressing of Ferrous Metals	257748	120736	32494	13235
有色金属冶炼及压延加工业	Smelting and Pressing of Non-ferrous Metals	63709	40338	5082	
金属制品业	Manufacture of Metal Products	22073	7647	1578	134
通用设备制造业	Manufacture of General Purpose Machinery	506764	280497	101472	36612
专用设备制造业	Manufacture of Special Purpose Machinery	50546	23739	8874	4619
铁路、船舶、航空航天和其他运输设备制造业	Manufature of Railways, Shipbailding, Aerospace and Other Transporation Equipment	10172	6031	265	
电气机械及器材制造业	Manufacture of Electrical Machinery and Equipment	255826	189104	78581	40062
仪器仪表制造业	Manufacture of Measuring Instruments	68614	60527	5404	3505
废弃资源综合利用业	Recycling and Disposal of Waste	3370	1057	465	79
电力、热力的生产和供应业	Production and Supply of Electric Power,Gas and Water	3516419	625107	8471	
燃气生产和供应业	Production and Supply of Gas	386503	42296	10678	7997
水的生产和供应业	Production and Supply of Water	205876	27735	549	

4—7 续表4 continued

单位:万元 (2012) (10 000 yuan)

指 标	Item	固定资产合计 Total Value of Fixed Assets	固定资产原价 Original Value of Fixed Assets	累计折旧 Accumulated Depreciation
总 计	**Total**	**4873627**	**6904640**	**2331063**
# 亏损企业	Loss-suffering Enterprises	1669112	2327079	727944
按轻重工分	**Grouped by Light & Heavy Industries**			
轻工业	Light Industry	299407	374107	96468
重工业	Heavy Industry	4574220	6530533	2234595
按企业规模分	**Grouped by Size of Enterprises**			
大型企业	Large Enterprises	3323732	4993420	1865784
中型企业	Medium-sized Enterprises	857798	1088374	287161
小型企业	Small Enterprises	685123	815361	177608
微型企业	Micro-enterprises	6974	7485	511
按登记注册类型分	**Grouped by Status of Registration**			
内资企业	Domestic Funded	4598284	6487102	2175474
国有企业	State-owned Enterprises	2269512	3414983	1301992
中央企业	Central	2058033	3129487	1217196
地方企业	Local	211479	285496	84796
联营企业	Joint Ownership Enterprises	585	798	213
国有联营企业	State-owned Joint Ownership Enterprises	585	798	213
有限责任公司	Limited Liability Corporations	1028293	1205208	234880
国有独资公司	State Sole Funded Corporations	237454	321475	92504
其他有限责任公司	Other Limited Liability Corporations	790839	883733	142376
股份有限公司	Share-holding Corporations Limited	1089789	1621601	571421
私营企业	Private Enterprises	210105	244512	66969
私营有限责任公司	Private Limited Liability Corporations	210105	244512	66969
港、澳、台商投资企业	Enterprises with Funds from Hong Kong,Macao and Taiwan	41256	65795	28764
合资经营企业(港或澳、台资)	Joint-ventures Enterprises (Hongkong,Macao or Taiwan)	13772	24433	12428
港澳台商独资经营企业	Enterprises with Funds from Hong Kong,Macao and Taiwan	27484	41362	16336
外商投资企业	Foreign Funded Enterprises	234087	351742	126824
中外合资经营企业	Joint-venture Enterprises	80245	86747	17528
外资企业	Foreign Enterprises	153842	264995	109297

4—7 续表 5 continued

单位:万元 （2012） （10 000 yuan）

指 标	Item	固定资产合计 Total Value of Fixed Assets	固定资产原价 Original Value of Fixed Assets	累计折旧 Accumulated Depreciation
按工业行业大类分	**Grouped by Sector**			
农副食品加工业	Processing of Food from Agricultural Products	11591	18905	8944
食品制造业	Manufacture of Foods	58051	61692	14706
酒、饮料和精制茶制造业	Manufacture of Wine, Beverage and Tea	17888	22429	4541
纺织业	Manufacture of Textile	31034	33897	5339
纺织服装、服饰业	Manufacture of Textile Wearing Apparel and Apparel Industry	9334	12236	4533
造纸及纸制品业	Manufacture of Paper and Paper Products	5257	7263	2006
印刷和记录媒介复制业	Printing,Reproduction of Recording Media	4772	6930	3054
石油加工、炼焦及核燃料加工业	Processing of Petroleum,Coking, Processing of Nuclear Fuel	859135	1305465	482237
化学原料及化学制品制造业	Manufacture of Raw Chemical Materials and Chemical Products	257726	302158	67441
医药制造业	Manufacture of Medicines	6786	12638	5857
橡胶和塑料制品业	Manufacture of Rubber and Plastics	89231	182877	91590
非金属矿物制品业	Manufacture of Non-metallic Mineral Products	142336	211597	80186
黑色金属冶炼及压延加工业	Smelting and Pressing of Ferrous Metals	79912	97917	27209
有色金属冶炼及压延加工业	Smelting and Pressing of Non-ferrous Metals	10459	11293	1140
金属制品业	Manufacture of Metal Products	11204	11226	978
通用设备制造业	Manufacture of General Purpose Machinery	177232	258008	89834
专用设备制造业	Manufacture of Special Purpose Machinery	16956	18546	1615
铁路、船舶、航空航天和其他运输设备制造业	Manufature of Railways, Shipbailding, Aerospace and Other Transporation Equipment	751	1117	451
电气机械及器材制造业	Manufacture of Electrical Machinery and Equipment	48840	55567	9774
仪器仪表制造业	Manufacture of Measuring Instruments	6446	6137	1458
废弃资源综合利用业	Recycling and Disposal of Waste	1893	2008	305
电力、热力的生产和供应业	Production and Supply of Electric Power,Gas and Water	2673648	3861585	1366185
燃气生产和供应业	Production and Supply of Gas	206234	214330	17273
水的生产和供应业	Production and Supply of Water	146911	188821	44407

4—7 续表 6 continued

单位:万元 (2012) (10 000 yuan)

指 标	Item	负债合计 Total Liabilities	流动负债合计 Total Working Liabilities	# 应付账款 Accounts Payable
总 计	**Total**	**5252645**	**3318210**	**1241682**
# 亏损企业	Loss-suffering Enterprises	1830929	1212563	358922
按轻重工分	**Grouped by Light & Heavy Industries**			
轻工业	Light Industry	405699	294464	47936
重工业	Heavy Industry	4846946	3023745	1193746
按企业规模分	**Grouped by Size of Enterprises**			
大型企业	Large Enterprises	2671151	1509349	797386
中型企业	Medium-sized Enterprises	1506132	1081083	224141
小型企业	Small Enterprises	1043673	724732	220103
微型企业	Micro-enterprises	31690	3046	52
按登记注册类型分	**Grouped by Status of Registration**			
内资企业	Domestic Funded	4733539	2855885	1114599
国有企业	State-owned Enterprises	1852381	1172434	623114
中央企业	Central	1602320	1092319	606669
地方企业	Local	250061	80115	16445
联营企业	Joint Ownership Enterprises	3629	3629	3571
国有联营企业	State-owned Joint Ownership Enterprises	3629	3629	3571
有限责任公司	Limited Liability Corporations	1578256	1022720	266522
国有独资公司	State Sole Funded Corporations	251079	45002	18249
其他有限责任公司	Other Limited Liability Corporations	1327177	977718	248273
股份有限公司	Share-holding Corporations Limited	867582	323407	151763
私营企业	Private Enterprises	431691	333695	69629
私营有限责任公司	Private Limited Liability Corporations	431691	333695	69629
港、澳、台商投资企业	Enterprises with Funds from Hong Kong,Macao and Taiwan	150097	132470	24577
合资经营企业(港或澳、台资)	Joint-ventures Enterprises (Hongkong, Macao or Taiwan)	65416	58459	19734
港澳台商独资经营企业	Enterprises with Funds from Hong Kong,Macao and Taiwan	84681	74011	4843
外商投资企业	Foreign Funded Enterprises	369009	329855	102506
中外合资经营企业	Joint-venture Enterprises	161304	141595	13726
外资企业	Foreign Enterprises	207705	188260	88780

4—7 续表 7 continued

单位：万元　　(2012)　　(10 000 yuan)

指　标	Item	负债合计 Total Liabilities	流动负债合计 Total Working Liabilities	# 应付账款 Accounts Payable
按工业行业大类分	**Grouped by Sector**			
农副食品加工业	Processing of Food from Agricultural Products	21007	19140	7857
食品制造业	Manufacture of Foods	65660	47270	12493
酒、饮料和精制茶制造业	Manufacture of Wine, Beverage and Tea	30011	29911	1119
纺织业	Manufacture of Textile	94950	75120	-5222
纺织服装、服饰业	Manufacture of Textile Wearing Apparel and Apparel Industry	49784	47721	22184
造纸及纸制品业	Manufacture of Paper and Paper Products	6805	6100	1596
印刷和记录媒介复制业	Printing,Reproduction of Recording Media	4769	4769	1895
石油加工、炼焦及核燃料加工业	Processing of Petroleum,Coking, Processing of Nuclear Fuel	819126	512598	161183
化学原料及化学制品制造业	Manufacture of Raw Chemical Materials and Chemical Products	265498	185284	48712
医药制造业	Manufacture of Medicines	5717	5173	961
橡胶和塑料制品业	Manufacture of Rubber and Plastics	132316	119316	71278
非金属矿物制品业	Manufacture of Non-metallic Mineral Products	227753	88740	29372
黑色金属冶炼及压延加工业	Smelting and Pressing of Ferrous Metals	185900	153829	10332
有色金属冶炼及压延加工业	Smelting and Pressing of Non-ferrous Metals	51529	46115	4003
金属制品业	Manufacture of Metal Products	15310	13710	2532
通用设备制造业	Manufacture of General Purpose Machinery	301049	258702	73574
专用设备制造业	Manufacture of Special Purpose Machinery	34638	33716	8737
铁路、船舶、航空航天和其他运输设备制造业	Manufature of Railways, Shipbailding, Aerospace and Other Transporation Equipment	3874	3282	167
电气机械及器材制造业	Manufacture of Electrical Machinery and Equipment	173968	153358	70126
仪器仪表制造业	Manufacture of Measuring Instruments	52986	50509	18533
废弃资源综合利用业	Recycling and Disposal of Waste	876	876	267
电力、热力的生产和供应业	Production and Supply of Electric Power,Gas and Water	2312041	1204154	661621
燃气生产和供应业	Production and Supply of Gas	291659	219831	35136
水的生产和供应业	Production and Supply of Water	105420	38985	3225

4—7 续表 8

单位:万元 （2012）

指 标	Item	所有者权益合计 Owners' Equities	实收资本 Paid-up Capital
总 计	**Total**	**3446737**	**1900571**
# 亏损企业	Loss-suffering Enterprises	1115358	1141593
按轻重工分	**Grouped by Light & Heavy Industries**		
轻工业	Light Industry	439249	255770
重工业	Heavy Industry	3007488	1644801
按企业规模分	**Grouped by Size of Enterprises**		
大型企业	Large Enterprises	2009511	951881
中型企业	Medium-sized Enterprises	890386	631935
小型企业	Small Enterprises	536837	314105
微型企业	Micro-enterprises	10002	2650
按登记注册类型分	**Grouped by Status of Registration**		
内资企业	Domestic Funded	3123890	1691170
国有企业	State-owned Enterprises	1276408	249823
中央企业	Central	956085	173022
地方企业	Local	320322	76802
联营企业	Joint Ownership Enterprises	183	589
国有联营企业	State-owned Joint Ownership Enterprises	183	589
有限责任公司	Limited Liability Corporations	739256	563047
国有独资公司	State Sole Funded Corporations	103082	98967
其他有限责任公司	Other Limited Liability Corporations	636174	464080
股份有限公司	Share-holding Corporations Limited	723772	712368
私营企业	Private Enterprises	384272	165343
私营有限责任公司	Private Limited Liability Corporations	384272	165343
港、澳、台商投资企业	Enterprises with Funds from Hong Kong,Macao and Taiwan	47998	28266
合资经营企业(港或澳、台资)	Joint-ventures Enterprises (Hongkong, Macao or Taiwan)	15862	10100
港澳台商独资经营企业	Enterprises with Funds from Hong Kong,Macao and Taiwan	32136	18166
外商投资企业	Foreign Funded Enterprises	274849	181135
中外合资经营企业	Joint-venture Enterprises	148494	73380
外资企业	Foreign Enterprises	126355	107755

continued

(10 000 yuan)

国家资本 State-owned Capital	集体资本 Collective-owned Capital	法人资本 Corporate Capital	个人资本 Personal Capital	港澳台资本 Capital frome Hong Kong, Macao and Taiwan	外商资本 Foreign Capital
807681	**36377**	**755142**	**158859**	**20991**	**121521**
684368	33977	313877	40833	2425	66113
57694	3027	135008	51701	1386	6953
749986	33350	620134	107158	19605	114568
646986	28700	181404	45001	15140	34650
118385	2250	377661	53691	400	79549
42310	5427	196078	57516	5451	7323
			2650		
805056	36377	691094	158644		
25663		199534	24627		
		173022			
25663		26512	24627		
		589			
		589			
145385	4650	398274	14738		
46967		52000			
98418	4650	346274	14738		
634007	31727	15488	31145		
		77208	88135		
		77208	88135		
		7275		20991	
		7275		2825	
				18166	
2625		56774	215		121521
2625		56774	215		13766
					107755

4—7 续表 9

单位:万元 (2012)

指 标	Item	所有者权益合计 Owners´ Equities	实收资本 Paid-up Capital
按工业行业大类分	**Grouped by Sector**		
农副食品加工业	Processing of Food from Agricultural Products	32804	8368
食品制造业	Manufacture of Foods	47796	33853
酒、饮料和精制茶制造业	Manufacture of Wine, Beverage and Tea	13623	1100
纺织业	Manufacture of Textile	187426	62400
纺织服装、服饰业	Manufacture of Textile Wearing Apparel and Apparel Industry	17575	1100
造纸及纸制品业	Manufacture of Paper and Paper Products	6246	3500
印刷和记录媒介复制业	Printing,Reproduction of Recording Media	6143	5371
石油加工、炼焦及核燃料加工业	Processing of Petroleum,Coking, Processing of Nuclear Fuel	716400	712230
化学原料及化学制品制造业	Manufacture of Raw Chemical Materials and Chemical Products	196377	131609
医药制造业	Manufacture of Medicines	19997	11422
橡胶和塑料制品业	Manufacture of Rubber and Plastics	45614	70121
非金属矿物制品业	Manufacture of Non-metallic Mineral Products	339322	63140
黑色金属冶炼及压延加工业	Smelting and Pressing of Ferrous Metals	71841	57992
有色金属冶炼及压延加工业	Smelting and Pressing of Non-ferrous Metals	12180	17000
金属制品业	Manufacture of Metal Products	6763	7005
通用设备制造业	Manufacture of General Purpose Machinery	205715	132590
专用设备制造业	Manufacture of Special Purpose Machinery	15909	9863
铁路、船舶、航空航天和其他运输设备制造业	Manufature of Railways, Shipbailding, Aerospace and Other Transporation Equipment	6298	800
电气机械及器材制造业	Manufacture of Electrical Machinery and Equipment	80907	55499
仪器仪表制造业	Manufacture of Measuring Instruments	15627	1476
废弃资源综合利用业	Recycling and Disposal of Waste	2495	50
电力、热力的生产和供应业	Production and Supply of Electric Power,Gas and Water	1204378	362922
燃气生产和供应业	Production and Supply of Gas	94844	29490
水的生产和供应业	Production and Supply of Water	100457	121670

continued

(10 000 yuan)

国家资本 State-owned Capital	集体资本 Collective-owned Capital	法人资本 Corporate Capital	个人资本 Personal Capital	港澳台资本 Capital frome Hong Kong, Macao and Taiwan	外商资本 Foreign Capital
		704	6554	600	510
1420	3027	23155	6250		
		1100			
		21807	34400		6193
750		100			250
		500	3000		
5371					
624230		88000			
6379	28700	91341	2763	2426	
169		9756	1496		
		7275	1121	2425	59300
22755	2000	6687	31698		
		32052	10800	15140	
		17000			
			7005		
12399	400	43422	25913		50455
		6406	3457		
			800		
2750	2250	43836	1850		4813
			1076	400	
		50			
77308		264940	20674		
4165		25325			
49984		71686			

4—7 续表 10

单位:万元　　　　(2012)

指 标	Item	主营业务收入 Revenue from Principal Business
总 计	**Total**	**8266888**
# 亏损企业	Loss-suffering Enterprises	3533572
按轻重工分	**Grouped by Light & Heavy Industries**	
轻工业	Light Industry	501167
重工业	Heavy Industry	7765721
按企业规模分	**Grouped by Size of Enterprises**	
大型企业	Large Enterprises	6471573
中型企业	Medium-sized Enterprises	1090194
小型企业	Small Enterprises	661849
微型企业	Micro-enterprises	43272
按登记注册类型分	**Grouped by Status of Registration**	
内资企业	Domestic Funded	7667076
国有企业	State-owned Enterprises	3345877
中央企业	Central	3227829
地方企业	Local	118048
联营企业	Joint Ownership Enterprises	4526
国有联营企业	State-owned Joint Ownership Enterprises	4526
有限责任公司	Limited Liability Corporations	818924
国有独资公司	State Sole Funded Corporations	102002
其他有限责任公司	Other Limited Liability Corporations	716923
股份有限公司	Share-holding Corporations Limited	3046485
私营企业	Private Enterprises	451263
私营有限责任公司	Private Limited Liability Corporations	451263
港、澳、台商投资企业	Enterprises with Funds from Hong Kong,Macao and Taiwan	137415
合资经营企业(港或澳、台资)	Joint-ventures Enterprises (Hongkong,Macao or Taiwan)	64937
港澳台商独资经营企业	Enterprises with Funds from Hong Kong,Macao and Taiwan	72478
外商投资企业	Foreign Funded Enterprises	462397
中外合资经营企业	Joint-venture Enterprises	134325
外资企业	Foreign Enterprises	328073

continued

(10 000 yuan)

# 主营业务成本 Cost of Principal Business	# 主营业务税金及附加 Taxes and Other Charges on Principal Business	其他业务收入 Revenus from Other Business	其他业务利润 Other Profits	销售费用 Selling Costs	管理费用 Management Costs	# 税金 Taxex
7361326	467659	87630	-10955	116382	229350	11941
3049566	449233	50225	-14878	42534	96767	5312
398066	1860	24444	591	38199	23992	1662
6963261	465799	63187	-11545	78183	205358	10278
5861756	457687	26849	-15279	22610	110298	5188
903076	6896	42198	2139	60329	68782	4407
565057	2856	18563	2185	30062	49023	2311
31438	219	20		3381	1247	36
6861950	465399	49496	-13626	87910	186834	9349
3225867	12261	6261	1097	3821	40961	2136
3138554	11442	6041	887		34242	1186
87313	819	220	210	3821	6720	950
5413	1	2746	-18	763	272	21
5413	1	2746	-18	763	272	21
697779	6479	25685	1189	49875	52300	2993
90901	723	679	313	224	3425	515
606878	5756	25006	876	49652	48875	2478
2547417	445600	3286	-17627	15546	68339	2929
385475	1058	11518	1733	17905	24962	1270
385475	1058	11518	1733	17905	24962	1270
98783	452	1981	680	7163	11714	414
44324	186	938	346	3846	5801	119
54460	267	1043	334	3317	5913	295
400593	1807	36153	1991	21309	30803	2177
103623	271	347	73	4522	10402	514
296970	1536	35806	1918	16787	20401	1663

4—7 续表 11

单位:万元　　　　　　　　　　　　　　　　　　　　　　　　　　　　　　　　　　　　(2012)

指　标	Item	主营业务收入 Revenue from Principal Business
按工业行业大类分	**Grouped by Sector**	
农副食品加工业	Processing of Food from Agricultural Products	93231
食品制造业	Manufacture of Foods	153867
酒、饮料和精制茶制造业	Manufacture of Wine, Beverage and Tea	11741
纺织业	Manufacture of Textile	122293
纺织服装、服饰业	Manufacture of Textile Wearing Apparel and Apparel Industry	22559
造纸及纸制品业	Manufacture of Paper and Paper Products	9469
印刷和记录媒介复制业	Printing,Reproduction of Recording Media	6292
石油加工、炼焦及核燃料加工业	Processing of Petroleum,Coking, Processing of Nuclear Fuel	2918960
化学原料及化学制品制造业	Manufacture of Raw Chemical Materials and Chemical Products	201580
医药制造业	Manufacture of Medicines	14028
橡胶和塑料制品业	Manufacture of Rubber and Plastics	214197
非金属矿物制品业	Manufacture of Non-metallic Mineral Products	180205
黑色金属冶炼及压延加工业	Smelting and Pressing of Ferrous Metals	132760
有色金属冶炼及压延加工业	Smelting and Pressing of Non-ferrous Metals	20799
金属制品业	Manufacture of Metal Products	5537
通用设备制造业	Manufacture of General Purpose Machinery	263803
专用设备制造业	Manufacture of Special Purpose Machinery	32538
铁路、船舶、航空航天和其他运输设备制造业	Manufature of Railways, Shipbailding, Aerospace and Other Transporation Equipment	4506
电气机械及器材制造业	Manufacture of Electrical Machinery and Equipment	170733
仪器仪表制造业	Manufacture of Measuring Instruments	58313
废弃资源综合利用业	Recycling and Disposal of Waste	2771
电力、热力的生产和供应业	Production and Supply of Electric Power,Gas and Water	3447171
燃气生产和供应业	Production and Supply of Gas	140736
水的生产和供应业	Production and Supply of Water	38799

continued

(10 000 yuan)

# 主营业务成本 Cost of Principal Business	# 主营业务税金及附加 Taxes and Other Charges on Principal Business	其他业务收入 Revenus from Other Business	其他业务利润 Other Profits	销售费用 Selling Costs	管理费用 Management Costs	
						# 税金 Taxex
82228	141	2823	29	5215	2931	308
118401	251	17341	2	24227	4561	291
12082	846	3287	32	232	1896	164
97022	43			396	3451	218
19240	59	6	6	1197	1305	76
7457	45	276	52	407	869	23
4961	11	139	54	12	1223	28
2452908	447143		-17627	9747	59301	2160
187182	302	2184	48	7329	12032	1115
7563	134	244	114	2564	3023	166
211751	1141	35185	1122	6805	11516	1085
143430	992	7111	236	9908	8686	984
103859	421	1599	376	6267	11253	447
20719	12			25	1449	
5163	23			60	1136	84
210780	1167	2275	1235	16909	24616	1515
25942	223	1058	136	1074	3332	129
2822	58	677	-31	141	715	11
158373	478	655	108	6138	13428	339
35903	222	979	391	3869	6881	116
2033	10			146	139	10
3315250	12422	11426	2469	1568	41863	1959
113597	1229	37	-9	8896	10190	372
22661	286	327	301	3249	3552	340

4—7 续表 12

单位:万元 （2012）

指 标	Item	财务费用 Financial Costs
总 计	**Total**	**157181**
# 亏损企业	Loss-suffering Enterprises	55529
按轻重工分	**Grouped by Light & Heavy Industries**	
轻工业	Light Industry	14611
重工业	Heavy Industry	142570
按企业规模分	**Grouped by Size of Enterprises**	
大型企业	Large Enterprises	72963
中型企业	Medium-sized Enterprises	56325
小型企业	Small Enterprises	27046
微型企业	Micro-enterprises	846
按登记注册类型分	**Grouped by Status of Registration**	
内资企业	Domestic Funded	146781
国有企业	State-owned Enterprises	47254
中央企业	Central	36474
地方企业	Local	10780
联营企业	Joint Ownership Enterprises	472
国有联营企业	State-owned Joint Ownership Enterprises	472
有限责任公司	Limited Liability Corporations	55967
国有独资公司	State Sole Funded Corporations	12778
其他有限责任公司	Other Limited Liability Corporations	43189
股份有限公司	Share-holding Corporations Limited	29422
私营企业	Private Enterprises	13665
私营有限责任公司	Private Limited Liability Corporations	13665
港、澳、台商投资企业	Enterprises with Funds from Hong Kong,Macao and Taiwan	3766
合资经营企业(港或澳、台资)	Joint-ventures Enterprises （Hongkong,Macao or Taiwan）	1703
港澳台商独资经营企业	Enterprises with Funds from Hong Kong,Macao and Taiwan	2063
外商投资企业	Foreign Funded Enterprises	6633
中外合资经营企业	Joint-venture Enterprises	4490
外资企业	Foreign Enterprises	2144

continued

(10 000 yuan)

#利息支出 Interest Expense	营业利润 Operating Profits	利润总额 Total Profits	亏损企业亏损总额 Total Loss of Loss-suffering enterprises	利税总额 Total Profits and Taxes
148685	**-7390**	**73815**	**143954**	**733977**
51507	-156798	-143954	143954	349335
13607	25574	51609	3727	65524
135079	-32964	22206	140228	668453
71464	-13328	-50	65318	601301
56195	983	36167	51765	72199
20172	-159	31264	26862	52871
854	5115	6434	9	7606
137364	-27009	37102	122305	682455
45741	48421	61384	151	180904
34255	43005	44060		155489
11486	5416	17324	151	25415
	-4399	-3	3	-1
	-4399	-3	3	-1
49900	-30930	-5824	55628	21846
11822	-4280	-1994	3393	3456
38079	-26650	-3831	52235	18390
29915	-55209	-46018	56174	437556
11807	15108	27563	10351	42151
11807	15108	27563	10351	42151
3251	16222	18949	504	21790
1413	9429	10710	504	12754
1838	6793	8240		9037
8070	3397	17764	21145	29731
4325	11250	12175	2748	13699
3745	-7852	5589	18397	16032

4—7 续表 13

单位:万元 （2012）

指 标	Item	财务费用 Financial Costs
按工业行业大类分	**Grouped by Sector**	
农副食品加工业	Processing of Food from Agricultural Products	908
食品制造业	Manufacture of Foods	1088
酒、饮料和精制茶制造业	Manufacture of Wine, Beverage and Tea	1087
纺织业	Manufacture of Textile	4343
纺织服装、服饰业	Manufacture of Textile Wearing Apparel and Apparel Industry	325
造纸及纸制品业	Manufacture of Paper and Paper Products	573
印刷和记录媒介复制业	Printing,Reproduction of Recording Media	36
石油加工、炼焦及核燃料加工业	Processing of Petroleum,Coking, Processing of Nuclear Fuel	23886
化学原料及化学制品制造业	Manufacture of Raw Chemical Materials and Chemical Products	6752
医药制造业	Manufacture of Medicines	220
橡胶和塑料制品业	Manufacture of Rubber and Plastics	3166
非金属矿物制品业	Manufacture of Non-metallic Mineral Products	7608
黑色金属冶炼及压延加工业	Smelting and Pressing of Ferrous Metals	5369
有色金属冶炼及压延加工业	Smelting and Pressing of Non-ferrous Metals	784
金属制品业	Manufacture of Metal Products	750
通用设备制造业	Manufacture of General Purpose Machinery	5558
专用设备制造业	Manufacture of Special Purpose Machinery	898
铁路、船舶、航空航天和其他运输设备制造业	Manufature of Railways, Shipbailding, Aerospace and Other Transporation Equipment	65
电气机械及器材制造业	Manufacture of Electrical Machinery and Equipment	4413
仪器仪表制造业	Manufacture of Measuring Instruments	1896
废弃资源综合利用业	Recycling and Disposal of Waste	153
电力、热力的生产和供应业	Production and Supply of Electric Power,Gas and Water	69607
燃气生产和供应业	Production and Supply of Gas	12748
水的生产和供应业	Production and Supply of Water	4950

continued

(10 000 yuan)

#利息支出 Interest Expense	营业利润 Operating Profits	利润总额 Total Profits	亏损企业亏损总额 Total Loss of Loss-suffering Enterprises	利税总额 Total Profits and Taxes
455	32	6865	3	8964
723	6230	7059	1578	9122
1097	-3008	9684		10961
4334	17038	19730	135	22465
242	440	484		1211
538	169	532		1014
	191	187		296
23503	-73094	-72324	72324	408896
7050	-8083	-4888	13437	-3076
95	641	1248		2688
3070	-19101	-18803	18901	-12790
8164	6335	18364	522	30610
5268	6489	8803	4194	9809
	-2191	-2067	2067	-2015
758	-1530	-1146	1150	-1057
6359	3438	26581	1984	39008
907	1026	1466	299	3286
67	1350	1389		1820
3610	-5346	-2081	9195	816
1593	9938	11419		13777
82	350	336		379
63113	52355	58086	4256	177796
12617	-5446	-3488	12557	1053
5041	4388	6379	1354	8943

4—7 续表 14

单位:万元 （2012）

指 标	Item	本年应付职工薪酬 Wages Payable This Year
总 计	**Total**	**394529**
# 亏损企业	Loss-suffering Enterprises	117111
按轻重工分	**Grouped by Light & Heavy Industries**	
轻工业	Light Industry	28777
重工业	Heavy Industry	365752
按企业规模分	**Grouped by Size of Enterprises**	
大型企业	Large Enterprises	253028
中型企业	Medium-sized Enterprises	95737
小型企业	Small Enterprises	44129
微型企业	Micro-enterprises	1634
按登记注册类型分	**Grouped by Status of Registration**	
内资企业	Domestic Funded	345407
国有企业	State-owned Enterprises	169486
中央企业	Central	158094
地方企业	Local	11392
联营企业	Joint Ownership Enterprises	205
国有联营企业	State-owned Joint Ownership Enterprises	205
有限责任公司	Limited Liability Corporations	63746
国有独资公司	State Sole Funded Corporations	10090
其他有限责任公司	Other Limited Liability Corporations	53656
股份有限公司	Share-holding Corporations Limited	83618
私营企业	Private Enterprises	28351
私营有限责任公司	Private Limited Liability Corporations	28351
港、澳、台商投资企业	Enterprises with Funds from Hong Kong,Macao and Taiwan	10707
合资经营企业(港或澳、台资)	Joint-ventures Enterprises （Hongkong,Macao or Taiwan）	3244
港澳台商独资经营企业	Enterprises with Funds from Hong Kong,Macao and Taiwan	7462
外商投资企业	Foreign Funded Enterprises	38415
中外合资经营企业	Joint-venture Enterprises	10532
外资企业	Foreign Enterprises	27883

continued

(10 000 yuan)

本年应交增值税 Value-added Tax Payable This Year	本年进项税额 Input Taxes This Year	本年销项税额 Output Taxes This Year	全部从业人员年平均人数(人) Annual Average Employed Persons(person)
191883	**1201356**	**1358302**	**53224**
44036	556909	585488	14933
12047	56498	64651	8180
179836	1144859	1293650	45044
143087	950476	1072768	23963
29136	161713	198671	19446
18708	89042	86725	9770
952	125	138	45
179334	1115879	1270578	44318
106872	466611	568940	14989
99621	456230	555627	13409
7251	10382	13314	1580
	514	950	40
	514	950	40
21170	139854	158175	11977
4727	10429	14710	1084
16443	129425	143465	10893
37763	454921	477477	9867
13529	53979	65036	7445
13529	53979	65036	7445
2389	15590	14406	2504
1858	7565	9640	818
531	8025	4766	1686
10161	69888	73318	6402
1254	17321	12491	2587
8907	52567	60827	3815

4—7 续表 15

单位:万元 （2012）

指　标	Item	本年应付职工薪酬 Wages Payable This Year
按工业行业大类分	**Grouped by Sector**	
农副食品加工业	Processing of Food from Agricultural Products	3616
食品制造业	Manufacture of Foods	4486
酒、饮料和精制茶制造业	Manufacture of Wine, Beverage and Tea	340
纺织业	Manufacture of Textile	3134
纺织服装、服饰业	Manufacture of Textile Wearing Apparel and Apparel Industry	3271
造纸及纸制品业	Manufacture of Paper and Paper Products	887
印刷和记录媒介复制业	Printing,Reproduction of Recording Media	900
石油加工、炼焦及核燃料加工业	Processing of Petroleum,Coking, Processing of Nuclear Fuel	67198
化学原料及化学制品制造业	Manufacture of Raw Chemical Materials and Chemical Products	23734
医药制造业	Manufacture of Medicines	2386
橡胶和塑料制品业	Manufacture of Rubber and Plastics	16889
非金属矿物制品业	Manufacture of Non-metallic Mineral Products	13281
黑色金属冶炼及压延加工业	Smelting and Pressing of Ferrous Metals	12083
有色金属冶炼及压延加工业	Smelting and Pressing of Non-ferrous Metals	315
金属制品业	Manufacture of Metal Products	1172
通用设备制造业	Manufacture of General Purpose Machinery	32713
专用设备制造业	Manufacture of Special Purpose Machinery	3527
铁路、船舶、航空航天和其他运输设备制造业	Manufature of Railways, Shipbailding, Aerospace and Other Transporation Equipment	493
电气机械及器材制造业	Manufacture of Electrical Machinery and Equipment	12878
仪器仪表制造业	Manufacture of Measuring Instruments	3952
废弃资源综合利用业	Recycling and Disposal of Waste	84
电力、热力的生产和供应业	Production and Supply of Electric Power,Gas and Water	173833
燃气生产和供应业	Production and Supply of Gas	5597
水的生产和供应业	Production and Supply of Water	7760

continued

(10 000 yuan)

本年应交增值税 Value-added Tax Payable This Year	本年进项税额 Input Taxes This Year	本年销项税额 Output Taxes This Year	全部从业人员年平均人数(人) Annual Average Employed Persons(person)
1955	7105	7104	865
1812	21635	25863	1554
431	1017	2040	172
2692	18181	18274	1418
668	2544	3210	1197
436	1172	1608	411
93	802	872	200
34077	426406	460395	4959
1510	28327	25263	5395
1307	852	2118	609
4872	36932	41915	3006
11254	15387	22519	1967
585	17344	13230	2713
40	3482	3522	110
67	754	835	215
11247	34697	44833	6268
1597	3893	5378	782
374	399	766	117
2419	46472	51132	2574
2136	6039	8667	847
33	438	471	30
106690	500009	590373	15971
3311	27471	27914	794
2278			1050

4—8 工业企业按工业总产值排序前50名

The Sort before 50 of Industrial Enterpries According to Industrial Output Value

（2012）

名 次 Number	企业名称 Company Name	法人代表 Legal Representative
1	宁夏电力公司	张福轩
2	中国石油天然气股份有限公司宁夏石化分公司	雍瑞生
3	神华宁夏煤业集团有限责任公司	王 俭
4	青铜峡铝业股份有限公司宁东分公司	田红健
5	宁夏宝丰能源集团有限公司	党彦宝
6	华电宁夏灵武发电有限公司	李其浩
7	宁夏伊品生物科技股份有限公司	闫晓平
8	宁夏广银铝业有限公司	吴大奎
9	宁夏中银绒业国际集团有限公司	马生明
10	宁夏京能宁东发电有限责任公司	陆海军
11	国网能源宁夏煤电有限公司	李惠波
12	蒙牛乳业（银川）有限公司	黄 华
13	宁夏启元药业有限公司	胡吉东
14	银川佳通轮胎有限公司	李怀靖
15	宁夏嘉源绒业有限公司	杨立功
16	宁夏天马冶化(集团)股份有限公司	马生军
17	宁夏小巨人机床有限公司	董庆富
18	宁夏泰瑞制药股份有限公司	王 义
19	宁夏荣昌绒业集团有限公司	杨建荣
20	宁夏国华宁东发电有限公司	陈寅彪
21	中铝宁夏能源集团有限公司	何怀兴
22	宁夏特米尔羊绒制品有限公司	杨建荣
23	宁夏北方精工钢结构实业有限公司	邵海潮
24	宁夏电投西夏热电有限公司	王建华
25	宁夏紫荆花纸业有限公司	纳巨波
26	宁夏哈纳斯天然气有限公司	杜彦忠
27	宁夏隆基宁光仪表有限公司	钟宝申
28	银川宝塔精细化工有限公司	孙淑兰
29	宁夏赛马水泥有限公司	王广林
30	宁夏力成电气集团有限公司	陈庆成
31	宁夏鲁西化工化肥有限公司	冯德学
32	宁夏宝塔能源化工有限公司	孙珩超
33	银川兄弟彩兴化工有限公司	董 华
34	宁夏昊王酒业有限公司	马 骧
35	宁夏马斯特（集团）实业有限公司	汪 勇
36	宁夏银星能源股份有限公司	何怀兴
37	德泓（宁夏）国际纺织有限公司	回振丽
38	宁夏远高新能源装备制造有限公司	赵建军
39	宁夏共享装备有限公司	徐国强
40	宁夏丰友化工股份有限公司	黄贤波
41	宁夏灵武市国斌绒业有限公司	马国斌
42	宁夏哈纳斯液化天然气有限公司	杜彦忠
43	银川隆基硅材料有限公司	李振国
44	宁夏共享铸钢有限公司	彭 凡
45	宁夏大北农科技实业有限公司	邢泽光
46	宁夏兴唐米业集团有限公司	杨茂红
47	宁夏昊王米业有限公司	王 忠
48	西北轴承股份有限公司	张立忠
49	宁夏盛源绒业有限公司	周学文
50	宁夏政泰龙汽车有限公司	魏自平

注：神华宁夏煤业集团有限责任公司只含银川市数据。

a)The date of Shenhua Ningxia Coal Tndustry Group limited liability company only included Yinchua's date.

4—9 工业企业按固定资产原价排序前50名

The Sort before 50 of Industrial Enterpries According to Original Value of Fixed Assets

（2012）

名 次 Number	企业名称 Company Name	法人代表 Legal Representative
1	神华宁夏煤业集团有限责任公司	王 俭
2	宁夏电力公司	张福轩
3	中国石油天然气股份有限公司宁夏石化分公司	雍瑞生
4	华电宁夏灵武发电有限公司	李其浩
5	青铜峡铝业股份有限公司宁东分公司	田红健
6	宁夏宝丰能源集团有限公司	党彦宝
7	宁夏京能宁东发电有限责任公司	陆海军
8	中铝宁夏能源集团有限公司	何怀兴
9	国网能源宁夏煤电有限公司	李惠波
10	宁夏伊品生物科技股份有限公司	闫晓平
11	宁夏电投西夏热电有限公司	王建华
12	宁夏国华宁东发电有限公司	陈寅彪
13	宁夏银星能源股份有限公司	何怀兴
14	宁夏启元药业有限公司	胡吉东
15	华电国际宁夏新能源发电有限公司	季 军
16	宁夏赛马水泥有限公司	王广林
17	宁夏哈纳斯液化天然气有限公司	杜彦忠
18	宁夏泰瑞制药股份有限公司	王 义
19	银川佳通轮胎有限公司	李怀靖
20	宁夏银仪风力发电有限责任公司	王吉生
21	宁夏宝塔能源化工有限公司	孙珩超
22	宁夏宁东水务有限责任公司	赵 欣
23	宁夏丰友化工股份有限公司	黄贤波
24	银川中铁水务集团有限公司	许海雁
25	宁夏电投银川热电有限公司	张泽文
26	宁夏宁电光伏材料有限公司	梁 庆
27	宁夏中银绒业国际集团有限公司	马生明
28	银川宝塔精细化工有限公司	孙淑兰
29	宁夏紫荆花纸业有限公司	纳巨波
30	宁夏西部热电有限公司	李可彬
31	宁夏小巨人机床有限公司	董庆富
32	西北轴承股份有限公司	张立忠
33	宁夏瀛海天琛建材有限公司	范海龙
34	银川隆基硅材料有限公司	李振国
35	舍弗勒(宁夏)有限公司	WOLFGONG
36	宁夏伊顺园农工贸有限公司	底彦旗
37	宁夏嘉源绒业有限公司	杨立功
38	宁夏远高新能源装备制造有限公司	赵建军
39	龙源灵武风力发电有限公司	李星运
40	宁夏北方精工钢结构实业有限公司	邵海潮
41	蒙牛乳业(银川)有限公司	黄 华
42	宁夏共享铸钢有限公司	彭 凡
43	宁夏天马冶化(集团)股份有限公司	马生军
44	宁夏共享装备有限公司	徐国强
45	银川佳通长城轮胎有限公司	李怀靖
46	宁夏荣昌绒业集团有限公司	杨建荣
47	宁夏东义开特利镁业有限公司	穆锦龙
48	宁夏哈纳斯天然气有限公司	杜彦忠
49	宁夏西夏嘉酿啤酒有限公司	王克勤
50	宁夏清洁能源发展有限公司	张立宁

注:神华宁夏煤业集团有限责任公司只含银川市数据。

a)The date of Shenhua Ningxia Coal Tndustry Group limited liability company only included Yinchua′s date.

4—10 工业企业按利税总额排序前50名

The Sort before 50 of Industrial Enterpries According to Total Profits and Taxes

(2012)

名 次 Number	企业名称 Company Name	法人代表 Legal Representative
1	神华宁夏煤业集团有限责任公司	王 俭
2	中国石油天然气股份有限公司宁夏石化分公司	雍瑞生
3	宁夏电力公司	张福轩
4	宁夏宝丰能源集团有限公司	党彦宝
5	宁夏广银铝业有限公司	吴大奎
6	华电宁夏灵武发电有限公司	李其浩
7	青铜峡铝业股份有限公司宁东分公司	田红健
8	宁夏中银绒业国际集团有限公司	马生明
9	宁夏伊品生物科技股份有限公司	闫晓平
10	宁夏小巨人机床有限公司	董庆富
11	宁夏京能宁东发电有限责任公司	陆海军
12	国网能源宁夏煤电有限公司	李惠波
13	宁夏马斯特(集团)实业有限公司	汪 勇
14	宁夏嘉源绒业有限公司	杨立功
15	宁夏西夏嘉酿啤酒有限公司	王克勤
16	宁夏昊王酒业有限公司	马 骥
17	宁夏隆基宁光仪表有限公司	钟宝申
18	宁夏赛马水泥有限公司	王广林
19	宁夏哈纳斯天然气有限公司	杜彦忠
20	宁夏力成电气集团有限公司	陈庆成
21	宁夏泰瑞制药股份有限公司	王 义
22	宁夏荣昌绒业集团有限公司	杨建荣
23	广夏(银川)贺兰山葡萄酿酒有限公司	金爱军
24	宁夏特米尔羊绒制品有限公司	杨建荣
25	舍弗勒(宁夏)有限公司	WOLFGONG
26	宁夏银星能源股份有限公司	何怀兴
27	宁夏宁东水务有限责任公司	赵 欣
28	蒙牛乳业(银川)有限公司	黄 华
29	宁夏西部热电有限公司	李可彬
30	宁夏远高新能源装备制造有限公司	赵建军
31	宁夏北方精工钢结构实业有限公司	邵海潮
32	宁夏科进砼业有限公司	马建荣
33	银川兄弟彩兴化工有限公司	董 华
34	宁夏共享铸钢有限公司	彭 凡
35	德泓(宁夏)国际纺织有限公司	回振丽
36	宁夏共享装备有限公司	徐国强
37	宁夏大北农科技实业有限公司	邢泽光
38	中铝宁夏能源集团有限公司	何怀兴
39	银川隆基硅材料有限公司	李振国
40	宁夏天马冶化(集团)股份有限公司	马生军
41	宁夏西夏王葡萄酒业有限公司	肖银平
42	宁夏塞北雪面粉有限公司	肖建国
43	宁夏圣火清洁能源有限公司	张昌明
44	上海胜华(集团)宁夏电缆有限公司	马胜方
45	银川市威尔信商品混凝土工程有限公司	李 刚
46	宁夏灵武市国斌绒业有限公司	马国斌
47	宁夏多维药业有限公司	张基石
48	银川泰丰生物科技有限公司	郝万亮
49	西北轴承股份有限公司	张立忠
50	中能(银川)风电设备有限公司	李建虹

注:神华宁夏煤业集团有限责任公司只含银川市数据。

a)The date of Shenhua Ningxia Coal Tndustry Group limited liability company only included Yinchua´s date.

4—11 全市规模以上工业分行业产值能耗

Energy Consumption of Industrial Enterprises above Designated Size by Industries

（2012）

指 标	Item	综合能源消费量（吨标准煤）Comprehensive Energy Consumption (tons of sce)	工业总产值（万元）Gross Industrial Output Value (10 000yuan)	产值单耗（吨标准煤/万元）Energy Consumption per Unit of Gross Industrial Output Value (tons of sce/10 000 yuan)
合 计	**Total**	**16644195**	**16064361**	**1.0361**
采矿业	**Mining**	**2332022**	**1763536**	**1.3224**
煤炭开采和洗选业	Mining and Washing of Coal	2332022	1763536	1.3224
制造业	**Manufacturing**	**5798551**	**9654186**	**0.6006**
农副食品加工业	Processing of Food from Agricultural Products	8828	315914	0.0279
食品制造业	Manufacture of Foods	580529	756771	0.7671
酒、饮料和精制茶制造业	Manufacture of Wine,Beverages and Tea	10698	104028	0.1028
纺织业	Manufacture of Textile	14354	928498	0.0155
纺织服装、服饰业	Manufacture of Textile and Apparel	1028	10703	0.0960
皮革、毛皮、羽毛及其制品和制鞋业	Manufacture of Leather,Fur,Feather,Related Produscts and Shoe	1134	39119	0.0290
木材加工及木、竹、藤、棕、草制品业	Processing of Timber,Manufacture of Wood,Bamboo,Rattan,Palm and Straw Products	1335	35991	0.0371
家具制造业	Manufacture of Furniture	1082	29054	0.0372
造纸及纸制品业	Manufacture of Paper and Paper Products	100612	108957	0.9234
印刷业和记录媒介的复制	Printing and Reproduction of Recording Media	167	6431	0.0260
石油加工炼焦及核燃料加工业	Processing of Petroleum,Coking and Processing of Nuclear Fuel	2307193	3629249	0.6357
化学原料及化学制品制造业	Manufacture of Raw Chemical Materials and Chemical Products	577821	319517	1.8084
医药制造业	Manufacture of Medicines	297983	288760	1.0319
橡胶和塑料制品业	Manufacture of Rubber and Plastics	59665	218229	0.2734
非金属矿物制品业	Manufacture of Mon-metallic Mineral Products	473873	377750	1.2545
黑色金属冶炼及压延加工业	Smelting and Pressing of Ferrous Metals	233486	212634	1.0981
有色金属冶炼及压延加工业	Smelting and Pressing of Non-ferrous Metals	1090828	1273675	0.8564
金属制品业	Manufacture of Metal Products	9066	188862	0.0480
通用设备制造业	Manufacture of General Purpose Machinery	16731	272416	0.0614
专用设备制造业	Manufacture of Special purpose Machinery	1405	53011	0.0265
汽车制造业	Manufacture of Car	404	40961	0.0099
铁路、船舶、航空航天和其他运输设备制造业	Manufacture of Railway,Ship,Aviation and Transport Equipment	19	4556	0.0042
电气机械及器材制造业	Manufacture of Electrical Machinery and Equipment	9147	329809	0.0277
仪器仪表制造业	Manufacture of Measuring Instruments	747	95368	0.0078
废弃资源综合利用业	Recycling and Disposal of Waste	417	13926	0.0299
电力、燃气及水的生产和供应业	**Electric Power,Gas and Water Production and Supply**	**8513623**	**4646639**	**1.8322**
电力、热力的生产和供应业	Production and Supply of Electric Power and Heat Power	8426976	4468943	1.8857
燃气生产和供应业	Production and Supply of Gas	68891	139546	0.4937
水的生产和供应业	Production and Supply of Water	17756	38150	0.4654

4—12 全市规模以上工业企业能源购进、消费与库存情况

（2012）

指　标	Item	年初库存量 Inventory at the Beginning of the Year	购进量 Physical Quantity Purchased
原煤(吨)	Coal(ton)	2128634	35081003
洗精煤(吨)	Clean Coal(ton)	2385564	1031582
其它洗煤(吨)	Other Washing Coal(ton)	3405	79806
煤制品(吨)	Coal Products(ton)		3801
焦炭(吨)	Coke(ton)	11257	52630
其它焦化产品(吨)	Other Coking Products(ton)	2469	32605
焦炉煤气(万立方米)	Coking Gas(10 000 cu.m)		
天然气(气态)(万立方米)	Natural Gas(Gaseous State)(10 000 cu.m)		127626
液化天然气(液态)(吨)	Liquefied Natural(Liquid State) Gas(ton)		50
原油(吨)	Crude Oil(ton)	12232	4296923
汽油(吨)	Gasoline(ton)	39	3579
煤油(吨)	Kerosene(ton)	2	94
柴油(吨)	Diesel Oil(ton)	884	18062
燃料油(吨)	Fuel Oil(ton)	8042	195178
液化石油气(吨)	Liquefied Petroleum Gas(ton)	4146	2942
润滑油(吨)	Lubricating Oil(ton)	3	342
石油焦(吨)	Petroleum coke(ton)	7002	141497
其它石油制品(吨)	Other Petroleum Products(ton)	2077	28536
热力(百万千焦)	Heat(million kilo-joule)		217432
电力(万千瓦时)	Electricity(10 000 kwh)		1293499
煤矸石用于燃料(吨)	Coal Gangue as Fuel(ton)	85502	795614
余热余压(百万千焦)	Waste Heat and Excess Pressure(million kilo-joule)		
其他燃料(吨标准煤)	Other Feul(tons of sce)	3251	47246
能源合计(吨标准煤)	Total Energy(tons of sce)		

Energy Purchase, Consumption and Inventory of Industrial Enterprises above Designated Size

购进额（万元）Purchased（10 000 yuan）	消费量 Consumption	# 工业生产消费 Industrial Production	# 非工业生产消费 Non-industrial	年末库存量 Inventory at Year-end
1271168	36638037	36604705	33332	3045545
94402	3294132	3294073	59	123015
2667	81972	81972		1239
194	3267	3245	22	533
5833	56110	56110		7776
7535	29487	29487		5543
	42349	42349		
182134	127698	127480	219	
35	50	48	2	
2385855	4194090	4194089	1	107226
3603	4020	1987	2033	40
127	88	88		7
14070	18784	16880	1904	520
102067	201830	201830		1401
693	10508	10508		51
519	342	340	2	3
31596	107455	107455		45692
18912	28579	28508	71	2035
1748	13157114	13140033	17081	
549711	1758841	1738970	19871	
5147	1053704	1053704		49644
	420414	420414		
3985	48205	48136	69	3193
	36734599	36678018	56582	

4—13 全市规模以上工业企业能源购进、消费与库存附表情况

（2012）

指 标	Item	单 位	Unit	工业生产消费量 Industry Consumption	加工转换投入合计 Total Convert Input
原煤	Coal	吨	ton	35969817	32448823
洗精煤	Clean Coal	吨	ton	3182918	3177139
其它洗煤	Other Washing Coal	吨	ton	5695	
煤制品	Coal Products	吨	ton		
焦炭	Coke	吨	ton		
其它焦化产品	Other Coking Products	吨	ton		
焦炉煤气	Coking Gas	万立方米	10 000 su.m	42349	
天然气（气态）	Natural Gas(Gaseous State)(10 000 cu.m)	万立方米	10 000 su.m	122889	35649
液化天然气（液态）	Liquefied Natural(Liquid State) Gas(ton)	吨	ton		
原油	Crude Oil	吨	ton	4194089	4194089
汽油	Gasoline	吨	ton	474	
煤油	Kerosene	吨	ton	2	
柴油	Diesel Oil	吨	ton	6453	876
燃料油	Fuel Oil	吨	ton	201820	199494
液化石油气	Liquefied Petroleum Gas	吨	ton	10508	6858
炼厂干气	Net Gas of Plant	吨	ton		
石脑油	Naphtha	吨	ton		
润滑油	Lubricating Oil	吨	ton	337	
其它石油制品	Other Petroleum Products	吨	ton	28461	8049
热力	Heat	百万千焦	million kilo-joule	12922601	
电力	Electricity	万千瓦时	10 000 kwh	720236	
煤矸石用于燃料	Coal Gangue as Fuel	吨	ton	1053704	831472
余热余压	Waste Heat and Excess Pressure	百万千焦	million kilo-joule	420414	420414
能源合计	Total Energy	吨标准煤	tons of SCE	34596542	29409944

Energy Purchase, Consumption and Inventory of Industrial Enterprises above Designated Size

火力发电 Thermal Power	供　热 Heating Supply	原煤入洗 Washing -dressing Coal	炼　焦 Coking	炼油及煤制油 Petroleum Refining and Coal Products	天然气液化 Natural Gas iquefying	能源加工转换产出 Output in Processing	回收利用 Recycling
23114809	1746755	7573649	13609				
			3177139			2943400	
						3085295	
							9883
						2316245	
						171609	
						42349	
5638	5021				24990		
						145707	
				4194089			
						1688214	
						22120	
876						1775300	
3439				196055		107984	
				6858		229915	
						529	
						88868	
				8049			
						25746055	
						4669528	
831472						222232	
420414							420414
14266287	1067033	4711222	2763742	6294785	306877	20011746	22076

4—14 全市规模以上工业分品种分行业能源消费

(2012)

指 标	Item	原 煤（吨）Coal (ton)
合 计	**Total**	**36638037**
采矿业	**Mining**	**5703648**
煤炭开采和洗选业	Mining and Washing of Coal	5703648
制造业	**Manufacturing**	**8154890**
农副食品加工业	Processing of Food from Agricultural Products	7404
食品制造业	Manufacture of Foods	973790
酒、饮料和精制茶制造业	Manufacture of Wine,Beverages and Tea	16597
纺织业	Manufacture of Textile	16019
纺织服装、服饰业	Manufacture of Textile and Apparel	
皮革、毛皮、羽毛及其制品和制鞋业	Manufacture of Leather,Fur,Feather,Related Produsts and Shoe	1511
木材加工及木、竹、藤、棕、草制品业	Processing of Timber,Manufacture of Wood,Bamboo,Rattan,Palm,and Straw Products	42
家具制造业	Manufacture of Furniture	
造纸及纸制品业	Manufacture of Paper and Paper Products	159519
印刷和记录媒介复制业	Printing and Reproduction of Recording Media	
石油加工炼焦及核燃料加工业	Processing of Petroleum,Coking and Processing of Nuclear Fuel	5238981
化学原料及化学制品制造业	Manufacture of Raw Chemical Materials and Chemical Products	575882
医药制造业	Manufacture of Medicines	517487
橡胶和塑料制品业	Manufacture of Rubber and Plastics	2633
非金属矿物制品业	Manufacture of Non-metallic Mineral Products	621675
黑色金属冶炼和压延加工业	Smelting and Pressing of Ferrous Metals	5733
有色金属冶炼和压延加工业	Smelting and Pressing of Non-ferrous Metals	5424
金属制品业	Manufacture of Metal Products	7567
通用设备制造业	Manufacture of General Purpose Machinery	74
专用设备制造业	Manufacture of Special purpose Machinery	141
汽车制造业	Manufacture of Car	40
铁路、船舶、航空航天和其他运输设备制造业	Manufacture of Railway,Ship,Aviation and Transport Equipment	
电气机械及器材制造业	Manufacture of Electrical Machinery and Equipment	4370
仪器仪表制造业	Manufacture of Measuring Instruments	
废弃资源综合利用业	Recycling and Disposal of Waste	
电力、燃气及水的生产和供应业	**Electric Power,Gas and Water Production and Supply**	**22779500**
电力、热力的生产和供应	Production and Supply of Electric Power and Heat Power	22779500
燃气生产和供应业	Production and Supply of Gas	
水的生产和供应业	Production and Supply of Water	

Energy Consumption of Industrial Enterprises above Designated Size by Variety by Industries

洗精煤（吨）Clean Coal (ton)	其它洗煤（吨）Other Washing Coal (ton)	煤制品（吨）Coal Products (ton)	焦 炭（吨）Coke (ton)	其它焦化产品（吨）Other Coking Products (ton)	焦炉煤气（万立方米）Coking Gas (10 000 cu.m)
3294132	**81972**	**3267**	**56110**	**29487**	**42349**
	5695				
	5695				
3294132	**76277**	**3267**	**56110**	**29487**	**42349**
3182918				4500	42349
97177				19861	
	76277				
13977				5126	
		3267	56110		
59					

4—14 续表 1

(2012)

指 标	Item	天然气(气态)(万立方米) Natural Gas (Gaseous State) (10 000 cu.m)
合 计	**Total**	**127698**
采矿业	**Mining**	**2173**
煤炭开采和洗选业	Mining and Washing of Coal	2173
制造业	**Manufacturing**	**89822**
农副食品加工业	Processing of Food from Agricultural Products	85
食品制造业	Manufacture of Foods	396
酒、饮料和精制茶制造业	Manufacture of Wine,Beverages and Tea	18
纺织业	Manufacture of Textile	43
纺织服装、服饰业	Manufacture of Textile and Apparel	81
皮革、毛皮、羽毛及其制品和制鞋业	Manufacture of Leather,Fur,Feather,Related Produsts and Shoe	
木材加工及木、竹、藤、棕、草制品业	Processing of Timber,Manufacture of Wood,Bamboo,Rattan,Palm,and Straw Products	27
家具制造业	Manufacture of Furniture	56
造纸及纸制品业	Manufacture of Paper and Paper Products	16
印刷和记录媒介复制业	Printing and Reproduction of Recording Media	
石油加工炼焦及核燃料加工业	Processing of Petroleum,Coking and Processing of Nuclear Fuel	85067
化学原料及化学制品制造业	Manufacture of Raw Chemical Materials and Chemical Products	117
医药制造业	Manufacture of Medicines	
橡胶和塑料制品业	Manufacture of Rubber and Plastics	9
非金属矿物制品业	Manufacture of Non-metallic Mineral Products	
黑色金属冶炼和压延加工业	Smelting and Pressing of Ferrous Metals	851
有色金属冶炼和压延加工业	Smelting and Pressing of Non-ferrous Metals	2269
金属制品业	Manufacture of Metal Products	56
通用设备制造业	Manufacture of General Purpose Machinery	548
专用设备制造业	Manufacture of Special purpose Machinery	16
汽车制造业	Manufacture of Car	
铁路、船舶、航空航天和其他运输设备制造业	Manufacture of Railway,Ship,Aviation and Transport Equipment	
电气机械及器材制造业	Manufacture of Electrical Machinery and Equipment	167
仪器仪表制造业	Manufacture of Measuring Instruments	
废弃资源综合利用业	Recycling and Disposal of Waste	
电力、燃气及水的生产和供应业	**Electric Power,Gas and Water Production and Supply**	**35703**
电力、热力的生产和供应	Production and Supply of Electric Power and Heat Power	10659
燃气生产和供应业	Production and Supply of Gas	25037
水的生产和供应业	Production and Supply of Water	7

continued

液化天然气（液态）（吨）Liquefied Natrual Gas(Liquid State)（ton）	原　油（吨）Crude Oil（ton）	汽　油（吨）Gasoline（ton）	煤　油（吨）Kerosene（ton）	柴　油（吨）Diesel Oil（ton）	燃料油（吨）Fuel Oil（ton）
50	**4194090**	**4020**	**88**	**18784**	**201830**
		557	**2**	**4214**	
		557	2	4214	
50	**4194090**	**2522**	**87**	**13590**	**198391**
		279		88	
48		135		55	
		62		8	
		73		4	
		55			
	1	4			
		31			
		32			
		44	1	139	10
		16			
	4194089	373		765	198381
		213		679	
		35		177	
		49		52	
		145		8378	
		64		199	
				2509	
		82		41	
2		316	86	120	
		39		30	
		11			
		3			
		310		73	
		150		274	
		942		**981**	**3439**
		642		979	3439
		105			
		195		2	

4—14 续表 2

（2012）

指　标	Item	液化石油气（吨）Liquefied Petroleum Gas（ton）	润滑油（吨）Lubricating Oil（ton）
合　计	**Total**	**10508**	**342**
采矿业	**Mining**		**339**
煤炭开采和洗选业	Mining and Washing of Coal		339
制造业	**Manufacturing**	**10508**	**3**
农副食品加工业	Processing of Food from Agricultural Products		
食品制造业	Manufacture of Foods		
酒、饮料和精制茶制造业	Manufacture of Wine,Beverages and Tea		
纺织业	Manufacture of Textile		
纺织服装、服饰业	Manufacture of Textile and Apparel		
皮革、毛皮、羽毛及其制品和制鞋业	Manufacture of Leather,Fur,Feather,Related Produsts and Shoe		
木材加工及木、竹、藤、棕、草制品业	Processing of Timber,Manufacture of Wood,Bamboo,Rattan,Palm,and Straw Products		
家具制造业	Manufacture of Furniture		
造纸及纸制品业	Manufacture of Paper and Paper Products		3
印刷和记录媒介复制业	Printing and Reproduction of Recording Media		
石油加工炼焦及核燃料加工业	Processing of Petroleum,Coking and Processing of Nuclear Fuel	10508	
化学原料及化学制品制造业	Manufacture of Raw Chemical Materials and Chemical Products		
医药制造业	Manufacture of Medicines		
橡胶和塑料制品业	Manufacture of Rubber and Plastics		
非金属矿物制品业	Manufacture of Non-metallic Mineral Products		
黑色金属冶炼和压延加工业	Smelting and Pressing of Ferrous Metals		
有色金属冶炼和压延加工业	Smelting and Pressing of Non-ferrous Metals		
金属制品业	Manufacture of Metal Products		
通用设备制造业	Manufacture of General Purpose Machinery		
专用设备制造业	Manufacture of Special purpose Machinery		
汽车制造业	Manufacture of Car		
铁路、船舶、航空航天和其他运输设备制造业	Manufacture of Railway,Ship,Aviation and Transport Equipment		
电气机械及器材制造业	Manufacture of Electrical Machinery and Equipment		
仪器仪表制造业	Manufacture of Measuring Instruments		
废弃资源综合利用业	Recycling and Disposal of Waste		
电力、燃气及水的生产和供应业	**Electric Power,Gas and Water Production and Supply**		
电力、热力的生产和供应	Production and Supply of Electric Power and Heat Power		
燃气生产和供应业	Production and Supply of Gas		
水的生产和供应业	Production and Supply of Water		

continued

石油焦（吨）Petroleum Coke (ton)	其它石油制品（吨）Other Petroleum Products (ton)	热 力（百万千焦）Heat (million kilo-joule)	电 力（万千瓦时）Electricity (10 000 kwh)	煤矸石用于燃料（吨）Coal Gangue as Fuel (tons)	余热余压（百万千焦）Waste Heat and Excess Pressure (million kilo-joule)	其他燃料（吨标准煤）Other Feul (tons of sce)
107455	**28579**	**13157114**	**1758841**	**1053704**	**420414**	**48205**
	1993		**113236**	**705727**		
	1993		113236	705727		
107455	**26586**	**13157114**	**1295175**	**222232**	**420414**	**48205**
			3511			
		8643827	65263			
			1307			
			2548			
			97			
			80			
			983			
			375			
		1090820	13667			
			121			
	26539		107810	222232		
		106960	73283			
		3243670	58792			
			10452			
			64916		420414	
			103397			48109
107455			773183			
			3113			1
	47	66446	6888			
			887			
			292			
			12			
		742	3372			
		4649	488			96
			339			
			350431	**125745**		
			321579	125745		
			14568			
			14284			

4—15 规模以上工业分行业产值能耗(市区)

Energy Consumption of Industrial Enterprises above Designated Size by Industries(City)

(2012)

指 标	Item	综合能源消费量(吨标准煤) Comprehensive Energy Consumption (tons of SCE)	工业总产值(万元) Gross Industrial Output Value (10 000yuan)	产值单耗(吨标准煤/万元) Energy Consumption per Unit of Gross Industrial Output Value (tons of SCE/10 000 yuan)
合 计	**Total**	**3550895**	**8178529**	**0.4342**
制造业	**Manufacturing**	**2761311**	**4586845**	**0.6020**
农副食品加工业	Processing of Food from Agricultural Products	2616	82841	0.0316
食品制造业	Manufacture of Foods	7793	213590	0.0365
酒、饮料和精制茶制造业	Manufacture of Wine,Beverages and Tea	434	8107	0.0535
纺织业	Manufacture of Textile	1141	105871	0.0108
纺织服装、服饰业	Manufacture of Textile and Apparel	1028	10703	0.0960
造纸及纸制品业	Manufacture of Paper and Paper Products	67	3929	0.0171
印刷和记录媒介复制业	Printing and Reproduction of Recording Media	167	6431	0.0260
石油加工、炼焦及核燃料加工业	Processing of Petroleum,Coking and Processing of Nuclear Fuel	1865497	2979780	0.6261
化学原料及化学制品制造业	Manufacture of Raw Chemical Materials and Chemical Products	469819	195733	2.4003
医药制造业	Manufacture of Medicines	201	12118	0.0166
橡胶和塑料制品业	Manufacture of Rubber and Plastics	58509	195178	0.2998
非金属矿物制品业	Manufacture of Non-metallic Mineral Products	251314	157703	1.5936
黑色金属冶炼及压延加工业	Smelting and Pressing of Ferrous Metals	77739	113639	0.6841
金属制品业	Manufacture of Metal Products	426	8899	0.0479
通用设备制造业	Manufacture of General Purpose Machinery	16425	253199	0.0649
专用设备制造业	Manufacture of Special purpose Machinery	967	19769	0.0489
铁路、船舶、航空航天和其他运输设备制造业	Manufacture of Railway,Ship,Aviation and Transport Equipment	19	4556	0.0042
电气机械及器材制造业	Manufacture of Electrical Machinery and Equipment	6644	144335	0.0460
仪器仪表制造业	Manufacture of Measuring Instruments	505	70466	0.0072
电力、燃气及水的生产和供应业	**Electric Power,Gas and Water Production and Supply**	**789584**	**3591684**	**0.2198**
电力、热力的生产和供应业	Production and Supply of Electric Power and Heat Power	702961	3428105	0.2051
燃气生产和供应业	Production and Supply of Gas	68867	125429	0.5491
水的生产和供应业	Production and Supply of Water	17756	38150	0.4654

4—16 规模以上工业企业能源购进、消费与库存情况(市区)

Energy Purchase, Consumption and Inventory of Industrial Enterprises above Designated Size(City)

(2012)

指　标	Item	年初库存量 Inventory at the Beginning of the Year	购进量 Physical Quantity Purchased	购进额(万元) Purchased (10 000yuan)	消费量 Consumption			年末库存量 Inventory at Year-end
						#工业生产消费 Industrial Production	#非工业生产消费 Non-industrial	
原煤(吨)	Coal(ton)	248920	3499822	134299	3388125	3387438	687	333055
洗精煤(吨)	Clean Coal(ton)	118	82824	10271	57101	57042	59	25841
其它洗煤(吨)	Other Washing Coal(ton)	3405	74111	2528	76277	76277		1239
煤制品(吨)	Coal Products(ton)							
焦炭(吨)	Coke(ton)	2653	10737	2182	12410	12410		979
其它焦化产品(吨)	Other Coking Products(ton)	2139	21569	4932	19861	19861		3847
天然气(气态)(万立方米)	Natural Gas(gaseous state)(10 000 cu.m)		122965	174637	122965	122825	141	
液化天然气(液态)(吨)	Liquefied Natural Gas(liquid state)(ton)		2	1	2		2	
原油(吨)	Crude Oil(ton)	7335	4284504	2378743	4177435	4177435		106565
汽油(吨)	Gasoline(ton)	34	1788	1727	2165	1314	851	38
煤油(吨)	Kerosene(ton)	1	92	125	86	86		7
柴油(吨)	Diesel Oil(ton)	252	6562	5115	7316	6445	871	257
燃料油(吨)	Fuel Oil(ton)		96773	50961	99099	99099		
润滑油(吨)	Lubricating Oil(ton)			5				
其它石油制品(吨)	Other Petroleum Products(ton)	819	18684	11254	18537	18537		966
热力(百万千焦)	Heat(million kilo-joule)		178796	1622	178796	178796		
电力(万千瓦时)	Electricity(10 000 kwh)		244120	111571	290946	289314	1632	
余热余压(百万千焦)	Waste Heat and Excess Pressure(million kilo-joule)				420414	420414		
其他燃料(吨标准煤)	Other Feul(tons of SCE)	1662	13328	1283	12891	12891		2903
能源合计(吨标准煤)	Total Energy(tons of SCE)				10278405	10271627	6779	

4—17 规模以上工业企业能源购进、消费与库存附表情况(市区)

(2012)

指 标	Item	单 位	Unit	工业生产消费量 Industry Consumption	加工转换投入合计 Total Convert Input
原煤	Coal	吨	ton	3254637	2283540
煤制品	Coal Products	吨	ton		
天然气(气态)	Natural Gas(gaseous state)	万立方米	10 000 su.m	120716	35649
液化天然气(液态)	Liquefied Natural Gas(liquid state)	吨	ton		
原油	Crude Oil	吨	ton	4177435	4177435
汽油	Gasoline	吨	ton	42	
煤油	Kerosene	吨	ton		
柴油	Diesel Oil	吨	ton	1750	590
燃料油	Fuel Oil	吨	ton	99099	96773
液化石油气	Liquefied Petroleum Gas	吨	ton		
炼厂干气	Refinery Gas	吨	ton		
石脑油	Naphtha	吨	ton		
其它石油制品	Other Petroleum Products	吨	ton	18490	
热力	Heat	百万千焦	million kilo-joule		
电力	Electricity	万千瓦时	10 000 kwh	174946	
余热余压	Waste Heat and Excess Pressure	百万千焦	million kilo-joule	420414	420414
能源合计	Total Energy	吨标准煤	tons of SCE	9861696	7923863

Energy Purchase, Consumption and Inventory of Industrial Enterprises above Designated Size(City)

火力发电 Thermal Power	供　热 Heating Supply	炼油及煤制油 Petroleum Refining and Coal Products	天然气液化 Natural Gas Liquefying	能源加工转换产出 Output in Processing	回收利用 Recycling
1616382	667158				
					9883
5638	5021		24990		
				145707	
		4177435			
				1634754	
				22120	
590				1741443	
		96773		98824	
				220084	
				529	
				88868	
				11397712	
				346601	
420414					420414
1049246	461606	6106134	306877	6698655	22076

4—18 规模以上工业分品种分行业能源消费(市区)

(2012)

指 标	Item	原 煤 (吨) Coal (ton)
合 计	**Total**	**3388125**
制造业	**Manufacturing**	**1175610**
农副食品加工业	Processing of Food from Agricultural Products	1327
食品制造业	Manufacture of Foods	1718
酒、饮料和精制茶制造业	Manufacture of Wine,Beverages and Tea	
纺织业	Manufacture of Textile	285
纺织服装、服饰业	Manufacture of Textile and Apparel	
造纸和纸制品业	Manufacture of Paper and Paper Products	
印刷和记录媒介复制业	Printing and Reproduction of Recording Media	
石油加工炼焦及核燃料加工业	Processing of Petroleum,Coking and Processing of Nuclear Fuel	374982
化学原料及化学制品制造业	Manufacture of Raw Chemical Materials and Chemical Products	472238
医药制造业	Manufacture of Medicines	
橡胶和塑料制品业	Manufacture of Rubber and Plastics	2607
非金属矿物制品业	Manufacture of Non-metallic Mineral Products	318135
黑色金属冶炼及压延加工业	Smelting and Pressing of Ferrous Metals	604
金属制品业	Manufacture of Metal Products	
通用设备制造业	Manufacture of General Purpose Machinery	74
专用设备制造业	Manufacture of Special purpose Machinery	
铁路、船舶、航空航天和其他运输设备制造业	Manufacture of Railway,Ship,Aviation and Transport Equipment	
电气机械及器材制造业	Manufacture of Electrical Machinery and Equipment	3640
仪器仪表制造业	Manufacture of Measuring Instruments	
电力、燃气及水的生产和供应业	**Electric Power,Gas and Water Production and Supply**	**2212515**
电力、热力的生产和供应业	Production and Supply of Electric Power and Heat Power	2212515
燃气生产和供应业	Production and Supply of Gas	
水的生产和供应业	Production and Supply of Water	

Energy Consumption of Industrial Enterprises above Designated Size by Variety by Industries(City)

洗精煤 (吨) Clean Coal (ton)	其它洗煤 (吨) Other Washing Coal (ton)	焦 炭 (吨) Coke (ton)	其它焦化产品 (吨) Other Coking Products (ton)	天然气(气态) (万立方米) Natural Gas (Gaseous State) (10 000 cu.m)
57101	**76277**	**12410**	**19861**	**122965**
57101	**76277**	**12410**	**19861**	**87262**
				30
				358
				18
				41
				81
				13
				85067
57042			19861	117
	76277			9
		12410		851
				17
59				536
				12
				111
				35703
				10659
				25037
				7

4—18　续表 1

(2012)

指　标	Item	液化天然气（液态）(吨) Liquefied Natural Gas(Liquid State) (ton)
合　计	**Total**	**2**
制造业	**Manufacturing**	**2**
农副食品加工业	Processing of Food from Agricultural Products	
食品制造业	Manufacture of Foods	
酒、饮料和精制茶制造业	Manufacture of Wine,Beverages and Tea	
纺织业	Manufacture of Textile	
纺织服装、服饰业	Manufacture of Textile and Apparel	
造纸和纸制品业	Manufacture of Paper and Paper Products	
印刷和记录媒介复制业	Printing and Reproduction of Recording Media	
石油加工炼焦及核燃料加工业	Processing of Petroleum,Coking and Processing of Nuclear Fuel	
化学原料及化学制品制造业	Manufacture of Raw Chemical Materials and Chemical Products	
医药制造业	Manufacture of Medicines	
橡胶和塑料制品业	Manufacture of Rubber and Plastics	
非金属矿物制品业	Manufacture of Non-metallic Mineral Products	
黑色金属冶炼及压延加工业	Smelting and Pressing of Ferrous Metals	
金属制品业	Manufacture of Metal Products	
通用设备制造业	Manufacture of General Purpose Machinery	2
专用设备制造业	Manufacture of Special purpose Machinery	
铁路、船舶、航空航天和其他运输设备制造业	Manufacture of Railway,Ship,Aviation and Transport Equipment	
电气机械及器材制造业	Manufacture of Electrical Machinery and Equipment	
仪器仪表制造业	Manufacture of Measuring Instruments	
电力、燃气及水的生产和供应业	**Electric Power,Gas and Water Production and Supply**	
电力、热力的生产和供应业	Production and Supply of Electric Power and Heat Power	
燃气生产和供应业	Production and Supply of Gas	
水的生产和供应业	Production and Supply of Water	

continued

原 油 （吨） Crude Oil （ton）	汽 油 （吨） Gasoline （ton）	煤 油 （吨） Kerosene （ton）	柴 油 （吨） Diesel Oil （ton）	燃料油 （吨） Fuel Oil （ton）
4177435	**2165**	**86**	**7316**	**99099**
4177435	**1482**	**86**	**6652**	**99099**
	73		25	
	19		17	
	28		8	
	9		4	
	55			
	25		6	
	16			
4177435	368		763	99099
	167		552	
	15		8	
	10		6	
	85		4686	
	62		162	
	21			
	276	86	84	
	24			
	3			
	123		56	
	104		274	
	683		**664**	
	395		662	
	93			
	195		2	

4—18 续表 2

(2012)

指 标	Item	其它石油制品（吨）Other Petroleum Products (ton)
合 计	**Total**	**18537**
制造业	**Manufacturing**	**18537**
农副食品加工业	Processing of Food from Agricultural Products	
食品制造业	Manufacture of Foods	
酒、饮料和精制茶制造业	Manufacture of Wine,Beverages and Tea	
纺织业	Manufacture of Textile	
纺织服装、服饰业	Manufacture of Textile and Apparel	
造纸和纸制品业	Manufacture of Paper and Paper Products	
印刷和记录媒介复制业	Printing and Reproduction of Recording Media	
石油加工炼焦及核燃料加工业	Processing of Petroleum,Coking and Processing of Nuclear Fuel	18490
化学原料及化学制品制造业	Manufacture of Raw Chemical Materials and Chemical Products	
医药制造业	Manufacture of Medicines	
橡胶和塑料制品业	Manufacture of Rubber and Plastics	
非金属矿物制品业	Manufacture of Non-metallic Mineral Products	
黑色金属冶炼及压延加工业	Smelting and Pressing of Ferrous Metals	
金属制品业	Manufacture of Metal Products	
通用设备制造业	Manufacture of General Purpose Machinery	47
专用设备制造业	Manufacture of Special purpose Machinery	
铁路、船舶、航空航天和其他运输设备制造业	Manufacture of Railway,Ship,Aviation and Transport Equipment	
电气机械及器材制造业	Manufacture of Electrical Machinery and Equipment	
仪器仪表制造业	Manufacture of Measuring Instruments	
电力、燃气及水的生产和供应业	**Electric Power,Gas and Water Production and Supply**	
电力、热力的生产和供应业	Production and Supply of Electric Power and Heat Power	
燃气生产和供应业	Production and Supply of Gas	
水的生产和供应业	Production and Supply of Water	

continued

热　力 （百万千焦） Heat （million kilo-joule）	电　力 （万千瓦时） Electricity （10 000 kwh）	余热余压 （百万千焦） Waste Heat and Excess Pressure （million kilo-joule）	其他燃料 （吨标准煤） Other Feul （tons of SCE）
178796	**290946**	**420414**	**12891**
178796	**225404**	**420414**	**12891**
	1241		
	1773		
	151		
	308		
	97		
	45		
	121		
	71001		
106960	61624		
	163		
	9498		
	34594	420414	
	34701		12891
	176		
66446	6770		
	628		
	12		
742	2192		
4649	309		
	65542		
	36699		
	14560		
	14284		

4—19 全市规模以上工业企业水消费

Water Consumption of Industrial Enterprises above Designated Size

(2012)

指 标	Item	数 量 (万立方米) Amount (10 000cu.m)	金 额 (万元) Sum (10 000yuan)
取水总量	Total Water	36056	34546
陆地地表水	Land Surface Water	13390	3510
陆地湖咸水	Land Lake Water	112	285
地下水	Groundwater	13077	2834
地下咸水	Saline Groundwater	14	1
自来水	Tap	8861	25716
其他水	Others	728	2485
再生水(中水)	Reclaimed Water	727	2462
重复用水量	Repeated Water Consumption	212785	
河湖海冷却直排水量	Displacement of River,Lake and Sea		
废水排放量	Wastewater Emissions	4167	

注:神华宁夏煤业集团有限责任公司为全部数据,未劈分

a)The date of Shenhua Ningxia Coal Tndustry Group Limited liability company wrer all data.

4—20 全市规模以上工业企业水消费(市区)

Water Consumption of Industrial Enterprises above Designated Size(City)

(2012)

指 标	Item	数 量 (万立方米) Amount (10 000cu.m)	金 额 (万元) Sum (10 000yuan)
取水总量	Total Water	31038	26852
陆地地表水	Land Surface Water	11882	1076
地下水	Groundwater	11261	2261
自来水	Tap	7167	21031
其他水	Others	727	2484
再生水(中水)	Reclaimed Water	727	2462
重复用水量	Repeated Water Consumption	107121	
废水排放量	Waste Water Emissions	2722	

主要统计指标解释

【工业总产值】 是指工业企业在本年内生产的以货币形式表现的工业最终产品和提供工业劳务活动的总价值量。

工业总产值计算应遵循的三个原则：工业生产的原则、最终产品的原则、“工厂法”原则。

工业总产值的内容包括三部分：生产的成品价值、对外加工费收入、自制半成品在制品期末期初差额价值。

【工业增加值】 是指工业企业在报告期内以货币表现的工业生产活动的最终成果。工业增加值有两种计算方法：一是生产法，即工业总产值减去工业中间投入；二是收入法（又称要素分配法），即从收入的角度出发，根据生产要素在生产过程中应得到的收入份额计算，具体构成项目有固定资产折旧、劳动者报酬、生产税净值、营业盈余。

生产法计算公式为：

工业增加值=工业总产值-工业中间投入+本年应交增值税

收入法（分配法）计算公式为：

工业增加值=固定资产折旧+劳动者报酬+生产税净额+营业盈余

【实收资本】 指企业投资者实际投入的资本（或股本），包括货币、实物、无形资产等各种形式的投入。实收资本按投资主体可分为国家资本、集体资本、法人资本、个人资本、港澳台资本和外商资本。

【资产总计】 指企业拥有或控制的能以货币计量的经济资源，包括各种财产、债权和其他权利。资产按其流动性（即资产的变现能力和支付能力）划分为：流动资产、长期投资、固定资产、无形资产、递延资产和其他资产。

固定资产指企业使用期限超过一年的房屋、建筑物、机器、机械、运输工具以及其他与生产、经营有关的设备、器具、工具等。不属于生产经营主要设备的物品，单位价值在2000元以上，并且使用年限超过2年的，也应当作为固定资产。

流动资产指企业可以在一年内或者超过一年的一个生产周期内变现或者耗用的资产，包括现金及各种存款、短期投资、应收及预付款项、存货等。

【负债合计】 指企业所承担的能以货币计量，将以资产或劳务偿付的债务。偿还形式包括货币、资产或提供劳务。负债一般按偿还期长短分为流动负债和长期负债。

流动负债指企业在一年内或超过一年的一个营业周期内需要偿还的债务，包括短期借款、应付票据、应付帐款、预收帐款、应付工资、应交税金、应付利润、预提费用等。

长期负债指企业偿还期在一年以上或者超过一年的一个营业周期以上的债务，包括长期借款、长期应付款、应付债券等。

【所有者权益合计】 指企业投资人对企业净资产的所有权。企业净资产等于企业全部资产减去全部负债后的余额，包括实收资本、资本公积金、盈余公积金和未分配利润等。

【利税总额】 指企业利润总额、产品销售税金及附加和应交增值税之和。

【购进量】 根据企业生产、经营性质划分，购进量分两种情况，一种是能源经销企业（批发、零售企业）用于销售的能源购进数量，另一种是能源使用企业用于消费的能源购进数量，这两种能源购进量分别在不同表式中统计。

能源经销企业能源购进量，指能源经销企业在报告期内购入的、用于销售的各种一次能源和二次能源。

能源使用企业能源购进量，指能源使用单位在报告期内外购的、用于本企业消费的各种一次能源和二次能源。

【能源消费量】 工业企业的能源消费量指工业企业在生产过程中作为燃料、动力、原料、辅助材料使用的能源以及工艺用能、非生产用能。作为能源加工转换企业，还要包括能源加工转换的投入量。

【综合能源消费量】 指报告期内工业企业在工业生产活动中实际消费的各种能源的总和净值。计算综合能源消费量时，需要先将使用的各种能源折算成标准燃料后再进行计算。

计算方法如下：综合能源消费量=工业生产的能源合计-加工转换产出能源合计-回收利用能源合计

【取水量】 指工业法人企业从各种水源实际提取的水量。包括提取的地表水、地下水、自来水、污水处理达标水、未达标污水、雨水收集利用以及企业从市场购得的其他水或水产品（如纯净水、矿泉水等），其中还包括采盐企业所提取的海水，地下卤水、盐湖水，海水淡化企业所取的海水，自来水生产企业所取的地表水和地下水，污水处理厂处理的污水。

固定资产投资

Investment in Fixed Assets

5-1 主要年份全社会固定资产投资

Total Investment in Fixed Assets in the Whole Country in Main Years

单位：万元、平方米 （10 000 yuan, sq.m）

年 份 Year	全社会固定资产投资 Total Investment in Fixed Assets	基本建设投资 Infrastructure	更新改造投资 Renovation and Reformation	房地产开发投资 Real Estate	住宅 Residence	新增固定资产 Newly Increased Fixed Assets	各类房屋施工面积 Floor Space under Construction	住宅面积 Floor Space of Residence	各类房屋竣工面积 Floor Space Completed	住宅面积 Floor Space of Residence
1950	53	53				31	1467	1143	1100	800
1951	108	108				48	8000	5571	6000	3900
1952	445	445				224	6133	2857	4600	2000
1953	524	524				256	15600	5000	11700	3500
1954	715	715				387	26133	11231	19600	7300
1955	641	641				314	37733	18000	28300	11700
1956	667	667				363	70286	26462	49200	17200
1957	447	447				218	33857	13538	23700	8800
1958	2313	2313				750	383541	201987	272755	131987
1959	4840	4840				1048	441690	215213	318090	133746
1960	6397	6397				4188	463863	271040	332120	167240
1961	2400	2400				497	237231	130333	154200	78200
1962	666	666				464	29846	3833	19400	2300
1963	1066	1066				830	68462	18667	44500	11200
1964	2403	2403				2006	160923	75273	104600	41400
1965	4927	4927				3498	224061	100913	147599	56322
1966	5727	5727				3809	525333	248545	315200	136700
1967	3313	3313				349	58828	3091	37095	1700
1968	3776	3776				688	864784	43285	523517	26349
1969	3261	3261				1872	828898	143303	502565	72603
1970	4623	4623				2113	609499	29600	370699	14800
1971	5050	5050				2110	271931	162000	186198	81000
1972	4957	4957				2985	272935	126620	171547	66720
1973	5294	5294				3077	316289	124406	195381	64606
1974	5599	5599				3477	345613	129454	138739	46787
1975	6065	6065				4091	367316	126226	175353	56230
1976	5950	5950				3002	404323	130909	157000	57854
1977	6047	6047				4564	402883	131114	179555	60785
1978	8560	8376				5243	502900	148000	227020	72000
1979	11905	10919	862			8008	837493	388562	311284	134805
1980	16265	13699	2362			12648	1070119	524200	610119	284000
1981	15339	10653	3726			12949	1031995	542744	637528	315157
1982	18258	12208	4566			14997	1587654	997424	1186744	766054
1983	21385	11012	8241			15461	1093897	618285	498977	320511
1984	29330	15407	9384			19559	1887950	995322	1142746	686193

5-1 续表 continued

单位:万元、平方米　　　　　　　　　　　　　　　　　　　　　　　　(10 000 yuan,sq.m)

年份 Year	全社会固定资产投资 Total Investment in Fixed Assets	基本建设投资 Infrastructure	更新改造投资 Renovation and Reformation	房地产开发投资 Real Estate	住宅 Residence	新增固定资产 Newly Increased Fixed Assets	各类房屋施工面积 Floor Space under Construction	住宅面积 Floor Space of Residence	各类房屋竣工面积 Floor Space Completed	住宅面积 Floor Space of Residence
1985	55005	34872	13160			30347	2255500	1109428	1241225	701528
1986	66084	43894	17423			39289	2037959	943686	1346280	744614
1987	75101	51668	18597			55585	1532013	582122	965840	395009
1988	56292	33375	13822			33629	1409844	674239	982568	495398
1989	56419	29761	16852			38038	1158405	591582	781511	413010
1990	65500	36431	17340	2149	1764	48913	1398073	802355	939523	600655
1991	87636	44318	21405	8965	8372	60555	1899668	1195878	1303969	906242
1992	146519	78744	37615	13663	10400	151708	2410361	1324909	1578398	974386
1993	194002	84407	52851	22540	12104	173246	2969490	1811726	1987984	1384739
1994	246885	126134	66092	24037	19790	219909	2311284	1283794	1610092	990857
1995	227456	105098	43262	38376	28000	189329	2410970	1532772	1530400	1167180
1996	315463	154291	83632	41086	28111	252909	2600454	1442603	1761583	1178097
1997	380733	191802	60937	48590	31059	314142	4038255	2892013	3014031	2307205
1998	511270	277336	75541	88455	58856	359110	3931877	2559940	2611550	1799054
1999	516344	256873	70575	104919	59640	378007	4396176	2519022	3274393	1995085
2000	523923	204858	104399	126616	74690	525341	4552693	2652779	3115842	2087221
2001	560558	201025	106508	177941	98121	516897	4569637	2653177	3061367	1947532
2002	729627	326252	91328	240498	164659	479996	5766251	3485057	3093144	1992760
2003	1433939	620045	186981	393550	279647	1015596	9967477	6478985	6115154	4313808
2004	1717373	616663	257489	488078	295523	1007747	10510923	5643948	5390303	3441758
2005	2016507	905404	239750	566134	346375	1113990	11297484	6752154	6188935	4246691
2006	2328456	1284219	257813	576808	405861	1429210	11564933	6798205	5792179	3747578
2007	2926906	1689254	368149	627154	443118	1337848	12610230	7419524	6053179	4212773
2008	3656897	2280467	355143	786051	569594	2322089	13430521	8285362	5673344	3672797
2009	4921031	3307601	388898	995984	743543	2944037	17293716	10113633	6291230	4380586
2010	6486862	3927344	396627	1608188	1160756	2026383	25667621	14592765	6505184	4534215
2011	7338479	4194479	860018	2076719	1436173	6861875	34052766	18774469	8943919	4939024
2012	9187292	5226518	991762	2757023	1755066	3850184	39484833	22688905	8143678	6131097

注:1.自 2003 年起全社会固定资产投资包括区统计局反馈不分地区项目投资。2008 年分组指标不含农户投资。

2.自 2011 年始,固定资产投资计划总投资起点由 50 万元调整为 500 万元,故,依据自治区统计局反馈数据对 2010 年数据进行修订。

a)Since 2003, the total social investment in fixed assets including District Statistics Bureau feedback data that not classified region Project investment. The group index excluding farmer investment in 2008.

b)Since 2011, the total Planned investment in fixed assets investment starting point adjustment from 50 million to 500 million, 2010 data rivised in accordance with the Regional Bareau of feed back data.

5-2 主要年份按行业分的城镇固定资产投资

单位:万元

指 标	Item	2006 年	2007 年
按国民经济行业分	**Grouped by Sector**	**2131519**	**2681405**
第一产业	**Primary Industry**	**10671**	**6066**
农林牧渔业	Agriculture,Forestry,Animal Husbandary and Fishery	10671	6066
第二产业	**Secondary Industry**	**1018050**	**1554617**
工业	Industry	1011130	1553322
采矿业	Mining	178502	374274
制造业	Manufacturing	428972	745179
电力、燃气及水的生产和供应业	Production and Supply of Electricity,Gas and Water	403656	433869
建筑业	Construction	6920	1295
第三产业	**Tertiary Industry**	**1102798**	**1120722**
批发和零售业	Wholesale and Retail Trades	10419	14939
交通运输、仓储和邮电业	Transport,Storang and Post	38192	62187
住宿和餐饮业	Hotels and Catering Services	19605	16276
信息传输、软件和信息技术服务业	Information Transmission,Computer Services and Software	18123	7407
金融业	Financial Intermediation	5552	2353
房地产业	Real Estate	579990	648083
租赁和商务服务业	Leasing and Business Sewices	8000	4000
科学研究和技术服务业	Scientific Research and Technical Service	1067	2084
水利、环境和公共设施管理业	Management of Water Conservancy,Environment and Public Facilities	186496	128275
居民服务、修理和其他服务业	Services to Households and Other Services	650	
教育	Education	83565	84634
卫生和社会工作	Health and Social Work	41221	43446
文化、体育和娱乐业	Culture,Sports and Entertainment	26815	72346
公共管理、社会保障和社会组织	Public Management,Social Security and Social Organizations	83103	34692
国际组织	International Organizations		

注:1.自 2003 年起全社会固定资产投资包括区统计局反馈不分地区项目投资。自 2011 年起,行业数据以国家统计局新编写的《2011 年国民经济行业分类注释》划分。
2.自 2011 年始,固定资产投资计划总投资起点由 50 万元调整为 500 万元,故,依据自治区统计局反馈数据对 2010 年数据进行修订。

a)Since 2003, the total social investment in fixed assets including District Statistics Bureau feedback data that not classified region project investment. Industry date divided by book of《2011 National Industry Classification Comment》which rewrite by National Bureau of Statistics.

b)Since 2011, the total Planned investment in fixed assets investment starting point adjustment from 50 million to 500 million, 2010 data rivised in accordance with the Regional Bareau of feed back data.

Total Investment in Fixed Assets By Sector in Main Years

(10 000 yuan)

2008 年	2009 年	2010 年	2011 年	2012 年
3392333	**4662067**	**5411380**	**7026745**	**8531538**
49172	**66019**	**61303**	**37978**	**48383**
49172	66019	61303	37978	15045
1985045	**2891341**	**2371644**	**3334368**	**4087744**
1983815	2890288	2367224	3328168	4069264
440974	464120	452482	569798	743269
1336429	1459230	1127564	2190023	2824876
206412	966938	787178	568347	501119
1230	1053	4420	6200	18480
1358116	**1704707**	**2978433**	**3654399**	**4395411**
40059	32203	96385	238434	100042
51716	61454	331359	271341	221943
8047	19253	23048	30568	33296
812		29737	53262	69354
1005	8101			
884771	1050472	1919268	2355861	3316487
11906	5799	10577	10	53577
1100	1900	5495	9959	2900
184564	213083	309863	422934	328938
	220			74766
43912	133619	89425	107342	65197
26473	38394	36829	22679	58690
65214	41284	38292	45482	29481
38537	98925	88155	96527	40740

5-3 全社会固定资产投资及房屋建筑面积

单位：万元、平方米　　　　　　　　　　　　　　　　　　　　　　　　　　　　（2012）

指　标	Item	总　计 Total
全社会固定资产投资	**Total Investment in Fixed Assets**	**9187292**
#住宅	Residence	1904169
国有经济控股	State-owned	3443360
新建	New Construction	3873251
扩建	Expansion	1817101
改建和技术改造	Reconstruction and Renovation	574725
迁建	Relocation	14909
单纯购置	Simply Purchase	
房地产开发投资	Real Estate Investment	2757023
农户投资	Farmers Investment	150283
按隶属关系分	**Grouped by Jurisdiction of Management**	
中央	Central Investment	1387511
地方	Local Investment	7649498
自治区	Autonomous Regions	1011053
地市县属	Cities of County	797652
其他	Others	5840793
各类房屋施工面积	**Floor Space under Construction**	**39484833**
#住宅	Residence	22688905
新建	New Construction	7660078
扩建	Expansion	2093600
改建和技术改造	Reconstruction and Renovation	175867
迁建	Relocation	69988
房地产开发	Real Estate	29485300
各类房屋竣工面积	**Floor Space Completed**	**8143678**
#住宅	Residence	6131097
新建	New Construction	384366
扩建	Expansion	260573
改建和技术改造	Reconstruction and Renovation	44414
迁建	Relocation	10572
房地产开发	Real Estate	7443753

注：1. 分组指标不含不分地区投资。

2. 自2011年始，固定资产投资计划总投资起点由50万元调整为500万元，故，依据自治区统计局反馈数据对2010年数据进行修订。

a) Packet index excluding non- regional projects.

b) Since 2011, the total Planned investment in fixed assets investment starting point adjustment from 50 million to 500 million, 2010 data rivised in accordance with the Regional Bareau of feed back data.

Total Investment in Fixed Assets in the Whole Country

(10 000 yuan, sq.m)

市　区 City	永宁县 Yongning	贺兰县 Helan	灵武市 Lingwu
3775205	**1113320**	**1072854**	**3225913**
1395772	155296	279836	73265
1234159	204523	139759	1864919
949987	819295	501479	1602490
642735	33182	84521	1056663
55329	64497	49198	405701
14909			
2102546	135760	396854	121863
9699	60586	40802	39196
138256	15343	15255	1218657
3627250	1037391	1016797	1968060
415396	23040	1830	570787
504411	143469	49846	99926
2707443	870882	965121	1297347
25257008	**4739888**	**6565499**	**2922438**
14735382	2692787	4205658	1055078
3879234	1617109	848171	1315564
1609693	57998	195729	230180
68148	40320	15000	52399
69988			
19629945	3024461	5506599	1324295
5340556	**904056**	**1019602**	**879464**
3856416	857710	870499	546472
190271		2000	192095
256973		3600	
15090			29324
10572			
4867650	904056	1014002	658045

5-4 按国民经济行业分的固定资产投资

单位：万元

指 标	Item	总 计 Total 2012 年	总 计 Total 2011 年
本年资金来源合计	**Total of Sources of Funds This Year**	**9454939**	**7998500**
上年末结余资金	**Non-balance Funds Last Year**	**689407**	**521878**
本年资金来源小计	**Subtotal of Sources of Funds This Year**	**8765532**	**7476622**
按资金来源分	**Grouped by Fund Sources**		
国家预算内资金	State Budget	313726	230205
国内贷款	Demestic Loans	2056431	1785105
债券	Bonds		12750
利用外资	Foreign Investment	17125	63200
自筹资金	Self-raising Funds	4420727	3501249
其他资金	Others	1957523	1884113
按国民经济行业分	**Grouped by Sector**	**9037009**	**7205627**
第一产业	Primary Industry	105483	58178
农、林、牧、渔业	Agriculture,Forestry,Animal Husbandary and Fishery	105483	58178
第二产业	Secondary Industry	4384096	3349661
工业	Industry	4354676	3340861
采矿业	Mining	861150	569798
制造业	Manufacturing	2937961	2197716
电力、燃气及水的生产和供应业	Production and Supply of Electricity,Gas and Water	555565	573347
建筑业	Construction	29420	8800
第三产业	Tertiary Industry	4547430	3797788
交通运输、仓储和邮政业	Transport,Storage and Post	253043	335061
信息传输、计算机服务和软件业	Information Transmission,Computer Services and Software	69354	53262
批发和零售业	Wholesale and Retail Trades	118701	274579
住宿和餐饮业	Hotels and Catering Services	33296	30568
金融业	Financial Intermediation		
房地产业	Real Estate	3389772	2367048
租赁和商务服务业	Leasing and Business Services	53577	10
科学研究、技术服务和地质勘查业	Scientific Research,Technical Service and Geologic Prospecting	2900	9969
水利、环境和公共设施管理业	Management of Water Conservancy,Environment and Public Facilities	336349	434198
居民服务和其他服务业	Services to Households and Other Services	81345	
教育	Education	73277	110332
卫生、社会保障和社会福利业	Health,Social Security and Social Welfare	58690	22679
文化、体育和娱乐业	Culture,Sports and Entertainment	29481	45482
公共管理和社会组织	Public Management and Social Organizations	47645	114600
新增固定资产	**Newly Increased Fixed Assets**	**3850184**	**6861875**
固定资产交付使用率(%)	**Rate of Projects of Fixed Assets Completed and Put into Use(%)**	**42.6**	**95.2**

注：1. 该表不含农户投资

2. 自 2011 年始，固定资产投资计划总投资起点由 50 万元调整为 500 万元，故，依据自治区统计局反馈数据对 2010 年数据进行修订。

a)The data in above table does not include the farmers investment.

b)Since 2011, the total planned investment in fixed assets investment starting point adjustment from 50 million to 500 million, 2010 data rivised in accordance with the Regional Bareau of feed back data.

Total Investment in Fixed Assets By Sector

(10 000 yuan)

市　区 City		永宁县 Yongning		贺兰县 Helan		灵武市 Lingwu		不分地区 Regardless of the Areas	
2012 年	2011 年	2012 年	2011 年	2012 年	2011 年	2012 年	2011 年	2012 年	2011 年
4632785	**3971744**	**981876**	**715951**	**1074501**	**816958**	**2754299**	**2049157**	**11478**	**444690**
542863	**379573**			**88361**	**48152**	**58183**	**80153**		**14000**
4089922	**3592171**	**981876**	**715951**	**986140**	**768806**	**2696116**	**1969004**	**11478**	**430690**
222082	152512	20322	17861	38889	8060	32433	47872		3900
548521	650266	60450	84426	91252	65764	1350208	932250	6000	52399
	12750								
15500	10000	1625							53200
1699701	1263405	863651	573968	644433	444188	1207464	943397	5478	276291
1604118	1503238	35828	39696	211566	250794	106011	45485		44900
3765506	**2943140**	**1038816**	**758750**	**1032052**	**747544**	**3186717**	**2276612**	**13918**	**479581**
8965	4737	47607		40896	42000	8015	11441		
8965	4737	47607		40896	42000	8015	11441		
730983	858676	424321	195509	336783	262294	2892009	1802105		231077
715767	858676	424321	195509	322579	256714	2892009	1798885		231077
276672				16775		567703	388721		181077
338670	769290	350271	179122	275889	250160	1973131	949144		50000
100425	89386	74050	16387	29915	6554	351175	461020		
15216				14204	5580		3220		
3025558	2079727	566888	563241	654373	443250	286693	463066	13918	248504
182290	39169	17040	15360	14456	42746	31257	40544	8000	197242
58436	15100					5000	4800	5918	33362
9680	20994	13371	186236	87951		7699	33203		
	15908	22664	14660	10632					
2430603	1665776	413851	235895	421054	318223	124264	147154		
41577	10			12000					
600	2769	1500		800	7200				
161803	140671	17940	24150	55470	28305	101136	223172		17900
8374		70861		1360		750			
56367	79581		15227	9880	5970	7030	9554		
22215	19063			36475	2980		636		
21824	45482					7657			
31789	35204	9661	71713	4295	3680	1900	4003		
2047046	**2899288**	**519594**	**368369**	**565817**	**675019**	**711809**	**2665101**	**5918**	**253828**
54.4	**98.5**	**50.0**	**48.5**	**54.8**	**90.3**	**22.3**	**117.1**	**42.5**	**52.9**

5-5 各种分组的固定资产投资

单位:万元

指 标	Item	总计 Total 2012 年	总计 Total 2011 年
本年实际征用和购置土地面积	Land Space Purchased This Year	14047851	9471873
本年实际征用和购置土地成交价款	Land Transaction Price This Year	227196	365150
自开始建设至本年底累计完成投资	Investment Completed This Year	21217699	18950100
本年完成投资	**Investment Completed This Year**	**9037009**	**7205627**
#住宅	Residence	1904169	1565231
按构成分	**Grouped by Structure**		
建筑工程	Construction	5613385	4339404
安装工程	Installation	746513	743971
设备工器具购置	Purchase of Equipment and Instruments	1536615	1340711
其他费用	Others	1140496	781541
按建设性质分(不含房地产)	**Grouped by Type of Construction(Except Real Estate)**		
#新建	New Construction	3873251	3389231
扩建	Expansion	1817101	854852
改建和技术改造	Reconstruction and Renovation	574725	878187
按经济类型分	**Grouped by Economic Types**		
内资	Domestic Funds	8673561	7063112
国有	State-owned Enterprises	1248033	1959625
有限责任公司	Limited Liability Corporations	2860837	2432007
国有独资公司	State Sole Funded Corporations	1208437	1028207
其他有限责任公司	Other Limited Liability Corporations	1652400	1403800
股份有限公司	Share-holding Corporations Ltd.	743292	660438
私营	Private Enterprises	3711142	2011042
其他内资	Other Domestic Funds	101654	
港、澳、台商投资	Enterprises with Sole Investment from Hongkong,Macao and Taiwan	169552	53948
外商投资	Foreign Share-holding Corporations Ltd.	187660	88567

注:1. 该表不含农户投资。

2. 本年实际征用和购置土地面积包含无偿划拨土地

3. 自 2011 年始,固定资产投资计划总投资起点由 50 万元调整为 500 万元,故,依据自治区统计局反馈数据对 2010 年数据进行修订。

a) The data in above table does not include the farmers investment.

b) The actual acpuisition and purchase of the land area contains the free allocation of land this year.

c) Since 2011, the total Planned investment in fixed assets investment starting point adjustment from 50 million to 500 million, 2010 data rivised in accordance with the Regional Bareau of feed back data.

Total Investment in Fixed Assets By Classification

(10 000 yuan)

市　区 City		永宁县 Yongning		贺兰县 Helan		灵武市 Lingwu		不分地区 Regardless of the Areas	
2012 年	2011 年	2012 年	2011 年	2012 年	2011 年	2012 年	2011 年	2012 年	2011 年
1591465	2091889	2089453	2001628	8845656	3840352	1521277	1534679		3325
171329	283830	18481	21335	18673	38770	18713	20816		399
8139625	6420878	1706603	1169311	2031127	1368236	9136426	8816145	203918	1175530
3765506	**2943140**	**1038816**	**758750**	**1032052**	**747544**	**3186717**	**2276612**	**13918**	**479581**
1395772	1073617	155296	132493	279836	267486	73265	91635		
2624393	1984278	888774	624137	815233	620641	1277135	867895	7850	242453
293770	333651	63240	42752	75333	28301	313107	288383	1063	50884
256131	349689	39978	62365	70382	48704	1166066	779979	4058	99974
591212	275522	46824	29496	71104	49898	430409	340355	947	86270
949987	637522	805377	380968	501479	345741	1602490	1824355	13918	200645
642735	431678	33182	86626	84521	40839	1056663	295709		
55329	441331	64497	71709	49198	42741	405701	43470		278936
3462420	2857105	998210	758750	1017296	747544	3181717	2270132	13918	429581
619615	493923	167934	130462	99722	95851	346844	990885	13918	248504
927352	879799	336701	286573	569820	389500	1026964	695058		181077
270478	172084	20309	31211	33385	73768	884265	570067		181077
656874	707715	316392	255362	536435	315732	142699	124991		
109532	440373	14300	53926	3000		616460	166139		
1794604	1043010	479275	287789	245814	262193	1191449	418050		
11014				90640					
161552	3948			8000					50000
141534	24255	40606		520		5000	6480		

5-6 城镇固定资产投资

Investment in Fixed Assets in Urban Area

单位:万元 (10 000 yuan)

指 标	Item	2012 年	2011 年
合 计	**Total**	**8531538**	**7026745**
按隶属关系分	**Grouped by Jurisdiction of Management**		
中央	Central Investment	1571340	1631301
地方	Local Investment	6960198	5395444
自治区	Autonomous Regions	2151561	1667877
地市县属	Prefecture Cities and County	4808637	3727567
地区	Region	549545	439636
县	County	467769	365445
其他	Others	3791323	2922486
按建设性质分(不含房地产)	**Grouped by Type of Construction(except real estate)**		
# 新建	New Construction	3509377	3300673
扩建	Expansion	1785799	841479
改建和技术改造	Reconstruction and Renovation	464430	801236
按登记注册类型分	**Grouped by Registration Types**		
内资	Domestic Funds	8174846	6884230
国有	State-owned Enterprises	1135082	1825081
有限责任公司	Limited Liability Corporations	2693960	2395982
国有独资公司	State Sole Funded Corporations	1208437	1028207
其他有限责任公司	Other Limited Liability Corporations	1485523	1367775
股份有限公司	Share-holding Corporations Ltd	740292	660438
私营	Private Enterprises	3522918	2002729
其他内资	Other Domestic Funds	82594	
港澳台商投资	Enterprises with Sole Investment from Hongkong,Macao and Taiwan	169552	53948
合资经营	Joint-ventures Enterprises	169552	3948
港澳台商独资经营	Enterprises with Sole Investment from Hongkong,Macao and Taiwan		50000

5-6 续表 continued

单位:万元 (10 000 yuan)

指 标	Item	2012年	2011年
外商投资	Foreign Funded Enterprises	187140	88567
外商合资经营	Joint-venture Enterprises	14768	31927
外商合作经营	Cooperation Enterprises		
外商独资	Foreign Sole Funded Enterprises	172372	56640
按国民经济行业分	**Grouped by Sector**		
第一产业	Primary Industry	48383	37978
农、林、牧、渔业	Agriculture,Forestry,Animal Husbandary and Fishery	48383	37978
第二产业	Secondary Industry	4087744	3334368
工业	Industry	4069264	3328168
采矿业	Mining	743269	569798
制造业	Manufacturing	2824876	2190023
电力、燃气及水的生产和供应业	Production and Supply of Electricity,Gas and Water	501119	568347
建筑业	Construction	18480	6200
第三产业	Tertiary Industry	4395411	3654399
交通运输、仓储和邮政业	Transport,Storage and Post	221943	271341
信息传输、计算机服务和软件业	Information Transmission,Computer Services and Software	69354	53262
批发和零售业	Wholesale and Retail Trades	100042	238434
住宿和餐饮业	Hotels and Catering Services	33296	30568
金融业	Financial Intermediation		
房地产业	Real Estate	3316487	2355861
租赁和商务服务业	Leasing and Business Services	53577	10
科学研究、技术服务和地质勘查业	Scientific Research,Technical Service and Geologic Prospecting	2900	9959
水利、环境和公共设施管理业	Management of Water Conservancy,Environment and Public Facilities	328938	422934
居民服务和其他服务业	Services to Households and Other Services	74766	
教育	Education	65197	107342
卫生、社会保障和社会福利业	Health,Social Security and Social Welfare	58690	22679
文化、体育和娱乐业	Culture,Sports and Entertainment	29481	45482
公共管理和社会组织	Public Management and Social Organizations	40740	96527

注:1. 该表不含农户投资

2. 自2011年始,固定资产投资计划总投资起点由50万元调整为500万元,故,依据自治区统计局反馈数据对2010年数据进行修订。

a) The data in above table does not include the farmers investment.

b) Since 2011, the total Planned investment in fixed assets investment starting point adjustment from 50 million to 500 million, 2010 data rivised in accordance with the Regional Bareau of feed back data.

5-7 固定资产投资效果

(2012)

指 标	Item	单 位	Unit	合 计 Total
建设项目投产率	**Rate of Construction Projects and Put into Produce**	**%**	**%**	**50.7**
本年施工项目	Projects under Construction This Year	个	unit	702
# 农村非农户	Non-farm Households in Rural	个	unit	102
本年竣工项目	Projects Completed This Year	个	unit	356
# 农村非农户	Non-farm Households in Rural	个	unit	68
固定资产交付使用率	**Rate of Projects of Fixed Assets Completed and Put into Use**	**%**	**%**	**42.6**
本年新增固定资产	Newly Increased Fixed Assets This Year	万元	10 000 yuan	3850184
# 农村非农户	Non-farm Households in Rural	万元	10 000 yuan	136211
本年完成投资额	Investment Completed This Year	万元	10 000 yuan	9037009
# 农村非农户	Non-farm Households in Rural	万元	10 000 yuan	527768
建设周期	**Construction Period**	**年**	**year**	**4.3**
计划总投资	Total Planned Investment	万元	10 000 yuan	38995128
# 农村非农户	Non-farm Households in Rural	万元	10 000 yuan	991653
本年完成投资	Investment Completed This Year	万元	10 000 yuan	9037009
# 农村非农户	Non-farm Households in Rural	万元	10 000 yuan	527768
房屋建筑面积竣工率	**Rate of Floor Space of Buildings Completed**	**%**	**%**	**20.6**
施工面积	Floor Space of Buildings Under Construction	平方米	sq.m	39484833
# 农村非农户	Non-farm Households in Rural	平方米	sq.m	573975
竣工面积	Floor Space of Buildings Completed	平方米	sq.m	8143678
# 农村非农户	Non-farm Households in Rural	平方米	sq.m	44076

注:1. 该表不含农户投资

2. 自 2011 年始,固定资产投资计划总投资起点由 50 万元调整为 500 万元,故,依据自治区统计局反馈数据对 2010 年数据进行修订。

a) The data in above table does not include the farmers investment.

b) Since 2011, the total Planned investment in fixed assets investment starting point adjustment from 50 million to 500 million, 2010 data rivised in accordance with the Regional Bareau of feed back data.

新　建 New Construction	扩　建 Expansion	改建和技术改造 Reconstruction and Renovation	迁　建 Relocation	单纯购置 Simply Purchase	房地产开发 Real Estate
44.9	**54.0**	**74.7**	**33.3**		
419	198	79	6		
70	14	18			
188	107	59	2		
41	11	16			
29.8	**17.5**	**77.9**	**30.8**		**69.8**
1155336	318417	447960	4598		1923873
83439	17607	35165			
3872275	1818077	574725	14909		2757023
385195	32278	110295			
5.4	**2.5**	**2.9**	**3.4**		**4.3**
20925698	4506862	1691739	50920		11819909
784432	43400	163821			
3872275	1818077	574725	14909		2757023
385195	32278	110295			
5.0	**12.4**	**25.3**	**15.1**		**25.2**
7660078	2093600	175867	69988		29485300
398112	124228	51635			
384366	260573	44414	10572		7443753
16476	4200	23400			

5-8　主要重点项目建设情况

单位:万元　　(2012)

项目名称 Project Name	开工时间 Start Time	竣工时间 Completion Time
宁夏发电集团有限责任公司银星一井项目	200905	
华电宁夏宁东风电五工程	201206	
华电宁夏宁东风电六工程	201209	
宁夏天地平顶山煤机有限公司高端液压支架生产基地项目	201004	
120万吨/煤基多联产	201006	
焦油加工项目	201103	
苯加氢项目	201103	
宁夏捷美丰友化工有限公司合成氨、尿素搬迁和技术优化项目	200907	
宁夏大学科技综合楼	201104	
宁夏财经职业技术学院新校区	201003	
宁夏艺术学校新校区	201104	
自治区儿童医院	201104	
宁夏大剧院	200904	
火车站站前广场绿化及生态公园建设	201104	
唐徕公园整治扩建五期	201105	
大连路二期(亲水大街—正源街)工程	201107	201212
宁夏贺兰山体育场	200810	201212
中房·宁东物流园区(宁东能源化工基地物流园区)	201008	
唐徕公园整治扩建六期	201207	
友爱中心路	201204	
六盘山路(通达南街—包兰铁路公铁立交连接线)	201204	
阅海中央商务区基础设施	201203	
快速公交一号线	201204	
武警银川市支队机动大队营房	201208	

Coustruction Condition of Major Keystone Project

(10 000yuan)

计划总投资 Total Planned Investment	累计完成投资 Accumulated Completion Investment	本年计划 Planned This Year	本年完成投资 Completion Investment This Year
230933	165781	20033	20033
48000	28700	28700	28700
48000	10600	10600	10600
56000	31584	6339	6339
371700	308205	107195	107195
86000	62848	32101	32101
45465	41601	10734	10734
451350	412985	112616	112616
13500	7550	9600	3650
28959	21334	1000	1000
13892	10379	5279	5279
27769	10661	4467	4467
44996	31526	7048	7048
6570	2900	1400	1400
4320	4287	1237	1237
2901	2901	1286	1115
70594	70552	400	400
120000	25969	13967	13967
15771	5900	5000	5900
28100	16000	15000	16000
8973	5533	5533	5533
56800	35100	35100	35100
60776	60772	60772	60772
6389	2100	2100	2100

5-9 房地产开发企业投资情况

单位：个、万元、平方米　　（2012）

指　标	Item	总　计 Total
企业个数	**Number of Enterprises**	**269**
计划总投资	Total Planned Investment	11819909
自开始建设累计完成投资	Accumulative Investment Actually Completed Since Starting of Construction up to the End of This Year	6876118
本年完成投资	Investment Completed This Year	2757023
配套工程投资	Project Investment	51131
按构成分	**Grouped by Structure**	
建筑工程	Construction	2032522
安装工程	Installation	199268
设备工器具购置	Purchase of Equipment and Instruments	14042
其他费用	Others	511191
# 旧建筑物购置费	Purchased Costs of Older Buildings	25369
土地购置费	Toatal Value of Land Purchased	307351
按工程用途分	**Grouped by Use of Project**	
住宅	Residence	1755066
# 90 平方米以下住房	Housing of 90 Square Meters Below	454900
144 平方米以上住房	Housing of 144 Square Meters Above	504681
别墅、高档公寓	Villas, High-grade Apartments	86159
办公楼	Office Buildings	86558
商业营业用房	Houses for Business Use	498339
其他	Others	417060
本年新增固定资产	Newly Increased Fixed Assets This Year	1923873
本年资金来源合计	Total Funds This Year	4153715
上年末结余资金	Non-balance Funds Last Year	628708
本年资金来源小计	Subtotal of Sources of Funds This Year	3525007
国内贷款	Demestic Loans	365950
# 银行贷款	Bank loans	357045
非银行金融机构贷款	Loans of Non-bank Financial Institutions	8905
自筹资金	Self-raising Funds	1324968
# 自有资金	Own Funds	638471
股东投入资金	Shave holders′ Funds Invested	87348
借入资金	Borroued Funds	275695
其他资金来源	Others	1834089
# 定金及预收款	Deposit and Payment	1070049
个人按揭贷款	Individual Mortgage Loans	425379
本年各项应付款合计	Total Payable of All	743193
# 工程款	Projects Receivable	532448
待开发土地面积	Land Space Pending Development	2501046
本年购置土地面积	Land Space Purchased This Year	1795468
本年土地成交价款	Land Transaction Price This Year	177345
# 拆迁补偿费	Relocation Compensation Fee	10866
土地使用权出让金	Transfer Fee of Land Use Right	127705
契税	Deed Tax	2676

Investment Statistics on Enterprises for Real Estate Development

（unit,10 000yuan,sq.m）

国有经济 State-owned Enterprises	私营经济 Private Enterprises	其他有限责任公司 Other Limited Liability Corporations	外商投资 Foreign Funded Enterprises
9	**200**	**57**	**3**
1720008	6770195	2505485	824221
1047746	4127205	1247107	454060
313928	1645544	581826	215725
22	44553	6300	256
303508	1213734	396873	118407
286	135667	57369	5946
567	9403	3417	655
9567	286740	124167	90717
	21349	4020	
	160712	76541	70098
209111	990794	370142	185019
131883	229995	68649	24373
19684	248884	145134	90979
9339	35658	40142	1020
726	66282	19520	30
77748	319825	92869	7897
26343	268643	99295	22779
350570	1098883	274332	200088
465922	2561145	885184	241464
91133	291864	219071	26640
374789	2269281	666113	214824
69200	215203	72947	8600
69200	207023	72222	8600
	8180	725	
134748	847311	270986	71923
89080	330707	146761	71923
	82083	5265	
2000	230926	42769	
170841	1206767	322180	134301
68614	690110	207961	103364
71208	260056	79766	14349
81982	432328	184997	43886
68465	291318	128779	43886
2726	2117932	380388	
	1474044	229844	91580
	135134	15149	27062
	6696	4170	
	89664	10979	27062
	1520	345	811

5—9 续表 1

单位:个、万元、平方米 (2012)

指 标	Item	银川市 Yinchuan
企业个数	**Number of Enterprises**	**269**
计划总投资	Total Planned Investment	11819909
自开始建设累计完成投资	Accumulative Investment Actually Completed Since Starting of Construction up to the End of This Year	6876118
本年完成投资	Investment Completed This Year	2757023
配套工程投资	Project Investment	51131
按构成分	**Grouped by Structure**	
建筑工程	Construction	2032522
安装工程	Installation	199268
设备工器具购置	Purchase of Equipment and Instruments	14042
其他费用	Others	511191
# 旧建筑物购置费	Purchased Costs of Older Buildings	25369
土地购置费	Toatal Value of Land Purchased	307351
按工程用途分	**Grouped by Use of Project**	
住宅	Residence	1755066
# 90 平方米以下住房	Housing of 90 Square Meters Below	454900
144 平方米以上住房	Housing of 144 Square Meters Above	504681
别墅、高档公寓	Villas, High-grade Apartments	86159
办公楼	Office Buildings	86558
商业营业用房	Houses for Business Use	498339
其他	Others	417060
本年新增固定资产	Newly Increased Fixed Assets This Year	1923873
本年资金来源合计	Total Funds This Year	4153715
上年末结余资金	Non-balance Funds Last Year	628708
本年资金来源小计	Subtotal of Sources of Funds This Year	3525007
国内贷款	Demestic Loans	365950
# 银行贷款	Bank loans	357045
非银行金融机构贷款	Loans of Non-bank Financial Institutions	8905
自筹资金	Self-raising Funds	1324968
# 自有资金	Own Funds	638471
股东投入资金	Shave holders´ Funds Invested	87348
借入资金	Borroued Funds	275695
其他资金来源	Others	1834089
# 定金及预收款	Deposit and Payment	1070049
个人按揭贷款	Individual Mortgage Loans	425379
本年各项应付款合计	Total Payable of All	743193
# 工程款	Projects Receivable	532448
待开发土地面积	Land Space Pending Development	2501046
本年购置土地面积	Land Space Purchased This Year	1795468
本年土地成交价款	Land Transaction Price This Year	177345
# 拆迁补偿费	Relocation Compensation Fee	10866
土地使用权出让金	Transfer Fee of Land Use Right	127705
契税	Deed Tax	2676

continued

(unit,10 000yuan,sq.m)

市　区 City	兴庆区 Xingqing	金凤区 Jinfeng	西夏区 Xixia	永宁县 Yongning	贺兰县 Helan	灵武市 Lingwu
208	**124**	**71**	**13**	**17**	**24**	**20**
8238201	2945046	4484145	809010	848090	2206855	526763
4960553	1663992	2881727	414834	473659	1096710	345196
2102546	676855	1234677	191014	135760	396854	121863
40691	5237	29111	6343		8825	1615
1511610	412053	948866	150691	115619	310105	95188
140059	74114	59098	6847	32	44691	14486
9805	4395	4890	520	100	2334	1803
441072	186293	221823	32956	20009	39724	10386
25369	25369					
267851	104390	137863	25598	14470	20660	4370
1344427	343344	889458	111625	69121	270760	70758
366678	116612	195171	54895	32117	36525	19580
416164	100788	310636	4740	6770	74614	7133
30616	20293	9778	545		53104	2439
73014	20646	46418	5950	2785	5551	5208
353444	197852	122086	33506	39714	70257	34924
331661	115013	176715	39933	24140	50286	10973
1345726	423003	832734	89989	183778	282713	111656
3406089	2183366	1165910	56813	107792	439576	200258
535263	311045	220485	3733		88361	5084
2870826	1872321	945425	53080	107792	351215	195174
323108	236685	86403	20	1200	39797	1845
317128	233225	83903		1200	36872	1845
5980	3460	2500	20		2925	
1051083	739981	270205	40897	81864	103854	88167
473787	261366	188767	23654	26528	62224	75932
85848	63555	20293	2000		1500	
232179	203810	24171	4198		31281	12235
1496635	895655	588817	12163	24728	207564	105162
882368	505820	368951	7597	13679	128196	45806
292457	182617	106747	3093	11049	62517	59356
611712	432158	161889	17665	2472	111673	17336
462721	312870	135041	14810	2472	51149	16106
2359496	1608643	676608	74245		141550	
1397925	980714	305098	112113	47312	167140	183091
157476	98183	53657	5636	2849	6005	11015
10866	3312	3384	4170			
109769	70233	38070	1466	2849	4072	11015
2169	1046	869	254	85	93	329

5—9 续表 2

单位:个、万元、平方米 (2012)

指 标	Item	一 级 First Grade
企业个数	**Number of Enterprises**	**10**
计划总投资	Total Planned Investment	3277595
自开始建设累计完成投资	Accumulative Investment Actually Completed Since Starting of Construction up to the End of This Year	1991564
本年完成投资	Investment Completed This Year	718901
配套工程投资	Project Investment	23641
按构成分	**Grouped by Structure**	
建筑工程	Construction	595090
安装工程	Installation	26615
设备工器具购置	Purchase of Equipment and Instruments	
其他费用	Others	97196
# 旧建筑物购置费	Purchased Costs of Older Buildings	
土地购置费	Toatal Value of Land Purchased	65267
按工程用途分	**Grouped by Use of Project**	
住宅	Residence	474858
# 90 平方米以下住房	Housing of 90 Square Meters Below	83350
144 平方米以上住房	Housing of 144 Square Meters Above	136249
别墅、高档公寓	Villas, High-grade Apartments	8272
办公楼	Office Buildings	23742
商业营业用房	Houses for Business Use	97391
其他	Others	122910
本年新增固定资产	Newly Increased Fixed Assets This Year	571654
本年资金来源合计	Total Funds This Year	1090307
上年末结余资金	Non-balance Funds Last Year	161863
本年资金来源小计	Subtotal of Sources of Funds This Year	928444
国内贷款	Demestic Loans	141094
# 银行贷款	Bank loans	141094
非银行金融机构贷款	Loans of Non-bank Financial Institutions	
自筹资金	Self-raising Funds	293600
# 自有资金	Own Funds	131104
股东投入资金	Shave holders´ Funds Invested	
借入资金	Borroued Funds	35517
其他资金来源	Others	493750
# 定金及预收款	Deposit and Payment	283803
个人按揭贷款	Individual Mortgage Loans	104532
本年各项应付款合计	Total Payable of All	113403
# 工程款	Projects Receivable	92379
待开发土地面积	Land Space Pending Development	809026
本年购置土地面积	Land Space Purchased This Year	302087
本年土地成交价款	Land Transaction Price This Year	41040
# 拆迁补偿费	Relocation Compensation Fee	
土地使用权出让金	Transfer Fee of Land Use Right	17233
契税	Deed Tax	

continued

(unit,10 000yuan,sq.m)

资质等级 Qualification Criteria				
二级 Second Grade	三级 Third Grade	四级 Forth Grade	暂定 Tentative	其他 Others
48	**62**	**46**	**100**	**3**
2841804	1510317	1406558	2614404	169231
1634159	1029422	639359	1422489	159125
589324	349372	295426	747272	56728
4933	7260	2029	13268	
452117	281264	203149	444174	56728
48617	26102	20391	77543	
3288	891	4293	5570	
85302	41115	67593	219985	
24049		1320		
44520	31615	21147	144802	
374489	198725	153138	503951	49905
77316	52482	79860	111987	49905
103836	38980	17366	208250	
9461	17667	18266	32493	
14631	21916	13876	12393	
128271	81470	76685	112639	1883
71933	47261	51727	118289	4940
545898	292045	190554	234278	89444
908197	510693	462473	1121744	60301
103532	67965	153362	140740	1246
804665	442728	309111	981004	59055
95268	18460	34388	67740	9000
91068	16300	33643	65940	9000
4200	2160	745	1800	
257685	182996	133688	413331	43668
178638	80083	35194	213452	
5961	5100	30598	45689	
58730	40184	24449	116815	
451712	241272	141035	499933	6387
242497	152974	70912	316789	3074
115463	54751	16293	131027	3313
142604	152981	93866	228994	11345
106952	89661	82537	149574	11345
895772	328076	224093	244079	
399137	288480	108452	697312	
39091	19751	14758	62705	
6128	4170	500	68	
28379	8387	13876	59830	
934	432	229	1081	

5-10 房地产开发企业经营情况

单位:万元 （2012）

指 标	Item	总 计 Total
年初存货	**Stock in Early**	**4829588**
年末资产负债	**Assets and Liabilities at Year-end**	
流动资产合计	Total Circulating Funds	9805961
#应收账款	Projects Receivable	204300
存货	Stock	6381465
固定资产合计	Total Investment Assets	333572
固定资产原价	Original Value of Fixed Assets	358153
累计折旧	Accumulated Depreciation	75383
#本年折旧	Depreciation This Year	21770
在建工程	Construction in Process	373316
资产总计	Total Assets	11508353
流动负债合计	Total Liquid Liabilities	8515088
#应付账款	Projects Payment	1053453
非流动负债合计	Total Non-Liquid Liabilities	953632
负债合计	Total Liabilities	9468720
所有者权益合计	Total Equity	2039633
#实收资本	Paid-in Capitals	1395125
损益及分配	**Profit, loss and Distribution**	
营业收入	Total Revenue	2039650
#主营业务收入	Revenue from Principal Business	2036619
土地转让收入	Land Transferred	
商品房屋销售收入	Sales Income of Commercial Flat	1924634
房屋出租收入	Income of Renting House	37564
其他收入	Others	74421
营业成本	Business Costs	1575409
#主营业务成本	Cost of Principal Business	1573421
营业税金及附加	Business Taxes and Other Charges	128454
#主营业务税金及附加	Taxes and Other Charges on Principal Business	127299
其他业务利润	Profits from Other Businesses	17451
销售费用	Saling Costs	55825
管理费用	Management Costs	127637
#税金	Taxes	12516
差旅费	Travel Expenses	2787
工会经费	Union Fund	849
财务费用	Finance Costs	31660
#利息收入	Interest Income	1446
利息支出	Interest Expense	21710
资产减值损失	Impairment of Awwets	-10945
公允价值变动收益	Fair Value Gain	
投资收益	Investment Income	8893
营业利润	Business Profits	150737
营业外收入	Income of Extra-business	5397
#补贴收入	Subsidy Income	1953
营业外支出	Expenditure of Extra-business	12615
利润总额	Total Profits	148602
应交所得税	Tax Payable	43595
工资、福利费	**Wages and Welfare**	
本年应付工资总额	Total Wages This Year	108910
土地和固定资产支出	Land and Fixed Assets Expenses	305624
土地购置	Land Purchased	233886
房屋和建筑物	Housing and Buildings	51659
机器设备	Machinery Equipment	1690
运输工具	Transport	6116
其他费用	Others	12272

Operating Statistics on Enterprises for Real Estate Development

(10 000yuan)

国有经济 State-owned Enterprises	私营经济 Private Enterprises	其他有限责任公司 Other Limited Liability Corporations	外商投资 Foreign Funded Enterprises
482383	**3135743**	**1034964**	**176499**
720743	6498589	1796043	790587
18007	167725	18320	249
540650	4042710	1232580	565525
7156	201228	88847	36342
26568	251285	40426	39875
3972	58168	9710	3533
1440	13853	3091	3386
87915	202949	82452	
991674	7330509	2357386	828785
649420	5506539	1617339	741790
121362	692845	195606	43641
136500	566634	243498	7000
785920	6073173	1860837	748790
205754	1257335	496549	79995
64229	915696	334054	81146
293573	1106587	577735	61755
293494	1103990	577380	61755
283037	1081902	497944	61752
1790	18483	17291	
8667	3605	62146	3
224393	829494	472509	49013
224342	827681	472386	49013
17260	70938	36351	3906
17253	69952	36188	3906
86	15060	1304	1000
5571	25178	21246	3830
10372	84432	27877	4956
1012	8733	2354	417
184	1828	540	235
72	671	97	9
211	28879	941	1629
240	716	386	103
411	18716	851	1733
-10971	-38	64	
	8875	18	
46824	84808	19684	-578
926	3430	953	88
651	1213	90	
290	8875	2153	1296
47460	84317	18612	-1787
11710	19183	12593	109
8935	31734	65374	2868
27765	172892	46122	58844
6939	129846	38273	58828
19185	26044	6430	0
35	1640	8	7
1570	3846	691	9
36	11516	721	

5-10 续表 1

单位:万元 （2012）

指 标	Item	银川市 Yinchuan
年初存货	**Stock in Early**	**4829588**
年末资产负债	**Assets and Liabilities at Year-end**	
流动资产合计	Total Circulating Funds	9805961
# 应收账款	Projects Receivable	204300
存货	Stock	6381465
固定资产合计	Total Investment Assets	333572
固定资产原价	Original Value of Fixed Assets	358153
累计折旧	Accumulated Depreciation	75383
# 本年折旧	Depreciation This Year	21770
在建工程	Construction in Process	373316
资产总计	Total Assets	11508353
流动负债合计	Total Liquid Liabilities	8515088
# 应付账款	Projects Payment	1053453
非流动负债合计	Total Non-Liquid Liabilities	953632
负债合计	Total Liabilities	9468720
所有者权益合计	Total Equity	2039633
# 实收资本	Paid-in Capitals	1395125
损益及分配	**Profit, loss and Distribution**	
营业收入	Total Revenue	2039650
# 主营业务收入	Revenue from Principal Business	2036619
土地转让收入	Land Transferred	
商品房屋销售收入	Sales Income of Commercial Flat	1924634
房屋出租收入	Income of Renting House	37564
其他收入	Others	74421
营业成本	Business Costs	1575409
# 主营业务成本	Cost of Principal Business	1573421
营业税金及附加	Business Taxes and Other Charges	128454
# 主营业务税金及附加	Taxes and Other Charges on Principal Business	127299
其他业务利润	Profits from Other Businesses	17451
销售费用	Saling Costs	55825
管理费用	Management Costs	127637
# 税金	Taxes	12516
差旅费	Travel Expenses	2787
工会经费	Union Fund	849
财务费用	Finance Costs	31660
# 利息收入	Interest Income	1446
利息支出	Interest Expense	21710
资产减值损失	Impairment of Awwets	-10945
公允价值变动收益	Fair Value Gain	
投资收益	Investment Income	8893
营业利润	Business Profits	150737
营业外收入	Income of Extra-business	5397
# 补贴收入	Subsidy Income	1953
营业外支出	Expenditure of Extra-business	12615
利润总额	Total Profits	148602
应交所得税	Tax Payable	43595
工资、福利费	**Wages and Welfare**	
本年应付工资总额	Total Wages This Year	108910
土地和固定资产支出	Land and Fixed Assets Expenses	305624
土地购置	Land Purchased	233886
房屋和建筑物	Housing and Buildings	51659
机器设备	Machinery Equipment	1690
运输工具	Transport	6116
其他费用	Others	12272

continued

(10 000yuan)

市　区 City	兴庆区 Xingqing	金凤区 Jinfeng	西夏区 Xixia	永宁县 Yongning	贺兰县 Helan	灵武市 Lingwu
3912408	**2476427**	**1267548**	**168432**	**252481**	**346321**	**318379**
8119399	4949979	2863245	306175	541525	794545	350492
149440	94403	51226	3810	30857	21117	2887
5193879	3035008	1966699	192172	405208	557115	225263
290141	128910	145339	15891	12685	23215	7531
300937	170954	109547	20435	14278	34990	7948
67094	42048	20442	4604	2517	4995	777
18594	10159	6798	1636	1038	1679	459
299777	243406	56371		73408	131	
9477063	5897746	3253326	325992	821746	835420	374123
6939227	4379422	2322892	236913	581029	681770	313062
906978	541476	293457	72044	43162	61151	42163
808281	538909	269373		93603	38657	13091
7747508	4918331	2592265	236913	674633	720427	326153
1729555	979415	661061	89079	147114	114994	47970
1185963	703367	421197	61398	72683	84241	52239
1633489	820951	727533	85005	121979	226926	57256
1630601	818353	727243	85005	121964	226798	57256
1555270	794426	686371	74473	105027	208288	56050
16503	13810	2071	622	2620	18441	
58828	10117	38801	9910	14317	69	1207
1269189	621540	578811	68838	79471	175498	51251
1268271	620791	578695	68786	79439	175469	50242
104299	49966	48896	5438	7836	13268	3051
103149	49835	48040	5275	7831	13268	3051
16410	11069	4169	1173	19	1021	
43740	20025	22652	1063	6316	4494	1276
104780	61708	38863	4208	8606	9167	5084
9917	6823	2772	323	1246	1236	116
2383	1449	850	85	177	187	40
781	309	449	24	45	15	8
25696	15984	8440	1272	626	4856	482
1323	648	651	24	44	17	61
16738	8138	8183	417	486	4231	255
-10997	-10982	-31	17		52	
8887	6055	1688	1144	2	4	
114895	75936	33646	5313	19118	19605	-2881
4426	2733	1604	88	193	116	663
1927	133	1724	70	26		
10843	4565	5340	938	570	719	483
113561	76177	32921	4463	18741	19001	-2701
35903	22213	12037	1653	2717	4638	337
98640	79676	16732	2232	3756	4726	1787
241870	128771	109794	3305	37590	20735	5429
190111	78309	108552	3250	31530	7214	5032
34502	34056	445		4366	12792	
1605	1540	64	1	11	39	35
4519	3871	596	52	847	399	351
11134	10994	137	3	837	291	11

5-10 续表 2

单位:万元 (2012)

指 标	Item	一 级 First Grade
年初存货	**Stock in Early**	**1125474**
年末资产负债	**Assets and Liabilities at Year-end**	
流动资产合计	Total Circulating Funds	1911449
# 应收账款	Projects Receivable	31065
存货	Stock	1326282
固定资产合计	Total Investment Assets	27085
固定资产原价	Original Value of Fixed Assets	55604
累计折旧	Accumulated Depreciation	14470
# 本年折旧	Depreciation This Year	3230
在建工程	Construction in Process	92642
资产总计	Total Assets	2411260
流动负债合计	Total Liquid Liabilities	1649117
# 应付账款	Projects Payment	260900
非流动负债合计	Total Non-Liquid Liabilities	356319
负债合计	Total Liabilities	2005435
所有者权益合计	Total Equity	405825
# 实收资本	Paid-in Capitals	126925
损益及分配	**Profit, loss and Distribution**	
营业收入	Total Revenue	608624
# 主营业务收入	Revenue from Principal Business	608241
土地转让收入	Land Transferred	
商品房屋销售收入	Sales Income of Commercial Flat	596518
房屋出租收入	Income of Renting House	2913
其他收入	Others	8811
营业成本	Business Costs	456187
# 主营业务成本	Cost of Principal Business	455841
营业税金及附加	Business Taxes and Other Charges	34716
# 主营业务税金及附加	Taxes and Other Charges on Principal Business	34698
其他业务利润	Profits from Other Businesses	5885
销售费用	Saling Costs	10104
管理费用	Management Costs	24575
# 税金	Taxes	3116
差旅费	Travel Expenses	615
工会经费	Union Fund	145
财务费用	Finance Costs	12070
# 利息收入	Interest Income	536
利息支出	Interest Expense	6359
资产减值损失	Impairment of Awwets	-10988
公允价值变动收益	Fair Value Gain	
投资收益	Investment Income	6949
营业利润	Business Profits	91407
营业外收入	Income of Extra-business	627
# 补贴收入	Subsidy Income	1151
营业外支出	Expenditure of Extra-business	1963
利润总额	Total Profits	94249
应交所得税	Tax Payable	18022
工资、福利费	**Wages and Welfare**	
本年应付工资总额	Total Wages This Year	13783
土地和固定资产支出	Land and Fixed Assets Expenses	64644
土地购置	Land Purchased	42929
房屋和建筑物	Housing and Buildings	19185
机器设备	Machinery Equipment	20
运输工具	Transport	2269
其他费用	Others	241

continued

(10 000yuan)

资质等级 Qualification Criteria				
二　级 Second Grade	三　级 Third Grade	四　级 Forth Grade	暂　定 Tentative	其　他 Others
1202538	**951757**	**399473**	**1119363**	**30983**
2809647	1593446	839456	2486352	165612
69290	37034	17424	49629	-141
1738436	1105544	517561	1593793	99850
141811	67919	18628	78089	40
172674	65164	26628	37913	170
34102	14296	5435	6949	130
9634	4736	1780	2280	111
111401	104615	1253	63405	
3057570	1842268	1024150	3007447	165657
2393421	1443119	810778	2052943	165711
405090	126805	32650	225374	2634
221545	125028	60352	181389	9000
2614966	1568147	871130	2234331	174711
442604	274121	153020	773115	-9053
280003	295347	153420	539430	
589511	205242	209161	427113	
588014	204112	209139	427113	
576284	189025	175894	386913	
10695	4501	16932	2523	
1035	10585	16313	37677	
456097	158457	161733	342935	
455633	158381	161649	341917	
37796	15738	12288	27916	
36964	15732	12125	27781	
6693	2777	419	1592	86
9211	5906	6646	23540	417
34300	20387	14563	33346	465
2833	2190	1579	2799	
544	405	354	869	
416	110	50	128	
12453	2374	1845	2924	-7
150	178	265	308	8
9953	2379	1868	1151	
14		-12	40	
183	199	511	1051	
45167	3612	12438	-1099	-789
2042	923	1417	389	
199	75	502	26	
4109	1783	1462	3277	22
43289	2939	12901	-3965	-811
10457	3052	3723	8342	
10110	8607	6799	69554	57
31703	43181	21471	144626	
29917	29795	11457	119790	
1198	11278	9347	10652	
74	374	4	1217	
382	1260	475	1730	
132	475	188	11236	

5-11 房地产开发施工、竣工房屋面积

单位:平方米、万元、套 （2012）

指 标	Item	总 计 Total
房屋施工面积	**Floor Space of Buildings under Construction**	**29485300**
住宅	Residence	20494741
# 90 平方米以下住房	Housing of 90 Square Meters Below	5515066
144 平方米以上住房	Housing of 144 Square Meters Above	4346824
别墅、高档公寓	Villas and High-grade Apartments	553240
办公楼	Office Buildings	938424
商业营业用房	Houses for Business Use	4543859
其他	Others	3508276
本年新开工面积	Started This Year	10021338
住宅	Residence	6302409
# 90 平方米以下住房	Housing of 90 Square Meters Below	1765719
144 平方米以上住房	Housing of 144 Square Meters Above	1067126
别墅、高档公寓	Villas and High-grade Apartments	246334
办公楼	Office Buildings	262493
商业营业用房	Houses for Business Use	2358886
其他	Others	1097550
房屋竣工面积	**Floor Space of Buildings Completed**	**7443753**
住宅	Residence	5948561
# 90 平方米以下住房	Housing of 90 Square Meters Below	1479270
144 平方米以上住房	Housing of 144 Square Meters Above	1112938
别墅、高档公寓	Villas and High-grade Apartments	15894
办公楼	Office Buildings	92919
商业营业用房	Houses for Business Use	712543
其他	Others	689730
不可销售面积	Non-sales Floor Space of Buildings	675412
住宅	Residence	390938
# 90 平方米以下住房	Housing of 90 Square Meters Below	306380
144 平方米以上住房	Housing of 144 Square Meters Above	13149
别墅、高档公寓	Villas and High-grade Apartments	
办公楼	Office Buildings	1877
商业营业用房	Houses for Business Use	74938
其他	Others	207659
商品住宅竣工套数	**Number of Commercialized Buildings Completed**	**53199**
# 90 平方米以下住房	Housing of 90 Square Meters Below	19558
144 平方米以上住房	Housing of 144 Square Meters Above	5954
别墅、高档公寓	Villas and High-grade Apartments	39
竣工房屋价值	**Value of Buildings Completed**	**1761380**
住宅	Residence	1393117
# 90 平方米以下住房	Housing of 90 Square Meters Below	310419
144 平方米以上住房	Housing of 144 Square Meters Above	337206
别墅、高档公寓	Villas and High-grade Apartments	4362
办公楼	Office Buildings	34197
商业营业用房	Houses for Business Use	173117
其他	Others	160949

Floor Space of Buildings under Construction and Completed for Real Estate Development

(sq.m, 10 000yuan, set)

国有经济 State-owned Enterprises	私营经济 Private Enterprises	其他有限责任公司 Other Limited Liability Corporations	外商投资 Foreign Funded Enterprises
4294663	**17877620**	**6094244**	**1218773**
3509511	12187518	3839419	958293
2092840	2480267	783267	158692
364356	2442769	1128481	411218
50082	299232	203926	
34361	521899	348552	33612
344720	3025325	1132332	41482
406071	2142878	773941	185386
768473	6545840	2454050	252975
707284	3690399	1720361	184365
598020	727088	380841	59770
26049	614755	412527	13795
11909	155203	79222	
	228285	34208	
35017	1837581	470661	15627
26172	789575	228820	52983
1579997	**4486755**	**901623**	**475378**
1387589	3483386	714337	363249
470065	680803	297597	30805
122367	616183	147391	226997
	1848	14046	
13740	33114	12453	33612
51767	564676	87439	8661
126901	405579	87394	69856
164125	416147	65854	29286
83200	270131	33773	3834
83200	196304	23042	3834
	2965	10184	
	1877		
3857	63614	3813	3654
77068	80525	28268	21798
12759	**31596**	**6846**	**1998**
6385	8823	3965	385
714	3362	810	1068
	5	34	
350570	**1034286**	**187192**	**189332**
309848	776818	149220	157231
102017	145271	52907	10224
32194	163759	25961	115292
	391	3971	
2643	12436	4900	14218
11086	139433	19003	3595
26993	105599	14069	14288

5-11 续表 1

单位:平方米、万元、套 (2012)

指 标	Item	银川市 Yinchuan
房屋施工面积	**Floor Space of Buildings under Construction**	**29485300**
住宅	Residence	20494741
# 90 平方米以下住房	Housing of 90 Square Meters Below	5515066
144 平方米以上住房	Housing of 144 Square Meters Above	4346824
别墅、高档公寓	Villas and High-grade Apartments	553240
办公楼	Office Buildings	938424
商业营业用房	Houses for Business Use	4543859
其他	Others	3508276
本年新开工面积	Started This Year	10021338
住宅	Residence	6302409
# 90 平方米以下住房	Housing of 90 Square Meters Below	1765719
144 平方米以上住房	Housing of 144 Square Meters Above	1067126
别墅、高档公寓	Villas and High-grade Apartments	246334
办公楼	Office Buildings	262493
商业营业用房	Houses for Business Use	2358886
其他	Others	1097550
房屋竣工面积	**Floor Space of Buildings Completed**	**7443753**
住宅	Residence	5948561
# 90 平方米以下住房	Housing of 90 Square Meters Below	1479270
144 平方米以上住房	Housing of 144 Square Meters Above	1112938
别墅、高档公寓	Villas and High-grade Apartments	15894
办公楼	Office Buildings	92919
商业营业用房	Houses for Business Use	712543
其他	Others	689730
不可销售面积	Non-sales Floor Space of Buildings	675412
住宅	Residence	390938
# 90 平方米以下住房	Housing of 90 Square Meters Below	306380
144 平方米以上住房	Housing of 144 Square Meters Above	13149
别墅、高档公寓	Villas and High-grade Apartments	
办公楼	Office Buildings	1877
商业营业用房	Houses for Business Use	74938
其他	Others	207659
商品住宅竣工套数	**Number of Commercialized Buildings Completed**	**53199**
# 90 平方米以下住房	Housing of 90 Square Meters Below	19558
144 平方米以上住房	Housing of 144 Square Meters Above	5954
别墅、高档公寓	Villas and High-grade Apartments	39
竣工房屋价值	**Value of Buildings Completed**	**1761380**
住宅	Residence	1393117
# 90 平方米以下住房	Housing of 90 Square Meters Below	310419
144 平方米以上住房	Housing of 144 Square Meters Above	337206
别墅、高档公寓	Villas and High-grade Apartments	4362
办公楼	Office Buildings	34197
商业营业用房	Houses for Business Use	173117
其他	Others	160949

continued

(sq.m, 10 000yuan, set)

市 区 City	兴庆区 Xingqing	金凤区 Jinfeng	西夏区 Xixia	永宁县 Yongning	贺兰县 Helan	灵武市 Lingwu
19629945	**6425797**	**11121170**	**2082978**	**3024461**	**5506599**	**1324295**
13407547	3649608	8258222	1499717	2024130	4123758	939306
3783229	1077447	1903811	801971	948836	568601	214400
3322148	939791	2352002	30355	98370	884538	41768
195350	89191	95619	10540		342815	15075
697187	165904	478365	52918	172177	63765	5295
2681004	1722118	657816	301070	625174	952391	285290
2844207	888167	1726767	229273	202980	366685	94404
6367101	2816979	2636986	913136	1034352	2261098	358787
3833340	1406150	1866217	560973	915083	1334777	219209
915350	553371	209205	152774	575684	234629	40056
736234	187434	533431	15369	29488	289020	12384
118763	47054	71709			118696	8875
237110	10407	194613	32090	2367	23016	
1443317	985378	238623	219316	69066	719771	126732
853334	415044	337533	100757	47836	183534	12846
4867650	**1459434**	**3029628**	**378588**	**904056**	**1014002**	**658045**
3710280	971673	2436257	302350	857710	870099	510472
850818	340239	353277	157302	312481	244560	71411
871466	151499	719967		67303	147476	26693
1848	1848				14046	
83489	22412	42293	18784		9430	
471352	310221	120484	40647	40821	70336	130034
602529	155128	430594	16807	5525	64137	17539
554975	238606	231875	84494	10606	80807	29024
355886	162993	129063	63830	7309	2965	24778
297925	131177	102918	63830	7309		1146
10184	10184				2965	
1877	140	1737				
38864	31173	3834	3857	2411	33663	
158348	44300	97241	16807	886	44179	4246
31986	**9591**	**18568**	**3827**	**8678**	**7657**	**4878**
11945	4765	4695	2485	3671	2892	1050
4541	716	3825		444	806	163
5	5				34	
1271208	**387380**	**793839**	**89989**	**180371**	**199483**	**110318**
970742	253414	645076	72252	168071	168836	85468
201492	80444	84732	36316	59315	35197	14415
291997	43669	248328		13692	26088	5429
391	391				3971	
31763	10977	16760	4026		2434	
120783	78649	31275	10859	11926	18183	22225
147920	44340	100728	2852	374	10030	2625

5-11 续表2

单位：平方米、万元、套 （2012）

指 标	Item	一 级 First Grade
房屋施工面积	**Floor Space of Buildings under Construction**	**7285156**
住宅	Residence	5693172
# 90平方米以下住房	Housing of 90 Square Meters Below	1272606
144平方米以上住房	Housing of 144 Square Meters Above	1526924
别墅、高档公寓	Villas and High-grade Apartments	51233
办公楼	Office Buildings	86950
商业营业用房	Houses for Business Use	417159
其他	Others	1087875
本年新开工面积	Started This Year	1940526
住宅	Residence	1608791
# 90平方米以下住房	Housing of 90 Square Meters Below	530181
144平方米以上住房	Housing of 144 Square Meters Above	172042
别墅、高档公寓	Villas and High-grade Apartments	13060
办公楼	Office Buildings	
商业营业用房	Houses for Business Use	99913
其他	Others	231822
房屋竣工面积	**Floor Space of Buildings Completed**	**2299808**
住宅	Residence	2013308
# 90平方米以下住房	Housing of 90 Square Meters Below	262102
144平方米以上住房	Housing of 144 Square Meters Above	517334
别墅、高档公寓	Villas and High-grade Apartments	
办公楼	Office Buildings	17281
商业营业用房	Houses for Business Use	33717
其他	Others	235502
不可销售面积	Non-sales Floor Space of Buildings	204789
住宅	Residence	108682
# 90平方米以下住房	Housing of 90 Square Meters Below	83084
144平方米以上住房	Housing of 144 Square Meters Above	
别墅、高档公寓	Villas and High-grade Apartments	
办公楼	Office Buildings	230
商业营业用房	Houses for Business Use	180
其他	Others	95697
商品住宅竣工套数	**Number of Commercialized Buildings Completed**	**16695**
# 90平方米以下住房	Housing of 90 Square Meters Below	3544
144平方米以上住房	Housing of 144 Square Meters Above	2758
别墅、高档公寓	Villas and High-grade Apartments	
竣工房屋价值	**Value of Buildings Completed**	**566574**
住宅	Residence	484495
# 90平方米以下住房	Housing of 90 Square Meters Below	60661
144平方米以上住房	Housing of 144 Square Meters Above	134356
别墅、高档公寓	Villas and High-grade Apartments	
办公楼	Office Buildings	8725
商业营业用房	Houses for Business Use	9959
其他	Others	63395

continued

(sq.m,10 000yuan,set)

资质等级 Qualification Criteria				
二级 Second Grade	三级 Third Grade	四级 Forth Grade	暂定 Tentative	其他 Others
6550832	**4449293**	**3477863**	**6744810**	**977346**
4377738	3084972	1786176	4681665	871018
922540	704775	870700	873427	871018
912749	524193	215882	1167076	
107300	106760	68907	219040	
192830	214728	270408	173508	
1153873	785546	1038259	1107494	41528
826391	364047	383020	782143	64800
1972562	1678191	1003892	3335967	90200
1158390	901241	446797	2112890	74300
210154	292359	158949	499776	74300
296126	77514	61503	459941	
14003	58384	24285	136602	
31644	100166	37120	93563	
567553	565699	374105	751616	
214975	111085	145870	377898	15900
1916734	**1304121**	**574990**	**901982**	**446118**
1363761	1087981	459867	624370	399274
339941	294765	205048	132394	245020
264695	141795	78097	111017	
1848	14046			
58477	1793	8081	7287	
240976	109090	81891	228531	18338
253520	105257	25151	41794	28506
228103	102161	38461	18698	83200
154197	27143	8121	9595	83200
105523	27143	7430		83200
13005		144		
1647				
17828	23620	28453	4857	
54431	51398	1887	4246	
13481	**9411**	**4415**	**5569**	**3628**
4547	3527	2500	1900	3540
1562	710	439	485	
5	34			
481590	**278843**	**114155**	**230774**	**89444**
343767	232110	84731	167514	80500
74451	56755	32849	30044	55659
97496	33834	11204	60316	
391	3971			
20109	222	2545	2596	
56575	28497	21547	53424	3115
61139	18014	5332	7240	5829

5-12 房地产开发商品房销售与出租情况

单位:平方米、万元、套 （2012）

指 标	Item	总 计 Total
出租房屋面积	**Floor Space of Buildings Rented**	**299570**
住宅	Residence	17610
# 90 平方米以下住房	Housing of 90 Square Meters Below	17610
144 平方米以上住房	Housing of 144 Square Meters Above	
别墅、高档公寓	Villas and High-grade Apartments	
办公楼	Office Buildings	21810
商业营业用房	Houses for Business Use	251297
其他	Others	8853
商品房销售面积	**Floor Space of Commercialized Buildings Sold**	**4502610**
住宅	Residence	3883346
# 90 平方米以下住房	Housing of 90 Square Meters Below	898666
144 平方米以上住房	Housing of 144 Square Meters Above	631143
别墅、高档公寓	Villas and High-grade Apartments	118590
办公楼	Office Buildings	62615
商业营业用房	Houses for Business Use	503625
其他	Others	53024
现房销售面积	Floor Space of Existing Buildings Sold	1734073
住宅	Residence	1382901
# 90 平方米以下住房	Housing of 90 Square Meters Below	478231
144 平方米以上住房	Housing of 144 Square Meters Above	187540
别墅、高档公寓	Villas and High-grade Apartments	84558
办公楼	Office Buildings	22039
商业营业用房	Houses for Business Use	287993
其他	Others	41140
期房销售面积	Floor Space of Forward Buildings Sold	2768537
住宅	Residence	2500445
# 90 平方米以下住房	Housing of 90 Square Meters Below	420435
144 平方米以上住房	Housing of 144 Square Meters Above	443603
别墅、高档公寓	Villas and High-grade Apartments	34032
办公楼	Office Buildings	40576
商业营业用房	Houses for Business Use	215632
其他	Others	11884
商品房销售额	**Total Sale of Commercialized Buildings**	**2059736**
住宅	Residence	1626057
# 90 平方米以下住房	Housing of 90 Square Meters Below	344411
144 平方米以上住房	Housing of 144 Square Meters Above	348878
别墅、高档公寓	Villas and High-grade Apartments	57237
办公楼	Office Buildings	29897
商业营业用房	Houses for Business Use	381874
其他	Others	21908
现房销售额	Total Sale of Existing Buildings	726759
住宅	Residence	485240
# 90 平方米以下住房	Housing of 90 Square Meters Below	157143
144 平方米以上住房	Housing of 144 Square Meters Above	82808
别墅、高档公寓	Villas and High-grade Apartments	32063

Saled and Rented of Real Estate Commercialized Buildings

(sq.m, 10 000yuan, set)

国有经济 State-owned Enterprises	私营经济 Private Enterprises	其他有限责任公司 Other Limited Liability Corporations	外商投资 Foreign Funded Enterprises
15460	**269482**	**14628**	
	17610		
	17610		
11146	10664		
4314	232355	14628	
	8853		
739198	**2564502**	**912075**	**286835**
696511	2169472	786997	230366
214690	449819	171034	63123
18285	413192	134130	65536
3894	84228	28819	1649
1808	50171	2626	8010
33998	318948	109132	41547
6881	25911	13320	6912
493807	953475	214595	72196
468588	713904	180635	19774
187783	194413	90753	5282
7333	153480	13924	12803
566	79883	3414	695
1808	13160		7071
17849	207764	21500	40880
5562	18647	12460	4471
245391	1611027	697480	214639
227923	1455568	606362	210592
26907	255406	80281	57841
10952	259712	120206	52733
3328	4345	25405	954
	37011	2626	939
16149	111184	87632	667
1319	7264	860	2441
225197	**1226156**	**430970**	**177413**
190440	937339	352885	145393
52781	171046	80889	39695
7758	216396	72514	52210
2503	32462	21373	899
2008	22675	1109	4105
30172	253598	74875	23229
2577	12544	2101	4686
138756	457093	89695	41215
121386	278175	73095	12584
43512	66995	43443	3193
3571	65637	5429	8171
453	29557	1597	456

5-12 续表 1

单位:平方米、万元、套 （2012）

指 标	Item	总 计 Total
办公楼	Office Buildings	13944
商业营业用房	Houses for Business Use	211164
其他	Others	16411
期房销售额	Total Sale of Forward Buildings	1332977
住宅	Residence	1140817
# 90 平方米以下住房	Housing of 90 Square Meters Below	187268
144 平方米以上住房	Housing of 144 Square Meters Above	266070
别墅、高档公寓	Villas and High-grade Apartments	25174
办公楼	Office Buildings	15953
商业营业用房	Houses for Business Use	170710
其他	Others	5497
商品住宅销售套数	**Total Number of Flats of Commercialized Residential Buildings Sold**	**36293**
# 90 平方米以下住房	Housing of 90 Square Meters Below	11985
144 平方米以上住房	Housing of 144 Square Meters Above	3356
别墅、高档公寓	Villas and High-grade Apartments	543
现房住宅销售套数	Total Number of Flats of Existing Residential Buildings Sold	13325
# 90 平方米以下住房	Housing of 90 Square meters Below	6153
144 平方米以上住房	Housing of 144 Square meters Above	910
别墅、高档公寓	Villas and High-grade Apartments	376
期房住宅销售套数	Total Number of Flats of Forward Residential Buildings Sold	22968
# 90 平方米以下住房	Housing of 90 Square meters Below	5832
144 平方米以上住房	Housing of 144 Square meters Above	2446
别墅、高档公寓	Villas and High-grade Apartments	167
待售面积	**Unsold Area**	**4496386**
住宅	Residence	2984820
# 90 平方米以下住房	Housing of 90 Square Meters Below	833797
144 平方米以上住房	Housing of 144 Square Meters Above	784798
别墅、高档公寓	Villas and High-grade Apartments	69431
办公楼	Office Buildings	143453
商业营业用房	Houses for Business Use	970111
其他	Others	398002
待售 1-3 年面积	Unsold Area of 1-3 year	1965136
住宅	Residence	1289442
# 90 平方米以下住房	Housing of 90 Square Meters Below	522130
144 平方米以上住房	Housing of 144 Square Meters Above	336642
别墅、高档公寓	Villas and High-grade Apartments	33289
办公楼	Office Buildings	96332
商业营业用房	Houses for Business Use	437597
其他	Others	141765
待售 3 年以上面积	Unsold Area above 3 year	101727
住宅	Residence	23520
# 90 平方米以下住房	Housing of 90 Square Meters Below	3896
144 平方米以上住房	Housing of 144 Square Meters Above	7609
别墅、高档公寓	Villas and High-grade Apartments	4227
办公楼	Office Buildings	5781
商业营业用房	Houses for Business Use	67052
其他	Others	5374

continued

(sq.m, 10 000yuan, set)

国有经济 State-owned Enterprises	私营经济 Private Enterprises	其他有限责任公司 Other Limited Liability Corporations	外商投资 Foreign Funded Enterprises
2008	8301		3635
13379	160668	14624	22493
1983	9949	1976	2503
86441	769063	341275	136198
69054	659164	279790	132809
9269	104051	37446	36502
4187	150759	67085	44039
2050	2905	19776	443
	14374	1109	470
16793	92930	60251	736
594	2595	125	2183
7037	**19935**	**7334**	**1987**
2669	6048	2467	801
101	2223	695	337
15	434	84	10
4829	6530	1788	178
2291	2656	1110	96
44	712	88	66
3	349	20	4
2208	13405	5546	1809
378	3392	1357	705
57	1511	607	271
12	85	64	6
971700	**2850630**	**489541**	**184515**
817306	1752505	283492	131517
356894	373577	97590	5736
160136	426147	109819	88696
14105	26102	23069	6155
18329	104897	11653	8574
65116	756232	146551	2212
70949	236996	47845	42212
579672	1156994	228174	296
453871	685552	150019	
306587	130937	84606	
66625	234055	35962	
9878	7602	15809	
18329	66350	11653	
36523	345626	55448	
70949	59466	11054	296
6735	92176	2816	
4227	19220	73	
	3823	73	
4227	3382		
4227			
	5781		
2508	61801	2743	
	5374		

5-12 续表 2

单位:平方米、万元、套 （2012）

指 标	Item	银川市 Yinchuan
出租房屋面积	**Floor Space of Buildings Rented**	**299570**
住宅	Residence	17610
# 90 平方米以下住房	Housing of 90 Square Meters Below	17610
144 平方米以上住房	Housing of 144 Square Meters Above	
别墅、高档公寓	Villas and High-grade Apartments	
办公楼	Office Buildings	21810
商业营业用房	Houses for Business Use	251297
其他	Others	8853
商品房销售面积	**Floor Space of Commercialized Buildings Sold**	**4502610**
住宅	Residence	3883346
# 90 平方米以下住房	Housing of 90 Square Meters Below	898666
144 平方米以上住房	Housing of 144 Square Meters Above	631143
别墅、高档公寓	Villas and High-grade Apartments	118590
办公楼	Office Buildings	62615
商业营业用房	Houses for Business Use	503625
其他	Others	53024
现房销售面积	Floor Space of Existing Buildings Sold	1734073
住宅	Residence	1382901
# 90 平方米以下住房	Housing of 90 Square Meters Below	478231
144 平方米以上住房	Housing of 144 Square Meters Above	187540
别墅、高档公寓	Villas and High-grade Apartments	84558
办公楼	Office Buildings	22039
商业营业用房	Houses for Business Use	287993
其他	Others	41140
期房销售面积	Floor Space of Forward Buildings Sold	2768537
住宅	Residence	2500445
# 90 平方米以下住房	Housing of 90 Square Meters Below	420435
144 平方米以上住房	Housing of 144 Square Meters Above	443603
别墅、高档公寓	Villas and High-grade Apartments	34032
办公楼	Office Buildings	40576
商业营业用房	Houses for Business Use	215632
其他	Others	11884
商品房销售额	**Total Sale of Commercialized Buildings**	**2059736**
住宅	Residence	1626057
# 90 平方米以下住房	Housing of 90 Square Meters Below	344411
144 平方米以上住房	Housing of 144 Square Meters Above	348878
别墅、高档公寓	Villas and High-grade Apartments	57237
办公楼	Office Buildings	29897
商业营业用房	Houses for Business Use	381874
其他	Others	21908
现房销售额	Total Sale of Existing Buildings	726759
住宅	Residence	485240
# 90 平方米以下住房	Housing of 90 Square Meters Below	157143
144 平方米以上住房	Housing of 144 Square Meters Above	82808
别墅、高档公寓	Villas and High-grade Apartments	32063

continued

(sq.m, 10 000yuan, set)

市　区 City	兴庆区 Xingqing	金凤区 Jinfeng	西夏区 Xixia	永宁县 Yongning	贺兰县 Helan	灵武市 Lingwu
269899	**235587**	**34312**		**502**	**19878**	**9291**
17610	17610					
17610	17610					
21810	13276	8534				
229939	204701	25238		502	17352	3504
540		540			2526	5787
2405466	**818781**	**1278467**	**308218**	**660330**	**1138650**	**298164**
1933703	604882	1079853	248968	605379	1091252	253012
376733	91825	200002	84906	274376	216777	30780
432374	180975	244570	6829	6570	186736	5463
14852	5428	9424			103738	
61909	15270	45676	963		706	
363768	186703	125101	51964	53772	41569	44516
46086	11926	27837	6323	1179	5123	636
695171	198230	395873	101068	411763	475197	151942
428161	117183	248800	62178	390607	446092	118041
118776	28173	51366	39237	165817	172401	21237
92078	27573	58934	5571	5034	85895	4533
9068	1083	7985			75490	
21333	6943	14390			706	
209566	63627	112715	33224	19977	25134	33316
36111	10477	19968	5666	1179	3265	585
1710295	620551	882594	207150	248567	663453	146222
1505542	487699	831053	186790	214772	645160	134971
257957	63652	148636	45669	108559	44376	9543
340296	153402	185636	1258	1536	100841	930
5784	4345	1439			28248	
40576	8327	31286	963			
154202	123076	12386	18740	33795	16435	11200
9975	1449	7869	657		1858	51
1367377	**525235**	**703397**	**138745**	**188361**	**412707**	**91291**
1005886	335727	575512	94647	163705	386727	69739
184486	51924	103082	29480	76357	74305	9263
264606	110175	151928	2503	2513	80025	1734
12780	4018	8762			44457	
29798	9940	19658	200		99	
312421	173122	96726	42573	24467	23627	21359
19272	6446	11501	1325	189	2254	193
418318	147216	224584	46518	103738	155149	49554
215129	68230	127039	19860	96129	140380	33602
51423	17403	23985	10035	38854	60431	6435
53582	17649	33851	2082	1947	25848	1431
8839	1113	7726			23224	

5-12 续表 3

单位:平方米、万元、套 (2012)

指 标	Item	银川市 Yinchuan
办公楼	Office Buildings	13944
商业营业用房	Houses for Business Use	211164
其他	Others	16411
期房销售额	Total Sale of Forward Buildings	1332977
住宅	Residence	1140817
# 90 平方米以下住房	Housing of 90 Square Meters Below	187268
144 平方米以上住房	Housing of 144 Square Meters Above	266070
别墅、高档公寓	Villas and High-grade Apartments	25174
办公楼	Office Buildings	15953
商业营业用房	Houses for Business Use	170710
其他	Others	5497
商品住宅销售套数	**Total Number of Flats of Commercialized Residential Buildings Sold**	**36293**
# 90 平方米以下住房	Housing of 90 Square Meters Below	11985
144 平方米以上住房	Housing of 144 Square Meters Above	3356
别墅、高档公寓	Villas and High-grade Apartments	543
现房住宅销售套数	Total Number of Flats of Existing Residential Buildings Sold	13325
# 90 平方米以下住房	Housing of 90 Square meters Below	6153
144 平方米以上住房	Housing of 144 Square meters Above	910
别墅、高档公寓	Villas and High-grade Apartments	376
期房住宅销售套数	Total Number of Flats of Forward Residential Buildings Sold	22968
# 90 平方米以下住房	Housing of 90 Square meters Below	5832
144 平方米以上住房	Housing of 144 Square meters Above	2446
别墅、高档公寓	Villas and High-grade Apartments	167
待售面积	**Unsold Area**	**4496386**
住宅	Residence	2984820
# 90 平方米以下住房	Housing of 90 Square Meters Below	833797
144 平方米以上住房	Housing of 144 Square Meters Above	784798
别墅、高档公寓	Villas and High-grade Apartments	69431
办公楼	Office Buildings	143453
商业营业用房	Houses for Business Use	970111
其他	Others	398002
待售 1-3 年面积	Unsold Area of 1-3 year	1965136
住宅	Residence	1289442
# 90 平方米以下住房	Housing of 90 Square Meters Below	522130
144 平方米以上住房	Housing of 144 Square Meters Above	336642
别墅、高档公寓	Villas and High-grade Apartments	33289
办公楼	Office Buildings	96332
商业营业用房	Houses for Business Use	437597
其他	Others	141765
待售 3 年以上面积	Unsold Area above 3 year	101727
住宅	Residence	23520
# 90 平方米以下住房	Housing of 90 Square Meters Below	3896
144 平方米以上住房	Housing of 144 Square Meters Above	7609
别墅、高档公寓	Villas and High-grade Apartments	4227
办公楼	Office Buildings	5781
商业营业用房	Houses for Business Use	67052
其他	Others	5374

continued

(sq.m, 10 000yuan, set)

市区 City	兴庆区 Xingqing	金凤区 Jinfeng	西夏区 Xixia	永宁县 Yongning	贺兰县 Helan	灵武市 Lingwu
13845	5480	8365			99	
174903	67490	82013	25400	7420	13074	15767
14441	6016	7167	1258	189	1596	185
949059	378019	478813	92227	84623	257558	41737
790757	267497	448473	74787	67576	246347	36137
133063	34521	79097	19445	37503	13874	2828
211024	92526	118077	421	566	54177	303
3941	2905	1036			21233	
15953	4460	11293	200			
137518	105632	14713	17173	17047	10553	5592
4831	430	4334	67		658	8
17772	**5450**	**9522**	**2800**	**6330**	**9766**	**2425**
5520	1554	2699	1267	3277	2720	468
2460	1054	1368	38	41	829	26
191	90	101			352	
4160	1105	2279	776	4084	4003	1078
1774	455	730	589	2025	2022	332
517	157	329	31	33	340	20
99	5	94			277	
13612	4345	7243	2024	2246	5763	1347
3746	1099	1969	678	1252	698	136
1943	897	1039	7	8	489	6
92	85	7			75	
3132936	**998378**	**1736651**	**397907**	**282237**	**603711**	**477502**
1947199	401421	1225828	319950	257191	494421	286009
525408	119700	329084	76624	33699	209308	65382
617706	108484	450201	59021	6342	111265	49485
36308	8483	27825			33123	
132403	60606	51493	20304		7254	3796
704466	457242	196913	50311	19760	72712	173173
348868	79109	262417	7342	5286	29324	14524
1598356	540923	875624	181809	40807	210739	115234
1012670	195705	687867	129098	19920	174068	82784
414719	77009	281157	56553	17015	74833	15563
270614	20008	250195	411		58865	7163
15237	4289	10948			18052	
96332	55154	20874	20304			
359022	255151	77049	26822	15601	30620	32354
130332	34913	89834	5585	5286	6051	96
80623	45331	32747	2545		12189	8915
12463	10964	1426	73		11057	
3896	3823		73			
4096	2944	1152			3513	
714	714				3513	
5781	3659	2122				
57005	28421	26112	2472		1132	8915
5374	2287	3087				

5-12 续表4

单位:平方米、万元、套 (2012)

指标	Item	一级 First Grade
出租房屋面积	**Floor Space of Buildings Rented**	
住宅	Residence	
#90平方米以下住房	Housing of 90 Square Meters Below	
144平方米以上住房	Housing of 144 Square Meters Above	
别墅、高档公寓	Villas and High-grade Apartments	
办公楼	Office Buildings	
商业营业用房	Houses for Business Use	
其他	Others	
商品房销售面积	**Floor Space of Commercialized Buildings Sold**	**1197896**
住宅	Residence	1129402
#90平方米以下住房	Housing of 90 Square Meters Below	226635
144平方米以上住房	Housing of 144 Square Meters Above	183240
别墅、高档公寓	Villas and High-grade Apartments	10618
办公楼	Office Buildings	5641
商业营业用房	Houses for Business Use	52449
其他	Others	10404
现房销售面积	Floor Space of Existing Buildings Sold	625631
住宅	Residence	569654
#90平方米以下住房	Housing of 90 Square Meters Below	191886
144平方米以上住房	Housing of 144 Square Meters Above	29231
别墅、高档公寓	Villas and High-grade Apartments	7290
办公楼	Office Buildings	1549
商业营业用房	Houses for Business Use	46422
其他	Others	8006
期房销售面积	Floor Space of Forward Buildings Sold	572265
住宅	Residence	559748
#90平方米以下住房	Housing of 90 Square Meters Below	34749
144平方米以上住房	Housing of 144 Square Meters Above	154009
别墅、高档公寓	Villas and High-grade Apartments	3328
办公楼	Office Buildings	4092
商业营业用房	Houses for Business Use	6027
其他	Others	2398
商品房销售额	**Total Sale of Commercialized Buildings**	**496860**
住宅	Residence	431789
#90平方米以下住房	Housing of 90 Square Meters Below	61947
144平方米以上住房	Housing of 144 Square Meters Above	108775
别墅、高档公寓	Villas and High-grade Apartments	9320
办公楼	Office Buildings	3646
商业营业用房	Houses for Business Use	54100
其他	Others	7325
现房销售额	Total Sale of Existing Buildings	237238
住宅	Residence	182153
#90平方米以下住房	Housing of 90 Square Meters Below	49087
144平方米以上住房	Housing of 144 Square Meters Above	18686
别墅、高档公寓	Villas and High-grade Apartments	7270

continued

(sq.m, 10 000yuan, set)

资质等级 Qualification Criteria				
二 级 Second Grade	三 级 Third Grade	四 级 Forth Grade	暂 定 Tentative	其 他 Others
228782	**31504**	**23824**	**15460**	
17610				
17610				
3414		7250	11146	
201431	28978	16574	4314	
6327	2526			
875851	**1031951**	**361068**	**1021514**	**14330**
679735	884181	288315	888589	13124
151762	264252	131975	116805	7237
113869	130921	36374	166739	
906	87914	8754	10398	
17573	30150	950	8301	
160287	96839	71756	121088	1206
18256	20781	47	3536	
384384	363909	185535	160284	14330
243424	281553	155918	119228	13124
76605	70297	115339	16867	7237
39018	87682	10312	21297	
906	75026	154	1182	
10657	582	950	8301	
115142	64362	28620	32241	1206
15161	17412	47	514	
491467	668042	175533	861230	
436311	602628	132397	769361	
75157	193955	16636	99938	
74851	43239	26062	145442	
	12888	8600	9216	
6916	29568			
45145	32477	43136	88847	
3095	3369		3022	
473637	**385591**	**176626**	**523620**	**3402**
328602	310265	130503	421935	2963
77582	93429	56566	53549	1338
67697	53070	20785	98551	
997	33039	5092	8789	
9342	10566	556	5787	
130958	57516	45562	93299	439
4735	7244	5	2599	
195900	138125	81231	70863	3402
105957	91506	62976	39685	2963
33561	20422	47159	5576	1338
21792	28604	4669	9057	
997	23133	58	605	

5-12 续表 5

单位:平方米、万元、套 (2012)

指 标	Item	一 级 First Grade
办公楼	Office Buildings	1123
商业营业用房	Houses for Business Use	47602
其他	Others	6360
期房销售额	Total Sale of Forward Buildings	259622
住宅	Residence	249636
# 90 平方米以下住房	Housing of 90 Square Meters Below	12860
144 平方米以上住房	Housing of 144 Square Meters Above	90089
别墅、高档公寓	Villas and High-grade Apartments	2050
办公楼	Office Buildings	2523
商业营业用房	Houses for Business Use	6498
其他	Others	965
商品住宅销售套数	**Total Number of Flats of Commercialized Residential Buildings Sold**	**10422**
# 90 平方米以下住房	Housing of 90 Square Meters Below	2887
144 平方米以上住房	Housing of 144 Square Meters Above	1026
别墅、高档公寓	Villas and High-grade Apartments	102
现房住宅销售套数	Total Number of Flats of Existing Residential Buildings Sold	5710
# 90 平方米以下住房	Housing of 90 Square meters Below	2402
144 平方米以上住房	Housing of 144 Square meters Above	151
别墅、高档公寓	Villas and High-grade Apartments	90
期房住宅销售套数	Total Number of Flats of Forward Residential Buildings Sold	4712
# 90 平方米以下住房	Housing of 90 Square meters Below	485
144 平方米以上住房	Housing of 144 Square meters Above	875
别墅、高档公寓	Villas and High-grade Apartments	12
待售面积	**Unsold Area**	**1272500**
住宅	Residence	927324
# 90 平方米以下住房	Housing of 90 Square Meters Below	175194
144 平方米以上住房	Housing of 144 Square Meters Above	352668
别墅、高档公寓	Villas and High-grade Apartments	25897
办公楼	Office Buildings	67054
商业营业用房	Houses for Business Use	162417
其他	Others	115705
待售 1-3 年面积	Unsold Area of 1-3 year	489457
住宅	Residence	376771
# 90 平方米以下住房	Housing of 90 Square Meters Below	35597
144 平方米以上住房	Housing of 144 Square Meters Above	218759
别墅、高档公寓	Villas and High-grade Apartments	10948
办公楼	Office Buildings	50565
商业营业用房	Houses for Business Use	47855
其他	Others	14266
待售 3 年以上面积	Unsold Area above 3 year	20956
住宅	Residence	5972
# 90 平方米以下住房	Housing of 90 Square Meters Below	632
144 平方米以上住房	Housing of 144 Square Meters Above	5176
别墅、高档公寓	Villas and High-grade Apartments	4227
办公楼	Office Buildings	
商业营业用房	Houses for Business Use	14984
其他	Others	

continued

(sq.m,10 000yuan,set)

资质等级 Qualification Criteria				
二 级 Second Grade	三 级 Third Grade	四 级 Forth Grade	暂 定 Tentative	其 他 Others
5984	494	556	5787	
80405	39882	17694	25142	439
3554	6243	5	249	
277737	247466	95395	452757	
222645	218759	67527	382250	
44021	73007	9407	47973	
45905	24466	16116	89494	
	9906	5034	8184	
3358	10072			
50553	17634	27868	68157	
1181	1001		2350	
6445	**8290**	**3026**	**7977**	**133**
2185	3297	1836	1697	83
652	534	204	940	
2	300	100	39	
2384	2259	1728	1111	133
1098	862	1469	239	83
230	336	58	135	
2	272	4	8	
4061	6031	1298	6866	
1087	2435	367	1458	
422	198	146	805	
	28	96	31	
1332686	**720656**	**256478**	**564643**	**349423**
821741	499988	137584	312953	285230
183487	70610	90218	50598	263690
188697	144908	33190	61428	3907
3903	19956	1328	18347	
37478	23106	2387	13428	
356133	117498	104172	215698	14193
117334	80064	12335	22564	50000
426142	134124	230527	344378	340508
228303	61005	125685	212448	285230
79223	20228	90145	33247	263690
26284	7235	26940	53517	3907
2961	2243	1328	15809	
23578	10170	2387	9632	
142115	34992	94270	113087	5278
32146	27957	8185	9211	50000
36511	32529	2816		8915
7310	10165	73		
3191		73		
1593	840			
1892	3889			
22671	17739	2743		8915
4638	736			

5—13 房地产开发企业资质等级一、二级企业名单

The List of Real Estate Development Enterprise by Qualthication Clriteria of Frist and Second Grade

(2012)

单位名称 Unit Name	法人代表 Legal Representative	资质等级 Qualification Criteria	经济类型 Economic Types
宁夏新材房地产开发有限公司	朱国广	一级	私营有限责任公司
宁夏住宅建设发展(集团)有限公司	王新生	一级	私营有限责任公司
宁夏正丰房地产开发有限公司	郑国祥	一级	私营有限责任公司
宁夏中房实业集团股份有限公司	方　陆	一级	私营有限责任公司
银川建发集团股份有限公司	杨　伟	一级	私营有限责任公司
银川众一集团房地产开发有限公司	雷光新	一级	私营有限责任公司
宁夏民生房地产开发有限公司	刘文锦	一级	私营有限责任公司
宁夏银帝房地产开发有限公司	朱奕龙	一级	私营有限责任公司
宁夏亘元房地产开发有限公司	白武新	一级	国有独资公司
宁夏长城集团房地产开发有限公司	王　涛	一级	私营有限责任公司
宁夏荣恒房地产集团有限责任公司	梁志东	二级	私营有限责任公司
宁夏银基房地产开发有限责任公司	韩建华	二级	私营有限责任公司
宁夏天成市场开发有限责任公司	王　琪	二级	私营有限责任公司
银川神州房地产开发有限公司	桑建华	二级	私营有限责任公司
宁夏房地产综合开发有限公司	刘胜冬	二级	私营有限责任公司
银川联创住宅建设开发有限公司	李厚生	二级	私营有限责任公司
银川大地房地产开发有限责任公司	齐　宁	二级	私营有限责任公司
银川市白云房地产开发有限公司	朱宏魁	二级	其他有限责任公司
宁夏昆仑房地产开发有限公司	党建宁	二级	私营有限责任公司
宁夏华尊立达房地产开发集团有限公司	张　达	二级	私营有限责任公司
宁夏灵隆房地产开发有限责任公司	官国福	二级	私营有限责任公司
宁夏房地产开发集团有限公司	蓝　涛	二级	国有独资公司
宁夏云天房地产开发集团有限公司	妥　云	二级	私营有限责任公司
宁夏荣昌众汇房地产开发有限公司	杨建荣	二级	私营有限责任公司
宁夏圣雪绒房地产开发有限公司	侯羽乾	二级	私营有限责任公司
宁夏隆湖房地产开发集团有限公司	徐　毅	二级	私营有限责任公司
宁夏天骏房地产开发有限公司	李　俊	二级	私营有限责任公司
宁夏北方温和房地产开发有限公司	温炳成	二级	私营有限责任公司
宁夏银川龙马房地产开发有限公司	倪吉乐	二级	私营有限责任公司
宁夏吉泰房地产开发有限公司	侯智斌	二级	私营有限责任公司
宁夏富兴达房地产开发集团有限公司	刘良富	二级	私营有限责任公司
宁夏吉运开发建设集团有限公司	尤天彪	二级	私营有限责任公司
银川开发区宏建房地产开发有限公司	陈述清	二级	私营有限责任公司
宁夏英力特房地产开发有限公司	成璐毅	二级	其他有限责任公司
宁夏富龙房地产开发有限公司	马学明	二级	私营有限责任公司
宁夏中恒房地产开发有限公司	王志乾	二级	私营有限责任公司
宁夏派胜房地产开发有限公司	张学鹏	二级	其他有限责任公司
宁夏新思路房地产开发有限公司	陈　舒	二级	私营有限责任公司
宁夏舜天房地产开发有限公司	马小奇	二级	其他有限责任公司
宁夏建工集团房地产开发有限公司	刘文秀	二级	国有独资公司
银川市规划建筑设计院房地产开发有限公司	黄民生	二级	其他有限责任公司
拉普斯置业有限公司	杜寿鹏	二级	外资企业
宁夏瑞兴房地产开发有限公司	倪　伟	二级	私营有限责任公司
宁夏浩海房地产开发集团有限公司	王海军	二级	私营有限责任公司
宁夏建源房地产开发有限公司	施建文	二级	私营有限责任公司
银川市通城置业集团房地产有限公司	席　华	二级	私营有限责任公司
宁夏鑫业房地产开发有限公司	张长寿	二级	私营有限责任公司
宁夏共享地产有限公司	霍　飞	二级	其他有限责任公司
宁夏恒诺房地产开发有限公司	范国添	二级	私营有限责任公司
银川隆光置业有限公司	王继光	二级	私营有限责任公司
宁夏海利达房地产开发有限公司	王　海	二级	私营有限责任公司
宁夏鑫祥房地产开发有限公司	杨智祥	二级	私营有限责任公司
银川颐安建设集团有限公司	孙万国	二级	私营有限责任公司
宁夏燕葆房地产开发有限公司	李宝华	二级	私营有限责任公司
宁夏金色阳光房地产开发有限公司	祁立峰	二级	私营有限责任公司
银川先泽房地产开发有限公司	喻祖洪	二级	其他有限责任公司
宁夏土木基业房地产开发有限公司	何　刚	二级	私营有限责任公司
宁夏地德人和房地产开发有限公司	李志海	二级	私营有限责任公司

主要统计指标解释

【全社会固定资产投资】 固定资产投资额是以货币表现的建造和购置固定资产活动的工作量，它是反映固定资产投资规模、速度、比例关系和使用方向的综合性指标。全社会固定资产投资按经济类型分，包括国有经济单位投资、城乡集体经济单位投资、其他各种经济类型的单位投资和城乡居民个人投资。全社会固定资产投资总额分为基本建设、更新改造、其他固定资产投资和房地产开发投资四个部分；城乡集体经济单位投资包括城镇集体所有制单位投资和农村集体所有制单位投资；其他各种经济类型单位投资包括联营经济、股份制经济、中外合资经营、中外合作经营、外资、与大陆合资经营、与大陆合作经营、港澳台独资及其他经济的单位投资。城乡居民个人投资包括城市、县城、镇、工矿区所辖范围内的个人建房和农村个人建房及购买生产性固定资产的投资。

【基本建设投资】 基本建设是企业、事业、行政单位以扩大生产能力或工程效益为主要目的的新建、扩建工程及有关工作。包括(1)列入中央和各级地方本年基本建设计划的建设项目，以及虽未列入本年基本建设计划，但使用以前年度基建计划内结转投资(包括利用基建设备材料)在本年继续施工的建设项目；(2) 本年基本建设计划内投资与更新改造计划内投资结合安排的新建项目和新增生产能力(或工程效益)达到大中型项目标准的扩建项目，以及为改变生产力布局而进行的全厂性迁建项目；(3)国有单位既未列入基建计划，也未列入更新改造计划的总投资在50万元以上的新、扩建、恢复项目和为改变生产力布局而进行的全厂性迁建项目，以及行政、事业单位增建业务用房和行政单位增建生活福利设施的项目。

【更新改造投资】 更新改造指企业、事业单位对原有设施进行固定资产更新和技术改造，以及相应配套的工程和有关工作(不包括大修理和维护工程)。包括：(1)列入中央和各级地方本年更新改造计划的项目和虽未列入本年更新改造计划，但使用上年更新改造计划内结转的投产在本年继续施工的项目；(2) 本年更新改造计划内投资与基本建设计划内投资结合安排的对企、事业单位原有设施进行技术改造或更新的项目和增建主要生产车间、分厂等其新增生产能力(或工程效益)未达到大中型项目标准的项目，以及由于城市环境保护和安全生产的需要而进行的迁建工作；(3)国有企、事业既未列入基建计划也未列入更新改造计划，总投资在50万元以上的属于改建式更新改造性质的项目，以及由于城市环境保护和安全生产的需要而进行的迁建工程。

【房地产开发投资】 包括各种经济类型的房地产开发公司、商品房建设公司及其他房地产开发单位统一开发的包括统代建、拆迁还建的住宅、厂房、仓库、饭店、宾馆、度假村、写字楼、办公楼等房屋建筑物和配套的服务设施、土地开发工程，如道路、给水、排水、供电、供热、通讯、平整场地等基础设施工程的投资。包括实际从事房地产开发或经营活动的附营房地产开发单位。

【其他固定资产投资】 全社会固定资产投资中未列入基本建设、更新改造和房地产开发投资的建造和购置固定资产的活动。包括：(1)国有单位按规定不纳入基本建设计划和更新改造计划管理，计划总投资或实际需要总投资在50万元以上的工程。(2)城镇集体经济单位固定投资。(3)除国有、城镇集体以外的联营经济、股份制经济、外商投资经济、港澳台投资经济及其他经济类型的企、事业单位建造和购置固定资产其计划总投资在50万元以上的、未列入基本建设计划和更新改造计划的项目。

【新增固定资产】 指通过投资活动所形成的新的固定资产价值。包括本年内建成投入生产或交付使用的工程价值和达到固定资产标准的设备、工具、器具的价值及有关应摊入的费用。它是以价值形成表示的固定资产投资成果的综合性指标,可以综合反映不同时期、不同部门、不同地区的固定资产投资成果。

【建设项目投产率】 指一定时期内全部建成投入生产项目个数占同期正式施工项目个数的比率。它是从项目建设速度的角度反映投资效果的指标。

【固定资产交付使用率】 指一定时期新增固定资产与同期完成投资额的比率。它是反映各个时期固定资产动用速度,衡量建设过程中宏观投资效果的一个综合性指标。

【商品房销售面积】 指报告期内出售商品房屋的合同总面积(即双方签署的正式买卖合同中所确定的建筑面积)。由现房销售建筑面积和期房销售建筑面积两部分组成。

【商品房销售额】 指报告期内出售商品房屋的合同总价款(即双方签署的正式买卖合同中所确定的合同总价)。该指标与商品房销售面积同口径,由现房销售额和期房销售额两部分组成。

【规划用地面积】 指根据经有关部门批准的项目规划,建设项目需要使用的土地面积。

【本年实际征用和购置土地面积】 指报告期内通过征用等各种方式获得使用权的土地面积。

【本年实际征用和购置土地成交价款】 指报告期内征用和购置土地进行土地使用权交易活动的最终金额。征用和购置的土地成交价款与征用和购置土地面积同口径,目的是正确计算平均土地征用和购置价格。

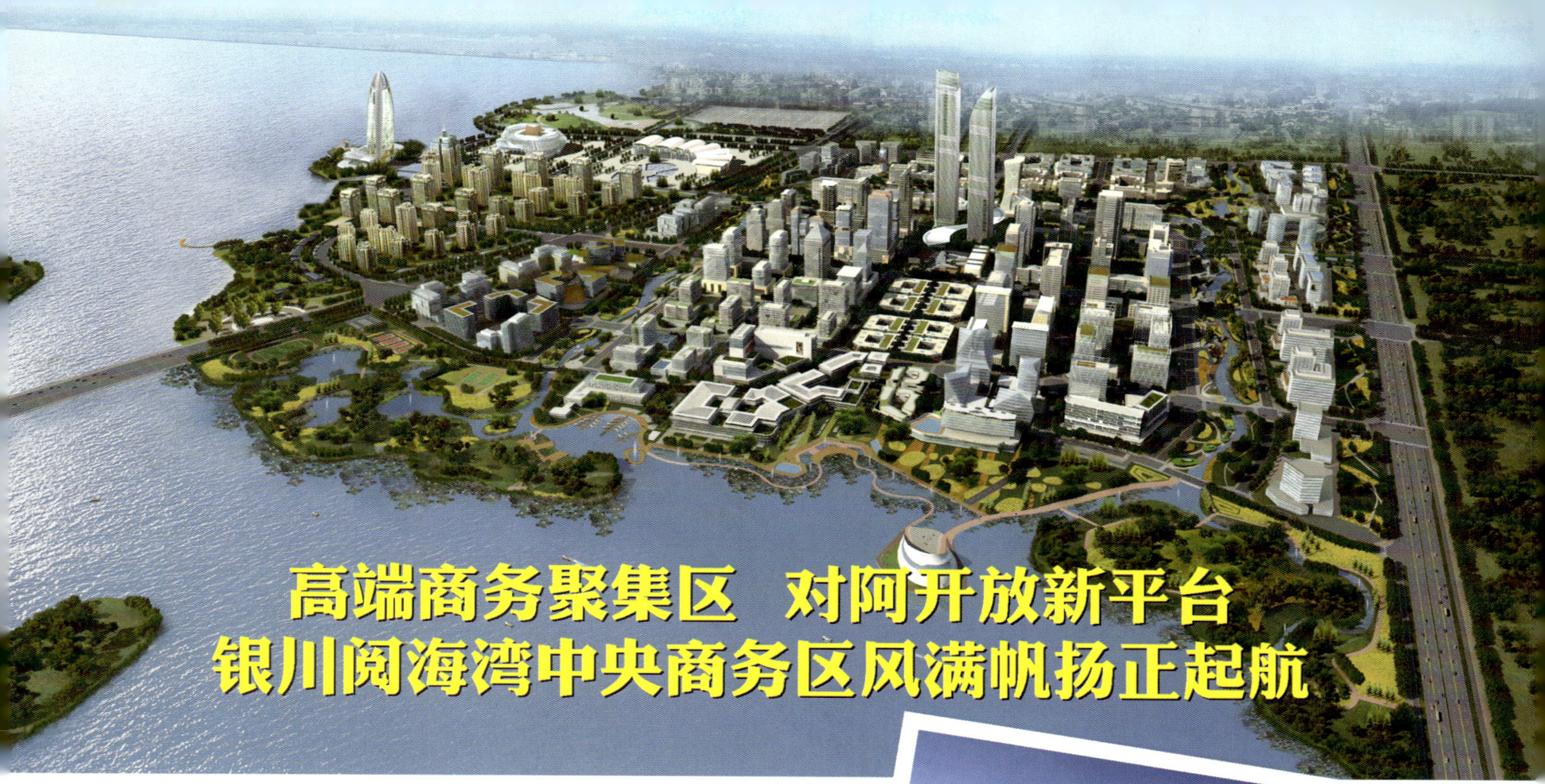

高端商务聚集区　对阿开放新平台
银川阅海湾中央商务区风满帆扬正起航

银川阅海湾中央商务区是宁夏回族自治区和银川市“十二五”规划的重大项目，也是银川市委、政府加快构建内陆开放型经济，实施国家对阿开放战略的重大决策。项目区位于银川市金凤区风景优美的览山脚下、阅海湖畔，占地面积4322亩，规划建筑面积约520万平方米，概算投资约500亿元。作为西北地区唯一的CBD，也是全国唯一一个面向阿拉伯地区的现代服务业园区，银川阅海湾中央商务区以“两区、三基地、三平台”为定位，暨国家中阿经贸合作示范园区、国家内陆开放型经济试验区核心区；总部经济集聚基地、中阿文化交流基地、现代专业服务基地；向西开放与国际交流平台、现代化国际城市展示平台、都市生态与低碳经济示范平台。着力打造以企业集团总部或区域总部基地为主，辅之以金融、保险、法律、会计、信息、文化创意、咨询策划、广告中介等现代服务业，汇聚会展、零售、酒店等功能的现代服务业新兴城市商务中心区。

2011年银川阅海湾中央商务区项目正式启动以来，坚持高标准建设，先后实施了水系开挖、景观园林绿化、道路桥梁、主题公园等五大基础工程及“七通一平”配套工程，累计完成投资约15亿元。通过拉框架、强功能，一个道路框架舒展、景观风情别致、功能布局合理的现代化滨水生态型商务区初具雏形。同时，坚持高标准招商，着重引进了一批国际、国内500强等具有战略意义、辐射带动型的大型企业投资建设项目。截至2013年5月，正式引入企业投资项目24个（世界500强项目和国内500强项目7个），项目概算总投资约180亿元，项目总占地面积约685亩，总建筑面积达198万m^2，项目建设内容主要包括企业总部、五星酒店、商业综合体和公共文化项目等。银川阅海湾中央商务区将按照“一年成名、五年成型、十年成城”的发展规划，在3-5年内完成全部基础设施建设，在8-10年内建设完毕。预计项目建成后可聚集总部企业150家、中小企业2000家以上，承载并吸引30万人在商务区及周边工作生活，整个园区年产值（销售额）可达到450亿元，增加地区生产总值200亿元，创造税收50亿元，实现固定资产总投资可达400亿元。届时，阅海湾商务区将成为银川市乃至西北地区最具活力、最具魅力、各类要素富集的现代化新兴城市商务区。

中阿博览会永久会址：宁夏国际会议中心

水上公园

410米远大超高层商业综合体

银川阅海湾中央商务区联系电话：
0951-5049000/5087666

构建和谐富裕新灵武

在全区率先建成全面小康社会

灵武，地处宁夏中部经济核心区，辖5镇2乡1个街道办事处，常住总人口26万，全市总面积4010平方公里，是宁夏的资源富市和少数民族聚居区，是国家重要的煤电化基地、商品粮基地、羊绒产业基地和自治区沿黄城市带经济核心区重要城市。灵武历史悠久，西汉惠帝四年（公元前191年）即建县制至今已有2200多年历史；交通发达，境内4条高速公路纵横交织，银川河东机场开通国内外航线40余条，太中银铁路贯穿全境，便捷的立体交通网络，是宁夏及周边省区重要的人员出入地和物资集散地,也是中国航空航线西出口的重要节点。

灵武长枣

2012年，灵武市抢抓新“两区”建设重大历史机遇，紧紧围绕“构建和谐富裕新灵武，在全区率先建成全面小康社会”的目标，深入实施兴工强市和特色优势产业带动战略，加快发展方式转变、加快社会建设、加快民生改善，全市经济社会持续健康快速发展。

——坚持转型发展 建设实力灵武——

做大做强“三大”战略主导产业：加快发展高新技术产业，制定了高新区“十二五”发展规划和建立“人才特区”实施意见，培育国家级高新技术企业1家；设立全区首个羊绒产品出口质量安全示范区，国际羊绒城、嘉源国家级羊绒制品检测重点实验室、中银多组份特种纤维纺纱、荣昌1000吨羊绒分梳等重大项目建成投用，宁夏生态纺织产业示范园灵武园区全面开工建设，成功举办第四届灵武国际羊绒节暨第二届羊绒服饰设计大赛，羊绒园区被商业部认定为国家外贸转型升级专业型示范基地，园区实现产值95亿元，出口创汇1.8亿美元。加快发展循环经济产业，推进国家城市矿产示范基地，新引进30万吨环保颗粒等项目5个，宝利达30万吨废污油处理等项目投产达效，初步构建了以有色金属深加工、报废汽车拆解、二手车交易、电子废弃物处理、电器设备制造为主的循环经济产业体系，2012年实现产值30.1亿元。加快发展煤电化接续产业。依托宁东基地，大力发展煤化工、光伏风电、装备制造等产业，引进新能源项目5个，总装机容量达883兆瓦，实现并网发电349兆瓦，新能源产业建设规模居全区第一。

再生铜电缆车间

羊绒纱线电脑横机

做特做优“三大基地”：倾力打造以有机大米为代表的国家优质粮食生产加工基地，建成万亩有机水稻示范基地5个，新增设施农业2000亩，发展适水产业3.9万亩，建成高标准农田25.5万亩，粮食连续9年丰收增产。倾力打造以灵武长枣为代表的国家优质果品基地，新植灵武长枣1万亩，长枣种植总面积达14万亩，总产量达912万公斤；长枣果酒系列产品开发和3.5万吨食醋、养生醋等深加工项目建成运营，枣醋、红枣果酒等5大系列、21个新产品投产上市，灵武长枣品牌价值达2.18亿元。倾力打造以山草羊为代表的国家清真羊肉生产加工基地，新建、改扩建规模养殖场113个，全市羊只饲养量达430万只。建成国家级标准化规模养猪场6个，生猪饲养量达25万头。

羊绒精纺纱生产

——坚持统筹发展 建设美丽灵武——

突出“唐韵、绒都、枣乡”特色定位，加快城乡一体化进程。编制完成新区西区、南区控制性详规。新区综合体育馆、英才外国语实验学校等重点工程加快推进，626套公租房、廉租房及拆迁安置房开工建设，23.9万平方米经适房、82.6万平方米旧城改造安置房竣工交付使用。新建公厕、垃圾中转站、停车场、公交港湾等一批市政工程，完成市区39栋建筑物“唐韵”特色改造。积极创建国家园林城市，新植各类苗木138万株、草坪10万平方米，城区新增绿地40万平方米。新修改造乡村道路83公里，整治旧庄点8个、改造危房680户、卫生改厕3000座，建成垃圾填埋场4处、中转站7座，配套垃圾箱19569个，创建自治

有机大米深加工

区级生态乡镇2个。累计完成生态治理53万亩，被评为全国绿化模范县、防沙治沙示范县和生态文明教育基地。建成生态移民安置房1440套，搬迁安置移民952户4091人，移民群众年人均纯收入达5000元，生态移民工作荣获全区一等

——坚持和谐发展 建设幸福灵武——

坚持优先发展教育，新建、改扩建学校18所，5所乡镇中心幼儿园完工投用，学前三年入园率提高到76.8%、居全区之首，高考升学率提高到81%。制定出台了《关于进一步加快医药卫生事业发展的若干意见》，扎实推进公立医院改革；完成市农村急救中心、2所乡镇卫生院和7所标准化村（居）卫生室建设，市乡两级医疗卫生服务机构改造建设基本完成，实现基本药物制度全覆盖。加大中小微型企业扶持力度，设立创业发展基金2060万元，培育小企业208个，城镇新增就业5500人，转移农村劳动力2.65万人次，实现劳务收入2亿元。建成乡镇标准化文化站6个、公共电子阅览室15个，新增群众文化广场10个，群众文艺、健身团体扩大到48个。全面完成社会保障“一卡通”发放，市级就业保障服务中心、4个乡镇民生服务中心、8个居家养老服务站和市民族福利院建成投用。城乡居民养老保险参保率达92.7%，医疗保险参保登记率达98.3%以上。深入开展扶贫助残、救灾救济等活动，累计发放残疾人救助、妇女创业等各类扶助救助资金1亿多元。深入推进社会管理创新，在城乡（社区）设立为民办事全程代办点78个，建成社会管理创新试点10个。

2012年，全市实现地区生产总值251.1亿元，增长14.1%；完成固定资产投资323亿元，增长25.2%；地方财政一般预算收入达到17.3亿元，增长21.8%；城镇居民人均可支配收入达到19909元，增长13.6%；农民人均纯收入达到8618元，增长13.8%。先后被评为中国最具经济活力城市百强、中国最具区域带动力城市百强和中国产业发展能力城市百强，跨入2012年度中国中小城市综合实力百强（科学发展百强）、列第99位，成为全国发展速度最快的县市之一。力争到2017年,全市地区生产总值年均增长18%，地方财政一般预算收入年均增长20%，城镇居民人均可支配收入、农民人均纯收入达到东部地区平均水平，将灵武建设成为全区最有活力、最具竞争力的核心区。

昂立太阳能电池组件生产

腾飞的银

金凤区总面积353平方公里，辖丰登、良田2个镇，上海西路、北京中路、长城中路、黄河东路、满城北街5个街道办事处，19个村、42个社区，辖区居住人口29.1万。行政区划东起唐徕渠，西至包兰铁路，南接永宁县，北邻贺兰县，城市化率达到85%，位居自治区首位。

金凤区地处银川市核心地段，区域优势突出，自治区党委、人大、各大厅局及银川市党政机关驻区办公，宁夏科技馆、博物馆、图书馆、会展中心、文化艺术中心等标志性馆所矗立辖区。自然环境生态优美，景观水道纵贯南北，基础设施齐全完善，宝湖公园、森林公园、阅海公园错落镶嵌，华雁湖、龙眼湖、七子连湖等5.1万亩湖泊湿地星罗棋布，“六纵十二横”路网阡陌交错。高新技术产业、房地产业、现代服务业、休闲观光旅游业发展迅速，区域综合实力不断增强，金凤区已成为银川市城市建设的一张靓丽名片，并逐渐成为银川市发展环境最优、发展潜力最大、发展势头最快的区域。

2012年，全年地区生产总值达到123.04亿元，全社会固定资产投资达到155.46亿元，同比分别增长13.5%和38.7%。地方财政一般预算收入达到3.33亿元，同比增长26.1%。城镇居民人均可支配收入达到20466元，农民人均纯收入达到7866元，同比分别增长14%和12.7%。社会消费品零售总额达到35.77亿元，同比增长14.2%。

2013年，金凤区突出建设“两宜”城市核心区、现代服务业新兴区、高新技术研发区、现代化城市展示区四大定位，实施产业强区、科教兴区、生态立区、文化活区、和谐稳区五大战略，推进现代服务业提速、新型工业化提质、新农村建设提升、招商引资突破、金牌城区塑造、教育强区和人才筑基、发展环境优化、社区系统建设、民生改善和保障、社会和谐十大工程。以科学发展观为主题，以转变经济发展方式为主线，全力推进经济建设、政治建设、文化建设、社会建设和生态文明建设，开创“生态金凤、宜居金凤、健康金凤、平安金凤、幸福金凤”建设新局面。

亘元万豪酒店

房车展

川金凤区

宁夏大剧院

万达广场鸟瞰夜景

宁夏国际会议中心

悦海新天地购物广场

银川阅海湾中央商务区

银川市永宁县政府

YINCHUANSHIYONGNINGXIANZHENGFU

自治区党委常委、银川市委书记徐广国调研永宁县西部水资源综合利用工程

2012年4月28日贺兰山东麓（中粮、德龙、广夏）酒庄项目暨酿酒葡萄种植基地建设开工仪式

2012年，在区、市党委、政府的正确领导下，永宁县人民政府团结带领全县广大干部群众，真抓实干、奋力突破，各项工作顺利推进，经济社会发展态势良好。到2012年年底，全县实现地区生产总值89.5亿元，增长13%；完成地方公共财政预算收入9.11亿元，增长21.4%；完成全社会固定资产投资111.3亿元，增长25.6%；完成社会消费品零售总额12.7亿元，增长14.4%；城镇居民人均可支配收入达到19530元，增长13.5%；农民人均纯收入7764元，增长14.3%。

新型工业化发展水平不断提升。累计投资25亿元，完成工业总产值122.2亿元，增长13.2%。实施工业项目49个，伊品年产10万吨过瘤胃饲料添加剂项目建成投产，新建续建了华润雪花年产20万千升啤酒生产线、中粮集团年产2万吨葡萄酒厂、银浙包装产业园；德龙葡萄酒生产基地、森林包装产业园等项目全速推进。启元药业、多维药业、紫荆花纸业等重点企业技改和转型升级全面完成。现代农业发展步伐不断加快。新发展设施农业1.3万亩，阳畦地利用率100%。启动德龙酒业酒庄项目和中粮长城2万吨葡萄酒配套基地建设，完成201省道两侧1.14万亩葡萄种植。新发展有机水稻2万亩，成为全国首家有机农业（水稻）示范基地。新发展供外蔬菜5000亩。建成高标准农田19万亩，发展高效节水灌溉1.5万亩，改造中低产田10万亩，整治土地4.3万亩。新增市级农业产业化龙头企业4家，新培育销售过亿元企业2家、过5000万元企业2家。第三产业不断壮大。宁夏国际农机汽车贸易城项目、路丰装饰装修材料市场、泰利龙轮胎物流中心、金盛百货商贸物流园等7个

永宁县望洪镇供港蔬菜基地

贺兰山东麓酿酒葡萄种植基地

物流园全面开工建设，乐丛·世家家居博览中心、北方建材物流城一期全面开业。纳家大院、汉延渠东侧带状公园建设基本完工。世界穆斯林城、中华回乡文化园二期沙特馆、华夏河图项目开工建设。城乡环境不断改善。实施旧城改造28.98万平米。县城特色街区及道路综合改造、县城美化亮化工程全面完成。全长60公里的永黄、许黄、观平、胜通公路建成通车。完成李俊镇、闽宁镇特色小城镇和八渠、新华、政权三个中心村建设。整治旧村14个1382户，改造农村危房1175户。“靓丽永宁是我家”城乡环境综合整治工程和“千处百日”城乡环境综合整治攻坚大会战全面开展。社会民生事业不断进步。实施8所农村学校标准化建设和新永中迁建、李俊镇、闽宁镇中心幼儿园等教育基础设施建设。教育教学质量进一步提升，高考一二三本上线率达76%。建立了城乡低保动态管理长效机制，按照就高原则实施了城乡一体化的社会救助模式。率先在全区启动了县级公立医院综合改革，率先在全区实施县级公立医疗机构药品“零差率”销售。实施了杨和新村二、三期40万平米保障性住房和43万平米农民安居工程。高质量完成1726套生态移民安置房、850套劳务移民安置房建设，水、电、路、绿化等配套设施实现了七个同步跟进。累计安置生态移民912户4238人，通过流转土地种植酿酒葡萄1500亩，引导移民就近劳务输出，大力增加收入。

2013年，我们将全面贯彻落实党的十八大精神，抢抓国家深入实施西部大开发战略、自治区沿黄经济区、内陆开放型经济试验区的战略机遇，抢抓银川综合保税区和滨河新区建设的历史机遇，紧紧围绕自治区第十一次、银川市第十三次党代会精神和市委“2258”发展战略，以科学发展、跨越发展为主题，以继续保持经济平稳较快增长为首要任务，以加快推动经济发展方式转变、促进社会和谐稳定为主要目标，努力拼搏，为全面完成“十二五”规划各项任务，构建富裕文明、和谐幸福新永宁而不懈奋斗！

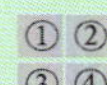

①②
③④

①2012年8月17日中华回乡文化园沙特国家馆宁夏姊妹馆奠基开工仪式
②2012年5月生态移民车队驶入永宁县原隆村
③永宁县快速通道建设项目施工现场
④永宁县农田水利基本建设大会战民生渠片区平田整地

银川望远工业园

YINCHUANWANGYUANGONGYEYUAN

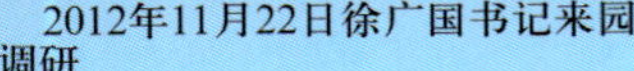

2012年11月22日徐广国书记来园区调研

2012年市长马力调研雪花啤酒

2012年市人大主任调研雪花啤酒

2013年4月19日政协主席段伏林带领政协委员调研华润雪花啤酒

银川望远工业园设立于1997年，2006年3月经自治区政府批准正式成立，是自治区级工业园区之一、全区唯一循环经济试点园区、自治区第八大物流园区。园区规划范围为北起银川城市南环高速，南至永清沟，东起京藏高速公路，西至银川至永宁快速通道，总规划面积39.9平方公里。按照望远工业园控制性详细规划，目前园区的功能区划分为：一是工业产业区，东起望远大道西至银川至永宁快速通道，北接望远人家南抵永清沟，规划面积约2.55万亩；二是商贸物流区，沿109国道两侧，东起京藏高速公路西至望远大道，规划面积0.74万亩；三是商业住宅区，围绕双庆路、望通路两侧，唐徕渠以西至银川至永宁快速通道以东，规划面积约2.67万亩。园区现有入园企业192家，规模以上企业20家，已形成以生物制药、电气制造、建材、化工、现代物流、仓储、配送加工和商住为一体的复合型综合功能园区。

2012年，园区累计完成工业总产值53.26亿元，比2011年工业总产值50.1亿元，同比增长6.32%，实现缴纳税金1.29亿元，同比增长32.29%；物流产业全年实现交易额100亿元，同比增长66%。2012年，新建工业项目11个，实际完成投资9.28亿元，同比增长2.2%；新建物流项目7个，实际完成投资26亿元，比上年略有增加。同时，园区不断加大基础设施投入，道路实现了“五纵十横”的路网布局，今年又实施了2条纵向连接银川城区的道路工程（李银路连通六盘山路、双庆路连通凤凰南街），基础设施配套日渐完善，进一步加快了园区与银川市同城化发展的步伐，为园区实现快速发展奠定坚实基础。2012年共实施基础设施建设项目11项，总投资共计9700万元，其中新建、翻建道路总长为11845米，投资7410万元；基础设施改造项目投资510万元；主排水项目投资450万元；电力线路改造项目投资1280万元。

主任　吕永忠

在大力推进实施重点项目建设的同时，将进一步优化发展环境，做好服务工作。围绕全县经济发展大局需要，锻炼队伍、培养人才、提升素质、优化服务，全力打造“服务型、创新型、科技型”的园区新形象，为实现永宁县经济增长、社会和谐、民生稳定贡献力量，再创佳绩。

泰瑞制药

北方精工生产车间

力成电气生产车间

雪花啤酒生产车间

中国移动通信
CHINA MOBILE

中国移动通信公司银川分公司

ZHONGGUOYIDONGTONGXINGONGSI YINCHUANFENGONGSI

银川分公司员工代表慰问农民工子女

银川分公司惠及学子，积极开展“高校迎新”活动

中国移动通信集团宁夏有限公司银川分公司（以下简称“银川分公司”）主要负责银川地区（三区、两县、一市）移动电话客户营销、服务及网络建设维护工作。现有员工644人，具有大学本科以上文化的占70%、中级及中级以上职称占20%，拥有各类营业厅及代办点374家、移动通信基站1364座，网络覆盖率达99%。2012年，新增移动用户85万户，用户总数达到190万户，同比增长5.2%；实现业务收入14.97亿元，同比增长10.74%。

多年来，银川分公司始终秉承“客户为根 服务为本”的服务理念，不断完善社会服务体系，营业网店的无缝覆盖，使银川移动服务无处不在，同时分公司深入开展服务进社区、服务进校园、服务到乡村等内容丰富的主题活动，内外兼修提升卓越服务品质，受到客户青睐。银川分公司连续多年在银川地区政风行风建设评比活动中名列前茅。

在加快业务、服务发展的同时，银川分公司积极承担社会责任，造福民生。为实现加快城市信息化建设的战略规划和部署，银川分公司坚定不移的大力推进"数字银川无线城市"建设，从基础网络设施、信息化项目、无线城市门户平台三方面打造“无线银川”的建设和应用，随着4G时代的到来，移动无线城市正在进入凤城普通大众的“衣食住行中”，市民可通过终端设备一键接入无线城市。为实现加快城乡一体化的通信网络建设及优化，银川分公司持续加强了农村及边远地区“村村通”工程建设的投资力度，基本形成了移动通信网、营销服务网、信息传送网为主的“三网”体系，有效缩小了城乡的数字鸿沟，提高了农村信息化水平，加快了城乡信息一体化的进程。在建设“幸福银川”的蓝图徐徐舒展之际，作为国家大型公民企业，银川分公司更是责无旁贷地担当起积极推动者的角色，立足移动信息化的优势，持续开展“共创幸福银川”的企业社会责任系列活动，助力提高银川市民幸福指数。

银川分公司始终坚持以服务社会、服务民生为主线，广大员工们以真诚的服务、精湛的业务和无私奉献的精神赢得用户信赖，先后被中华全国总工会评为“巾帼建功标兵示范岗”、被信息产业部评为“全国电信服务明星企业”、被中共精神文明建设指导委员会文明办评为“全国精神文明建设先进单位”、被全国创争活动领导小组评为“全国学习型先进班组”、荣获自治区“五一劳动奖状”、“先进基层党组织”、“三八红旗集体”等等荣誉。

宁夏阅海实业集团有限公司

阅海欢乐岛

水上旅游

水上旅游

宁夏阅海实业集团有限公司成立于2008年11月，是经银川市人民政府批准成立的国有独资企业（前身为宁夏国营西湖农场），公司总资产为26514万元，员工127人。辖区共有土地3万余亩，其中，湖泊水面1.2万亩，经营水面3万亩。集团公司下设党政工作部、工会、财务资产管理部、人力资源监察部、项目工程部、市场营销部、湿地资源管理站、综合事务部八个职能部门和农业发展公司、旅游开发公司两个子公司。

2012年，阅海集团公司以转变经济发展方式为主线，按照市委、市政府关于把阅海建成“银川市民最佳休闲之地、宁夏适水产业龙头示范基地、西北地区最佳生态旅游景区”的定位和国家湿地公园建设与管理应遵循“保护优先、科学修复、合理利用、持续发展”的总要求，深入贯彻落实科学发展观，全年实现总收入944万元，同比上年增加102万元。在党的建设方面，公司党委组织党员、入党积极分子到西柏坡等革命圣地参观学习，共同回顾党的光辉历程，缅怀党的丰功伟绩，进一步激发了广大党员爱党、爱国、爱社会主义的热情。22名同志被批准为中共预备党员。在农业生产方面，不断加强农业技术服务，通过组织部分职工外出参观学习，引导职工种植优良品种，提高水稻产量。2012年种植水稻5787.2亩，实现总产338.6万公斤。在旅游经营方面，阅海欢乐岛的建成，为全区增添了一个新的旅游亮点，目前，主要经营内容有飓风飞椅、海盗船、弹跳机、四环过山车等18个游乐项目。2012年，阅海公园共接待游客34万人次，实现旅游收入548万元，同比上年增加261万元。在改善民生方面，在自治区党委常委、银川市委徐广国等领导和有关部门的关心支持下，在阅海东小区成立了卫生服务站，方便了职工就近医疗。职工住房问题取得重大进展，已有137户被安置在盈北保障性住房区内，另有320户将安置到金凤区丰登安置区。全年累计慰问困难职工、离退休干部、现役军属和残疾军属261人，发放大米、面粉、食用油等计6千公斤，慰问金2.8万元。组织9名离休老干部到银川市第二人民医院体检。在建党91周年前夕，积极配合上级部门为离退休老干部、老党员增发了生活补贴金，让老干部始终感受到组织的关怀和温暖。在湿地资源保护方面，全年完成监测迁徙水鸟8.8万只、繁殖水鸟5.1万只。积极参加了自治区第30届“爱鸟周”爱鸟护鸟宣传活动。完成了2012年银川湿地野生动植物资源普查工作。积极配合丰登镇防疫站开展了湿地重大动物疫病紧急防控工作，有力防控了重大疫病在阅海湿地的发生。

核心理念：阅海，让身心更轻静。工作宗旨，即：1234工程。坚定一个工作信念：阅海之未来即我之未来，阅海之利益即我之利益，阅海与我合一。做好两个工作方面：对内管好用活资源，对外善联拼搏拓展。处理好三个工作关系：处理好主角和配角的关系，处理好公司和员工的关系，处理好言语和行动的关系。努力造就四个工作状态：办事遵章、行事守度、处事得体、诸事顺畅。目标要求。三项目标：创建家庭式的温馨环境，培养校园式的学习氛围，造就军队式的昂扬斗志。八字要求：求实、协调、应变、和谐。主宣扬词:休闲度假哪里耍，阅海阅海顶呱呱！休闲度假哪里耍，阅海阅海了不搭！

采摘莲藕

银川市烟草专卖局（公司）

YINCHUANSHIYANCAOZHUANMAIJU(GONGSI)

银川市局（公司）职工代表举办工会第一届九次会议

举办政风行风监督员座谈会

银川市烟草专卖局、宁夏回族自治区烟草公司银川市公司成立于1998年1月，负责银川地区烟草专卖管理监督和烟草制品批发经营，实行行业“统一领导、垂直管理、专卖专营”的管理体制，下辖永宁、贺兰、灵武、兴庆4个县级局（分公司），内设金凤区、西夏区2个烟草综合管理部。近年来，银川市局（公司）在自治区烟草专卖局（公司）和银川市委、政府的正确领导下，深入学习贯彻科学发展观，围绕“卷烟上水平”行业工作基本方针和战略任务，秉承宁夏烟草“小不自小、搏之有为”的企业精神，紧盯“当全区烟草排头兵、做全国烟草先进企业”的发展定位，在“抓班子、带队伍、夯基础、上水平、促发展”上狠下工夫，大力整顿卷烟市场经营秩序，全面提升客户服务水平，积极履行企业社会责任，扎实推动各项工作取得了长足发展，为促进银川市“两个最适宜城市”建设做出了应有贡献。特别是营销网络建设、质量管理体系建设和县级局（分公司）基层建设等项工作，得到了国家烟草专卖局（中国烟草总公司）和区局（公司）的充分肯定与高度评价。

2012年，市局（公司）被中烟商务物流有限责任公司评为“全国烟草行业现代卷烟物流配送中心示范单位”、被自治区安监局认定为“安全生产标准化二级企业”，被自治区统计局等十部门联合评为“自治区五星级统计诚信单位”，被银川市委、市政府评为“银川市2011年度绩效考评工作先进集体”，被银川市地税局、市国税局评为“2009-2010年度银川市A级纳税信用单位”。

2012年，全市共查获各类违法案件975起，破获符合国标案件2起，区标案件1起，查获涉案卷烟486万支，涉案金额422.79万元，收缴罚没款31.93万元，被司法机关刑事拘留28人，逮捕7人。

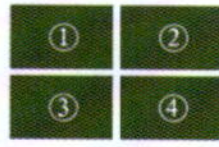

①庆祝建党91周年演讲比赛暨“七一”表彰大会
②3·15法制宣传，销毁假烟现场
③市局（公司）副局长丁少海、第三位市局（公司）纪检组长侯海琴向正茂社区捐赠10000元社区活动经费
④银川市局（公司）参加宁夏烟草系统庆祝中国烟草总公司成立30周年文艺汇演

中国石油宁夏销售公司

ZHONGGUOSHIYOUNINGXIAXIAOSHOUGONGSI

总经理刘刚查看油品计量，要求要严守三条红线

公司党委书记李宁宝在基层调研非油销售情况

中国石油宁夏销售公司成立于1953年，1998年上划到中国石油天然气集团公司，是宁夏自治区主要成品油供应商。“十二五”以来，以建设“党组放心、政府满意、群众信任”的国际水准销售企业为目标，持续完善管理体制机制，强化科学营销，深化精细管理，狠抓三基工作，严守“三条红线”，各项工作呈现出乘势而上、提速前进的强劲发展态势。

自2010年5月，中国石油销售公司全面启动精细化管理工作，按照顶层设计的要求，确定了加快建设“效益领先、规模发展、管理科学、服务优良”国际水准销售企业的战略目标。

2012年，中国石油宁夏销售公司公司紧紧围绕建设国际水准销售企业目标，以“发展、转变、和谐”为主题，以建设“党组放心、政府满意、群众信任”的国际水准销售企业为目标，持续完善管理体制机制，强化科学营销，深化精细管理，狠抓三基工作，严守“三条红线”，各项工作呈现出乘势而上、提速前进的强劲发展态势，各项经营指标均有良好表现。实现成品油销量同比增长11.5%；非油业务收入同比增长35%。虽然销量规模在中国石油销售系统排名靠后，但利润贡献排名第9位。其中，各单项指标名列销售公司前茅，吨油利

润排名第5位；非油利润率排名第4位；零售比率排名第2位；人均零售量排名第3位；人均非油收入排名第2位；综合劳动效率排名第2位。

公司先后获得全国“五一劳动奖状”、“质量诚信5A级品牌企业”、“安康杯优胜企业”，自治区“工业保增长先进企业”、“消费服务示范单位”、“十大公益企业”、“安全放心消费品牌企业”、“文明单位”、“先进基层党组织”等荣誉。

公司通过实施机关服务基层、加油站服务顾客的措施，使宁夏销售将更多精力向加油站集中、力量向加油站凝聚、政策向加油站倾斜、工作向加油站贴近，激发了一线员工的工作动力和服务热情，形成了“全员关注零售、全员参与零售”的局面。

这种工作理念在提升加油站销量和效益上见到了直接效果：万吨级加油站由原来的27座增到2012年的72座，3000吨级以下加油站由81座减少到52座。

2013年，宁夏销售将认真贯彻落实党的十八大精神，以科学发展观为指导，加快实现“小而强、小而优、小而精、小而特”，力争在2013年底全面建成国际水准销售企业，推动企业跨越式发展。

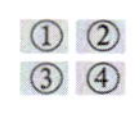

①数字化加油站
②优质服务
③义务植树
④便民服务

现代化油库

银川市地税局

YIN CHUAN SHI DI SHUI JU

市局党组书记、局长张晔在基层调研工作

支持全民创业

银川市地税局坚持以科学发展观为指导，坚决贯彻落实区局和市委、市政府的决策部署，牢牢把握“稳中求进、稳中求快、以进保稳”的主基调，以组织收入为中心，在严峻的经济形势下，全市地税系统积极应对，迎难而上，在逆势中求发展，在危机中求突破，各项工作取得新的成效，为银川经济社会的跨越式发展做出了积极贡献。该局被国家税务总局表彰为“税务系统先进集体”，被自治区党委授予“创先争优先进基层党组织”称号，市局班子及四个基层班子被自治区地税局评为“六好班子”。

组织收入实现稳步增长。2012年，银川地区累计组织各项税费收入124.7亿元，同比增长6.4%，增收7.48亿元。其中税收收入83.9亿元，同比增长17.1%，增收12.27亿元，完成年度税收计划任务的100.7%。社保费收入33.05亿元，同比下降16.9%，减收6.76亿元，税费收入实现了新的突破。自治区党委常委、银川市委书记徐广国、市长马力先后对银川地税工作做出专门批示，给予高度肯定和表扬。

税收征收管理不断深化。深入推进税收风险管理，先后对203户一、二、三级风险房地产、建筑业纳税人，采取了宣传辅导，自查纠正、纳税评估等管理措施，有效提高了税收管理质效；全面实施税源专业化管理，初步形成了行业管理模式、特定税种集中管理模式，重点税源重点管理、一般税源精细管理、特定税源科学管理格局；深入推进房地产评估工作，覆盖比例达到了90%；全面推广网上申报试点工作，办理网报户数15906户，占全区网报户数的86.4%，实现了纳税人足不出户就能办理纳税申报事宜；率先在全区地税系统实施社保费欠费分类管理，建立了社保管户QQ群，为缴费人提供了更加安全、快捷、方便的缴费服务。

纳税服务水平显著提高。制定了《银川地税易税通纳税人

开展“大练兵、大比武”活动

掀起学习贯彻党的十八大精神热潮

抓收入，全力服务地方经济社会发展

服务手册》，对纳税人的涉税事项提供方便、快捷的服务指南。积极通过“12366”纳税服务热线、地税网站、税政专线、发放宣传资料、上门服务等形式，全方位的为纳税人提供各类税收政策咨询服务。广泛开展了一系列贴近民生的税收特色宣传，有5项活动被区局评为“最佳活动项目”，有2项活动上报总局参加全国第二十一个税收宣传月最佳活动评选，市局被评为“全区地税系统税法宣传先进单位”。

职能作用得到有效发挥。严格依法治税，不折不扣地落实了国家和自治区出台的各项结构性减税政策，全年累计减免税收9亿元，为支持企业发展做出了积极贡献。市局被评为“全市创业优秀服务单位”、“国家级创业型城市创建工作先进集体”。不断加大税务稽查力度和清欠力度，全年查补入库税款1.18亿元，清理欠税1.4亿元。打击发票违法犯罪专项治理活动成效显著，市局被国家税务总局授予“打击发票违法犯罪专项治理活动先进单位”荣誉称号。

队伍面貌彰显可喜变化。继续深化“六好班子”创建成果，积极与中共延安干部管理学院携手，组织举办了领导干部党性教育培训班，进一步提升了党员干部政治理论素养和党性修养。调优配强基层领导班子，各基层局班子交流面达85%，基层班子的合力和整体功能得到明显加强。广泛开展各类岗位练兵活动，干部的岗位能力显著提升。在今年全国26省所得税抽考中，市局取得了第四名的优异成绩。

军民鱼水情深

参加公益献血活动

开展“千名税官访万家企业”活动

税法宣传进学校

团结奋进、勇攀新高的银川市工商局

2012年，银川市工商局充分履行工商职能，负重拼搏，勇于创新，做了大量的工作，取得了卓有成效的成绩，获得各级各类荣誉85项（其中：被中央文明委表彰为"全国文明单位"；被国家工商总局表彰为"诚信市场创建先进单位"；被中消协表彰为"消费纠纷处理先进集体"；获"创先争优先进基层党组织"等自治区党委政府及相关部门表彰8项；区工商局表彰21项；获"创建全国文明城市先进集体"、"创业服务优秀单位"等银川市委政府及相关部门表彰16项；各县区委政府及相关部门表彰31项）。

基础工作迈上了新的台阶。一是2012年新登记企业4470户，累计在册26519户；新登记个体户17243户，累计在册69964户；新登记农民专业合作社315户，累计在册1218户。培育小企业1820家、小老板2964个，创造就业岗位23452个。办理动产抵押登记167件，实现主债权35.47亿元。二是查办各类经济违法案件1105件。受理投诉举报6799件，办结率99.6 %，挽回经济损失753万元；办理12345热线458件，办结率和满意率均为100%。银川工商官方微博和党务政务平台更新发布355条，受理投诉咨询290件。三是快速度检测食品2400个批次，委托送检23个品种、614个批次。新增食品示范店100家，纳入电子监管批发商331户。在200平方米以上的超市全部设立清真食品专区专柜。查处传销举报252起，取缔窝点、场所311个，教育驱散 4627人次，解救15人次，移送公安95人次，新创"无传销社区（村）"17个，累计已达163个。

创新工作取得了长足的进步。一是出台《促进文化产业发展工作措施（20条）》。被银川市全民创业领导小组全文转发。二是自治区工商局在银川市工作经验基础上，制定《宁夏流通环节临近保质期食品管理制度》，在全区推广。三是累计有效注册商标5650件，拥有"中国驰名商标"累计14件、"宁夏著名商标"218件，地理标志证明商标4件、集体商标6件，均列全区首位。四是"全国工商系统推进诚信市场创建现场会"在银川召开，市局被授予"诚信市场创建活动先进单位"，长城装饰市场荣获"全国诚信市场"。银川商城等作为观摩点在"全区星级信用市场创建推进会"展示成果。五是区直机关工委召开的全区"廉政文化进机关"现场观摩会和全区工商系统廉政风险防控工作观摩会先后在银川市工商局召开。

图片说明：
1. 自治区党委副书记崔波调研个体工商户履行社会责任试点工作。
2. 银川工商领导班子督查基层工作。
3. 工商干部市场检查。
4. 12315国际消费者权益纪念日大型宣传咨询活动。
5. 工商流动服务车赴偏远地区上门服务。
6. 荣誉。

自治区人大副主任吴玉才(右二)参加安全咨询日活动

自治区人民政府副主席白雪山(左二)参加安全咨询日活动

自治区政府副秘书长马云海（左三）参加安全咨询日活动

银川市安全生产监督管理局

YINCHUANSHIANQUANSHENGCHANJIANDUGUANLIJU

一是创新制度措施，强化安全管理。推行重大安全问题协商协调制度，实行“谁主管，谁负责”的管理制度，按照“属地管理”的原则，全面落实安全生产主体责任。推行安全生产审批、检查联合执法制度，采取集中办公、统一行动，提高安全监管效力。强化现场安全检查，实行行政审批进大厅事项“双减”（减程序、减时间）措施，行政审批事项由15项减少至14项，时限减少至38小时。大厅受理行政许可126件，其中危险化学品生产、经营、使用申请104件，“三同时”备案12件，安全培训申请10件。

二是创新宣传载体，营造良好安全氛围。投入36万元安全生产公众宣传经费，在《银川日报》开辟12期专版；银川电视台生活频道《首府亮点》栏目播出12期安全生产专题宣传片；宁夏电视台公共频道和宁夏广播电台交通音乐频道专栏播出公益广告，号召全社会共同关注安全生产工作；银川市气象局天气预报短信中增加安全知识提示内容，并向全市手机用户发送73.4万条安全生产普及知识的短信；演出《平安是福》15场，其中进企业9场，进社区2场，农村2场，学校2场。

三是发挥微博作用，引导舆论导向。市安监局新浪官方微博共发微博3464条，粉丝32000个。拓宽了微博政务渠道，增强了民众对安全生产工作的认可度。发布微博共计935条，其中画说《安全生产法》140条，《安全生产知识普及篇》251条，《汽车加油加气站设计与施工规范》37条（正在陆续发布中），投诉回复21条，发布和转发此类微博486条。

四是推广安全科技，确保绝对安全。督促中石油宁夏销售银川分公司投入资金960余万元，对全市16家市区加油站埋地储罐进行阻隔防爆改造，保障油气空间的安全，即使遇到明火、撞击、雷击、枪击、焊接等意外情况也不会爆炸，确保不发生危及人民群众生命财产的安全事故。严格施工现场管理，加强城市基础设施建设的安全监管，继续在全市施工现场推广“塔吊防碰撞智能系统”、“远程在线监控”，有效遏制建筑工地安全生产事故。

自治区安监局局长曹志斌（右二）参加安全咨询日活动

市长马力出席全区安全生产视频会议并作重要指示

开展建筑施工安全大检查活动

银川市信访督办局

YIN CHUAN SHI XIN FANG DU BAN JU

银川市信访督办局成立于2002年3月。2009年定格升级为市委办公厅部门管理机构，统一承担市委、市政府信访督办工作。全局人员编制24名（行政13人，参公事业9人，工勤2人），领导职数：局长1名，副局长2人。现固定人数21人，驻信访大厅公安干警4人。目前干部使用采取挂职、抽调轮岗干部、实习大学生配合固定人员调配方式开展。局内设4个职能科室（办公室、来访接待科、信件办理科、督办科）、1个参照公务员管理科级事业单位，即投诉受理办公室，履行“12345”市长专线运行服务和管理职能。

自2002年3月组建成立以来，全局坚持科学发展，服务稳定大局的理念，坚持以群众工作统揽信访工作，紧紧围绕全市中心工作，夯实基础，狠抓落实，逐步创新工作理念，拓宽工作思路，健全工作机制、畅通信访渠道，规范信访秩序，积极在完善信访工作机制，健全信访工作网络，畅通诉求渠道、提高信访工作效能方面不断探索和努力，全市督办信访工作有了长足的进步，信访秩序逐年好转，解决了大批涉及群众切实利益的信访问题。为适应新形势新任务新要求，市委、市政府立足实际，着力在创新群众诉求表达机制，拓展便民服务平台，构建齐抓共管工作格局上进行大胆的探索和实践，取得了良好的社会效应。

连续五年，信访总量以及进京上访、集体访重复信访等多项数据年均降幅保持在了10%以上的下降的趋势，特别是群众到自治党委、政府集体上访量连续大幅下降，有利的确保和促进了首府安定和区域性中心城市经济社会稳定。局2001年被国家人事部、国家信访局评为“全国信访系统先进集体”；2007、2009年机关和局机关党支部分别被市直机关工委、文明委授予“文明机关”市级“文明单位”“五好支部”“先进基层党组织”；2009年被自治区党建工作领导小组评为“全区党建工作先进单位”；2010年被市综治委评为矛盾纠纷排查“先进单位”；2011年被市直机关工委评为“党风廉政建设”先进单位；2012年被自治区评为农民工工作“先进集体”。2012年3月被自治区人力资源和社会保障厅，评为全区“农民工工作先进集体”，单位连续三年被自治区评为“信访工作先进集体”，2012年7月在北京召开的全国第七次信访工作会上，获评“全国信访系统先进集体”荣誉称号，并以题为《畅通诉求表达新渠道，构建齐抓共管大格局》在大会上作了书面交流。国务院副秘书长、国家信访局局长王学军同志等国家信访局领导也于去年9月莅临我市考察信访工作，对我市创新开展信访工作情况给以了充分肯定，机关各方面建设不断迈上了健康、有序发展的新起点。

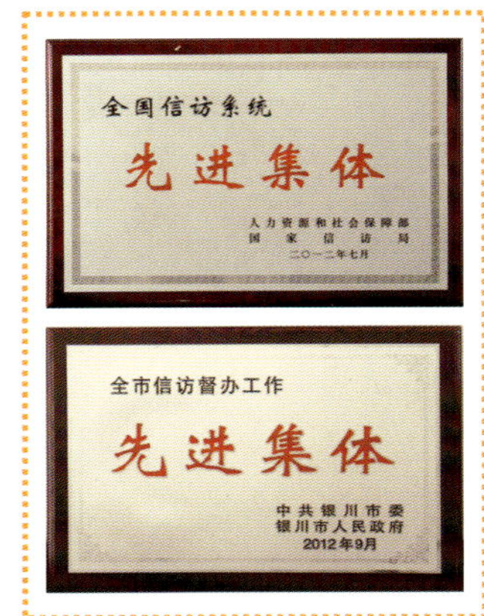

中央信访督导组来我区及银川市督导检查信访维稳工作

2012年，市委副秘书长、市委督查室主任、市信访督办局局长金永灵陪同中央督导组甄砚一行督导检查信访维稳工作

信访工作受理大厅一角

银川市人力资源和社会保障局

YIN CHUAN SHI RNE LI ZI YUAN HE SHE HUI BAO ZHANG JU

银川市人力资源和社会保障局认真贯彻执行市委、政府各项决策部署，坚持以“服务发展、保障民生”为工作主线，以“就业创业、社会保障、人才强市”为工作重点，着力推进创业就业，着力推进统筹城乡社会保障，着力加强公务员和专业技术人才队伍建设，不断深化事业人事、工资制度改革，构建和谐劳动关系，出色完成了各项工作任务，在全区目标责任考核中连续获得第一名。我市被国务院表彰为全国创业先进城市、全国就业工作先进单位，银川市人力资源和社会保障局在民营企业人才扶持和吸纳就业、清理整顿人力资源市场秩序等方面的工作成绩突出，受到国家人力资源和社会保障部通报表彰，被自治区政府授予全区就业先进单位、全区农民工工作先进集体、全区引进高层次人才工作先进单位和全区职业培训工作先进单位等荣誉称号。

缑转会局长陪同徐广国书记调研创业就业工作

缑转会局长陪同李守银副市长检查银川市下岗失业人员小额担保贷款发放情况

缑转会局长陪同马力市长调研银川市“社会保障一卡通”发卡情况

缑转会局长陪同马力市长调研医疗保险参保情况

银川市 第三人民医院

YIN CHUAN SHI
DI SAN REN MIN YI YUAN

银川市第三人民医院成立于1962年，经过五十年的发展，现在是一所集医疗、预防、保健、康复、教学、科研为一体的市属公立综合性二级甲等医院，位于兴庆区玉皇阁北街128号。是自治区卫生厅确定的全科医师转岗培训基地和银川市全科医学培训中心。市委、政府确定市三医院的功能定位是“以二甲综合医院建制为基础，坚持常见病、多发病的诊治和一般疑难、危重病人诊治的发展方向，同时兼具社区卫生服务中心职能，创建‘质量、价格、服务’三个品牌，开展以老年病、慢性病综合康复等为特色的基本医疗和公共卫生服务”。医院现占地面积4374.3m²，建筑面积近11000m²。现有职工330人，有卫生技术人员279人，其中副高级以上职称30人，中级职称60人，有硕士研究生7人，编制病床260张，设近40个临床、医技和行政职能科室，下辖益康、宝清、北苑、东苑4个社区卫生服务站。有CT、DR、CR、体外碎石机、彩超、胃镜、腹腔镜、全自动生化分析仪、尿十项检测仪、心电工作站、多参数监护仪、全自动尿沉渣仪、血球计数仪、血凝仪等大型医疗设备，组织机构健全，医疗设备比较齐全。

医院是银川市医改试点单位，从2008年起，分别对外增挂兴庆区玉皇阁北街社区卫生服务中心、兴庆区人民医院的牌子，实行“一门三牌”运行模式。即提供二级综合医院的医疗技术，执行社区卫生服务中心（一级医院）的价格，二级目录药品“零利润”、国家基本药品“零差率”、医疗收费执行C类标准、住院低起付额高报销比例等。医院始终坚持以“文化立院、质量建院、人才强院、科教兴院”为办院宗旨，坚持“以人为本，以病人为中心、诚信服务”的服务理念，遵循“厚德至上，博学求精”的院训和“医泽凤城，济世人间”的使命；坚持“同舟共济、自强不息、追求卓越”的医院精神，内强素质抓管理，外树形象促发展，获得社会广泛好评。是宁夏医科大学总医院、陕西省人民医院、西安交通大学第一附属医院、宁夏医科大学总医院心脑血管医院医疗技术协作医院。相继荣获市级“文明单位”、自治区级“卫生先进单位”和全国“残疾人康复先进集体”等荣誉称号，被中华医院管理学会授予首批“全国百姓放心示范医院”，2009年、2010年及2012年分别被卫生厅评为全区卫生系统“行风建设先进单位”。2012年6月被中国医院协会评为第四届全国医院文化建设先进单位，2012年9月顺利通过新一轮的二级甲等综合医院评审，2013年2月被卫生厅评为2012年度全区卫生系统先进集体，被自治区妇联评为自治区三八红旗集体。

自治区党委常委、银川市委书记徐广国在卫生局马如林局长等领导的陪同下莅临医院调研

市三医院与宁夏医科大学总医院建立医疗技术协作医院签字受牌仪式

银川市 YINCHUANSHI GONGCHENGXIANGMUDAILIJIANSHEBANGONGSHI

工程项目代理建设办公室

2002年，为适应大银川建设和城市中心西移战略，银川市委、市政府专门成立了银川市新区开发建设委员会办公室，主要负责协调解决进入新区项目的选址及建设过程中协调服务，并督促检查进区项目的建设，掌握新区建设动态，及时为市委、市政府提供信息，以便使市委、市政府为新区建设做出正确的决策；2003年4月，随着大银川的建设步伐加快，城市拆迁大量增加，为解决拆迁群众的安置住房问题，银川市委、市政府决定规划建设康居新村小区，又专门成立了银川市康居工程建设领导小组办公室，与新区建委办合署办公。市康居办的主要职能是组织全市康居工程建设，指导协调和督促各个辖区政府实施康居工程，制定全市康居工程建设规范标准；2006年3月，依据国务院《关于投资体制改革的决定》、自治区人民政府《非经营性政府投资项目代建制管理办法》、《政府投资项目代建制管理办法实施细则》等文件精神，银川市率先在全区推行项目“代建制”，并根据全市实际情况，成立了银川市工程项目代理建设办公室，与新区建委办、康居办合署办公，即一套人马，三块牌子，均为临时性机构。2008年1月10日，经自治区编委同意，银川市编办批准，正式设立了银川市工程项目代理建设办公室，为银川市政府直属正处级全额预算事业单位，核定编制12名，内部设置综合科、工程管理科、工程技术科、合同预算科、财务科5个科室。另外考虑工作性质，核准25名专业技术人员聘用指标。其主要职责是负责建设除园林和市政工程外的所有政府投资的非经营性项目，包括公、检、法、学校、医院、政府办公楼及文艺会馆等项目，通过集中代建，可以有效控制政府投资建设项目超投资、超规模、超标准的“三超”现象发生。

自2002年成立银川市新区办、康居办以及代建办至今，在市委、市政府的正确领导和支持下，在各部门的紧密配合下，经过几任领导和全体职工的团结拼搏，艰苦奋斗，银川市工程项目代理建设办公室先后承担了自治区成立50周年大庆重点工程、中阿论坛重点工程等70多项工程项目代建任务，项目投资总额达44亿元。在十几年的工作实践中，经过不断探索和总结，银川市工程项目代理建设办公室已形成了一套行之有效的项目代建管理办法和制度，有效控制了项目投资，规避了质量、安全风险，极大地提高了项目建设管理水平，促进了银川市工程项目代建事业稳步、快速、协调发展。

2013年，银川市工程项目代理建设办公室共实施代建工程项目26个，计划投资20.3亿元。其中：新建14个，计划投资16.1亿元；续建12个，计划投资4.2亿元。今年新建、续建的26个工程项目均按预定目标稳步推进。个别新建工程已主体封顶开始内外装饰装修施工，大部分续建工程完工准备竣工资料，项目完成投资率、资金到位率、工程质量安全生产达标率创历年最好水平，实现了“工程安全、资金安全、干部安全”和“工程优良、资金优效、干部优秀”“叁赢”，开创了工程项目代建事业大建设、快建设、大发展、快发展的新局面。

徐广国书记滨河中学调研

市委徐广国书记调研银川市韩美林艺术馆项目

银川市政府马力市长视察滨河新区中学项目

华电集团宁东风力发电现场

灵武市工业和商务局

LINGWUSHIGONGYEHESHANGWUJU

3月25日马力市长调研我市工业产业发展工作

灵武市坚持把加快工业发展作为推动县域经济提速跨越的强力引擎，抢抓新一轮西部大开发、宁东能源化工基地和沿黄经济区建设的历史机遇，紧紧围绕“建设和谐富裕新灵武、率先建成全面小康社会”奋斗目标，强力推进“兴工强市”和特色优势产业带动战略，做优做精优势产业，做大做强骨干企业，扶优扶壮中小企业。工业经济的快速发展已成为支撑全市经济增长、财政增收、群众致富的重要来源。截止2012年底，全市规模以上企业发展到74家，全市完成工业总产值608.6亿元，同比增长32.2%；完成工业增加值196.5亿元，同比增长16%。规模以上工业增加值位列全区第一。中国社会科学院发布2012年中国中小城市科学发展评价体系研究成果，灵武市进入中国科学发展百强县行列。

面对“两区”建设重大历史机遇。我们要抓超前谋划。产业发展，规划先行。羊绒产业、循环经济产业、煤电化接续产业规划，都要结合“两区”建设，特别是综合保税区建设的定位，要在特色优势产业已有的基础上，加快发展外向型产业，着力打造特色鲜明、布局合理、竞争力强的外向型产业集群。我们要抓项目推进。要对照《宁夏内陆开放型经济试验区规划》提出的发展任务和重大事项，紧盯国家政策和投资走向，做好项目谋划工作，围绕基础设施建设、产业发展、科技创新、生态建设、沿黄城市带等重大项目进行梳理，加快审批进度，争取尽早落地开工。我们要抓招商引资。结合银川市招商引资“百日攻坚战”，安排实施“6大攻坚战役、33项攻坚行动”，主要是围绕自身特点和需要开展的，重点引进符合灵武区位优势和产业特点的龙头企业，带动一批企业来灵投资。我们要抓园区建设。对原有园区，要加大扩规提档力度，尽快完善各项功能，引导企业集聚，培育在全国有竞争力、世界有影响力的特色优势产业集群；要立足“两区”定位，在临港产业发展上有突破，规划启动一批新的产业园区。我们要抓开放合作。随着新一轮大开放、大发展的全面推进，无论是东部沿海地区还是中西部地区，都把竞争的焦点放在合作发展、互补共赢上。我们将围绕“两区”建设，利用中阿博览会平台，深入开展跨地区、跨领域的横向经济合作和技术协作，探索建立长效合作机制、高层互访和企业互动机制，不断提高合作交流水平。

宁夏瑞银有色金属科技有限公司再生铝现场

宁夏瑞银有色金属科技有限公司再生铜制造电线电缆现场

灵武市科技局

LINGWUSHIKEJIJU

“十二五”以来，我市坚定不移地实施兴工强市和特色优势产业带动战略，以科技强市为宗旨，以科技创新和机制创新为动力，以科技成果转化、应用、推广及产业化为主线，着力推动产业结构优化升级，有力推动了县域经济转型升级和发展壮大。

科技创新能力不断提升。市委、政府确定了做大做强“三大”战略主导产业，做特做优“三大”基地的目标任务和工作重点，依靠科技创新推动经济社会在转型升级中科学发展、和谐发展、跨越发展。构建了以羊绒、再生资源循环利用、煤电化接续产业为代表的新型工业体系和以优质粮食生产加工、灵武长枣、羊产业为代表的现代农业产业体系。

科技发展条件不断改善。先后培育建成1个国家高新技术产业开发区，1个国家城市矿产示范基地。荣获“中国中小城市科学发展百强”、“中国产业发展能力百强”、“国家商标战略实施示范城市”、“国家科技进步示范市”、“全国科普示范市”等称号，连续三次获得国家科技进步考核先进县（市）称号。

科技创新体系建设不断推进。充分发挥创新平台辐射带动作用，先后建成了宁夏山羊绒工程技术研究中心等2家自治区级工程技术研究中心，建成了宁夏羊绒研究院，建成了宁夏乳制品加工（灵武）技术创新中心等2家技术创新中心，建成了宁夏羊绒产业技术创新战略联盟。

科技队伍不断发展壮大。市委、政府先后出台了《关于加快引进高层次科技人才的意见》、《灵武市引进高层次人才暂行办法（试行）》、《灵武市享受政府津贴人员选拔办法》等优惠政策，大力培养高技能人才，统筹推进各类人才队伍建设，全市拥有各类专业技术人员4470多人，科技特派员330人。我市正在逐步建设成为人才大规模聚集、政策不断出新、环境持续优化、公共服务和社会环境满足人才发展需要的“人才特区”和“人才强市”。

科技成果转化能力不断增强。几年来，科技部门争取和实施各类科技项目110多项，争取项目资金6220多万元。科技工作者在生产实践中取得了一大批新的技术创新成果。先后制定了山羊绒、灵武长枣等地方标准8项，攻克罗布麻植物纤维提取等关键技术难题32项。科技成果的转化应用，直接推动了产业化进程，先后培育“兴唐”等中国驰名商标3件、“昊王”等宁夏著名商标21件、“灵武长枣”等中国国家地理标志产品3件、集体商标6件，商标注册数达269件。

科技投入更趋多元化。近三年来，市财政科技总投入达1.1亿元，占一般性预算支出比例的1.46%，全社会每年科技投入超过2亿元，科技对经济发展的贡献率达到51%。

我们将继续深入贯彻落实《关于新形势下加强县(市)科技工作的意见》精神，组织实施“33468”科技创新工程，不断深入推进科技特派员创业行动，在推动现代农业发展上取得新成效；不断加大体制机制创新力度，在建立多元化、社会化的新型农村科技服务体系尝试新探索；不断推进企业技术创新活动，为经济社会发展提供新的发力点和支撑点；不断加强科技信息服务平台建设，使科技公共服务能力有新提高；不断加大各类科技人才的引进和培养力度，在人才开发工作上取得新进展；不断提高区域创新能力，探索科技工作发展新途径、创造新方法、取得新成效。

国家科技部曹健林副部长、原自治区党委书记张毅为银川国家级高新技术产业开发区揭牌

李建军书记陪同原自治区党委书记张毅、副书记崔波视察灵武长枣产业发展情况

陈淑惠市长陪同自治区政府姚爱兴副主席、科技厅马清贵厅长视察生态纺织园建设情况

在生态移民区举办实用技术培训班

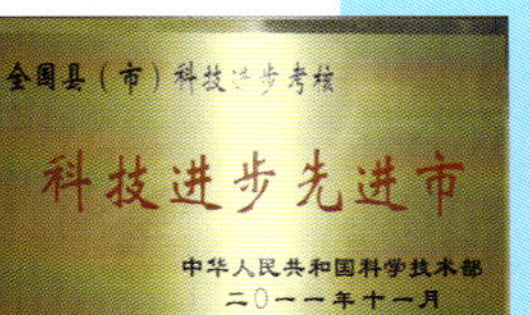

灵武市交通运输局

LINGWUSHIJIAOTONGYUNSHUJU

法律法规宣传

局领导与下属单位（科室）签订目标责任书

局领导对在建公路进行实地查看

灵武市交通运输局紧紧围绕全市中心工作，狠抓两区建设历史机遇，立足实际，以大建设、大发展、快发展为工作要求，高起点谋划、高速度建设，以埋头苦干、创新发展的精神面貌，使交通运输工作取得了良好成绩。灵武市运管所被交通运输部评为交通运输依法行政先进集体、交通运输局被评为2012年度自治区文明单位、全区精神文明创建先进集体，路政队被评为农村公路路政管理先进单位等荣誉称号。

抓项目、跑资金，公路网得到进一步完善。我局始终坚持抓住项目不放松，坚持发展理念不动摇，千方百计在抓项目、抓落实上台阶，在以往公路建设的基础上，我局今年共争取项目13个，建设总里程108.07公里，总投资4.4亿元，是灵武公路建设最多的一年，也是前三年的1.5倍，有新建设项目、由旧路改造建设项目、有提升路况档次建设项目，这些项目的建成，将进一步提升我市公路档次，优化公路通行环境和能力，完善公路路网结构，实现百平方公里公路密度达31.11公里。

抓监管、保安全，道路运输市场监管规范有序。加大非法营运车辆查处力度，共查扣非法营运车辆近450辆，维护了道路运输市场的稳定及行业的规范有序；严格落实源头治超措施，取得了“三少、二好、一差”的良好效果；完成公交港湾19个、农村招呼站10个，进一步完善了城乡公共交通实施；通过新开通客运线路和加密班次的办法，稳步推进了农村客运发展。

抓养护、强管理，农村公路养管工作有新成效。扎实有效开展了公路养护质量年活动和农村公路环境综合整治活动，公路优良率达到59.7%，超计划2.1%；加强防汛应急保障工作，确保了公路的安全畅通；加大资金投入力度，确保滨河大道公路养护管理工作顺利推进；加大抛撒车辆治理和路政案件查处，案件查处率100%；严查超限超载车辆，在重要路段设置龙门架5个，有效保护了路产路权。

抓安全、强意识，安全生产工作稳步推进。广泛开展安全隐患排查整治活动，运管所加大客货运车辆监督管理，切实保障了道路安全畅通。公路段对辖区列养公路和桥涵进行排查治理，有效地预防和减少了农村公路交通事故的发生。海事局对全市水上机动船舶进行专项安全隐患检查，确保了我局安全生产工作稳步推进。

展望未来，灵武交通运输局将继续充分发挥交通运输在国民经济中的先导支撑作用，全力抓好我市公路“十二五”规划的落实，建设一批大项目，提高灵武的对外开放水平。继续抓好客运市场监管，提升公路养管水平，加强路政和治超管理，强化交通运输系统的建设管理水平和广大干部职工的教育，努力打造一支跟上时代步伐的队伍，为今后交通运输事业的发展和全市经济社会发展插上腾飞的翅膀。

西昌路通车仪式

教育厅郭虎厅长视察学校工作

创建全区义务教育均衡发展示范市

创建义务教育均衡发展工作

启动营养午餐补助工程仪式

灵武市教育体育局

努力办好人民满意的教育　服务建设和谐富裕新灵武

灵武市现有中小学、幼儿园78所，在校生46648人，教职工2881人。学前三年毛入园率分别达到99.2%、88%、80.2%，居全区市县首位，提前实现国家、自治区2020年学前教育发展规划目标。城乡中小学条件装备均达到宁夏回族自治区区颁基本标准；中小学专任教师学历合格率达100%，骨干教师比例达22.2%。义务教育阶段质量监测成绩逐年提高，在2012年教育部统一组织的全国中小学质量抽测中灵武市居先进行列。高考升学率达到81%，比2007年提高了37个百分点，首次达到宁夏中等以上水平，其中本科录取率迈入宁夏先进行列。职业教育在校生由2007年的不足400人发展到现在的4335人规模，人数翻了三番，五年完成生源地转移任务1000人，毕业学生5000人，职业教育服务地方经济能力明显增强。

近年来，在区市各级党委政府的正确领导和上级业务部门的大力支持下，灵武市教育体育局坚持以邓小平理论、“三个代表”重要思想、科学发展观为指导，认真贯彻执行党的路线、方针、政策，以办人民满意教育为核心,执政为民，依法行政，密切联系群众，自觉接受监督，领导班子团结有力，决策科学民主，始终把解决人民群众最关心最直接最现实的利益问题放在首位，秉公尽责，出色完成各项任务，得到人民群众的广泛赞誉。2008年灵武市高标准通过自治区人民政府教育强市验收；2009年被教育部评为全国推进义务教育均衡发展先进地区；2010年顺利通过自治区基本普及高中阶段教育验收；2011年被自治区教育厅评为创建义务教育均衡发展示范市，被确定为全国农村学前教育改革试点市、全国探索普及高中阶段教育措施和办法改革试点市、教育部教育信息化区域综合改革试点市；2012年被自治区人民政府授予义务教育发展基本均衡市，灵武市教育体育局被评为银川市文明单位；2010年、2012年先后两次在灵武市绩效考评中被确定为优秀等次。在今后工作中，灵武市教育体育局将进一步加大工作力度，继续做好“学校建设标准化、城乡教育均衡化、师资队伍专业化、办学行为规范化、教育质量优质化”五篇文章，办好每一所学校，教好每一位学生，全力办好人民满意的教育。

灵武一中新教学楼

灵武二中新教学楼

灵武三中新教学楼

用方便快捷的校车免费接送学生上下学

全市艺术节

博览群书

学生缅怀先烈

中小学生竹竿舞

灵武农业

LINGWUNONGYE

优质粮食产业

羊产业

长枣产业

灵武市位于宁夏平原中部黄河东岸，辖区内建有国家级大型能源和化工基地，是自治区经济核心区的重要组成部分。灵武市辖7个乡镇，69个行政村，农业人口14.9万人，耕地面积19.2万亩。市区地形分西部平原和东部台地两大部分。气候属典型的中温带大陆性气候，四季分明，昼夜温差大，灌溉便利，具有得天独厚的农业生产条件。

近年来，灵武市农业工作立足于本地资源，以增加农民收入为核心，以提升现代农业水平为目标，按照发展高产、优质、高效、生态、安全农业的总体要求和“做大基地、做强龙头、做活市场、完善体系、夯实基础”的整体思路，突出“区域特色、主导产业、科技支撑、综合配套、机制创新”五大要素，大力实施优势特色产业带动战略，形成了布局清晰、优势特色鲜明的“三线”、“二优一特”产业（灌区优质粮食产业，沿山羊产业，山川过渡带灵武长枣产业）。建成现代农业示范园区5个。以有机大米为代表的优质粮食生产加工基地、以山草为代表的清真羊肉生产加工基地、以灵武长枣为代表的优质果品生产加工基地“三大”基地凸显集群效应和增收带动作用。2012年全市粮食总产达到2.2亿公斤，同比增长6.7%；实现农业总产值35.3亿元，同比增长17.9%；优势特色产业产值31.2亿元，同比增长8.9%；优势特色产业产值占农业总产值的88.6%；农民人均纯收入达到8600元，同比增长13.6%。

2013年灵武市抢抓宁夏“两区”建设重大历史机遇，以发展现代农业为总揽，认真落实强农惠农政策，大力推进农业结构调整和农业发展方式转变，加大农业科技推广力度，推进农村改革和体制机制创新，进一步做大做强以优质粮食产业、羊产业和灵武长枣产业为代表优势特色产业，着力打造“清真”、“优质”、“有机”农产品品牌，确保粮食、蔬菜主要农产品生产稳步发展，优势特色产业带动增收效应集聚提升，农业综合效益持续增长，力争实现农业总产值增长10%以上；农业增加值增长7.5%以上；农民人均纯收入增长14%以上。

移动大棚吊瓜

鲜食甜糯玉米

上滩村日光温室韭菜

水稻工厂化育秧大棚

小麦套种玉米核心示范区

大水面健康养殖

金凤区公安分局

JINFENGQUGONGANFENJU

金凤区区委常委、公安分局党委书记、局长　李海录

区市领导调研金凤区公安工作

金凤区公安分局辖区东靠唐徕渠，与兴庆区相望；西抵包兰铁路，与西夏区接界；南连永宁；北接贺兰。辖区面积303.66平方公里，现有常住人口18.4万余人，暂住人口3.4万余人。分局下设纪检委、政治处、办公室、警务保障室、法制科、户政科6个科室；国保、治安、刑侦、经侦、巡防5个职能大队；北京中路、长城中路、上海西路、满城北街、黄河东路、良田镇、丰登镇7个基层派出所。

随着银川市“两区建设”和“2258”战略的不断深入，金凤区已发展成为以阅海中央商务区为主体的现代化政治经济核心区，公安工作面临新的挑战和机遇。2013年以来，我局按照“着眼未来、立足发展，整体攻坚，重点突破”的工作思路，紧紧围绕区厅和市局的要求，结合本地实际，出实招、抓亮点，以党的十八大精神、全国”两会”精神、自治区第十一届人大二次会议精神为准绳，真抓实干，奋力进取，集全警之力，保一方平安，以维护辖区政治大局稳定为大前提，有效地应对各种复杂局面，积极配合有关部门妥善处置各类突发事件和群体性上访事件。以改善办公环境为切入点，解决分局和派出所办公用房紧张的问题;以构建和谐警民关系为切入点，解决影响警民关系的突出问题;以保障“两区建设”为切入点，加强社会治安综合整治。通过加大对违法犯罪行为的打击力度，重拳打击一批危害社会公共安全、侵害人民生命财产安全的犯罪行为，为金凤区又快又好发展提供安全保障，为金凤区政治大局稳定，经济建设有序保驾护航。

金凤区公安分局以维护稳定促平安

金凤区公安分局民警向群众宣传法律知识

执法为民　立警为公

ZHIFAWEIMIN　LIJINGWEIGONG

开展“我靠院成长，院靠我争光”主题演讲比赛

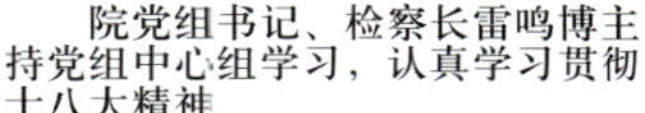

院党组书记、检察长雷鸣博主持党组中心组学习，认真学习贯彻十八大精神

最高人民检察院民行厅副厅长郑新俭（左二）在自治区检察院副检察长李桂兰（右一），银川市检察院检察长李学军（左一）的陪同下莅临金凤区检察院调研。

12月27日，金凤区检察院党组书记、检察长雷鸣博(中)带领该院干警到良田镇和顺新村开展走访慰问活动

副检察长汤铭宫带领民行干警在丰登农贸市场开展法律宣传工作

2012年,银川市金凤区检察院打破常规思路,在“我靠院成长，院靠我争光”思路的指引下,敢想、敢试,勇于担当履职尽责,自我加压,高点定位,努力做到措施先一步、发展快一拍,全院各项检察工作科学发展,亮点频出。党建工作经验在“全国检察机关党建理论研讨会”会上交流；执行监督工作经验被自治区检察院向全区推广,最高人民检察院民行厅副厅长郑新俭、自治区检察院副检察长李桂兰、银川市检察院检察长李学军曾亲临视察,规范执法深化年活动受到区、市检察院的肯定；3万元救助4户刑事被害人、帮扶20户困难党员、10户移民群众；公诉工作连续三年被自治区检察院授予“优秀公诉庭”,反贪贿赂局荣立集体三等功，查办的一起贪污窝案立案6人，全部移送审查起诉均做有罪判决，为国家挽回损失28万元；1名干警荣立个人二等功，5名干警荣立个人三等功，1名公诉检察官被自治区妇联、宁夏女检察官协会授予全区检察机关“优秀女干警”称号，1名干警被自治区检察院授予“宁夏检察青年人才”称号。2012年在金凤区三届一次人代会上，检察长雷鸣博代表金凤区检察院作的报告全票通过，满意率100%。2012年该院分别被金凤区党委、政府授予“公正执法廉洁机关”“综治工作先进集体”。

完善职务犯罪查办工作和预防机制，加强对发展重点领域和关键环节的职务犯罪查办及预防工作，为地区经济发展营造廉洁高效的政务环境。2012年,立案侦查贪污贿赂案件3件8人，与去年同期相比上升了25%；判决3件3人，与去年同期相比件数上升了66.7%，人数与去年持平。立案侦查渎职类案件2件3人,已起诉法院。严格执行国家法律、法规，依法严厉打击危害公共安全和社会稳定犯罪、及其他危害人民群众人身财产安全的各类刑事犯罪。对重大案件坚持适时介入，引导取证，确保办案效果。审查批准逮捕112件140人，提起公诉214件253人，共纠正漏捕7人，追诉5人，追加犯罪事实7起。提出量刑建议214件253人，法院采纳207件246人，采纳率为96.7%。监督公安撤案14人，监督立案1件，要求提供法庭证据意见书54份。向侦查机关发出检察建议9份，发出纠正违法通知书4份并已纠正。检察长、副检察长列席审委会120件。公开承诺实施“三一四心”接待模式，确立争创“全国文明接待室”工作目标，继续保持涉检信访的零越级访和零进京访。积极化解社会矛盾，严格执行重大节假日24小时值班和领导带班制度。通过派出检察站形式加强矛盾纠纷源头排查与治理，采取定点接访和下访巡访等形式，努力将问题解决在基层。检察长共接待群众30余人次，及时处理了一些复杂、疑难信访案件，消除了在检察环节因办案不力而引发的上访现象。坚持以抗诉为中心，以再审检察建议、执行监督、立案监督为手段的多元化监督工作新格局，整体工作保持着争先创优的良好态势。受理当事人申诉的民事行政案件147件，提请和建议提请抗诉案件10件，改判9件;针对执行监督专项检查过程中存在问题的21件案件向法院发放14份检察建议予以监督纠正。实施“1264”培养模式，助推青年干警进步成长。制定《青年干警素质提升实施办法》，通过实施“树立一个理念、搭建两个岗位平台、制定六项措施、确保四个效果”的1264培养模式，4名青年干警在职攻读法律硕士，7名干警列为银川市青年干部培养对象。亮点工作仿佛一盏盏明灯,辉映着金凤检察流光溢彩,一路争先。

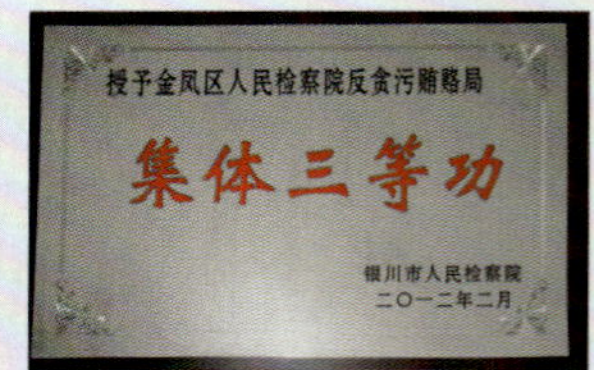

建筑业

Construction

6-1 主要年份建筑业主要指标

Main Indicators on Construction Enterprises in Main Years

（2012）

指 标	Item	单 位	Unit	2005年	2010年	2011年	2012年
企业个数	**Number of Enterprises**	**个**	**unit**	**283**	**301**	**318**	**331**
建筑业总产值	**Gross Output Value of Construction**	**万元**	**10 000yuan**	**809251**	**2258512**	**2677155**	**2829250**
#一、二级企业	First and Second Grade	万元	10 000yuan	645233	1902884	2157079	2277545
按构成分	**Grouped by Composition**						
建筑工程产值	Output Value of Construction	万元	10 000yuan	712100	2096456	2530561	2685345
安装工程产值	Output Value of Installation	万元	10 000yuan	94899	147174	138147	136283
其他产值	Other Output Value	万元	10 000yuan	2252	14883	8447	7622
按登记注册类型分	**Grouped by Status of Registration**						
国有企业	State-owned Enterprises	万元	10 000yuan	286807	775782	819073	771179
集体企业	Collective-owned Enterprises	万元	10 000yuan	10742	8893	11851	10080
有限责任公司	Limited Liabilities Corporations	万元	10 000yuan	281923	424140	508423	652699
股份有限公司	Share-holding Corporations Limited	万元	10 000yuan	54618	185285	153613	102399
私营企业	Private Enterprises	万元	10 000yuan	174982	848844	1137618	1274610
港澳台投资企业	Funds from Hong Kong, Macao and Taiwan	万元	10 000yuan	180	7		
外商投资企业	Foreign Funded	万元	10 000yuan		15561	46576	18283
按建筑行业分	**Grouped by Construction Sector**						
房屋建筑业	House Building	万元	10 000yuan	450834	1343136	1703452	1967393
土木工程建筑业	Civil Engineering	万元	10 000yuan	310988	833053	863385	757592
建筑安装业	Construction Installation	万元	10 000yuan	21027	29478	30764	42069
建筑装饰和其他建筑业	Construction Decoration and Other Construction	万元	10 000yuan	26401	52845	79553	62196
竣工产值	Output Value of Construction Completed	万元	10 000yuan	734117	1615322	2415940	2344996
房屋施工面积	Floor Space of Buildings under Construction	万平方米	10 000sq.m	770	1642	2139	2385
房屋竣工面积	Floor Space of Buildings Completed	万平方米	10 000sq.m	416	650	879	948
期末从业人员	Number of Employed Persons	人	person	47829	57215	64232	53864
工程结算收入	Revenue of Project Settlement Accounts	万元	10 000yuan	778770	2344778	2643462	2799130
工程结算利润	Profits of Project Settlement Accounts	万元	10 000yuan	45563	110966	132479	176711
利税总额	Total Taxes and Profits	万元	10 000yuan	33265	132564	151769	165473

注：本表不包含劳务分包建筑企业数据。

a) The date in above table doesn't include labor suvcontracting construction enterprise data.

6—2 全部建筑业企业主要指标

单位：万元、人 （2012）

指 标	Item	企业数（个）Number of Enterprises（unit）	# 有工作量的企业数 Number of Workload Enterprises
总 计	**Total**	**354**	**329**
# 一、二级企业	First and Second Grade	160	155
按地区分	**Grouped by County**		
市区	City	310	285
兴庆区	Xingqing	181	165
西夏区	Xixia	25	24
金凤区	Jinfeng	104	96
永宁县	Yongning	3	3
贺兰县	Helan	20	20
灵武市	Lingwu	21	21
按登记注册类型分	**Grouped by Status of Registration**		
内资企业	Domestic Funded	351	327
国有企业	State-owned Enterprises	27	27
集体企业	Collective-owned Enterprises	1	1
有限责任公司	Limited Liabilities Corporations	51	46
国有独资公司	State Sole Funded Corporations	9	8
其他有限责任公司	Other Limited Liabilities Corporations	42	38
股份有限公司	Share-holding Corporations Limited	1	1
私营企业	Private Enterprises	271	252
私营有限责任公司	Private Limited Liabilities Corporations	271	252
港、澳、台商投资企业	Enterprises with Funds from Hong Kong,Macao and Taiwan	1	
港、澳、台商独资经营企业	Enterprises with Sole Investment	1	
外商投资企业	Foreign Funded	2	2
中外合资经营企业	Domestic and Foreign Joint Funded Enterprises	2	2
按国民经济行业分(2011)	**Grouped by Sector(2011)**		
房屋建筑业	House Building	159	150
房屋建筑业	House Building	159	150
土木工程建筑业	Civil Engineering	79	72
铁路、道路、隧道和桥梁工程建筑	Railway, Road, Tunnel and Bridge	23	21
公路工程建筑	Road	9	9
市政道路工程建筑	Municipal Works	14	12
水利和内河港口工程建筑	Water and River Ports	22	21
水源及供水设施工程建筑	Construction of Water Source and Supply Water Facility	21	20
河湖治理及防洪设施工程建筑	Construciton of River Lake Administer and Hood Control Facility	1	1
工矿工程建筑	Mining	9	7
架线和管道工程建筑	Frame Line and Pipeline	17	15
架线及设备工程建筑	Frame Line Equipment Engineering	12	12
管道工程建筑	Pipeline	5	3
其他土木工程建筑	Other Civil Engineering	8	8

Main Indicators on Construction Enterprises

(10 000yuan, person)

企业总产值 Total Output Value of Enterprises	# 建筑业总产值 Total Output Value of Construction	营业收入 Business Revenue	# 主营业务收入 Revenue from Principal Business	税 金 Taxes	利润总额 Total Profits	年末从业人数 Employed Persons at Year-end
28764676	**28398714**	**28466686**	**28113820**	**28253**	**728455**	**54849**
23119133	22845021	22985574	22752517	20587	533803	41146
24985039	24622223	24958117	24614293	24419	572336	45756
16510380	16375527	16122726	16011379	13282	177479	24202
1214583	1089885	1633803	1508796	1901	120079	3052
7260076	7156811	7201588	7094118	9236	274778	18502
219505	219364	220485	214459	40	1884	755
1606826	1606225	1388155	1387543	1871	38672	2676
1953306	1950902	1899929	1897525	1923	115563	5662
28563029	28215889	28242658	27905764	28121	739493	54182
7858620	7711793	7839698	7701026	6812	134611	11372
100800	100800	100802	100802	120	13802	174
6586929	6528154	6428240	6385982	6138	99233	18315
2035028	2029525	2067354	2063573	581	11008	2336
4551901	4498629	4360886	4322409	5557	88225	15979
1026675	1023992	1640618	1637935	1578	39871	1087
12990005	12851150	12233300	12080019	13473	451976	23234
12990005	12851150	12233300	12080019	13473	451976	23234
201647	182825	224028	208056	132	-11038	667
201647	182825	224028	208056	132	-11038	667
19973481	19773179	18831290	18618924	12075	588357	32691
19973481	19773179	18831290	18618924	12075	588357	32691
7661696	7575915	8458342	8390016	11875	108377	17121
3376891	3372845	3776885	3772649	3275	36910	3912
1720855	1718172	2158078	2155205	1834	47229	1692
1656036	1654673	1618807	1617444	1441	-10319	2220
1644521	1639164	1611676	1606319	2947	3561	3270
1618346	1612989	1587947	1582590	2869	3502	3245
26175	26175	23729	23729	78	59	25
801689	780695	871819	853675	1288	-15525	2615
1792228	1736844	2155308	2114719	4209	80914	7128
1767020	1711636	2109550	2068961	4113	80775	6971
25208	25208	45758	45758	96	139	157
46367	46367	42654	42654	156	2517	196

6-2 续表

单位:万元、人 (2012)

指 标	Item	企业数（个）Number of Enterprises (unit)	# 有工作量的企业数 Number of Workload Enterprises
建筑安装业	Construction Installation	54	52
电气安装	Electric Installation	37	36
管道和设备安装	Pipeline and Equipment	3	3
其他建筑安装业	Other Construction Installation	14	13
建筑装饰和其他建筑业	Construction Decoration and Other Construction	62	55
建筑装饰业	Construction Decoration	53	48
工程准备活动	Other Construction	9	7
建筑物拆除活动	Building Demolishes	5	5
其他工程准备活动	Other Construction	4	2
按控股情况分	**Grouped by Controlling Stake**		
国有控股	State-owned	43	40
集体控股	Collective-owned	2	2
私人控股	Private	294	274
港澳台商控股	Hong Kong,Macao and Taiwan	1	
外商控股	Foreign	2	2
其他	Others	12	11
按企业规模分	**Grouped by Enterprises Scale**		
大型	Large-Scale	4	4
中型	Medium-Scale	61	61
小型	Small-Scale	178	173
微型	Miniatrue	111	91
按营业状态分	**Grouped by Operating Status**		
营业	Operating	351	327
停业(歇业)	Turn Off(go out of business)	2	1
当年关闭	Turn Off at Current Year	1	1
按企业资质等级分	**Grouped by Qualification Criteria**		
施工总承包	General Contractors	163	152
一级	First Grade	11	11
二级	Second Grade	63	61
三级及以下	Third Grade and Below	89	80
专业承包	Professional Contractors	168	155
一级	First Grade	7	7
二级	Second Grade	64	62
三级及以下	Third Grade and Below	97	86
劳务分包	Labour Subcontractors	23	22
一级	First Grade	14	13
二级	Second Grade	1	1
三级及以下	Third Grade and Below	8	8

continued

(10 000yuan, person)

企业总产值 Total Output Value of Enterprises	# 建筑业总产值 Total Output Value of Construction	营业收入 Business Revenue	# 主营业务收入 Revenue from Principal Business	税 金 Taxes	利润总额 Total Profits	年末从业人数 Employed Persons at Year-end
498632	427664	522425	459338	1696	11709	2844
437301	366333	425517	369367	1450	10800	2458
5810	5810	4277	4277		-181	18
55521	55521	92631	85694	246	1090	368
630867	621956	654629	645542	2607	20012	2193
573621	564710	602740	593653	2387	26221	1890
57246	57246	51889	51889	220	-6209	303
41630	41630	33654	33654	191	828	200
15616	15616	18235	18235	29	-7037	103
10126311	9973981	10139616	9997163	7483	151325	14028
424855	384855	486659	479834	1136	59168	3285
16936552	16781915	16358755	16189692	18511	542723	33291
201647	182825	224028	208056	132	-11038	667
1075311	1075138	1257628	1239075	991	-13723	3578
6729387	6691100	7044920	7019015	4170	42957	4739
14864333	14721921	14799231	14676701	12912	495625	30212
6832233	6649258	6377981	6180485	9649	203294	17706
338723	336435	244554	237619	1522	-13421	2192
28759967	28378607	28460775	28113794	28253	728430	54844
	15398	26	26		25	
4709	4709	5885				5
25853248	25653523	25071399	24901341	20418	601381	43056
10350955	10300966	10839956	10800153	6947	71089	10916
10712927	10600593	9730438	9653283	8731	351125	22285
4789366	4751964	4501005	4447905	4740	179167	9855
2805210	2638973	3266560	3089957	7783	126874	10808
464558	464163	479761	479366	1181	22079	1353
1521119	1409725	1854799	1744991	3676	90942	6119
819533	765085	932000	865600	2926	13853	3336
106218	106218	128727	122522	52	200	985
64865	64865	74735	74724	52	-1432	468
4709	4709	5885				5
36644	36644	48107	47798		1632	512

6—3 建筑业总产值

单位:万元　　　　　　　　　　　　　　　　　　　　　　　　　　　　　　　　（2012）

指 标	Item	企业数（个）Number of Enterprises (unit)	#有工作量的企业数 Number of Workload Enterprises
总 计	**Total**	**331**	**307**
#一、二级企业	First and Second Grade	145	141
按地区分	**Grouped by County**		
市区	City	290	266
兴庆区	Xingqing	169	154
西夏区	Xixia	21	20
金凤区	Jinfeng	100	92
永宁县	Yongning	2	2
贺兰县	Helan	19	19
灵武市	Lingwu	20	20
按登记注册类型分	**Grouped by Status of Registration**		
内资企业	Domestic Funded	328	305
国有企业	State-owned Enterprises	27	27
集体企业	Collective-owned Enterprises	1	1
有限责任公司	Limited Liabilities Corporations	50	45
国有独资公司	State Sole Funded Corporations	8	7
其他有限责任公司	Other Limited Liabilities Corporations	42	38
股份有限公司	Share-holding Corporations Limited	1	1
私营企业	Private Enterprises	249	231
私营有限责任公司	Private Limited Liabilities Corporations	249	231
港、澳、台商投资企业	Enterprises with Funds from Hong Kong,Macao and Taiwan	1	
港、澳、台商独资经营企业	Enterprises with Sole Investment	1	
外商投资企业	Foreign Funded	2	2
中外合资经营企业	Domestic and Foreign Joint Funded Enterprises	2	2
按国民经济行业分（2011）	**Grouped by Sector（2011）**		
房屋建筑业	House Building	140	132
房屋建筑业	House Building	140	132
土木工程建筑业	Civil Engineering	79	72
铁路、道路、隧道和桥梁工程建筑	Railway, Road, Tunnel and Bridge	23	21
公路工程建筑	Road	9	9
市政道路工程建筑	Municipal Works	14	12
水利和内河港口工程建筑	Water and River Ports	22	21
水源及供水设施工程建筑	Construction of Water Source and Supply Water Facility	21	20
河湖治理及防洪设施工程建筑	Construciton of River Lake Administer and Hood Control Facility	1	1
工矿工程建筑	Mining	9	7
架线和管道工程建筑	Frame Line and Pipeline	17	15
架线及设备工程建筑	Frame Line Equipment Engineering	12	12
管道工程建筑	Pipeline	5	3
其他土木工程建筑	Other Civil Engineering	8	8

Total Output Value of Construction

(10 000yuan)

建筑业总产值 Total Output Value of Construction	# 装饰装修产值 Output Value of Decoration	# 在外省完成的产值 Output Value of Completed Outside the Province	建筑工程产值 Output Value of Construction	安装工程产值 Output Value of Installation	其他产值 Others	竣工产值 Output Value of Construction Completed
2829250	68573	119883	2685345	136283	7622	2344996
2277545	61499	97476	2153156	118057	6332	1926155
2452198	66903	119315	2310966	133981	7251	2145501
1628205	31346	78940	1604324	23401	480	1440766
108715	15360	12397	100773	2458	5484	128874
715278	20198	27979	605869	108123	1287	575861
21466			21466			11235
160621	1669	567	157948	2302	371	80952
194965			194965			107307
2810967	68417	101756	2667062	136283	7622	2326713
771179	1190	45116	720943	44612	5625	702906
10080			10080			9525
652699	16313	34156	591419	61053	227	523803
202836	593	9626	202836			146671
449863	15720	24529	388583	61053	227	377132
102399		16122	102399			92522
1274610	50914	6363	1242221	30619	1769	997957
1274610	50914	6363	1242221	30619	1769	997957
18283	156	18127	18283			18283
18283	156	18127	18283			18283
1967393	13664	51128	1959224	7940	230	1713410
1967393	13664	51128	1959224	7940	230	1713410
757592	570	63332	651909	98998	6684	527806
337285	341	16360	336421	863		269904
171817		16122	170954	863		135223
165467	341	238	165467			134681
163916	30	20752	160058	3858		126224
161299	30	20752	157441	3858		123607
2618			2618			2618
78070		21168	72049	396	5625	33412
173684	200	4989	78744	93881	1060	95257
171164	200	4167	76368	93736	1060	92938
2521		822	2377	144		2319
4637		64	4637			3009

6-3 续表

单位:万元 （2012）

指 标	Item	企业数（个）Number of Enterprises（unit）	#有工作量的企业数 Number of Workload Enterprises
建筑安装业	Construction Installation	50	48
电气安装	Electric Installation	37	36
其他建筑安装业	Other Construction Installation	13	12
建筑装饰和其他建筑业	Construction Decoration and Other Construction	62	55
建筑装饰业	Construction Decoration	53	48
工程准备活动	Other Construction	9	7
建筑物拆除活动	Building Demolishes	5	5
其他工程准备活动	Other Construction	4	2
按控股情况分	**Grouped by Controlling Stake**		
国有控股	State-owned	42	39
集体控股	Collective-owned	2	2
私人控股	Private	272	253
港澳台商控股	Hong Kong,Macao and Taiwan	1	
外商控股	Foreign	2	2
其他	Others	12	11
按企业规模分	**Grouped by Enterprises Scale**		
大型	Large-Scale	4	4
中型	Medium-Scale	61	61
小型	Small-Scale	178	173
微型	Miniatrue	88	69
按营业状态分	**Grouped by Operating Status**		
营业	Operating	329	306
停业(歇业)	Turn Off(go out of business)	2	1
按企业资质等级分	**Grouped by Qualification Criteria**		
施工总承包	General Contractors	163	152
一级	First Grade	11	11
二级	Second Grade	63	61
三级及以下	Third Grade and Below	89	80
专业承包	Professional Contractors	168	155
一级	First Grade	7	7
二级	Second Grade	64	62
三级及以下	Third Grade and Below	97	86

continued

(10 000yuan)

建筑业总产值 Total Output Value of Construction	# 装饰装修产值 Output Value of Decoration	# 在外省完成的产值 Output Value of Completed Outside the Province	建筑工程产值 Output Value of Construction	安装工程产值 Output Value of Installation	其他产值 Others	竣工产值 Output Value of Construction Completed
42069	3455	4207	16878	24484	707	40957
36633	79	1326	13456	22471	707	34930
5436	3376	2881	3422	2013		6027
62196	50883	1216	57334	4862		62823
56471	50883		51609	4862		56327
5725		1216	5725			6496
4163		1216	4163			4935
1562			1562			1562
997282	17143	54806	946193	45465	5625	872188
38486			26827	11658		30957
1667686	51157	25716	1626858	38832	1997	1339862
18283	156	18127	18283			18283
107514	118	21234	67185	40329		83706
669110	1542	28380	628356	40754		534990
1472192	1246	77866	1416195	50513	5484	1203417
664926	62049	13435	624301	38487	2138	589624
23022	3736	202	16493	6529		16965
2827710	68573	119883	2683805	136283	7622	2344996
1540			1540			
2565352	6023	96963	2499978	59660	5714	2101260
1030097	1542	54594	985485	44612		888355
1060059	2500	21320	1040670	13905	5484	846502
475196	1981	21050	473824	1143	230	366403
263897	62550	22920	185367	76623	1908	243736
46416	25825	8757	46416			46149
140973	31632	12806	80585	59540	848	145149
76509	5093	1357	58366	17083	1060	52438

6—4 建筑业合同签订及承包工程完成情况

单位:万元 （2012）

指 标	Item	签订的合同额 Total Value of Contracts	上年结转合同额 Value from Contracts Signed in Last Year
总 计	**Total**	**4280889**	**1162534**
#一、二级企业	First and Second Grade	3458082	920766
按地区分	**Grouped by County**		
市区	City	3762082	986697
兴庆区	Xingqing	2546890	677779
西夏区	Xixia	131874	53724
金凤区	Jinfeng	1083319	255194
永宁县	Yongning	56342	28691
贺兰县	Helan	231129	109870
灵武市	Lingwu	231336	37276
按登记注册类型分	**Grouped by Status of Registration**		
内资企业	Domestic Funded	4257609	1162534
国有企业	State-owned Enterprises	932415	321504
集体企业	Collective-owned Enterprises	10666	816
有限责任公司	Limited Liabilities Corporations	1087944	318764
国有独资公司	State Sole Funded Corporations	438983	131614
其他有限责任公司	Other Limited Liabilities Corporations	648961	187150
股份有限公司	Share-holding Corporations Limited	314839	36488
私营企业	Private Enterprises	1911746	484963
私营有限责任公司	Private Limited Liabilities Corporations	1911746	484963
外商投资企业	Foreign Funded	23280	
中外合资经营企业	Domestic and Foreign Joint Funded Enterprises	23280	
按国民经济行业分(2011)	**Grouped by Sector(2011)**		
房屋建筑业	House Building	2953766	879275
房屋建筑业	House Building	2953766	879275
土木工程建筑业	Civil Engineering	1207221	259996
铁路、道路、隧道和桥梁工程建筑	Railway, Road, Tunnel and Bridge	650437	127523
公路工程建筑	Road	441549	70832
市政道路工程建筑	Municipal Works	208889	56690
水利和内河港口工程建筑	Water and River Ports	231229	57865
水源及供水设施工程建筑	Construction of Water Source and Supply Water Facility	228612	56499
河湖治理及防洪设施工程建筑	Construciton of River Lake Administer and Hood Control Facility	2618	1366
工矿工程建筑	Mining	87453	7842
架线和管道工程建筑	Frame Line and Pipeline	232341	66751
架线及设备工程建筑	Frame Line Equipment Engineering	229821	66751
管道工程建筑	Pipeline	2521	
其他土木工程建筑	Other Civil Engineering	5761	16

Contracts Signed and Completion of Contracted Projects by Construction Enterprises

(10 000yuan)

本年新签合同额 Value from New Contracts Signed in This Year	直接从建设单位承揽工程完成的产值 Completed Output Value of Projects Contracted Directly from Investors	自行完成施工产值 Own-completed Output Value	分包出去工程的产值 Output Value of Out-sourced Projects	从建设单位以外承揽工程完成的产值 Completed Output Value of Projects Contracted from Non-investors
3118355	**2777434**	**2775529**	**1904**	**53720**
2537316	2276023	2275936	87	1609
2775385	2410856	2408951	1904	43247
1869111	1626365	1624547	1817	3658
78150	107106	107106		1609
828125	677385	677298	87	37980
27651	21466	21466		
121259	150148	150148		10473
194059	194965	194965		
3095074	2759151	2757247	1904	53720
610911	771179	771179		
9849	10080	10080		
769180	638993	637089	1904	15610
307369	202836	202836		
461811	436157	434253	1904	15610
278351	102399	102399		
1426783	1236500	1236500		38110
1426783	1236500	1236500		38110
23280	18283	18283		
23280	18283	18283		
2074491	1929583	1929583		37811
2074491	1929583	1929583		37811
947225	743799	741981	1817	15610
522915	328260	328260		9024
370716	162793	162793		9024
152198	165467	165467		
173364	160757	158940	1817	4977
172113	158139	156322	1817	4977
1252	2618	2618		
79611	78070	78070		
165590	173684	173684		
163070	171164	171164		
2521	2521	2521		
5745	3028	3028		1609

6-4 续表

单位:万元 （2012）

指　标	Item	签订的合同额 Total Value of Contracts	上年结转合同额 Value from Contracts Signed in Last Year
建筑安装业	Construction Installation	52702	14507
电气安装	Electric Installation	48787	13054
其他建筑安装业	Other Construction Installation	3915	1453
建筑装饰和其他建筑业	Construction Decoration and Other Construction	67200	8756
建筑装饰业	Construction Decoration	61475	8733
工程准备活动	Other Construction	5725	23
建筑物拆除活动	Building Demolishes	4163	23
其他工程准备活动	Other Construction	1562	
按控股情况分	**Grouped by Controlling Stake**		
国有控股	State-owned	1396396	457140
集体控股	Collective-owned	61429	9165
私人控股	Private	2669479	661328
外商控股	Foreign	23280	
其他	Others	130305	34901
按企业规模分	**Grouped by Enterprises Scale**		
大型	Large-Scale	987313	344714
中型	Medium-Scale	2369162	577437
小型	Small-Scale	890114	235972
微型	Miniatrue	34301	4411
按营业状态分	**Grouped by Operating Status**		
营业	Operating	4278152	1160347
停业(歇业)	Turn Off(go out of business)	2737	2188
按企业资质等级分	**Grouped by Qualification Criteria**		
施工总承包	General Contractors	3956411	1084551
一级	First Grade	1631339	519293
二级	Second Grade	1613553	368906
三级及以下	Third Grade and Below	711519	196352
专业承包	Professional Contractors	324478	77984
一级	First Grade	48128	7814
二级	Second Grade	165061	24753
三级及以下	Third Grade and Below	111288	45417

continued

(10 000yuan)

本年新签合同额 Value from New Contracts Signed in This Year	直接从建设单位承揽工程完成的产值 Completed Output Value of Projects Contracted Directly from Investors	自行完成施工产值 Own-completed Output Value	分包出去工程的产值 Output Value of Out-sourced Projects	从建设单位以外承揽工程完成的产值 Completed Output Value of Projects Contracted from Non-investors
38195	41943	41856	87	213
35732	36507	36420	87	213
2462	5436	5436		
58444	62110	62110		86
52742	56385	56385		86
5702	5725	5725		
4140	4163	4163		
1562	1562	1562		
939256	995673	995673		1609
52264	38486	38486		
2008150	1628214	1628127	87	39559
23280	18283	18283		
95403	96779	94962	1817	12552
642599	669110	669110		
1791725	1423777	1421960	1817	50233
654142	661611	661524	87	3402
29889	22936	22936		86
3117805	2775894	2773990	1904	53720
550	1540	1540		
2871861	2524512	2522695	1817	42658
1112046	1030097	1030097		
1244647	1060059	1060059		
515167	434356	432539	1817	42658
246494	252922	252835	87	11063
40315	46416	46416		
140308	139450	139363	87	1609
65871	67055	67055		9453

6—5　房屋建筑施工面积及竣工面积

单位:平方米　　　　(2012)

指　标	Item	房屋建筑施工面积 Floor Space of Buildings under Construction	本年新开工面积 Floor Space of New Buildings in This Year
总　计	**Total**	**23852755**	**10885559**
#一、二级企业	First and Second Grade	18556312	8514330
按地区分	**Grouped by County**		
市区	City	21470739	9646629
兴庆区	Xingqing	14233250	6616240
西夏区	Xixia	693031	239205
金凤区	Jinfeng	6544458	2791184
永宁县	Yongning	344526	81540
贺兰县	Helan	876823	521821
灵武市	Lingwu	1160667	635569
按登记注册类型分	**Grouped by Status of Registration**		
内资企业	Domestic Funded	23852755	10885559
国有企业	State-owned Enterprises	7196652	3514511
集体企业	Collective-owned Enterprises	89207	75181
有限责任公司	Limited Liabilities Corporations	5575319	2308429
国有独资公司	State Sole Funded Corporations	2433626	975780
其他有限责任公司	Other Limited Liabilities Corporations	3141693	1332649
股份有限公司	Share-holding Corporations Limited		
私营企业	Private Enterprises	10991577	4987438
私营有限责任公司	Private Limited Liabilities Corporations	10991577	4987438
按国民经济行业分(2011)	**Grouped by Sector(2011)**		
房屋建筑业	House Building	23543240	10708834
房屋建筑业	House Building	23543240	10708834
土木工程建筑业	Civil Engineering	309515	176725
水利和内河港口工程建筑	Water and River Ports	43068	38943
水源及供水设施工程建筑	Construction of Water Source and Supply Water Facility	43068	38943
架线和管道工程建筑	Frame Line and Pipeline	256700	137782
架线及设备工程建筑	Frame Line Equipment Engineering	256700	137782
其他土木工程建筑	Other Civil Engineering	9747	
按控股情况分	**Grouped by Controlling Stake**		
国有控股	State-owned	9630278	4490291
集体控股	Collective-owned	189349	143773
私人控股	Private	13812173	6149865
其他	Others	220955	101630
按企业规模分	**Grouped by Enterprises Scale**		
大型	Large-Scale	6476791	2903525
中型	Medium-Scale	13183417	5953767
小型	Small-Scale	4018963	1884583
微型	Miniatrue	173584	143684
按营业状态分	**Grouped by Operating Status**		
营业	Operating	23815435	10878139
停业(歇业)	Turn Off(go out of business)	37320	7420
按企业资质等级分	**Grouped by Qualification Criteria**		
施工总承包	General Contractors	23716166	10795037
一级	First Grade	9312588	3893889
二级	Second Grade	9233977	4620441
三级及以下	Third Grade and Below	5169601	2280707
专业承包	Professional Contractors	136589	90522
二级	Second Grade	9747	
三级及以下	Third Grade and Below	126842	90522

Floor Space of Buildings Constructed and Completed

(sq.m)

实行投标承包面积 Floor Space of Contracted Projects	本年新开工面积 Floor Space of New Buildings in This Year	房屋建筑竣工面积 Floor Space of Buildings Completed	住宅房屋 Residence
23395414	**10638616**	**9487801**	**6330680**
18406872	8497073	7569106	5027029
21081633	9405731	8552931	5622969
13936145	6399445	5616683	3477182
683284	239205	586021	364642
6462204	2767081	2350227	1781145
344526	81540	102718	98358
809513	516521	349875	226831
1159742	634824	482277	382522
23395414	10638616	9487801	6330680
7196652	3514511	3269457	1842272
89027	75181	72291	72291
5499815	2289648	2128658	1538567
2431226	975780	787154	470601
3068589	1313868	1341504	1067966
10609920	4759276	4017395	2877550
10609920	4759276	4017395	2877550
23109147	10475392	9426040	6300680
23109147	10475392	9426040	6300680
286267	163224	61761	30000
42323	38198	17306	
42323	38198	17306	
243944	125026	44455	30000
243944	125026	44455	30000
9627878	4490291	4056611	2312873
176413	131017	103841	102291
13375448	5920958	5186447	3852681
215675	96350	140902	62835
6476791	2903525	2278061	1288766
12885355	5733795	5441819	3824827
3869329	1867257	1760055	1217087
163939	134039	7866	
23358094	10631196	9487801	6330680
37320	7420		
23302618	10561740	9453301	6322784
9312588	3893889	3707082	2182900
9094284	4603184	3862024	2844129
4895746	2064667	1884195	1295755
92796	76876	34500	7896
92796	76876	34500	7896

6-5 续表 1

单位:平方米 (2012)

指　标	Item	商业及服务用房屋 Business and Service	商厦房屋(批发和零售用房) Commercial (wholesale and retail trade)
总　计	**Total**	**968800**	**331898**
#一、二级企业	First and Second Grade	746694	260941
按地区分	**Grouped by County**		
市区	City	930257	320094
兴庆区	Xingqing	606194	163640
西夏区	Xixia	66671	27871
金凤区	Jinfeng	257392	128583
永宁县	Yongning		
贺兰县	Helan	19791	
灵武市	Lingwu	18752	11804
按登记注册类型分	**Grouped by Status of Registration**		
内资企业	Domestic Funded	968800	331898
国有企业	State-owned Enterprises	303846	64507
集体企业	Collective-owned Enterprises		
有限责任公司	Limited Liabilities Corporations	120829	41775
国有独资公司	State Sole Funded Corporations	62365	13475
其他有限责任公司	Other Limited Liabilities Corporations	58464	28300
股份有限公司	Share-holding Corporations Limited		
私营企业	Private Enterprises	544125	225616
私营有限责任公司	Private Limited Liabilities Corporations	544125	225616
按国民经济行业分(2011)	**Grouped by Sector(2011)**		
房屋建筑业	House Building	968800	331898
房屋建筑业	House Building	968800	331898
土木工程建筑业	Civil Engineering		
水利和内河港口工程建筑	Water and River Ports		
水源及供水设施工程建筑	Construction of Water Source and Supply Water Facility		
架线和管道工程建筑	Frame Line and Pipeline		
架线及设备工程建筑	Frame Line Equipment Engineering		
其他土木工程建筑	Other Civil Engineering		
按控股情况分	**Grouped by Controlling Stake**		
国有控股	State-owned	366211	77982
集体控股	Collective-owned		
私人控股	Private	600929	253916
其他	Others	1660	
按企业规模分	**Grouped by Enterprises Scale**		
大型	Large-Scale	148816	74125
中型	Medium-Scale	554194	216869
小型	Small-Scale	265790	40904
微型	Miniatrue		
按营业状态分	**Grouped by Operating Status**		
营业	Operating	968800	331898
停业(歇业)	Turn Off(go out of business)		
按企业资质等级分	**Grouped by Qualification Criteria**		
施工总承包	General Contractors	968800	331898
一级	First Grade	350450	74125
二级	Second Grade	396244	186816
三级及以下	Third Grade and Below	222106	70957
专业承包	Professional Contractors		
二级	Second Grade		
三级及以下	Third Grade and Below		

continued

(sq.m)

宾馆用房屋（住宿用房） Hotel (hoteling)	餐饮用房屋（餐饮用房） Catering (catering services)	商务会展用房屋	其他商业及服务用房屋（居民服务业用房） Other Business and Service (other services)	办公用房屋 Offices	科研、教育、医疗用房屋 Scientific Research, Education and Medical
71164	**20797**	**181975**	**362966**	**390374**	**410212**
70184	18189	46730	350650	262484	402172
71164	13849	180718	344432	361396	388275
32364	11921	142318	255951	326407	289421
38800					2867
	1928	38400	88481	34989	95987
				4360	
		1257	18534	9636	13663
	6948			14982	8274
71164	20797	181975	362966	390374	410212
	6948		232391	186150	181055
32364	9003	1257	36430	102397	93570
31384			17506	12450	44167
980	9003	1257	18924	89947	49403
38800	4846	180718	94145	101827	135587
38800	4846	180718	94145	101827	135587
71164	20797	181975	362966	375802	410212
71164	20797	181975	362966	375802	410212
				14572	
				14572	
				14572	
31384	6948		249897	198600	225222
38800	13169	181975	113069	115367	184990
980	680			76407	
31384			43307	155997	137936
38800	15271	46730	236524	201621	240719
980	5526	135245	83135	31456	31557
				1300	
71164	20797	181975	362966	390374	410212
71164	20797	181975	362966	389074	410212
31384			244941	189302	200221
38800	18189	46730	105709	73182	201951
980	2608	135245	12316	126590	8040
				1300	
				1300	

6-5 续表 2

单位:平方米 (2012)

指 标	Item	科学研究用房屋 Scientific Research	教育用房屋 Education
总 计	**Total**	**11160**	**349534**
#一、二级企业	First and Second Grade	11160	349534
按地区分	**Grouped by County**		
市区	City	11160	328797
兴庆区	Xingqing	9600	243724
西夏区	Xixia		2867
金凤区	Jinfeng	1560	82206
永宁县	Yongning		
贺兰县	Helan		12463
灵武市	Lingwu		8274
按登记注册类型分	**Grouped by Status of Registration**		
内资企业	Domestic Funded	11160	349534
国有企业	State-owned Enterprises	9600	142658
集体企业	Collective-owned Enterprises		
有限责任公司	Limited Liabilities Corporations		93570
国有独资公司	State Sole Funded Corporations		44167
其他有限责任公司	Other Limited Liabilities Corporations		49403
股份有限公司	Share-holding Corporations Limited		
私营企业	Private Enterprises	1560	113306
私营有限责任公司	Private Limited Liabilities Corporations	1560	113306
按国民经济行业分(2011)	**Grouped by Sector(2011)**		
房屋建筑业	House Building	11160	349534
房屋建筑业	House Building	11160	349534
土木工程建筑业	Civil Engineering		
水利和内河港口工程建筑	Water and River Ports		
水源及供水设施工程建筑	Construction of Water Source and Supply Water Facility		
架线和管道工程建筑	Frame Line and Pipeline		
架线及设备工程建筑	Frame Line Equipment Engineering		
其他土木工程建筑	Other Civil Engineering		
按控股情况分	**Grouped by Controlling Stake**		
国有控股	State-owned	9600	186825
集体控股	Collective-owned		
私人控股	Private	1560	162709
其他	Others		
按企业规模分	**Grouped by Enterprises Scale**		
大型	Large-Scale	9600	99539
中型	Medium-Scale	1560	221678
小型	Small-Scale		28317
微型	Miniatrue		
按营业状态分	**Grouped by Operating Status**		
营业	Operating	11160	349534
停业(歇业)	Turn Off(go out of business)		
按企业资质等级分	**Grouped by Qualification Criteria**		
施工总承包	General Contractors	11160	349534
一级	First Grade	9600	161824
二级	Second Grade	1560	187710
三级及以下	Third Grade and Below		
专业承包	Professional Contractors		
二级	Second Grade		
三级及以下	Third Grade and Below		

continued

(sq.m)

医疗用房屋(卫生医疗用房) Medical (health and medical)	文化、体育、娱乐用房屋 Culture,Sports and Entertainment	厂房及建筑物 Workshop and Buildings	#厂　房 Workshop	仓　库 Warehouse	其他未列明的房屋建筑物 Other Buildings
49518	**132161**	**554800**	**517002**	**82213**	**618561**
41478	118228	405846	389759	81206	525447
48318	125134	475174	450275	82213	567513
36097	117851	384601	360107	80601	334426
	2057				149784
12221	5226	90573	90168	1612	83303
1200	4037	47369	47369		28548
	2990	32257	19358		22500
49518	132161	554800	517002	82213	618561
28797	111858	300388	299739	69418	274470
	6370	42444	39844	3060	221421
	2350	15275	15275	3060	176886
	4020	27169	24569		44535
20721	13933	211968	177419	9735	122670
20721	13933	211968	177419	9735	122670
49518	132161	540501	503352	82213	615671
49518	132161	540501	503352	82213	615671
		14299	13650		2890
		1394	745		1340
		1394	745		1340
		12905	12905		1550
		12905	12905		1550
28797	114208	315663	315014	72478	451356
					1550
20721	17953	239137	201988	9735	165655
28797	100775	262237	262237		183534
17481	20443	188070	187421	76314	335631
3240	5717	104493	67344	5899	98056
	5226				1340
49518	132161	554800	517002	82213	618561
49518	126935	534722	496924	82213	618561
28797	112151	291988	291339	72478	307592
12681	6077	113858	98420	8728	217855
8040	8707	128876	107165	1007	93114
	5226	20078	20078		
	5226	20078	20078		

6—6 房屋建筑竣工价值

单位:万元 (2012)

指 标	Item	竣工房屋价值 Output Value of Buildings Completed	住宅房屋 Residence	商业及服务用房屋 Business and Service
总 计	**Total**	**1306117**	**834768**	**126819**
#一、二级企业	First and Second Grade	1059752	660999	98676
按地区分	**Grouped by County**			
市区	City	1189120	749175	119709
兴庆区	Xingqing	815741	471305	78338
西夏区	Xixia	61316	42881	7574
金凤区	Jinfeng	312063	234989	33797
永宁县	Yongning	11235	10530	
贺兰县	Helan	48131	30835	3483
灵武市	Lingwu	57631	44228	3627
按登记注册类型分	**Grouped by Status of Registration**			
内资企业	Domestic Funded	1306117	834768	126819
国有企业	State-owned Enterprises	463370	244037	47505
集体企业	Collective-owned Enterprises	9525	9525	
有限责任公司	Limited Liabilities Corporations	307581	217652	17150
国有独资公司	State Sole Funded Corporations	108872	67522	7875
其他有限责任公司	Other Limited Liabilities Corporations	198709	150130	9275
股份有限公司	Share-holding Corporations Limited			
私营企业	Private Enterprises	525641	363554	62164
私营有限责任公司	Private Limited Liabilities Corporations	525641	363554	62164
按国民经济行业分(2011)	**Grouped by Sector(2011)**			
房屋建筑业	House Building	1300190	832068	126819
房屋建筑业	House Building	1300190	832068	126819
土木工程建筑业	Civil Engineering	5927	2700	
水利和内河港口工程建筑	Water and River Ports	872		
水源及供水设施工程建筑	Construction of Water Source and Supply Water Facility	872		
架线和管道工程建筑	Frame Line and Pipeline	5055	2700	
架线及设备工程建筑	Frame Line Equipment Engineering	5055	2700	
其他土木工程建筑	Other Civil Engineering			
按控股情况分	**Grouped by Controlling Stake**			
国有控股	State-owned	572242	311559	55380
集体控股	Collective-owned	12364	12225	
私人控股	Private	695829	500262	71027
其他	Others	25682	10722	413
按企业规模分	**Grouped by Enterprises Scale**			
大型	Large-Scale	339569	172356	20804
中型	Medium-Scale	748034	507246	73629
小型	Small-Scale	217901	155165	32387
微型	Miniatrue	613		
按营业状态分	**Grouped by Operating Status**			
营业	Operating	1306117	834768	126819
停业(歇业)	Turn Off(go out of business)			
按企业资质等级分	**Grouped by Qualification Criteria**			
施工总承包	General Contractors	1301920	832399	126819
一级	First Grade	545768	304548	51820
二级	Second Grade	513984	356451	46856
三级及以下	Third Grade and Below	242168	171400	28143
专业承包	Professional Contractors	4197	2369	
二级	Second Grade			
三级及以下	Third Grade and Below	4197	2369	

Output Value of Floor Space of Buildings Completed

(10 000yuan)

商厦房屋（批发和零售用房）Commercial (wholesale and retail trade)	宾馆用房屋（住宿用房）Hotel (hoteling)	餐饮用房屋（餐饮用房）Catering (catering services)	商务会展用房屋	其他商业及服务用房屋（居民服务业用房）Other Business and Service (other services)	办公用房屋 Offices
43764	**7636**	**4312**	**19374**	**51734**	**67467**
33597	7481	3785	4583	49231	45036
41403	7636	3046	19058	48566	62730
19615	3575	2776	15409	36964	53360
3512	4062				
18276		270	3649	11602	9371
					705
			315	3168	1541
2361		1266			2490
43764	7636	4312	19374	51734	67467
10948		1266		35291	30345
6140	3575	2213	315	4908	19417
1870	3419			2586	1648
4270	156	2213	315	2322	17769
26675	4062	833	19058	11536	17704
26675	4062	833	19058	11536	17704
43764	7636	4312	19374	51734	67066
43764	7636	4312	19374	51734	67066
					401
					401
					401
12818	3419	1266		37877	31994
30945	4062	2789	19374	13857	20927
	156	257			14547
12068	3419			5317	25807
26250	4062	3222	4583	35512	36218
5445	156	1090	14791	10905	5377
					65
43764	7636	4312	19374	51734	67467
43764	7636	4312	19374	51734	67402
12068	3419			36333	30961
21529	4062	3785	4583	12898	14075
10166	156	527	14791	2504	22366
					65
					65

6-6 续表

单位:万元 （2012）

指 标	Item	科研、教育、医疗用房屋 Scientific Research, Education and Medical	科学研究用房屋 Scientific Research	教育用房屋 Education
总 计	**Total**	**68197**	**1540**	**56733**
#一、二级企业	First and Second Grade	67280	1540	56733
按地区分	**Grouped by County**			
市区	City	63393	1540	52152
兴庆区	Xingqing	44624	1250	36990
西夏区	Xixia	512		512
金凤区	Jinfeng	18258	290	14651
永宁县	Yongning			
贺兰县	Helan	3415		3191
灵武市	Lingwu	1389		1389
按登记注册类型分	**Grouped by Status of Registration**			
内资企业	Domestic Funded	68197	1540	56733
国有企业	State-owned Enterprises	26572	1250	19722
集体企业	Collective-owned Enterprises			
有限责任公司	Limited Liabilities Corporations	16364		16364
国有独资公司	State Sole Funded Corporations	7147		7147
其他有限责任公司	Other Limited Liabilities Corporations	9217		9217
股份有限公司	Share-holding Corporations Limited			
私营企业	Private Enterprises	25261	290	20646
私营有限责任公司	Private Limited Liabilities Corporations	25261	290	20646
按国民经济行业分(2011)	**Grouped by Sector(2011)**			
房屋建筑业	House Building	68197	1540	56733
房屋建筑业	House Building	68197	1540	56733
土木工程建筑业	Civil Engineering			
水利和内河港口工程建筑	Water and River Ports			
水源及供水设施工程建筑	Construction of Water Source and Supply Water Facility			
架线和管道工程建筑	Frame Line and Pipeline			
架线及设备工程建筑	Frame Line Equipment Engineering			
其他土木工程建筑	Other Civil Engineering			
按控股情况分	**Grouped by Controlling Stake**			
国有控股	State-owned	33719	1250	26869
集体控股	Collective-owned			
私人控股	Private	34478	290	29864
其他	Others			
按企业规模分	**Grouped by Enterprises Scale**			
大型	Large-Scale	21860	1250	15010
中型	Medium-Scale	40619	290	36622
小型	Small-Scale	5719		5101
微型	Miniatrue			
按营业状态分	**Grouped by Operating Status**			
营业	Operating	68197	1540	56733
停业(歇业)	Turn Off(go out of business)			
按企业资质等级分	**Grouped by Qualification Criteria**			
施工总承包	General Contractors	68197	1540	56733
一级	First Grade	30509	1250	23659
二级	Second Grade	36771	290	33074
三级及以下	Third Grade and Below	917		
专业承包	Professional Contractors			
二级	Second Grade			
三级及以下	Third Grade and Below			

continued

(10 000yuan)

医疗用房屋（卫生医疗用房）Medical (health and medical)	文化、体育、娱乐用房屋 Culture,Sports and Entertainment	厂房及建筑物 Workshop and Buildings	#厂　房 Workshop	仓　库 Warehouse	其他未列明的房屋建筑物 Other Buildings
9925	**55212**	**64366**	**59587**	**8291**	**80996**
9007	53658	52222	50160	8139	73743
9701	54248	56382	53413	8291	75192
6384	53512	48445	45549	7881	58276
	400				9950
3317	336	7937	7864	410	6966
224	665	4077	4077		4114
	300	3907	2097		1690
9925	55212	64366	59587	8291	80996
5600	50032	32367	32183	6383	26130
	3626	13450	13393	290	19632
	537	11051	11051	290	12802
	3089	2399	2341		6830
4324	1555	18549	14011	1618	35235
4324	1555	18549	14011	1618	35235
9925	55212	61892	57297	8291	80645
9925	55212	61892	57297	8291	80645
		2474	2290		352
		258	75		212
		258	75		212
		2216	2216		140
		2216	2216		140
5600	50569	43418	43234	6673	38931
					140
4324	4644	20948	16353	1618	41926
5600	48526	36239	36239		13977
3707	5432	18066	17882	7193	59632
617	919	10061	5465	1098	7175
	336				212
9925	55212	64366	59587	8291	80996
9925	54876	62939	58160	8291	80996
5600	50169	41095	40911	6673	29994
3407	3489	11127	9249	1466	43748
917	1219	10717	8000	152	7254
	336	1427	1427		
	336	1427	1427		

6—7 建筑业企业自有施工机械设备及劳动人员情况

（2012）

指　标	Item	年末自有施工机械设备净值（万元） Net Value of Machinery and Equipment Owned （10 000 yuan）
总　计	**Total**	**63167**
#一、二级企业	First and Second Grade	51630
按地区分	**Grouped by County**	
市区	City	45682
兴庆区	Xingqing	30763
西夏区	Xixia	4026
金凤区	Jinfeng	10893
永宁县	Yongning	137
贺兰县	Helan	3393
灵武市	Lingwu	13955
按登记注册类型分	**Grouped by Status of Registration**	
内资企业	Domestic Funded	63167
国有企业	State-owned Enterprises	17278
集体企业	Collective-owned Enterprises	404
有限责任公司	Limited Liabilities Corporations	13986
国有独资公司	State Sole Funded Corporations	2042
其他有限责任公司	Other Limited Liabilities Corporations	11944
股份有限公司	Share-holding Corporations Limited	5795
私营企业	Private Enterprises	25703
私营有限责任公司	Private Limited Liabilities Corporations	25703
外商投资企业	Foreign Funded	
中外合资经营企业	Domestic and Foreign Joint Funded Enterprises	
按国民经济行业分（2011）	**Grouped by Sector（2011）**	
房屋建筑业	House Building	24649
房屋建筑业	House Building	24649
土木工程建筑业	Civil Engineering	28888
铁路、道路、隧道和桥梁工程建筑	Railway，Road，Tunnel and Bridge	10823
公路工程建筑	Road	7043
市政道路工程建筑	Municipal Works	3780
水利和内河港口工程建筑	Water and River Ports	3886
水源及供水设施工程建筑	Construction of Water Source and Supply Water Facility	3869
河湖治理及防洪设施工程建筑	Construciton of River Lake Administer and Hood Control Facility	17
工矿工程建筑	Mining	11826
架线和管道工程建筑	Frame Line and Pipeline	2255
架线及设备工程建筑	Frame Line Equipment Engineering	2210
管道工程建筑	Pipeline	45
其他土木工程建筑	Other Civil Engineering	98

Machinery and Equipment Owned and Employed Persons by Construction Enterprises

年末自有施工机械设备总台数(台) Number of Machinery and Equipment Owned (set)	年末自有施工机械设备总功率(千瓦) Total Power of Machinery and Equipment Owned (kw)	期末从业人员数(人) Number of Employed Persons at Year-end (person)	工程技术人员(人) Engineering Persons (person)	一级建造师(人) First Construction Engineer (person)
18014	**387758**	**53864**	**14608**	**539**
13994	298492	40673	11190	432
15906	294578	44894	12423	445
8625	165142	23576	7323	278
1539	33924	2934	987	34
5742	95512	18384	4113	133
25	275	750	175	21
980	55108	2656	825	50
1103	37797	5564	1185	23
18014	387758	53197	14454	539
5076	86921	11372	3441	138
130	1220	174	158	
3778	92383	18247	3651	125
996	17896	2268	1129	42
2782	74487	15979	2522	83
429	26429	1087	580	33
8601	180805	22317	6624	243
8601	180805	22317	6624	243
		667	154	
		667	154	
10253	191227	31792	8855	299
10253	191227	31792	8855	299
5460	157643	17121	4376	179
1285	69087	3912	1607	89
661	42727	1692	715	55
624	26360	2220	892	34
694	28868	3270	880	33
684	27924	3245	867	32
10	944	25	13	1
428	24121	2615	487	31
2878	30861	7128	1326	25
2676	30541	6971	1228	24
202	320	157	98	1
175	4706	196	76	1

6-7 续表

(2012)

指　标	Item	年末自有施工机械设备净值(万元) Net Value of Machinery and Equipment Owned (10 000 yuan)
建筑安装业	Construction Installation	2652
电气安装	Electric Installation	682
其他建筑安装业	Other Construction Installation	1970
建筑装饰和其他建筑业	Construction Decoration and Other Construction	6978
建筑装饰业	Construction Decoration	1111
工程准备活动	Other Construction	5867
建筑物拆除活动	Building Demolishes	1753
其他工程准备活动	Other Construction	4114
按控股情况分	**Grouped by Controlling Stake**	
国有控股	State-owned	19679
集体控股	Collective-owned	936
私人控股	Private	36984
其他	Others	5568
按企业规模分	**Grouped by Enterprises Scale**	
大型	Large-Scale	9055
中型	Medium-Scale	31008
小型	Small-Scale	19676
微型	Miniatrue	3428
按营业状态分	**Grouped by Operating Status**	
营业	Operating	63167
按企业资质等级分	**Grouped by Qualification Criteria**	
施工总承包	General Contractors	47893
一级	First Grade	13847
二级	Second Grade	27045
三级及以下	Third Grade and Below	7001
专业承包	Professional Contractors	15274
一级	First Grade	712
二级	Second Grade	10026
三级及以下	Third Grade and Below	4536

continued

年末自有施工机械设备总台数(台) Number of Machinery and Equipment Owned (set)	年末自有施工机械设备总功率(千瓦) Total Power of Machinery and Equipment Owned (kw)	期末从业人员数(人) Number of Employed Persons at Year-end (person)	工程技术人员(人) Engineering Persons (person)	一级建造师(人) First Construction Engineer (person)
644	13737	2758	617	28
273	8529	2458	527	12
371	5208	300	90	16
1657	25151	2193	760	33
1458	5473	1890	600	27
199	19678	303	160	6
142	5907	200	100	6
57	13771	103	60	
6145	107615	13960	4696	186
185	7109	3285	308	1
10743	243778	32374	8825	347
941	29256	3578	625	5
4075	62065	4739	2302	90
7213	163678	30212	6578	263
5658	143107	17706	5262	154
1068	18908	1207	466	32
18014	387758	53864	14608	539
14411	298338	43056	11698	421
6095	100165	10916	4456	199
5409	134246	22285	4742	159
2907	63927	9855	2500	63
3603	89420	10808	2910	118
404	4852	1353	393	34
2086	59229	6119	1599	40
1113	25339	3336	918	44

6—8 建筑业企业财务状况

单位:万元 （2012）

指 标	Item	年初存货 Stock	资产总计 Total Funds
总 计	**Total**	**336091**	**2634013**
#一、二级企业	First and Second Grade	258481	2040547
按地区分	**Grouped by County**		
市区	City	304768	2382836
永宁县	Yongning	1356	40373
贺兰县	Helan	7317	68859
灵武市	Lingwu	22651	141944
按登记注册类型分	**Grouped by Status of Registration**		
内资企业	Domestic Funded	334501	2588292
国有企业	State-owned Enterprises	59499	605521
集体企业	Collective-owned Enterprises	1324	11068
有限责任公司	Limited Liabilities Corporations	58047	628977
国有独资公司	State Sole Funded Corporations	5013	203524
其他有限责任公司	Other Limited Liabilities Corporations	53034	425453
股份有限公司	Share-holding Corporations Limited	23933	164301
私营企业	Private Enterprises	191699	1178425
私营有限责任公司	Private Limited Liabilities Corporations	191699	1178425
私营股份有限公司	Private Share-holding Corporations Ltd.		
港、澳、台商投资企业	Enterprises with Funds from Hong Kong,Macao and Taiwan		
港、澳、台商独资经营企业	Enterprises with Sole Investment		
外商投资企业	Foreign Funded	1590	45721
中外合资经营企业	Domestic and Foreign Joint Funded Enterprises	1590	45721
外资企业	Foreign-funded Enterprises		
按国民经济行业分	**Grouped by Sector**		
房屋建筑业	Building and Civil Engineering	189317	1640957
土木工程建筑业	Civil Engineering	126116	806293
铁路、道路、隧道和桥梁工程建筑	Railway, Road, Tunnel and Bridge	72075	361027
水利和内河港口工程建筑	Water and River Ports	15645	140260
工矿工程建筑	Mining	4922	95231
架线和管道工程建筑	Frame Line and Pipeline	33160	202066
其他土木工程建筑	Other Civil Engineering	315	7709
建筑安装业	Construction Installation	7324	69220
建筑装饰和其他建筑业	Construction Decoration and Other Construction	13333	117543
建筑装饰业	Construction Decoration	12217	84909
工程准备活动	Other Construction	1117	32635
按控股情况分	**Grouped by Controlling Stake**		
国有控股	State-owned	64764	824570
集体控股	Collective-owned	5270	38812
私人控股	Private	238886	1601436
港澳台商控股	Hong Kong,Macao and Taiwan		
外商控股	Foreign	1590	45721
其他	Others	25581	123474
按营业状态分	**Grouped by Operating Status**		
营业	Operating	334219	2630154
停业(歇业)	Turn off (go out of business)	1871	3859
按企业资质等级分	**Grouped by Qualification Criteria**		
施工总承包	General Contractors	274201	2206021
一级	First Grade	83702	940714
二级	Second Grade	126197	817072
三级及以下	Third Grade and Below	64302	448235
专业承包	Professional Contractors	61889	427992
一级	First Grade	10417	47868
二级	Second Grade	38165	234893
三级及以下	Third Grade and Below	13307	145231

注:本表数据为全部建筑业企业财务状况,6-2表财务数据为有工作量建筑业企业数据。

a) Data in above table are for the financial data of all construction enterprises, 6-2 table for the workload of the construction enterprise data.

Financial Indicators on Construction Enterprises

(10 000yuan)

流动资产合计 Total Circulating Funds	#应收工程款 Projects Receivable	#存货 Stock	固定资产合计 Total Investment Assets	固定资产原价 Original Value of Fixed Assets	累计折旧 Accumulated Depreciation	#本年折旧 Depreciation in This Year
2223150	**834831**	**381117**	**238938**	**379848**	**165715**	**28964**
1730872	709407	281801	179778	301995	139089	23757
2010854	739006	330884	208496	328863	143973	25736
39477	34899	1382	876	1197	521	44
57078	17493	14506	8737	12604	3988	692
115741	43432	34345	20829	37184	17234	2493
2195794	815590	379997	222409	357955	156843	23599
533556	245729	81898	56414	105080	51483	7006
7073	3526	1111	404	620	216	15
499677	161755	48891	42021	69490	31846	3504
132609	56056	3535	9663	14117	7708	89
367069	105699	45356	32358	55374	24138	3415
135546	42694	12955	20237	28387	16769	1482
1019941	361886	235142	103333	154378	56529	11593
1019941	361886	235142	103333	154378	56529	11593
27356	19241	1120	16529	21893	8872	5364
27356	19241	1120	16529	21893	8872	5364
1428506	515935	261636	106228	161012	58646	9905
653807	272779	95717	106993	184799	95844	16584
309610	121197	48652	36172	59799	32394	4261
111832	33643	17889	15210	25193	13575	1180
58129	40040	3334	34424	56414	27211	7994
167580	74483	25375	20562	41955	21845	3014
6656	3416	466	624	1438	820	135
57871	22728	8524	7908	9775	3348	792
82966	23389	15241	17809	24263	7877	1684
69041	18924	14418	9429	11328	3320	655
13925	4465	823	8380	12935	4557	1029
675378	305560	85708	71469	129645	64285	7462
26811	12729	4478	1914	4186	2346	387
1383196	476135	276485	139330	207185	82967	14297
27356	19241	1120	16529	21893	8872	5364
110409	21166	13327	9695	16940	7245	1453
2219629	834442	379245	238938	379848	165715	28964
3521	389	1871				
1892914	731333	327100	182277	298369	133104	22673
804833	333934	107513	64507	115434	59637	6343
697880	298419	137042	78284	130683	57722	12617
390201	98980	82546	39487	52252	15746	3714
330235	103497	54016	56661	81479	32611	6290
39719	20434	11247	5331	6941	2329	250
188440	56619	25999	31657	48937	19401	4547
102077	26444	16770	19673	25602	10881	1494

6-8 续表 1

单位:万元 （2012）

指 标	Item	在建工程 Construction in Process	负债合计 Total Liabilities
总 计	**Total**	**17091**	**1865983**
# 一、二级企业	First and Second Grade	11024	1490503
按地区分	**Grouped by County**		
市区	City	16214	1730869
永宁县	Yongning		34692
贺兰县	Helan	10	41212
灵武市	Lingwu	867	59210
按登记注册类型分	**Grouped by Status of Registration**		
内资企业	Domestic Funded	17091	1850280
国有企业	State-owned Enterprises	859	487306
集体企业	Collective-owned Enterprises		5871
有限责任公司	Limited Liabilities Corporations	3471	487244
国有独资公司	State Sole Funded Corporations	2456	149783
其他有限责任公司	Other Limited Liabilities Corporations	1016	337461
股份有限公司	Share-holding Corporations Limited	8619	136204
私营企业	Private Enterprises	4142	733656
私营有限责任公司	Private Limited Liabilities Corporations	4142	733656
私营股份有限公司	Private Share-holding Corporations Ltd.		
港、澳、台商投资企业	Enterprises with Funds from Hong Kong,Macao and Taiwan		
港、澳、台商独资经营企业	Enterprises with Sole Investment		
外商投资企业	Foreign Funded		15703
中外合资经营企业	Domestic and Foreign Joint Funded Enterprises		15703
外资企业	Foreign-funded Enterprises		
按国民经济行业分	**Grouped by Sector**		
房屋建筑业	Building and Civil Engineering	2522	1195341
土木工程建筑业	Civil Engineering	12495	578914
铁路、道路、隧道和桥梁工程建筑	Railway, Road, Tunnel and Bridge	8731	270490
水利和内河港口工程建筑	Water and River Ports	2794	95227
工矿工程建筑	Mining	513	47168
架线和管道工程建筑	Frame Line and Pipeline	452	161794
其他土木工程建筑	Other Civil Engineering	6	4235
建筑安装业	Construction Installation	681	35161
建筑装饰和其他建筑业	Construction Decoration and Other Construction	1393	56568
建筑装饰业	Construction Decoration	1393	39114
工程准备活动	Other Construction		17454
按控股情况分	**Grouped by Controlling Stake**		
国有控股	State-owned	3315	645776
集体控股	Collective-owned	75	25807
私人控股	Private	13701	1082350
港澳台商控股	Hong Kong,Macao and Taiwan		
外商控股	Foreign		15703
其他	Others		96348
按营业状态分	**Grouped by Operating Status**		
营业	Operating	17091	1864852
停业(歇业)	Turn off (go out of business)		1132
按企业资质等级分	**Grouped by Qualification Criteria**		
施工总承包	General Contractors	12174	1636941
一级	First Grade	8710	805361
二级	Second Grade	1572	531896
三级及以下	Third Grade and Below	1892	299685
专业承包	Professional Contractors	4917	229042
一级	First Grade		27213
二级	Second Grade	742	126034
三级及以下	Third Grade and Below	4175	75796

continued

(10 000yuan)

流动负债合计 Total Liquid Liabilities	非流动负债合计 Total Non-Liquid Liabilities	所有者权益合计 Owners' Equity	实收资本 Paid-in Capitals	国家资本 State-owned Capitals	集体资本 Collective -owned Capitals	法人资本 Corporate Capitals	个人资本 Personal Capitals	港澳台资本 Capitals of Hongkong, Macao and Taiwan	外商资本 Foreign Capitals
1808044	**35826**	**765302**	**555263**	**118504**	**10410**	**79415**	**340785**		**6150**
1473421	10461	550045	383381	104766	10207	46547	215862		6000
1684979	28979	649240	479156	104970	7906	59347	300783		6150
30192	4500	5681	4638	536			4102		
40562	50	27647	21816	1031		8480	12305		
52311	2297	82734	49653	11967	2503	11588	23595		
1792341	35826	735285	539663	118504	10410	69965	340785		
481905	825	118216	72067	71983			84		
5865	7	5196	2503		2503				
477170	10074	141734	115751	46521	7906	47479	13844		
146454	3329	53741	40200	40200					
330716	6745	87993	75551	6321	7906	47479	13844		
134684	1520	28097	20339				20339		
692719	23400	442042	329003			22486	306518		
692719	23400	442042	329003			22486	306518		
15703		30018	15600			9450			6150
15703		30018	15600			9450			6150
1153502	21528	442890	299795	75886	7783	41202	174923		
567138	11744	227379	173041	39723	2561	29243	95514		6000
268965	1524	90538	72055	1281		4718	66056		
85086	10140	45033	30537	13302		3948	13287		
47176	-8	48063	34667	16194		12030	443		6000
161764		40271	32861	8145	2561	8326	13829		
4147	88	3473	2920	800		221	1899		
31719	1785	34059	29491	1800		3050	24641		
55685	769	60975	52937	1095	65	5920	45707		150
38925	74	45795	38159	95	65	3920	33929		150
16759	695	15181	14778	1000		2000	11778		
637046	4154	178794	119802	115404	138	3973	287		
25800	7	13005	7689		2503	5186			
1039842	24971	516359	386698	599	5207	41604	339288		
15703		30018	15600			9450			6150
89653	6695	27127	25473	2500	2561	19202	1210		
1808044	35826	765302	555263	118504	10410	79415	340785		6150
1587009	29671	566353	410272	94716	7783	63487	238285		6000
802880	2481	135354	106700	61228		3088	42384		
518147	7203	285176	192279	23001	7645	32039	123594		6000
265983	19987	145823	111293	10487	138	28360	72307		
221035	6155	198950	144991	23788	2626	15928	102500		150
27014	199	20655	17290	9310		1600	6380		
125381	579	108860	67112	11227	2561	9820	43504		
68641	5378	69435	60589	3250	65	4508	52616		150

6-8 续表 2

单位:万元 (2012)

指 标	Item	营业收入 Business Revenue	# 主营业务收入 Revenue from Principal Business
总 计	**Total**	**2837929**	**2802272**
# 一、二级企业	First and Second Grade	2291865	2268760
按地区分	**Grouped by County**		
市区	City	2487964	2452621
永宁县	Yongning	21460	21446
贺兰县	Helan	138810	138750
灵武市	Lingwu	189695	189455
按登记注册类型分	**Grouped by Status of Registration**		
内资企业	Domestic Funded	2815526	2781466
国有企业	State-owned Enterprises	783970	770103
集体企业	Collective-owned Enterprises	10080	10080
有限责任公司	Limited Liabilities Corporations	643186	638589
国有独资公司	State Sole Funded Corporations	206245	205884
其他有限责任公司	Other Limited Liabilities Corporations	436941	432705
股份有限公司	Share-holding Corporations Limited	164062	163794
私营企业	Private Enterprises	1214229	1198901
私营有限责任公司	Private Limited Liabilities Corporations	1214229	1198901
私营股份有限公司	Private Share-holding Corporations Ltd.		
港、澳、台商投资企业	Enterprises with Funds from Hong Kong,Macao and Taiwan		
港、澳、台商独资经营企业	Enterprises with Sole Investment		
外商投资企业	Foreign Funded	22403	20806
中外合资经营企业	Domestic and Foreign Joint Funded Enterprises	22403	20806
外资企业	Foreign-funded Enterprises		
按国民经济行业分	**Grouped by Sector**		
房屋建筑业	Building and Civil Engineering	1872953	1851828
土木工程建筑业	Civil Engineering	848290	841056
铁路、道路、隧道和桥梁工程建筑	Railway, Road, Tunnel and Bridge	378152	377729
水利和内河港口工程建筑	Water and River Ports	161931	161382
工矿工程建筑	Mining	88411	86208
架线和管道工程建筑	Frame Line and Pipeline	215531	211472
其他土木工程建筑	Other Civil Engineering	4265	4265
建筑安装业	Construction Installation	50672	44283
建筑装饰和其他建筑业	Construction Decoration and Other Construction	66014	65105
建筑装饰业	Construction Decoration	60825	59916
工程准备活动	Other Construction	5189	5189
按控股情况分	**Grouped by Controlling Stake**		
国有控股	State-owned	1013859	999243
集体控股	Collective-owned	48666	47983
私人控股	Private	1626774	1609868
港澳台商控股	Hong Kong,Macao and Taiwan		
外商控股	Foreign	22403	20806
其他	Others	126227	124371
按营业状态分	**Grouped by Operating Status**		
营业	Operating	2837926	2802269
停业(歇业)	Turn off (go out of business)	3	3
按企业资质等级分	**Grouped by Qualification Criteria**		
施工总承包	General Contractors	2509008	2491135
一级	First Grade	1083996	1080015
二级	Second Grade	973896	965792
三级及以下	Third Grade and Below	451116	445328
专业承包	Professional Contractors	328921	311137
一级	First Grade	47976	47937
二级	Second Grade	185997	175016
三级及以下	Third Grade and Below	94948	88184

continued

(10 000yuan)

营业成本 Business Costs	# 主营业务成本 Costs of Principal Business	营业税金及附加 Business Taxes and Other Charges	# 主营业务税金及附加 Taxes and Other Charges on Principal Business	其他业务利润 Profits from Other Businesses	销售费用 Selling Costs	管理费用 Management Costs
2557091	**2532161**	**90842**	**89942**	**9340**	**4502**	**94965**
2080973	2065278	73865	73224	6228	2157	66897
2248365	2224167	79588	78786	9333	4480	83329
20126	20116	649	649	4		309
127182	126568	4624	4624	3	20	2899
161418	161311	5981	5882		1	8428
2538075	2513900	90211	89310	8497	4502	91243
718751	709581	24688	24123	4496	377	24400
7874	7874	346	346			336
584925	581574	21044	20980	252	348	24357
196178	195934	6534	6534	116		3383
388747	385641	14510	14446	136	348	20975
147693	147627	5549	5536	203		5892
1078832	1067244	38584	38327	3547	3777	36258
1078832	1067244	38584	38327	3547	3777	36258
19016	18261	631	631	843		3722
19016	18261	631	631	843		3722
1706776	1692380	58673	58181	6193	2587	36753
755946	750799	28302	28063	1585	751	46942
347419	347238	12684	12671	243		11416
141565	141525	5788	5782	435	242	12225
77254	75085	2459	2339	248	44	10004
186531	183775	7220	7121	660	462	12617
3177	3177	151	151		3	680
40580	35836	1778	1615	1276	751	5687
53789	53147	2090	2083	286	413	5584
49569	48927	1956	1950	286	348	4599
4220	4220	134	134		65	985
936798	926407	32159	31571	4002	377	28687
39087	38599	1735	1735	195	170	1571
1455698	1443484	52103	51825	4106	3848	47269
19016	18261	631	631	843		3722
106492	105410	4214	4179	195	107	13715
2557091	2532161	90842	89942	9340	4502	94965
2287354	2274821	80149	79758	4627	1724	64141
1018097	1015869	34791	34683	1472		19556
874544	868690	31330	31147	2100	1138	25178
394713	390261	14028	13928	1055	587	19407
269736	257341	10693	10184	4713	2778	30824
40518	40479	1822	1797		465	2258
147813	140240	5921	5597	2656	555	19905
81405	76622	2950	2790	2058	1758	8661

6-8 续表 3

单位:万元 （2012）

指 标	Item	税 金 Taxes	差旅费 Travel Expenses
总 计	**Total**	**2841**	**3629**
#一、二级企业	First and Second Grade	2066	2504
按地区分	**Grouped by County**		
市区	City	2458	3456
永宁县	Yongning	4	23
贺兰县	Helan	187	26
灵武市	Lingwu	192	124
按登记注册类型分	**Grouped by Status of Registration**		
内资企业	Domestic Funded	2828	3499
国有企业	State-owned Enterprises	681	647
集体企业	Collective-owned Enterprises	12	3
有限责任公司	Limited Liabilities Corporations	629	568
国有独资公司	State Sole Funded Corporations	61	244
其他有限责任公司	Other Limited Liabilities Corporations	567	324
股份有限公司	Share-holding Corporations Limited	158	311
私营企业	Private Enterprises	1348	1970
私营有限责任公司	Private Limited Liabilities Corporations	1348	1970
私营股份有限公司	Private Share-holding Corporations Ltd.		
港、澳、台商投资企业	Enterprises with Funds from Hong Kong,Macao and Taiwan		
港、澳、台商独资经营企业	Enterprises with Sole Investment		
外商投资企业	Foreign Funded	13	130
中外合资经营企业	Domestic and Foreign Joint Funded Enterprises	13	130
外资企业	Foreign-funded Enterprises		
按国民经济行业分	**Grouped by Sector**		
房屋建筑业	Building and Civil Engineering	1206	1054
土木工程建筑业	Civil Engineering	1203	1430
铁路、道路、隧道和桥梁工程建筑	Railway, Road, Tunnel and Bridge	328	462
水利和内河港口工程建筑	Water and River Ports	298	357
工矿工程建筑	Mining	140	188
架线和管道工程建筑	Frame Line and Pipeline	421	407
其他土木工程建筑	Other Civil Engineering	16	16
建筑安装业	Construction Installation	170	767
建筑装饰和其他建筑业	Construction Decoration and Other Construction	263	377
建筑装饰业	Construction Decoration	241	315
工程准备活动	Other Construction	22	62
按控股情况分	**Grouped by Controlling Stake**		
国有控股	State-owned	763	906
集体控股	Collective-owned	114	18
私人控股	Private	1852	2453
港澳台商控股	Hong Kong,Macao and Taiwan		
外商控股	Foreign	13	130
其他	Others	100	122
按营业状态分	**Grouped by Operating Status**		
营业	Operating	2841	3629
停业(歇业)	Turn off (go out of business)		
按企业资质等级分	**Grouped by Qualification Criteria**		
施工总承包	General Contractors	2056	1868
一级	First Grade	695	771
二级	Second Grade	884	561
三级及以下	Third Grade and Below	477	536
专业承包	Professional Contractors	785	1761
一级	First Grade	118	185
二级	Second Grade	369	988
三级及以下	Third Grade and Below	298	589

continued

(10 000yuan)

工会经费 Union Fund	财务费用 Financial Costs	# 利息收入 Interest Income	# 利息支出 Interest Expense	资产减值损失 Empairment of Assets	公允价值变动收益 Fair Value Gain	投资收益 Investment Income	营业利润 Business Profits	补贴收入 Subsidy Income	营业外收入 Income Expect Business
1046	**17751**	**454**	**15520**	**1685**		**824**	**71820**	**552**	**5602**
799	13100	396	11858	1664		812	53677	317	3150
986	15240	402	13406	1655		799	55751	545	5067
2	189	6	198				190		5
13	700	3	666			25	3663		346
44	1622	42	1250	30			12215	7	184
1045	17617	427	15412	1685		824	72921	552	5412
186	959	88	1090	688		85	14222	277	1006
2	124		124				1400		
285	3322	65	3363	995		645	8469	41	2021
74	-6	11		650			-490	41	1478
211	3328	54	3363	345		645	8959		543
18	830	112	783			125	4223		86
555	12382	162	10052	2		-32	44607	235	2299
555	12382	162	10052	2		-32	44607	235	2299
	135	27	108				-1101		190
	135	27	108				-1101		190
490	8986	181	7459	1054		28	58196	512	2171
285	6290	237	5896	631		796	10218	40	3269
78	2967	171	2613	21		179	3814		686
35	2347	12	2332	153		3	-383		1924
17	93	39	145			-17	-1459		425
147	886	17	806	458		631	7988	40	228
7	-2	-3					257		5
96	435	18	440	1			1306		118
174	2040	19	1726	-1			2100		44
160	1612	9	1330	-1			2741		34
14	428	9	396				-642		10
265	947	96	1090	1337		85	13674	317	2485
14	439	6	443	78		361	5947		18
634	14080	282	11711	2		194	53837	235	2587
	135	27	108				-1101		190
133	2151	43	2168	269		184	-537		321
1046	17751	454	15520	1685		824	71817	552	5602
							3		
571	14495	328	12694	1222		607	60320	324	3593
238	3731	170	3682	1044		243	6804	317	1347
216	6903	143	5978	157		362	35010		1587
117	3862	14	3034	21		1	18506	7	660
475	3256	126	2826	463		217	11499	228	2009
9	203	27	176	-1			2736		41
336	2263	55	2023	464		207	9127		176
130	790	44	628			10	-364	228	1793

6-8 续表4

单位:万元 （2012）

指 标	Item	营业外支出 Expenses Expect Business	利润总额 Total Profits
总 计	**Total**	**5439**	**71997**
#一、二级企业	First and Second Grade	3930	52929
按地区分	**Grouped by County**		
市区	City	4459	56401
永宁县	Yongning	7	188
贺兰县	Helan	114	3867
灵武市	Lingwu	859	11541
按登记注册类型分	**Grouped by Status of Registration**		
内资企业	Domestic Funded	5246	73101
国有企业	State-owned Enterprises	1778	13461
集体企业	Collective-owned Enterprises	20	1380
有限责任公司	Limited Liabilities Corporations	1401	9112
国有独资公司	State Sole Funded Corporations	78	910
其他有限责任公司	Other Limited Liabilities Corporations	1324	8202
股份有限公司	Share-holding Corporations Limited	322	3987
私营企业	Private Enterprises	1724	45160
私营有限责任公司	Private Limited Liabilities Corporations	1724	45160
私营股份有限公司	Private Share-holding Corporations Ltd.		
港、澳、台商投资企业	Enterprises with Funds from Hong Kong,Macao and Taiwan		
港、澳、台商独资经营企业	Enterprises with Sole Investment		
外商投资企业	Foreign Funded	193	-1104
中外合资经营企业	Domestic and Foreign Joint Funded Enterprises	193	-1104
外资企业	Foreign-funded Enterprises		
按国民经济行业分	**Grouped by Sector**		
房屋建筑业	Building and Civil Engineering	1540	58825
土木工程建筑业	Civil Engineering	3278	10213
铁路、道路、隧道和桥梁工程建筑	Railway, Road, Tunnel and Bridge	802	3709
水利和内河港口工程建筑	Water and River Ports	1195	345
工矿工程建筑	Mining	1152	-2185
架线和管道工程建筑	Frame Line and Pipeline	125	8091
其他土木工程建筑	Other Civil Engineering	4	252
建筑安装业	Construction Installation	429	995
建筑装饰和其他建筑业	Construction Decoration and Other Construction	192	1965
建筑装饰业	Construction Decoration	179	2596
工程准备活动	Other Construction	12	-632
按控股情况分	**Grouped by Controlling Stake**		
国有控股	State-owned	1866	14299
集体控股	Collective-owned	49	5917
私人控股	Private	2197	54235
港澳台商控股	Hong Kong,Macao and Taiwan		
外商控股	Foreign	193	-1104
其他	Others	1135	-1350
按营业状态分	**Grouped by Operating Status**		
营业	Operating	5439	71995
停业(歇业)	Turn off (go out of business)		3
按企业资质等级分	**Grouped by Qualification Criteria**		
施工总承包	General Contractors	4529	59383
一级	First Grade	1073	7109
二级	Second Grade	2079	34514
三级及以下	Third Grade and Below	1377	17761
专业承包	Professional Contractors	910	12614
一级	First Grade	568	2208
二级	Second Grade	210	9099
三级及以下	Third Grade and Below	132	1307

continued

(10 000yuan)

应交所得税 Tax Payable	应付职工薪酬（贷方累计发生额）Deal with Wages (volume of gredit side)	土地和固定资产支出 Land and Fixed Assets Expense	土地购置费 Land Acquisition Costs	房屋和建筑物支出 Building and Construction Expenses	机器设备支出 Machinery and Equipment Expenses	运输工具消费 Conveyance Expenses	其他费用 Other Costs
21690	**402673**	**18923**	**234**	**2311**	**10922**	**3244**	**2212**
16016	360290	12750	170	1067	7169	2377	1968
16904	364277	15347	170	1350	9026	2924	1878
171	119	1					1
2163	13684	1214	64		1022	71	57
2452	24594	2362		961	874	249	277
21676	398487	18923	234	2311	10922	3244	2212
2922	150544	4080		1020	2059	582	420
202	1714						
4739	115983	5496	64	47	3922	1163	299
772	48988	87			76	2	8
3967	66994	5409	64	47	3846	1161	291
623	4770	971	170		671	130	
13190	125477	8376		1244	4270	1370	1493
13190	125477	8376		1244	4270	1370	1493
14	4186						
14	4186						
16106	308456	8105		598	5893	1080	534
4170	74598	8505	234	1713	3195	1869	1495
1344	15043	3384	170	724	862	647	980
1045	12084	1576	64		1208	198	106
254	21216	2345		961	914	200	271
1435	25366	982		27	139	762	54
92	890	217			72	62	84
491	8604	463			54	263	146
922	11015	1851			1781	33	37
889	9839	71			1	33	37
33	1176	1780			1780		
4071	203895	4376		1020	2137	687	533
905	5279	716			78	619	19
15502	174349	11615	234	1291	6788	1802	1499
14	4186						
1198	14964	2217			1920	136	161
21690	402673	18923	234	2311	10922	3244	2212
18297	360332	14359	234	1985	8125	2505	1510
2740	190657	2415	170	59	1568	473	147
10386	138494	6735		1008	3023	1462	1241
5171	31180	5209	64	918	3534	571	122
3393	42342	4564		326	2798	739	702
694	5950	356				55	301
2196	25188	3245			2578	387	280
503	11203	964		326	220	297	122

6—9 劳务分包建筑业企业生产经营情况

单位:万元 （2012）

指　标	Item	企业数（个）Number of Enterprises (unit)	#有工作量的企业数 Number of Enter Prise with Workload	建筑业总产值 Total Output Value of Construction
总　计	**Total**	**23**	**22**	**10622**
#一、二级企业	First and Second Grade	15	14	6957
按地区分	**Grouped by County**			
市区	City	20	19	10024
永宁县	Yongning	1	1	471
贺兰县	Helan	1	1	2
灵武市	Lingwu	1	1	125
按登记注册类型分	**Grouped by Status of Registration**			
内资企业	Domestic Funded	23	22	10622
有限责任公司	Limited Liabilities Corporations	1	1	116
国有独资公司	State Sole Funded Corporations	1	1	116
其他有限责任公司	Other Limited Liabilities Corporations			
私营企业	Private Enterprises	22	21	10506
私营有限责任公司	Private Limited Liabilities Corporations	22	21	10506
按国民经济行业分	**Grouped by Sector**			
房屋建筑业	Building and Civil Engineering	19	18	9925
土木工程建筑业	Civil Engineering			
建筑安装业	Construction Installation	4	4	697
建筑装饰和其他建筑业	Construction Decoration and Other Construction			
按控股情况分	**Grouped by Controlling Stake**			
国有控股	State-owned	1	1	116
私人控股	Private	22	21	10506
按营业状态分	**Grouped by Operating Status**			
营业	Operating	22	21	10151
当年关闭	Turn Off at Current Year	1	1	471
按企业资质等级分	**Grouped by Qualification Criteria**			
劳务分包	General Contractors	23	22	10622
一级	First Grade	14	13	6487
二级	Second Grade	1	1	471
不分级	Not Grade	8	8	3664

Production and Business Statistics of Labour Subcontractors in Construction Industry

(10 000 yuan)

# 装饰装修产值 Dueput Value of Decoration	固定资产原价 Original Value of Fixed Assets	本年折旧 Depreciation This Year	资产总计 Total Capital	负债合计 Total Liabilities	实收资本 Paid-in Capitals	营业收入 Business Revenue
	191	**61**	**3899**	**1743**	**1813**	**12873**
	141	44	2520	1141	1145	8062
	156	56	3676	1736	1753	11981
	15	2	174	11	10	589
	20	3	49	-4	50	6
						298
	191	61	3899	1743	1813	12873
	25	2	337	74	100	1254
	25	2	337	74	100	1254
	166	59	3562	1669	1713	11619
	166	59	3562	1669	1713	11619
	142	45	2994	1280	1525	11191
	49	16	905	463	288	1682
	25	2	337	74	100	1254
	166	59	3562	1669	1713	11619
	176	59	3725	1732	1803	12284
	15	2	174	11	10	589
	191	61	3899	1743	1813	12873
	126	43	2346	1130	1135	7474
	15	2	174	11	10	589
	50	16	1379	602	668	4811

6-9 续表 1

单位:万元 （2012）

指　标	Item	# 主营业务收入 Revenue from Principal Business	营业成本 Business Costs	# 主营业务成本 Costs of Principal Business
总　计	**Total**	**12252**	**12079**	**12079**
#一、二级企业	First and Second Grade	7472	8004	8004
按地区分	**Grouped by County**			
市区	City	11950	11368	11368
永宁县	Yongning		584	584
贺兰县	Helan	4	3	2
灵武市	Lingwu	298	125	125
按登记注册类型分	**Grouped by Status of Registration**			
内资企业	Domestic Funded	12252	12079	12079
有限责任公司	Limited Liabilities Corporations	1223	799	799
国有独资公司	State Sole Funded Corporations	1223	799	799
其他有限责任公司	Other Limited Liabilities Corporations			
私营企业	Private Enterprises	11029	11280	11280
私营有限责任公司	Private Limited Liabilities Corporations	11029	11280	11280
按国民经济行业分	**Grouped by Sector**			
房屋建筑业	Building and Civil Engineering	10602	10913	10912
土木工程建筑业	Civil Engineering			
建筑安装业	Construction Installation	1651	1167	1167
建筑装饰和其他建筑业	Construction Decoration and Other Construction			
按控股情况分	**Grouped by Controlling Stake**			
国有控股	State-owned	1223	799	799
私人控股	Private	11029	11280	11280
按营业状态分	**Grouped by Operating Status**			
营业	Operating	12252	11496	11495
当年关闭	Turn Off at Current Year		584	584
按企业资质等级分	**Grouped by Qualification Criteria**			
劳务分包	General Contractors	12252	12079	12079
一级	First Grade	7472	7421	7420
二级	Second Grade		584	584
不分级	Not Grade	4780	4075	4075

continued

(10 000 yuan)

营业税金及附加 Business Taxes and Other Charges	# 主营业务税金及附加 Taxes and Other Charges on Principal Business	管理费用 Management Costs	财务费用 Financial Costs	营业利润 Business Profits	利润总额 Total Profits	土地和固定资产支出 Land and Fixed Assets Expenses
131	**131**	**667**	**-3**	**20**	**20**	**51**
85	85	152	-4	-155	-143	42
101	101	510	-4	7	4	35
20	20	9		-3		15
				1	1	
10	10	147	1	16	16	
131	131	667	-3	20	20	51
16	16	259		180	180	9
16	16	259		180	180	9
115	114	407	-3	-160	-160	42
115	114	407	-3	-160	-160	42
98	97	346	-3	-142	-142	42
33	33	321		162	162	9
16	16	259		180	180	9
115	114	407	-3	-160	-160	42
111	110	657	-3	23	20	35
20	20	9		-3		15
131	131	667	-3	20	20	51
65	65	142	-4	-152	-143	26
20	20	9		-3		15
46	46	515		175	163	9

6-9 续表 2

单位:万元 (2012)

指 标	Item	房屋和建筑物支出 Building and Construction Expense	机器设备支出 Machinery and Equipment Expense	运输工具消费 Conveyance Expense
总 计	**Total**		**35**	**14**
#一、二级企业	First and Second Grade		26	
按地区分	**Grouped by County**			
市区	City		35	
永宁县	Yongning			14
贺兰县	Helan			
灵武市	Lingwu			
按登记注册类型分	**Grouped by Status of Registration**			
内资企业	Domestic Funded		35	14
有限责任公司	Limited Liabilities Corporations		9	
国有独资公司	State Sole Funded Corporations		9	
其他有限责任公司	Other Limited Liabilities Corporations			
私营企业	Private Enterprises		26	14
私营有限责任公司	Private Limited Liabilities Corporations		26	14
按国民经济行业分	**Grouped by Sector**			
房屋建筑业	Building and Civil Engineering		26	14
土木工程建筑业	Civil Engineering			
建筑安装业	Construction Installation		9	
建筑装饰和其他建筑业	Construction Decoration and Other Construction			
按控股情况分	**Grouped by Controlling Stake**			
国有控股	State-owned		9	
私人控股	Private		26	14
按营业状态分	**Grouped by Operating Status**			
营业	Operating		35	
当年关闭	Turn Off at Current Year			14
按企业资质等级分	**Grouped by Qualification Criteria**			
劳务分包	General Contractors		35	14
一级	First Grade		26	
二级	Second Grade			14
不分级	Not Grade		9	

continued

（10 000 yuan）

其他费用 Other Costs	全部从业人员平均人数（人） Average Number of Total Persons Employed(person)	期末从业人员数（人） Number of Employed Persons(person)	管理人员 Management Persons	工程技术人员 Engineering Persons	现场施工人员 Site Construction Persons
2	**2504**	**987**		**99**	**782**
	1597	475		79	321
	2389	864		96	687
2	5	5		1	
	12	20		2	10
	98	98			85
2	2504	987		99	782
	68	68		7	54
	68	68		7	54
2	2436	919		92	728
2	2436	919		92	728
2	2415	901		86	721
	89	86		13	61
	68	68		7	54
2	2436	919		92	728
	2499	982		98	782
2	5	5		1	
2	2504	987		99	782
	1592	470		78	321
2	5	5		1	
	907	512		20	461

6—10 全部建筑业企业主要指标(市区)

单位:万元、人 (2012)

指标	Item	企业数(个) Number of Enterprises (unit)	#有工作量的企业数 Number of Workload Enterprises
总计	**Total**	**310**	**285**
#一、二级企业	First and Second Grade	144	139
按地区分	**Grouped by County**		
兴庆区	Xingqing	181	165
西夏区	Xixia	25	24
金凤区	Jinfeng	104	96
按登记注册类型分	**Grouped by Status of Registration**		
内资企业	Domestic Funded	307	283
国有企业	State-owned Enterprises	23	23
有限责任公司	Limited Liabilities Corporations	44	39
国有独资公司	State Sole Funded Corporations	9	8
其他有限责任公司	Other Limited Liabilities Corporations	35	31
股份有限公司	Share-holding Corporations Limited	1	1
私营企业	Private Enterprises	239	220
私营有限责任公司	Private Limited Liabilities Corporations	239	220
港、澳、台商投资企业	Enterprises with Funds from Hong Kong,Macao and Taiwan	1	
港、澳、台商独资经营企业	Enterprises with Sole Investment from Hongkong, maco and Taiwan	1	
外商投资企业	Foreign Funded	2	2
中外合资经营企业	Domestic and Foreign Joint Funded Enterprises	2	2
按国民经济行业分(2011)	**Grouped by Sector(2011)**		
房屋建筑业	House Building	131	122
房屋建筑业	House Building	131	122
土木工程建筑业	Civil Engineering	67	60
铁路、道路、隧道和桥梁工程建筑	Railway, Road, Tunnel and Bridge	19	17
公路工程建筑	Road	7	7
市政道路工程建筑	Municipal Roads	12	10
水利和内河港口工程建筑	Water and River Ports	16	15
水源及供水设施工程建筑	Construction of Water Source and Supply Water Facility	15	14
河湖治理及防洪设施工程建筑	Rivers or lakes Governance and Flood Control Facilities	1	1
工矿工程建筑	Mining	7	5
架线和管道工程建筑	Frame Line and Pipeline	17	15
架线及设备工程建筑	Frame Line Equipment Engineering	12	12
管道工程建筑	Pipeline	5	3
其他土木工程建筑	Other Civil Engineering	8	8

Main Indicators on Construction Enterprises(City)

(10 000yuan,person)

企业总产值 Total Output Value of Enterprises	# 建筑业总产值 Total Output Value of Construction	营业收入 Business Revenue	# 主营业务收入 Revenue from Principal Business	税　金 Taxes	利润总额 Total Profits	年末从业人数 Employed Persons at Year-end
24985039	**24622223**	**24958117**	**24614293**	**24419**	**572336**	**45756**
21226652	20954514	21149998	20924811	18801	458955	35607
16510380	16375527	16122726	16011379	13282	177479	24202
1214583	1089885	1633803	1508796	1901	120079	3052
7260076	7156811	7201588	7094118	9236	274778	18502
24783392	24439398	24734089	24406237	24287	583374	45089
7211751	7067039	7196097	7059540	5882	135089	9476
5791156	5733061	5697890	5656312	4946	77621	16386
2035028	2029525	2067354	2063573	581	11008	2336
3756128	3703536	3630536	3592739	4365	66613	14050
1026675	1023992	1640618	1637935	1578	39871	1087
10753810	10615306	10199484	10052450	11881	330793	18140
10753810	10615306	10199484	10052450	11881	330793	18140
201647	182825	224028	208056	132	-11038	667
201647	182825	224028	208056	132	-11038	667
17577018	17377114	16614134	16408062	10657	466862	26252
17577018	17377114	16614134	16408062	10657	466862	26252
6286924	6203891	7174515	7108937	9891	74439	14496
3068629	3064583	3487134	3482898	3190	31386	3605
1455612	1452929	1961980	1959107	1797	45973	1582
1613017	1611654	1525154	1523791	1393	-14587	2023
1009231	1004695	1049492	1044956	1740	-25716	2088
983056	978520	1025763	1021227	1662	-25775	2063
26175	26175	23729	23729	78	59	25
370469	351402	439927	423710	596	-14662	1479
1792228	1736844	2155308	2114719	4209	80914	7128
1767020	1711636	2109550	2068961	4113	80775	6971
25208	25208	45758	45758	96	139	157
46367	46367	42654	42654	156	2517	196

6-10 续表

单位:万元、人 （2012）

指　标	Item	企业数（个）Number of Enterprises (unit)	# 有工作量的企业数 Number of Workload Enterprises
建筑安装业	Construction Installation	53	51
电气安装	Electric	37	36
管道和设备安装	Pipeline and Equipment	3	3
其他建筑安装业	Other Construction Installation	13	12
建筑装饰和其他建筑业	Construction Decoration and Other Construction	59	52
建筑装饰业	Construction Decoration	50	45
工程准备活动	Other Construction	9	7
建筑物拆除活动	Building Demolishes	5	5
其他工程准备活动	Other Construction	4	2
按控股情况分	**Grouped by Controlling Stake**		
国有控股	State-owned	38	35
集体控股	Collective-owned	1	1
私人控股	Private	257	237
港澳台商控股	Hong Kong,Macao and Taiwan	1	
外商控股	Foreign	2	2
其他	Others	11	10
按企业规模分	**Grouped by Enterprises Scale**		
大型	Large-Scale	4	4
中型	Medium-Scale	46	46
小型	Small-Scale	155	150
微型	Miniatrue	105	85
按营业状态分	**Grouped by Operating Status**		
营业	Operating	308	284
停业(歇业)	Turn Off(go out of Business)	2	1
按企业资质等级分	**Grouped by Qualification Criteria**		
施工总承包	General Contractors	132	121
一级	First Grade	11	11
二级	Second Grade	51	49
三级及以下	Third Grade and Below	70	61
专业承包	Professional Contractors	158	145
一级	First Grade	6	6
二级	Second Grade	63	61
三级及以下	Third Grade and Below	89	78
劳务分包	Labour Subcontractors	20	19
一级	First Grade	13	12
三级及以下	Third Grade and Below	7	7

continued

(10 000yuan, person)

企业总产值 Total Output Value of Enterprises	# 建筑业总产值 Total Output Value of Construction	营业收入 Business Revenue	# 主营业务收入 Revenue from Principal Business	税　金 Taxes	利润总额 Total Profits	年末从业人数 Employed Persons at Year-end
496072	425104	518714	455627	1646	11658	2838
437301	366333	425517	369367	1450	10800	2458
5810	5810	4277	4277		-181	18
52961	52961	88920	81983	196	1039	362
625025	616114	650754	641667	2225	19377	2170
567779	558868	598865	589778	2005	25586	1867
57246	57246	51889	51889	220	-6209	303
41630	41630	33654	33654	191	828	200
15616	15616	18235	18235	29	-7037	103
9444385	9294170	9460958	9320620	6477	151688	12017
324055	284055	385857	379032	1016	45366	3111
14176322	14022716	13797182	13635046	15806	400681	26445
201647	182825	224028	208056	132	-11038	667
838630	838457	1090092	1071539	988	-14361	3516
6729387	6691100	7044920	7019015	4170	42957	4739
12551267	12410579	12532525	12411719	10415	376915	24432
5377478	5195925	5148913	4952839	8694	166682	14539
326907	324619	231759	230720	1140	-14218	2046
24985039	24606825	24958091	24614267	24419	572311	45756
	15398	26	26		25	
22393752	22196603	21819591	21652109	17151	446531	34373
10350955	10300966	10839956	10800153	6947	71089	10916
8836260	8725650	7911892	7836461	7022	275913	16800
3206537	3169987	3067743	3015495	3182	99529	6657
2491043	2325376	3018719	2842686	7216	125767	10521
462119	461724	477322	476927	1108	21470	1347
1512468	1401324	1846148	1736590	3672	91920	6096
516456	462328	695249	629169	2436	12377	3078
100244	100244	119807	119498	52	38	862
64850	64850	74680	74680	52	-1437	448
35394	35394	45127	44818		1475	414

6—11　建筑业总产值(市区)

单位:万元　　　　(2012)

指　标	Item	企业数(个) Number of Enterprises (unit)	# 有工作量的企业数 Number of Workload Enterprises
总　计	**Total**	**290**	**266**
# 一、二级企业	First and Second Grade	131	127
按地区分	**Grouped by County**		
兴庆区	Xingqing	169	154
西夏区	Xixia	21	20
金凤区	Jinfeng	100	92
按登记注册类型分	**Grouped by Status of Registration**		
内资企业	Domestic Funded	287	264
国有企业	State-owned Enterprises	23	23
有限责任公司	Limited Liabilities Corporations	43	38
国有独资公司	State Sole Funded Corporations	8	7
其他有限责任公司	Other Limited Liabilities Corporations	35	31
股份有限公司	Share-holding Corporations Limited	1	1
私营企业	Private Enterprises	220	202
私营有限责任公司	Private Limited Liabilities Corporations	220	202
港、澳、台商投资企业	Enterprises with Funds from Hong Kong,Macao and Taiwan	1	
港、澳、台商独资经营企业	Enterprises with Sole Investment from Hongkong, maco and Taiwan	1	
外商投资企业	Foreign Funded	2	2
中外合资经营企业	Domestic and Foreign Joint Funded Enterprises	2	2
按国民经济行业分(2011)	**Grouped by Sector(2011)**		
房屋建筑业	House Building	115	107
房屋建筑业	House Building	115	107
土木工程建筑业	Civil Engineering	67	60
铁路、道路、隧道和桥梁工程建筑	Railway, Road, Tunnel and Bridge	19	17
公路工程建筑	Road	7	7
市政道路工程建筑	Municipal Roads	12	10
水利和内河港口工程建筑	Water and River Ports	16	15
水源及供水设施工程建筑	Construction of Water Source and Supply Water Facility	15	14
河湖治理及防洪设施工程建筑	Rivers or lakes Governance and Flood Control Facilities	1	1
工矿工程建筑	Mining	7	5
架线和管道工程建筑	Frame Line and Pipeline	17	15
架线及设备工程建筑	Frame Line Equipment Engineering	12	12
管道工程建筑	Pipeline	5	3
其他土木工程建筑	Other Civil Engineering	8	8

Total Output Value of Construction(City)

(10 000 yuan)

建筑业总产值 Total Output Value of Construction	# 装饰装修产值 Output Value of Decoration	# 在外省完成的产值 Output Value of Completed Outside the Province	建筑工程产值 Output Value of Construction	安装工程产值 Output Value of Installation	其他产值 Others	竣工产值 Output Value of Construction Completed
2452198	**66903**	**119315**	**2310966**	**133981**	**7251**	**2145501**
2088966	61499	96909	1964718	118057	6191	1842865
1628205	31346	78940	1604324	23401	480	1440766
108715	15360	12397	100773	2458	5484	128874
715278	20198	27979	605869	108123	1287	575861
2433915	66748	101189	2292683	133981	7251	2127219
706704	1190	44548	656608	44612	5484	695774
573190	16313	34156	511910	61053	227	490040
202836	593	9626	202836			146671
370354	15720	24529	309074	61053	227	343369
102399		16122	102399			92522
1051623	49245	6363	1021766	28317	1539	848883
1051623	49245	6363	1021766	28317	1539	848883
18283	156	18127	18283			18283
18283	156	18127	18283			18283
1728384	12335	51128	1722491	5894		1570713
1728384	12335	51128	1722491	5894		1570713
620389	570	62765	514848	98998	6544	471512
306458	341	16360	305595	863		262151
145293		16122	144430	863		132367
161165	341	238	161165			129784
100470	30	20752	96612	3858		78524
97852	30	20752	93994	3858		75907
2618			2618			2618
35140		20601	29260	396	5484	32572
173684	200	4989	78744	93881	1060	95257
171164	200	4167	76368	93736	1060	92938
2521		822	2377	144		2319
4637		64	4637			3009

6-11 续表

单位:万元 (2012)

指 标	Item	企业数（个）Number of Enterprises (unit)	# 有工作量的企业数 Number of Workload Enterprises
建筑安装业	Construction Installation	49	47
电气安装	Electric	37	36
其他建筑安装业	Other Construction Installation	12	11
建筑装饰和其他建筑业	Construction Decoration and Other Construction	59	52
建筑装饰业	Construction Decoration	50	45
工程准备活动	Other Construction	9	7
建筑物拆除活动	Building Demolishes	5	5
其他工程准备活动	Other Construction	4	2
按控股情况分	**Grouped by Controlling Stake**		
国有控股	State-owned	37	34
集体控股	Collective-owned	1	1
私人控股	Private	238	219
港澳台商控股	Hong Kong,Macao and Taiwan	1	
外商控股	Foreign	2	2
其他	Others	11	10
按企业规模分	**Grouped by Enterprises Scale**		
大型	Large-Scale	4	4
中型	Medium-Scale	46	46
小型	Small-Scale	155	150
微型	Miniatrue	85	66
按营业状态分	**Grouped by Operating Status**		
营业	Operating	288	265
停业(歇业)	Turn Off(go out of business)	2	1
按企业资质等级分	**Grouped by Qualification Criteria**		
施工总承包	General Contractors	132	121
一级	First Grade	11	11
二级	Second Grade	51	49
三级及以下	Third Grade and Below	70	61
专业承包	Professional Contractors	158	145
一级	First Grade	6	6
二级	Second Grade	63	61
三级及以下	Third Grade and Below	89	78

continued

(10 000 yuan)

建筑业总产值 Total Output Value of Construction	# 装饰装修产值 Output Value of Decoration	# 在外省完成的产值 Output Value of Completed Outside the Province	建筑工程产值 Output Value of Construction	安装工程产值 Output Value of Installation	其他产值 Others	竣工产值 Output Value of Construction Completed
41813	3455	4207	16878	24228	707	40701
36633	79	1326	13456	22471	707	34930
5180	3376	2881	3422	1757		5771
61611	50543	1216	56750	4862		62575
55887	50543		51025	4862		56079
5725		1216	5725			6496
4163		1216	4163			4935
1562			1562			1562
929301	17143	54238	878352	45465	5484	862557
28406			16747	11658		21432
1392364	49487	25716	1354067	36529	1767	1159523
18283	156	18127	18283			18283
83846	118	21234	43517	40329		83706
669110	1542	28380	628356	40754		534990
1241058	1246	77866	1185061	50513	5484	1104631
519593	60720	12868	481641	36185	1767	489163
22438	3396	202	15909	6529		16716
2450658	66903	119315	2309426	133981	7251	2145501
1540			1540			
2219660	4694	96963	2154516	59660	5484	1907872
1030097	1542	54594	985485	44612		888355
872565	2500	21320	853176	13905	5484	764296
316999	652	21050	315856	1143		255221
232538	62210	22352	156450	74321	1767	237629
46172	25825	8757	46172			45905
140132	31632	12238	79886	59540	707	144309
46233	4753	1357	30392	14781	1060	47415

6—12 建筑业合同签订及承包工程完成情况(市区)

单位:万元 (2012)

指 标	Item	签订的合同额 Total Value of Contracts	上年结转合同额 Value from Contracts Signed in Last Year
总 计	**Total**	**3762082**	**986697**
# 一、二级企业	First and Second Grade	3195539	843667
按地区分	**Grouped by County**		
兴庆区	Xingqing	2546890	677779
西夏区	Xixia	131874	53724
金凤区	Jinfeng	1083319	255194
按登记注册类型分	**Grouped by Status of Registration**		
内资企业	Domestic Funded	3738802	986697
国有企业	State-owned Enterprises	866671	316692
有限责任公司	Limited Liabilities Corporations	970827	263296
国有独资公司	State Sole Funded Corporations	438983	131614
其他有限责任公司	Other Limited Liabilities Corporations	531844	131682
股份有限公司	Share-holding Corporations Limited	314839	36488
私营企业	Private Enterprises	1586465	370221
私营有限责任公司	Private Limited Liabilities Corporations	1586465	370221
港、澳、台商投资企业	Enterprises with Funds from Hong Kong,Macao and Taiwan		
港、澳、台商独资经营企业	Enterprises with Sole Investment from Hongkong, maco and Taiwan		
外商投资企业	Foreign Funded	23280	
中外合资经营企业	Domestic and Foreign Joint Funded Enterprises	23280	
按国民经济行业分(2011)	**Grouped by Sector(2011)**		
房屋建筑业	House Building	2604843	747948
房屋建筑业	House Building	2604843	747948
土木工程建筑业	Civil Engineering	1038202	215594
铁路、道路、隧道和桥梁工程建筑	Railway,Road,Tunnel and Bridge	607278	102893
公铁路工程建筑	Railway		
公路工程建筑	Road	402691	47482
市政道路工程建筑	Municipal Roads	204587	55411
其他道路、隧道和桥梁工程建筑	Others		
水利和内河港口工程建筑	Water and River Ports	148298	38092
水源及供水设施工程建筑	Construction of Water Source and Supply Water Facility	145681	36727
河湖治理及防洪设施工程建筑	Rivers or lakes Governance and Flood Control Facilities	2618	1366
工矿工程建筑	Mining	44523	7842
架线和管道工程建筑	Frame Line and Pipeline	232341	66751
架线及设备工程建筑	Frame Line Equipment Engineering	229821	66751

Contracts Signed and Completion of Contracted Projects by Construction Enterprises (City)

(10 000 yuan)

本年新签合同额 Value from New Contracts Signed in This Year	直接从建设单位承揽工程完成的产值 Completed Output Value of Projects Contracted Directly from Investors	自行完成施工产值 Own-completed Output Value	分包出去工程的产值 Output Value of Out-sourced Projects	从建设单位以外承揽工程完成的产值 Completed Output Value of Projects Contracted from Non-investors
2775385	**2410856**	**2408951**	**1904**	**43247**
2351871	2087444	2087357	87	1609
1869111	1626365	1624547	1817	3658
78150	107106	107106		1609
828125	677385	677298	87	37980
2752105	2392573	2390669	1904	43247
549980	706704	706704		
707531	569957	568053	1904	5137
307369	202836	202836		
400162	367121	365217	1904	5137
278351	102399	102399		
1216244	1013513	1013513		38110
1216244	1013513	1013513		38110
23280	18283	18283		
23280	18283	18283		
1856895	1690574	1690574		37811
1856895	1690574	1690574		37811
822608	617070	615252	1817	5137
504385	306458	306458		
355209	145293	145293		
149176	161165	161165		
110206	98759	96942	1817	3528
108954	96142	94324	1817	3528
1252	2618	2618		
36681	35140	35140		
165590	173684	173684		
163070	171164	171164		

6-12 续表

单位:万元 (2012)

指 标	Item	签订的合同额 Total Value of Contracts	上年结转合同额 Value from Contracts Signed in Last Year
管道工程建筑	Pipeline	2521	
其他土木工程建筑	Other Civil Engineering	5761	16
建筑安装业	Construction Installation	52446	14427
电气安装	Electric	48787	13054
其他建筑安装业	Other Construction Installation	3659	1373
建筑装饰和其他建筑业	Construction Decoration and Other Construction	66592	8728
建筑装饰业	Construction Decoration	60867	8705
工程准备活动	Other Construction	5725	23
建筑物拆除活动	Building Demolishes	4163	23
其他工程准备活动	Other Construction	1562	
按控股情况分	**Grouped by Controlling Stake**		
国有控股	State-owned	1327244	452131
集体控股	Collective-owned	50763	8348
私人控股	Private	2265653	511832
外商控股	Foreign	23280	
其他	Others	95141	14386
按企业规模分	**Grouped by Enterprises Scale**		
大型	Large-Scale	987313	344714
中型	Medium-Scale	2039658	466132
小型	Small-Scale	701419	171468
微型	Miniatrue	33693	4383
按营业状态分	**Grouped by Operating Status**		
营业	Operating	3759345	984510
停业(歇业)	Turn Off(go out of Business)	2737	2188
按企业资质等级分	**Grouped by Qualification Criteria**		
施工总承包	General Contractors	3488901	938358
一级	First Grade	1631339	519293
二级	Second Grade	1352117	291807
三级及以下	Third Grade and Below	505444	127258
专业承包	Professional Contractors	273182	48339
一级	First Grade	47861	7814
二级	Second Grade	164221	24753
三级及以下	Third Grade and Below	61099	15772

continued

(10 000 yuan)

本年新签合同额 Value from New Contracts Signed in This Year	直接从建设单位承揽工程完成的产值 Completed Output Value of Projects Contracted Directly from Investors			从建设单位以外承揽工程完成的产值 Completed Output Value of Projects Contracted from Non-investors
		自行完成施工产值 Own-completed Output Value	分包出去工程的产值 Output Value of Out-sourced Projects	
2521	2521	2521		
5745	3028	3028		1609
38019	41687	41600	87	213
35732	36507	36420	87	213
2286	5180	5180		
57864	61526	61526		86
52162	55801	55801		86
5702	5725	5725		
4140	4163	4163		
1562	1562	1562		
875113	927692	927692		1609
42415	28406	28406		
1753822	1354341	1354254	87	38110
23280	18283	18283		
80755	82135	80318	1817	3528
642599	669110	669110		
1573526	1201667	1199850	1817	41208
529951	517727	517640	87	1953
29309	22352	22352		86
2774836	2409316	2407411	1904	43247
550	1540	1540		
2550543	2180269	2178452	1817	41208
1112046	1030097	1030097		
1060310	872565	872565		
378186	277608	275790	1817	41208
224843	230586	230499	87	2038
40047	46172	46172		
139468	138610	138523	87	1609
45327	45804	45804		429

6—13 房屋建筑施工面积及竣工面积(市区)

单位:平方米 (2012)

指 标	Item	房屋建筑施工面积 Floor Space of Buildings under Construction	本年新开工面积 Floor Space of New Buildings in This Year
总 计	**Total**	**21470739**	**9646629**
#一、二级企业	First and Second Grade	17251108	8000604
按地区分	**Grouped by County**		
兴庆区	Xingqing	14233250	6616240
西夏区	Xixia	693031	239205
金凤区	Jinfeng	6544458	2791184
按登记注册类型分	**Grouped by Status of Registration**		
内资企业	Domestic Funded	21470739	9646629
国有企业	State-owned Enterprises	7167300	3485159
有限责任公司	Limited Liabilities Corporations	5471106	2252695
国有独资公司	State Sole Funded Corporations	2433626	975780
其他有限责任公司	Other Limited Liabilities Corporations	3037480	1276915
私营企业	Private Enterprises	8832333	3908775
私营有限责任公司	Private Limited Liabilities Corporations	8832333	3908775
按国民经济行业分(2011)	**Grouped by Sector(2011)**		
房屋建筑业	Building and Civil Engineering	21161969	9470649
房屋建筑业	Building	21161969	9470649
土木工程建筑业	Civil Engineering	308770	175980
水利和内河港口工程建筑	Water and River Ports	42323	38198
水源及供水设施工程建筑	Construction of Water Source and Supply Water Facility	42323	38198
架线和管道工程建筑	Frame Line and Pipeline	256700	137782
架线及设备工程建筑	Frame Line Equipment Engineering	256700	137782
其他土木工程建筑	Other Civil Engineering	9747	
按控股情况分	**Grouped by Controlling Stake**		
国有控股	State-owned	9600926	4460939
集体控股	Collective-owned	100142	68592
私人控股	Private	11548716	5015468
其他	Others	220955	101630
按企业规模分	**Grouped by Enterprises Scale**		
大型	Large-Scale	6476791	2903525
中型	Medium-Scale	11859591	5392203
小型	Small-Scale	2960773	1207217
微型	Miniatrue	173584	143684
按营业状态分	**Grouped by Operating Status**		
营业	Operating	21433419	9639209
停业(歇业)	Turn Off(go out of Business)	37320	7420
按企业资质等级分	**Grouped by Qualification Criteria**		
施工总承包	General Contractors	21376006	9574263
一级	First Grade	9312588	3893889
二级	Second Grade	7928773	4106715
三级及以下	Third Grade and Below	4134645	1573659
专业承包	Professional Contractors	94733	72366
二级	Second Grade	9747	
三级及以下	Third Grade and Below	84986	72366

Floor Space of Buildings Constructed and Completed (City)

(sq.m)

实行投标承包面积 Floor Space of Contracted Projects	本年新开工面积 Floor Space of New Buildings in This Year	房屋建筑竣工面积 Floor Space of Buildings Completed	住宅房屋 Residence	商业及服务用房屋 Business and Service	商厦房屋(批发和零售用房) Commercial (wholesale, retail trade)	宾馆用房屋(住宿用房) Hotel (hoteling)	餐饮用房屋(餐饮用房) Catering (catering services)	商务会展用房屋	其他商业及服务用房屋(居民服务业用房) Other Business and Service (other services)
21081633	**9405731**	**8552931**	**5622969**	**930257**	**320094**	**71164**	**13849**	**180718**	**344432**
17101848	7983347	7218535	4753584	729088	260941	70184	11241	45473	341249
13936145	6399445	5616683	3477182	606194	163640	32364	11921	142318	255951
683284	239205	586021	364642	66671	27871	38800			
6462204	2767081	2350227	1781145	257392	128583		1928	38400	88481
21081633	9405731	8552931	5622969	930257	320094	71164	13849	180718	344432
7167300	3485159	3256152	1842272	296898	64507				232391
5396347	2234659	2079434	1514729	110171	41775	32364	9003		27029
2431226	975780	787154	470601	62365	13475	31384			17506
2965121	1258879	1292280	1044128	47806	28300	980	9003		9523
8517986	3685913	3217345	2265968	523188	213812	38800	4846	180718	85012
8517986	3685913	3217345	2265968	523188	213812	38800	4846	180718	85012
20795366	9242507	8491915	5592969	930257	320094	71164	13849	180718	344432
20795366	9242507	8491915	5592969	930257	320094	71164	13849	180718	344432
286267	163224	61016	30000						
42323	38198	16561							
42323	38198	16561							
243944	125026	44455	30000						
243944	125026	44455	30000						
9598526	4460939	4043306	2312873	359263	77982	31384			249897
87386	55836	31550	30000						
11180046	4792606	4337173	3217261	569334	242112	38800	13169	180718	94535
215675	96350	140902	62835	1660		980	680		
6476791	2903525	2278061	1288766	148816	74125	31384			43307
11561709	5172231	5023587	3459773	536588	216869	38800	8323	45473	227123
2879194	1195936	1243417	874430	244853	29100	980	5526	135245	74002
163939	134039	7866							
21044313	9398311	8552931	5622969	930257	320094	71164	13849	180718	344432
37320	7420								
21004993	9341711	8531287	5615073	930257	320094	71164	13849	180718	344432
9312588	3893889	3707082	2182900	350450	74125	31384			244941
7789260	4089458	3511453	2570684	378638	186816	38800	11241	45473	96308
3903145	1358364	1312752	861489	201169	59153	980	2608	135245	3183
76640	64020	21644	7896						
76640	64020	21644	7896						

6-13 续表

单位:平方米 (2012)

指 标	Item	办公用房屋 Offices	科研、教育、医疗用房屋 Scientific Research, Education and Medical
总 计	**Total**	**361396**	**388275**
# 一、二级企业	First and Second Grade	256439	381435
按地区分	**Grouped by County**		
兴庆区	Xingqing	326407	289421
西夏区	Xixia		2867
金凤区	Jinfeng	34989	95987
按登记注册类型分	**Grouped by Status of Registration**		
内资企业	Domestic Funded	361396	388275
国有企业	State-owned Enterprises	185550	181055
有限责任公司	Limited Liabilities Corporations	102397	81107
国有独资公司	State Sole Funded Corporations	12450	44167
其他有限责任公司	Other Limited Liabilities Corporations	89947	36940
私营企业	Private Enterprises	73449	126113
私营有限责任公司	Private Limited Liabilities Corporations	73449	126113
按国民经济行业分(2011)	**Grouped by Sector(2011)**		
房屋建筑业	House Building	346824	388275
房屋建筑业	House Building	346824	388275
土木工程建筑业	Civil Engineering	14572	
水利和内河港口工程建筑	Water and River Ports	14572	
水源及供水设施工程建筑	Construction of Water Source and Supply Water Facility	14572	
架线和管道工程建筑	Frame Line and Pipeline		
架线及设备工程建筑	Frame Line Equipment Engineering		
其他土木工程建筑	Other Civil Engineering		
按控股情况分	**Grouped by Controlling Stake**		
国有控股	State-owned	198000	225222
集体控股	Collective-owned		
私人控股	Private	86989	163053
其他	Others	76407	
按企业规模分	**Grouped by Enterprises Scale**		
大型	Large-Scale	155997	137936
中型	Medium-Scale	188779	228256
小型	Small-Scale	15320	22083
微型	Miniatrue	1300	
按营业状态分	**Grouped by Operating Status**		
营业	Operating	361396	388275
停业(歇业)	Turn Off(go out of business)		
按企业资质等级分	**Grouped by Qualification Criteria**		
施工总承包	General Contractors	360096	388275
一级	First Grade	189302	200221
二级	Second Grade	67137	181214
三级及以下	Third Grade and Below	103657	6840
专业承包	Professional Contractors	1300	
二级	Second Grade		
三级及以下	Third Grade and Below	1300	

continued

(sq.m)

科学研究用房屋 Scientific Research	教育用房屋 Education	医疗用房屋（卫生医疗用房）Medical (health and medical)	文化、体育、娱乐用房屋 Culture, Sports and Entertainment	厂房及建筑物 Workshop and Buildings	#厂　房 Workshop	仓　库 Warehouse	其他未列明的房屋建筑物 Other Buildings
11160	**328797**	**48318**	**125134**	**475174**	**450275**	**82213**	**567513**
11160	328797	41478	116708	388176	384002	81206	511899
9600	243724	36097	117851	384601	360107	80601	334426
	2867		2057				149784
1560	82206	12221	5226	90573	90168	1612	83303
11160	328797	48318	125134	475174	450275	82213	567513
9600	142658	28797	111858	294631	293982	69418	274470
	81107		4850	41699	39099	3060	221421
	44167		2350	15275	15275	3060	176886
	36940		2500	26424	23824		44535
1560	105032	19521	8426	138844	117194	9735	71622
1560	105032	19521	8426	138844	117194	9735	71622
11160	328797	48318	125134	461620	437370	82213	564623
11160	328797	48318	125134	461620	437370	82213	564623
				13554	12905		2890
				649			1340
				649			1340
				12905	12905		1550
				12905	12905		1550
9600	186825	28797	114208	309906	309257	72478	451356
							1550
1560	141972	19521	10926	165268	141018	9735	114607
9600	99539	28797	100775	262237	262237		183534
1560	209215	17481	15933	182313	181664	76314	335631
	20043	2040	3200	30624	6374	5899	47008
			5226				1340
11160	328797	48318	125134	475174	450275	82213	567513
11160	328797	48318	119908	467952	443053	82213	567513
9600	161824	28797	112151	291988	291339	72478	307592
1560	166973	12681	4557	96188	92663	8728	204307
		6840	3200	79776	59051	1007	55614
			5226	7222	7222		
			5226	7222	7222		

6—14 房屋建筑竣工价值(市区)

单位:万元 (2012)

指标	Item	竣工房屋价值 Output Value of Buildings Completed	住宅房屋 Residence	商业及服务用房屋 Business and Service
总计	**Total**	**1189120**	**749175**	**119709**
# 一、二级企业	First and Second Grade	1014765	629381	96028
按地区分	**Grouped by County**			
兴庆区	Xingqing	815741	471305	78338
西夏区	Xixia	61316	42881	7574
金凤区	Jinfeng	312063	234989	33797
按登记注册类型分	**Grouped by Status of Registration**			
内资企业	Domestic Funded	1189120	749175	119709
国有企业	State-owned Enterprises	460736	244037	46239
有限责任公司	Limited Liabilities Corporations	299700	214756	15767
国有独资公司	State Sole Funded Corporations	108872	67522	7875
其他有限责任公司	Other Limited Liabilities Corporations	190828	147234	7892
私营企业	Private Enterprises	428685	290382	57703
私营有限责任公司	Private Limited Liabilities Corporations	428685	290382	57703
按国民经济行业分(2011)	**Grouped by Sector(2011)**			
房屋建筑业	House Building	1183268	746475	119709
房屋建筑业	House Building	1183268	746475	119709
土木工程建筑业	Civil Engineering	5853	2700	
水利和内河港口工程建筑	Water and River Ports	797		
水源及供水设施工程建筑	Construction of Water Source and Supply Water Facility	797		
架线和管道工程建筑	Frame Line and Pipeline	5055	2700	
架线及设备工程建筑	Frame Line Equipment Engineering	5055	2700	
其他土木工程建筑	Other Civil Engineering			
按控股情况分	**Grouped by Controlling Stake**			
国有控股	State-owned	569608	311559	54114
集体控股	Collective-owned	2840	2700	
私人控股	Private	590992	424194	65183
其他	Others	25682	10722	413
按企业规模分	**Grouped by Enterprises Scale**			
大型	Large-Scale	339569	172356	20804
中型	Medium-Scale	698984	467922	70980
小型	Small-Scale	149954	108896	27925
微型	Miniatrue	613		
按营业状态分	**Grouped by Operating Status**			
营业	Operating	1189120	749175	119709
停业(歇业)	Turn Off(go out of business)			
按企业资质等级分	**Grouped by Qualification Criteria**			
施工总承包	General Contractors	1185612	746806	119709
一级	First Grade	545768	304548	51820
二级	Second Grade	468997	324833	44207
三级及以下	Third Grade and Below	170847	117425	23682
专业承包	Professional Contractors	3508	2369	
二级	Second Grade			
三级及以下	Third Grade and Below	3508	2369	

Output Value of Floor Space of Buildings Completed(City)

(10 000 yuan)

商厦房屋（批发和零售用房）Commercial (wholesale, retail trade)	宾馆用房屋（住宿用房）Hotel (hoteling)	餐饮用房屋（餐饮用房）Catering (catering services)	商务会展用房屋 Business Exhibition	其他商业及服务用房屋（居民服务业用房）Other Business and Service (other services)	办公用房屋 Offices	科研、教育、医疗用房屋 Scientific Research, Education and Medical
41403	**7636**	**3046**	**19058**	**48566**	**62730**	**63393**
33597	7481	2519	4268	48163	44129	62700
19615	3575	2776	15409	36964	53360	44624
3512	4062					512
18276		270	3649	11602	9371	18258
41403	7636	3046	19058	48566	62730	63393
10948				35291	30310	26572
6140	3575	2213		3840	19417	13173
1870	3419			2586	1648	7147
4270	156	2213		1254	17769	6026
24315	4062	833	19058	9435	13003	23648
24315	4062	833	19058	9435	13003	23648
41403	7636	3046	19058	48566	62329	63393
41403	7636	3046	19058	48566	62329	63393
					401	
					401	
					401	
12818	3419			37877	31959	33719
28585	4062	2789	19058	10689	16225	29674
	156	257			14547	
12068	3419			5317	25807	21860
26250	4062	1956	4268	34445	34302	37428
3085	156	1090	14791	8804	2557	4106
					65	
41403	7636	3046	19058	48566	62730	63393
41403	7636	3046	19058	48566	62665	63393
12068	3419			36333	30961	30509
21529	4062	2519	4268	11830	13169	32190
7806	156	527	14791	403	18536	694
					65	
					65	

6-14 续表

单位:万元 (2012)

指　标	Item	科学研究用房屋 Scientific Research	教育用房屋 Education
总　计	**Total**	**1540**	**52152**
# 一、二级企业	First and Second Grade	1540	52152
按地区分	**Grouped by County**		
兴庆区	Xingqing	1250	36990
西夏区	Xixia		512
金凤区	Jinfeng	290	14651
按登记注册类型分	**Grouped by Status of Registration**		
内资企业	Domestic Funded	1540	52152
国有企业	State-owned Enterprises	1250	19722
有限责任公司	Limited Liabilities Corporations		13173
国有独资公司	State Sole Funded Corporations		7147
其他有限责任公司	Other Limited Liabilities Corporations		6026
私营企业	Private Enterprises	290	19257
私营有限责任公司	Private Limited Liabilities Corporations	290	19257
按国民经济行业分(2011)	**Grouped by Sector(2011)**		
房屋建筑业	House Building	1540	52152
房屋建筑业	House Building	1540	52152
土木工程建筑业	Civil Engineering		
水利和内河港口工程建筑	Water and River Ports		
水源及供水设施工程建筑	Construction of Water Source and Supply Water Facility		
架线和管道工程建筑	Frame Line and Pipeline		
架线及设备工程建筑	Frame Line Equipment Engineering		
其他土木工程建筑	Other Civil Engineering		
按控股情况分	**Grouped by Controlling Stake**		
国有控股	State-owned	1250	26869
集体控股	Collective-owned		
私人控股	Private	290	25283
其他	Others		
按企业规模分	**Grouped by Enterprises Scale**		
大型	Large-Scale	1250	15010
中型	Medium-Scale	290	33431
小型	Small-Scale		3712
微型	Miniatrue		
按营业状态分	**Grouped by Operating Status**		
营业	Operating	1540	52152
停业(歇业)	Turn Off(go out of Business)		
按企业资质等级分	**Grouped by Qualification Criteria**		
施工总承包	General Contractors	1540	52152
一级	First Grade	1250	23659
二级	Second Grade	290	28493
三级及以下	Third Grade and Below		
专业承包	Professional Contractors		
二级	Second Grade		
三级及以下	Third Grade and Below		

continued

(10 000 yuan)

医疗用房屋（卫生医疗用房）Medical (health and medical)	文化、体育、娱乐用房屋 Culture, Sports and Entertainment	厂房及建筑物 Workshop and Buildings	#厂　房 Workshop	仓　库 Warehouse	其他未列明的房屋建筑物 Other Buildings
9701	**54248**	**56382**	**53413**	**8291**	**75192**
9007	53321	49195	48826	8139	71873
6384	53512	48445	45549	7881	58276
	400				9950
3317	336	7937	7864	410	6966
9701	54248	56382	53413	8291	75192
5600	50032	31033	30849	6383	26130
	3289	13376	13318	290	19632
	537	11051	11051	290	12802
	2752	2325	2267		6830
4101	927	11973	9245	1618	29431
4101	927	11973	9245	1618	29431
9701	54248	53982	51197	8291	74841
9701	54248	53982	51197	8291	74841
		2400	2216		352
		184			212
		184			212
		2216	2216		140
		2216	2216		140
5600	50569	42085	41901	6673	38931
					140
4101	3679	14297	11512	1618	36122
5600	48526	36239	36239		13977
3707	4795	16732	16549	7193	59632
394	591	3410	625	1098	1371
	336				212
9701	54248	56382	53413	8291	75192
9701	53912	55644	52674	8291	75192
5600	50169	41095	40911	6673	29994
3407	3152	8101	7915	1466	41879
694	591	6448	3848	152	3319
	336	738	738		
	336	738	738		

6—15 建筑业企业自有施工机械设备及劳动人员情况(市区)

(2012)

指　标	Item	年末自有施工机械设备净值(万元) Net Value of Machinery and Equipment Owned at Year-end (10 000 yuan)
总　计	**Total**	**45682**
# 一、二级企业	First and Second Grade	36432
按地区分	**Grouped by County**	
兴庆区	Xingqing	30763
西夏区	Xixia	4026
金凤区	Jinfeng	10893
按登记注册类型分	**Grouped by Status of Registration**	
内资企业	Domestic Funded	45682
国有企业	State-owned Enterprises	7545
有限责任公司	Limited Liabilities Corporations	10605
国有独资公司	State Sole Funded Corporations	2042
其他有限责任公司	Other Limited Liabilities Corporations	8563
股份有限公司	Share-holding Corporations Limited	5795
私营企业	Private Enterprises	21737
私营有限责任公司	Private Limited Liabilities Corporations	21737
外商投资企业	Foreign Funded	
中外合资经营企业	Domestic and Foreign Joint Funded Enterprises	
按国民经济行业分(2011)	**Grouped by Sector(2011)**	
房屋建筑业	House Building	19581
房屋建筑业	House Building	19581
土木工程建筑业	Civil Engineering	16537
铁路、道路、隧道和桥梁工程建筑	Railway, Road, Tunnel and Bridge	9149
公路工程建筑	Road	6208
市政道路工程建筑	Municipal Roads	2941
其他道路、隧道和桥梁工程建筑	Others	
水利和内河港口工程建筑	Water and River Ports	2921
水源及供水设施工程建筑	Construction of Water Source and Supply Water Facility	2904
河湖治理及防洪设施工程建筑	Rivers or lakes Governance and Flood Control Facilities	17
工矿工程建筑	Mining	2115
架线和管道工程建筑	Frame Line and Pipeline	2255
架线及设备工程建筑	Frame Line Equipment Engineering	2210
管道工程建筑	Pipeline	45
其他土木工程建筑	Other Civil Engineering	98

Machinery and Equipment Owned and Employed Persons by Construction Enterprises(City)

年末自有施工机械设备总台数(台) Number of Machinery and Equipment Owned at Year-end (set)	年末自有施工机械设备总功率(千瓦) Total Power of Machinery and Equipment Owned at Year-end (kw)	期末从业人员数(人) Number of Employed Persons at Year-end (person)	工程技术人员(人) Engineering Persons (person)	一级建造师(人) First Construction Engineer (person)
15906	**294578**	**44894**	**12423**	**445**
12431	245107	35159	9852	355
8625	165142	23576	7323	278
1539	33924	2934	987	34
5742	95512	18384	4113	133
15906	294578	44227	12269	445
4978	75606	9476	3286	117
3127	61474	16318	3215	92
996	17896	2268	1129	42
2131	43578	14050	2086	50
429	26429	1087	580	33
7372	131069	17346	5188	203
7372	131069	17346	5188	203
		667	154	
		667	154	
8430	125772	25476	7048	227
8430	125772	25476	7048	227
5209	130070	14496	4006	158
1161	57382	3605	1495	88
563	33447	1582	665	54
598	23935	2023	830	34
620	24115	2088	695	33
610	23171	2063	682	32
10	944	25	13	1
375	13006	1479	414	11
2878	30861	7128	1326	25
2676	30541	6971	1228	24
202	320	157	98	1
175	4706	196	76	1

6-15 续表

(2012)

指　标	Item	年末自有施工机械设备净值(万元) Net Value of Machinery and Equipment Owned at Year-end (10 000 yuan)
建筑安装业	Construction Installation	2587
电气安装	Electric	682
其他建筑安装业	Other Construction Installation	1905
建筑装饰和其他建筑业	Construction Decoration and Other Construction	6977
建筑装饰业	Construction Decoration	1111
工程准备活动	Other Construction	5867
建筑物拆除活动	Building Demolishes	1753
其他工程准备活动	Other Construction	4114
按控股情况分	**Grouped by Controlling Stake**	
国有控股	State-owned	9701
集体控股	Collective-owned	532
私人控股	Private	30032
外商控股	Foreign	
其他	Others	5418
按企业规模分	**Grouped by Enterprises Scale**	
大型	Large-Scale	9055
中型	Medium-Scale	16121
小型	Small-Scale	17079
微型	Miniatrue	3427
按营业状态分	**Grouped by Operating Status**	
营业	Operating	45682
按企业资质等级分	**Grouped by Qualification Criteria**	
施工总承包	General Contractors	31416
一级	First Grade	13847
二级	Second Grade	11955
三级及以下	Third Grade and Below	5613
专业承包	Professional Contractors	14266
一级	First Grade	712
二级	Second Grade	9918
三级及以下	Third Grade and Below	3637

continued

年末自有施工机械设备总台数(台) Number of Machinery and Equipment Owned at Year-end (set)	年末自有施工机械设备总功率(千瓦) Total Power of Machinery and Equipment Owned at Year-end (kw)	期末从业人员数(人) Number of Employed Persons at Year-end (person)	工程技术人员(人) Engineering Persons (person)	一级建造师(人) First Construction Engineer (person)
638	13587	2752	614	27
273	8529	2458	527	12
365	5058	294	87	15
1629	25149	2170	755	33
1430	5471	1867	595	27
199	19678	303	160	6
142	5907	200	100	6
57	13771	103	60	
6031	94920	11949	4518	165
55	5889	3111	150	1
8918	169293	25651	7018	275
		667	154	
902	24476	3516	583	4
4075	62065	4739	2302	90
5870	111074	24432	5360	188
4921	102533	14539	4300	135
1040	18906	1184	461	32
15906	294578	44894	12423	445
12438	214680	34373	9622	337
6095	100165	10916	4456	199
3877	80953	16800	3421	82
2466	33562	6657	1745	56
3468	79898	10521	2801	108
376	4850	1347	391	34
2083	59139	6096	1584	40
1009	15909	3078	826	34

6—16 建筑业企业财务状况(市区)

单位:万元 (2012)

指 标	Item	年初存货 Stock	资产总计 Total Funds
总 计	**Total**	**304768**	**2382836**
#一、二级企业	First and Second Grade	248631	1895129
按辖区分	**Grouped by County**		
兴庆区	Xingqing	183066	1464426
西夏区	Xixia	11428	129420
金凤区	Jinfeng	110274	788991
按登记注册类型分	**Grouped by Status of Registration**		
内资企业	Domestic Funded	303178	2337116
国有企业	State-owned Enterprises	55724	568278
集体企业	Collective-owned Enterprises		
有限责任公司	Limited Liabilities Corporations	55803	601493
国有独资公司	State Sole Funded Corporations	5013	203524
其他有限责任公司	Other Limited Liabilities Corporations	50791	397969
股份有限公司	Share-holding Corporations Limited	23933	164301
私营企业	Private Enterprises	167719	1003044
私营有限责任公司	Private Limited Liabilities Corporations	167719	1003044
私营股份有限公司	Private Share-holding Corporations Ltd.		
港、澳、台商投资企业	Enterprises with Funds from Hong Kong,Macao and Taiwan		
港、澳、台商独资经营企业	Enterprises with Sole Investment		
外商投资企业	Foreign Funded	1590	45721
中外合资经营企业	Domestic and Foreign Joint Funded Enterprises	1590	45721
外资企业	Foreign-funded Enterprises		
按国民经济行业分	**Grouped by Sector**		
房屋建筑业	Building and Civil Engineering	163728	1477655
土木工程建筑业	Civil Engineering	120858	722989
铁路、道路、隧道和桥梁工程建筑	Railway, Road, Tunnel and Bridge	69667	338539
水利和内河港口工程建筑	Water and River Ports	13954	104982
工矿工程建筑	Mining	3763	69694
架线和管道工程建筑	Frame Line and Pipeline	33160	202066
其他土木工程建筑	Other Civil Engineering	315	7709
建筑安装业	Construction Installation	7312	67570
建筑装饰和其他建筑业	Construction Decoration and Other Construction	12870	114622
建筑装饰业	Construction Decoration	11753	81987
工程准备活动	Other Construction	1117	32635
按控股情况分	**Grouped by Controlling Stake**		
国有控股	State-owned	60984	785639
集体控股	Collective-owned	3946	27745
私人控股	Private	214406	1407375
港澳台商控股	Hong Kong,Macao and Taiwan		
外商控股	Foreign	1590	45721
其他	Others	23842	116357
按营业状态分	**Grouped by Operating Status**		
营业	Operating	302897	2378977
停业(歇业)	Turn off (go out of business)	1871	3859
按企业资质等级分	**Grouped by Qualification Criteria**		
施工总承包	General Contractors	245637	1975006
一级	First Grade	83702	940714
二级	Second Grade	116544	674326
三级及以下	Third Grade and Below	45391	359965
专业承包	Professional Contractors	59131	407830
一级	First Grade	10310	46751
二级	Second Grade	38075	233338
三级及以下	Third Grade and Below	10745	127742

注:本表数据为全部建筑业企业财务状况,6-2 表财务数据为有工作量建筑业企业数据。

a)Data in above table are for the financial data of all construction enterprises, 6-2 table for the workload of the construction enterprise data.

Financial Indicators on Construction Enterprises(City)

(10 000 yuan)

流动资产合计 Total Circulating Funds	#应收工程款 Projects Receivable	#存货 Stock	固定资产合计 Total Investment Assets	固定资产原价 Original Value of Fixed Assets	累计折旧 Accumulated Depreciation	#本年折旧 Depreciation This Year	在建工程 Construction in Process	负债合计 Total Liabilities
2010854	**739006**	**330884**	**208496**	**328863**	**143973**	**25736**	**16214**	**1730869**
1610251	635510	267316	158701	264811	121794	21404	10157	1413251
1242846	432647	195191	110327	175557	81100	10138	13861	1121702
111041	63749	7155	9631	18981	10465	1402	4	77880
656967	242611	128538	88538	134325	52408	14197	2349	531286
1983498	719766	329764	191967	306970	135101	20371	16214	1715166
508085	226806	79824	44667	83539	41056	5107	346	463818
477281	156445	46170	37008	62119	29489	3133	3471	472045
132609	56056	3535	9663	14117	7708	89	2456	149783
344672	100388	42636	27344	48003	21780	3044	1016	322262
135546	42694	12955	20237	28387	16769	1482	8619	136204
862586	293821	190815	90055	132924	47787	10649	3777	643098
862586	293821	190815	90055	132924	47787	10649	3777	643098
27356	19241	1120	16529	21893	8872	5364		15703
27356	19241	1120	16529	21893	8872	5364		15703
1283188	447049	217082	93691	143100	52705	9370	2168	1104325
590627	246795	90543	89836	152671	80251	13931	11982	536145
293639	117692	46336	32516	54427	30678	3879	8731	258212
79774	24815	15724	12090	18296	9798	765	2794	80021
42977	26389	2642	24043	36555	17110	6138		31883
167580	74483	25375	20562	41955	21845	3014	452	161794
6656	3416	466	624	1438	820	135	6	4235
56421	22101	8482	7734	9503	3251	779	681	34176
80619	23060	14777	17234	23589	7767	1656	1383	56223
66694	18596	13955	8855	10654	3209	628	1383	38769
13925	4465	823	8380	12935	4557	1029		17454
648811	286033	83633	59131	107150	53495	5489	2802	621453
19738	9202	3367	1510	3566	2131	373	75	19936
1211426	405141	231207	121862	180296	72980	13161	13337	982474
27356	19241	1120	16529	21893	8872	5364		15703
103523	19389	11558	9464	15958	6495	1350		91303
2007333	738618	329013	208496	328863	143973	25736	16214	1729737
3521	389	1871						1132
1698347	640643	280106	154224	250827	112537	19732	11307	1512251
804833	333934	107513	64507	115434	59637	6343	8710	805361
579104	225224	122707	58030	94413	40628	10396	705	455385
314410	81485	49886	31687	40981	12273	2994	1892	251506
312507	98363	50778	54272	78036	31436	6004	4907	218617
39161	20167	11140	4772	6291	2238	228		27056
187153	56185	25956	31393	48673	19292	4438	742	125450
86193	22012	13682	18107	23072	9906	1339	4165	66111

6-16 续表 1

单位:万元 (2012)

指 标	Item	流动负债合计 Total Liquid Liabilities	非流动负债合计 Total Non-Liquid Liabilities
总 计	**Total**	**1684979**	**28979**
#一、二级企业	First and Second Grade	1407543	3664
按辖区分	**Grouped by County**		
兴庆区	Xingqing	1092464	15285
西夏区	Xixia	77722	132
金凤区	Jinfeng	514793	13562
按登记注册类型分	**Grouped by Status of Registration**		
内资企业	Domestic Funded	1669276	28979
国有企业	State-owned Enterprises	462993	825
集体企业	Collective-owned Enterprises		
有限责任公司	Limited Liabilities Corporations	462021	10024
国有独资公司	State Sole Funded Corporations	146454	3329
其他有限责任公司	Other Limited Liabilities Corporations	315568	6695
股份有限公司	Share-holding Corporations Limited	134684	1520
私营企业	Private Enterprises	609578	16610
私营有限责任公司	Private Limited Liabilities Corporations	609578	16610
私营股份有限公司	Private Share-holding Corporations Ltd.		
港、澳、台商投资企业	Enterprises with Funds from Hong Kong,Macao and Taiwan		
港、澳、台商独资经营企业	Enterprises with Sole Investment		
外商投资企业	Foreign Funded	15703	
中外合资经营企业	Domestic and Foreign Joint Funded Enterprises	15703	
外资企业	Foreign-funded Enterprises		
按国民经济行业分	**Grouped by Sector**		
房屋建筑业	Building and Civil Engineering	1074486	14731
土木工程建筑业	Civil Engineering	524419	11694
铁路、道路、隧道和桥梁工程建筑	Railway, Road, Tunnel and Bridge	256688	1524
水利和内河港口工程建筑	Water and River Ports	69930	10090
工矿工程建筑	Mining	31891	-8
架线和管道工程建筑	Frame Line and Pipeline	161764	
其他土木工程建筑	Other Civil Engineering	4147	88
建筑安装业	Construction Installation	30734	1785
建筑装饰和其他建筑业	Construction Decoration and Other Construction	55340	769
建筑装饰业	Construction Decoration	38581	74
工程准备活动	Other Construction	16759	695
按控股情况分	**Grouped by Controlling Stake**		
国有控股	State-owned	617299	4154
集体控股	Collective-owned	19936	
私人控股	Private	947433	18130
港澳台商控股	Hong Kong,Macao and Taiwan		
外商控股	Foreign	15703	
其他	Others	84609	6695
按营业状态分	**Grouped by Operating Status**		
营业	Operating	1684979	28979
停业(歇业)	Turn off (go out of business)		
按企业资质等级分	**Grouped by Qualification Criteria**		
施工总承包	General Contractors	1474369	22824
一级	First Grade	802880	2481
二级	Second Grade	453009	406
三级及以下	Third Grade and Below	218480	19937
专业承包	Professional Contractors	210610	6155
一级	First Grade	26858	199
二级	Second Grade	124797	579
三级及以下	Third Grade and Below	58956	5378

continued

(10 000 yuan)

所有者权益合计 Owners' Equity	实收资本 Paid-in Capitals	国家资本 State-owned Capitals	集体资本 Collective-owned Capitals	法人资本 Corporate Capitals	个人资本 Personal Capitals	港澳台资本 Capitals of Hongkong, Macao and Taiwan	外商资本 Foreign Capitals
649240	**479156**	**104970**	**7906**	**59347**	**300783**		**6150**
481878	340053	93054	7703	40404	192892		6000
342723	278779	64565	5345	27251	181468		150
51540	34340	20421		800	13119		
254977	166037	19983	2561	31295	106197		6000
619223	463556	104970	7906	49897	300783		
104460	59735	59735					
129448	107597	45235	7906	44699	9757		
53741	40200	40200					
75707	67397	5035	7906	44699	9757		
28097	20339				20339		
357218	275885			5197	270688		
357218	275885			5197	270688		
30018	15600			9450			6150
30018	15600			9450			6150
370603	253241	73886	5280	25014	149061		
186845	145402	28189	2561	26463	82189		6000
80326	63671	1281		2718	59671		
24962	20995	11480		3168	6347		
37812	24955	6482		12030	443		6000
40271	32861	8145	2561	8326	13829		
3473	2920	800		221	1899		
33394	29176	1800		3050	24326		
58399	51337	1095	65	4820	45207		150
43218	36559	95	65	2820	33429		150
15181	14778	1000		2000	11778		
164186	106784	102470	138	3973	203		
7809	5186			5186			
422174	328113		5207	23536	299370		
30018	15600			9450			6150
25054	23473	2500	2561	17202	1210		
649240	479156	104970	7906	59347	300783		6150
460028	341378	81614	5280	47719	200765		6000
135354	106700	61228		3088	42384		
218942	150183	11721	5142	26696	100624		6000
105732	84495	8665	138	17935	57756		
189213	137778	23355	2626	11628	100019		150
19694	16490	9310		800	6380		
107888	66680	10795	2561	9820	43504		
61631	54608	3250	65	1008	50135		150

6-16 续表 2

单位:万元 （2012）

指 标	Item	营业收入 Business Revenue	# 主营业务收入 Revenue from Principal Business
总 计	**Total**	**2487964**	**2452621**
# 一、二级企业	First and Second Grade	2108901	2085994
按辖区分	**Grouped by County**		
兴庆区	Xingqing	1606356	1594708
西夏区	Xixia	162039	149569
金凤区	Jinfeng	719570	708344
按登记注册类型分	**Grouped by Status of Registration**		
内资企业	Domestic Funded	2465561	2431816
国有企业	State-owned Enterprises	719610	705954
集体企业	Collective-owned Enterprises		
有限责任公司	Limited Liabilities Corporations	570151	565622
国有独资公司	State Sole Funded Corporations	206245	205884
其他有限责任公司	Other Limited Liabilities Corporations	363906	359738
股份有限公司	Share-holding Corporations Limited	164062	163794
私营企业	Private Enterprises	1011739	996447
私营有限责任公司	Private Limited Liabilities Corporations	1011739	996447
私营股份有限公司	Private Share-holding Corporations Ltd.		
港、澳、台商投资企业	Enterprises with Funds from Hong Kong,Macao and Taiwan		
港、澳、台商独资经营企业	Enterprises with Sole Investment		
外商投资企业	Foreign Funded	22403	20806
中外合资经营企业	Domestic and Foreign Joint Funded Enterprises	22403	20806
外资企业	Foreign-funded Enterprises		
按国民经济行业分	**Grouped by Sector**		
房屋建筑业	Building and Civil Engineering	1652130	1631044
土木工程建筑业	Civil Engineering	719908	712948
铁路、道路、隧道和桥梁工程建筑	Railway, Road, Tunnel and Bridge	349177	348754
水利和内河港口工程建筑	Water and River Ports	105712	105245
工矿工程建筑	Mining	45222	43212
架线和管道工程建筑	Frame Line and Pipeline	215531	211472
其他土木工程建筑	Other Civil Engineering	4265	4265
建筑安装业	Construction Installation	50301	43912
建筑装饰和其他建筑业	Construction Decoration and Other Construction	65626	64717
建筑装饰业	Construction Decoration	60437	59529
工程准备活动	Other Construction	5189	5189
按控股情况分	**Grouped by Controlling Stake**		
国有控股	State-owned	945994	931589
集体控股	Collective-owned	38586	37903
私人控股	Private	1371509	1354706
港澳台商控股	Hong Kong,Macao and Taiwan		
外商控股	Foreign	22403	20806
其他	Others	109473	107618
按营业状态分	**Grouped by Operating Status**		
营业	Operating	2487962	2452619
停业(歇业)	Turn off (go out of business)	3	3
按企业资质等级分	**Grouped by Qualification Criteria**		
施工总承包	General Contractors	2183827	2166212
一级	First Grade	1083996	1080015
二级	Second Grade	792042	784110
三级及以下	Third Grade and Below	307790	302087
专业承包	Professional Contractors	304137	286410
一级	First Grade	47732	47693
二级	Second Grade	185132	174176
三级及以下	Third Grade and Below	71273	64541

continued

(10 000 yuan)

营业成本 Business Costs	# 主营业务成本 Costs of Principal Business	营业税金及附加 Business Taxes and Other Charges	# 主营业务税金及附加 Taxes and Other Charges on Principal Business	其他业务利润 Profits from Other Businesses	销售费用 Selling Costs	管理费用 Management Costs	税金 Taxes	差旅费 Travel Expenses	工会经费 Union Fund
2248365	**2224167**	**79588**	**78786**	**9333**	**4480**	**83329**	**2458**	**3456**	**986**
1920208	1904952	68175	67633	6228	2155	59866	1887	2414	767
1485706	1476995	51761	51570	2546	1178	41514	1344	2248	577
137828	129864	5260	4896	4142	131	6737	188	134	53
624831	617308	22567	22321	2645	3171	35079	925	1075	356
2229349	2205906	78957	78155	8491	4480	79607	2444	3327	986
661452	652730	23122	22655	4492	375	19386	588	606	181
517842	514491	18563	18499	252	339	22885	509	561	279
196178	195934	6534	6534	116		3383	61	244	74
321663	318558	12029	11965	136	339	19503	448	317	205
147693	147627	5549	5536	203		5892	158	311	18
902363	891058	31723	31466	3545	3766	31443	1189	1849	509
902363	891058	31723	31466	3545	3766	31443	1189	1849	509
19016	18261	631	631	843		3722	13	130	
19016	18261	631	631	843		3722	13	130	
1512081	1497977	51235	50744	6191	2577	32185	1064	930	453
642396	637689	24512	24371	1581	740	40019	1004	1388	266
321178	320997	11727	11714	243		10287	320	453	66
91790	91761	3903	3897	431	233	10690	177	349	29
39720	37980	1511	1489	248	42	5746	71	163	17
186531	183775	7220	7121	660	462	12617	421	407	147
3177	3177	151	151		3	680	16	16	7
40309	35565	1765	1602	1276	751	5647	165	767	96
53578	52936	2077	2070	286	412	5479	225	373	172
49358	48715	1943	1936	286	348	4494	203	310	157
4220	4220	134	134		65	985	22	62	14
876483	866541	30379	29890	3998	375	23412	662	861	257
31213	30725	1389	1389	195	170	1235	102	15	12
1230942	1219012	43536	43259	4103	3828	41622	1582	2329	588
19016	18261	631	631	843		3722	13	130	
90711	89629	3653	3618	195	107	13337	99	121	130
2248365	2224167	79588	78786	9333	4480	83329	2458	3456	986
2001730	1989314	69660	69367	4620	1714	53492	1729	1722	524
1018097	1015869	34791	34683	1472		19556	695	771	238
714809	709062	25684	25599	2100	1138	18254	713	491	187
268824	264383	9185	9085	1048	576	15682	322	461	99
246635	234853	9929	9420	4713	2766	29837	728	1735	463
40360	40320	1813	1788		464	2245	111	180	7
146942	139700	5887	5563	2656	553	19811	368	973	335
59333	54833	2228	2069	2058	1749	7781	249	582	120

6-16 续表 3

单位:万元 (2012)

指 标	Item	财务费用 Financial Costs	# 利息收入 Interest Income
总 计	**Total**	**15240**	**402**
# 一、二级企业	First and Second Grade	11727	349
按辖区分	**Grouped by County**		
兴庆区	Xingqing	8245	239
西夏区	Xixia	127	67
金凤区	Jinfeng	6868	96
按登记注册类型分	**Grouped by Status of Registration**		
内资企业	Domestic Funded	15105	376
国有企业	State-owned Enterprises	993	56
集体企业	Collective-owned Enterprises		
有限责任公司	Limited Liabilities Corporations	3330	60
国有独资公司	State Sole Funded Corporations	-6	11
其他有限责任公司	Other Limited Liabilities Corporations	3336	49
股份有限公司	Share-holding Corporations Limited	830	112
私营企业	Private Enterprises	9952	148
私营有限责任公司	Private Limited Liabilities Corporations	9952	148
私营股份有限公司	Private Share-holding Corporations Ltd.		
港、澳、台商投资企业	Enterprises with Funds from Hong Kong,Macao and Taiwan		
港、澳、台商独资经营企业	Enterprises with Sole Investment		
外商投资企业	Foreign Funded	135	27
中外合资经营企业	Domestic and Foreign Joint Funded Enterprises	135	27
外资企业	Foreign-funded Enterprises		
按国民经济行业分	**Grouped by Sector**		
房屋建筑业	Building and Civil Engineering	6865	138
土木工程建筑业	Civil Engineering	5942	228
铁路、道路、隧道和桥梁工程建筑	Railway, Road, Tunnel and Bridge	2863	162
水利和内河港口工程建筑	Water and River Ports	2103	12
工矿工程建筑	Mining	92	39
架线和管道工程建筑	Frame Line and Pipeline	886	17
其他土木工程建筑	Other Civil Engineering	-2	-3
建筑安装业	Construction Installation	393	18
建筑装饰和其他建筑业	Construction Decoration and Other Construction	2041	20
建筑装饰业	Construction Decoration	1613	10
工程准备活动	Other Construction	428	9
按控股情况分	**Grouped by Controlling Stake**		
国有控股	State-owned	982	63
集体控股	Collective-owned	315	6
私人控股	Private	11651	272
港澳台商控股	Hong Kong,Macao and Taiwan		
外商控股	Foreign	135	27
其他	Others	2158	35
按营业状态分	**Grouped by Operating Status**		
营业	Operating	15240	402
停业(歇业)	Turn off (go out of business)		
按企业资质等级分	**Grouped by Qualification Criteria**		
施工总承包	General Contractors	12138	283
一级	First Grade	3731	170
二级	Second Grade	5530	96
三级及以下	Third Grade and Below	2878	17
专业承包	Professional Contractors	3102	119
一级	First Grade	203	27
二级	Second Grade	2263	55
三级及以下	Third Grade and Below	635	37

continued

(10 000 yuan)

# 利息支出 Interest Expense	资产减值损失 Empairment of Assets	公允价值变动收益 Fair Value Gain	投资收益 Investment Income	营业利润 Business Profits	补贴收入 Subsidy Income	营业外收入 Income Expect Business	营业外支出 Expenses Expect Business	利润总额 Total Profits
13406	**1655**		**799**	**55751**	**545**	**5067**	**4459**	**56401**
10445	1634		789	45580	317	2860	3028	45445
7395	1007		270	17023	277	3091	3119	17021
164	-1		-125	11833	228	335	352	11822
5847	649		655	26895	40	1642	988	27559
13298	1655		799	56852	545	4877	4266	57505
1090	658		62	13711	277	774	987	13509
3362	995		644	6469	41	1826	1369	6951
	650			-490	41	1478	78	910
3362	345		644	6959		349	1291	6041
783			125	4223		86	322	3987
8063	2		-32	32449	228	2191	1588	33058
8063	2		-32	32449	228	2191	1588	33058
108				-1101		190	193	-1104
108				-1101		190	193	-1104
5754	1024		28	45981	505	2069	1385	46692
5529	631		771	6428	40	2843	2456	6819
2501	21		179	3271		660	784	3157
2077	153		1	-3159		1751	1175	-2582
145			-40	-1929		199	369	-2099
806	458		631	7988	40	228	125	8091
				257		5	4	252
398	1			1300		118	428	990
1726	-1			2041		37	190	1901
1330	-1			2683		27	177	2533
396				-642		10	12	-632
1090	1307		62	13147	317	2253	1070	14336
319	78		361	4547		18	29	4537
9722	2		193	39736	228	2311	2036	40047
108				-1101		190	193	-1104
2167	269		184	-578		295	1132	-1414
13406	1655		799	55748	545	5067	4459	56399
				3				3
10743	1192		605	44291	317	3174	3594	43898
3682	1044		243	6804	317	1347	1073	7109
4565	127		362	26864		1347	1214	26992
2497	21			10624		480	1307	9797
2663	463		194	11459	228	1893	865	12503
176	-1			2673		41	567	2147
2023	464		184	9239		126	174	9197
465			10	-453	228	1727	125	1159

6-16 续表 4

单位:万元 （2012）

指 标	Item	应交所得税 Tax Payable	应付职工薪酬（贷方累计发生额） Deal with Wages （volume of gredit side）
总 计	**Total**	**16904**	**364277**
# 一、二级企业	First and Second Grade	13520	331742
按辖区分	**Grouped by County**		
兴庆区	Xingqing	8486	259090
西夏区	Xixia	2301	17529
金凤区	Jinfeng	6117	87658
按登记注册类型分	**Grouped by Status of Registration**		
内资企业	Domestic Funded	16891	360091
国有企业	State-owned Enterprises	2841	137563
集体企业	Collective-owned Enterprises		
有限责任公司	Limited Liabilities Corporations	3818	107145
国有独资公司	State Sole Funded Corporations	772	48988
其他有限责任公司	Other Limited Liabilities Corporations	3046	58157
股份有限公司	Share-holding Corporations Limited	623	4770
私营企业	Private Enterprises	9608	110613
私营有限责任公司	Private Limited Liabilities Corporations	9608	110613
私营股份有限公司	Private Share-holding Corporations Ltd.		
港、澳、台商投资企业	Enterprises with Funds from Hong Kong,Macao and Taiwan		
港、澳、台商独资经营企业	Enterprises with Sole Investment		
外商投资企业	Foreign Funded	14	4186
中外合资经营企业	Domestic and Foreign Joint Funded Enterprises	14	4186
外资企业	Foreign-funded Enterprises		
按国民经济行业分	**Grouped by Sector**		
房屋建筑业	Building and Civil Engineering	12135	284181
土木工程建筑业	Civil Engineering	3362	60544
铁路、道路、隧道和桥梁工程建筑	Railway, Road, Tunnel and Bridge	1251	14509
水利和内河港口工程建筑	Water and River Ports	405	9957
工矿工程建筑	Mining	179	9823
架线和管道工程建筑	Frame Line and Pipeline	1435	25366
其他土木工程建筑	Other Civil Engineering	92	890
建筑安装业	Construction Installation	490	8574
建筑装饰和其他建筑业	Construction Decoration and Other Construction	918	10978
建筑装饰业	Construction Decoration	885	9801
工程准备活动	Other Construction	33	1176
按控股情况分	**Grouped by Controlling Stake**		
国有控股	State-owned	3988	190668
集体控股	Collective-owned	704	3566
私人控股	Private	11023	151095
港澳台商控股	Hong Kong,Macao and Taiwan		
外商控股	Foreign	14	4186
其他	Others	1176	14762
按营业状态分	**Grouped by Operating Status**		
营业	Operating	16904	364277
停业(歇业)	Turn off (go out of business)		
按企业资质等级分	**Grouped by Qualification Criteria**		
施工总承包	General Contractors	13679	322653
一级	First Grade	2740	190657
二级	Second Grade	7966	109990
三级及以下	Third Grade and Below	2973	22006
专业承包	Professional Contractors	3225	41624
一级	First Grade	692	5940
二级	Second Grade	2121	25155
三级及以下	Third Grade and Below	412	10530

continued

(10 000 yuan)

土地和固定资产支出 Land and Fixed Assets Expense	土地购置费 Land Acquisition Costs	房屋和建筑物支出 Building and Construction Expenses	机器设备支出 Machinery and Equipment Expenses	运输工具消费 Conveyance Expenses	其他费用 Other Costs
15347	**170**	**1350**	**9026**	**2924**	**1878**
10476	170	106	6303	2182	1716
9398	170	273	6352	1113	1491
856		326	198	216	116
5093		752	2476	1595	271
15347	170	1350	9026	2924	1878
1806		59	1193	387	167
4423		47	3012	1108	256
87			76	2	8
4336		47	2936	1106	248
971	170		671	130	
8147		1244	4150	1299	1455
8147		1244	4150	1299	1455
7876		598	5773	1009	496
5157	170	752	1418	1619	1199
3358	170	724	860	647	956
529			300	143	86
71			47	6	18
982		27	139	762	54
217			72	62	84
463			54	263	146
1851			1781	33	37
71			1	33	37
1780			1780		
2027		59	1270	438	261
716			78	619	19
10413	170	1291	5761	1731	1461
2191			1917	136	137
15347	170	1350	9026	2924	1878
11033	170	1024	6350	2256	1233
2415	170	59	1568	473	147
4461		47	2157	1268	989
4157		918	2626	516	97
4314		326	2675	668	645
356				55	301
3245			2578	387	280
714		326	97	226	65

6—17 劳务分包建筑业企业生产经营情况(市区)

单位:万元 (2012)

指 标	Item	企业数(个) Number of Enterprises (unit)	#有工作量的企业数 Number of Enter Prise with Workload	建筑业总产值 Total Output Value of Construction
总 计	**Total**	**20**	**19**	**10024**
#一、二级企业	First and Second Grade	13	12	6485
按辖区分	**Grouped by County**			
兴庆区	Xingqing	12	11	9348
西夏区	Xixia	4	4	274
金凤区	Jinfeng	4	4	403
按登记注册类型分	**Grouped by Status of Registration**			
内资企业	Domestic Funded	20	19	10024
有限责任公司	Limited Liabilities Corporations	1	1	116
国有独资公司	State Sole Funded Corporations	1	1	116
其他有限责任公司	Other Limited Liabilities Corporations			
私营企业	Private Enterprises	19	18	9908
私营有限责任公司	Private Limited Liabilities Corporations	19	18	9908
按国民经济行业分	**Grouped by Sector**			
房屋建筑业	Building and Civil Engineering	16	15	9327
土木工程建筑业	Civil Engineering			
建筑安装业	Construction Installation	4	4	697
建筑装饰和其他建筑业	Construction Decoration and Other Construction			
按控股情况分	**Grouped by Controlling Stake**			
国有控股	State-owned	1	1	116
私人控股	Private	19	18	9908
按营业状态分	**Grouped by Operating Status**			
营业	Operating	20	19	10024
按企业资质等级分	**Grouped by Qualification Criteria**			
劳务分包	General Contractors	20	19	10024
一级	First Grade	13	12	6485
二级	Second Grade			
不分级	Not Grade	7	7	3539

Production and Business Statistics of Labour Subcontractors in Construction Industry(City)

(10 000 yuan)

#装饰装修产值 Dueput Value of Decoration	固定资产原价 Original Value of Fixed Assets	本年折旧 Depreciation This Year	资产总计 Total Capital	负债合计 Total Liabilities	实收资本 Paid-in Capitals	营业收入 Business Revenue
	156	**56**	**3676**	**1736**	**1753**	**11981**
	106	40	2297	1134	1085	7468
	74	22	1697	931	693	9101
	70	31	516	144	210	1341
	12	3	1463	661	851	1539
	156	56	3676	1736	1753	11981
	25	2	337	74	100	1254
	25	2	337	74	100	1254
	130	54	3339	1662	1653	10727
	130	54	3339	1662	1653	10727
	106	40	2772	1272	1465	10299
	49	16	905	463	288	1682
	25	2	337	74	100	1254
	130	54	3339	1662	1653	10727
	156	56	3676	1736	1753	11981
	156	56	3676	1736	1753	11981
	106	40	2297	1134	1085	7468
	50	16	1379	602	668	4513

6-17 续表 1

单位:万元 （2012）

指 标	Item	# 主营业务收入 Revenue from Principal Business	营业成本 Business Costs	# 主营业务成本 Costs of Principal Business
总 计	**Total**	**11950**	**11368**	**11368**
# 一、二级企业	First and Second Grade	7468	7418	7418
按辖区分	**Grouped by County**			
兴庆区	Xingqing	9101	8938	8938
西夏区	Xixia	1310	871	871
金凤区	Jinfeng	1539	1559	1559
按登记注册类型分	**Grouped by Status of Registration**			
内资企业	Domestic Funded	11950	11368	11368
有限责任公司	Limited Liabilities Corporations	1223	799	799
国有独资公司	State Sole Funded Corporations	1223	799	799
其他有限责任公司	Other Limited Liabilities Corporations			
私营企业	Private Enterprises	10727	10569	10569
私营有限责任公司	Private Limited Liabilities Corporations	10727	10569	10569
按国民经济行业分	**Grouped by Sector**			
房屋建筑业	Building and Civil Engineering	10299	10201	10201
土木工程建筑业	Civil Engineering			
建筑安装业	Construction Installation	1651	1167	1167
建筑装饰和其他建筑业	Construction Decoration and Other Construction			
按控股情况分	**Grouped by Controlling Stake**			
国有控股	State-owned	1223	799	799
私人控股	Private	10727	10569	10569
按营业状态分	**Grouped by Operating Status**			
营业	Operating	11950	11368	11368
按企业资质等级分	**Grouped by Qualification Criteria**			
劳务分包	General Contractors	11950	11368	11368
一级	First Grade	7468	7418	7418
二级	Second Grade			
不分级	Not Grade	4482	3950	3950

continued

(10 000 yuan)

营业税金及附加 Business Taxes and Other Charges	# 主营业务税金及附加 Taxes and Other Charges on Principal Business	管理费用 Management Costs	财务费用 Financial Costs	营业利润 Business Profits	利润总额 Total Profits	土地和固定资产支出 Land and Fixed Assets Expenses
101	**101**	**510**	**-4**	**7**	**4**	**35**
65	65	142	-4	-153	-144	26
31	31	128	-4	7	-4	
19	19	282		170	170	35
50	50	101		-171	-162	
101	101	510	-4	7	4	35
16	16	259		180	180	9
16	16	259		180	180	9
85	85	251	-4	-173	-176	26
85	85	251	-4	-173	-176	26
68	68	189	-4	-155	-158	26
33	33	321		162	162	9
16	16	259		180	180	9
85	85	251	-4	-173	-176	26
101	101	510	-4	7	4	35
101	101	510	-4	7	4	35
65	65	142	-4	-153	-144	26
36	36	368		159	148	9

6-17 续表 2

单位:万元 (2012)

指标	Item	土地购置费 Land Acquisition Costs	房屋和建筑物支出 Building and Construction Expense	机器设备支出 Machinery and Equipment Expense
总　计	**Total**			**35**
#一、二级企业	First and Second Grade			26
按辖区分	**Grouped by County**			
兴庆区	Xingqing			
西夏区	Xixia			35
金凤区	Jinfeng			
按登记注册类型分	**Grouped by Status of Registration**			
内资企业	Domestic Funded			35
有限责任公司	Limited Liabilities Corporations			9
国有独资公司	State Sole Funded Corporations			9
其他有限责任公司	Other Limited Liabilities Corporations			
私营企业	Private Enterprises			26
私营有限责任公司	Private Limited Liabilities Corporations			26
按国民经济行业分	**Grouped by Sector**			
房屋建筑业	Building and Civil Engineering			26
土木工程建筑业	Civil Engineering			
建筑安装业	Construction Installation			9
建筑装饰和其他建筑业	Construction Decoration and Other Construction			
按控股情况分	**Grouped by Controlling Stake**			
国有控股	State-owned			9
私人控股	Private			26
按营业状态分	**Grouped by Operating Status**			
营业	Operating			35
按企业资质等级分	**Grouped by Qualification Criteria**			
劳务分包	General Contractors			35
一级	First Grade			26
二级	Second Grade			
不分级	Not Grade			9

continued

(10 000 yuan)

		全部从业人员平均人数(人) Average Number of Total Persons Employed(person)	期末从业人员数(人) Number of Employed Persons (person)			
运输工具消费 Conveyance Expense	其他费用 Other Costs			管理人员 Management Persons	工程技术人员 Engineering Persons	现场施工人员 Site Construction Persons
		2389	**864**		**96**	**687**
		1580	450		76	311
		1877	628		51	564
		118	118		12	60
		394	118		33	63
		2389	864		96	687
		68	68		7	54
		68	68		7	54
		2321	796		89	633
		2321	796		89	633
		2300	778		83	626
		89	86		13	61
		68	68		7	54
		2321	796		89	633
		2389	864		96	687
		2389	864		96	687
		1580	450		76	311
		809	414		20	376

6—18 建筑业总承包资质等级一、二级企业名单

Construction Industry List by Contracted Qualification Criteria with First or Secord Grade

单位名称 Unit Name	法人代表 Legal Represen-tative	行业类别 Sectors	注册类型 Registration Type	资质等级 Qualification Criteria	企业规模 Scale Enterprises
宁夏二建集团有限责任公司	丁宝善	房屋建筑业	国有独资公司	房屋建筑工程一级	大型
宁夏第五建筑工程公司	高　平	房屋建筑业	国有企业	房屋建筑工程一级	中型
宁夏第一建筑公司	王天林	房屋建筑业	国有企业	房屋建筑工程一级	大型
宁夏电力建设工程公司	陈学富	架线及设备工程建筑	国有企业	电力工程一级	大型
宁夏正丰建筑工程有限公司	郑国福	房屋建筑业	其他有限责任公司	房屋建筑工程一级	中型
宁夏恺元建筑有限公司	贺　明	房屋建筑业	私营有限责任公司	房屋建筑工程一级	中型
宁夏回族自治区水利水电工程局	陈学斌	水源及供水设施工程建筑	国有企业	水利水电工程一级	中型
银川第一市政工程有限责任公司	高　源	市政道路工程建筑	私营有限责任公司	市政公用工程一级	中型
银川第二市政工程有限责任公司	马建泽	市政道路工程建筑	私营有限责任公司	市政公用工程一级	中型
宁夏路桥工程股份有限公司	侯建国	公路工程建筑	股份有限公司	公路工程一级	大型
宁夏建工集团有限公司	王天林	房屋建筑业	国有独资公司	房屋建筑工程一级	中型
宁夏石油化工建设有限公司	李国庆	房屋建筑业	私营有限责任公司	房屋建筑工程二级	中型
宁夏农垦建设实业总公司	杨怀林	房屋建筑业	国有企业	房屋建筑工程二级	中型
宁夏新月建筑有限公司	朱江成	房屋建筑业	私营有限责任公司	房屋建筑工程二级	中型
宁夏对外建设总公司	张燕云	房屋建筑业	国有企业	房屋建筑工程二级	中型
宁夏宁化安装检修厂	滕兴荣	工矿工程建筑	国有企业	化工石油工程二级	中型
核工业宁夏工程公司	许开明	工矿工程建筑	国有企业	矿山工程二级	小型
宁夏固本建筑有限公司	杨永乐	房屋建筑业	私营有限责任公司	房屋建筑工程二级	小型
宁夏陆磐建筑工程有限公司	楚　波	房屋建筑业	私营有限责任公司	房屋建筑工程二级	小型
宁夏华宇建设工程有限公司	竺伟军	房屋建筑业	其他有限责任公司	房屋建筑工程二级	中型
银川市郊区第二建筑有限公司	朱宏魁	房屋建筑业	私营有限责任公司	房屋建筑工程二级	小型
银川三建工程有限责任公司	刘惠敏	房屋建筑业	其他有限责任公司	房屋建筑工程二级	中型
银川市第一建筑工程有限责任公司	邵关宝	房屋建筑业	私营有限责任公司	房屋建筑工程二级	中型
宁夏长城集团建筑工程有限责任公司	杨相林	房屋建筑业	私营有限责任公司	房屋建筑工程二级	中型
宁夏斯达建筑工程有限公司	魏立耿	房屋建筑业	私营有限责任公司	房屋建筑工程二级	小型
银川天宏实业有限公司	庄　宏	水源及供水设施工程建筑	私营有限责任公司	市政公用工程二级	小型
宁夏永建建筑工程有限公司	王立平	房屋建筑业	私营有限责任公司	房屋建筑工程二级	中型
宁夏方圆建设工程有限公司	华贵普	房屋建筑业	私营有限责任公司	房屋建筑工程二级	中型
宁夏功达建筑工程有限责任公司	孙建功	房屋建筑业	其他有限责任公司	房屋建筑工程二级	中型
中电投宁夏能源铝业建筑安装工程有限公司	何学宁	房屋建筑业	国有企业	房屋建筑工程二级	中型
宁夏灵隆建设集团有限责任公司	官国福	房屋建筑业	私营有限责任公司	房屋建筑工程二级	中型
宁夏灵州建设安装集团有限公司	岳文礼	水源及供水设施工程建筑	私营有限责任公司	水利水电工程二级	中型
宁夏德达建筑安装工程有限公司	杨学刚	房屋建筑业	私营有限责任公司	房屋建筑工程二级	中型
灵武市建筑工程公司	秦玉焕	房屋建筑业	集体企业	房屋建筑工程二级	中型
宁夏万通建设工程有限公司	张学斌	房屋建筑业	私营有限责任公司	房屋建筑工程二级	中型
宁夏天信建设发展有限责任公司	王　忻	架线及设备工程建筑	其他有限责任公司	电力工程二级	中型
宁夏华建建筑有限责任公司	刘　毅	房屋建筑业	私营有限责任公司	房屋建筑工程二级	中型

6-18 续表 continued

单位名称 Unit Name	法人代表 Legal Represen-tative	行业类别 Sectors	注册类型 Registration Type	资质等级 Qualification Griteria	企业规模 Scale Enterprises
宁夏中远工程建设有限公司	陈远飞	市政道路工程建筑	私营有限责任公司	市政公用工程二级	小型
宁夏嘉源建筑有限公司	赵云超	房屋建筑业	国有独资公司	房屋建筑工程二级	小型
宁夏嘉屋建设工程有限公司	王　勇	房屋建筑业	私营有限责任公司	房屋建筑工程二级	小型
宁夏众鑫鹏建筑工程有限责任公司	王金星	房屋建筑业	其他有限责任公司	房屋建筑工程二级	小型
宁夏吉运建筑安装有限公司	陆海鹰	房屋建筑业	其他有限责任公司	房屋建筑工程二级	中型
宁夏百力德建筑工程有限公司	白雪俊	房屋建筑业	私营有限责任公司	房屋建筑工程二级	中型
宁夏住宅建设工程有限公司	王东生	房屋建筑业	私营有限责任公司	房屋建筑工程二级	中型
宁夏兴亚建筑工程有限公司	温天明	房屋建筑业	私营有限责任公司	房屋建筑工程二级	中型
宁夏宁房建筑工程有限公司	马峭峻	房屋建筑业	私营有限责任公司	房屋建筑工程二级	小型
宁夏建昌建筑实业有限公司	桂建军	房屋建筑业	私营有限责任公司	房屋建筑工程二级	小型
宁夏灵武市第六建筑安装工程有限公司	蒋　智	房屋建筑业	私营有限责任公司	房屋建筑工程二级	小型
宁夏成城建设集团有限公司	苏志海	房屋建筑业	私营有限责任公司	房屋建筑工程二级	中型
宁夏建宏道路有限公司	朱宏山	市政道路工程建筑	其他有限责任公司	市政公用工程二级	小型
宁夏科强建筑安装有限公司	孙成杰	房屋建筑业	私营有限责任公司	房屋建筑工程二级	中型
宁夏长丰实业发展有限公司(工商注销)	杨　毅	工矿工程建筑	其他有限责任公司	化工石油工程二级	微型
银川晨阳工程有限公司	黄昌俊	房屋建筑业	私营有限责任公司	房屋建筑工程二级	小型
银川市成通建设工程有限公司	韩春明	市政道路工程建筑	私营有限责任公司	市政公用工程二级	小型
宁夏荣恒集团建筑安装工程有限责任公司	王　建	房屋建筑业	私营有限责任公司	房屋建筑工程二级	中型
银川市市政建设工程有限责任公司	吕建军	市政道路工程建筑	私营有限责任公司	市政公用工程二级	中型
银川高新区诚畅市政工程有限公司	刘少国	市政道路工程建筑	私营有限责任公司	市政公用工程二级	小型
银川市万兴隆建筑工程有限公司	徐　涛	房屋建筑业	私营有限责任公司	房屋建筑工程二级	中型
宁夏隆洋建筑实业有限公司	汪　峰	房屋建筑业	私营有限责任公司	房屋建筑工程二级	小型
宁夏友厦建设集团有限公司	秦丽华	房屋建筑业	私营有限责任公司	房屋建筑工程二级	小型
宁夏大捷建设工程有限公司	叶海锦	房屋建筑业	私营有限责任公司	房屋建筑工程二级	小型
宁夏庆元建设实业有限公司	刘良庆	房屋建筑业	私营有限责任公司	房屋建筑工程二级	中型
宁夏合泰建设工程有限公司	刘树其	房屋建筑业	私营有限责任公司	房屋建筑工程二级	小型
宁夏圣华建筑安装工程有限公司	姚建宁	房屋建筑业	私营有限责任公司	房屋建筑工程二级	微型
宁夏万嘉市政建设工程有限公司	陆　云	市政道路工程建筑	私营有限责任公司	市政公用工程二级	小型
宁夏众一建设工程有限公司	付成勇	房屋建筑业	私营有限责任公司	房屋建筑工程二级	中型
宁夏视通建设发展有限公司	张　静	市政道路工程建筑	私营有限责任公司	市政公用工程二级	小型
宁夏永刚建筑工程有限公司	郭兴斌	房屋建筑业	其他有限责任公司	房屋建筑工程二级	小型
宁夏可泰建筑工程有限责任公司	金　伟	房屋建筑业	私营有限责任公司	房屋建筑工程二级	小型
宁夏励诚建设工程有限公司	吴学斌	房屋建筑业	私营有限责任公司	房屋建筑工程二级	小型
宁夏晨洋公路工程有限公司	余明春	市政道路工程建筑	私营有限责任公司	市政公用工程二级	小型
斯伦贝谢长和油田工程有限公司	焦旭鼎	工矿工程建筑	中外合资经营企业	化工石油工程二级	中型
宁夏路捷建设集团有限公司	石　林	公路工程建筑	私营有限责任公司	公路工程二级	中型
神华宁夏煤业集团灵州建井工程有限公司	李立新	工矿工程建筑	国有企业	矿山工程二级	中型

注:企业规模视当年经营状况核定。
a) Scale enterprises in accordance with the operating conditions at current Year.

6—19 建筑业专业承包资质等级一、二级企业名单

Construction Industry List by Professional Contractor Qualification Criteria with First or Secord Grade

单位名称 Unit Name	法人代表 Legal Represen-tative	行业类别 Sectors	注册类型 Registration Type	资质等级 Qualification Criteria	企业规模 Scale Enterprises
宁夏通信建设公司	张 伟	电气安装	国有企业	电信工程一级	小型
宁夏伊斯兰地质工程公司	胡学祥	房屋建筑业	国有企业	地基与基础工程一级	中型
宁夏爱华建筑装饰工程有限公司	黄燕强	建筑装饰业	私营有限责任公司	建筑装修装饰工程一级	小型
宁夏古月建筑装饰工程有限公司	胡爱香	建筑装饰业	私营有限责任公司	建筑装修装饰工程一级	小型
银川金辉建筑装饰工程有限公司	路金明	建筑装饰业	私营有限责任公司	建筑装修装饰工程一级	微型
宁夏建工集团装饰工程有限公司	陈宗平	建筑装饰业	其他有限责任公司	建筑装修装饰工程一级	小型
宁夏凯田装饰设计工程有限公司	陈造成	房屋建筑业	私营有限责任公司	建筑幕墙工程一级	小型
宁夏有色地质工程公司	曾建平	工矿工程建筑	国有企业	矿山工程二级	小型
宁夏地质工程勘察院	于艳青	房屋建筑业	国有企业	地基与基础工程二级	小型
宁夏大力岩土工程公司	张 毅	房屋建筑业	国有企业	地基与基础工程二级	中型
宁夏矿业开发公司	闫正罡	工矿工程建筑	国有企业	钻井、成井工程二级	小型
宁夏爆破公司	许开明	建筑物拆除活动	国有企业	爆破与拆除工程二级	小型
宁夏基础工程有限公司	牛文连	房屋建筑业	其他有限责任公司	地基与基础工程二级	小型
宁夏天邦装饰工程有限公司	曹巨峰	建筑装饰业	私营有限责任公司	建筑装修装饰工程二级	微型
银川中房建设装饰有限公司	陆西安	建筑装饰业	私营有限责任公司	建筑装修装饰工程二级	小型
宁夏三昌建筑装饰工程有限公司	孟宪静	建筑装饰业	私营有限责任公司	建筑装修装饰工程二级	微型
宁夏优泰消防安全工程有限公司	朱海珠	电气安装	私营有限责任公司	消防设施工程二级	小型
宁夏嘉恒帝建设工程有限公司	殷培耕	建筑装饰业	私营有限责任公司	建筑装修装饰工程二级	微型
宁夏煤炭勘察工程公司	刘自俭	房屋建筑业	国有企业	地基与基础工程二级	中型
银川市民政福利建筑装饰有限公司	陈现场	建筑装饰业	私营有限责任公司	建筑装修装饰工程二级	小型
宁夏建筑设计装饰工程有限公司	李志锋	建筑装饰业	其他有限责任公司	建筑装修装饰工程二级	小型
银川市金利装饰发展有限公司	周 辉	建筑装饰业	私营有限责任公司	建筑装修装饰工程二级	小型
宁夏乾坤广告装潢设计有限公司	高京宏	建筑装饰业	私营有限责任公司	建筑装修装饰工程二级	小型
宁夏夯利地基有限责任公司	徐国荣	房屋建筑业	私营有限责任公司	地基与基础工程二级	小型
宁夏中移通信技术工程有限公司	彭晓川	电气安装	其他有限责任公司	电信工程二级	小型
宁夏龙升幕墙钢结构工程有限公司	朱 莉	房屋建筑业	私营有限责任公司	建筑幕墙工程二级	微型
宁夏中联装饰工程有限公司	韩晓群	建筑装饰业	私营有限责任公司	建筑装修装饰工程二级	小型
宁夏西美装饰工程有限公司	邵宝琪	建筑装饰业	私营有限责任公司	建筑装修装饰工程二级	小型
银川市现代爆破有限公司	霍胜伟	建筑物拆除活动	私营有限责任公司	爆破与拆除工程二级	微型
宁夏怡达公路工程有限公司	黄奎怡	公路工程建筑	私营有限责任公司	公路路面工程二级	小型
宁夏建工岩土工程有限公司	许德同	房屋建筑业	国有独资公司	地基与基础工程二级	小型
宁夏安消消防设施工程有限公司	周时光	电气安装	私营有限责任公司	消防设施工程二级	小型
宁夏利安消防工程有限公司	彭陆川	电气安装	私营有限责任公司	消防设施工程二级	微型
宁夏鑫北装饰有限公司	李 明	建筑装饰业	私营有限责任公司	建筑装饰装修工程二级	小型
宁夏众邦消防工程有限公司	邓建国	电气安装	私营有限责任公司	消防设施工程二级	小型
宁夏鸿日建筑幕墙装饰有限公司	洪跃辉	房屋建筑业	私营有限责任公司	建筑幕墙工程二级	小型
宁夏嘉宁科技实业有限公司	谢 宁	电气安装	私营有限责任公司	电子工程二级	小型

6-19 续表 continued

单位名称 Unit Name	法人代表 Legal Represen-tative	行业类别 Sectors	注册类型 Registration Type	资质等级 Qualification Griteria	企业规模 Scale Enterprises
宁夏天净元光电力有限公司	王振兴	架线及设备工程建筑	其他有限责任公司	送变电工程二级	中型
银川定向爆破工程有限公司	朱飞南	建筑物拆除活动	私营有限责任公司	爆破与拆除工程二级	微型
宁夏鑫诺人工环境工程有限公司	杨德春	电气安装	私营有限责任公司	建筑智能化工程二级	微型
银川龙成实业有限公司	田西宁	管道工程建筑	其他有限责任公司	化工石油设备管道安装工程二级	小型
银川市兴盈钻井工程有限公司	陈福信	其他土木工程建筑	私营有限责任公司	能源、矿产和水源钻井工程二级	小型
宁夏安正科贸有限公司	颜　岩	电气安装	私营有限责任公司	建筑智能化工程二级	小型
宁夏三菱装饰工程有限公司	田业才	建筑装饰业	私营有限责任公司	建筑装修装饰工程二级	微型
宁夏众安消防安全工程有限公司	黎春霞	电气安装	私营有限责任公司	消防设施工程二级	小型
宁夏宁电消防设备有限公司	何勇志	电气安装	私营有限责任公司	消防设施工程二级	小型
宁夏新三星建设工程有限公司	朱兆泽	建筑装饰业	私营有限责任公司	建筑装修装饰工程二级	小型
宁夏天宏爆破有限公司	张顺柱	建筑物拆除活动	私营有限责任公司	爆破工程服务二级	小型
宁夏丰亨环保消防工程有限公司	姜建军	电气安装	私营有限责任公司	消防设施工程二级	微型
宁夏鑫翔建设实业有限公司	胥泽良	建筑装饰业	私营有限责任公司	建筑装修装饰工程二级	小型
宁夏信誉建筑装饰工程有限公司	李祖平	建筑装饰业	私营有限责任公司	建筑装修装饰工程二级	小型
宁夏久安消防工程有限公司	马　力	电气安装	私营有限责任公司	消防设施工程二级	小型
宁夏三鑫机械化工程有限公司	郝卫兴	其他工程准备活动	其他有限责任公司	土石方工程二级	小型
宁夏众辰安全技术有限公司	王晓龙	电气安装	私营有限责任公司	消防设施工程二级	小型
宁夏隆泰华消防工程有限公司	李宝君	电气安装	私营有限责任公司	消防设施工程二级	微型
宁夏新银迪建筑装饰工程有限公司	王勇刚	建筑装饰业	私营有限责任公司	建筑装修装饰工程二级	微型
宁夏高力安装工程有限公司	冉　治	电气安装	私营有限责任公司	消防设施工程二级	微型
宁夏舜豪建筑装饰工程有限公司	贾金怀	建筑装饰业	私营有限责任公司	建筑装修装饰工程二级	微型
宁夏大地地质勘查有限责任公司	郑　毅	其他土木工程建筑	其他有限责任公司	能源、矿产和水源钻井工程二级	小型
宁夏坤承电力工程有限公司	史兴忠	架线及设备工程建筑	其他有限责任公司	送变电工程二级	小型
银川新形象装饰设计工程有限公司	祝　溱	建筑装饰业	私营有限责任公司	建筑装修装饰工程二级	小型
宁夏长中建筑安装工程有限公司	冯彦存	管道工程建筑	私营有限责任公司	化工石油设备管道安装工程二级	小型
宁夏恒创设备安装工程有限公司	梁　平	电气安装	其他有限责任公司	建筑智能化工程二级	小型
宁夏安邦智能科技有限公司	王明东	电气安装	私营有限责任公司	消防设施工程二级	微型
宁夏恒亚制造安装有限公司	朱国广	建筑装饰业	其他有限责任公司	建筑装修装饰工程二级	小型
宁夏鑫吉海医疗工程有限公司	田海滨	其他建筑安装业	私营有限责任公司	机电设备安装工程二级	小型
宁夏昊瑞城建筑工程有限公司	胡博翔	房屋建筑业	私营有限责任公司	金属门窗工程二级	小型
宁夏僖泰装饰工程有限公司	刘良喜	建筑装饰业	私营有限责任公司	建筑装修装饰工程二级	小型
深装(宁夏)装饰工程有限公司	贾　峰	建筑装饰业	私营有限责任公司	建筑装修装饰工程二级	微型
宁夏北方时空建筑装饰工程有限公司	潘丽玮	建筑装饰业	私营有限责任公司	建筑装修装饰工程二级	小型
宁夏华利建筑装饰有限公司	李维军	建筑装饰业	私营有限责任公司	建筑装修装饰工程二级	小型

注:企业规模视当年经营状况核定。

a) Scale enterprises in accordance with the operating conditions at current Year.

主要统计指标解释

【建筑业统计单位】 指从事房屋、构筑物建造和设备安装活动的法人企业。建筑业法人企业应同时具备的条件是:1. 依法成立,有自己的名称、组织机构和场所，能够承担民事责任;2. 独立拥有和使用资产,承担负债,有权与其他单位签订合同;3. 独立核算盈亏,能够编制资产负债表。统计范围是具有建筑业资质等级的独立核算的总承包、专业承包和劳务分包企业。

【年末自有施工机械设备总台数】 指年末本企业(或单位)自有的直接用于工程施工的各种机械设备的台数。但不包括附属辅助生产机械设备、运输设备、生产试验机械设备的台数。

【年末自有施工机械设备总功率】 指年末本企业(或单位)自有的直接用于工程施工的各种机械设备年末总功率，按设定能力或查定能力计算。包括施工机械本身的动力和为该机械服务的单独动力设备,如电动机等。但不包括附属辅助生产机械设备、运输机械设备、生产试验机械设备的功率。计算单位用千瓦,动力换算可按 1 马力=0.735 千瓦折合成千瓦数。电焊机、变压器、锅炉不计算动力。

【建筑业总产值】 是以货币表现的建筑业企业在一定时期内生产的建筑业产品和服务的总和。建筑业总产值包括三部分内容:

(1)建筑工程产值:指列入建筑工程预算内的各种工程价值。

(2)安装工程产值:指设备安装工程价值,不包括被安装设备本身价值。

(3)其他产值:建筑业总产值中除建筑工程、安装工程以外的产值。包括房屋构筑物修理产值、非标准设备制造产值、总包企业向分包企业收取的管理费以及不能明确划分的施工活动所完成的产值。

【工程结算收入】 指本企业承包工程实现的工程价款结算收入以及向发包单位收取的除工程价款以外的按规定列作营业收入的各种款项,如临时设施费、劳动保险费、施工机构调迁费等以及向发包单位收取的各种索赔款。

【建筑业增加值】 是建筑业企业在报告期内以货币表现的建筑业生产经营活动的最终成果。目前建筑业增加值采用分配法(收入法)计算,即从收入的角度出发,根据生产要素在生产过程中应得的收入份额计算。具体计算公式是:

建筑业增加值=本年提取的固定资产折旧+本年应付工资总额+本年应付福利费+管理费中的税金、劳动待业保险金+工程结算税金及附加+营业利润

【工程结算利润】 指已结算工程实现的利润。如亏损以“-”号表示。计算公式为:

工程结算利润=工程结算收入-工程结算成本-销售费用-工程结算税金及附加。

【企业总收入】 指与企业生产经营直接有关的各项收入，包括工程结算收入和其他业务收入。计算公式为:

企业总收入=工程结算收入+其他业务收入

【房屋建筑施工面积】 指在报告期内施过工的全部房屋建筑面积,它包括本期新开工的房屋面积、上期施工跨入本期继续施工的房屋面积、上期停缓建在本期恢复施工的房屋面积、本期竣工的房屋面积以及本期施工后又停缓建的房屋面积。

【计算建筑业劳动生产率的平均人数】 指建筑业企业（或单位)报告期实际拥有的、与建筑施工活动有关的平均人数,包括参加本企业(或单位)建筑施工活动的非本企业(或单位)人员,但不包括企业内部社会服务性机构的人员以及由本企业支付工资但所从事的工作与本企业生产基本无关的人员。

【房屋建筑竣工面积】 指在报告期内房屋建筑按照设计要求已全部完工,达到了住人和使用条件,经检查验收鉴定合格,正式移交使用单位的房屋建筑面积。

交通运输与邮电

Transport, Postal and Telecommunication Services

7—1 主要年份交通运输业主要经济指标

Major Economic Indicators of Transport Conveyance in Main Years

年份 Year	载客汽车年末拥有量（辆）Number of Passenger Vehicles at Year-end (unit)	载货汽车年末拥有量(辆) Number of Truck at Year-end (unit)	公路客运量（万人）Passenger Traffic of Highways (10 000 persons)	公路客运周转量（万人公里）Passenger-kilometers of Highways (10 000 person-km)	公路货运量（万吨）Freight Traffic of Highways (10 000 tons)	公路货运周转量（万吨公里）Freight Ton-kilometers of Highways (10 000 ton-km)
1978	227	1028	185	12436	441	17512
1979	230	1083	162	10980	476	11429
1980	1225	3647	189	15004	469	10284
1981	1448	3668	265	14477	266	8391
1982	1488	3718	340	18282	284	10400
1983	1719	3154	344	20421	319	12018
1984	2030	3583	400	22801	292	12851
1985	2840	4791	529	30601	645	30305
1986	2838	4778	653	35965	672	29367
1987	3028	5152	815	41344	688	38034
1988	3313	5380	879	48898	649	37890
1989	3789	6023	1154	54764	646	36800
1990	4422	7532	1095	49564	685	36796
1991	4794	7913	1329	54133	735	40943
1992	5285	8533	1396	56210	862	46592
1993	5991	9306	1324	57166	960	56678
1994	6908	10068	1405	62297	957	58098
1995	7921	11387	1784	74634	1083	59637
1996	9754	12627	2057	82712	1103	62332
1997	13025	13819	2196	94080	1125	66804
1998	15393	15408	2396	106437	1210	78994
1999	17687	17353	2118	117973	1157	159830
2000	19286	17825	2457	134031	1422	170906
2001	21002	19278	2526	144234	1504	168145
2002	23395	17963	2672	152435	1600	190162
2003	27499	25117	1974	124815	1897	211205
2004	27928	24570	2240	142166	2013	216448
2005	28852	31253	2468	160420	2149	232092
2006	48154	28130	2475	162024	2170	235412
2007	56514	28035	2601	173365	2261	247417
2008	76417	35092	2775	187408	2428	263994
2009	106290	45953	2498	216942	9433	1257876
2010	133293	54316	2682	231846	10244	1347185
2011	206527	73279	2926	251785	11473	1498070
2012	267539	86579	3201	279481	12976	1728042

7—2 主要年份邮电业主要经济指标

Major Economic Indicators of Post and Telecommunication Services in Main Years

年 份 Year	邮电业务总量 (万元) Business Volume of Postal and Telecommunication	函件 (万件) Number of Letters (10 000 pcs)	包件 (万件) Number of Packages (10 000 pcs)	年末本地固定电话用户 (户) Number of Telephone Subscribers (household)	#住宅电话 Residence	移动电话用户期末数(户) Number of Mobile Telephone Subscribers (household)	上网用户 (户) Number of Internet Users (household)
1978	183	413	7.4	2622			
1979	188	546	7.6	2717			
1980	200	603	7.4	3303			
1981	289	652	7.3	3498			
1982	310	674	6.9	3742			
1983	343	651	7.1	4230			
1984	377	636	11.3	5036			
1985	465	897	8.5	5738			
1986	532	949	9.8	6721			
1987	606	1001	9.5	7007			
1988	789	969	11.3	9003			
1989	998	934	10.2	10610			
1990	2307	976	9.0	12178			
1991	2953	1153	7.0	14036			
1992	3798	1086	8.5	16572			
1993	5800	1292	13.0	29502			
1994	8199	1225	9.0	49742	26509	2495	
1995	12967	1296	10.0	81657	55094	4740	
1996	18352	1356	11.0	108910	80450	8053	
1997	25225	1098	11.0	130056	95776	15457	
1998	37400	1090	11.0	160444	126770	31935	
1999	57015	1098	12.6	187467	150534	52902	
2000	72997	1213	15.0	260162	171586	107817	21102
2001	116008	1685	15.1	329612	185834	197215	47456
2002	130389	134	18.3	402525	214230	327112	116364
2003	150294	59	20.3	457690	246919	580460	150238
2004	199442	44	21.3	541000	253133	705009	181568
2005	218200	649	20.4	615000	267000	856800	221700
2006	246431	1964	17.5	572300	258030	1035800	108600
2007	280632	1132	18.2	535100	260900	1248600	114000
2008	326375	942	15.0	536835	259688	1226000	116410
2009	360200	1830	15.8	628400	302800	1469700	197400
2010	431880	1281	15.5	677691	339035	1821558	241946
2011	264017	600	17.1	495652	374830	2428721	307117
2012	293125	828	16.6	508069	402494	3102341	339593

7—3 全社会客货运输量

Traffic Volume of Passenger and Freight

（2012）

指 标	Item	客运量（万人）Passenger Traffic（10 000 persons）	客运周转量（万人公里）Passenger-kilometers（10 000 person-km）	货运量（万吨）Freight Traffic（10 000 tons）	货运周转量（万吨公里）Freight Ton-kilometers（10 000 ton-km）
公路运输	Highways	3201	279481	12976	1728042
民航运输	Civil Aviation	179.76	236773	0.79	1178.72

7—4 机动车拥有量

Ownership Volume of Motor Vehicle

单位：辆　　（2012）　　（unit）

指 标	Item	合计 Total	#个 人 Personal	#营 运 Service	#公交客运 Bus	#出租客运 Taxi
总 计	**Total**	483278	416378	92377	1615	5278
汽车	Automotive	370231	307221	83794		
载客汽车	Passenger Vehicles	267539	228200	9692		
大型	Large-scale	4546	160	3159		
中型	Medium-sized	3614	1477	592		
小型	Small-scale	254330	222024	5934		
微型	Miniature	5049	4539	7		
载货汽车	Truck	86597	66049	62098		
重型	Heavy	17707	9241	17222		
中型	Medium-sized	5160	4054	4821		
轻型	Lightweight	63129	52241	39566		
微型	Miniature	601	513	489		
其它汽车	Others	16095	12972	12004		
摩托车	Motorcycle	104513	103955	177		
普通	Ordinary	95009	94511	177		
轻便	Portable	9504	9444			
拖拉机	Tractor	4				
挂车	Trailer	8539	5202	8406		

7—5 邮政、电信业务量

指　标	Item	单　位	Unit	2005 年
邮电业务总量	Business Volume of Postal and Telecommunication	万元	10 000yuan	218200
# 邮政	Post	万元	10 000yuan	12639
包件	Number of Packages	万件	10 000 pcs	20.35
订销报纸累计份数	Number of Subscribed and Sold Newspapers Cumulative Copies	万份	10 000 copies	1496.00
订销杂志累计份数	Number of Subscribed and Sold Magazines Cumulative Copies	万份	10 000 copies	136.80
收寄特快专递	Pieces of Express Mail Services	万份	10 000 copies	33.69
市内电话年末到达户数	Number of Telephone Subscribers at Year-end	户	subscriber	615000
住宅电话	Household Telephone Subscribers	户	subscriber	267000
农村电话期末到达户数	Rural Fixed Telephone Subscribers at Year-end	户	subscriber	85756
公用电话	Public Telephone	部	set	42000
移动电话期末数	Number of Mobile Telephone Subscribers at Year-end	部	set	856800
互联网用户	Number of Internet Users	户	subscriber	221700
邮政局、所总数	Total Number of Post and Spot	处	unit	405
邮政服务网点	Number of Postal Offices	处	unit	126
电信服务网点	Number of Telecommunication Offices	处	unit	279
本地网及接入网设备总容量	Broad Band Subscribers Capacity of Internet	门	line	788000
电话普及率	Popularization Rate of Telephone	部/百人	set/100persons	104.68
移动电话普及率	Popularization Rate of Mobile Telephone	部/百人	set/100persons	60.94

Business Volume of Post and Telecommunication Services

2006年	2007年	2008年	2009年	2010年	2011年	2012年
246431	280632	326375	360200	431880	264017	293125
13495	15857	15196	14187	15836	10845	12318
17.49	18.20	15.04	15.84	15.51	17.06	16.60
1584.41	2429.00	2064.12	2168.05	2319.77	2720.80	2857.79
128.88	179.80	154.75	158.28	167.30	174.85	174.88
33.42	41.70	36.59	25.31	28.87	25.41	26.90
572300	535100	536835	451966	677691	495652	508069
263800	260900	259688	291551	339035	374830	402494
89250	90620	84612	73722	71847	60679	54640
42100	43300	37960	48545	47987	45743	42611
1035800	1248600	1226000	1634830	1821558	2428721	3102341
108600	114000	116410	197386	241946	307117	339593
387	410	412	498	536	614	555
108	160	107	115	105	98	97
279	250	305	383	431	516	458
842000	845000	899770	891521	876060	901443	929538
118.30	119.80	115.70	122.60	125.40	144.36	176.43
71.59	83.90	80.50	96.10	91.39	119.89	151.60

主要统计指标解释

【货(客)运量】 指在一定时期内,各种运输工具实际运送的货物(旅客)数量。货运按吨计算,客运按人计算。

【货物(旅客)周转量】 指在一定时期内,由各种运输工具运送的货物(旅客)数量与其相应运输距离的乘积之总和。计算公式为:

货物(旅客)周转量=∑货物(旅客)运输量×运输距离

【邮电业务总量】 即邮电专业产品量。邮电业务量按专业分类包括函件、机要文件、包裹、汇票、报刊发行、邮政快件、特快专递、邮政储蓄、集邮、公众电报、用户电报、传真、长途电话、出租电路、市话无线寻呼、移动电话、分组交换数据通信、出租代维等。

【移动电话用户】 指在邮电部门登记,通过移动电话交换机进入移动电话网、占有移动电话号码的电话用户,按实际办理登记手续进入邮电部门移动电话网的户数进行计算。一部(台)移动电话统计为一户。

【固定电话用户】 指在电信运营商营业网点办理开户登记手续并已接入固定电话网上,并按固定电话业务进行经营管理的全部电话用户。包括普通电话用户、公共电话用户、窄带综合业务数字网(N-ISDN)用户、智能网专用接入终端用户等。

【计算机互联网(INTERNET)用户】 计算机互联网是一个连接计算机网的网络,范围遍及全世界,包括局域网、城域网和广域网,旨在实现计算机资源共享。它分为两大类,一类是学术范围的非盈利的网络,另一类是商业性或非学术的网络。接入这个网络的用户,称为 INTERNET 用户。

内贸、外贸和旅游

Domestic Trade, Foreign Trade and Tourism

8—1 主要年份社会消费品零售总额分类情况

Total Retail Saled Values of Consumer Goods by Category in Main Years

单位:万元 (10 000yuan)

年 份 Year	社会消费品零售总额 Total Retail Sales of Consumer Goods	按经济类型分 Grouped by Economic Type					按行业分 Grouped by Sector	
		国有经济 State-owned	集体经济 Collective-owned	个体经济 Individual	私营经济 Private	股份制经济 Share-holding	批发和零售业 Wholesale and Retail Trade	住宿和餐饮业 Hotels and Catering Services
1949	728	177		540			618	
1950	1128	335	69	711			860	66
1951	1601	468	99	1019			1245	75
1952	2080	616	172	1275			1555	90
1953	2588	678	297	1559			2024	94
1954	3131	906	516	1647			2604	139
1955	3101	994	524	1546			2672	115
1956	3505	1342	1046	963			2949	163
1957	3761	1384	1226	958			2968	164
1958	5098	2299	1925	455			4271	193
1959	7038	4537	2163	222			6520	331
1960	8007	5484	2460				7625	231
1961	7362	5211	2065				7271	256
1962	7079	5628	1225	83			6421	378
1963	6998	5354	1381	102			6319	375
1964	7059	5506	1404	46			6442	295
1965	7213	5575	1533	46			6610	286
1966	8193	6062	2111	5			7603	291
1967	7796	6136	1641	7			7435	250
1968	8324	6376	1928	10			7763	260
1969	8730	6616	2090	11			8231	275
1970	9857	7452	2375	14			9326	329
1971	10821	8254	2536	9			10354	352
1972	13137	9430	3370	12			12125	468
1973	13343	9738	3564	15			12709	484
1974	13933	10008	3778	10			13229	473
1975	14903	10766	3974	11			13963	559
1976	16050	11561	4328	18			15001	599
1977	16780	12039	4559	24			15628	577
1978	22581	14282	5963	40			18031	773
1979	26308	19110	6782	221			21049	885
1980	30622	22929	6924	417			24425	1066

8-1 续表 continued

单位:万元 (10 000yuan)

年 份 Year	社会消费品零售总额 Total Retail Sales of Consumer Goods	按经济类型分 Grouped by Economic Type					按行业分 Grouped by Sector	
		国有经济 State-owned	集体经济 Collective-owned	个体经济 Individual	私营经济 Private	股份制经济 Share-holding	批发和零售业 Wholesale and Retail Trade	住宿和餐饮业 Hotels and Catering Services
1981	34389	24324	8970	970			27137	1102
1982	39754	25835	12656	1243			31332	1436
1983	44007	27596	13924	2398			34590	1547
1984	52457	29743	15408	6932			41148	2104
1985	64364	36022	15084	12455			50945	2330
1986	74148	41250	18806	13215			59079	2499
1987	84158	43319	25144	14419			66184	3581
1988	106964	53149	32266	20370			84657	4406
1989	123437	61632	36472	23670			98072	4767
1990	135904	65184	36417	32575			107772	5487
1991	151126	71094	38439	39379			119229	6463
1992	173341	81822	43881	44707			136158	8091
1993	197262	93383	20010	50249	32864	382	181725	10960
1994	229350	106092	21929	61113	38550	1093	199277	23476
1995	306588	143211	29752	77665	52273	2715	267919	31548
1996	357052	158139	35227	90725	59843	11012	312164	36994
1997	396506	144521	32856	112897	63924	38925	346450	41993
1998	434333	138273	29095	131677	71097	56507	378256	47821
1999	471686	125797	23359	148339	86828	79256	408701	54567
2000	519939	111087	19636	175010	106822	99046	448299	63039
2001	567457	98044	17126	192152	118014	123542	486107	72563
2002	631580	88324	14679	225369	144302	149996	537957	85124
2003	719856	81502	12754	257501	165745	193922	611801	99806
2004	828554	78049	11349	299751	194872	236438	703023	117450
2005	954130	76948	11530	339585	231788	286559	809167	137023
2006	1107665	79711	10552	392046	405463	214033	941556	159583
2007	1317421	92843	11471	448567	510765	246667	1126913	184785
2008	1616499	97582	14296	522094	620487	349751	1370188	240549
2009	1854756	122453	10637	476309	572031	660523	1604109	247061
2010	2251415	79987	11824	528314	672449	915655	1961248	290167
2011	2744705	113628	12860	571894	749884	1294269	2410843	333862
2012	3160226	66937	13486	523153	1069992	1474627	2829756	330470

8—2 社会消费品零售总额

Total Retail Saled of Consumer Goods

单位:万元 （2012） （10 000yuan）

指 标	Item	合 计 Total	市 区 City	永宁县 Yongning	贺兰县 Helan	灵武市 Lingwu
社会消费品零售总额	**Total retail sales of consumer goods**	**3160226**	**2197726**	**126930**	**729027**	**106543**
按销售单位所在地分	**Grouped by Location**					
城镇	Town	3071773	2180033	88853	722621	80266
# 城区	Urban Area	2284030	2162909	17511	31478	72133
乡村	Country	88453	17693	38077	6405	26278
按登记注册类型分	**Grouped by Economic Type**					
国有经济	State- Owned	66937	62267			4672
集体经济	Cllective–Owned	13486	11208	1330	312	637
私营经济	Private	1069992	553267	10324	487262	19139
个体经济	Individual	523153	365435	81941	28901	46875
股份制经济	Share–Holding	1474627	1193520	33335	212551	35221
其他经济	Others	12032	12032			
按行业分	**Grouped by Sector**					
批发业	Wholesale	347761	232752	57216	24510	33283
# 限额以上	Above Norm	261672	192012	25791	15808	28061
零售业	Retail	2481995	1685791	48344	692252	55609
# 限额以上	Above Norm	2134182	1431818	5912	672561	23892
住宿业	Lodging Industry	41971	38308	628	3035	
# 限额以上	Above Norm	35358	32793	454	2111	
餐饮业	Catering Sevices	288499	240876	20742	9230	17651
# 限额以上	Above Norm	71240	64966	1806	2082	2385

8—3 限额以上批发和零售业商品购进、销售、库存总额

单位:万元　　　　　　　　　　　　　　　　　　　　　　　　　　　　(2012)

指　标	Item	法人企业（个）Corporate Enterprises (unit)	购进总额 Total Purchase
总　计	**Total**	**276**	**8068323**
市区	City	185	6248767
永宁县	Yongning	31	437494
贺兰县	Helan	52	927498
灵武市	Lingwu	8	454564
批发业	**Wholesale Trade**	**125**	**5743390**
按登记注册类型分	**Grouped by Registration Status**		
内资企业	Domestic Funded Enterprises	124	5740961
国有企业	State-owned Enterprises	6	228139
集体企业	Collective-owned Enterprises	1	49120
有限责任公司	Limited Liability Corporations	29	1097646
其他有限责任公司	Other Limited Liability Corporations	28	1079412
股份有限公司	Share-holding Corporations Ltd.	6	3591138
私营企业	Private Enterprises	81	771349
私营独资企业	Private Funded Enterprises	3	32106
私营有限责任公司	Private Limited Liability Corporations	78	739243
其他企业	Others	1	3568
按国民经济行业分	**Grouped by Sector**		
食品、饮料及烟草制品批发	Wholesale of Food,Beverages and Tobacoos	8	228104
米、面制品及食用油批发	Wholesale of Rice,Flour and Edible Oil	2	10689
糕点、糖果及糖批发	Wholesale of Pastry,Candy and Sugars	1	3056
肉、禽、蛋及水产品批发	Wholesale of Meat and Aquatic Products	1	25356
盐及调味品批发	Wholesale of Salt and Condiments	1	4363
饮料及茶叶批发	Wholesale of Beverages and tea	2	7997
烟草制品批发	Wholesale of Tobacoos	1	176643
纺织、服装及日用品批发	Wholesale of Textiles,Garments and Daily Consummer Aticles	4	25336
服装批发	Wholesale of Garments	2	20496
文化、体育用品及器材批发	Wholesale of Cultural,Sports Goods Appliances and Equipments	2	16742
图书批发	Wholesale of Books	1	13697
医药及医疗器材批发	Wholesale of Medicines and Medical Appliances	2	32678
西药批发	Wholesale of Western Medicine	2	32678

Total Purchases,Sales and Stock of Enterprises above Designated Size of Wholesale and Retail Trades

(10 000yuan)

销售总额 Total Sales Value	批发额 Wholesale Value	零售额 Retail Value	年末库存总额 Total Stock at Year-end	年末零售营业面积（平方米） Area of Retail Business at Year-end (sq.m)
8173589	**5575460**	**2598129**	**585301**	**1100254**
6328636	4544951	1783685	401990	831449
424934	362416	62518	44250	217606
966586	233836	732750	116431	49403
453433	434257	19175	22631	1796
5788516	**5378960**	**409556**	**316717**	**421003**
5786182	5378960	407222	316457	420903
282329	282073	256	21558	6303
41078	41078		18712	60250
1107221	1102705	4517	53868	7397
1090129	1085613	4517	52089	7197
3565457	3249164	316294	94458	327240
786240	700369	85871	126381	18950
39865	20875	18989	10429	235
746376	679494	66882	115952	18715
3856	3571	285	1480	763
280464	280464		28221	2025
7347	7347		8908	110
3162	3162		584	60
21620	21620		3736	500
7309	7309		1418	1000
9944	9944		2414	355
231082	231082		11163	
33219	18411	14808	10040	424
28177	15704	12474	9485	280
17083	16828	256	762	5197
13799	13543	256	133	5142
38026	38026		4712	689
38026	38026		4712	689

8-3 续表1

单位:万元 （2012）

指　标	Item	法人企业（个）Corporate Enterprises (unit)	购进总额 Total Purchase
矿产品、建材及化工产品批发	Wholesale of Mineral Products,Building Materials and Chemical Products	81	5189874
煤炭及制品批发	Wholesale of Coal and Related Products	7	197192
石油及制品批发	Wholesale of Petroleum and Related Products	10	4103366
非金属矿及制品批发	Wholesale of Nonmetallic Mine and Related Products	1	4982
金属及金属矿批发	Wholesale of Metallic mineral Products	58	796239
化肥批发	Wholesale of Chemical Fertilizer	3	62723
其他化工产品批发	Wholesale of Other Chemical Products	2	25371
机械设备、五金交电及电子产品批发	Wholesale of Machinery,Hardware and Electronic Equipment	25	174530
农业机械批发	Wholesale of Agriculture Machinary	5	27317
汽车、摩托车及零配件批发	Wholesale of MotorVehicles,Motorcycles and Parts	8	83896
五金、交电批发	Wholesale of Hardware and Electric Matiarials	1	3587
计算机、软件及辅助设备批发	Wholesale of Computer,Software and Assistant Aplliances	1	2456
其他机械设备及电子产品批发	Wholesale of Other Machinary and Electric Equipment	3	21457
其他批发	Other Wholesale	3	76126
再生物资回收与批发	Recovery and Wholesale of Recycled Materials	2	43675
其他未列明的批发	Other Wholesale Unlisted	1	32451
按控股情况分	**Grouped by Controlling Stake**		
国有控股	State-owned	15	4225123
集体控股	Collective-owned	2	67354
私人控股	Private	102	1408801
其他	Others	6	42112
按经营形式分	**Grouped by Business Form**		
独立门店	Indipendent Stores	111	1983777
连锁总店	Distributor Chain	2	558853
连锁门店	Chain Stores	2	724787
其他	Others	10	2475973
零售业	**Retail Trade**	**151**	**2324932**
按登记注册类型分	**Grouped by Registration Status**		
内资企业	Domestic Funded Enterprises	150	2322068
国有企业	State-owned Enterprises	7	36812
集体企业	Collective-owned Enterprises	1	2884
有限责任公司	Limited Liability Corporations	49	1055823
其他有限责任公司	Other Limited Liability Corporations	49	1055823
股份有限公司	Share-holding Corporations Ltd.	2	332506
私营企业	Private Enterprises	90	886906
私营独资企业	Private Funded Enterprises	2	49615
私营有限责任公司	Private Limited Liability Corporations	87	836830
其他企业	Others	1	7137
外商投资企业	Foreign Funded Enterprises	1	2864

continued

(10 000yuan)

销售总额 Total Sales Value	批发额 Wholesale Value	零售额 Retail Value	年末库存总额 Total Stock at Year-end	年末零售营业面积（平方米） Area of Retail Business at Year-end (sq.m)
5163202	4823465	339737	218306	404566
204634	198823	5811	5890	1314
4068052	3747809	320243	124607	329408
5385	5385			500
803310	789913	13398	67320	11791
54970	54685	285	20193	61363
26850	26850		297	190
188311	133554	54756	47401	7757
29673	17903	11770	8979	1275
89666	61135	28530	14907	3799
3534	3534		533	240
2619	2619		271	55
25812	25812		3315	1182
68213	68213		7274	345
40376	40376		4699	300
27836	27836		2575	45
4260665	3944115	316550	128734	334213
58170	58170		20491	60450
1430938	1337931	93006	160663	25747
38743	38743		6828	593
2060637	1967375	93262	198000	32720
543207	426086	117121	44632	112250
656257	457084	199173	68531	274708
2528416	2528416		5554	1325
2385072	**196500**	**2188573**	**268585**	**679251**
2379983	195113	2184870	268585	678951
38920	1873	37048	5852	31079
2959		2959		300
1072108	83884	988224	118325	458264
1072108	83884	988224	118325	458264
335624		335624	7716	76022
922415	109356	813059	134586	113186
57598	1255	56343	7327	4699
864162	108102	756061	126987	108432
7956		7956	2106	100
5090	1387	3703		300

8-3 续表2

单位:万元 （2012）

指 标	Item	法人企业（个）Corporate Enterprises (unit)	购进总额 Total Purchase
按国民经济行业分	**Grouped by Sector**		
综合零售	Integrated Retail	11	658894
百货零售	Retail of General Merchandise	7	390807
超级市场零售	Retail of Supermarkets	3	266087
食品、饮料及烟草制品专门零售	Retail of Food,Beverages and Tobaccos	1	1538
粮油零售	Retail of Grain and Oil	1	1538
纺织、服装及日用品专门零售	Special Retail of Textiles,Garments and Daily Consumer Articles	3	13371
服装零售	Retail of Garments	2	8164
钟表、眼镜零售	Retail of Watches and Glasses	1	5206
文化、体育用品及器材专门零售	Retail of Culture,Sports Appliances and Equipments	9	22942
图书零售	Retail of Books	3	11734
珠宝首饰零售	Retail of Jewelery	2	4003
照相器材零售	Retail of Photographic Equipment	1	605
其他文化用品零售	Retail of Other Culture Appliances	1	986
医药及医疗器材专门零售	Retail of Medicines and Medical Appliances	13	260548
药品零售	Retail of Drug	13	260548
汽车、摩托车、燃料及零配件专门零售	Retail of Motor Vehicles,Motorcycles,Fuel and Parts	82	1117390
汽车零售	Retail of Motor Vehicles	68	1049909
摩托车及零配件零售	Retail of Motorcycles and Parts	2	1277
机动车燃料零售	Retail of Fuel of Motor Vehicles	11	54757
家用电器及电子产品专门零售	Special Retail of Household Electric Appliances and Electronic Products	28	235107
家用电器零售	Retail of Household Electric Appliances	2	10677
计算机、软件及辅助设备零售	Retail of Computer,Software and Assistant Appliances	20	54062
通信设备零售	Retail of Communication Equipments	3	10996
五金、家具及室内装修材料专门零售	Special Retail of Hardware,Furniture and Decoration Materials	3	7438
家具零售	Retail of Furniture	3	7438
无店铺及其他零售	Non-shop and Other Retails	1	7705
生活用燃料零售	Retail of Life of Fuel	1	7705
按控股情况分	**Grouped by Controlling Stake**		
国有控股	State-owned	9	138610
集体控股	Collective-owned	1	2884
私人控股	Private	123	1346100
其他	Others	18	837338
按经营形式分	**Grouped by Business Form**		
独立门店	Indipendent Stores	138	1756078
连锁总店	Distributor Chain	8	441333
连锁门店	Chain Stores	1	18229
其他	Others	4	109292
按零售业态分	**Grouped by Business Categories**		
超市	Supermarket	3	30707
大型超市	Hypermarket	4	402761
百货店	Departmentstore	8	375086
专业店	Speciality Store	76	615909
专卖店	Franchised Store	59	897556

continued

(10 000yuan)

销售总额 Total Sales Value	批发额 Wholesale Value	零售额 Retail Value	年末库存总额 Total Stock at Year-end	年末零售营业面积（平方米） Area of Retail Business at Year-end (sq.m)
637182	7672	629511	43050	332770
393322		393322	10578	141186
242312	7672	234641	32020	172227
1680		1680	221	300
1680		1680	221	300
34679		34679	5013	8055
27499		27499	113	8000
7180		7180	4900	55
23269	154	23115	8321	16443
11120	154	10966	3704	11509
4564		4564	2109	2478
603		603	1	52
948		948	428	150
249130	61151	187979	25222	38491
249130	61151	187979	25222	38491
1176691	87733	1088958	155120	74828
1104548	79583	1024965	148890	49117
1371	485	886	854	110
59986	6906	53080	1926	25301
244481	38071	206410	26792	70064
11645		11645	670	8086
61012	21737	39275	7679	2116
12847	2170	10677	4212	1786
7590		7590	3888	135300
7590		7590	3888	135300
10371	1719	8652	959	3000
10371	1719	8652	959	3000
120961	19889	101072	12330	34378
2959		2959		300
1429265	150989	1278277	191066	330209
831887	25623	806264	65188	314364
1851362	148243	1703119	207842	442270
424147	17610	406538	51330	229590
19479	9045	10434	1914	3632
90084	21602	68482	7499	3759
33927		33927	4478	186
378471	21837	356635	44903	229752
393824		393824	7225	168412
640608	106481	534127	81390	117074
934999	68182	866817	127870	33827

8—4 限额以上批发和零售业商品分类销售额

Saled Values of Enterprises above Designated Size of Wholesale and Retail Trades by Category

单位:万元 （2012） （10 000yuan）

指 标	Item	销售合计 Total Sales Value	批发额 Wholesale Value	零售额 Retail Value
合 计	**Total**	**8075428**	**5520961**	**2554468**
批发业	**Wholesale Trade**	**5652065**	**5329485**	**322579**
粮油、食品、饮料、烟酒类	Food, Beverages, Tobacco and Liquor	277586	271033	6553
粮油、食品类	Food	28205	28205	
# 粮油类	Grain and Oil	7839	7839	
肉禽蛋类	Meat, Poultry and Eggs	5911	5911	
水产品类	Aquatic Products	3568	3568	
蔬菜类	Vegetables	420	420	
干鲜果品类	Fruits of Dry and Fresh			
饮料类	Beverages	6288	1751	4538
烟酒类	Tobacco and Liquor	243092	241077	2015
服装、鞋帽、针纺织品类	Clothing, Shoes, Hats and Textiles	1581	1581	
服装类	Clothing			
鞋帽类	Shoes and Hats			
针、纺织品类	Knitwear and Textiles	1581	1581	
化妆品类	Cosmetics			
金银珠宝类	Gold, Silver and Jewelry			
日用品类	Articles for Daily Use	2510	1650	860
# 洗涤用品类	Washing Articles	860		860
儿童玩具类	Children Toys			
五金、电料类	Hardware and Electrical Materials	3534	3534	
体育、娱乐用品类	Sports and Recreation Articles			
书报杂志类	Newspapers and Magazines	12638	12638	
电子出版物及音像制品类	E-journals and Video Products	415		415
家用电器和音像器材类	Household Appliances and Video Appliances			
中西药品类	Traditional Chinese and Western Medicines	12233	11606	627
# 西药类	Western Medicines	11570	11270	300
中草药及中成药类	Traditional Chinese Medicines	663	336	327
文化办公用品类	Cultural and Offices Appliances	5702	5702	
通讯器材类	Communication Appliances			
煤炭及制品类	Coal and Related Products	125511	125511	
木材及制品类	Wood and Wooden Products	116	116	
石油及制品类	Petroleum and Related Products	4260850	3948345	312506
化工材料及制品类	Chemical Materials and Related Products	73394	73394	
# 化肥类	Fertilizers	52332	52332	
金属材料类	Metal Materials	628179	628179	
建筑及装潢材料类	Building and Decoration Materials	982	982	
机电产品及设备类	Mechanical and Electrical Products	76690	76690	
# 农机类	Agricultural Machineries	6499	6499	
汽车类	Automobiles	101574	100242	1333
其他类	Others	68569	68284	285

8-4 续表 1 continued

单位:万元 (2012) (10 000yuan)

指 标	Item	销售合计 Total Sales Value	批发额 Wholesale Value	零售额 Retail Value
零售业	**Retail Trade**	**2423364**	**191475**	**2231889**
粮油、食品、饮料、烟酒类	Food, Beverages, Tobacco and Liquor	231798	6962	224836
粮油、食品类	Food	187367	6962	180405
# 粮油类	Grain and Oil	24385		24385
肉禽蛋类	Meat, Poultry and Eggs	19305		19305
水产品类	Aquatic Products	2615		2615
蔬菜类	Vegetables	3179		3179
干鲜果品类	Fruits of Dry and Fresh	10574		10574
饮料类	Beverages	10561		10561
烟酒类	Tobacco and Liquor	33870		33870
服装、鞋帽、针纺织品类	Clothing, Shoes, Hats and Textiles	266821	20916	245905
服装类	Clothing	177187	20426	156761
鞋帽类	Shoes and Hats	47343	432	46911
针、纺织品类	Knitwear and Textiles	42291	58	42234
化妆品类	Cosmetics	30148	39	30109
金银珠宝类	Gold, Silver and Jewelry	92658	383	92275
日用品类	Articles for Daily Use	77121	79	77042
# 洗涤用品类	Washing Articles	18884		18884
儿童玩具类	Children Toys	764	24	739
五金、电料类	Hardware and Electrical Materials	2316		2316
体育、娱乐用品类	Sports and Recreation Articles	15420	374	15046
书报杂志类	Newspapers and Magazines	9573	154	9419
电子出版物及音像制品类	E-journals and Video Products	1862		1862
家用电器和音像器材类	Household Appliances and Video Appliances	153416	11474	141942
中西药品类	Traditional Chinese and Western Medicines	277589	35729	241861
# 西药类	Western Medicines	226816	24059	202758
中草药及中成药类	Traditional Chinese Medicines	50773	11670	39103
文化办公用品类	Cultural and Offices Appliances	66060	12016	54043
家具类	Furniture	5782	108	5674
通讯器材类	Communication Appliances	54522	6335	48187
石油及制品类	Petroleum and Related Products	73107	10638	62470
机电产品及设备类	Mechanical and Electrical Products	1466	463	1003
汽车类	Automobiles	1062852	85602	977250
其他类	Others	856	206	649

8—5 限额以上批发和零售业法人企业主要财务状况

单位：万元 （2012）

指　标	Item	法人企业（个）Number of Corporate（unit）
总　计	**Total**	**280**
市区	City	189
永宁县	Yongning	31
贺兰县	Helan	52
灵武市	Lingwu	8
批发业	**Wholesale Trade**	**129**
按登记注册类型分	**Grouped by Registration Status**	
内资企业	Domestic Funded Enterprises	128
国有企业	State-owned Enterprises	6
集体企业	Collective-owned Enterprises	1
有限责任公司	Limited Liability Corporations	30
国有独资公司	State-owned Corporations	1
其他有限责任公司	Other Limited Liability Corporations	29
股份有限公司	Share-holding Corporations Ltd.	6
私营企业	Private Enterprises	84
私营独资企业	Private Funded Enterprises	4
私营有限责任公司	Private Limited Liability Corporations	80
其他企业	Others	1
按国民经济行业分	**Grouped by Sector**	
食品、饮料及烟草制品批发	Wholesale of Food,Beverages and Tobacoos	8
米、面制品及食用油批发	Wholesale of Rice,Flour and Edible Oil	2
糕点、糖果及糖批发	Wholesale of Pastry,Candy and Sugars	1
肉、禽、蛋及水产品批发	Wholesale of Meat and Aquatic Products	1
盐及调味品批发	Wholesale of Salt and Condiments	1
饮料及茶叶批发	Wholesale of Beverages and tea	2
烟草制品批发	Wholesale of Tobacoos	1
纺织、服装及日用品批发	Wholesale of Textiles,Garments and Daily Consummer Aticles	4
服装批发	Wholesale of Garments	2
家用电器批发	Wholesale of Household Electric Appliances	2
文化、体育用品及器材批发	Wholesale of Cultural,Sports Goods Appliances and Equipments	3
文具用品批发	Wholesale of Stationery	1
图书批发	Wholesale of Books	1
其他文化用品批发	Wholesale of Other Cultural Goods	1
医药及医疗器材批发	Wholesale of Medicines and Medical equipment	2
西药批发	Wholesale of Western Medicines	2
矿产品、建材及化工产品批发	Wholesale of Mineral Products,Building Materials and Chemical Products	83
煤炭及制品批发	Coal and Related Products	7
石油及制品批发	Petroleum and Related Products	10
非金属矿及制品批发	Wholesale of Nonmetallic Mine and Related Products	1
金属及金属矿批发	Wholesale of Metallic Mineral Products	60
化肥批发	Wholesale of Chemical Fertilizer	3
其他化工产品批发	Wholesale of Other Chemical Products	2

Financial Indicators of Wholesale and Retail by Enterprises above Designated Size

(10 000yuan)

年初存货 Invertory at Begining of Year	流动资产 Working Capitals	#应收帐款 Accounts Receivable	#存　货 Stock
610174	**2345235**	**259362**	**493409**
227116	1491681	221641	340168
21853	120572	20127	25528
79054	291222	4238	106172
282151	441761	13357	21541
483860	**1467808**	**137314**	**251056**
483696	1466312	136864	250796
15565	109420	10145	18527
7947	44834	2779	18712
324818	610498	22929	51523
1303	6183	2206	1779
323516	604315	20723	49744
22125	72855	2754	47795
111472	626685	98177	112759
10855	28064	12672	9086
100617	598622	85505	103673
1769	2019	80	1480
20783	111722	5127	23540
6929	16262	2331	6117
438	1289		499
4261	11303	1805	3736
1407	5972	192	1235
1978	6411	798	2413
5769	70485		9541
8549	27121	10234	8697
8171	25045	9667	8142
378	2076	567	555
2496	25508	12700	2330
957	2070	275	538
1539	9598	4962	1792
	13839	7462	
5333	14296	4665	4354
5333	14296	4665	4354
393187	1071974	65628	155700
11498	42524	12974	5702
310170	514040	6710	76188
1	3694	257	
61744	461321	41527	53364
9716	46859	2859	20193
58	3536	1301	254

8-5 续表 1

单位：万元 （2012）

指 标	Item	法人企业（个）Number of Corporate（unit）
机械设备、五金交电及电子产品批发	Wholesale of Machinery,Hardware and Electronic Equipment	26
农业机械批发	Wholesale of Agriculture Machinary	5
汽车、摩托车及零配件批发	Wholesale of MotorVehicles,Motorcycles and Parts	8
摩托车及零配件批发	Wholesale of Motorcycles and Parts	1
五金、交电批发	Wholesale of Hardware and Electronic Equipment	1
电气设备批发	Wholesale of Electronic Equipment	7
计算机、软件及辅助设备批发	Wholesale of Computer,Software and Assistant Aplliances	1
其他机械设备及电子产品批发	Wholesale of Other Machinary and Electric Equipment	3
其他批发	Other Wholesale	3
再生物资回收与批发	Recovery and Wholesale of Recycled Materials	2
其他未列明的批发	Other Wholesale Unlisted	1
按控股情况分	**Grouped by Controlling Stake**	
国有控股	State-owned	15
集体控股	Collective-owned	2
私人控股	Private	105
其他	Others	7
按经营形式分	**Grouped by Business Form**	
独立门店	Indipendent Stores	115
连锁总店	Distributor Chain	2
连锁门店	Chain Stores	2
其他	Others	10
零售业	**Retail Trade**	**151**
按登记注册类型分	**Grouped by Registration Status**	
内资企业	Domestic Funded Enterprises	150
国有企业	State-owned Enterprises	7
集体企业	Collective-owned Enterprises	1
有限责任公司	Limited Liability Corporations	49
其他有限责任公司	Other Limited Liability Corporations	49
股份有限公司	Share-holding Corporations Ltd.	2
私营企业	Private Enterprises	90
私营独资企业	Private Funded Enterprises	2
私营有限责任公司	Private Limited Liability Corporations	87
私营股份有限公司	Private Share-holding Corporations Ltd.	1
其他企业	Others	1
外商投资企业	Foreign Funded Enterprises	1
按国民经济行业分	**Grouped by Sector**	
综合零售	Integrated Retail	11
百货零售	Retail of General Merchandise	7
超级市场零售	Retail of Supermarkets	3
其他综合零售	Others	1
食品、饮料及烟草制品专门零售	Retail of Food,Beverages and Tobaccos	1
粮油零售	Retail of Grain and Oil	1

continued

(10 000yuan)

年初存货 Invertory at Begining of Year	流动资产 Working Capitals	# 应收帐款 Accounts Receivable	# 存　货 Stock
49702	123525	36753	49555
8453	15549	6704	7706
15933	45981	9666	13503
386	997	604	394
367	1745	1222	404
20464	50500	17502	24407
174	815	420	231
3925	7939	635	2911
3810	93663	2207	6881
2066	13867	2207	4681
1744	79796		2201
57387	235567	22182	79007
9250	51017	4985	20491
411796	1143526	105696	141634
5428	37697	4451	9925
449063	1321341	135883	179370
23964	106267	3072	58998
6101	11136	2462	7502
4732	29065	-4103	5185
126314	**877427**	**122049**	**242353**
126253	875238	121813	242272
4512	15085	2143	4072
-80838	73	51	-48
89889	415038	84349	110156
89889	415038	84349	110156
7393	90039	502	7471
104477	348610	34765	120620
4252	11933	683	6829
99822	336361	34046	113559
403	316	35	232
820	6393	3	
61	2189	236	82
35306	199158	10592	38627
10041	99447	718	10110
25265	99677	9845	28512
	34	30	5
225	853	551	225
225	853	551	225

8-5 续表2

单位:万元 (2012)

指　标	Item	法人企业（个）Number of Corporate (unit)
纺织、服装及日用品专门零售	Special Retail of Textiles,Garments and Daily Consumer Articles	3
服装零售	Retail of Garments	2
钟表、眼镜零售	Retail of Watches and Glasses	1
文化、体育用品及器材专门零售	Retail of Culture,Sports Appliances and Equipments	9
体育用品及器材零售	Retail of Sports Appliances and Equipments	2
图书零售	Retail of Books	3
珠宝首饰零售	Retail of Jewelery	2
照相器材零售	Retail of Photographic Equipment	1
其他文化用品零售	Retail of Other Culture Appliances	1
医药及医疗器材专门零售	Retail of Medicines and Medical Appliances	13
药品零售	Retail of Medicines	13
汽车、摩托车、燃料及零配件专门零售	Retail of Motor Vehicles,Motorcycles,Fuel and Parts	82
汽车零售	Retail of Motor Vehicles	68
汽车零配件零售	Retail of Motor Vehicles and Parts	1
摩托车及零配件零售	Retail of Motorcycles and Parts	2
机动车燃料零售	Retail of Fuel of Motor Vehicles	11
家用电器及电子产品专门零售	Special Retail of Household Electric Appliances and Electronic Products	28
家用视听设备零售	Retail of Household Audio-visual Equipment	2
家用电器零售	Retail of Household Electric Appliances	3
计算机、软件及辅助设备零售	Retail of Computer,Software and Assistant Appliances	20
通信设备零售	Retail of Communication Equipments	3
五金、家具及室内装修材料专门零售	Special Retail of Hardware,Furniture and Decoration Materials	3
家具零售	Retail of Furniture	3
无店铺及其他零售	Non-shop and Other Retails	1
生活用燃料零售	Retail of Life of Fuel	1
按控股情况分	**Grouped by Controlling Stake**	
国有控股	State-owned	9
集体控股	Collective-owned	1
私人控股	Private	123
其他	Others	18
按经营形式分	**Grouped by Business Form**	
独立门店	Indipendent Sore	138
连锁总店	Distributor Chain	8
连锁门店	Chain Stores	1
其他	Others	4
按零售业态分	**Grouped by Business Categories**	
超市	Supermarket	3
大型超市	Hypermarket	4
百货店	Departmentstore	8
专业店	Speciality Store	76
专卖店	Franchised Store	59
家居建材商店	Furniture and Building Materials Store	1

continued

(10 000yuan)

年初存货 Invertory at Begining of Year	流动资产 Working Capitals	# 应收帐款 Accounts Receivable	# 存　货 Stock
3864	8203	41	4367
197	3735		177
3667	4469	41	4189
6090	13775	1743	5897
1298	2420	494	1852
1873	7492	1008	2080
2505	3162	54	1924
41	95	46	41
373	607	141	
18470	120150	66326	22140
18470	120150	66326	22140
36413	427935	23305	142447
111770	401856	18365	136923
2383	5179	26	2949
1106	1133		760
-78847	19767	4915	1815
22022	89081	18011	23977
799	6583	667	941
13008	49788	7510	13528
6702	28706	9031	8557
1513	4004	803	952
3156	15473	1008	3825
3156	15473	1008	3825
768	2799	473	849
768	2799	473	849
9411	57734	22476	9466
-80838	73	51	-48
144686	544501	78135	172477
53056	275119	21387	60458
79797	673451	74565	190562
39073	146897	21348	43242
1727	5093	3015	1825
5716	51987	23120	6725
4449	9458	393	4548
35836	137071	15114	39523
6418	95058	742	6393
-12645	306622	88058	70355
89858	316692	17068	118744
2398	12527	675	2792

8-5 续表 3

单位:万元 （2012）

指 标	Item	固定资产 Fixed Assets	固定资产原价 Original Value of Fixed Assets
总 计	**Total**	**385536**	**453558**
市区	City	329855	383260
永宁县	Yongning	3669	5708
贺兰县	Helan	35449	45892
灵武市	Lingwu	16563	18698
批发业	**Wholesale Trade**	**249358**	**250585**
按登记注册类型分	**Grouped by Registration Status**		
内资企业	Domestic Funded Enterprises	249349	250566
国有企业	State-owned Enterprises	10885	19116
集体企业	Collective-owned Enterprises	4574	5126
有限责任公司	Limited Liability Corporations	20004	27272
国有独资公司	State-owned Corporations	4411	4746
其他有限责任公司	Other Limited Liability Corporations	15593	22527
股份有限公司	Share-holding Corporations Ltd.	149675	116153
私营企业	Private Enterprises	63902	81918
私营独资企业	Private Funded Enterprises	11408	12283
私营有限责任公司	Private Limited Liability Corporations	52494	69635
其他企业	Others	309	980
按国民经济行业分	**Grouped by Sector**		
食品、饮料及烟草制品批发	Wholesale of Food,Beverages and Tobacoos	22797	30913
米、面制品及食用油批发	Wholesale of Rice,Flour and Edible Oil	2369	4164
糕点、糖果及糖批发	Wholesale of Pastry,Candy and Sugars	7	131
肉、禽、蛋及水产品批发	Wholesale of Meat and Aquatic Products	15141	16808
盐及调味品批发	Wholesale of Salt and Condiments	238	433
饮料及茶叶批发	Wholesale of Beverages and tea	232	511
烟草制品批发	Wholesale of Tobacoos	4810	8867
纺织、服装及日用品批发	Wholesale of Textiles,Garments and Daily Consummer Aticles	10383	10797
服装批发	Wholesale of Garments	10366	10763
家用电器批发	Wholesale of Household Electric Appliances	17	34
文化、体育用品及器材批发	Wholesale of Cultural,Sports Goods Appliances and Equipments	1872	3398
文具用品批发	Wholesale of Stationery	37	66
图书批发	Wholesale of Books	1818	3276
其他文化用品批发	Wholesale of Other Cultural Goods	17	57
医药及医疗器材批发	Wholesale of Medicines and Medical equipment	1101	1774
西药批发	Wholesale of Western Medicines	1101	1774
矿产品、建材及化工产品批发	Wholesale of Mineral Products,Building Materials and Chemical Products	185012	170170
煤炭及制品批发	Coal and Related Products	10242	13649
石油及制品批发	Petroleum and Related Products	158367	132685
非金属矿及制品批发	Wholesale of Nonmetallic Mine and Related Products	18	152
金属及金属矿批发	Wholesale of Metallic Mineral Products	11501	17578
化肥批发	Wholesale of Chemical Fertilizer	4883	6106
其他化工产品批发	Wholesale of Other Chemical Products	1	1

continued

(10 000yuan)

累计折旧 Accumulated Depreciation		在建工程 Construction in Process	资产总计 Total Assets	流动负债 Current Liabilities		非流动负债合计 Totale of Non-current Liabilities
	# 本年折旧 Depreciation This Year				# 应付帐款 Accounts Payable	
123747	**29738**	**69969**	**3081703**	**2192085**	**361785**	**123564**
109129	23914	66121	2118979	1339963	326575	108684
2040	768	1870	136561	168972	56	480
10444	4271	1686	365953	282695	9663	
2135	785	292	460210	400455	25491	14400
53936	**16437**	**56554**	**1882747**	**1328258**	**157652**	**97206**
53926	16432	56554	1880242	1326248	157652	97206
8230	1133	159	140270	34246	9643	534
553	200	116	51768	45728	7426	481
7269	1923	557	648989	546758	37434	16556
334	312		11413	7073	717	
6934	1610	557	637576	539685	36716	16556
19187	7564	51134	247251	198237	8778	7968
18017	5581	4479	788666	498113	93871	71602
875	387		42564	17473	9196	
17142	5194	4479	746103	480640	84675	71602
671	31	110	3297	3167	500	65
8117	2192	1089	141405	37500	3185	482
1794	185		18631	13838		339
123	3		1547	1190		
1667	1026	930	27707	9003	195	
195	31		10253	4176	327	143
280	280		6643	4840		
4058	668	159	76625	4454	2663	
414	261		39239	15728	6698	
397	252		36146	13321	6697	
17	10		3093	2407		
1526	162		35753	9995	6697	
28	6		2303	1178	106	
1458	156		19346	7319	6544	
40			14104	1499	48	
673	142	141	16418	13982	6974	1200
673	142	141	16418	13982	6974	1200
37867	11391	55203	1347900	1085357	70941	25523
3407	608	50	55505	36037	8502	
27027	9008	54691	712397	599397	26140	22850
133	6		3713	1026	-371	
6077	1538	237	517677	397283	28744	2127
1223	231	225	55071	48900	7926	546
			3537	2713		

8-5 续表4

单位:万元 (2012)

指 标	Item	固定资产 Fixed Assets	固定资产原价 Original Value of Fixed Assets
机械设备、五金交电及电子产品批发	Wholesale of Machinery,Hardware and Electronic Equipment	9880	14088
农业机械批发	Wholesale of Agriculture Machinary	970	1661
汽车、摩托车及零配件批发	Wholesale of MotorVehicles,Motorcycles and Parts	5180	7380
摩托车及零配件批发	Wholesale of Motorcycles and Parts	63	124
五金、交电批发	Wholesale of Hardware and Electronic Equipment	34	95
电气设备批发	Wholesale of Electronic Equipment	1259	2318
计算机、软件及辅助设备批发	Wholesale of Computer,Software and Assistant Aplliances	16	30
其他机械设备及电子产品批发	Wholesale of Other Machinary and Electric Equipment	2359	2481
其他批发	Other Wholesale	18314	19443
再生物资回收与批发	Recovery and Wholesale of Recycled Materials	4472	4815
其他未列明的批发	Other Wholesale Unlisted	13842	14629
按控股情况分	**Grouped by Controlling Stake**		
国有控股	State-owned	170553	148603
集体控股	Collective-owned	8985	9872
私人控股	Private	69271	91078
其他	Others	549	1032
按经营形式分	**Grouped by Business Form**		
独立门店	Indipendent Stores	90296	123545
连锁总店	Distributor Chain	124795	79782
连锁门店	Chain Stores	28600	40452
其他	Others	5666	6806
零售业	**Retail Trade**	**136178**	**202973**
按登记注册类型分	**Grouped by Registration Status**		
内资企业	Domestic Funded Enterprises	134962	199557
国有企业	State-owned Enterprises	8038	15708
集体企业	Collective-owned Enterprises	6	20
有限责任公司	Limited Liability Corporations	72463	94080
其他有限责任公司	Other Limited Liability Corporations	72463	94080
股份有限公司	Share-holding Corporations Ltd.	9815	29317
私营企业	Private Enterprises	44572	60321
私营独资企业	Private Funded Enterprises	3294	4453
私营有限责任公司	Private Limited Liability Corporations	41278	55867
私营股份有限公司	Private Share-holding Corporations Ltd.		
其他企业	Others	68	111
外商投资企业	Foreign Funded Enterprises	1216	3416
按国民经济行业分	**Grouped by Sector**		
综合零售	Integrated Retail	53217	88184
百货零售	Retail of General Merchandise	35214	61958
超级市场零售	Retail of Supermarkets	17989	26210
其他综合零售	Others	14	15
食品、饮料及烟草制品专门零售	Retail of Food,Beverages and Tobaccos	190	287
粮油零售	Retail of Grain and Oil	190	287

continued

(10 000yuan)

累计折旧 Accumulated Depreciation	# 本年折旧 Depreciation This Year	在建工程 Construction in Process	资产总计 Total Assets	流动负债 Current Liabilities	# 应付帐款 Accounts Payable	非流动负债合计 Totale of Non-current Liabilities
4209	1273	122	147125	120056	53977	
691	103		18819	15921	12691	
2200	942	55	56619	42060	6363	
60	11		1121	527	86	
61	10		1779	1634	1268	
1059	169	66	53559	47152	29724	
14	7		839	603	197	
123	32		14390	12159	3647	
1130	1015		154908	45641	9180	70000
343	318		19167	13995	7019	
787	698		135742	31646	2161	70000
30760	9261	51351	451727	274581	24261	8502
887	512	116	63181	52801	8143	481
21806	6303	5088	1327972	967543	112256	88223
483	360		39868	33333	12992	
33249	8284	5305	1546992	1068256	146991	88757
7696	3973	47999	233422	147950	15426	481
11852	3598	3250	42097	73120		7361
1140	582		60236	38932	-4765	607
69811	**13302**	**13414**	**1198956**	**863826**	**204133**	**26359**
67611	13302	13226	1195116	863195	204089	26359
7670	661	6	24661	13559	7934	1211
15	3		79	136	65	
24702	6805	10540	578855	439194	139245	3290
24702	6805	10540	578855	439194	139245	3290
19503	996	67	168737	68954	24089	
15679	4837	2614	416323	335746	32734	21858
1159	252	25	16150	10062	1543	
14520	4585	2589	399858	325354	31179	21858
			316	331	12	
43			6461	5605	22	
2200		188	3840	632	43	
34967	3841	4745	341750	187768	76617	25
26744	2064	3613	207972	96406	30818	25
8222	1776	1132	133236	91321	45757	
1	1		542	42	42	
96	14		1044	333	199	452
96	14		1044	333	199	452

8-5 续表 5

单位:万元 (2012)

指 标	Item	固定资产 Fixed Assets	固定资产原价 Original Value of Fixed Assets
纺织、服装及日用品专门零售	Special Retail of Textiles,Garments and Daily Consumer Articles	1921	2621
服装零售	Retail of Garments	783	1023
钟表、眼镜零售	Retail of Watches and Glasses	1138	1598
文化、体育用品及器材专门零售	Retail of Culture,Sports Appliances and Equipments	6051	8874
体育用品及器材零售	Retail of Sports Appliances and Equipments	108	223
图书零售	Retail of Books	5180	7183
珠宝首饰零售	Retail of Jewelery	734	1328
照相器材零售	Retail of Photographic Equipment	20	128
其他文化用品零售	Retail of Other Culture Appliances	8	13
医药及医疗器材专门零售	Retail of Medicines and Medical Appliances	9465	12945
药品零售	Retail of Medicines	9465	12945
汽车、摩托车、燃料及零配件专门零售	Retail of Motor Vehicles,Motorcycles,Fuel and Parts	58544	76649
汽车零售	Retail of Motor Vehicles	51738	64862
汽车零配件零售	Retail of Motor Vehicles and Parts	1024	1140
摩托车及零配件零售	Retail of Motorcycles and Parts	108	394
机动车燃料零售	Retail of Fuel of Motor Vehicles	5674	10252
家用电器及电子产品专门零售	Special Retail of Household Electric Appliances and Electronic Products	3219	5817
家用视听设备零售	Retail of Household Audio-visual Equipment	92	145
家用电器零售	Retail of Household Electric Appliances	1055	2302
计算机、软件及辅助设备零售	Retail of Computer,Software and Assistant Appliances	1939	3055
通信设备零售	Retail of Communication Equipments	133	315
五金、家具及室内装修材料专门零售	Special Retail of Hardware,Furniture and Decoration Materials	1443	2467
家具零售	Retail of Furniture	1443	2467
无店铺及其他零售	Non-shop and Other Retails	2128	5131
生活用燃料零售	Retail of Life of Fuel	2128	5131
按控股情况分	**Grouped by Controlling Stake**		
国有控股	State-owned	8917	16874
集体控股	Collective-owned	6	20
私人控股	Private	89097	119537
其他	Others	38159	66543
按经营形式分	**Grouped by Business Form**		
独立门店	Indipendent Sore	104869	159448
连锁总店	Distributor Chain	28610	39738
连锁门店	Chain Stores	459	735
其他	Others	2240	3052
按零售业态分	**Grouped by Business Categories**		
超市	Supermarket	1215	1749
大型超市	Hypermarket	18931	27975
百货店	Departmentstore	34865	61452
专业店	Speciality Store	40212	58662
专卖店	Franchised Store	40830	52967
家居建材商店	Furniture and Building Materials Store	125	168

continued

(10 000yuan)

累计折旧 Accumulated Depreciation	# 本年折旧 Depreciation This Year	在建工程 Construction in Process	资产总计 Total Assets	流动负债 Current Liabilities	# 应付帐款 Accounts Payable	非流动负债合计 Totale of Non-current Liabilities
700	297		14029	13618	4400	1850
240	208		8136	12351	3891	
460	88		5893	1267	510	1850
2823	216	3	20630	14029	7125	
114	5		2528	2462	1443	
2003	186	3	13327	8630	5219	
593	24		4046	2410	283	
108			115	19		
5	1		615	508	179	
3480	1565	582	135610	110602	75365	
3480	1565	582	135610	110602	75365	
21077	6445	6552	563210	448331	25461	9905
16096	5350	5671	497114	395994	24125	180
117			6372	5438	234	
286	286		1242	826		
4578	809	881	58481	46073	1102	9725
2641	449	1466	99661	71752	11765	13380
53	26		6745	6255	1831	
1199	247		52879	35946	3121	12515
1206	148	1466	35887	26745	6128	864
182	28		4151	2806	685	
1024	143	64	17303	16173	2656	
1024	143	64	17303	16173	2656	
3002	333	3	5720	1221	545	746
3002	333	3	5720	1221	545	746
7957	758	588	69183	47325	36510	1211
15	3		79	136	65	
30509	8275	8325	701554	565864	79887	23156
31330	4265	4502	428141	250501	87670	1992
57595	10049	11324	937228	675533	107198	25653
11127	3076	156	195810	136667	62930	142
276	23		5551	4895	4548	
812	153	1935	60366	46731	29457	564
534	361		14982	21116	8715	
9044	1977	1132	173509	116245	50124	142
26587	2048	3613	203937	89733	27244	25
21466	4174	7107	400883	317583	100366	23890
12136	4704	1562	392973	306725	16078	2302
44	39		12673	12425	1607	

8-5 续表 6

单位：万元 （2012）

指　标	Item	负债合计 Total Liabilities	所有者权益 Total Owners´ Equities
总　计	**Total**	**2295097**	**786606**
市区	City	1428095	690884
永宁县	Yongning	169452	-32891
贺兰县	Helan	282695	83258
灵武市	Lingwu	414855	45355
批发业	**Wholesale Trade**	**1424624**	**458123**
按登记注册类型分	**Grouped by Registration Status**		
内资企业	Domestic Funded Enterprises	1422614	457628
国有企业	State-owned Enterprises	34780	105490
集体企业	Collective-owned Enterprises	46209	5559
有限责任公司	Limited Liability Corporations	562474	86515
国有独资公司	State-owned Corporations	7073	4340
其他有限责任公司	Other Limited Liability Corporations	555401	82175
股份有限公司	Share-holding Corporations Ltd.	206205	41046
私营企业	Private Enterprises	569715	218952
私营独资企业	Private Funded Enterprises	17473	25091
私营有限责任公司	Private Limited Liability Corporations	552242	193861
其他企业	Others	3232	66
按国民经济行业分	**Grouped by Sector**		
食品、饮料及烟草制品批发	Wholesale of Food,Beverages and Tobacoos	37983	103422
米、面制品及食用油批发	Wholesale of Rice,Flour and Edible Oil	14177	4455
糕点、糖果及糖批发	Wholesale of Pastry,Candy and Sugars	1190	357
肉、禽、蛋及水产品批发	Wholesale of Meat and Aquatic Products	9003	18703
盐及调味品批发	Wholesale of Salt and Condiments	4319	5933
饮料及茶叶批发	Wholesale of Beverages and tea	4840	1803
烟草制品批发	Wholesale of Tobacoos	4454	72171
纺织、服装及日用品批发	Wholesale of Textiles,Garments and Daily Consummer Aticles	15728	23511
服装批发	Wholesale of Garments	13321	22826
家用电器批发	Wholesale of Household Electric Appliances	2407	685
文化、体育用品及器材批发	Wholesale of Cultural,Sports Goods Appliances and Equipments	9995	25758
文具用品批发	Wholesale of Stationery	1178	1125
图书批发	Wholesale of Books	7319	12027
其他文化用品批发	Wholesale of Other Cultural Goods	1499	12606
医药及医疗器材批发	Wholesale of Medicines and Medical equipment	15182	1236
西药批发	Wholesale of Western Medicines	15182	1236
矿产品、建材及化工产品批发	Wholesale of Mineral Products,Building Materials and Chemical Products	1110040	237860
煤炭及制品批发	Coal and Related Products	36037	19468
石油及制品批发	Petroleum and Related Products	622247	90150
非金属矿及制品批发	Wholesale of Nonmetallic Mine and Related Products	1026	2687
金属及金属矿批发	Wholesale of Metallic Mineral Products	398570	119107
化肥批发	Wholesale of Chemical Fertilizer	49447	5625
其他化工产品批发	Wholesale of Other Chemical Products	2713	824

continued

(10 000yuan)

实收资本 Paid-in Capitals	国家资本 State-owned Capitals	集体资本 Collective-owned Capitals	法人资本 Corporate Capitals	个人资本 Personal Capitals
586556	**123053**	**2028**	**342740**	**118735**
437368	119927	2028	243967	71446
43403	3071		27180	13152
63929			47665	16264
41856	55		23929	17873
410958	**113542**	**60**	**215137**	**82219**
410158	113542	60	214537	82019
24802	22989		1814	
5559			5559	
86974	8000		72577	6398
3000			3000	
83974	8000		69577	6398
110102	82553		27548	
182141		60	107039	75041
20573			733	19840
161568		60	106307	55201
580				580
15072	7084		7569	420
3720	3700			20
300				300
5000			5000	
3384	3384			
1100			1000	100
1569			1569	
18904			1259	17645
17946			606	17340
958			653	305
10509	7264		245	3000
500	255		245	
7009	7009			
3000				3000
936			546	390
936			546	390
305845	99144		149927	56774
15636			14826	810
148962	85503		52856	10603
2035			2035	
132406	13641		74652	44113
6139			5559	580
668				668

8-5 续表 7

单位:万元 (2012)

指　标	Item	负债合计 Total Liabilities	所有者权益 Total Owners' Equities
机械设备、五金交电及电子产品批发	Wholesale of Machinery,Hardware and Electronic Equipment	120056	27069
农业机械批发	Wholesale of Agriculture Machinary	15921	2897
汽车、摩托车及零配件批发	Wholesale of MotorVehicles,Motorcycles and Parts	42060	14559
摩托车及零配件批发	Wholesale of Motorcycles and Parts	527	594
五金、交电批发	Wholesale of Hardware and Electronic Equipment	1634	144
电气设备批发	Wholesale of Electronic Equipment	47152	6407
计算机、软件及辅助设备批发	Wholesale of Computer,Software and Assistant Aplliances	603	237
其他机械设备及电子产品批发	Wholesale of Other Machinary and Electric Equipment	12159	2231
其他批发	Other Wholesale	115641	39268
再生物资回收与批发	Recovery and Wholesale of Recycled Materials	13995	5172
其他未列明的批发	Other Wholesale Unlisted	101646	34096
按控股情况分	**Grouped by Controlling Stake**		
国有控股	State-owned	283083	168644
集体控股	Collective-owned	53282	9899
私人控股	Private	1054926	273045
其他	Others	33333	6535
按经营形式分	**Grouped by Business Form**		
独立门店	Indipendent Stores	1156173	390819
连锁总店	Distributor Chain	148431	84991
连锁门店	Chain Stores	80481	-38383
其他	Others	39539	20697
零售业	**Retail Trade**	**870473**	**328483**
按登记注册类型分	**Grouped by Registration Status**		
内资企业	Domestic Funded Enterprises	869212	325904
国有企业	State-owned Enterprises	14770	9891
集体企业	Collective-owned Enterprises	136	-57
有限责任公司	Limited Liability Corporations	443165	135690
其他有限责任公司	Other Limited Liability Corporations	443165	135690
股份有限公司	Share-holding Corporations Ltd.	68954	99783
私营企业	Private Enterprises	336582	79742
私营独资企业	Private Funded Enterprises	10062	6088
私营有限责任公司	Private Limited Liability Corporations	326189	73669
私营股份有限公司	Private Share-holding Corporations Ltd.	331	-15
其他企业	Others	5605	856
外商投资企业	Foreign Funded Enterprises	1261	2579
按国民经济行业分	**Grouped by Sector**		
综合零售	Integrated Retail	187794	153956
百货零售	Retail of General Merchandise	96431	111541
超级市场零售	Retail of Supermarkets	91321	41916
其他综合零售	Others	42	500
食品、饮料及烟草制品专门零售	Retail of Food,Beverages and Tobaccos	785	259
粮油零售	Retail of Grain and Oil	785	259

continued

(10 000yuan)

实收资本 Paid-in Capitals	国家资本 State-owned Capitals	集体资本 Collective-owned Capitals	法人资本 Corporate Capitals	个人资本 Personal Capitals
16428	50	60	12329	3990
1341			811	530
6258			3558	2700
300			300	
30				30
5750			5400	350
200		60		140
2550	50		2260	240
43263			43263	
3263			3263	
40000			40000	
154760	113492		41268	
8559			8559	
241825		60	159547	82218
5814	50		5763	1
276150	31039		163652	81459
84991	79432		5559	
30620	3071		27548	
19198		60	18378	760
175598	**9511**	**1968**	**127604**	**36516**
173550	9511	1968	127104	34968
9280	9280			
1	1			
83146	230	1968	70544	10405
83146	230	1968	70544	10405
21743			21743	
58664			34817	23848
4000			4000	
54634			30787	23848
30			30	
716				716
2048			500	1548
43575	807		42655	113
28055	807		27215	33
15020			15020	
500			420	80
122	122			
122	122			

8-5 续表8

单位:万元 (2012)

指 标	Item	负债合计 Total Liabilities	所有者权益 Total Owners′ Equities
纺织、服装及日用品专门零售	Special Retail of Textiles,Garments and Daily Consumer Articles	15469	-1440
服装零售	Retail of Garments	12351	-4215
钟表、眼镜零售	Retail of Watches and Glasses	3118	2775
文化、体育用品及器材专门零售	Retail of Culture,Sports Appliances and Equipments	14029	6601
体育用品及器材零售	Retail of Sports Appliances and Equipments	2462	66
图书零售	Retail of Books	8630	4697
珠宝首饰零售	Retail of Jewelery	2410	1636
照相器材零售	Retail of Photographic Equipment	19	96
其他文化用品零售	Retail of Other Culture Appliances	508	107
医药及医疗器材专门零售	Retail of Medicines and Medical Appliances	110602	25009
药品零售	Retail of Medicines	110602	25009
汽车、摩托车、燃料及零配件专门零售	Retail of Motor Vehicles,Motorcycles,Fuel and Parts	450842	112367
汽车零售	Retail of Motor Vehicles	396856	100259
汽车零配件零售	Retail of Motor Vehicles and Parts	5438	934
摩托车及零配件零售	Retail of Motorcycles and Parts	826	416
机动车燃料零售	Retail of Fuel of Motor Vehicles	47723	10759
家用电器及电子产品专门零售	Special Retail of Household Electric Appliances and Electronic Products	72813	26848
家用视听设备零售	Retail of Household Audio-visual Equipment	6255	490
家用电器零售	Retail of Household Electric Appliances	36087	16791
计算机、软件及辅助设备零售	Retail of Computer,Software and Assistant Appliances	27664	8222
通信设备零售	Retail of Communication Equipments	2806	1345
五金、家具及室内装修材料专门零售	Special Retail of Hardware,Furniture and Decoration Materials	16173	1130
家具零售	Retail of Furniture	16173	1130
无店铺及其他零售	Non-shop and Other Retails	1968	3752
生活用燃料零售	Retail of Life of Fuel	1968	3752
按控股情况分	**Grouped by Controlling Stake**		
国有控股	State-owned	48536	20647
集体控股	Collective-owned	136	-57
私人控股	Private	568627	132927
其他	Others	253174	174966
按经营形式分	**Grouped by Business Form**		
独立门店	Indipendent Sore	681474	255755
连锁总店	Distributor Chain	136808	59002
连锁门店	Chain Stores	4895	656
其他	Others	47296	13070
按零售业态分	**Grouped by Business Categories**		
超市	Supermarket	21116	-6134
大型超市	Hypermarket	116387	57122
百货店	Department Store	89758	114178
专业店	Speciality Store	321761	79122
专卖店	Franchised Store	309027	83946
家居建材商店	Furniture and Building Materials Store	12425	248

continued

(10 000yuan)

实收资本 Paid-in Capitals	国家资本 State-owned Capitals	集体资本 Collective-owned Capitals	法人资本 Corporate Capitals	个人资本 Personal Capitals
4361			4361	
3000			3000	
1361			1361	
5489	4180		96	1213
150				150
4075	4075			
1106	106			1001
96			96	
62				62
17850	230		16762	858
17850	230		16762	858
78624	1	132	50058	28433
68919			43565	25354
1000			1000	
416			311	104
8289	1	132	5181	2975
13997		1836	6672	5489
1000			500	500
5778		1836	3152	790
6269			2820	3449
950			200	750
7410			7000	410
7410			7000	410
4171	4171			
4171	4171			
17330	9330		8000	
1	1			
101333	180		67586	33568
56934		1968	52018	2948
139690	5511	132	98792	35255
25778	4000	1836	18982	960
1030			1030	
9100			8800	300
1182			1150	33
18620		1836	16352	432
30474	807		29587	80
62644	8477	132	37525	16510
56678	227		36991	19461
6000			6000	

8-5 续表 9

单位:万元 （2012）

指 标	Item	营业收入 Total Revenue	# 主营业务收入 Revenue from Principal Business
总 计	**Total**	**7601521**	**7565644**
市区	City	5957870	5924866
永宁县	Yongning	371340	371167
贺兰县	Helan	828006	825347
灵武市	Lingwu	444305	444264
批发业	**Wholesale Trade**	**5508617**	**5489755**
按登记注册类型分	**Grouped by Registration Status**		
内资企业	Domestic Funded Enterprises	5505986	5487124
国有企业	State-owned Enterprises	246439	246034
集体企业	Collective-owned Enterprises	39685	39685
有限责任公司	Limited Liability Corporations	1070983	1070553
国有独资公司	State-owned Corporations	17092	17092
其他有限责任公司	Other Limited Liability Corporations	1053891	1053461
股份有限公司	Share-holding Corporations Ltd.	3422386	3407898
私营企业	Private Enterprises	722637	719098
私营独资企业	Private Funded Enterprises	36063	36063
私营有限责任公司	Private Limited Liability Corporations	686574	683035
其他企业	Others	3856	3856
按国民经济行业分	**Grouped by Sector**		
食品、饮料及烟草制品批发	Wholesale of Food,Beverages and Tobacoos	242580	242236
米、面制品及食用油批发	Wholesale of Rice,Flour and Edible Oil	7990	7840
糕点、糖果及糖批发	Wholesale of Pastry,Candy and Sugars	2703	2703
肉、禽、蛋及水产品批发	Wholesale of Meat and Aquatic Products	18479	18479
盐及调味品批发	Wholesale of Salt and Condiments	6521	6429
饮料及茶叶批发	Wholesale of Beverages and tea	9280	9280
烟草制品批发	Wholesale of Tobacoos	197608	197506
纺织、服装及日用品批发	Wholesale of Textiles,Garments and Daily Consummer Aticles	29322	29322
服装批发	Wholesale of Garments	24376	24376
家用电器批发	Wholesale of Household Electric Appliances	4946	4946
文化、体育用品及器材批发	Wholesale of Cultural,Sports Goods Appliances and Equipments	14717	14717
文具用品批发	Wholesale of Stationery	3285	3285
图书批发	Wholesale of Books	11433	11433
其他文化用品批发	Wholesale of Other Cultural Goods		
医药及医疗器材批发	Wholesale of Medicines and Medical equipment	32501	32501
西药批发	Wholesale of Western Medicines	32501	32501
矿产品、建材及化工产品批发	Wholesale of Mineral Products,Building Materials and Chemical Products	4950186	4932631
煤炭及制品批发	Coal and Related Products	208087	207934
石油及制品批发	Petroleum and Related Products	3910619	3902536
非金属矿及制品批发	Wholesale of Nonmetallic Mine and Related Products	4603	4603
金属及金属矿批发	Wholesale of Metallic Mineral Products	751130	751069
化肥批发	Wholesale of Chemical Fertilizer	52799	43541
其他化工产品批发	Wholesale of Other Chemical Products	22949	22949

continued

(10 000yuan)

营业成本 Business Costs	# 主营业务成本 Costs of Principal Business	营业税金及附加 Business Taxes and Other Charges	# 主营业务税金及附加 Taxes and Other Charges on Principal Business	其他业务利润 Profits from Other Businesses	销售费用 Selling Costs	管理费用 Management Costs	# 税金 Taxes	# 差旅费 Travel Expenses	# 工会经费 Union Funds
7167560	**7145139**	**25804**	**25437**	**36416**	**218837**	**93205**	**6042**	**2403**	**1108**
5599392	5577497	23640	23348	33828	170911	72897	4444	1596	848
358184	358012	293	291	1468	14768	3463	231	72	30
767222	766889	1065	993	2134	28052	14386	1059	693	221
442763	442742	806	806	-1013	5106	2459	308	41	9
5313177	**5291382**	**17402**	**17297**	**8679**	**87519**	**40581**	**3202**	**942**	**318**
5310843	5289048	17400	17296	8679	87387	40488	3199	937	316
190618	190528	12131	12120	468	3777	10475	184	134	126
43253	43253				117	984	253	13	5
1042767	1042491	2208	2148	-419	23269	7529	768	137	70
17758	17758	347	347	-1013	50	670		9	
1025009	1024732	1861	1801	595	23219	6858	768	128	70
3351116	3337401	1570	1548	2220	36743	4021	584	23	
678904	671191	1491	1479	6162	23340	17299	1409	629	113
30846	30846	50	50	276	2949	1050	155	45	6
648057	640344	1442	1429	5886	20391	16249	1255	584	107
4186	4186	1	1	247	142	182	1		1
180000	179916	12412	12401	261	5209	9563	489	125	116
7326	7311	3	3	135	475	476	3	2	6
2551	2551	2	2		7	44	4		
12191	12191	283	283		813	471	345	13	1
4012	3967	57	46	47	490	481	3	17	9
6703	6703	31	31		1086	266	1	3	1
147217	147193	12037	12037	78	2337	7826	133	91	100
23241	23241	55	55		2453	950	145	36	5
18881	18881	49	49		2092	841	133	28	
4360	4360	6	6		361	110	12	8	5
12617	12617	19	19	152	621	1256	36	22	10
3045	3045	7	7		62	108		3	
9572	9572	12	12	152	560	1134	36	18	10
						14			
30702	30702	47	47		798	541	44	4	5
30702	30702	47	47		798	541	44	4	5
4845327	4823910	3796	3761	6442	67459	16172	2092	333	112
184778	184778	630	630	153	18762	2862	126	50	42
3836871	3831922	2132	2099	4581	40944	7238	902	84	21
4254	4254	9	9		200	108	2	7	1
739964	732746	1023	1021	1454	7091	4744	771	177	41
56690	47439	1	1	254	403	1181	269	13	7
22771	22771	2	2		60	40	22	1	

8–5 续表 10

单位:万元 (2012)

指 标	Item	营业收入 Total Revenue	# 主营业务收入 Revenue from Principal Business
机械设备、五金交电及电子产品批发	Wholesale of Machinery,Hardware and Electronic Equipment	174199	173236
农业机械批发	Wholesale of Agriculture Machinary	26723	26598
汽车、摩托车及零配件批发	Wholesale of MotorVehicles,Motorcycles and Parts	88105	87548
摩托车及零配件批发	Wholesale of Motorcycles and Parts	5575	5575
五金、交电批发	Wholesale of Hardware and Electronic Equipment	3020	3020
电气设备批发	Wholesale of Electronic Equipment	25924	25924
计算机、软件及辅助设备批发	Wholesale of Computer,Software and Assistant Aplliances	2243	2239
其他机械设备及电子产品批发	Wholesale of Other Machinary and Electric Equipment	22610	22334
其他批发	Other Wholesale	65113	65113
再生物资回收与批发	Recovery and Wholesale of Recycled Materials	41321	41321
其他未列明的批发	Other Wholesale Unlisted	23792	23792
按控股情况分	**Grouped by Controlling Stake**		
国有控股	State–owned	4076574	4061528
集体控股	Collective–owned	56777	56777
私人控股	Private	1335658	1331843
其他	Others	39608	39608
按经营形式分	**Grouped by Business Form**		
独立门店	Indipendent Stores	1939686	1926335
连锁总店	Distributor Chain	480677	480677
连锁门店	Chain Stores	560846	555891
其他	Others	2527409	2526853
零售业	**Retail Trade**	**2092904**	**2075889**
按登记注册类型分	**Grouped by Registration Status**		
内资企业	Domestic Funded Enterprises	2088706	2071691
国有企业	State–owned Enterprises	34069	32625
集体企业	Collective–owned Enterprises	2959	2959
有限责任公司	Limited Liability Corporations	977125	971325
其他有限责任公司	Other Limited Liability Corporations	977125	971325
股份有限公司	Share–holding Corporations Ltd.	246147	238287
私营企业	Private Enterprises	820920	819010
私营独资企业	Private Funded Enterprises	52470	52384
私营有限责任公司	Private Limited Liability Corporations	767890	766066
私营股份有限公司	Private Share–holding Corporations Ltd.	560	560
其他企业	Others	7485	7485
外商投资企业	Foreign Funded Enterprises	4198	4198
按国民经济行业分	**Grouped by Sector**		
综合零售	Integrated Retail	538172	526135
百货零售	Retail of General Merchandise	299844	287807
超级市场零售	Retail of Supermarkets	236580	236580
其他综合零售	Others	1748	1748
食品、饮料及烟草制品专门零售	Retail of Food,Beverages and Tobaccos	721	721
粮油零售	Retail of Grain and Oil	721	721

continued

(10 000yuan)

营业成本 Business Costs	# 主营业务成本 Costs of Principal Business	营业税金及附加 Business Taxes and Other Charges	# 主营业务税金及附加 Taxes and Other Charges on Principal Business	其他业务利润 Profits from Other Businesses	销售费用 Selling Costs	管理费用 Management Costs	# 税金 Taxes	# 差旅费 Travel Expenses	# 工会经费 Union Funds
156003	155709	550	491	2671	10307	7128	397	414	71
23619	23619	29	29	125	2253	1163	41	65	11
79711	79704	155	155	1847	2822	2540	240	134	32
5459	5459	1	1		47	22			
2689	2689	4	4		206	92	2	3	1
23575	23575	98	98	423	1887	1742	52	93	13
2069	2060	3	3		12	155	1	2	2
18881	18605	261	203	276	3080	1414	62	117	12
65286	65286	524	524	-848	673	4972		9	
41043	41043	361	361	-848	50	1022		9	
24244	24244	162	162		623	3950			
3926209	3912404	14330	14298	2841	58031	17770	1197	195	165
61011	61011	347	347	-1013	166	1654	253	22	5
1288304	1280315	2696	2624	6685	29234	20487	1750	721	147
37652	37652	30	29	165	88	671	3	5	1
1815808	1798764	15252	15227	7202	48571	34204	2354	887	304
465579	465579	155	155		15425	3928	253	13	5
514812	510540	490	469	2131	20434	1050	558	23	
2516979	2516499	1505	1446	-655	3089	1399	37	18	9
1854384	**1853757**	**8402**	**8140**	**27737**	**131318**	**52623**	**2840**	**1461**	**790**
1851613	1850986	8379	8117	27737	130699	52350	2824	1453	784
27720	27646	320	276	1061	4971	2436	92	29	43
2851	2851	1	1	2	17	85	1	1	1
865105	864646	3596	3585	15164	67411	26969	1266	806	390
865105	864646	3596	3585	15164	67411	26969	1266	806	390
197394	197377	3445	3279	1737	25674	3770	396	143	77
751292	751217	1015	975	9766	32543	18936	1068	475	273
47414	47414	146	109	35	1049	1633		1	7
703327	703251	869	866	9732	31458	17301	1068	474	266
552	552				36	1			
7250	7250	1	1	8	84	155			
2771	2771	23	23		619	273	16	7	6
435829	435812	5565	5354	12812	58083	11725	761	228	192
239218	239201	4263	4053	10303	30193	7317	697	159	127
195389	195389	1293	1293	2509	27502	4407	65	69	65
1222	1222	9	9		388	1			
1613	1613			2	210	137	2	4	3
1613	1613			2	210	137	2	4	3

8-5 续表 11

单位:万元 (2012)

指 标	Item	营业收入 Total Revenue	# 主营业务收入 Revenue from Principal Business
纺织、服装及日用品专门零售	Special Retail of Textiles,Garments and Daily Consumer Articles	30229	29299
服装零售	Retail of Garments	24092	23162
钟表、眼镜零售	Retail of Watches and Glasses	6137	6137
文化、体育用品及器材专门零售	Retail of Culture,Sports Appliances and Equipments	20398	19972
体育用品及器材零售	Retail of Sports Appliances and Equipments	5272	5272
图书零售	Retail of Books	9548	9355
珠宝首饰零售	Retail of Jewelery	4134	3901
照相器材零售	Retail of Photographic Equipment	576	576
其他文化用品零售	Retail of Other Culture Appliances	868	868
医药及医疗器材专门零售	Retail of Medicines and Medical Appliances	218156	217531
药品零售	Retail of Medicines	218156	217531
汽车、摩托车、燃料及零配件专门零售	Retail of Motor Vehicles,Motorcycles,Fuel and Parts	1053217	1051063
汽车零售	Retail of Motor Vehicles	989230	987086
汽车零配件零售	Retail of Motor Vehicles and Parts	9219	9215
摩托车及零配件零售	Retail of Motorcycles and Parts	1371	1371
机动车燃料零售	Retail of Fuel of Motor Vehicles	53397	53391
家用电器及电子产品专门零售	Special Retail of Household Electric Appliances and Electronic Products	214664	214041
家用视听设备零售	Retail of Household Audio-visual Equipment	10140	9953
家用电器零售	Retail of Household Electric Appliances	136509	136430
计算机、软件及辅助设备零售	Retail of Computer,Software and Assistant Appliances	57075	56719
通信设备零售	Retail of Communication Equipments	10939	10939
五金、家具及室内装修材料专门零售	Special Retail of Hardware,Furniture and Decoration Materials	7950	7950
家具零售	Retail of Furniture	7950	7950
无店铺及其他零售	Non-shop and Other Retails	9397	9178
生活用燃料零售	Retail of Life of Fuel	9397	9178
按控股情况分	**Grouped by Controlling Stake**		
国有控股	State-owned	104288	102825
集体控股	Collective-owned	2959	2959
私人控股	Private	1275923	1268750
其他	Others	709733	701355
按经营形式分	**Grouped by Business Form**		
独立门店	Indipendent Sore	1601167	1586598
连锁总店	Distributor Chain	397168	394919
连锁门店	Chain Stores	16570	16540
其他	Others	78000	77832
按零售业态分	**Grouped by Business Categories**		
超市	Supermarket	34883	33145
大型超市	Hypermarket	352955	352955
百货店	Department Store	295457	284228
专业店	Speciality Store	588315	586409
专卖店	Franchised Store	818050	815908
家居建材商店	Furniture and Building Materials Store	3244	3244

continued

(10 000yuan)

营业成本 Business Costs	# 主营业务成本 Costs of Principal Business	营业税金及附加 Business Taxes and Other Charges	# 主营业务税金及附加 Taxes and Other Charges on Principal Business	其他业务利润 Profits from Other Businesses	销售费用 Selling Costs	管理费用 Management Costs	# 税金 Taxes	# 差旅费 Travel Expenses	# 工会经费 Union Funds
25017	24982	449	449	2163	6958	2619	30	28	34
20366	20331	429	429	2163	6426	2229	30	28	34
4651	4650	20	20		532	390			
15680	15616	93	93	149	2375	2169	39	49	25
4328	4328	15	15		489	428	14	17	6
6684	6631	43	43	90	1414	1308	18	19	16
3406	3394	27	27	15	325	367	5	13	2
516	516	6	6	44	74	23	2		1
747	747	2	2		74	43			
199146	198935	310	310	619	8696	5556	203	103	87
199146	198935	310	310	619	8696	5556	203	103	87
971285	971167	1357	1306	6148	34114	21570	1475	623	289
914462	914345	1186	1135	6118	30676	19089	1184	583	268
8524	8524	12	12		262	187	26	6	1
1229	1229	3	3	6	83	80	5	4	1
47070	47070	157	157	24	3093	2214	261	31	19
191689	191517	583	583	5634	15247	6392	251	388	148
8753	8752	27	27	186	962	369	4	5	
119936	119926	433	433	4121	11713	3274	200	289	117
53072	52911	95	95	694	1693	2135	45	69	17
9928	9928	27	27	633	880	615	3	25	14
5847	5847	13	13		4676	1918	30	33	13
5847	5847	13	13		4676	1918	30	33	13
8279	8269	32	32	210	958	537	48	5	
8279	8269	32	32	210	958	537	48	5	
93823	93747	385	340	1076	6218	3698	173	59	61
2851	2851	1	1	2	17	85	1	1	1
1162740	1162316	2575	2524	20532	56698	34570	1855	855	436
594969	594842	5441	5275	6128	68385	14270	811	546	292
1434391	1433976	6382	6120	21583	84060	39521	2423	1027	563
331413	331342	1929	1929	5878	44950	10604	310	392	191
15473	15473	11	11	30	602	415			9
73107	72965	79	79	247	1706	2083	107	42	27
29424	29424	141	141	1737	7304	752	12	24	5
298162	298162	1679	1679	6187	36663	7209	252	345	177
235446	235394	4570	4360	10728	30014	8994	715	167	161
533436	532959	1081	1044	6728	26567	17639	649	356	191
755644	755546	931	917	2357	26520	16540	1208	547	248
2272	2272				4249	1490	3	22	9

8-5 续表 12

单位:万元 (2012)

指　标	Item	财务费用 Financial Costs	# 利息支出 Interest Expense
总　计	**Total**	**47914**	**31428**
市区	City	30689	17384
永宁县	Yongning	2488	2227
贺兰县	Helan	9666	6641
灵武市	Lingwu	5071	5176
批发业	**Wholesale Trade**	**30844**	**18715**
按登记注册类型分	**Grouped by Registration Status**		
内资企业	Domestic Funded Enterprises	30608	18479
国有企业	State-owned Enterprises	-1072	471
集体企业	Collective-owned Enterprises	1770	1787
有限责任公司	Limited Liability Corporations	8685	7318
国有独资公司	State-owned Corporations	169	42
其他有限责任公司	Other Limited Liability Corporations	8516	7276
股份有限公司	Share-holding Corporations Ltd.	3231	131
私营企业	Private Enterprises	17708	8773
私营独资企业	Private Funded Enterprises	266	262
私营有限责任公司	Private Limited Liability Corporations	17442	8511
其他企业	Others	288	
按国民经济行业分	**Grouped by Sector**		
食品、饮料及烟草制品批发	Wholesale of Food,Beverages and Tobacoos	-164	411
米、面制品及食用油批发	Wholesale of Rice,Flour and Edible Oil	247	272
糕点、糖果及糖批发	Wholesale of Pastry,Candy and Sugars	107	107
肉、禽、蛋及水产品批发	Wholesale of Meat and Aquatic Products	736	
盐及调味品批发	Wholesale of Salt and Condiments	4	31
饮料及茶叶批发	Wholesale of Beverages and tea	225	
烟草制品批发	Wholesale of Tobacoos	-1483	
纺织、服装及日用品批发	Wholesale of Textiles,Garments and Daily Consummer Aticles	503	504
服装批发	Wholesale of Garments	263	263
家用电器批发	Wholesale of Household Electric Appliances	240	241
文化、体育用品及器材批发	Wholesale of Cultural,Sports Goods Appliances and Equipments	-4	
文具用品批发	Wholesale of Stationery		
图书批发	Wholesale of Books	-4	
其他文化用品批发	Wholesale of Other Cultural Goods		
医药及医疗器材批发	Wholesale of Medicines and Medical equipment	280	276
西药批发	Wholesale of Western Medicines	280	276
矿产品、建材及化工产品批发	Wholesale of Mineral Products, Building Materials and Chemical Products	24548	16132
煤炭及制品批发	Coal and Related Products	434	441
石油及制品批发	Petroleum and Related Products	9882	6506
非金属矿及制品批发	Wholesale of Nonmetallic Mine and Related Products	124	122
金属及金属矿批发	Wholesale of Metallic Mineral Products	12045	7276
化肥批发	Wholesale of Chemical Fertilizer	2059	1788
其他化工产品批发	Wholesale of Other Chemical Products	5	

continued

(10 000yuan)

营业利润 Business Profits	营业外收入 Revenue Excluding Business	利润总额 Total Profits	应交所得税 Tax Payable	应付职工薪酬 Benefits of Employee Payable	本年应交增值税 Added Tax Payable This Year
75823	**17103**	**93303**	**22018**	**110938**	**207156**
86261	13002	91326	18639	88602	113677
-6290	173	-5938	196	4882	34564
7719	1954	9165	2780	15605	55932
-11867	1975	-1250	403	1850	2982
32655	**11513**	**41373**	**10650**	**40165**	**128366**
32820	11512	41390	10650	40057	128330
31099	566	31740	7976	14243	8955
-6438	6860	386	97	448	
-13714	2028	-3682	874	5530	7340
-1870	1839	-31		210	2887
-11844	189	-3651	874	5319	4453
27173	173	27586		11668	108938
-4606	1413	-14418	1703	8061	3093
1178	303	1470	418	419	39
-5784	1110	-15888	1285	7641	3054
-694	472	-222		108	5
35582	572	35787	9093	13897	9104
-537	500	-37		326	21
14		14	3	26	18
3985		3985	996	516	
1477	43	1517	382	591	347
969		679	117	199	305
29676	28	29629	7594	12239	8414
2120	126	2461	614	454	276
2251	126	2444	606	206	203
-131	1	17	8	248	73
210	45	407		1022	141
62		62		26	36
161	45	358		992	105
-14		-14		4	
133	37	124	31	486	465
133	37	124	31	486	465
-3647	8048	13028	686	19202	113787
380	45	119	291	2287	3448
15019	254	24158	63	13305	109166
-92	91	-1		53	47
-11740	325	-11329	216	2519	1105
-7286	7333	11	97	1023	5
71		71	19	15	17

单位:万元 (2012)

指 标	Item	财务费用 Financial Costs	# 利息支出 Interest Expense
机械设备、五金交电及电子产品批发	Wholesale of Machinery,Hardware and Electronic Equipment	1236	1354
农业机械批发	Wholesale of Agriculture Machinary	142	30
汽车、摩托车及零配件批发	Wholesale of MotorVehicles,Motorcycles and Parts	860	1027
摩托车及零配件批发	Wholesale of Motorcycles and Parts		
五金、交电批发	Wholesale of Hardware and Electronic Equipment		
电气设备批发	Wholesale of Electronic Equipment	252	252
计算机、软件及辅助设备批发	Wholesale of Computer,Software and Assistant Aplliances		
其他机械设备及电子产品批发	Wholesale of Other Machinary and Electric Equipment	-18	46
其他批发	Other Wholesale	4445	37
再生物资回收与批发	Recovery and Wholesale of Recycled Materials	77	37
其他未列明的批发	Other Wholesale Unlisted	4368	
按控股情况分	**Grouped by Controlling Stake**		
国有控股	State-owned	2309	802
集体控股	Collective-owned	1938	1829
私人控股	Private	26467	16089
其他	Others	129	-5
按经营形式分	**Grouped by Business Form**		
独立门店	Indipendent Stores	23762	16180
连锁总店	Distributor Chain	4394	1787
连锁门店	Chain Stores	615	129
其他	Others	2073	620
零售业	**Retail Trade**	**17071**	**12713**
按登记注册类型分	**Grouped by Registration Status**		
内资企业	Domestic Funded Enterprises	17009	12658
国有企业	State-owned Enterprises	232	115
集体企业	Collective-owned Enterprises	10	4
有限责任公司	Limited Liability Corporations	4592	2794
其他有限责任公司	Other Limited Liability Corporations	4592	2794
股份有限公司	Share-holding Corporations Ltd.	974	1218
私营企业	Private Enterprises	11199	8527
私营独资企业	Private Funded Enterprises	1174	709
私营有限责任公司	Private Limited Liability Corporations	10025	7818
私营股份有限公司	Private Share-holding Corporations Ltd.		
其他企业	Others	1	
外商投资企业	Foreign Funded Enterprises	61	55
按国民经济行业分	**Grouped by Sector**		
综合零售	Integrated Retail	2414	2451
百货零售	Retail of General Merchandise	1688	1657
超级市场零售	Retail of Supermarkets	720	787
其他综合零售	Others	6	6
食品、饮料及烟草制品专门零售	Retail of Food,Beverages and Tobaccos	-2	1
粮油零售	Retail of Grain and Oil	-2	1

continued

(10 000yuan)

营业利润 Business Profits	营业外收入 Revenue Excluding Business	利润总额 Total Profits	应交所得税 Tax Payable	应付职工薪酬 Benefits of Employee Payable	本年应交增值税 Added Tax Payable This Year
-512	845	-1880	66	4222	1705
-484	218	-105	25	755	145
2107	151	-77	28	1434	759
46	1	42	5	38	25
29		27	7	63	47
-1206	39	-1182	1	1240	181
4		4	1	86	21
-1009	436	-590		606	529
-1230	1840	-8553	160	882	2887
-1230	1840	611	160	456	2887
		-9164		426	
59739	748	59940	8306	28056	121273
-8308	8699	355	97	658	2887
-19785	2064	-20140	1944	10981	4159
1009	2	1218	303	470	47
14129	2587	13728	10443	27750	16055
-8805	6839	386	97	2292	5615
24913	194	22959		8933	95570
2417	1893	4300	110	1191	11126
43167	**5590**	**51930**	**11368**	**70773**	**78790**
42717	5590	52184	11368	70483	78557
-1730	2065	862	213	5133	1122
-4	1	-3		42	14
11767	2160	17132	4832	39188	65636
11767	2160	17132	4832	39188	65636
24911	274	25071	3493	7881	6063
7771	1090	9120	2829	18195	5644
1054	107	1105	381	1551	97
6746	972	8032	2449	16631	5545
-28	11	-17		13	2
2		2	1	45	78
450		-254		290	233
34875	653	35620	5469	27655	11310
27181	296	27282	4104	10997	7157
7572	356	8216	1365	16573	4149
123		123		86	3
-1235	1217	-38		144	2
-1235	1217	-38		144	2

8-5 续表 14

单位:万元 （2012）

指　标	Item	财务费用 Financial Costs	# 利息支出 Interest Expense
纺织、服装及日用品专门零售	Special Retail of Textiles,Garments and Daily Consumer Articles	243	
服装零售	Retail of Garments	116	
钟表、眼镜零售	Retail of Watches and Glasses	127	
文化、体育用品及器材专门零售	Retail of Culture,Sports Appliances and Equipments	125	131
体育用品及器材零售	Retail of Sports Appliances and Equipments	26	25
图书零售	Retail of Books	-1	11
珠宝首饰零售	Retail of Jewelery	98	96
照相器材零售	Retail of Photographic Equipment	1	
其他文化用品零售	Retail of Other Culture Appliances	1	
医药及医疗器材专门零售	Retail of Medicines and Medical Appliances	1090	940
药品零售	Retail of Medicines	1090	940
汽车、摩托车、燃料及零配件专门零售	Retail of Motor Vehicles,Motorcycles,Fuel and Parts	11171	7701
汽车零售	Retail of Motor Vehicles	10585	7172
汽车零配件零售	Retail of Motor Vehicles and Parts	100	90
摩托车及零配件零售	Retail of Motorcycles and Parts		
机动车燃料零售	Retail of Fuel of Motor Vehicles	487	440
家用电器及电子产品专门零售	Special Retail of Household Electric Appliances and Electronic Products	1369	921
家用视听设备零售	Retail of Household Audio-visual Equipment	88	71
家用电器零售	Retail of Household Electric Appliances	476	335
计算机、软件及辅助设备零售	Retail of Computer,Software and Assistant Appliances	652	415
通信设备零售	Retail of Communication Equipments	152	101
五金、家具及室内装修材料专门零售	Special Retail of Hardware,Furniture and Decoration Materials	494	470
家具零售	Retail of Furniture	494	470
无店铺及其他零售	Non-shop and Other Retails	166	99
生活用燃料零售	Retail of Life of Fuel	166	99
按控股情况分	**Grouped by Controlling Stake**		
国有控股	State-owned	245	142
集体控股	Collective-owned	10	4
私人控股	Private	15495	11435
其他	Others	1320	1132
按经营形式分	**Grouped by Business Form**		
独立门店	Indipendent Sore	16410	12270
连锁总店	Distributor Chain	243	38
连锁门店	Chain Stores	6	8
其他	Others	411	397
按零售业态分	**Grouped by Business Categories**		
超市	Supermarket	1	
大型超市	Hypermarket	849	814
百货店	Department Store	1810	1664
专业店	Speciality Store	4556	2522
专卖店	Franchised Store	9553	7422
家居建材商店	Furniture and Building Materials Store	302	292

continued

(10 000yuan)

营业利润 Business Profits	营业外收入 Revenue Excluding Business	利润总额 Total Profits	应交所得税 Tax Payable	应付职工薪酬 Benefits of Employee Payable	本年应交增值税 Added Tax Payable This Year
-3156	2	-3178	104	1723	869
-3573	2	-3596		1269	716
418		418	104	454	153
-107	103	-18	22	2971	541
-13		-17	4	354	62
-22	103	74		2124	421
-75		-78	17	336	40
1		1		48	9
3		3	1	109	9
3075	547	3537	647	7065	6412
3075	547	3537	647	7065	6412
14869	2097	15595	4140	21646	57831
14385	2009	15901	4010	20009	57023
134	73	133		223	
-24	6	-18		57	15
374	9	-421	129	1358	793
418	211	4653	825	6876	1378
-59	7	-52		204	137
1308	76	4895	753	4173	429
-444	120	-169	54	1724	569
-387	9	-21	17	775	243
-4998	17	-4982	19	1687	201
-4998	17	-4982	19	1687	201
-575	745	742	142	1006	249
-575	745	742	142	1006	249
-455	2219	2286	505	6517	1657
-4	1	-3		42	14
7553	2965	9717	5028	31763	61584
36072	406	39930	5835	32452	15535
34265	4709	38399	9802	46159	68848
8448	623	12669	1334	22307	9116
62		60	5	464	241
392	258	802	227	1843	585
-2645	237	-2414	-867	2555	179
8698	427	13036	2104	20167	4232
26447	68	26295	4989	10059	7779
5969	2071	8116	1988	20397	10460
9768	2771	11952	3155	16282	56070
-5070	16	-5055		1314	71

8—6 限额以上批发和零售业连锁经营情况

(2012)

指 标	Item	连锁总店个数(个) Number of Chain Stores (unit)
总 计	**Total**	**11**
批发业	**Wholesale Trade**	**2**
按登记注册类型分	**Grouped by Registration Status**	
内资企业	Domestic Funded Enterprises	2
集体企业	Collective-owned Enterprises	1
股份有限公司	Share-holding Corporations Ltd	1
按国民经济行业分	**Grouped by Sector**	
矿产品、建材及化工产品批发	Wholesale of Mineral Products,Building Materials and Chemical Products	2
按零售业态分	**Grouped by Distributor Chain**	
专业店	Speciality Store	2
零售业	**Retail Trade**	**9**
按登记注册类型分	**Grouped by Registration Status**	
内资企业	Domestic Funded Enterprises	9
国有企业	State-owned Enterprises	1
有限责任公司	Collective-owned Enterprises	6
私营企业	Private Enterprises	2
按国民经济行业分	**Grouped by Sector**	
综合零售	Integrated Retail	3
文化、体育用品及器材专门零售	Retail of Culture,Sports Appliances and Equipments	1
医药及医疗器材专门零售	Retail of Medicines and Medical Appliances	4
家用电器及电子产品专门零售	Special Retail of Household Electric Appliances and Electronic Products	1
按零售业态分	**Grouped by Distributor Chain**	
超市	Supermarket	2
大型超市	Large Supermarket	1
专业店	Speciality Store	6

Chain Operations Statistics of Wholesale and Retail by Enterprises above Designated Size

门店总数(个) Number of Stores(unit)					
合 计 Total		直营店 Regular Chain		加盟店 Franchise	
2012 年	2011 年	2012 年	2011 年	2012 年	2011 年
1201	**1578**	**395**	**335**	**806**	**1243**
866	**1303**	**60**	**60**	**806**	**1243**
866	1303	60	60	806	1243
806	1243			806	1243
60	60	60	60		
866	1303	60	60	806	1243
866	1303	60	60	806	1243
335	**275**	**335**	**275**		
335	275	335	275		
8	8	8	8		
301	241	301	241		
26	26	26	26		
107	81	107	81		
8	8	8	8		
143	142	143	142		
77	44	77	44		
104	79	104	79		
3	2	3	2		
228	194	228	194		

8-6 续表 1

(2012)

指 标	Item	合 计 Total	
		2012 年	2011 年
总 计	**Total**	**573320**	**525374**
批发业	**Wholesale Trade**	**262958**	**297305**
按登记注册类型分	**Grouped by Registration Status**		
内资企业	Domestic Funded Enterprises	262958	297305
集体企业	Collective-owned Enterprises	60250	86360
股份有限公司	Share-holding Corporations Ltd	202708	210945
按国民经济行业分	**Grouped by Sector**		
矿产品、建材及化工产品批发	Wholesale of Mineral Products,Building Materials and Chemical Products	262958	297305
按零售业态分	**Grouped by Distributor Chain**		
专业店	Speciality Store	262958	297305
零售业	**Retail Trade**	**310362**	**228069**
按登记注册类型分	**Grouped by Registration Status**		
内资企业	Domestic Funded Enterprises	310362	228069
国有企业	State-owned Enterprises	10609	10609
有限责任公司	Collective-owned Enterprises	273390	191097
私营企业	Private Enterprises	26363	26363
按国民经济行业分	**Grouped by Sector**		
综合零售	Integrated Retail	217866	137449
文化、体育用品及器材专门零售	Retail of Culture,Sports Appliances and Equipments	10609	10609
医药及医疗器材专门零售	Retail of Medicines and Medical Appliances	24362	23622
家用电器及电子产品专门零售	Special Retail of Household Electric Appliances and Electronic Products	57525	56389
按零售业态分	**Grouped by Distributor Chain**		
超市	Supermarket	161803	95811
大型超市	Large Supermarket	56063	41638
专业店	Speciality Store	92496	90620

continued

年末零售营业面积(平方米) Operating Area at Year-end(sq.m)			
直营店 Regular Chain		加盟店 Franchise	
2012 年	2011 年	2012 年	2011 年
513070	**439014**	**60250**	**86360**
202708	**210945**	**60250**	**86360**
202708	210945	60250	86360
		60250	86360
202708	210945		
202708	210945	60250	86360
202708	210945	60250	86360
310362	**228069**		
310362	228069		
10609	10609		
273390	191097		
26363	26363		
217866	137449		
10609	10609		
24362	23622		
57525	56389		
161803	95811		
56063	41638		
92496	90620		

8-6 续表 2

（2012）

指 标	Item	合 计 Total 2012 年	2011 年
总 计	**Total**	**9746**	**8030**
批发业	**Wholesale Trade**	**3077**	**3295**
按登记注册类型分	**Grouped by Registration Status**		
内资企业	Domestic Funded Enterprises	3077	3295
集体企业	Collective-owned Enterprises	2318	2490
股份有限公司	Share-holding Corporations Ltd	759	805
按国民经济行业分	**Grouped by Sector**		
矿产品、建材及化工产品批发	Wholesale of Mineral Products,Building Materials and Chemical Products	3077	3295
按零售业态分	**Grouped by Distributor Chain**		
专业店	Speciality Store	3077	3295
零售业	**Retail Trade**	**6669**	**4735**
按登记注册类型分	**Grouped by Registration Status**		
内资企业	Domestic Funded Enterprises	6669	4735
国有企业	State-owned Enterprises	199	199
有限责任公司	Collective-owned Enterprises	6029	4106
私营企业	Private Enterprises	441	430
按国民经济行业分	**Grouped by Sector**		
综合零售	Integrated Retail	4771	2883
文化、体育用品及器材专门零售	Retail of Culture,Sports Appliances and Equipments	199	199
医药及医疗器材专门零售	Retail of Medicines and Medical Appliances	811	840
家用电器及电子产品专门零售	Special Retail of Household Electric Appliances and Electronic Products	888	813
按零售业态分	**Grouped by Distributor Chain**		
超市	Supermarket	3754	2262
大型超市	Large Supermarket	1017	621
专业店	Speciality Store	1898	1852

continued

年末从业人员数(人) Engaged Persons at Year-end(person)			
直营店 Regular Chain		加盟店 Franchise	
2012 年	2011 年	2012 年	2011 年
7428	**5540**	**2318**	**2490**
759	**805**	**2318**	**2490**
759	805	2318	2490
		2318	2490
759	805		
759	805	2318	2490
759	805	2318	2490
6669	**4735**		
6669	4735		
199	199		
6029	4106		
441	430		
4771	2883		
199	199		
811	840		
888	813		
3754	2262		
1017	621		
1898	1852		

8-6 续表 3

(2012)

指　标	Item	合　计 Total 2012 年	2011 年
总　计	**Total**	**1253563**	**1056461**
批发业	**Wholesale Trade**	**515471**	**676441**
按登记注册类型分	**Grouped by Registration Status**		
内资企业	Domestic Funded Enterprises	515471	676441
集体企业	Collective-owned Enterprises	39685	115400
股份有限公司	Share-holding Corporations Ltd	475787	561041
按国民经济行业分	**Grouped by Sector**		
矿产品、建材及化工产品批发	Wholesale of Mineral Products,Building Materials and Chemical Products	515471	676441
按零售业态分	**Grouped by Distributor Chain**		
专业店	Speciality Store	515471	676441
零售业	**Retail Trade**	**738092**	**380020**
按登记注册类型分	**Grouped by Registration Status**		
内资企业	Domestic Funded Enterprises	738092	380020
国有企业	State-owned Enterprises	9798	98191
有限责任公司	Collective-owned Enterprises	697486	342013
私营企业	Private Enterprises	30808	28188
按国民经济行业分	**Grouped by Sector**		
综合零售	Integrated Retail	539260	215474
文化、体育用品及器材专门零售	Retail of Culture,Sports Appliances and Equipments	9798	9819
医药及医疗器材专门零售	Retail of Medicines and Medical Appliances	52420	31975
家用电器及电子产品专门零售	Special Retail of Household Electric Appliances and Electronic Products	136614	122753
按零售业态分	**Grouped by Distributor Chain**		
超市	Supermarket	243220	195562
大型超市	Large Supermarket	296040	19911
专业店	Speciality Store	198832	164546

continued

连锁门店商品购进总额(万元) Total Purchases Value(10 000yuan)			
直营店 Regular Chain		加盟店 Franchise	
2012 年	2011 年	2012 年	2011 年
1213878	**941061**	**39685**	**115400**
475787	**561041**	**39685**	**115400**
475787	561041	39685	115400
		39685	115400
475787	561041		
475787	561041	39685	115400
475787	561041	39685	115400
738092	**380020**		
738092	380020		
9798	9819		
697486	342013		
30808	28188		
539260	215474		
9798	9819		
52420	31975		
136614	122753		
243220	195562		
296040	19911		
198832	164546		

8-6 续表 4

（2012）

指　标	Item	合　计 Total	
		2012 年	2011 年
总　计	**Total**	**919151**	**838404**
批发业	**Wholesale Trade**	**461022**	**482638**
按登记注册类型分	**Grouped by Registration Status**		
内资企业	Domestic Funded Enterprises	461022	482638
集体企业	Collective-owned Enterprises	39685	115800
股份有限公司	Share-holding Corporations Ltd	421337	366838
按国民经济行业分	**Grouped by Sector**		
矿产品、建材及化工产品批发	Wholesale of Mineral Products,Building Materials and Chemical Products	461022	482638
按零售业态分	**Grouped by Distributor Chain**		
专业店	Speciality Store	461022	482638
零售业	**Retail Trade**	**458130**	**355766**
按登记注册类型分	**Grouped by Registration Status**		
内资企业	Domestic Funded Enterprises	458130	355766
国有企业	State-owned Enterprises	9365	9278
有限责任公司	Collective-owned Enterprises	417540	317997
私营企业	Private Enterprises	31224	28491
按国民经济行业分	**Grouped by Sector**		
综合零售	Integrated Retail	251257	179254
文化、体育用品及器材专门零售	Retail of Culture,Sports Appliances and Equipments	9365	9278
医药及医疗器材专门零售	Retail of Medicines and Medical Appliances	61348	39520
家用电器及电子产品专门零售	Special Retail of Household Electric Appliances and Electronic Products	136159	127714
按零售业态分	**Grouped by Distributor Chain**		
超市	Supermarket	218777	159250
大型超市	Large Supermarket	32481	20004
专业店	Speciality Store	206872	176512

continued

连锁门店商品销售额(万元) Total Sales of Commodities(10 000yuan)				零售额(万元) Retail Value(10 000yuan)			
直营店 Regular Chain		加盟店 Franchise		合　计 Total		直营店 Regular Chain	
2012 年	2011 年	2012 年	2011 年	2012 年	2011 年	2012 年	2011 年
879467	**722604**	**39685**	**115800**	**589830**	**462690**	**589830**	**462690**
421337	**366838**	**39685**	**115800**	**144063**	**110051**	**144063**	**110051**
421337	366838	39685	115800	144063	110051	144063	110051
		39685	115800				
421337	366838			144063	110051	144063	110051
421337	366838	39685	115800	144063	110051	144063	110051
421337	366838	39685	115800	144063	110051	144063	110051
458130	**355766**			**445767**	**352639**	**445767**	**352639**
458130	355766			445767	352639	445767	352639
9365	9278			9365	9278	9365	9278
417540	317997			408623	317997	408623	317997
31224	28491			27779	25364	27779	25364
251257	179254			251257	179254	251257	179254
9365	9278			9365	9278	9365	9278
61348	39520			48986	36393	48986	36393
136159	127714			136159	127714	136159	127714
218777	159250			218777	159250	218777	159250
32481	20004			32481	20004	32481	20004
206872	176512			194510	173385	194510	173385

8—7 限额以上住宿和餐饮业经营情况

单位:万元 （2012）

指 标	Item	法人企业（个）Number of Corporate Unit（unit）	法人所属及单产业活动单位(个）Number of Establishments（unit）
总 计	**Total**	**89**	**118**
市区	City	80	109
永宁县	Yongning	2	2
贺兰县	Helan	4	4
灵武市	Lingwu	3	3
住宿业	**Hotels**	**34**	**41**
按登记注册类型分	**Grouped by Registration Status**		
内资企业	Domestic Funded Enterprises	34	41
国有企业	State-owned Enterprises	2	5
有限责任公司	Limited Liability Corporations	8	11
国有独资公司	State Sole Funded Corporations	1	1
其他有限责任公司	Other Limited Liability Corporations	7	10
私营企业	Private Enterprises	24	25
私营有限责任公司	Private Limited Liability Corporations	24	25
餐饮业	**Catering Servies**	**55**	**77**
按登记注册类型分	**Grouped by Registration Status**		
内资企业	Domestic Funded Enterprises	54	54
有限责任公司	Limited Liability Corporations	5	5
私营企业	Private Enterprises	49	49
私营独资企业	Private-funded Enterprises	3	3
私营合伙企业	Private Partnership Enterprises	1	1
私营有限责任公司	Private Limited Liability Corporations	44	44
外商投资企业	Foreign Funds Enterprises	1	1
个体工商户	Individual Businesses		22
按国民经济行业分	**Grouped by Sector**		
正餐服务	Restaurant	52	71
快餐服务	Fast Food	3	6
按经营形式分	**Grouped by Business Form**		
独立门店	Independent Store	53	73
连锁总店	Distributor Chain	1	1

Bussiness of Hotels and Catering Servies by Enterprises above Designated Size

(10 000yuan)

营业额 Business Revenue	客房收入 From Hotel Rooms	餐费收入 From Meals	商品销售收入 From Commodities	其他收入 Other Income
192894	**50717**	**127868**	**5301**	**9009**
177996	47400	118905	4752	6939
5057	948	2218	42	1849
6747	1596	4428	507	216
3094	772	2317		5
89659	**44912**	**38616**	**1203**	**4927**
89659	44912	38616	1203	4927
20898	11277	7313	77	2230
33308	15069	15937	743	1559
1759	1288	456	14	1
31549	13781	15480	730	1559
35453	18566	15366	383	1138
35453	18566	15366	383	1138
103236	**5805**	**89252**	**4098**	**4081**
72731	5805	59960	3495	3471
9753	1385	6252	193	1924
62978	4420	53708	3302	1548
2579		2500	80	
907		694	196	17
59013	4420	50040	3022	1531
6521		6521		
23984		22771	603	610
90295	5805	76391	4018	4081
12941		12861	80	
101304	5805	87352	4066	4081
538		538		

8-7 续表 continued

单位:万元 （2012） （10 000yuan）

指 标	Item	客房数（间）Number of Rooms（room）	床位数（个）Number of Beds（unit）	餐位数（位）Number of Dining-seats（person）	年末餐饮营业面积（平方米）Operating Area of Catering Servies at Year-end（sq.m）
总 计	**Total**	**7601**	**12262**	**49713**	**239742**
市区	City	6198	9923	42474	213342
永宁县	Yongning	732	1158	700	6700
贺兰县	Helan	428	634	3640	12000
灵武市	Lingwu	243	547	2899	7700
住宿业	**Hotels**	**6702**	**10694**	**17299**	**81321**
按登记注册类型分	**Grouped by Registration Status**				
内资企业	Domestic Funded Enterprises	6702	10694	17299	81321
国有企业	State-owned Enterprises	1128	1562	3141	8293
有限责任公司	Limited Liability Corporations	2367	3728	5597	29967
国有独资公司	State Sole Funded Corporations	104	192	200	600
其他有限责任公司	Other Limited Liability Corporations	2263	3536	5397	29367
私营企业	Private Enterprises	3207	5404	8561	43061
私营有限责任公司	Private Limited Liability Corporations	3207	5404	8561	43061
餐饮业	**Catering Servies**	**899**	**1568**	**32414**	**158421**
按登记注册类型分	**Grouped by Registration Status**				
内资企业	Domestic Funded Enterprises	899	1568	24871	129540
有限责任公司	Limited Liability Corporations	186	271	2198	17823
私营企业	Private Enterprises	713	1297	22673	111717
私营独资企业	Private-funded Enterprises			838	5283
私营合伙企业	Private Partnership Enterprises			500	800
私营有限责任公司	Private Limited Liability Corpora-	713	1297	21185	104634
外商投资企业	Foreign Funds Enterprises			2000	9000
个体工商户	Individual Businesses			5543	19881
按国民经济行业分	**Grouped by Sector**				
正餐服务	Restaurant	899	1568	31122	153038
快餐服务	Fast Food			1292	5383
按经营形式分	**Grouped by Business Form**				
独立门店	Independent Store	899	1568	31316	153958
连锁总店	Distributor Chain			308	1083

8—8 限额以上住宿和餐饮业法人企业主要财务状况

Financial Indicators of Hotels and Catering Servies by Enterprises above Designed Size

单位:万元 （2012） （10 000yuan）

指 标	Item	法人企业（个）Number of Corporate（unit）	流动资产 Working Capitals	#应收帐款 Accounts Receivable	#存 货 Stock
总 计	**Total**	**89**	**123724**	**9114**	**8982**
市区	City	80	101298	7774	8006
永宁县	Yongning	2	13648	5	90
贺兰县	Helan	4	5452	380	235
灵武市	Lingwu	3	3328	954	651
住宿业	**Hotels**	**34**	**50959**	**2397**	**4068**
按登记注册类型分	**Grouped by Registration Status**				
内资企业	Domestic Funded Enterprises	34	50959	2397	4068
国有企业	State-owned Enterprises	2	8882	264	1128
有限责任公司	Limited Liability Corporations	8	8362	360	729
国有独资公司	State Sole Funded Corporations	1	336	100	22
其他有限责任公司	Other Limited Liability Corporations	7	8026	261	707
私营企业	Private Enterprises	24	33716	1772	2211
私营有限责任公司	Private Limited Liability Corporations	24	33716	1772	2211
餐饮业	**Catering Servies**	**55**	**72765**	**6717**	**4914**
按登记注册类型分	**Grouped by Registration Status**				
内资企业	Domestic Funded Enterprises	54	62140	6661	4740
有限责任公司	Limited Liability Corporations	5	12825	633	367
私营企业	Private Enterprises	49	49316	6028	4372
私营独资企业	Private-funded Enterprises	3	1324	132	351
私营合伙企业	Private Partnership Enterprises	1	350	340	9
私营有限责任公司	Private Limited Liability Corporations	44	47593	5552	3995
外商投资企业	Foreign Funds Enterprises	1	10625	56	174
按国民经济行业分	**Grouped by Sector**				
正餐服务	Restaurant	52	71193	6537	4492
快餐服务	Fast Food	3	1573	180	422
按经营形式分	**Grouped by Business Form**				
独立门店	Independent Sore	53	71745	6632	4680
连锁总店	Distributor Chain	1	767	85	208

8-8 续表 1

单位:万元 （2012）

指 标	Item	固定资产 Fixed Assets	固定资产原价 Original Value of Fixed Assets
总 计	**Total**	**203551**	**263238**
市区	City	161444	216149
永宁县	Yongning	18627	20831
贺兰县	Helan	6702	7242
灵武市	Lingwu	16778	19016
住宿业	**Hotels**	**134410**	**180042**
按登记注册类型分	**Grouped by Registration Status**		
内资企业	Domestic Funded Enterprises	134410	180042
国有企业	State-owned Enterprises	67975	74145
有限责任公司	Limited Liability Corporations	21900	45613
国有独资公司	State Sole Funded Corporations	2041	2782
其他有限责任公司	Other Limited Liability Corporations	19859	42830
私营企业	Private Enterprises	44535	60284
私营有限责任公司	Private Limited Liability Corporations	44535	60284
餐饮业	**Catering Servies**	**69141**	**83196**
按登记注册类型分	**Grouped by Registration Status**		
内资企业	Domestic Funded Enterprises	62640	78188
有限责任公司	Limited Liability Corporations	31337	38014
私营企业	Private Enterprises	31303	40175
私营独资企业	Private-funded Enterprises	2878	2994
私营合伙企业	Private Partnership Enterprises		10
私营有限责任公司	Private Limited Liability Corporations	28387	37118
外商投资企业	Foreign Funds Enterprises	6501	5008
按国民经济行业分	**Grouped by Sector**		
正餐服务	Restaurant	66226	80133
快餐服务	Fast Food	2914	3063
按经营形式分	**Grouped by Business Form**		
独立门店	Independent Store	66166	80061
连锁总店	Distributor Chain	2804	2919

continued

(10 000yuan)

累计折旧 Accumulated Depreciation	# 本年折旧 Depreciation This Year	在建工程 Construction in Process	资产总计 Total Assets	流动负债 Current Liabilities
60431	**9331**	**19037**	**316481**	**181174**
55350	8608	4639	227575	154030
2204		13809	46615	10735
639	52		13063	11531
2238	672	589	29228	4877
42893	**5891**	**1295**	**148154**	**82428**
42893	5891	1295	148154	82428
6846	1464	676	9675	7487
20298	1778		37401	13852
741	218		2735	1198
19557	1561		34666	12654
15749	2648	619	101078	61089
15749	2648	619	101078	61089
17538	**3441**	**17742**	**168328**	**98745**
16044	1948	17742	151202	84799
6677	220	13809	58571	22895
9367	1727	3932	92631	61904
116	26	220	4287	1928
10			350	50
9227	1702	3713	87881	59921
1493	1493		17126	13946
17389	3415	17572	163836	98011
149	26	170	4492	734
17377	3370	17572	164332	98123
115	26	170	3571	548

8-8 续表2

单位:万元 (2012)

指 标	Item	负债合计 Total Liabilities	所有者权益 Total Owners´ Equities
总 计	**Total**	**242338**	**74144**
市区	City	187140	40435
永宁县	Yongning	33424	13191
贺兰县	Helan	11954	1110
灵武市	Lingwu	9819	19409
住宿业	**Hotels**	**110286**	**37868**
按登记注册类型分	**Grouped by Registration Status**		
内资企业	Domestic Funded Enterprises	110286	37868
国有企业	State-owned Enterprises	7624	2052
有限责任公司	Limited Liability Corporations	23843	13559
国有独资公司	State Sole Funded Corporations	1263	1472
其他有限责任公司	Other Limited Liability Corporations	22579	12087
私营企业	Private Enterprises	78820	22258
私营有限责任公司	Private Limited Liability Corporations	78820	22258
餐饮业	**Catering Servies**	**132052**	**36276**
按登记注册类型分	**Grouped by Registration Status**		
内资企业	Domestic Funded Enterprises	117596	33606
有限责任公司	Limited Liability Corporations	48606	9965
私营企业	Private Enterprises	68990	23641
私营独资企业	Private-funded Enterprises	2513	1774
私营合伙企业	Private Partnership Enterprises	50	300
私营有限责任公司	Private Limited Liability Corporations	66423	21458
外商投资企业	Foreign Funds Enterprises	14456	2670
按国民经济行业分	**Grouped by Sector**		
正餐服务	Restaurant	130733	33103
快餐服务	Fast Food	1319	3173
按经营形式分	**Grouped by Business Form**		
独立门店	Independent Store	130844	33488
连锁总店	Distributor Chain	1133	2438

continued

(10 000yuan)

实收资本 Paid-in Capitals	国家资本 State-owned Capitals	集体资本 Collective-owned Capitals	法人资本 Corporate Capitals	个人资本 Personal Capitals	外商资本 Foreign Capitals
103790	**24833**	**2225**	**47243**	**29489**	
72270	24833	2225	16726	28486	
8700			8700		
1607			604	1003	
21213			21213		
66978	**21833**	**2095**	**30767**	**12284**	
66978	21833	2095	30767	12284	
2300	2300				
30223	19533	1095	5000	4595	
2262	2262				
27961	17271	1095	5000	4595	
34456		1000	25767	7689	
34456		1000	25767	7689	
36811	**3000**	**130**	**16476**	**17205**	
35411	3000	130	15076	17205	
10460	3000	130	7330		
24951			7746	17205	
155				155	
300				300	
24396			7746	16650	
1400			1400		
36111	3000	130	16176	16805	
700			300	400	
36211	3000	130	16476	16605	
100				100	

8-8 续表 3

单位:万元 （2012）

指　标	Item	主营业务收入 Revenue from Principal Business	主营业务成本 Cost of Principal Business
总　计	**Total**	**139769**	**58711**
市区	City	128505	52404
永宁县	Yongning	1424	2105
贺兰县	Helan	6747	2473
灵武市	Lingwu	3094	1729
住宿业	**Hotels**	**64150**	**22463**
按登记注册类型分	**Grouped by Registration Status**		
内资企业	Domestic Funded Enterprises	64150	22463
国有企业	State-owned Enterprises	12694	2962
有限责任公司	Limited Liability Corporations	16427	8843
国有独资公司	State Sole Funded Corporations	1759	1552
其他有限责任公司	Other Limited Liability Corporations	14668	7292
私营企业	Private Enterprises	35029	10658
私营有限责任公司	Private Limited Liability Corporations	35029	10658
餐饮业	**Catering Servies**	**75619**	**36248**
按登记注册类型分	**Grouped by Registration Status**		
内资企业	Domestic Funded Enterprises	69098	32792
有限责任公司	Limited Liability Corporations	6119	3769
私营企业	Private Enterprises	62979	29024
私营独资企业	Private-funded Enterprises	2580	1103
私营合伙企业	Private Partnership Enterprises	907	420
私营有限责任公司	Private Limited Liability Corporations	59014	27152
外商投资企业	Foreign Funds Enterprises	6521	3456
按国民经济行业分	**Grouped by Sector**		
正餐服务	Restaurant	73874	35405
快餐服务	Fast Food	1746	843
按经营形式分	**Grouped by Business Form**		
独立门店	Independent Store	74662	35734
连锁总店	Distributor Chain	538	256

continued

(10 000yuan)

营业税金及附加 Business Taxes and Other Charges	其他业务利润 Profits from Other Businesses	销售费用 Selling Costs	管理费用 Management Costs	# 税金 Taxes	# 差旅费 Travel Expenses	# 工会经费 Union Funds
7455	**1766**	**51124**	**28606**	**1421**	**319**	**195**
6626	1656	46279	25271	1254	302	192
305		1658	498			
305	110	1732	1249	160	17	
220		1454	1588	7		4
2959	**460**	**24940**	**16894**	**686**	**71**	**105**
2959	460	24940	16894	686	71	105
145		7438	2383	42	9	42
948		4780	2893	163	18	8
102			85			
846		4780	2808	163	18	8
1866	460	12722	11619	482	44	55
1866	460	12722	11619	482	44	55
4496	**1307**	**26185**	**11712**	**735**	**247**	**90**
4138	1307	24607	11134	673	247	90
559	8	3636	1600	154	139	8
3579	1299	20971	9533	519	109	82
142	252	1135	106	2	19	1
55	2	320	38			
3356	940	19436	9367	517	90	81
359		1578	578	62		
4414	1055	25500	11673	733	242	80
82	252	685	39	2	5	10
4436	1055	26099	11416	733	245	89
30	252	86	23	2	3	1

8-8 续表4 continued

单位:万元 （2012） （10 000yuan）

指 标	Item	财务费用 Financial Costs	# 利息支出 Interest Expense
总 计	**Total**	**6073**	**2410**
市区	City	4825	2410
永宁县	Yongning	943	
贺兰县	Helan	291	
灵武市	Lingwu	13	
住宿业	**Hotels**	**2575**	**1190**
按登记注册类型分	**Grouped by Registration Status**		
内资企业	Domestic Funded Enterprises	2575	1190
国有企业	State-owned Enterprises	284	236
有限责任公司	Limited Liability Corporations	112	78
国有独资公司	State Sole Funded Corporations	6	5
其他有限责任公司	Other Limited Liability Corporations	107	73
私营企业	Private Enterprises	2178	876
私营有限责任公司	Private Limited Liability Corporations	2178	876
餐饮业	**Catering Servies**	**3498**	**1221**
按登记注册类型分	**Grouped by Registration Status**		
内资企业	Domestic Funded Enterprises	3020	1221
有限责任公司	Limited Liability Corporations	955	
私营企业	Private Enterprises	2064	1221
私营独资企业	Private-funded Enterprises	111	96
私营合伙企业	Private Partnership Enterprises	3	
私营有限责任公司	Private Limited Liability Corporations	1948	1122
外商投资企业	Foreign Funds Enterprises	479	
按国民经济行业分	**Grouped by Sector**		
正餐服务	Restaurant	3393	1119
快餐服务	Fast Food	105	102
按经营形式分	**Grouped by Business Form**		
独立门店	Independent Store	3391	1124
连锁总店	Distributor Chain	99	96

8-8 续表 5 continued

单位:万元 （2012） （10 000yuan）

营业利润 Business Profits	利润总额 Total Profits	应付职工薪酬 Benefits of Employee Payable
-11860	**-7033**	**31056**
-10172	-8401	27526
-452	3	820
675	1927	1695
-1911	-562	1015
-8994	**-4855**	**15419**
-8994	-4855	15419
-518	-276	3438
-4554	-4576	4667
14	15	1759
-4568	-4591	2908
-3922	-3	7314
-3922	-3	7314
-2866	**-2179**	**15636**
-2938	-2254	14466
-753	-222	2199
-2185	-2031	12267
-18	-17	492
71	71	60
-2238	-2086	11535
71	75	1170
-2858	-2171	15164
-8	-8	472
-2760	-2072	15286
44	44	182

8—9 限额以上批发和零售业购进、销售、库存总额(市区)

单位:万元 (2012)

指 标	Item	法人企业(个) Corporate Enterprises (unit)	商品购进总额 Total Purchase
总 计	**Total**	**185**	**6248767**
批发业	**Wholesale Trade**	**84**	**4693144**
按登记注册类型分	**Grouped by Registration Status**		
内资企业	Domestic Funded Enterprises	83	4690714
国有企业	State-owned Enterprises	6	228139
集体企业	Collective-owned Enterprises	1	49120
有限责任公司	Limited Liability Corporations	16	497382
其他有限责任公司	Other Limited Liability Corporations	16	497382
股份有限公司	Share-holding Corporations Ltd.	5	3342138
私营企业	Private Enterprises	54	570368
私营独资企业	Private Funded Enterprises	1	5619
私营有限责任公司	Private Limited Liability Corporations	53	564749
其他企业	Others	1	3568
按国民经济行业分	**Grouped by Sector**		
食品、饮料及烟草制品批发	Wholesale of Food,Beverages and Tobacoos	7	225483
米、面制品及食用油批发	Wholesale of Rice,Flour and Edible Oil	2	10689
糕点、糖果及糖批发	Wholesale of Pastry,Candy and Sugars	1	3056
肉、禽、蛋及水产品批发	Wholesale of Meat and Aquatic Products	1	25356
盐及调味品批发	Wholesale of Salt and Condiments	1	4363
饮料及茶叶批发	Wholesale of Beverages and Tea	1	5376
烟草制品批发	Wholesale of Tobacoos	1	176643
纺织、服装及日用品批发	Wholesale of Textiles,Garments and Daily Consummer Aticles	3	5740
服装批发	Wholesale of Garments	1	900
家用电器批发	Wholesale of Household Electric Appliances	2	4840
文化、体育用品及器材批发	Wholesale of Cultural,Sports Goods Appliances and Equipments	2	16742
文具用品批发	Wholesale of Stationery	1	3045
图书批发	Wholesale of Books	1	13697
医药及医疗器材批发	Wholesale of Medicines and Medical Appliances	1	19148
西药批发	Wholesale of Western Medicine	1	19148
矿产品、建材及化工产品批发	Wholesale of Mineral Products,Building Materials and Chemical Products	50	4244785
煤炭及制品批发	Wholesale of Coal and Related Products	6	193547
石油及制品批发	Wholesale of Petroleum and Related Products	6	3429429
非金属矿及制品批发	Wholesale of Nonmetallic Mine and Related Products	1	4982
金属及金属矿批发	Wholesale of Metallic Mineral Products	32	528733
化肥批发	Wholesale of Fertilizer	3	62723
其他化工产品批发	Wholesale of Other Chemical Products	2	25371

Total Purchases,Sales and Stock of Wholesale and Retail Trades by Enterprises above Designated Size(City)

(10 000yuan)

商品销售总额 Total Sales Value	批发额 Wholesale Value	零售额 Retail Value	年末库存总额 Total Stock at Year-end	年末零售营业面积（平方米） Area of Retail Business at Year-end (sq.m)
6328636	**4544951**	**1783685**	**401990**	**831449**
4745462	**4403490**	**341972**	**242441**	**338355**
4743128	4403490	339638	242182	338255
282329	282073	256	21558	6303
41078	41078		18712	60250
520032	515516	4517	29143	3203
520032	515516	4517	29143	3203
3330538	3069354	261184	80377	255240
565294	491897	73397	90912	12496
6516		6516	218	55
558779	491897	66882	90693	12441
3856	3571	285	1480	763
275896	275896		28213	1725
7347	7347		8908	110
3162	3162		584	60
21620	21620		3736	500
7309	7309		1418	1000
5376	5376		2405	55
231082	231082		11163	
7058	4725	2334	644	344
2017	2017		90	200
5042	2708	2334	555	144
17083	16828	256	762	5197
3285	3285		629	55
13799	13543	256	133	5142
26739	26739		2470	489
26739	26739		2470	489
4238777	3954151	284626	164461	325898
200009	194197	5811	5303	1234
3415521	3150389	265132	98360	255408
5385	5385			500
536042	522645	13398	40309	7203
54970	54685	285	20193	61363
26850	26850		297	190

8-9 续表1

单位:万元 (2012)

指　标	Item	法人企业(个) Corporate Enterprises (unit)	商品购进总额 Total Purchase
机械设备、五金交电及电子产品批发	Wholesale of Machinery,Hardware and Electronic quipment	19	123353
农业机械批发	Wholesale of Agriculture Machinary	5	27317
汽车、摩托车及零配件批发	Wholesale of MotorVehicles,Motorcycles and Parts	5	57537
五金、交电批发	Wholesale of Hardware and Electronic Equipment	1	3587
电气设备批发	Wholesale of Electronic Equipment	6	30317
计算机、软件及辅助设备批发	Wholesale of Computer,Software and Assistant Aplliances	1	2456
其他机械设备及电子产品批发	Wholesale of Other Machinary and Electric Equipment	1	2139
其他批发	Other Wholesale	2	57892
再生物资回收与批发	Recovery and Wholesale of Recycled Materials	1	25441
其他未列明的批发	Other Wholesale Unlisted	1	32451
按控股情况分	**Grouped by Controlling Stake**		
国有控股	State-owned	14	3976123
集体控股	Collective-owned	1	49120
私人控股	Private	65	634556
其他	Others	4	33345
按经营形式分	**Grouped by Business Form**		
独立门店	Indipendent Stores	76	1295653
连锁总店	Distributor Chain	2	558853
连锁门店	Chain Stores	1	475787
其他	Others	5	2362851
零售业	**Retail Trade**	**101**	**1555623**
按登记注册类型分	**Grouped by Registration Status**		
内资企业	Domestic Funded Enterprises	100	1552760
国有企业	State-owned Enterprises	6	36040
集体企业	Collective-owned Enterprises	1	2884
有限责任公司	Limited Liability Corporations	37	807532
其他有限责任公司	Other Limited Liability Corporations	37	807532
股份有限公司	Share-holding Corporations Ltd.	2	332506
私营企业	Private Enterprises	53	366660
私营独资企业	Private Funded Enterprises	1	27947
私营有限责任公司	Private Limited Liability Corporations	51	338251
私营股份有限公司	Private Share-holding Corporations Ltd.	1	462
其他企业	Others	1	7137
外商投资企业	Foreign Funded Enterprises	1	2864
按国民经济行业分	**Grouped by Sector**		
综合零售	Integrated Retail	8	655330
百货零售	Retail of General Merchandise	5	389243
超级市场零售	Retail of Supermarkets	3	266087

continued

(10 000yuan)

商品销售总额 Total Sales Value	批发额 Wholesale Value	零售额 Retail Value	年末库存总额 Total Stock at Year-end	年末零售营业面积(平方米) Area of Retail Business at Year-end (sq.m)
128788	74032	54756	40397	4557
29673	17903	11770	8979	1275
60605	32074	28530	12033	1799
3534	3534		533	240
30485	16029	14456	18575	1006
2619	2619		271	55
1872	1872		7	182
51121	51121		5495	145
23284	23284		2920	100
27836	27836		2575	45
4025745	3764306	261439	114653	262213
41078	41078		18712	60250
647676	567143	80533	103395	15500
30963	30963		5680	392
1366783	1285994	80789	140647	23172
543207	426086	117121	44632	112250
421337	277274	144063	54450	202708
2414135	2414135		2713	225
1583174	**141461**	**1441713**	**159548**	**493094**
1578085	140075	1438010	159548	492794
38148	1873	36275	5847	30879
2959		2959		300
807232	59012	748220	84022	317314
807232	59012	748220	84022	317314
335624		335624	7716	76022
386165	79190	306975	59858	68179
38085		38085	4711	4099
347425	79190	268235	54875	64025
655		655	272	55
7956		7956	2106	100
5090	1387	3703		300
633738	7672	626066	41485	313257
391425		391425	9465	141030
242312	7672	234641	32020	172227

8-9 续表2

单位：万元　　　　　　　　　　　　　　　　　　　　　　　　　　　　　（2012）

指　标	Item	法人企业（个）Corporate Enterprises（unit）	商品购进总额 Total Purchase
食品、饮料及烟草制品专门零售	Retail of Food,Beverages and Tobaccos	1	1538
粮油零售	Retail of Grain and Oil	1	1538
纺织、服装及日用品专门零售	Special Retail of Textiles,Garments and Daily Consumer Articles	3	13371
服装零售	Retail of Garments	2	8164
钟表、眼镜零售	Retail of Watches and Glasses	1	5206
文化、体育用品及器材专门零售	Retail of Culture,Sports Appliances and Equipments	8	22170
体育用品及器材零售	Retail of Sports Appliances and Equipments	2	5614
图书零售	Retail of Books	2	10962
珠宝首饰零售	Retail of Jewelery	2	4003
照相器材零售	Retail of Photographic Equipment	1	605
其他文化用品零售	Retail of Other Culture Appliances	1	986
医药及医疗器材专门零售	Retail of Medicines and Medical Appliances	12	259843
药品零售	Retail of Medicines	12	259843
汽车、摩托车、燃料及零配件专门	Retail of Motor Vehicles,Motorcycles,Fuel and Parts	39	359870
汽车零售	Retail of Motor Vehicles	28	306096
摩托车及零配件零售	Retail of Motorcycles and Parts	2	1277
机动车燃料零售	Retail of Fuel of Motor Vehicles	9	52497
家用电器及电子产品专门零售	Special Retail of Household Electric Appliances and Electronic Products	27	231274
家用视听设备零售	Retail of Household Audio-visual Equipment	1	6844
家用电器零售	Retail of Household Electric Appliances	3	159372
计算机、软件及辅助设备零售	Retail of Computer,Software and Assistant Appliances	20	54062
通信设备零售	Retail of Communication Equipments	3	10996
五金、家具及室内装修材料专门零售	Special Retail of Hardware,Furniture and Decoration Materials	2	4524
家具零售	Retail of Furniture	2	4524
无店铺及其他零售	Non-shop and Other Retails	1	7705
生活用燃料零售	Retail of Life of Fuel	1	7705
按控股情况分	**Grouped by Controlling Stake**		
国有控股	State-owned	8	137838
集体控股	Collective-owned	1	2884
私人控股	Private	74	577563
其他	Others	18	837338
按经营形式分	**Grouped by Business Form**		
独立门店	Indipendent Stores	88	986769
连锁总店	Distributor Chain	8	441333
连锁门店	Chain Stores	1	18229
其他	Others	4	109292
按零售业态分	**Grouped by Distributor Chain**		
有店铺零售	Retail of Shop	101	1555623
超市	Supermarket	2	30124
大型超市	Hypermarket	4	402761
百货店	Department Store	6	372105
专业店	Speciality Store	72	612608
专卖店	Franchised Store	17	138025

continued

(10 000yuan)

商品销售总额 Total Sales Value	批发额 Wholesale Value	零售额 Retail Value	年末库存总额 Total Stock at Year-end	年末零售营业面积（平方米） Area of Retail Business at Year-end (sq.m)
1680		1680	221	300
1680		1680	221	300
34679		34679	5013	8055
27499		27499	113	8000
7180		7180	4900	55
22497	154	22343	8316	16243
6033		6033	2080	2254
10348	154	10194	3699	11309
4564		4564	2109	2478
603		603	1	52
948		948	428	150
247936	60585	187352	25031	32991
247936	60585	187352	25031	32991
387479	33261	354219	51022	43964
329292	25870	303422	48426	23553
1371	485	886	854	110
56817	6906	49911	1742	20301
240448	38071	202377	26333	69984
7612		7612	211	8006
158978	14165	144813	14230	58076
61012	21737	39275	7679	2116
12847	2170	10677	4212	1786
4346		4346	1169	5300
4346		4346	1169	5300
10371	1719	8652	959	3000
10371	1719	8652	959	3000
120189	19889	100300	12325	34178
2959		2959		300
628139	95950	532189	82035	144252
831887	25623	806264	65188	314364
1049464	93205	956259	98806	256113
424147	17610	406538	51330	229590
19479	9045	10434	1914	3632
90084	21602	68482	7499	3759
1583174	141461	1441713	159548	493094
33143		33143	4282	110
378471	21837	356635	44903	229752
391163		391163	5856	148975
635877	105915	529963	80953	105956
144519	13710	130810	23555	8301

8—10 限额以上批发和零售业商品分类销售额(市区)

Sale Values of Wholesale and Retail by Enterprises above Designated Size by Category(City)

单位:万元 (2012) (10 000yuan)

指 标	Item	销售合计 Total Sales Value	批发额 Wholesale Value	零售额 Retail Value
合 计	**Total**	**6375119**	**4832775**	**1542344**
批发业	**Wholesale Trade**	**4726817**	**4726817**	
粮油、食品、饮料、烟酒类	Food, Beverages, Tobacco and Liquor	264898	264898	
粮油、食品类	Food	28205	28205	
# 粮油类	Grain and Oil	7839	7839	
肉禽蛋类	Meat, Poultry and Eggs	5911	5911	
水产品类	Aquatic Products	3568	3568	
蔬菜类	Vegetables	420	420	
干鲜果品类	Fruits of Dry and Fresh			
饮料类	Beverages			
烟酒类	Tobacco and Liquor	236692	236692	
服装、鞋帽、针纺织品类	Clothing, Shoes, Hats and Textiles	1581	1581	
# 服装类	Clothing			
鞋帽类	Shoes and Hats			
针、纺织品类	Knitwear and Textiles	1581	1581	
化妆品类	Cosmetics			
金银珠宝类	Gold, Silver and Jewelry			
日用品类	Articles for Daily Use	1650	1650	
# 洗涤用品类	Washing Articles			
儿童玩具类	Children Toys			
五金、电料类	Hardware and Electrical Materials	3534	3534	
书报杂志类	Newspapers and Magazines	12638	12638	
家用电器和音像器材类	Household Appliances and Video Appliances			
中西药品类	Traditional Chinese and Western Medicines			
# 西药类	Western Medicines			
中草药及中成药类	Traditional Chinese Medicines			
文化办公用品类	Cultural and Offices Appliances	5043	5043	
通讯器材类	Communication Appliances			
煤炭及制品类	Coal and Related Products	120885	120885	
木材及制品类	Timber and Related Products	116	116	
石油及制品类	Petroleum and Related Products	3559328	3294196	265132
化工材料及制品类	Chemical Materials and Related Products	73394	73394	
# 化肥类	Fertilizers	52332	52332	
金属材料类	Metal Materials	506704	506704	
建筑及装潢材料类	Building and Decoration Materials	982	982	
机电产品及设备类	Mechanical and Electrical Products	76690	76690	
# 农机类	Agricultural Machineries	6499	6499	
汽车类	Automobiles	50241	50219	23
其他类	Others	49134	48849	285

8-10 续表 continued

单位:万元 (2012) (10 000yuan)

指 标	Item	销售合计 Total Sales Value	批发额 Wholesale Value	零售额 Retail Value
零售业	**Retail Trade**	**1648301**	**105958**	**1542344**
粮油、食品、饮料、烟酒类	Food, Beverages, Tobacco and Liquor	230218	6962	223256
粮油、食品类	Food	186302	6962	179340
#粮油类	Grain and oil	24150		24150
肉禽蛋类	Meat, Poultry and Eggs	19109		19109
水产品类	Aquatic Products	2481		2481
蔬菜类	Vegetables	2914		2914
干鲜果品类	Fruits of Dry and Fresh	10340		10340
饮料类	Beverages	10336		10336
烟酒类	Tobacco and Liquor	33580		33580
服装、鞋帽、针纺织品类	Clothing, Shoes, Hats and Textiles	241396	1695	239701
#服装类	Clothing	152417	1206	151211
鞋帽类	Shoes and Hats	46733	432	46301
针、纺织品类	Knitwear and Textiles	42246	58	42188
化妆品类	Cosmetics	29992	39	29953
金银珠宝类	Gold, Silver andJewelry	91447	383	91063
日用品类	Articles for Daily Use	76897	79	76818
#洗涤用品类	Washing Articles	18734		18734
儿童玩具类	Children Toys	690	24	666
五金、电料类	Hardware and Electrical Materials	2221		2221
体育、娱乐用品类	Sports and Recreation Articles	15316	374	14942
书报杂志类	Newspapers and Magazines	8801	154	8647
电子出版物及音像制品类	E-journals and Video Products	1862		1862
家用电器和音像器材类	Household Appliances and Video Appliances	149860	11474	138386
中西药品类	Traditional Chinese and Western Medicines	277589	35729	241861
#西药类	Western Medicines	226816	24059	202758
中草药及中成药类	Traditional Chinese Medicines	50773	11670	39103
文化办公用品类	Cultural and Offices Appliances	66019	12016	54003
家具类	Furniture	5782	108	5674
通讯器材类	Communication Appliances	54522	6335	48187
石油及制品类	Petroleum and Related Products	69858	10638	59220
建筑及装潢材料类	Mechanical and Electrical Products			
机电产品及设备类	Electrical Products and Equipment	1466	463	1003
汽车类	Automobiles	324202	19305	304897
种子饲料类	Seeds and Feed			
其他类	Others	856	206	649

8—11 限额以上批发和零售业法人单位主要财务状况(市区)

单位:万元 (2012)

指 标	Item	法人企业(个) Number of Corporate (unit)
总 计	**Total**	**189**
批发业	**Wholesale Trade**	**88**
按登记注册类型分	**Grouped by Registration Status**	
内资企业	Domestic Funded Enterprises	87
国有企业	State-owned Enterprises	6
集体企业	Collective-owned Enterprises	1
有限责任公司	Limited Liability Corporations	17
其他有限责任公司	Other Limited Liability Corporations	17
股份有限公司	Share-holding Corporations Ltd.	5
私营企业	Private Enterprises	57
私营独资企业	Private Funded Enterprises	2
私营有限责任公司	Private Limited Liability Corporations	55
其他企业	Others	1
按控股情况分	**Grouped by Controlling Stake**	
国有控股	State-owned	14
集体控股	Collective-owned	1
私人控股	Private	68
其他	Others	5
按国民经济行业分	**Grouped by Sector**	
食品、饮料及烟草制品批发	Wholesale of Food,Beverages and Tobacoos	7
米、面制品及食用油批发	Wholesale of Rice,Flour and Edible Oil	2
糕点、糖果及糖批发	Wholesale of Pastry,Candy and Sugars	1
肉、禽、蛋及水产品批发	Wholesale of Meat and Aquatic Products	1
盐及调味品批发	Wholesale of Salt and Condiments	1
饮料及茶叶批发	Wholesale of Beverages and tea	1
烟草制品批发	Wholesale of Tobacoos	1
纺织、服装及日用品批发	Wholesale of Textiles,Garments and Daily Consummer Aticles	3
服装批发	Wholesale of Garments	1
家用电器批发	Wholesale of Household Electric Appliances	2
文化、体育用品及器材批发	Wholesale of Cultural,Sports Goods Appliances and Equipments	3
文具用品批发	Wholesale of Stationery	1
图书批发	Wholesale of Books	1
其他文化用品批发	Wholesale of Other Cultural Goods	1
医药及医疗器材批发	Wholesale of Medicines and Medical equipment	1
西药批发	Wholesale of Western Medicines	1

Financial Indicators of Wholesale and Retail by Enterprises above Designated Size(City)

(10 000yuan)

年初存货 Invertory at Begining of Year	流动资产 Working Capitals	# 应收帐款 Accounts Receivable	# 存 货 Stock
227116	**1491681**	**221641**	**340168**
172669	**893257**	**110750**	**198414**
172505	891761	110301	198155
15565	109420	10145	18527
7947	44834	2779	18712
44981	146107	22565	31561
44981	146107	22565	31561
19894	69357	2754	44826
82349	520023	71978	83048
500	5229	3234	218
81849	514795	68744	82830
1769	2019	80	1480
55156	232069	22182	76038
7947	44834	2779	18712
104142	595707	81383	94888
5423	20647	4407	8776
20783	110492	4783	23532
6929	16262	2331	6117
438	1289		499
4261	11303	1805	3736
1407	5972	192	1235
1978	5181	454	2405
5769	70485		9541
594	5627	1027	644
217	3551	460	90
378	2076	567	555
2496	25508	12700	2330
957	2070	275	538
1539	9598	4962	1792
	13839	7462	
3318	10911	3532	2111
3318	10911	3532	2111

8-11 续表 1

单位：万元 （2012）

指　标	Item	法人企业（个）Number of Corporate（unit）
矿产品、建材及化工产品批发	Wholesale of Mineral Products,Building Materials and Chemical Products	52
煤炭及制品批发	Coal and Related Products	6
石油及制品批发	Petroleum and Related Products	6
非金属矿及制品批发	Wholesale of Nonmetallic Mine and Related Products	1
金属及金属矿批发	Wholesale of Metallic Mineral Products	34
化肥批发	Wholesale of Chemical Fertilizer	3
其他化工产品批发	Wholesale of Other Chemical Products	2
机械设备、五金交电及电子产品批发	Wholesale of Machinery,Hardware and Electronic Equipment	20
农业机械批发	Wholesale of Agriculture Machinary	5
汽车、摩托车及零配件批发	Wholesale of MotorVehicles,Motorcycles and Parts	5
五金、交电批发	Wholesale of Hardware and Electronic Equipment	1
电气设备批发	Wholesale of Electronic Equipment	7
计算机、软件及辅助设备批发	Wholesale of Computer,Software and Assistant Aplliances	1
其他机械设备及电子产品批发	Wholesale of Other Machinary and Electric Equipment	1
其他批发	Other Wholesale	2
再生物资回收与批发	Recovery and Wholesale of Recycled Materials	1
其他未列明的批发	Other Wholesale Unlisted	1
按经营形式分	**Grouped by Business Form**	
独立门店	Indipendent Stores	80
连锁总店	Distributor Chain	2
连锁门店	Chain Stores	1
其他	Others	5
零售业	**Retail Trade**	**101**
按登记注册类型分	**Grouped by Registration Status**	
内资企业	Domestic Funded Enterprises	100
国有企业	State-owned Enterprises	6
集体企业	Collective-owned Enterprises	1
有限责任公司	Limited Liability Corporations	37
其他有限责任公司	Others Limited Liability Corporations	37
股份有限公司	Share-holding Corporations Ltd.	2
私营企业	Private Enterprises	53
私营独资企业	Private Funded Enterprises	1
私营有限责任公司	Private Limited Liability Corporations	51
私营股份有限公司	Private Share-holding Corporations Ltd.	1
其他企业	Others	1
外商投资企业	Foreign Funded Enterprises	1
按控股情况分	**Grouped by Controlling Stake**	
国有控股	State-owned	8
集体控股	Collective-owned	1
私人控股	Private	74
其他	Others	18

continued

（10 000yuan）

年初存货 Invertory at Begining of Year	流动资产 Working Capitals	# 应收帐款 Accounts Receivable	# 存　货 Stock
100359	551087	53855	120613
11480	40495	11897	5115
34009	98505	5616	61220
1	3694	257	
45096	357998	31925	33831
9716	46859	2859	20193
58	3536	1301	254
42611	102152	34853	44081
8453	15549	6704	7706
13146	33263	9006	11326
367	1745	1222	404
20464	50500	17502	24407
174	815	420	231
7	281	-1	7
2507	87480	1	5103
763	7684	1	2902
1744	79796		2201
142312	765121	102931	132450
23964	106267	3072	58998
3871	7637	2462	4533
2522	14233	2285	2433
54447	**598424**	**110891**	**141754**
54386	596235	110655	141673
4506	14611	1886	4067
-80838	73	51	-48
66925	330133	81059	78440
66925	330133	81059	78440
7393	90039	502	7471
55580	154986	27153	51742
4252	6074	467	4213
50925	148597	26651	47297
403	316	35	232
820	6393	3	
61	2189	236	82
9405	57260	22218	9461
-80838	73	51	-48
72825	265972	67234	71883
53056	275119	21387	60458

8-11 续表 2

单位:万元 （2012）

指 标	Item	法人企业（个）Number of Corporate（unit）
按国民经济行业分	**Grouped by Sector**	
综合零售	Integrated Retail	8
百货零售	Retail of General Merchandise	5
超级市场零售	Retail of Supermarkets	3
食品、饮料及烟草制品专门零售	Retail of Food,Beverages and Tobaccos	1
粮油零售	Retail of Grain and Oil	1
纺织、服装及日用品专门零售	Special Retail of Textiles,Garments and Daily Consumer Articles	3
服装零售	Retail of Garments	2
钟表、眼镜零售	Retail of Watches and Glasses	1
文化、体育用品及器材专门零售	Retail of Culture,Sports Appliances and Equipments	8
体育用品及器材零售	Retail of Sports Appliances and Equipments	2
图书零售	Retail of Books	2
珠宝首饰零售	Retail of Jewelery	2
照相器材零售	Retail of Photographic Equipment	1
其他文化用品零售	Retail of Other Culture Appliances	1
医药及医疗器材专门零售	Retail of Medicines and Medical Appliances	12
药品零售	Retail of Medicines	12
汽车、摩托车、燃料及零配件专门零售	Retail of Motor Vehicles,Motorcycles,Fuel and Parts	39
汽车零售	Retail of Motor Vehicles	28
摩托车及零配件零售	Retail of Motorcycles and Parts	2
机动车燃料零售	Retail of Fuel of Motor Vehicles	9
家用电器及电子产品专门零售	Special Retail of Household Electric Appliances and Electronic Products	27
家用视听设备零售	Retail of Household Audio-visual Equipment	1
家用电器零售	Retail of Household Electric Appliances	3
计算机、软件及辅助设备零售	Retail of Computer,Software and Assistant Appliances	20
通信设备零售	Retail of Communication Equipments	3
五金、家具及室内装修材料专门零售	Special Retail of Hardware,Furniture and Decoration Materials	2
家具零售	Retail of Furniture	2
无店铺及其他零售	Non-shop and Other Retails	1
生活用燃料零售	Retail of Life of Fuel	1
按经营形式分	**Grouped by Business Form**	
独立门店	Indipendent Stores	88
连锁总店	Distributor Chain	8
连锁门店	Chain Stores	1
其他	Others	4
按零售业态分	**Grouped by Business Categories**	
有店铺零售	Retail of Shop	101
超市	Supermarket	2
大型超市	Hypermarket	4
百货店	Department store	6
专业店	Speciality Store	72
专卖店	Franchised Store	17

continued

(10 000yuan)

年初存货 Invertory at Begining of Year	流动资产 Working Capitals	# 应收帐款 Accounts Receivable	# 存　货 Stock
34395	197690	10404	37510
9130	98014	559	8998
25265	99677	9845	28512
225	853	551	225
225	853	551	225
3864	8203	41	4367
197	3735		177
3667	4469	41	4189
6085	13301	1485	5892
1298	2420	494	1852
1868	7018	750	2075
2505	3162	54	1924
41	95	46	41
373	607	141	
18093	119690	66235	22014
18093	119690	66235	22014
-31440	166035	13365	46347
46464	147714	8578	43804
1106	1133		760
-79010	17188	4787	1783
21698	86906	18004	23519
476	4408	661	482
13008	49788	7510	13528
6702	28706	9031	8557
1513	4004	803	952
758	2946	333	1033
758	2946	333	1033
768	2799	473	849
768	2799	473	849
7931	394448	63407	89963
39073	146897	21348	43242
1727	5093	3015	1825
5716	51987	23120	6725
54447	598424	110891	141754
4250	9100	393	4352
35836	137071	15114	39523
5707	93948	554	5472
-13221	303288	87810	70120
21876	55018	7020	22288

单位:万元 (2012)

指　标	Item	固定资产 Fixed Assets	固定资产原价 Original Value of Fixed Assets
总　计	**Total**	**329855**	**383260**
批发业	**Wholesale Trade**	**226120**	**222601**
按登记注册类型分	**Grouped by Registration Status**		
内资企业	Domestic Funded Enterprises	226111	222582
国有企业	State-owned Enterprises	10885	19116
集体企业	Collective-owned Enterprises	4574	5126
有限责任公司	Limited Liability Corporations	13084	17951
其他有限责任公司	Other Limited Liability Corporations	13084	17951
股份有限公司	Share-holding Corporations Ltd.	148347	114355
私营企业	Private Enterprises	48912	65055
私营独资企业	Private Funded Enterprises	1174	1753
私营有限责任公司	Private Limited Liability Corporations	47738	63302
其他企业	Others	309	980
按控股情况分	**Grouped by Controlling Stake**		
国有控股	State-owned	169224	146805
集体控股	Collective-owned	4574	5126
私人控股	Private	51854	69782
其他	Others	468	888
按国民经济行业分	**Grouped by Sector**		
食品、饮料及烟草制品批发	Wholesale of Food,Beverages and Tobacoos	22775	30891
米、面制品及食用油批发	Wholesale of Rice,Flour and Edible Oil	2369	4164
糕点、糖果及糖批发	Wholesale of Pastry,Candy and Sugars	7	131
肉、禽、蛋及水产品批发	Wholesale of Meat and Aquatic Products	15141	16808
盐及调味品批发	Wholesale of Salt and Condiments	238	433
饮料及茶叶批发	Wholesale of Beverages and tea	210	489
烟草制品批发	Wholesale of Tobacoos	4810	8867
纺织、服装及日用品批发	Wholesale of Textiles,Garments and Daily Consummer Aticles	161	291
服装批发	Wholesale of Garments	144	256
家用电器批发	Wholesale of Household Electric Appliances	17	34
文化、体育用品及器材批发	Wholesale of Cultural,Sports Goods Appliances and Equipments	1872	3398
文具用品批发	Wholesale of Stationery	37	66
图书批发	Wholesale of Books	1818	3276
其他文化用品批发	Wholesale of Other Cultural Goods	17	57
医药及医疗器材批发	Wholesale of Medicines and Medical equipment	669	1013
西药批发	Wholesale of Western Medicines	669	1013

continued

(10 000yuan)

累计折旧 Accumulated Depreciation	# 本年折旧 Depreciation This Year	在建工程 Construction in Process	资产总计 Total Assets	流动负债 Current Liabilities	# 应付帐款 Accounts Payoble	非流动负债合计 Totale of Non-current Liabilities
109129	**23914**	**66121**	**2118979**	**1339963**	**326575**	**108684**
49191	**14774**	**54359**	**1265306**	**751271**	**137276**	**82806**
49181	14770	54359	1262801	749261	137276	82806
8230	1133	159	140270	34246	9643	534
553	200	116	51768	45728	7426	481
4867	1225	178	173148	133510	25045	2156
4867	1225	178	173148	133510	25045	2156
18717	7380	49362	240063	125117	8778	7968
16143	4801	4435	654254	407494	85884	71602
580	143		8759	4673	2393	
15563	4658	4435	645495	402821	83491	71602
671	31	110	3297	3167	500	65
30290	9078	49579	444539	201461	24261	8502
553	200	116	51768	45728	7426	481
17929	5137	4665	746269	484374	93655	73823
420	360		22730	19708	11934	
8116	2191	1089	140153	36868	3185	482
1794	185		18631	13838		339
123	3		1547	1190		
1667	1026	930	27707	9003	195	
195	31		10253	4176	327	143
279	279		5391	4208		
4058	668	159	76625	4454	2663	
129	19		6788	3548	1	
112	10		3695	1141	1	
17	10		3093	2407		
1526	162		35753	9995	6697	
28	6		2303	1178	106	
1458	156		19346	7319	6544	
40			14104	1499	48	
344	90	53	12402	10275	6092	1200
344	90	53	12402	10275	6092	1200

8-11 续表 4

单位：万元 （2012）

指 标	Item	固定资产 Fixed Assets	固定资产原价 Original Value of Fixed Assets
矿产品、建材及化工产品批发	Wholesale of Mineral Products,Building Materials and Chemical Products	179965	161833
煤炭及制品批发	Coal and Related Products	10194	13552
石油及制品批发	Petroleum and Related Products	154687	126628
非金属矿及制品批发	Wholesale of Nonmetallic Mine and Related Products	18	152
金属及金属矿批发	Wholesale of Metallic Mineral Products	10183	15395
化肥批发	Wholesale of Chemical Fertilizer	4883	6106
其他化工产品批发	Wholesale of Other Chemical Products	1	1
机械设备、五金交电及电子产品批发	Wholesale of Machinery,Hardware and Electronic Equipment	6775	10478
农业机械批发	Wholesale of Agriculture Machinary	970	1661
汽车、摩托车及零配件批发	Wholesale of MotorVehicles,Motorcycles and Parts	4497	6375
五金、交电批发	Wholesale of Hardware and Electronic Equipment	34	95
电气设备批发	Wholesale of Electronic Equipment	1259	2318
计算机、软件及辅助设备批发	Wholesale of Computer,Software and Assistant Aplliances	16	30
其他机械设备及电子产品批发	Wholesale of Other Machinary and Electric Equipment		
其他批发	Other Wholesale	13903	14698
再生物资回收与批发	Recovery and Wholesale of Recycled Materials	61	69
其他未列明的批发	Other Wholesale Unlisted	13842	14629
按经营形式分	**Grouped by Business Form**		
独立门店	Indipendent Stores	73040	102660
连锁总店	Distributor Chain	124795	79782
连锁门店	Chain Stores	27272	38654
其他	Others	1012	1506
零售业	**Retail Trade**	**103736**	**160659**
按登记注册类型分	**Grouped by Registration Status**		
内资企业	Domestic Funded Enterprises	102520	157243
国有企业	State-owned Enterprises	7911	15458
集体企业	Collective-owned Enterprises	6	20
有限责任公司	Limited Liability Corporations	62226	80556
其他有限责任公司	Others Limited Liability Corporations	62226	80556
股份有限公司	Share-holding Corporations Ltd.	9815	29317
私营企业	Private Enterprises	22495	31780
私营独资企业	Private Funded Enterprises	2000	3015
私营有限责任公司	Private Limited Liability Corporations	20495	28766
私营股份有限公司	Private Share-holding Corporations Ltd.		
其他企业	Others	68	111
外商投资企业	Foreign Funded Enterprises	1216	3416
按控股情况分	**Grouped by Controlling Stake**		
国有控股	State-owned	8789	16623
集体控股	Collective-owned	6	20
私人控股	Private	56782	77472
其他	Others	38159	66543

continued

(10 000yuan)

累计折旧 Accumulated Depreciation	# 本年折旧 Depreciation This Year	在建工程 Construction in Process	资产总计 Total Assets	流动负债 Current Liabilities	# 应付帐款 Accounts Payoble	非流动负债合计 Totale of Non-current Liabilities
34577	10437	53139	808738	555952	62592	11123
3358	588	50	53428	33888	8422	
24651	8475	52627	289762	146166	8768	8450
133	6		3713	1026	-371	
5212	1136	237	403228	323260	37847	2127
1223	231	225	55071	48900	7926	546
			3537	2713		
3704	1173	78	117977	96066	50246	
691	103		18819	15921	12691	
1878	884	11	42700	30382	6102	
61	10		1779	1634	1268	
1059	169	66	53559	47152	29724	
14	7		839	603	197	
			281	373	263	
795	703		143495	38567	8462	70000
8	5		7753	6921	6302	
787	698		135742	31646	2161	70000
29619	7150	4882	959113	570204	120063	74357
7696	3973	47999	233422	147950	15426	481
11382	3415	1479	34909			7361
494	237		37863	33118	1787	607
59939	**9140**	**11762**	**853673**	**588692**	**189299**	**25879**
57739	9140	11574	849833	588060	189256	25879
7547	649	6	24059	13304	7725	1211
15	3		79	136	65	
21416	5403	10267	458826	349671	133452	3290
21416	5403	10267	458826	349671	133452	3290
19503	996	67	168737	68954	24089	
9215	2089	1235	191671	150391	23903	21378
1014	107		8831	4838	1500	
8201	1982	1235	182524	145222	22391	21378
			316	331	12	
43			6461	5605	22	
2200		188	3840	632	43	
7834	746	588	68582	47070	36301	1211
15	3		79	136	65	
20759	4125	6673	356872	290985	65263	22676
31330	4265	4502	428141	250501	87670	1992

8-11 续表 5

单位:万元 （2012）

指　标	Item	固定资产 Fixed Assets	固定资产原价 Original Value of Fixed Assets
按国民经济行业分	**Grouped by Sector**		
综合零售	Integrated Retail	53149	88107
百货零售	Retail of General Merchandise	35160	61897
超级市场零售	Retail of Supermarkets	17989	26210
食品、饮料及烟草制品专门零售	Retail of Food,Beverages and Tobaccos	190	287
粮油零售	Retail of Grain and Oil	190	287
纺织、服装及日用品专门零售	Special Retail of Textiles,Garments and Daily Consumer Arti-	1921	2621
服装零售	Retail of Garments	783	1023
钟表、眼镜零售	Retail of Watches and Glasses	1138	1598
文化、体育用品及器材专门零售	Retail of Culture,Sports Appliances and Equipments	5924	8624
体育用品及器材零售	Retail of Sports Appliances and Equipments	108	223
图书零售	Retail of Books	5053	6932
珠宝首饰零售	Retail of Jewelery	734	1328
照相器材零售	Retail of Photographic Equipment	20	128
其他文化用品零售	Retail of Other Culture Appliances	8	13
医药及医疗器材专门零售	Retail of Medicines and Medical Appliances	9159	12358
药品零售	Retail of Medicines	9159	12358
汽车、摩托车、燃料及零配件专门零售	Retail of Motor Vehicles,Motorcycles,Fuel and Parts	26756	35447
汽车零售	Retail of Motor Vehicles	21565	25771
摩托车及零配件零售	Retail of Motorcycles and Parts	108	394
机动车燃料零售	Retail of Fuel of Motor Vehicles	5083	9281
家用电器及电子产品专门零售	Special Retail of Household Electric Appliances and Electronic Products	3190	5787
家用视听设备零售	Retail of Household Audio-visual Equipment	63	115
家用电器零售	Retail of Household Electric Appliances	1055	2302
计算机、软件及辅助设备零售	Retail of Computer,Software and Assistant Appliances	1939	3055
通信设备零售	Retail of Communication Equipments	133	315
五金、家具及室内装修材料专门零售	Special Retail of Hardware,Furniture and Decoration Materials	1318	2299
家具零售	Retail of Furniture	1318	2299
无店铺及其他零售	Non-shop and Other Retails	2128	5131
生活用燃料零售	Retail of Life of Fuel	2128	5131
按经营形式分	**Grouped by Business Form**		
独立门店	Indipendent Stores	72427	117134
连锁总店	Distributor Chain	28610	39738
连锁门店	Chain Stores	459	735
其他	Others	2240	3052
按零售业态分	**Grouped by Business Categories**		
有店铺零售	Retail of Shop	103736	160659
超市	Supermarket	1170	1704
大型超市	Hypermarket	18931	27975
百货店	Departmentstore	34842	61420
专业店	Speciality Store	39314	57103
专卖店	Franchised Store	9478	12456

continued

(10 000yuan)

累计折旧 Accumulated Depreciation	# 本年折旧 Depreciation This Year	在建工程 Construction in Process	资产总计 Total Assets	流动负债 Current Liabilities	# 应付帐款 Accounts Payoble	非流动负债合计 Totale of Non-current Liabilities
34958	3839	4745	339716	186497	76170	25
26737	2063	3613	206480	95176	30413	25
8222	1776	1132	133236	91321	45757	
96	14		1044	333	199	452
96	14		1044	333	199	452
700	297		14029	13618	4400	1850
240	208		8136	12351	3891	
460	88		5893	1267	510	1850
2700	205	3	20029	13774	6916	
114	5		2528	2462	1443	
1880	174	3	12726	8375	5010	
593	24		4046	2410	283	
108			115	19		
5	1		615	508	179	
3198	1532	582	134845	110013	75091	
3198	1532	582	134845	110013	75091	
11663	2368	4899	236204	189449	13175	9425
7178	1385	4117	179780	144088	12074	180
286	286		1242	826		
4199	697	783	55182	44534	1102	9245
2640	449	1466	97457	70039	11754	13380
52	26		4541	4542	1821	
1199	247		52879	35946	3121	12515
1206	148	1466	35887	26745	6128	864
182	28		4151	2806	685	
980	104	64	4630	3748	1049	
980	104	64	4630	3748	1049	
3002	333	3	5720	1221	545	746
3002	333	3	5720	1221	545	746
47723	5887	9672	591945	400399	92364	25173
11127	3076	156	195810	136667	62930	142
276	23		5551	4895	4548	
812	153	1935	60366	46731	29457	564
59939	9140	11762	853673	588692	189299	25879
534	361		14579	20794	8513	
9044	1977	1132	173509	116245	50124	142
26578	2045	3613	202306	88783	26999	25
20804	4029	7009	396522	315454	100089	23410
2978	727	8	66757	47415	3575	2302

8-11 续表6

单位：万元 （2012）

指 标	Item	负债合计 Total Liabilities	所有者权益 Total Owners' Equities
总 计	**Total**	**1428095**	**690884**
批发业	**Wholesale Trade**	**833237**	**432069**
按登记注册类型分	**Grouped by Registration Status**		
内资企业	Domestic Funded Enterprises	831227	431574
国有企业	State-owned Enterprises	34780	105490
集体企业	Collective-owned Enterprises	46209	5559
有限责任公司	Limited Liability Corporations	134826	38323
其他有限责任公司	Other Limited Liability Corporations	134826	38323
股份有限公司	Share-holding Corporations Ltd.	133085	106978
私营企业	Private Enterprises	479096	175158
私营独资企业	Private Funded Enterprises	4673	4086
私营有限责任公司	Private Limited Liability Corporations	474423	171072
其他企业	Others	3232	66
按控股情况分	**Grouped by Controlling Stake**		
国有控股	State-owned	209963	234576
集体控股	Collective-owned	46209	5559
私人控股	Private	557357	188912
其他	Others	19708	3022
按国民经济行业分	**Grouped by Sector**		
食品、饮料及烟草制品批发	Wholesale of Food,Beverages and Tobacoos	37350	102803
米、面制品及食用油批发	Wholesale of Rice,Flour and Edible Oil	14177	4455
糕点、糖果及糖批发	Wholesale of Pastry,Candy and Sugars	1190	357
肉、禽、蛋及水产品批发	Wholesale of Meat and Aquatic Products	9003	18703
盐及调味品批发	Wholesale of Salt and Condiments	4319	5933
饮料及茶叶批发	Wholesale of Beverages and tea	4208	1183
烟草制品批发	Wholesale of Tobacoos	4454	72171
纺织、服装及日用品批发	Wholesale of Textiles,Garments and Daily Consummer Aticles	3548	3240
服装批发	Wholesale of Garments	1141	2554
家用电器批发	Wholesale of Household Electric Appliances	2407	685
文化、体育用品及器材批发	Wholesale of Cultural,Sports Goods Appliances and Equipments	9995	25758
文具用品批发	Wholesale of Stationery	1178	1125
图书批发	Wholesale of Books	7319	12027
其他文化用品批发	Wholesale of Other Cultural Goods	1499	12606
医药及医疗器材批发	Wholesale of Medicines and Medical equipment	11475	927
西药批发	Wholesale of Western Medicines	11475	927

continued

(10 000yuan)

实收资本 Paid-in Capitals	国家资本 State-owned Capitals	集体资本 Collective-owned Capitals	法人资本 Corporate Capitals	个人资本 Personal Capitals
437368	**119927**	**2028**	**243967**	**71446**
316302	**110471**	**60**	**154770**	**51001**
315502	110471	60	154170	50801
24802	22989		1814	
5559			5559	
38147	8000		28147	2000
38147	8000		28147	2000
107030	79482		27548	
139384		60	91103	48221
2500				2500
136884		60	91103	45721
580				580
151689	110421		41268	
5559			5559	
156741		60	105681	51001
2313	50		2263	
14972	7084		7569	320
3720	3700			20
300				300
5000			5000	
3384	3384			
1000			1000	
1569			1569	
1564			1259	305
606			606	
958			653	305
10509	7264		245	3000
500	255		245	
7009	7009			
3000				3000
546			546	
546			546	

8-11　续表 7

单位：万元　　　　(2012)

指　标	Item	负债合计 Total Liabilities	所有者权益 Total Owners′ Equities
矿产品、建材及化工产品批发	Wholesale of Mineral Products,Building Materials and Chemical Products	566235	242503
煤炭及制品批发	Coal and Related Products	33888	19540
石油及制品批发	Petroleum and Related Products	154616	135147
非金属矿及制品批发	Wholesale of Nonmetallic Mine and Related Products	1026	2687
金属及金属矿批发	Wholesale of Metallic Mineral Products	324547	78681
化肥批发	Wholesale of Chemical Fertilizer	49447	5625
其他化工产品批发	Wholesale of Other Chemical Products	2713	824
机械设备、五金交电及电子产品批发	Wholesale of Machinery,Hardware and Electronic Equipment	96066	21912
农业机械批发	Wholesale of Agriculture Machinary	15921	2897
汽车、摩托车及零配件批发	Wholesale of MotorVehicles,Motorcycles and Parts	30382	12318
五金、交电批发	Wholesale of Hardware and Electronic Equipment	1634	144
电气设备批发	Wholesale of Electronic Equipment	47152	6407
计算机、软件及辅助设备批发	Wholesale of Computer,Software and Assistant Aplliances	603	237
其他机械设备及电子产品批发	Wholesale of Other Machinary and Electric Equipment	373	-92
其他批发	Other Wholesale	108567	34928
再生物资回收与批发	Recovery and Wholesale of Recycled Materials	6921	832
其他未列明的批发	Other Wholesale Unlisted	101646	34096
按经营形式分	**Grouped by Business Form**		
独立门店	Indipendent Stores	643721	315392
连锁总店	Distributor Chain	148431	84991
连锁门店	Chain Stores	7361	27548
其他	Others	33724	4138
零售业	**Retail Trade**	**594858**	**258815**
按登记注册类型分	**Grouped by Registration Status**		
内资企业	Domestic Funded Enterprises	593597	256236
国有企业	State-owned Enterprises	14515	9544
集体企业	Collective-owned Enterprises	136	-57
有限责任公司	Limited Liability Corporations	353641	105185
其他有限责任公司	Others Limited Liability Corporations	353641	105185
股份有限公司	Share-holding Corporations Ltd.	68954	99783
私营企业	Private Enterprises	150746	40924
私营独资企业	Private Funded Enterprises	4838	3993
私营有限责任公司	Private Limited Liability Corporations	145577	36947
私营股份有限公司	Private Share-holding Corporations Ltd.	331	-15
其他企业	Others	5605	856
外商投资企业	Foreign Funded Enterprises	1261	2579
按控股情况分	**Grouped by Controlling Stake**		
国有控股	State-owned	48281	20301
集体控股	Collective-owned	136	-57
私人控股	Private	293267	63605
其他	Others	253174	174966

continued

(10 000yuan)

实收资本 Paid-in Capitals	国家资本 State-owned Capitals	集体资本 Collective-owned Capitals	法人资本 Corporate Capitals	个人资本 Personal Capitals
237829	96073		98130	43626
15106			14296	810
124423	82432		32388	9603
2035			2035	
89459	13641		43853	31965
6139			5559	580
668				668
10618	50	60	6759	3750
1341			811	530
3248			548	2700
30				30
5750			5400	350
200		60		140
50	50			
40263			40263	
263			263	
40000			40000	
199883	31039		118303	50541
84991	79432		5559	
27548			27548	
3880		60	3360	460
121066	**9456**	**1968**	**89197**	**20446**
119018	9456	1968	88697	18898
9225	9225			
1	1			
60240	230	1968	49676	8366
60240	230	1968	49676	8366
21743			21743	
27094			17278	9816
1000			1000	
26064			16248	9816
30			30	
716				716
2048			500	1548
17275	9275		8000	
1	1			
46856	180		29179	17498
56934		1968	52018	2948

8-11 续表 8

单位:万元 （2012）

指 标	Item	负债合计 Total Liabilities	所有者权益 Total Owners′ Equities
按国民经济行业分	**Grouped by Sector**		
综合零售	Integrated Retail	186522	153194
百货零售	Retail of General Merchandise	95202	111278
超级市场零售	Retail of Supermarkets	91321	41916
食品、饮料及烟草制品专门零售	Retail of Food,Beverages and Tobaccos	785	259
粮油零售	Retail of Grain and Oil	785	259
纺织、服装及日用品专门零售	Special Retail of Textiles,Garments and Daily Consumer Articles	15469	-1440
服装零售	Retail of Garments	12351	-4215
钟表、眼镜零售	Retail of Watches and Glasses	3118	2775
文化、体育用品及器材专门零售	Retail of Culture,Sports Appliances and Equipments	13774	6255
体育用品及器材零售	Retail of Sports Appliances and Equipments	2462	66
图书零售	Retail of Books	8375	4351
珠宝首饰零售	Retail of Jewelery	2410	1636
照相器材零售	Retail of Photographic Equipment	19	96
其他文化用品零售	Retail of Other Culture Appliances	508	107
医药及医疗器材专门零售	Retail of Medicines and Medical Appliances	110013	24832
药品零售	Retail of Medicines	110013	24832
汽车、摩托车、燃料及零配件专门零售	Retail of Motor Vehicles,Motorcycles,Fuel and Parts	191480	44724
汽车零售	Retail of Motor Vehicles	144950	34831
摩托车及零配件零售	Retail of Motorcycles and Parts	826	416
机动车燃料零售	Retail of Fuel of Motor Vehicles	45704	9477
家用电器及电子产品专门零售	Special Retail of Household Electric Appliances and Electronic Products	71100	26357
家用视听设备零售	Retail of Household Audio-visual Equipment	4542	-1
家用电器零售	Retail of Household Electric Appliances	36087	16791
计算机、软件及辅助设备零售	Retail of Computer,Software and Assistant Appliances	27664	8222
通信设备零售	Retail of Communication Equipments	2806	1345
五金、家具及室内装修材料专门零售	Special Retail of Hardware,Furniture and Decoration Materials	3748	882
家具零售	Retail of Furniture	3748	882
无店铺及其他零售	Non-shop and Other Retails	1968	3752
生活用燃料零售	Retail of Life of Fuel	1968	3752
按经营形式分	**Grouped by Business Form**		
独立门店	Indipendent Stores	405859	186086
连锁总店	Distributor Chain	136808	59002
连锁门店	Chain Stores	4895	656
其他	Others	47296	13070
按零售业态分	**Grouped by Business Categories**		
有店铺零售	Retail of Shop	594858	258815
超市	Supermarket	20794	-6215
大型超市	Hypermarket	116387	57122
百货店	Department Store	88809	113497
专业店	Speciality Store	319152	77371
专卖店	Franchised Store	49717	17040

continued

(10 000yuan)

实收资本 Paid-in Capitals	国家资本 State-owned Capitals	集体资本 Collective-owned Capitals	法人资本 Corporate Capitals	个人资本 Personal Capitals
42894	807		42087	
27874	807		27067	
15020			15020	
122	122			
122	122			
4361			4361	
3000			3000	
1361			1361	
5434	4126		96	1213
150				150
4020	4020			
1106	106			1001
96			96	
62				62
17459	230		16481	748
17459	230		16481	748
31719	1	132	18500	13086
23714			13108	10606
416			311	104
7589	1	132	5081	2375
13497		1836	6672	4989
500			500	
5778		1836	3152	790
6269			2820	3449
950			200	750
1410			1000	410
1410			1000	410
4171	4171			
4171	4171			
85158	5456	132	60385	19185
25778	4000	1836	18982	960
1030			1030	
9100			8800	300
121066	9456	1968	89197	20446
1101			1101	
18620		1836	16352	432
29874	807		29067	
61260	8477	132	37144	15507
10212	172		5533	4507

8-11 续表9

单位:万元 (2012)

指 标	Item	营业收入 Total Revenue	# 主营业务收入 Revenue from Principal Business
总 计	**Total**	**5957870**	**5924866**
批发业	**Wholesale Trade**	**4552477**	**4534199**
按登记注册类型分	**Grouped by Registration Status**		
内资企业	Domestic Funded Enterprises	4549846	4531568
国有企业	State-owned Enterprises	246439	246034
集体企业	Collective-owned Enterprises	39685	39685
有限责任公司	Limited Liability Corporations	509647	509494
其他有限责任公司	Other Limited Liability Corporations	509647	509494
股份有限公司	Share-holding Corporations Ltd.	3226612	3212124
私营企业	Private Enterprises	523606	520375
私营独资企业	Private Funded Enterprises	6516	6515
私营有限责任公司	Private Limited Liability Corporations	517090	513860
其他企业	Others	3856	3856
按控股情况分	**Grouped by Controlling Stake**		
国有控股	State-owned	3880801	3865754
集体控股	Collective-owned	39685	39685
私人控股	Private	600083	596852
其他	Others	31908	31908
按国民经济行业分	**Grouped by Sector**		
食品、饮料及烟草制品批发	Wholesale of Food,Beverages and Tobacoos	238676	238332
米、面制品及食用油批发	Wholesale of Rice,Flour and Edible Oil	7990	7840
糕点、糖果及糖批发	Wholesale of Pastry,Candy and Sugars	2703	2703
肉、禽、蛋及水产品批发	Wholesale of Meat and Aquatic Products	18479	18479
盐及调味品批发	Wholesale of Salt and Condiments	6521	6429
饮料及茶叶批发	Wholesale of Beverages and tea	5376	5376
烟草制品批发	Wholesale of Tobacoos	197608	197506
纺织、服装及日用品批发	Wholesale of Textiles,Garments and Daily Consummer Aticles	6962	6962
服装批发	Wholesale of Garments	2017	2017
家用电器批发	Wholesale of Household Electric Appliances	4946	4946
文化、体育用品及器材批发	Wholesale of Cultural,Sports Goods Appliances and Equipments	14717	14717
文具用品批发	Wholesale of Stationery	3285	3285
图书批发	Wholesale of Books	11433	11433
其他文化用品批发	Wholesale of Other Cultural Goods		
医药及医疗器材批发	Wholesale of Medicines and Medical equipment	22854	22854
西药批发	Wholesale of Western Medicines	22854	22854

continued

(10 000yuan)

营业成本 Business Costs	# 主营业务成本 Cost of Principal Business	营业税金及附加 Business Taxes and Other Charges	# 主营业务税金及附加 Taxes and Other Charges on Principal Business	其他业务利润 Profits from Other Businesses	销售费用 Selling Costs	管理费用 Management Costs	# 税　金 Taxes	# 差旅费 Travel Expenses	# 工会经费 Union Funds
5599392	**5577497**	**23640**	**23348**	**33828**	**170911**	**72897**	**4444**	**1596**	**848**
4377797	**4356280**	**15926**	**15882**	**7640**	**67492**	**34122**	**2475**	**633**	**262**
4375463	4353946	15925	15880	7640	67360	34029	2472	627	260
190618	190528	12131	12120	468	3777	10475	184	134	126
43253	43253				117	984	253	13	5
479935	479934	1251	1251	318	19686	4916	506	98	47
479935	479934	1251	1251	318	19686	4916	506	98	47
3163126	3149410	1324	1303	752	28637	3976	571	23	
494347	486635	1218	1206	5854	15002	13497	957	359	80
5602	5602	1	1	276	834	439	15	17	5
488745	481033	1217	1204	5578	14168	13058	942	342	75
4186	4186	1	1	247	142	182	1		1
3738219	3724414	14084	14052	1374	49924	17725	1183	195	165
43253	43253				117	984	253	13	5
566238	558526	1820	1808	6101	17376	14834	1036	425	91
30087	30087	22	22	165	76	580	3		1
177908	177825	12388	12377	261	4122	9490	488	122	115
7326	7311	3	3	135	475	476	3	2	6
2551	2551	2	2		7	44	4		
12191	12191	283	283		813	471	345	13	1
4012	3967	57	46	47	490	481	3	17	9
4611	4611	7	7			193			
147217	147193	12037	12037	78	2337	7826	133	91	100
5300	5300	7	7		361	396	12	8	5
940	940	1	1			286			
4360	4360	6	6		361	110	12	8	5
12617	12617	19	19	152	621	1256	36	22	10
3045	3045	7	7		62	108		3	
9572	9572	12	12	152	560	1134	36	18	10
						14			
21680	21680	42	42		498	319	22		
21680	21680	42	42		498	319	22		

8-11 续表10

单位:万元 (2012)

指 标	Item	营业收入 Total Revenue	#主营业务收入 Revenue from Principal Business
矿产品、建材及化工产品批发	Wholesale of Mineral Products,Building Materials and Chemical Products	4098515	4080961
煤炭及制品批发	Coal and Related Products	204133	203980
石油及制品批发	Petroleum and Related Products	3303756	3295674
非金属矿及制品批发	Wholesale of Nonmetallic Mine and Related Products	4603	4603
金属及金属矿批发	Wholesale of Metallic Mineral Products	510275	510215
化肥批发	Wholesale of Chemical Fertilizer	52799	43541
其他化工产品批发	Wholesale of Other Chemical Products	22949	22949
机械设备、五金交电及电子产品批发	Wholesale of Machinery,Hardware and Electronic Equipment	122732	122353
农业机械批发	Wholesale of Agriculture Machinary	26723	26598
汽车、摩托车及零配件批发	Wholesale of MotorVehicles,Motorcycles and Parts	62949	62699
五金、交电批发	Wholesale of Hardware and Electronic Equipment	3020	3020
电气设备批发	Wholesale of Electronic Equipment	25924	25924
计算机、软件及辅助设备批发	Wholesale of Computer,Software and Assistant Aplliances	2243	2239
其他机械设备及电子产品批发	Wholesale of Other Machinary and Electric Equipment	1872	1872
其他批发	Other Wholesale	48021	48021
再生物资回收与批发	Recovery and Wholesale of Recycled Materials	24229	24229
其他未列明的批发	Other Wholesale Unlisted	23792	23792
按经营形式分	**Grouped by Business Form**		
独立门店	Indipendent Stores	1280172	1267129
连锁总店	Distributor Chain	480677	480677
连锁门店	Chain Stores	365072	360117
其他	Others	2426556	2426276
零售业	**Retail Trade**	**1405393**	**1390668**
按登记注册类型分	**Grouped by Registration Status**		
内资企业	Domestic Funded Enterprises	1401195	1386470
国有企业	State-owned Enterprises	33350	31947
集体企业	Collective-owned Enterprises	2959	2959
有限责任公司	Limited Liability Corporations	749347	744346
其他有限责任公司	Others Limited Liability Corporations	749347	744346
股份有限公司	Share-holding Corporations Ltd.	246147	238287
私营企业	Private Enterprises	361907	361445
私营独资企业	Private Funded Enterprises	35691	35639
私营有限责任公司	Private Limited Liability Corporations	325656	325247
私营股份有限公司	Private Share-holding Corporations Ltd.	560	560
其他企业	Others	7485	7485
外商投资企业	Foreign Funded Enterprises	4198	4198
按控股情况分	**Grouped by Controlling Stake**		
国有控股	State-owned	103570	102148
集体控股	Collective-owned	2959	2959
私人控股	Private	589131	584206
其他	Others	709733	701355

continued

(10 000yuan)

营业成本 Business Costs	# 主营业务成本 Cost of Principal Business	营业税金及附加 Business Taxes and Other Charges	# 主营业务税金及附加 Taxes and Other Charges on Principal Business	其他业务利润 Profits from Other Businesses	销售费用 Selling Costs	管理费用 Management Costs	# 税　金 Taxes	# 差旅费 Travel Expenses	# 工会经费 Union Funds
4002791	3981375	3097	3063	4974	54758	13331	1701	278	83
181701	181701	621	621	153	17725	2788	126	50	42
3234934	3229986	1481	1447	3113	30970	5878	715	77	13
4254	4254	9	9		200	108	2	7	1
502441	495225	985	985	1454	5401	3337	568	130	21
56690	47439	1	1	254	403	1181	269	13	7
22771	22771	2	2		60	40	22	1	
109972	109955	197	197	2087	6509	5030	217	203	49
23619	23619	29	29	125	2253	1163	41	65	11
56156	56148	64	64	1539	2137	1875	119	39	23
2689	2689	4	4		206	92	2	3	1
23575	23575	98	98	423	1887	1742	52	93	13
2069	2060	3	3		12	155	1	2	2
1865	1865				13	3	3		
47528	47528	177	177	165	623	4302			
23284	23284	15	15	165		352			
24244	24244	162	162		623	3950			
1166286	1149243	14587	14564	6895	38628	28821	1661	593	253
465579	465579	155	155		15425	3928	253	13	5
326821	322550	245	224	663	12328	1005	545	23	
2419112	2418908	939	938	82	1111	368	16	3	4
1221595	**1221217**	**7714**	**7466**	**26188**	**103419**	**38775**	**1970**	**964**	**586**
1218824	1218446	7691	7443	26188	102800	38502	1954	956	580
27171	27118	320	276	1061	4899	2358	91	29	42
2851	2851	1	1	2	17	85	1	1	1
654455	654168	3323	3322	14510	57489	21856	1024	591	323
654455	654168	3323	3322	14510	57489	21856	1024	591	323
197394	197377	3445	3279	1737	25674	3770	396	143	77
329703	329682	601	564	8870	14637	10279	443	192	137
31497	31497	119	82		666	1026			
297654	297634	482	482	8870	13936	9252	442	192	136
552	552				36	1			
7250	7250	1	1	8	84	155			
2771	2771	23	23		619	273	16	7	6
93274	93219	385	340	1076	6146	3620	171	59	60
2851	2851	1	1	2	17	85	1	1	1
530501	530304	1887	1850	18982	28872	20800	987	358	233
594969	594842	5441	5275	6128	68385	14270	811	546	292

单位:万元 (2012)

指 标	Item	营业收入 Total Revenue	#主营业务收入 Revenue from Principal Business
按国民经济行业分	**Grouped by Sector**		
综合零售	Integrated Retail	534745	522708
百货零售	Retail of General Merchandise	298165	286128
超级市场零售	Retail of Supermarkets	236580	236580
食品、饮料及烟草制品专门零售	Retail of Food,Beverages and Tobaccos	721	721
粮油零售	Retail of Grain and Oil	721	721
纺织、服装及日用品专门零售	Special Retail of Textiles,Garments and Daily Consumer Articles	30229	29299
服装零售	Retail of Garments	24092	23162
钟表、眼镜零售	Retail of Watches and Glasses	6137	6137
文化、体育用品及器材专门零售	Retail of Culture,Sports Appliances and Equipments	19680	19295
体育用品及器才零售	Retail of Sports Appliances and Equipments	5272	5272
图书零售	Retail of Books	8830	8677
珠宝首饰零售	Retail of Jewelery	4134	3901
照相器材零售	Retail of Photographic Equipment	576	576
其他文化用品零售	Retail of Other Culture Appliances	868	868
医药及医疗器材专门零售	Retail of Medicines and Medical Appliances	216962	216510
药品零售	Retail of Medicines	216962	216510
汽车、摩托车、燃料及零配件专门零售	Retail of Motor Vehicles,Motorcycles,Fuel and Parts	377736	377657
汽车零售	Retail of Motor Vehicles	326137	326064
摩托车及零配件零售	Retail of Motorcycles and Parts	1371	1371
机动车燃料零售	Retail of Fuel of Motor Vehicles	50228	50222
家用电器及电子产品专门零售	Special Retail of Household Electric Appliances and Electronic Products	211217	210594
家用视听设备零售	Retail of Household Audio-visual Equipment	6693	6506
家用电器零售	Retail of Household Electric Appliances	136509	136430
计算机、软件及辅助设备零售	Retail of Computer,Software and Assistant Appliances	57075	56719
通信设备零售	Retail of Communication Equipments	10939	10939
五金、家具及室内装修材料专门零售	Special Retail of Hardware,Furniture and Decoration Materials	4707	4707
家具零售	Retail of Furniture	4707	4707
无店铺及其他零售	Non-shop and Other Retails	9397	9178
生活用燃料零售	Retail of Life of Fuel	9397	9178
按经营形式分	**Grouped by Business Form**		
独立门店	Indipendent Stores	913656	901377
连锁总店	Distributor Chain	397168	394919
连锁门店	Chain Stores	16570	16540
其他	Others	78000	77832
按零售业态分	**Grouped by Business Categories**		
有店铺零售	Retail of Shop	1405393	1390668
超市	Supermarket	34155	32418
大型超市	Hypermarket	352955	352955
百货店	Department Store	292758	281528
专业店	Speciality Store	583585	581852
专卖店	Franchised Store	141940	141915

continued

(10 000yuan)

营业成本 Business Costs	# 主营业务成本 Cost of Principal Business	营业税金及附加 Business Taxes and Other Charges	# 主营业务税金及附加 Taxes and Other Charges on Principal Business	其他业务利润 Profits from Other Businesses	销售费用 Selling Costs	管理费用 Management Costs	# 税 金 Taxes	# 差旅费 Travel Expenses	# 工会经费 Union Funds
433296	433279	5551	5340	12812	57488	11637	744	228	191
237907	237890	4258	4047	10303	29986	7230	679	159	125
195389	195389	1293	1293	2509	27502	4407	65	69	65
1613	1613			2	210	137	2	4	3
1613	1613			2	210	137	2	4	3
25017	24982	449	449	2163	6958	2619	30	28	34
20366	20331	429	429	2163	6426	2229	30	28	34
4651	4650	20	20		532	390			
15132	15088	93	93	149	2303	2091	38	49	23
4328	4328	15	15		489	428	14	17	6
6135	6103	43	43	90	1342	1230	17	19	15
3406	3394	27	27	15	325	367	5	13	2
516	516	6	6	44	74	23	2		1
747	747	2	2		74	43			
198125	198085	305	305	619	8605	5425	194	102	87
198125	198085	305	305	619	8605	5425	194	102	87
348147	348086	689	652	4599	11300	9533	638	149	96
301735	301675	541	504	4569	8718	7644	375	115	77
1229	1229	3	3	6	83	80	5	4	1
45182	45182	146	146	24	2498	1809	259	30	18
188412	188241	582	582	5634	15170	6369	250	388	148
5477	5476	27	27	186	884	345	3	5	
119936	119926	433	433	4121	11713	3274	200	289	117
53072	52911	95	95	694	1693	2135	45	69	17
9928	9928	27	27	633	880	615	3	25	14
3574	3574	13	13		427	429	27	11	4
3574	3574	13	13		427	429	27	11	4
8279	8269	32	32	210	958	537	48	5	
8279	8269	32	32	210	958	537	48	5	
801603	801437	5694	5446	20033	56161	25673	1553	530	358
331413	331342	1929	1929	5878	44950	10604	310	392	191
15473	15473	11	11	30	602	415			9
73107	72965	79	79	247	1706	2083	107	42	27
1221595	1221217	7714	7466	26188	103419	38775	1970	964	586
28842	28842	136	136	1737	7274	686	12	24	5
298162	298162	1679	1679	6187	36663	7209	252	345	177
233496	233443	4561	4350	10728	29450	8973	698	167	159
530193	529888	1065	1027	6728	25844	17090	638	353	190
130903	130883	274	274	807	4189	4818	371	75	54

8-11 续表12

单位:万元　　(2012)

指　标	Item	财务费用 Financial Costs	#利息支出 Interest Expenses
总　计	**Total**	**30689**	**17384**
批发业	**Wholesale Trade**	**21729**	**10790**
按登记注册类型分	**Grouped by Registration Status**		
内资企业	Domestic Funded Enterprises	21493	10554
国有企业	State-owned Enterprises	-1072	471
集体企业	Collective-owned Enterprises	1770	1787
有限责任公司	Limited Liability Corporations	2239	2038
其他有限责任公司	Other Limited Liability Corporations	2239	2038
股份有限公司	Share-holding Corporations Ltd.	3102	2
私营企业	Private Enterprises	15167	6256
私营独资企业	Private Funded Enterprises	26	28
私营有限责任公司	Private Limited Liability Corporations	15141	6229
其他企业	Others	288	
按控股情况分	**Grouped by Controlling Stake**		
国有控股	State-owned	2181	673
集体控股	Collective-owned	1770	1787
私人控股	Private	17654	8334
其他	Others	125	-5
按国民经济行业分	**Grouped by Sector**		
食品、饮料及烟草制品批发	Wholesale of Food,Beverages and Tobacoos	-164	411
米、面制品及食用油批发	Wholesale of Rice,Flour and Edible Oil	247	272
糕点、糖果及糖批发	Wholesale of Pastry,Candy and Sugars	107	107
肉、禽、蛋及水产品批发	Wholesale of Meat and Aquatic Products	736	
盐及调味品批发	Wholesale of Salt and Condiments	4	31
饮料及茶叶批发	Wholesale of Beverages and tea	225	
烟草制品批发	Wholesale of Tobacoos	-1483	
纺织、服装及日用品批发	Wholesale of Textiles,Garments and Daily Consummer Aticles	272	273
服装批发	Wholesale of Garments	32	32
家用电器批发	Wholesale of Household Electric Appliances	240	241
文化、体育用品及器材批发	Wholesale of Cultural,Sports Goods Appliances and Equipments	-4	
文具用品批发	Wholesale of Stationery		
图书批发	Wholesale of Books	-4	
其他文化用品批发	Wholesale of Other Cultural Goods		
医药及医疗器材批发	Wholesale of Medicines and Medical equipment	190	185
西药批发	Wholesale of Western Medicines	190	185

continued

(10 000yuan)

营业利润 Business Profits	营业外收入 Revenue Excluding Business	利润总额 Total Profits	应交所得税 Tax Payable	应付职工薪酬 Benefits of Employee Payable	本年应交增值税 Added Tax Payable This Year
86261	**13002**	**91326**	**18639**	**88602**	**113677**
47371	**8967**	**44717**	**9980**	**33613**	**89701**
47536	8967	44734	9980	33505	89665
31099	566	31740	7976	14243	8955
-6438	6860	386	97	448	
1350	156	377	739	3318	4215
1350	156	377	739	3318	4215
26447	29	27004		9101	74819
-4228	883	-14551	1169	6287	1671
-112	206	84	21	250	12
-4116	677	-14635	1148	6037	1660
-694	472	-222		108	5
59014	604	59359	8306	25490	87155
-6438	6860	386	97	448	
-6194	1502	-15734	1403	7223	2534
989	1	706	174	452	11
34953	572	35164	8989	13856	8799
-537	500	-37		326	21
14		14	3	26	18
3985		3985	996	516	
1477	43	1517	382	591	347
340		56	14	157	
29676	28	29629	7594	12239	8414
627	30	872	217	323	256
759	29	855	208	75	183
-131	1	17	8	248	73
210	45	407		1022	141
62		62		26	36
161	45	358		992	105
-14		-14		4	
125	22	103	26	223	420
125	22	103	26	223	420

8-11 续表 13

单位:万元 （2012）

指　标	Item	财务费用 Financial Costs	# 利息支出 Interest Expenses
矿产品、建材及化工产品批发	Wholesale of Mineral Products,Building Materials and Chemical Products	16312	9091
煤炭及制品批发	Coal and Related Products	309	317
石油及制品批发	Petroleum and Related Products	4952	1348
非金属矿及制品批发	Wholesale of Nonmetallic Mine and Related Products	124	122
金属及金属矿批发	Wholesale of Metallic Mineral Products	8863	5516
化肥批发	Wholesale of Chemical Fertilizer	2059	1788
其他化工产品批发	Wholesale of Other Chemical Products	5	
机械设备、五金交电及电子产品批发	Wholesale of Machinery,Hardware and Electronic Equipment	847	835
农业机械批发	Wholesale of Agriculture Machinary	142	30
汽车、摩托车及零配件批发	Wholesale of MotorVehicles,Motorcycles and Parts	463	554
五金、交电批发	Wholesale of Hardware and Electronic Equipment		
电气设备批发	Wholesale of Electronic Equipment	252	252
计算机、软件及辅助设备批发	Wholesale of Computer,Software and Assistant Aplliances		
其他机械设备及电子产品批发	Wholesale of Other Machinary and Electric Equipment	-9	
其他批发	Other Wholesale	4276	-5
再生物资回收与批发	Recovery and Wholesale of Recycled Materials	-92	-5
其他未列明的批发	Other Wholesale Unlisted	4368	
按经营形式分	**Grouped by Business Form**		
独立门店	Indipendent Stores	16332	8526
连锁总店	Distributor Chain	4394	1787
连锁门店	Chain Stores	486	
其他	Others	517	477
零售业	**Retail Trade**	**8961**	**6594**
按登记注册类型分	**Grouped by Registration Status**		
内资企业	Domestic Funded Enterprises	8899	6539
国有企业	State-owned Enterprises	233	115
集体企业	Collective-owned Enterprises	10	4
有限责任公司	Limited Liability Corporations	2991	1669
其他有限责任公司	Others Limited Liability Corporations	2991	1669
股份有限公司	Share-holding Corporations Ltd.	974	1218
私营企业	Private Enterprises	4690	3533
私营独资企业	Private Funded Enterprises	464	
私营有限责任公司	Private Limited Liability Corporations	4227	3533
私营股份有限公司	Private Share-holding Corporations Ltd.		
其他企业	Others	1	
外商投资企业	Foreign Funded Enterprises	61	55
按控股情况分	**Grouped by Controlling Stake**		
国有控股	State-owned	246	142
集体控股	Collective-owned	10	4
私人控股	Private	7385	5316
其他	Others	1320	1132

continued

(10 000yuan)

营业利润 Business Profits	营业外收入 Revenue Excluding Business	利润总额 Total Profits	应交所得税 Tax Payable	应付职工薪酬 Benefits of Employee Payable	本年应交增值税 Added Tax Payable This Year
10128	7891	17822	538	14427	79282
747	45	491	291	2197	3409
25542	89	26158	58	9437	74940
-92	91	-1		53	47
-8855	332	-8908	74	1702	865
-7286	7333	11	97	1023	5
71		71	19	15	17
688	408	-1128	50	3091	802
-484	218	-105	25	755	145
2343	151	127	17	948	409
29		27	7	63	47
-1206	39	-1182	1	1240	181
4		4	1	86	21
1		1			
640	1	-8522	160	672	
640	1	642	160	246	
		-9164		426	
27458	2029	17377	9877	24234	14790
-8805	6839	386	97	2292	5615
24188	50	22378		6366	61452
4530	50	4577	7	722	7843
38890	**4034**	**46608**	**8658**	**54989**	**23977**
38439	4034	46863	8658	54698	23744
-1750	2047	824	213	5039	1105
-4	1	-3		42	14
11499	877	15880	3635	33077	13036
11499	877	15880	3635	33077	13036
24911	274	25071	3493	7881	6063
3781	835	5089	1317	8614	3448
1919	98	2011	381	1104	474
1890	726	3095	936	7497	2972
-28	11	-17		13	2
2		2	1	45	78
450		-254		290	233
-474	2200	2248	505	6424	1639
-4	1	-3		42	14
3295	1427	4433	2318	16071	6788
36072	406	39930	5835	32452	15535

8-11 续表 14

单位:万元 (2012)

指　标	Item	财务费用 Financial Costs	# 利息支出 Interest Expenses
按国民经济行业分	**Grouped by Sector**		
综合零售	Integrated Retail	2406	2445
百货零售	Retail of General Merchandise	1686	1657
超级市场零售	Retail of Supermarkets	720	787
食品、饮料及烟草制品专门零售	Retail of Food,Beverages and Tobaccos	-2	1
粮油零售	Retail of Grain and Oil	-2	1
纺织、服装及日用品专门零售	Special Retail of Textiles,Garments and Daily Consumer Articles	243	
服装零售	Retail of Garments	116	
钟表、眼镜零售	Retail of Watches and Glasses	127	
文化、体育用品及器材专门零售	Retail of Culture,Sports Appliances and Equipments	126	131
体育用品及器材零售	Retail of Sports Appliances and Equipments	26	25
图书零售	Retail of Books	-1	11
珠宝首饰零售	Retail of Jewelery	98	96
照相器材零售	Retail of Photographic Equipment	1	
其他文化用品零售	Retail of Other Culture Appliances	1	
医药及医疗器材专门零售	Retail of Medicines and Medical Appliances	1072	940
药品零售	Retail of Medicines	1072	940
汽车、摩托车、燃料及零配件专门零售	Retail of Motor Vehicles,Motorcycles,Fuel and Parts	3462	1952
汽车零售	Retail of Motor Vehicles	3021	1559
摩托车及零配件零售	Retail of Motorcycles and Parts		
机动车燃料零售	Retail of Fuel of Motor Vehicles	440	393
家用电器及电子产品专门零售	Special Retail of Household Electric Appliances and Electronic Products	1297	850
家用视听设备零售	Retail of Household Audio-visual Equipment	16	
家用电器零售	Retail of Household Electric Appliances	476	335
计算机、软件及辅助设备零售	Retail of Computer,Software and Assistant Appliances	652	415
通信设备零售	Retail of Communication Equipments	152	101
五金、家具及室内装修材料专门零售	Special Retail of Hardware,Furniture and Decoration Materials	192	178
家具零售	Retail of Furniture	192	178
无店铺及其他零售	Non-shop and Other Retails	166	99
生活用燃料零售	Retail of Life of Fuel	166	99
按经营形式分	**Grouped by Business Form**		
独立门店	Indipendent Stores	8300	6152
连锁总店	Distributor Chain	243	38
连锁门店	Chain Stores	6	8
其他	Others	411	397
按零售业态分	**Grouped by Business Categories**		
有店铺零售	Retail of Shop	8961	6594
超市	Supermarket		
大型超市	Hypermarket	849	814
百货店	Department Store	1802	1657
专业店	Speciality Store	4491	2475
专卖店	Franchised Store	1819	1648

continued

(10 000yuan)

营业利润 Business Profits	营业外收入 Revenue Excluding Business	利润总额 Total Profits	应交所得税 Tax Payable	应付职工薪酬 Benefits of Employee Payable	本年应交增值税 Added Tax Payable This Year
34686	650	35428	5464	27482	11288
27115	294	27213	4098	10909	7138
7572	356	8216	1365	16573	4149
-1235	1217	-38		144	2
-1235	1217	-38		144	2
-3156	2	-3178	104	1723	869
-3573	2	-3596		1269	716
418		418	104	454	153
-127	85	-56	22	2878	523
-13		-17	4	354	62
-42	85	36		2031	403
-75		-78	17	336	40
1		1		48	9
3		3	1	109	9
3150	527	3604	647	6986	6354
3150	527	3604	647	6986	6354
5653	600	5382	1436	7572	3186
5528	585	6042	1361	6267	2519
-24	6	-18		57	15
150	9	-642	75	1249	651
421	208	4653	825	6825	1378
-57	4	-52		153	137
1308	76	4895	753	4173	429
-444	120	-169	54	1724	569
-387	9	-21	17	775	243
72	1	73	19	373	130
72	1	73	19	373	130
-575	745	742	142	1006	249
-575	745	742	142	1006	249
29987	3153	33078	7092	30375	14035
8448	623	12669	1334	22307	9116
62		60	5	464	241
392	258	802	227	1843	585
38890	4034	46608	8658	54989	23977
-2688	237	-2457	-867	2535	178
8698	427	13036	2104	20167	4232
26300	66	26146	4984	9906	7758
5838	2050	7966	1933	20190	10254
742	1254	1917	505	2191	1554

8—12 限额以上住宿和餐饮业经营情况(市区)

单位:万元 （2012）

指　标	Item	法人企业（个）Number of Corporate Unit (unit)	法人所属及单产业活动单位（个）Number of Corporate Owned and Industrial Activity Unit(unit)
总　计	**Total**	**80**	**109**
住宿业	**Hotels**	**31**	**38**
按登记注册类型分	**Grouped by Registration Status**		
内资企业	Domestic Funded Enterprises	31	38
国有企业	State-owned Enterprises	2	5
有限责任公司	Limited Liability Corporations	7	10
国有独资公司	State Sole Funded Corporations	1	1
其他有限责任公司	Other Limited Liability Corporations	6	9
私营企业	Private Enterprises	22	23
私营有限责任公司	Private Limited Liability Corporations	22	23
餐饮业	**Catering Servies**	**49**	**71**
按登记注册类型分	**Grouped by Registration Status**		
内资企业	Domestic Funded Enterprises	48	48
有限责任公司	Limited Liability Corporations	4	4
私营企业	Private Enterprises	44	44
私营独资企业	Private-funded Enterprises	3	3
私营合伙企业	Private Partnership Enterprises	1	1
私营有限责任公司	Private Limited Liability Corporations	39	39
外商投资企业	Foreign Funds Enterprises	1	1
个体工商户	Individual Businesses		22
按国民经济行业分	**Grouped by Sector**		
正餐服务	Restaurant	46	65
快餐服务	Fast Food	3	6
按经营形式分	**Grouped by Business Form**		
独立门店	Independent Stores	47	67
连锁总店	Distributor Chain	1	1

Bussiness of Hotels and Catering Servies by Enterprises above Designated Size(City)

(10 000yuan)

营业额 Business Revenue	客房收入 From Hotel Rooms	餐费收入 From Meals	商品销售收入 From Commodities	其他收入 Other Income
177996	**47400**	**118905**	**4752**	**6939**
84303	**42461**	**35790**	**1152**	**4901**
84303	42461	35790	1152	4901
20898	11277	7313	77	2230
31885	14121	15524	701	1538
1759	1288	456	14	1
30126	12833	15068	688	1538
31521	17063	12953	373	1132
31521	17063	12953	373	1132
93693	**4939**	**83115**	**3600**	**2038**
63187	4939	53822	2997	1428
6119	1385	4446	193	96
57069	3555	49377	2805	1333
2579		2500	80	
907		694	196	17
53103	3555	45709	2524	1316
6521		6521		
23984		22771	603	610
80752	4939	70254	3521	2038
12941		12861	80	
91761	4939	81215	3569	2038
538		538		

8-12 续表

单位:万元 （2012）

指　标	Item	客房数（间）Number of Rooms（room）
总　计	**Total**	**6198**
住宿业	**Hotels**	**5594**
按登记注册类型分	**Grouped by Registration Status**	
内资企业	Domestic Funded Enterprises	5594
国有企业	State-owned Enterprises	1128
有限责任公司	Limited Liability Corporations	1635
国有独资公司	State Sole Funded Corporations	104
其他有限责任公司	Other Limited Liability Corporations	1531
私营企业	Private Enterprises	2831
私营有限责任公司	Private Limited Liability Corporations	2831
餐饮业	**Catering Servies**	**604**
按登记注册类型分	**Grouped by Registration Status**	
内资企业	Domestic Funded Enterprises	604
有限责任公司	Limited Liability Corporations	186
私营企业	Private Enterprises	418
私营独资企业	Private-funded Enterprises	
私营合伙企业	Private Partnership Enterprises	
私营有限责任公司	Private Limited Liability Corporations	418
外商投资企业	Foreign Funds Enterprises	
个体工商户	Individual Businesses	
按国民经济行业分	**Grouped by Sector**	
正餐服务	Restaurant	604
快餐服务	Fast Food	
按经营形式分	**Grouped by Business Form**	
独立门店	Independent Stores	604
连锁总店	Distributor Chain	

continued

(10 000yuan)

床位数 (个) Number of Beds (unit)	餐位数 (位) Number of Dining-seats (person)	年末餐饮营业面积 (平方米) Operating Area of Catering Servies at Year-end (sq.m)
9923	**42474**	**213342**
8909	**14359**	**73321**
8909	14359	73321
1562	3141	8293
2570	5097	26267
192	200	600
2378	4897	25667
4777	6121	38761
4777	6121	38761
1014	28115	140021
1014	20572	111140
271	1998	14823
743	18574	96317
	838	5283
	500	800
743	17086	89234
	2000	9000
	5543	19881
1014	26823	134638
	1292	5383
1014	27017	135558
	308	1083

8—13 限额以上住宿和餐饮业法人企业主要财务状况（市区）

单位：万元 （2012）

指　标	Item	法人企业（个）Number of Corporate（unit）
总　计	**Total**	**80**
住宿业	**Hotels**	**31**
按登记注册类型分	**Grouped by Registration Status**	
内资企业	Domestic Funded Enterprises	31
国有企业	State-owned Enterprises	2
有限责任公司	Limited Liability Corporations	7
国有独资公司	State Sole Funded Corporations	1
其他有限责任公司	Other Limited Liability Corporations	6
私营企业	Private Enterprises	22
私营有限责任公司	Private Limited Liability Corporations	22
餐饮业	**Catering Servies**	**49**
按登记注册类型分	**Grouped by Registration Status**	
内资企业	Domestic Funded Enterprises	48
有限责任公司	Limited Liability Corporations	4
私营企业	Private Enterprises	44
私营独资企业	Private-funded Enterprises	3
私营合伙企业	Private Partnership Enterprises	1
私营有限责任公司	Private Limited Liability Corporations	39
外商投资企业	Foreign Funds Enterprises	1
按国民经济行业分	**Grouped by Sector**	
正餐服务	Restaurant	46
快餐服务	Fast Food	3
按经营形式分	**Grouped by Business Form**	
独立门店	Independent Stores	47
连锁总店	Distributor Chain	1

Financial Indicators of Hotels and Catering Servies by Enterprises above Designated Size(City)

(10 000yuan)

流动资产 Working Capitals	# 应收帐款 Accounts Receivable	# 存　货 Stock
101298	**7774**	**8006**
46759	**1917**	**3867**
46759	1917	3867
8882	264	1128
4799	360	685
336	100	22
4464	261	663
33078	1292	2054
33078	1292	2054
54538	**5858**	**4139**
43913	5802	3965
2740	628	321
41173	5174	3644
1324	132	351
350	340	9
39451	4698	3266
10625	56	174
52966	5678	3717
1573	180	422
53518	5773	3905
767	85	208

8-13 续表 1

单位:万元 (2012)

指 标	Item	固定资产 Fixed Assets	固定资产原价 Original Value of Fixed Assets
总 计	**Total**	**161444**	**216149**
住宿业	**Hotels**	**122145**	**165847**
按登记注册类型分	**Grouped by Registration Status**		
内资企业	Domestic Funded Enterprises	122145	165847
国有企业	State-owned Enterprises	67975	74145
有限责任公司	Limited Liability Corporations	21900	45613
国有独资公司	State Sole Funded Corporations	2041	2782
其他有限责任公司	Other Limited Liability Corporations	19859	42830
私营企业	Private Enterprises	32270	46090
私营有限责任公司	Private Limited Liability Corporations	32270	46090
餐饮业	**Catering Servies**	**39299**	**50302**
按登记注册类型分	**Grouped by Registration Status**		
内资企业	Domestic Funded Enterprises	32798	45294
有限责任公司	Limited Liability Corporations	12710	17183
私营企业	Private Enterprises	20088	28111
私营独资企业	Private-funded Enterprises	2878	2994
私营合伙企业	Private Partnership Enterprises		10
私营有限责任公司	Private Limited Liability Corporations	17172	25055
外商投资企业	Foreign Funds Enterprises	6501	5008
按国民经济行业分	**Grouped by Sector**		
正餐服务	Restaurant	36384	47239
快餐服务	Fast Food	2914	3063
按经营形式分	**Grouped by Business Form**		
独立门店	Independent Stores	36324	47166
连锁总店	Distributor Chain	2804	2919

continued

(10 000yuan)

累计折旧 Accumulated Depreciation	在建工程 Construction in Process	# 本年折旧 Depreciation This Year	资产总计 Total Assets	流动负债 Current Liabilities
55350	**4639**	**8608**	**227575**	**154030**
40964	**1295**	**5296**	**123214**	**81832**
40964	1295	5296	123214	81832
6846	676	1464	9675	7487
20298		1778	33838	13846
741		218	2735	1198
19557		1561	31103	12648
13820	619	2054	79700	60499
13820	619	2054	79700	60499
14385	**3344**	**3312**	**104361**	**72198**
12892	3344	1819	87236	58252
4473		220	15518	12166
8419	3344	1599	71717	46086
116	220	26	4287	1928
10			350	50
8279	3124	1573	66967	44103
1493		1493	17126	13946
14237	3174	3286	99870	71464
149	170	26	4492	734
14225	3174	3241	100366	71575
115	170	26	3571	548

8-13 续表 2

单位:万元 （2012）

指　标	Item	负债合计 Total Liabilities	所有者权益 Total Owners´ Equities
总　计	**Total**	**187140**	**40435**
住宿业	**Hotels**	**104734**	**18480**
按登记注册类型分	**Grouped by Registration Status**		
内资企业	Domestic Funded Enterprises	104734	18480
国有企业	State-owned Enterprises	7624	2052
有限责任公司	Limited Liability Corporations	23836	10002
国有独资公司	State Sole Funded Corporations	1263	1472
其他有限责任公司	Other Limited Liability Corporations	22573	8530
私营企业	Private Enterprises	73274	6426
私营有限责任公司	Private Limited Liability Corporations	73274	6426
餐饮业	**Catering Servies**	**82407**	**21955**
按登记注册类型分	**Grouped by Registration Status**		
内资企业	Domestic Funded Enterprises	67951	19285
有限责任公司	Limited Liability Corporations	15188	331
私营企业	Private Enterprises	52763	18954
私营独资企业	Private-funded Enterprises	2513	1774
私营合伙企业	Private Partnership Enterprises	50	300
私营有限责任公司	Private Limited Liability Corporations	50195	16771
外商投资企业	Foreign Funds Enterprises	14456	2670
按国民经济行业分	**Grouped by Sector**		
正餐服务	Restaurant	81087	18782
快餐服务	Fast Food	1319	3173
按经营形式分	**Grouped by Business Form**		
独立门店	Independent Stores	81199	19167
连锁总店	Distributor Chain	1133	2438

continued

(10 000yuan)

实收资本 Paid-in Capitals	国家资本 State-owned Capitals	集体资本 Collective-owned Capitals	法人资本 Corporate Capitals	个人资本 Personal Capitals	外商资本 Foreign Capitals
72270	**24833**	**2225**	**16726**	**28486**	
45262	**21833**	**2095**	**9050**	**12284**	
45262	21833	2095	9050	12284	
2300	2300				
26723	19533	1095	1500	4595	
2262	2262				
24461	17271	1095	1500	4595	
16239		1000	7550	7689	
16239		1000	7550	7689	
27008	**3000**	**130**	**7676**	**16202**	
25608	3000	130	6276	16202	
5260	3000	130	2130		
20348			4146	16202	
155				155	
300				300	
19793			4146	15647	
1400			1400		
26308	3000	130	7376	15802	
700			300	400	
26408	3000	130	7676	15602	
100				100	

8-13 续表3

单位:万元 (2012)

指　标	Item	主营业务收入 Revenue from Principal Business	主营业务成本 Costs of Principal Business
总　计	**Total**	**128505**	**52404**
住宿业	**Hotels**	**58795**	**20339**
按登记注册类型分	**Grouped by Registration Status**		
内资企业	Domestic Funded Enterprises	58795	20339
国有企业	State-owned Enterprises	12694	2962
有限责任公司	Limited Liability Corporations	15003	8168
国有独资公司	State Sole Funded Corporations	1759	1552
其他有限责任公司	Other Limited Liability Corporations	13244	6616
私营企业	Private Enterprises	31097	9210
私营有限责任公司	Private Limited Liability Corporations	31097	9210
餐饮业	**Catering Servies**	**69710**	**32065**
按登记注册类型分	**Grouped by Registration Status**		
内资企业	Domestic Funded Enterprises	63189	28609
有限责任公司	Limited Liability Corporations	6119	2340
私营企业	Private Enterprises	57070	26269
私营独资企业	Private-funded Enterprises	2580	1103
私营合伙企业	Private Partnership Enterprises	907	420
私营有限责任公司	Private Limited Liability Corporations	53104	24398
外商投资企业	Foreign Funds Enterprises	6521	3456
按国民经济行业分	**Grouped by Sector**		
正餐服务	Restaurant	67964	31222
快餐服务	Fast Food	1746	843
按经营形式分	**Grouped by Business Form**		
独立门店	Independent Stores	68753	31550
连锁总店	Distributor Chain	538	256

continued

(10 000yuan)

主营业务税金及附加 Business Taxes and Other Charges	其他业务利润 Profits from Other Businesses	销售费用 Selling Costs
6499	**1656**	**46279**
2679	**460**	**23126**
2679	460	23126
145		7438
867		4227
102		
765		4227
1667	460	11461
1667	460	11461
3820	**1196**	**23154**
3461	1196	21575
330	8	2531
3131	1188	19045
142	252	1135
55	2	320
2908	830	17510
359		1578
3750	945	22468
70	252	685
3760	945	23068
30	252	86

8-13 续表 4

单位:万元 （2012）

指　标	Item	管理费用 Management Costs
总　计	**Total**	**25271**
住宿业	**Hotels**	**15798**
按登记注册类型分	**Grouped by Registration Status**	
内资企业	Domestic Funded Enterprises	15798
国有企业	State-owned Enterprises	2383
有限责任公司	Limited Liability Corporations	2837
国有独资公司	State Sole Funded Corporations	85
其他有限责任公司	Other Limited Liability Corporations	2752
私营企业	Private Enterprises	10579
私营有限责任公司	Private Limited Liability Corporations	10579
餐饮业	**Catering Servies**	**9473**
按登记注册类型分	**Grouped by Registration Status**	
内资企业	Domestic Funded Enterprises	8895
有限责任公司	Limited Liability Corporations	1158
私营企业	Private Enterprises	7737
私营独资企业	Private-funded Enterprises	106
私营合伙企业	Private Partnership Enterprises	38
私营有限责任公司	Private Limited Liability Corporations	7570
外商投资企业	Foreign Funds Enterprises	578
按国民经济行业分	**Grouped by Sector**	
正餐服务	Restaurant	9435
快餐服务	Fast Food	39
按经营形式分	**Grouped by Business Form**	
独立门店	Independent Stores	9177
连锁总店	Distributor Chain	23

continued

(10 000yuan)

# 税　金 Taxes	# 差旅费 Travel Expenses	# 工会经费 Union Funds	财务费用 Financial Costs	# 利息支出 Interest Expenses	营业利润 Business Profits	利润总额 Total Profits	应付职工薪酬 Benefits of Employee Payable
1254	**3022**	**192**	**4825**	**2410**	**−10172**	**−8401**	**27526**
676	**71**	**105**	**2294**	**1190**	**−8769**	**−7037**	**14204**
676	71	105	2294	1190	−8769	−7037	14204
42	9	42	284	236	−518	−276	3438
163	18	8	112	78	−4611	−4634	4361
			6	5	14	15	1759
163	18	8	107	73	−4625	−4649	2602
472	44	55	1898	876	−3640	−2127	6405
472	44	55	1898	876	−3640	−2127	6405
578	**231**	**86**	**2531**	**1221**	**−1404**	**−1365**	**13322**
516	231	86	2052	1221	−1475	−1440	12152
154	139	8	12		−243	−168	1686
362	92	79	2040	1221	−1232	−1272	10466
2	19	1	111	96	−18	−17	492
			3		71	71	60
360	73	78	1924	1122	−1285	−1326	9734
62			479		71	75	1170
575	226	77	2426	1119	−1396	−1357	12850
2	5	10	105	102	−8	−8	472
575	228	86	2423	1124	−1297	−1258	12972
2	3	1	99	96	44	44	182

8—14 重点商品交易市场成交情况

（2012）

指 标	Item	市场个数（个）Number of Markets (unit)	# 亿元以上市场 Markets Over 100 Million Yuan
总 计	**Total**	**41**	**21**
按经营环境分	**Grouped by Business Environment**		
露天式	Open Air	4	4
封闭式	Closed	36	16
其他	Others	1	1
按经营方式分	**Grouped by Star**		
批发	Wholesale	17	10
零售	Retail	24	11
按市场类别分	**Grouped by Market**		
综合市场	Integrated Markets	6	4
工业消费品综合市场	Industrial Products Integrated Markets	1	1
农产品综合市场	Farm Produce Comprehensive Markets	2	2
其他综合市场	Others	3	1
专业市场	Special Markets	35	17
生产资料市场	Production Markets	7	5
农业生产用具市场	Agricultural Productions Markets	1	1
木材市场	Wood Markets	1	
金属材料市场	Metal Materials Markets	4	3
机械设备市场	Machinery and Equipment Markets	1	1
农产品市场	Agricultural Products Markets	3	3
蔬菜市场	Vegetables Markets	1	1
干鲜果品市场	Fresh and Dried Fruits Markets	2	2
纺织、服装、鞋帽市场	Textile, Garments, Footwear and Hat Wear Markets	8	3
服装市场	Garments	2	
鞋帽市场	Footwear and Hat Wear Markets	1	
其他纺织服装鞋帽市场	Others	5	3
日用品及文化用品市场	Daily Use Articles and Cultaral Goods Markets	1	1
其他日用品及文化用品市场	Others	1	1
电器、通讯器材、电子设备市场	Electrical,Communication Appliances and Electronic Equipment Markets	1	
通讯器材市场	Communication Appliances Markets	1	
家具、五金及装饰材料市场	Furniture,Hardware & Electrical Materials and Decoration Materials Markets	13	4
家具市场	Furniture Markets	8	3
装饰材料市场	Building and Decoration Materials Markets	3	
灯具市场	Lamps Markets	1	
其他装修市场	Others	1	1
汽车、摩托车及零配件市场	Automotive,Motorcycle and Accessories Markets	1	1
汽车市场	Automotive Markets	1	1
花、鸟、鱼、虫市场	Flowers, Birds, Fish and Insects Markets	1	
花卉市场	Flower Markets	1	

Basic Statistics on Commodity Exchange Markets of Transaction Value

摊位数量（个）Number of Booths（unit）	# 亿元以上市场 Markets Over 100 Million Yuan	成交额（万元）Turnover（10 000yuan）	# 亿元以上市场 Markets Over 100 Million Yuan
27693	**17486**	**1959670**	**1896618**
3571	3571	621864	621864
22399	12192	1138583	1075531
1723	1723	199223	199223
15292	7498	1639335	1606094
12401	9988	320335	290524
3375	2859	212955	197003
476	476	49749	49749
1623	1623	37354	37354
1276	760	125852	109900
24318	14627	1746715	1699615
2981	2584	1106322	1089810
198	198	52079	52079
333		7532	
2154	2090	1013949	1004969
296	296	32762	32762
3678	3678	356635	356635
1100	1100	137328	137328
2578	2578	219307	219307
13443	5845	166349	157454
318		1464	
227		2527	
12898	5845	162358	157454
270	270	13251	13251
270	270	13251	13251
90		3290	
90		3290	
2675	1289	74842	58095
1488	954	47486	42566
772		11077	
80		750	
335	335	15529	15529
961	961	24370	24370
961	961	24370	24370
220		1656	
220		1656	

8-14 续表

(2012)

指　标	Item	摊位数量（个）Number of Booths (unit)
总　计	**Total**	**27693**
按经营环境分	**Grouped by Business Environment**	
露天式	Open Air	3571
封闭式	Closed	22399
其他	Others	1723
按经营方式分	**Grouped by Star**	
批发	Wholesale	15292
零售	Retail	12401
按市场类别分	**Grouped by Market**	
综合市场	Integrated Markets	3375
工业消费品综合市场	Industrial Products Integrated Markets	476
农产品综合市场	Farm Produce Comprehensive Markets	1623
其他综合市场	Others	1276
专业市场	Special Markets	24318
生产资料市场	Production Markets	2981
农业生产用具市场	Agricultural Productions Markets	198
木材市场	Wood Markets	333
金属材料市场	Metal Materials Markets	2154
机械设备市场	Machinery and Equipment Markets	296
农产品市场	Agricultural Products Markets	3678
蔬菜市场	Vegetables Markets	1100
干鲜果品市场	Fresh and Dried Fruits Markets	2578
纺织、服装、鞋帽市场	Textile, Garments, Footwear and Hat Wear Markets	13443
服装市场	Garments	318
鞋帽市场	Footwear and Hat Wear Markets	227
其他纺织服装鞋帽市场	Others	12898
日用品及文化用品市场	Daily Use Articles and Cultaral Goods Markets	270
其他日用品及文化用品市场	Others	270
电器、通讯器材、电子设备市场	Electrical,Communication Appliances and Electronic Equipment Markets	90
通讯器材市场	Communication Appliances Markets	90
家具、五金及装饰材料市场	Furniture,Hardware & Electrical Materials and Decoration Materials Markets	2675
家具市场	Furniture Markets	1488
装饰材料市场	Building and Decoration Materials Markets	772
灯具市场	Lamps Markets	80
其他装修市场	Others	335
汽车、摩托车及零配件市场	Automotive,Motorcycle and Accessories Markets	961
汽车市场	Automotive Markets	961
花、鸟、鱼、虫市场	Flowers, Birds , Fish and Insects Markets	220
花卉市场	Flower Markets	220

continued

# 亿元以上市场 Markets Over 100 Million Yuan	成交额 （万元） Turnover （10 000yuan）	# 亿元以上市场 Markets Over 100 Million Yuan
17486	**1959670**	**1896618**
3571	621864	621864
12192	1138583	1075531
1723	199223	199223
7498	1639335	1606094
9988	320335	290524
2859	212955	197003
476	49749	49749
1623	37354	37354
760	125852	109900
14627	1746715	1699615
2584	1106322	1089810
198	52079	52079
	7532	
2090	1013949	1004969
296	32762	32762
3678	356635	356635
1100	137328	137328
2578	219307	219307
5845	166349	157454
	1464	
	2527	
5845	162358	157454
270	13251	13251
270	13251	13251
	3290	
	3290	
1289	74842	58095
954	47486	42566
	11077	
	750	
335	15529	15529
961	24370	24370
961	24370	24370
	1656	
	1656	

8—15 利用外资情况

Utilization of Foreign Capital

单位:万美元 (2012) (USD 100 million)

指　标	Item	新批项目个数(个) Number of Newly Approved Project (unit)	项目总投资 Total Investment of Project	合同外资 Contracted Foreign Investment	实际利用外资 Actual Utilization of Foreign Capital
直接利用外资	Foreign Direct Investment	7	33627	14976	14586
# 中外合资企业	Sino-foreign Joint Ventures	4	48684	10098	6880
外商独资企业	Foreign Funds Enterprises	3	4943	4878	7706

8—16 进出口贸易总额

Total Trade Value of Imports and Exports

单位:万美元 (2012) (USD 100 million)

指　标	Item	合　计 Total
进出口贸易总额	Total Trade Value of Imports and Exports	136371
出口贸易总额	Total Trade Value of Exports	107491
进口贸易总额	Total Trade Value of Imports	28880

8—17 主要出口商品数量

Number of Major Export Commodities

（2012）

指　标	Item	单　位	Unit	数　量 Number
铁合金	Ferrosilicon	吨	ton	31573
碳化硅	Silicon Carbide	吨	ton	24239
红霉素	Erythromycin	吨	ton	934
羊绒衫	Cashmere Sweater	件	Pieces	1767944
泰乐菌素	Tylosin	吨	ton	1487
无毛绒	No Plush	吨	ton	278
其他活性炭	Other Activated Carbon	吨	ton	21972
金属镁	Magnesium Metal	吨	ton	416
味精	Lysine Ester and Salt	吨	ton	8739
制成的饲料添加剂	Made of Feed Additives	吨	ton	46392

8—18 旅游情况

Basic Statistics of Traveling

指　标	Item	单　位	Unit	2012 年	2011 年
接待国内游客总人数	Total Number of Domestic Visitors	万人次	10 000 person-times	530.75	461.36
接待国内游客总收入	Total Income of Domestic Visitors	亿元	100 million yuan	58.51	46.70
接待国内游客人均花费额	Per Capita Amount of Domestic Visitors	元	yuan	1102.41	1012.15
接待海外旅游者	Number of Overseas Tourists	人次	person-times	13931	14413
旅游外汇收入	Tourism Exchange Income	万美元	USD 100 million	405.16	488.23

8—19 批发零售企业按销售额排序（市区）

The Sort of Wholesale and Retail Enterprises in Terms of Sales Value（City）

（2012）

序号 Number	单位名称 Unit Name
1	中国石油西北销售宁夏分公司
2	中国石油化工股份有限公司宁夏石油分公司
3	中国石油天然气股份有限公司宁夏银川销售公司
4	银川新华百货商店股份有限公司
5	宁夏回族自治区烟草公司银川市公司
6	银川市新华百货连锁超市有限公司
7	宁夏驰创贸易有限责任公司
8	银川嘉利鑫商贸有限公司
9	银川新华百货东桥电器有限公司
10	国药控股宁夏有限公司
11	中国航油集团宁夏石油有限公司
12	宁夏金福源汽车销售服务有限公司
13	宁夏宁北汽车贸易有限公司
14	宁夏中农金合农业生产资料有限责任公司
15	宁夏国芳百货购物广场有限公司
16	宁夏银川上陵丰田汽车销售服务有限公司
17	宁夏华源耀康医药有限公司
18	宁夏上陵迈轮汽车销售服务有限公司
19	银川五宝实业发展有限公司
20	宁夏东钢物资有限责任公司
21	银川汇丰物资贸易有限责任公司
22	宁夏众欣联合中信医药有限公司
23	宁夏和丰汽车贸易有限公司
24	宁夏上陵实业(集团)有限公司
25	宁夏华润万家生活超市有限公司
26	宁夏闽宁医药有限公司
27	银川市嘉银商贸有限责任公司
28	宁夏医药贸易有限责任公司
29	宁夏合顺物资有限公司
30	宁夏建筑物资贸易有限公司

8—20 批发零售企业按零售额排序(市区)

The Sort of Wholesale and Retail Enterprises in Terms of Retail Value(City)

(2012)

序号 Number	单位名称 Unit Name
1	银川新华百货商店股份有限公司
2	银川市新华百货连锁超市有限公司
3	中国石油天然气股份有限公司宁夏银川销售公司
4	银川新华百货东桥电器有限公司
5	中国石油化工股份有限公司宁夏石油分公司
6	宁夏金福源汽车销售服务有限公司
7	国药控股宁夏有限公司
8	宁夏宁北汽车贸易有限公司
9	宁夏国芳百货购物广场有限公司
10	宁夏银川上陵丰田汽车销售服务有限公司
11	宁夏华源耀康医药有限公司
12	宁夏上陵迈轮汽车销售服务有限公司
13	银川五宝实业发展有限公司
14	宁夏众欣联合中信医药有限公司
15	宁夏和丰汽车贸易有限公司
16	宁夏华润万家生活超市有限公司
17	宁夏好世界汽车销售服务有限公司
18	银川万达百货有限公司
19	宁夏国大药房连锁有限公司
20	宁夏众欣联合方泽医药有限公司
21	宁夏物美新华商业有限公司
22	宁夏华联商厦有限责任公司
23	宁夏夏能加油站(有限公司)
24	宁夏苏宁电器有限公司
25	银川中大城电器有限公司
26	银川市双宝副食品有限公司
27	宁夏启元大药房医药有限公司
28	宁夏同基国际贸易有限公司
29	银川兴俊正源油品有限公司
30	银川市新华书店

8—21 批发零售企业按固定资产原价排序(市区)

The Sort of Wholesale and Retail Enterprises in Terms of Original Value of Fixed Assets(City)

(2012)

序号 Number	单位名称 Unit Name
1	中国石油化工股份有限公司宁夏石油分公司
2	中国石油天然气股份有限公司宁夏银川销售公司
3	宁夏国芳百货购物广场有限公司
4	宁夏恒源万福冷冻食品有限公司
5	银川市新华百货连锁超市有限公司
6	宁夏上陵实业(集团)有限公司
7	宁夏驰创贸易有限责任公司
8	银川新华百货商店股份有限公司
9	宁夏国大药房连锁有限公司
10	宁夏兰星石油销售(集团)公司
11	宁夏金福源汽车销售服务有限公司
12	银川市新华书店
13	宁夏回族自治区烟草公司银川市公司
14	宁夏上陵迈轮汽车销售服务有限公司
15	宁夏中农金合农业生产资料有限责任公司
16	银川五宝实业发展有限公司
17	银川市双宝副食品有限公司
18	宁夏和丰汽车贸易有限公司
19	宁夏银川粮油购销公司
20	银川市煤气供热有限公司
21	宁夏银川上陵丰田汽车销售服务有限公司
22	宁夏回族自治区新华书店
23	银川昌昊汽车工贸有限责任公司
24	宁夏经济技术协作开发公司
25	宁夏交通物流产业股份有限公司
26	银川新田国际贸易有限公司
27	宁夏电通实业发展有责任公司
28	宁夏明迈特科工贸有限公司
29	银川洁能科技有限公司
30	宁夏佳奇石化实业有限公司

8—22 批发零售企业按利润总额排序(市区)

The Sort of Wholesale and Retail Enterprises in Terms of Total Profits(City)

(2012)

序号 Number	单位名称 Unit Name
1	宁夏回族自治区烟草公司银川市公司
2	银川新华百货商店股份有限公司
3	中国石油天然气股份有限公司宁夏银川销售公司
4	银川市新华百货连锁超市有限公司
5	银川新华百货东桥电器有限公司
6	中国石油西北销售宁夏分公司
7	宁夏恒源万福冷冻食品有限公司
8	宁夏银川上陵丰田汽车销售服务有限公司
9	宁夏国芳百货购物广场有限公司
10	宁夏金福源汽车销售服务有限公司
11	宁夏回族自治区盐业公司
12	宁夏上陵迈轮汽车销售服务有限公司
13	国药控股宁夏有限公司
14	宁夏驰创贸易有限责任公司
15	宁夏国大药房连锁有限公司
16	宁夏马斯特(集团)进出口有限公司
17	宁夏宁北汽车贸易有限公司
18	银川市煤气供热有限公司
19	宁夏共享金属回收有限公司
20	宁夏众欣联合方泽医药有限公司
21	银川巍雅斯名表眼镜有限公司
22	银川五宝实业发展有限公司
23	宁夏中农金合农业生产资料有限责任公司
24	宁夏回族自治区新华书店
25	宁夏东辉汽车销售服务有限公司
26	宁夏普济大药房
27	宁夏华源耀康医药有限公司
28	宁夏兰星石油销售(集团)公司
29	银川市双宝副食品有限公司
30	宁夏华联商厦有限责任公司

8—23　住宿餐饮业企业按营业收入排序(市区)

The Sort of Hotels and Catering Servies Enterprises by Business Income(City)

(2012)

序号 Number	单位名称 Unit Name	法人代表 Legal Representative
1	宁夏悦海宾馆	王照龙
2	宁夏东港明珠餐饮有限公司	汪清录
3	宁夏香渔王子饭店有限责任公司	李新华
4	宁夏虹桥大酒店有限责任公司	赵玉玺
5	宁夏宁丰餐饮服务有限公司	李新华
6	宁夏九洲国际有限公司	王　珑
7	宁夏黄河明珠餐饮有限公司黄河明珠大酒店	朱江云
8	宁夏国际饭店有限公司	王　强
9	宁夏百盛王朝饮食文化有限公司	白怀斌
10	宁夏宝塔宾馆有限公司	金丽萍
11	宁夏太阳神大酒店有限公司	高志勤
12	宁夏艾依明珠饭店有限公司	胡建明
13	宁夏柏悦酒店有限公司	林文斌
14	宁夏东港火锅超级广场(有限公司)	汪清录
15	宁夏工会大厦	金　伟
16	宁夏宁东铁路股份有限公司世纪大厦分公司	李双洲
17	宁夏锦湖饭店有限公司	朱咸英
18	宁夏尊园餐饮有限公司	张　鹏
19	宁夏长相忆娱乐有限公司	马胜方
20	宁夏金悦餐饮有限公司	朱红明
21	银川柏悦餐饮娱乐有限公司	林文周
22	宁夏银川仙鹤餐业有限公司	袁　兵
23	宁夏地德人和酒店有限公司	李志海
24	宁夏海悦建国饭店有限公司	张学珍
25	宁夏大食客餐饮有限公司	孟兴峰
26	宁夏泰豪餐饮娱乐有限公司	李明义
27	宁夏民航大厦有限公司	王义德
28	银川同福餐饮服务有限公司	马　越
29	银川大自然旅游宾馆	杨　伟
30	银川雪花餐饮娱乐有限公司开发区分公司	高寿象

8—24 住宿餐饮业企业按客房收入排序(市区)

The Sort of Hotels and Catering Servies Enterprises by Hotel Rooms Income(City)

(2012)

序号 Number	单位名称 Unit Name	法人代表 Legal Representative
1	宁夏悦海宾馆	王照龙
2	宁夏柏悦酒店有限公司	林文斌
3	宁夏虹桥大酒店有限责任公司	赵玉玺
4	宁夏宁丰餐饮服务有限公司	李新华
5	宁夏地德人和酒店有限公司	李志海
6	宁夏太阳神大酒店有限公司	高志勤
7	宁夏九洲国际有限公司	王　珑
8	宁夏黄河明珠餐饮有限公司黄河明珠大酒店	朱江云
9	宁夏民航大厦有限公司	王义德
10	宁夏宁东铁路股份有限公司世纪大厦分公司	李双洲
11	宁夏宝塔宾馆有限公司	金丽萍
12	宁夏海悦建国饭店有限公司	张学珍
13	宁夏工会大厦	金　伟
14	宁夏国际饭店有限公司	王　强
15	宁夏香渔王子饭店有限责任公司	李新华
16	银川同福餐饮服务有限公司	马　越
17	银川大自然旅游宾馆	杨　伟
18	银川绿洲饭店有限责任公司	王秀芳
19	宁夏盛世花园大酒店有限公司	阮世忠
20	宁夏艾依明珠饭店有限公司	胡建明
21	宁夏长相忆娱乐有限公司	马胜方
22	宁夏锦湖饭店有限公司	朱咸英
23	宁夏新凯达酒店管理有限公司	蒋建成
24	银川新华饭店有限公司	翟宁成
25	银川市长城宾馆有限公司	王钦玉
26	宁夏玉皇阁酒店有限公司	朱学智
27	宁夏大学国际交流中心(有限公司)	徐竹山
28	银川宾馆有限公司	贾玉兰
29	银川满春大酒店(有限公司)	姜　文
30	银川昊源商贸有限公司	郭　鹏

8—25 商品交易市场按成交额排序

The Sort of Commodity Trading Market by Turnover Values

（2012）

序号 Number	市场名称 Market Name	单位(管理机构)名称 Unit (Management Agencies) Name	市场负责人 Market Leader
1	望远现代金属物流园	望远现代金属物流园	符美田
2	宁夏燕宝钢材市场(西夏建材城)	宁夏燕宝钢材市场有限公司	张　宁
3	银川昆仑钢材市场	银川昆仑市场发展有限公司	党　兵
4	银川北环蔬菜果品综合批发市场	银川北环蔬菜果品综合批发市场管理有限公司	徐彦文
5	银川市东环综合批发市场	银川市环盛商贸有限公司	唐月英
6	银川商城	银川盛广汇商业经营管理有限公司	蔡昌忠
7	银川博源物业服务有限公司	银川博源物业服务有限公司	宋金生
8	银川建发家世界	银川建发家世界有限责任公司	代军鲜
9	宁夏西部机电设备批发市场	宁夏立达物业服务有限公司	于小艳
10	宁夏温州商城有限公司	宁夏温州商城有限公司	陈文艺

8—26 商品交易市场按营业面积排序

The Sort of Commodity Trading Market by Business Area

（2012）

序号 Number	市场名称 Market Name	单位(管理机构)名称 Unit (Management Agencies) Name	市场负责人 Market Leader
1	宁夏四季鲜果品蔬菜批发市场有限公司	宁夏四季鲜果品蔬菜批发市场有限公司	高文河
2	银川通和汽车有限公司	银川通和汽车有限公司	张宝祥
3	银川昆仑钢材市场	银川昆仑市场发展有限公司	党　兵
4	银川月星市场经营管理有限公司	银川月星市场经营管理有限公司	朱巍晨
5	望远现代金属物流园	望远现代金属物流园	符美田
6	宁夏新世纪市场管理有限公司	宁夏新世纪市场管理有限公司	陈小金
7	宁夏燕宝钢材市场有限公司(西夏建材城)	宁夏燕宝钢材市场有限公司	张　宁
8	美德亨国际家居博览中心	美德亨国际家居博览中心	尤小广
9	银川商城	银川盛广汇商业经营管理有限公司	蔡昌忠
10	银川市龙盘房地产开发有限公司	银川市龙盘房地产开发有限公司	朱福强

8—27 银川市星级宾馆一览表

List of Star Hotels in Yinchuan City

（2012）

宾馆名称 Hotel Name	地址 Address	电话 Telephone	星级 Star
悦海宾馆	银川市金凤区贺兰山路甲 1 号	0951-5696888	★★★★★
虹桥大酒店	兴庆区解放西街 16 号	0951-6918888	★★★★
太阳神大酒店	兴庆区北京东路 123 号	0951-7868888	★★★★
民航大厦	兴庆区胜利南北街 87 号	0951-4090888	★★★★
宁丰宾馆	兴庆区解放东街 6 号	0951-6028898	★★★★
黄河明珠大酒店	兴庆区新华东街 520 号	0951-6036666	★★★★
工会大厦	兴庆区解放东街 1 号	0951-6016898	★★★★
昊王国际饭店	银川得胜工业园新胜西路北 3 号	0951-8079456	★★★★
贺兰国际饭店	银川市贺兰县桃林北街	0951-7826666	★★★★
同福大饭店	新华东街 93 号	0951-6032678	★★★★
海天大酒店	银川市兴庆区解放东街 333 号	0951-7866666	★★★★
海悦建国饭店	银川市南薰东街 3 号	0951-6080777	★★★★
盛世花园大酒店	银川市玉皇阁北街 46 号	0951-6037999	★★★★
锦湖饭店	兴庆区民族北街 369 号	0951-5686666	★★★★
长相忆宾馆	兴庆区玉皇阁北街 120 号	0951-6710668	★★★
沙湖宾馆	兴庆区文化西街 22 号	0951-5012128	★★★
世纪大厦	兴庆区玉皇阁北街 24 号	0951-6080688	★★★
大自然宾馆	兴庆区清和南街 242 号	0951-6016666	★★★
铁道宾馆	银川市怀远东路 550 号	0951-3962118	★★★
祥元宾馆	兴庆区长城东路 280 号	0951-4915888	★★★
绿洲饭店	兴庆区解放西街 33 号	0951-5029777	★★★
满春大酒店	丽景北街 488 号	0951-3990999	★★★
荣源大酒店	清和北街 199 号	0951-6045555	★★★
银泉宾馆	银川市胜利北街 157 号	0951-4081688	★★★
昊源宾馆	银川市中山南街裕民巷 1-11 号	0951-6021286	★★★
隆湖宾馆	银川市民族北街 60 号	0951-6718888	★★★
长丰宾馆	银川兴庆区长庆燕鸽湖石油基地	0951-6935000	★★★
燕莎大酒店	银川石油城	0951-6934586	★★★
天奇宾馆	兴庆区丽景北街满春家园 1# 楼	0951-6158788	★★★
宝塔宾馆	金凤区宁安大街 88 号	0951-5699299	★★★
天豹大酒店	银川市清河南街 1352 号	0951-7899512	★★★
玉皇阁酒店	银川市玉皇阁北街 8 号	0951- 6090666	★★★
格林豪泰银川北京路酒店	银川市兴庆区北京东路 792 号	0951-5173888	★★★
民航蓝天宾馆	银川市民族北街 34 号	0951-6042968	★★★
清源大厦	银川市怀远西路 155 号	0951-3871088	★★★
凯悦年华大酒店	丽景北街在水一方 A 区 151 号	0951-5173555	★★★
金润恒通饭店	上海东路 841 号	0951-6716666	★★★
百吉大酒店	兴庆区新华东街 219 号	0951-6970888	★★
长城宾馆	兴庆区解放西街 388 号	0951-5022808	★★
今世缘宾馆	银川市西夏区星洲北路 35 号	0951-3966666	★★

主要统计指标解释

【社会消费品零售总额】 指国民经济各行业直接售给城乡居民和社会集团的消费品总额，它是反映各行业通过多种商品流通渠道向居民和社会集团供应的生活消费品总量，是研究国内零售市场变动情况、反映经济景气程度的重要指标。

社会消费品零售总额包括：(1) 售给城乡居民作为生活用的商品和修建房屋用的建筑材料；(2)售给社会集团的各种办公用品和公用消费品；(3)售给机关、团体、学校、部队、企业、事业单位的职工食堂和旅店（招待所）附设专门供本店旅客食用，不对外营业的食堂的各种食品、燃料；企业单位和国营农场直接售给本单位职工和职工食堂的自己生产的产品；(4)售给部队干部、战士生活用和粮食、副食品、衣着品、日用品、燃料；(5)售给来华的外国人、华侨、港澳台同胞的消费品；(6)居民自费购买的中、西药品、中药材及医疗用品；(7)报社、出版社直接售给居民和社会集团的报纸、图书、杂志，集邮公司出售的新、旧纪念邮票、特种邮票、首日封、集邮册、集邮工具等；(8)旧货寄售商店自购、自销部分的商品；(9)煤气公司、液化石油气站售给居民和社会集团的煤气灶具和罐装液化气石油气；(10)农民售给非农业居民和社会集团的商品。不包括售给国民经济各部门企业、事业单位（包括国有经济的农场）生产经营用的各种原材料、燃料、设备、工具等和售给批发零售贸易业、餐饮业作为转卖用的商品，旧货寄售商店受托寄售卖出的商品，服务业的营业收入，邮局出售邮票的收入，自来水、电力、煤气生产（供应）单位的产品供应收入，也不包括农民之间的商品销售。

【商品销售总额】 指对本企业（单位）以外的单位和个人出售的商品金额（包括售给本单位消费用的商品，含增值税）。它反映批发零售贸易业在国内市场上销售商品以及出口商品的总量。商品销售总额包括：(1) 售给城乡居民和社会集团消费用的商品；(2)售给工业、农业、建筑业、运输邮电业、批发零售贸易业、餐饮业、服务业等作为生产、经营使用的商品；(3) 售给批发零售贸易业作为转卖或加工后转卖的商品；(4)对国（境）外直接出口的商品。不包括出售本企业（单位）自用的废旧包装用品；未通过买卖行为付出的商品；经本单位介绍，由买卖双方直接结算，本单位只收取手续费的业务；购货退出的商品以及商品损耗和损失等。

【零售额】 指售给城乡居民用于生活消费和社会集团用于公共消费的商品金额。

商品零售包括：(1) 售给城乡居民的各种生活消费品，售给入境旅游的外国人、华侨、港澳台同胞的各类商品；(2)售给行政事业单位、社会团体、军队和武警等机构的商品，以及以零售方式售给各类企业的商品。具体包括：用于非生产和社会交往的办公用品，如通讯设备、计算器具和设备、电讯网络设备、文印设备、音像视听器材和设备、纸张、本册、文具及装订文印材料、家具、日用电器、针纺织品、清洁卫生用品、文体用品、奖品、纪念品、礼品等；供内部人员乘坐的交通工具和燃料；用于办公设施修缮的各类配件、材料、工具等；用于取暖和防暑降温的设备、燃料、材料及食品等；专用于教学的用品和设备；非营利医疗机构的中、西药品、中药材和医疗设备器材；非专用的劳动保护用品；不对外营业的内部食堂用的餐具、炊具、设备、清洁卫生工具和食品、燃料等；军队、武警用于其人员生活的衣着品和个人用品；其他各类非生产性设备和用品。

商品零售不包括：(1) 售给城乡居民已确知是用于生产、经营的商品；(2)售给各类农业生产者的生产资料类商品，如农机、农药化肥、农膜、种子饲料等商品；(3) 售给企业单位生产用具及生产上专用的劳动保护用品。

【营业额】 指住宿和餐饮业单位在经营活动中因提供服务或销售商品等取得的全部收入，包括：客房收入、餐费收入、商品销售额（含增值税）和其他收入。不包括法人单位附营的其他行业产业活动单位的餐费收入、商品销售收入等各项收入。

【客房收入】 指住宿和餐饮业单位在经营活动中因提供住宿服务取得的收入。不包括法人单位附营的其他行业产业活动单位的客房收入。

【餐费收入】 指住宿和餐饮业单位因为顾客提供就餐服务取得的收入。包括：经烹饪、调制加工后出售的各种食品，如主食、炒菜、凉拌菜等的收入。不包括法人单位附营的其他行业产业活动单位的餐费收入。

【商品销售额】 指住宿和餐饮业单位出售商品的销售总额（含增值税）。不包括法人单位附营的其他行业产业活动单位的商品销售额。

【其他收入】 指营业额中除客房收入、餐费收入、商品销售额（含增值税）以外的其他收入。

【进出口总额】 海关进出口总额指实际进出我国国境的货物总金额。包括对外贸易实际进出口货样。来料加工装配进出口货物，国家间、联合国及国际组织无偿援助物资和赠送品，华侨、港澳台同胞和外籍华人捐赠品，租赁期满归承租人所有的租赁货物。进料加工进出口货物。边境地方贸易及边境地区小额贸易进出口货物（边民互市贸易除外），中外合资企业、中外合作经营企业、外商独资经营企业进出口货物和公用物品，到、离岸价格在规定限额以上进出口货物和广告品（无商业价值、无使用价值和免费提供出口的除外），从保税仓库提取在中国境内销售的进口货物，以及其他进出口货物。进出口总额用以观察一个国家在对外贸易方面的总规模，我国规定出口货物按离岸价格统计，进口货物按到岸价格统计。

【利用外资】 指我国各级政府、部门、企业和其他经济组织通过对外借款、吸收外商直接投资以及用其他方式筹措的境外现汇、设备、技术等。

财政金融保险

Government Finance, Financial Intermediation and Insurance

9—1 主要年份地方财政收支情况

Local Financial Revenue and Expenditure in Main Years

单位:万元 (10 000 yuan)

年 份 Year	地方财政收入 Local Financial Revenue	#市 区 City	地方财政支出 Local Financial Expenditure	#市 区 City	#基本建设支出 Capital Construction	#农业支出 Expenditure for Surporting Rural Production	#文教科学卫生 Science, Education, Culture and Health Care
1951	201	79	39	23	4		
1952	307	159	92	67	16		
1953	452	307	243	88	7	1	70
1954	850	604	337	181	91	2	79
1955	607	326	225	83	14	4	66
1956	584	341	409	198	54	5	172
1957	730	422	392	176	33	7	158
1958	773	721	1040	652	694	6	139
1959	1356	1242	1349	929	785	36	234
1960	2100	1576	2571	1761	1618	73	382
1961	1007	903	1631	876	638	113	343
1962	970	843	1194	759	439	26	319
1963	1145	982	1387	858	541	62	288
1964	1457	1108	1904	1244	871	84	499
1965	1580	1175	1641	1027	636	83	557
1966	1935	1501	1930	1207	742	83	578
1967	1434	1101	1520	892	651	42	461
1968	1260	913	1455	941	664	27	435
1969	2198	1782	1932	1298	1043	13	520
1970	2827	2381	2294	1430	1234	34	568
1971	3277	2798	2837	1527	1095	48	625
1972	3886	3265	3069	1873	975	80	709
1973	4449	3657	3451	2163	837	118	756
1974	4574	3655	3885	2507	1211	153	834
1975	5467	4308	4324	2410	1200	191	901
1976	5333	4037	5214	2528	1993	158	993
1977	5522	4057	5257	2776	1682	188	1035
1978	7254	5413	6833	3915	2317	202	
1979	7117	5441	8272	4688	2337	1955	
1980	3881	2396	6669	3411	276	1932	
1981	3160	1671	5153	2416	217	1070	

9-1 续表 continued

单位:万元 (10 000 yuan)

年 份 Year	地方财政收入 Local Financial Revenue	# 市 区 City	地方财政支出 Local Financial Expenditure	# 市 区 City	# 基本建设支出 Capital Construction	# 农业支出 Expenditure for Surporting Rural Production	# 文教科学卫生 Science, Education, Culture and Health Care
1982	3958	2271	7478	4221	501	1052	
1983	4087	2554	9219	5669	723	1335	
1984	5833	4080	12048	7390	809	1199	
1985	13171	10544	12223	6974	744	1472	
1986	14056	11251	17413	10993	1242	1513	
1987	15941	12815	15306	8986	368	1578	
1988	18850	15133	18230	10862	436	2023	
1989	21277	17458	21238	13674	470	2425	
1990	22965	19173	22367	14382	453	2315	
1991	26391	22130	26179	18147	493	1680	
1992	24737	19790	25198	16805	641	2136	
1993	31260	24223	31211	19732	866	2614	
1994	19598	14899	33718	21292	797	1878	
1995	26402	20868	42954	28799	1641	1673	
1996	42468	32474	51499	35104	2487	2279	
1997	54396	41935	66118	45690	2297	3099	
1998	74720	61745	85335	63941	2360	3394	
1999	80515	66323	90549	67040	2694	3369	
2000	94989	79183	123786	91481	16031	3416	
2001	123089	103303	163850	118290	25296	3530	
2002	133234	112189	202666	147863	36049	4689	
2003	160561	137437	234359	177796	29063	9665	
2004	194609	162362	284863	215923	30969	12876	
2005	249307	210424	343573	254325	35907	14021	
2006	299372	244279	431830	306971	47976	16419	
2007	539726	389012	744479	499537			
2008	646674	467143	926417	613012			
2009	925713	655309	1114240	641419			
2010	1379942	932676	1768768	1041810			
2011	1801422	1253585	2377933	1515983			
2012	1873131	1331335	2672293	1693464			

9—2 地方财政收入

Local Financial Revenue

单位:万元　　　　(2012)　　　　(10 000 yuan)

指 标	Item	合 计 Total	市 区 City	永宁县 Yongning	贺兰县 Helan	灵武市 Lingwu
本年收入总计	**Total Government Revenue This Year**	**1873131**	**1331335**	**153156**	**181969**	**206671**
一般预算收入	**General Budget Revenue**	**1131320**	**789786**	**91101**	**112730**	**137703**
税收收入	Total Tax Revenue	901701	619741	75793	91351	114816
增值税	Value-added Tax	62761	46020	7750	5716	3275
营业税	Business Tax	455971	316419	33379	49971	56202
企业所得税	Corporate Income Tax	71623	54511	4490	4116	8506
个人所得税	Individual Income Tax	21020	15916	2373	673	2058
资源税	Resource Tax	8533	693		1	7839
城市维护建设税	City Maintenance and Construction Tax	69524	43213	3236	3821	19254
房产税	House Property Tax	18984	11232	1466	1337	4949
印花税	Stamp Tax	20532	13945	1252	1462	3873
城镇土地使用税	Urban Land Use Tax	26221	15333	2862	5492	2534
土地增值税	Land Appreciation Tax	35311	31775	1482	1639	415
车船税	Tax on Vehicles and Boat Operation	11833	9002	295	1972	564
耕地占用税	Farm Land Occupation Tax	18030		10190	6440	1400
契税	Deed Tax	81358	61682	7018	8711	3947
非税收入	Total Non-tax Revenue	229619	170045	15308	21379	22887
专项收入	Special Program Recipts	37957	19993	2747	2340	12877
行政事业性收费收入	Charge of Administrative and Institutional Units	72616	49137	4701	15032	3746
罚没收入	Penalty Receipts	15547	7732	1425	2103	4287
国有资本经营收入	Operating Income of State-owned Capital	60558	53424	6018	1116	
国有资源(资产)有偿使用收入	Income from National Resources(assets) Paid Using	37879	35326	417	162	1974
其他收入	Other Income	5062	4433		626	3
基金预算收入	**Fund Budget Revenue**	**741811**	**541549**	**62055**	**69239**	**68968**
政府性基金收入	Governmental Funds Revenue	741811	541549	62055	69239	68968

9—3 地方财政支出

Local Financial Expenditure

单位:万元　　　　（2012）　　　　（10 000 yuan）

指　标	Item	合　计 Total	市　区 City	永宁县 Yongning	贺兰县 Helan	灵武市 Lingwu
本年支出总计	**Total Government Expenditure This Year**	**2672293**	**1693464**	**268686**	**301619**	**408524**
一般预算支出	**General Budget Revenue**	**1867446**	**1092984**	**206078**	**225419**	**342965**
一般公共服务	Expenditure for General Public Services	130893	70148	13225	30162	17358
国防	Expenditure for National Defense	5290	4641	171		478
公共安全	Expenditure for Public Security	99911	75416	7667	7591	9237
教育	Expenditure for Education	187039	101407	25136	24206	36290
科学技术	Expenditure for Science and Technology	32391	21811	2360	3676	4544
文化体育与传媒	Expenditure for Culture,Sports and Media	25433	18750	1867	2361	2455
社会保障和就业	Expenditure for Social Safety Net and Employment Effort	162473	100322	19574	21252	21325
医疗卫生	Expenditure for Medical and Health Care	84174	47163	14109	8870	14032
节能环保	Expenditure for Environment Protection	56532	25927	7815	4730	18060
城乡社区事务	Expenditure for Urban and Rural Community Affairs	386370	262225	19165	22058	82922
农林水事务	Expenditure for Agriculture,Forestry and Water Conservancy	222631	80582	38927	52113	51009
交通运输	Expenditure for Transportation	73801	47385	8964	5168	12284
资源勘探电力信息等事务	Expenditure for Resource Exploration,Electricity and Information Technology	67363	55422	3440	2683	5818
商务服务业等事务	Expenditure for Business Service Industry Affairs	53195	41273	4171	1611	6140
金融监管等事务	Expenditure for Financial Supervision Affairs	1135	64		1071	
国土资源气象等事务	Expenditure for Land Resources And Meteorology Affairs	10862	7130	1355	559	1818
住房保障支出	Expenditure for Affordable Houses	112881	70443	12826	3898	25714
粮油物资储备管理事务	Expenditure for Reserve for Cereals and Oils	790	200	53	121	416
国债还本付息支出	Expenditure for Debt Principal and Interest	67024		4679	31099	31246
其他支出	Other Expenditure	87258	62675	20574	2190	1819
基金预算支出	**Fund Budget Revenue**	**804847**	**600480**	**62608**	**76200**	**65559**
教育	Expenditure for Education	773	203		570	
社会保障和就业	Expenditure for Social Safety Net and Employment Effort	2170	1244	569	353	4
城乡社区事务	Expenditure for Urban and Rural Community Affairs	770879	572564	61614	74446	62255
农林水事务	Expenditure for Agriculture,Forestry and Water Conservancy	13036	9481	236	657	2662
资源勘探电力信息等事务	Expenditure for Resource Exploration,Electricity and Information Technology	13315	13082			233
商业服务业等事务	Expenditure for Business Service Industry Affairs	100	100			
其他支出	Other Expenditure	4574	3806	189	174	405

9—4 主要年份金融机构存、贷款余额

Total Deposits and Loans of Financial Institutions in Main Years

单位:万元 (10 000 yuan)

年 份 Year	各项存款余额 Total Deposits	# 国家银行 State Bank	# 居民储蓄 Saving Deposits	各项贷款余额 Total Loans	# 国家银行 State Bank	# 工业贷款 Loans to Industrial Sector	# 商业贷款 Loans to Commercial Sector	# 农业贷款 Loans to Agricultural Sector
1951	27	27	8	13	13		2	7
1952	51	51	12	25	25		2	10
1953	92	92	19	39	39	2	5	21
1954	1137	1137	135	1092	1092	28	43	19
1955	2256	2256	155	2605	2605	80	1213	29
1956	2525	2525	248	2966	2966	50	569	178
1957	3282	3282	355	3523	3523	10	426	118
1958	5898	5898	413	6088	6088	225	1700	49
1959	19157	19157	625	19480	19480	1548	4528	89
1960	31169	31169	757	31608	31608	3248	2093	167
1961	18809	18809	752	19481	19481	2002	8101	178
1962	12994	12994	936	13213	13213	883	633	536
1963	9310	9310	670	10824	10824	538	1767	520
1964	8908	8908	892	9326	9326	456	2294	404
1965	13077	13077	1009	13907	13907	256	3375	438
1966	21340	21340	1195	20958	20958	415	6076	966
1967	23802	23802	1291	24300	24300	489	6405	804
1968	21700	21700	1361	22263	22263	679	6991	633
1969	26827	26827	1333	27592	27592	848	7299	577
1970	26021	26021	1455	27210	27210	2461	10592	563
1971	29952	29952	1723	30038	30038	5528	13362	751
1972	26818	26818	2025	27003	27003	4970	12852	379
1973	29112	29112	2303	28643	28643	2019	13350	354
1974	28487	28487	2575	28972	28972	4309	12420	337
1975	36203	36203	2774	36696	36696	3864	14235	445
1976	37683	37683	2957	38506	38506	4596	12950	642
1977	41410	41410	3383	42337	42337	4041	14454	759
1978	49659	49659	3903	50310	50310	3802	17152	934
1979	50928	50928	5135	50453	50453	4044	17681	1131
1980	83659	83659	6734	83659	83659	6700	16611	908
1981	98680	98680	8862	99103	99103	7519	20505	758

9-4 续表 continued

单位:万元 (10 000 yuan)

年 份 Year	各项存款余额 Total Deposits	# 国家银行 State Bank	# 居民储蓄 Saving Deposits	各项贷款余额 Total Loans	# 国家银行 State Bank	# 工业贷款 Loans to Industrial Sector	# 商业贷款 Loans to Commercial Sector	# 农业贷款 Loans to Agricultural Sector
1982	71523	71523	11802	72742	72742	6803	22173	676
1983	107439	107439	15814	106354	106354	8699	20620	464
1984	148583	148583	23568	149627	149627	12361	24332	4228
1985	95110	95110	30382	98640	98640	26876	40067	4992
1986	115343	115343	42416	126374	126374	36572	46583	6282
1987	128112	128112	57368	170829	170829	47666	55486	8961
1988	149310	149310	71642	224608	224608	62190	79357	8570
1989	180472	180472	93624	257532	257532	78071	89926	11639
1990	225386	225386	122634	311791	311791	108775	100529	12956
1991	281564	281564	154230	399997	399997	131676	107238	13563
1992	345822	345822	186737	468094	468094	156467	128217	13913
1993	416441	416441	236156	570809	570809	184433	151318	15877
1994	674904	549733	362184	796435	690839	205252	168235	26422
1995	863818	708656	493414	900108	782052	233542	175200	23903
1996	1097742	933259	628206	1051645	931411	294426	239680	27268
1997	1242053	1091149	714143	1201302	1032897	328032	275001	33885
1998	1389316	1215715	813962	1310574	1164919	335518	290594	42587
1999	1903393	1642217	913344	1848119	1655668	377651	433091	46311
2000	2232318	1885173	998236	2053071	1774688	362999	373399	49141
2001	2813614	2319854	1239655	2353019	1970644	405628	315090	75352
2002	3583910	2666719	1548067	2854180	2177933	407808	283762	136569
2003	4641305	3069964	1930771	3724738	2543640	458811	262614	218000
2004	5139463	3455615	2188016	4013796	2840865	496620	267837	261023
2005	6126851	4200698	2649514	5517095	4152282	456304	308036	331312
2006	7182299		3063847	6612150		450296	336665	356859
2007	8096592		3264143	7960248		669992	371927	390264
2008	9939064		4231523	9650819		1172224	292573	330976
2009	12789671		5194029	12891250		1142625	325506	410443
2010	15979613		6344542	16410628				
2011	18101999		7252604	19454215				
2012	21082811		9014685	22829704				

9—5 金融机构年末存、贷款余额

Total Deposits and Loans of Financial Institutions at Year-end

单位：万元　　(2012)　　(10 000 yuan)

指　标	Item	合　计 Total	市　区 City	永宁县 Yongning	贺兰县 Helan	灵武市 Lingwu
年末各项存款余额	**Total Deposits at Year-end**	**21082811**	**18122302**	**877009**	**736268**	**1347232**
#单位存款	Deposits by Unit	11177935	10217942	254734	180674	524584
个人存款	Deposits by Personal	9095462	7175595	616003	547770	756094
#储蓄存款	Savings Deposit	9014685	7096917	615993	547719	754056
财政性存款	Fiscal Deposits	737276	659473	4678	6931	66195
临时性存款	Temporary Deposits	60720	58373	1383	615	349
委托存款	Trusted Deposits	2039	379	1383	277	
其他存款	Other Deposits	9378	9364	5		10
年末各项贷款余额	**Total Loans at Year-end**	**22829704**	**19772863**	**775919**	**620840**	**1660082**
#短期贷款	Short-term Loans	6850105	4989936	487882	317038	1055249
个人贷款及透支	Personal Loans and Overdrafts	1429973	668421	245425	169609	346518
单位普通贷款及透支	Unit Ordinary Loans and Overdrafts	5034661	4084779	239923	147428	562531
普通并购贷款	Ordinary Mergers and Acquisitions Loans					
银团贷款	Syndicated Loans	1500	1500			
贸易融资	Trade Finance	383971	235236	2535		146200
中长期贷款	Medium & Long-term Loans	15279914	14128507	273906	281268	596233
个人贷款	Personal Loans	2802347	2376753	92626	134739	198229
单位普通贷款	Unit Ordinary Loans	11269979	10572486	181280	146529	369684
普通并购贷款	Ordinary Mergers and Acquisitions Loans	31000	31000			
银团贷款	Syndicated Loans	1176588	1148268			28320
贸易融资	Trade Finance					
境外筹资转贷款	Overseas Financing Transferred Loans					
融资租赁	Finance Leases					
票据融资	Bill Financing	690559	646923	12941	22144	8550
各项垫款	Every Advance Money	8960	7331	1189	390	50

9—6 政策性银行年末存、贷款余额

Total Deposits and Loans of Policy Banks at Year-end

单位:万元 （2012） （10 000 yuan）

指 标	Item	合 计 Total	市 区 City	永宁县 Yongning	贺兰县 Helan	灵武市 Lingwu
年末各项存款余额	**Total Deposits at Year-end**	**93038**	**34245**	**26273**	**11071**	**21449**
#单位存款	Deposits by Unit	93038	34245	26273	11071	21449
个人存款	Deposits by Personal					
临时性存款	Temporary Deposits					
其他存款	Other Deposits					
年末各项贷款余额	**Total Loans at Year-end**	**739326**	**320663**	**200628**	**68248**	**149787**
#短期贷款	Short-term Loans	417126	221513	96678	1798	97137
个人贷款及透支	Personal Loans and Overdrafts					
单位普通贷款及透支	Unit Ordinary Loans and Overdrafts	417126	221513	96678	1798	97137
普通并购贷款	Ordinary Mergers and Acquisitions Loans					
银团贷款	Syndicated Loans					
贸易融资	Trade Finance					
境外筹资转贷款	Overseas Financing Transferred Loans					
中长期贷款	Medium & Long-term Loans	322200	99150	103950	66450	52650
个人贷款	Personal Loans					
单位普通贷款	Unit Ordinary Loans	322200	99150	103950	66450	52650
普通并购贷款	Ordinary Mergers and Acquisitions Loans					
银团贷款	Syndicated Loans					
贸易融资	Trade Finance					
境外筹资转贷款	Overseas Financing Transferred Loans					
融资租赁	Finance Leases					
票据融资	Bill Financing					
各项垫款	Every Advance Money					

注:2010年国家开发银行进行了股改,表中政策性银行仅包括农业发展银行。

a)The National Development Bank shares changed in 2010, Policy banks in the table only includes the Agricultural Develpoment Bank.

9—7 中资全国性四家大型银行年末存、贷款余额

Total Deposits and Loans of State-owned Commercial Banks at Year-end

单位:万元 （2012） （10 000 yuan）

指 标	Item	合 计 Total	市 区 City	永宁县 Yongning	贺兰县 Helan	灵武市 Lingwu
年末各项存款余额	**Total Deposits at Year-end**	**10541354**	**9291064**	**312474**	**233090**	**704726**
#单位存款	Deposits by Unit	5274919	4731031	118843	66901	358144
个人存款	Deposits by Personal	4905669	4199587	193625	166188	346268
临时性存款	Temporary Deposits	43057	42752	1		304
其他存款	Other Deposits	317710	317696	5		10
年末各项贷款余额	**Total Loans at Year-end**	**9715206**	**8118332**	**254712**	**216423**	**1125739**
#短期贷款	Short-term Loans	2474557	1641635	106092	51382	675448
个人贷款及透支	Personal Loans and Overdrafts	280803	130657	17377	6947	125822
单位普通贷款及透支	Unit Ordinary Loans and Overdrafts	1828189	1294148	86180	44435	403426
普通并购贷款	Ordinary Mergers and Acquisitions Loans					
银团贷款	Syndicated Loans					
贸易融资	Trade Finance	365565	216830	2535		146200
境外筹资转贷款	Overseas Financing Transferred Loans					
中长期贷款	Medium & Long-term Loans	7005290	6244806	148391	165041	447051
个人贷款	Personal Loans	1719091	1439938	73891	90341	114920
单位普通贷款	Unit Ordinary Loans	4921823	4463912	74500	74700	308711
普通并购贷款	Ordinary Mergers and Acquisitions Loans	17000	17000			
银团贷款	Syndicated Loans	347376	323956			23420
贸易融资	Trade Finance					
境外筹资转贷款	Overseas Financing Transferred Loans					
融资租赁	Finance Leases					
票据融资	Bill Financing	235000	231531	228		3240
各项垫款	Every Advance Money	246	246			

注:中资全国性四家大型银行包括工商银行、农业银行、中国银行、建设银行。
a)Chinese-funded national four large banks included ICBC, ABC, CCB and BC.

9—8 地方性金融机构年末存、贷款余额

Total Deposits and Loans of Local Financial Institutions at Year-end

单位：万元　　　　　　　　　　　　(2012)　　　　　　　　　　　　(10 000 yuan)

指　标	Item	合　计 Total	市　区 City	永宁县 Yongning	贺兰县 Helan	灵武市 Lingwu
年末各项存款余额	**Total Deposits at Year-end**	**7222363**	**5784191**	**486826**	**444864**	**506482**
# 单位存款	Deposits by Unit	3878269	3532943	108567	99695	137064
个人存款	Deposits by Personal	3329089	2238253	376877	344554	369405
临时性存款	Temporary Deposits	15005	12995	1382	615	13
其他存款	Other Deposits					
年末各项贷款余额	**Total Loans at Year-end**	**4804186**	**3787264**	**314573**	**328840**	**373509**
# 短期贷款	Short-term Loans	2904599	2088779	281832	260772	273216
个人贷款及透支	Personal Loans and Overdrafts	1099469	499738	224767	159576	215388
单位普通贷款及透支	Unit Ordinary Loans and Overdrafts	1805130	1589042	57065	101195	57828
普通并购贷款	Ordinary Mergers and Acquisitions Loans					
银团贷款	Syndicated Loans					
贸易融资	Trade Finance					
境外筹资转贷款	Overseas Financing Transferred Loans					
中长期贷款	Medium & Long-term Loans	1549723	1390417	18839	45534	94933
个人贷款	Personal Loans	775471	637597	16009	40155	81710
单位普通贷款	Unit Ordinary Loans	769352	752820	2830	5379	8323
普通并购贷款	Ordinary Mergers and Acquisitions Loans					
银团贷款	Syndicated Loans	4900				4900
贸易融资	Trade Finance					
境外筹资转贷款	Overseas Financing Transferred Loans					
融资租赁	Finance Leases					
票据融资	Bill Financing	341149	300981	12713	22144	5310
各项垫款	Every Advance Money	8715	7086	1189	390	50

注：地方性金融机构包括宁夏银行、石嘴山银行、黄河农村商业银行、农村信用社、村镇银行。

a)Local financial institutions included Bank of Ningxia, Yellow River Rural Commercial Bank, Rural Credit Cooperatives and Village Bank.

9—9 保险业务情况

Basic Statistics for Insurance Companies

单位:万元　　　　(2012)　　　　(10 000 yuan)

指　标	Item	保费收入 Premium	赔款支出 Reparation
总　计	**Total**	**384269.65**	**107125.18**
财产险	**Property Insurance**	**152432.84**	**70429.62**
企业财产险	Enterprise Property Insurance	10039.94	6282.24
家庭财产险	Family Property Insurance	144.07	30.56
责任险	Liability Insurance	3598.11	1564.96
机动车辆险	Motor Vehicle Insurance	129414.5	59064.06
货物运输险	Freight Transport Insurance	1814.6	280.98
工程险	Engineering Insurance	1750.52	443.45
农业险	Agriculture Insurance	5607.51	2751.88
其他险	Other Insurance		
人身险	**Personal Accident Insurance**	**231836.81**	**36695.56**
人寿险	Life Insurance	188816.18	24443.6
意外伤害险	Accident Injury Insurance	9990.47	2731.98
健康险	Health Insurance	33030.15	9519.98

主要统计指标解释

【地方财政收入】 是地方通过财政各个环节筹集的财政资金的总称，它是保证地方行使其职能不可缺少的部分。包括地方一般预算收入和基金预算收入。

地方一般预算收入主要包括各项税收（主要有增值税、营业税、企业所得税、个人所得税、城市维护建设税、房产税、印花税、城镇土地使用税、土地增值税、资源税等）、专项收入（包括排污费、城市水资源费、教育费附加收入等）、国有资产收益、罚没收入和纳入预算管理的行政性收费以及其他预算内收入。

基金预算收入是国家为满足某一时期特定需要的收入形式，主要包括：工业交通部门基金收入、地方财政税费附加收入等。

【地方财政支出】 是地方政府为行使其职能，对筹集的财政资金进行有计划的分配使用的总称。地方财政支出体现政府的活动范围和方向，反映财政资金的分配关系。地方财政支出主要包括基本建设支出、企业挖潜改造资金、科技三项费、农业支出、林业支出、水利和气象支出、工交文体事业费、教育支出、科学支出、卫生经费、社会保障支出、行政管理费、公检法司支出、专项支出、政策性补贴支出等。

【存款】 企业、机关、团体或居民根据可以收回的原则，把货币资金存入银行或其他信用机构保管并取得一定利息的一种信用活动形式。根据存款对象的不同可划分为企业存款、财政存款、机关团体存款、城乡居民储蓄存款等科目。它是银行信贷资金的主要来源。

【贷款】 银行或其他信用机构根据必须归还的原则，按一定利率，为企业、个人等提供资金的一种信用活动形式。我国银行贷款分流动资金贷款、中短期设备贷款以及农户贷款等科目。

【保费收入】 保险费收入指投保人或被保险人为获得保险保障而付给保险人的代价。储金收入指投保人为取得经济保障而存入保险公司的存款，保险期满，保险公司连同部分利息退还投保人。

【赔款支出】 赔款指财产保险在被保险财产发生保险合同规定的损失后，保险公司按实际损失给予的经济补偿金额。给付指人身保险在保险责任发生的意外伤害或事故及返还性保险期满，保险公司给保险人支付的款项。

【保险金额】 指保险对象的投保价值，也是保险承担经济补偿或给付的最高金额。

人民生活和物价

People´s Living Conditions and Price Indices

10—1 主要年份城市居民收支及价格指数情况

Income and Expenditure of Uran Households and Price Indices in Main Years

（2012）

年 份 Year	城市居民人均可支配收入(元) Per Capita Disposable Income of Uran Households(yuan)	城市居民人均消费性支出(元) Per Capita Consumption Expenditure of Uran Households(yuan)	恩格尔系数 Engel's Coefficient	居民消费价格总指数(%) Consumer Price Index(%)	#服务项目价格指数 Service Items Price Index	商品零售价格指数(%) Retail Price Index (%)
1949	118.64	110.96	60.10			
1950	136.13	135.94	60.10			
1951	156.15	166.52	60.11	123.7		113.3
1952	179.24	204.02	60.11	106.7		102.6
1953	187.00	205.38	60.03	104.7		102.8
1954	195.04	206.70	59.94	101.4		102.1
1955	203.43	208.05	59.85	100.7		101.2
1956	212.18	209.44	59.75	100.1		100.2
1957	221.56	211.09	59.65	102.5		101.5
1958	222.31	210.03	60.04	102.4		101.7
1959	222.97	209.52	60.24	102.9		102.0
1960	223.64	209.74	60.24	104.3		104.4
1961	224.31	210.79	60.00	120.2		120.6
1962	224.99	212.85	59.48	95.1		95.3
1963	226.08	216.48	58.66	88.9		89.1
1964	233.73	218.25	58.66	94.9		95.7
1965	263.90	235.81	57.02	97.7		97.5
1966	268.74	238.59	57.49	98.2		98.1
1967	273.58	241.75	57.87	102.5		102.5
1968	278.50	245.26	58.18	101.3		101.3
1969	283.51	249.08	58.44	102.5		102.5
1970	288.62	253.26	58.62	100.8		100.8
1971	293.81	257.74	58.76	99.8		99.7
1972	299.10	262.50	58.84	100.4		100.4
1973	304.49	267.59	58.88	100.3		100.3
1974	309.97	272.97	58.87	100.4		100.4
1975	315.55	278.65	58.83	100.6		100.7
1976	321.23	284.62	58.74	100.9		101.1
1977	327.01	291.24	58.75	108.2		108.4
1978	346.08	306.12	58.75	100.6	100.0	100.7
1979	369.49	314.13	60.04	101.2	100.1	101.3
1980	488.18	403.32	54.75	106.5	105.0	106.5

10—1 续表 continued

（2012）

年 份 Year	城市居民人均可支配收入(元) Per Capita Disposable Income of Uran Households(yuan)	城市居民人均消费性支出(元) Per Capita Consumption Expenditure of Uran Households(yuan)	恩格尔系数 Engel's Coefficient	居民消费价格总指数(%) Consumer Price Index(%)	#服务项目价格指数 Service Items Price Index	商品零售价格指数(%) Retail Price Index (%)
1981	485.01	422.90	52.50	101.7	103.2	101.6
1982	501.36	448.07	52.92	101.2	102.6	101.1
1983	550.00	477.46	55.05	101.8	98.5	101.7
1984	672.43	583.30	54.69	103.8	101.9	103.8
1985	815.45	703.41	47.92	108.9	112.3	108.6
1986	972.44	830.82	46.35	107.3	109.8	107.1
1987	1050.51	916.73	49.26	110.1	100.7	111.0
1988	1170.23	1177.16	46.90	117.2	107.6	118.1
1989	1298.92	1241.06	53.10	115.8	105.6	116.7
1990	1580.72	1432.67	52.92	106.3	145.3	102.9
1991	1708.50	1490.00	49.42	106.0	113.3	105.3
1992	1961.60	1683.80	46.11	109.7	117.1	108.9
1993	2326.00	2159.50	42.09	116.7	140.3	113.9
1994	3410.40	3036.10	43.89	124.3	115.9	119.1
1995	3931.70	3540.50	44.15	117.3	120.3	114.7
1996	4252.07	3684.99	44.50	107.0	107.7	106.2
1997	4471.08	4016.61	42.67	104.1	114.1	102.2
1998	4821.05	4398.48	39.00	100.2	117.7	97.1
1999	5167.67	4484.40	36.25	100.1	105.5	98.7
2000	5621.51	5369.05	34.15	99.2	107.6	97.7
2001	6256.61	5507.79	33.73	101.4	109.6	100.6
2002	6845.28	5979.36	35.68	99.5	103.9	98.7
2003	7245.32	6093.01	36.37	101.7	104.5	99.8
2004	7984.33	6728.85	37.37	103.2	102.9	102.0
2005	8852.42	7311.38	35.76	101.7	102.9	100.6
2006	10067.76	8288.47	34.62	101.6	101.9	101.2
2007	12185.47	9176.42	36.28	105.3	102.1	103.6
2008	14458.00	11455.00	35.38	107.6	101.5	105.9
2009	15715.44	12271.76	32.81	99.7	100.4	98.5
2010	17073.12	13589.00	32.07	103.8	104.8	102.5
2011	19480.85	14931.24	35.28	105.5	104.1	104.2
2012	21900.50	16389.53	33.38	102.6	102.6	100.6

10—2 城市居民家庭就业情况

(2012)

指 标	Item	单 位	Unit	总平均 Total Average	最低收入组 Lowest Income Households
调查户数	Number of Households Surveyed	户	household	300.00	30.42
家庭人口	Household Size	人/户	person/household	2.69	2.71
有收入者人数	Number of Income Earners	人/户	person/household	1.80	0.98
就业人口数	Number of Employed Persons	人/户	person/household	1.28	0.83
国有经济单位职工人数	State-owned Unit	人/户	person/household	0.48	0.03
其他各种经济类型单位职工人数	Units of Other Types of Ownership	人/户	person/household	0.20	0.20
城镇个体经营者人员数	Number of Urban Self-operated Personnel	人/户	person/household	0.24	0.24
城镇个体被雇者人员数	Number of Urban Self-employed Personnel	人/户	person/household	0.32	0.32
离退休再就业者人员数	Number of Retired Employed Again	人/户	person/household	0.03	
其他就业人员数	Other Employed Persons	人/户	person/household	0.01	0.04
离退休人数	Number of Retired Persons	人/户	person/household	0.47	
其他有收入者人数	Number of Other Income Earners	人/户	person/household	0.05	0.15
无收入者人数	Number of Non-income Earners	人/户	person/household	0.89	1.73
在外就学人数	Number of Study Outside	人/户	person/household	0.07	0.10
非家庭人口在家用餐人次数	Person Times of Non-household Population Eating in Home	人次/户	person times/household	6.41	3.63
家庭人口在外用餐	Times of Family Population Eating Out	人次/户	person times/household	26.95	21.97

Employed Conditions of Urban Households

# 更低收入组 Lower Income Households	低收入组 Low Income Households	中等偏下收入组 Lower Middle Income Households	中间收入组 Middle Income Households	较高收入组 Upper Middle Income Households	高收入组 High Income Households	最高收入组 Highest Income Households	# 更高收入组 Higher Income Households
15.42	30.58	61.17	58.67	61.83	29.83	27.50	14.17
2.36	2.86	3.17	2.85	2.41	2.30	2.14	1.99
0.88	1.42	1.78	2.09	1.98	2.00	1.91	1.83
0.71	1.24	1.52	1.47	1.17	1.22	1.21	1.19
0.06	0.46	0.30	0.58	0.48	0.79	0.86	0.98
0.26	0.24	0.33	0.24	0.11	0.13	0.04	0.07
0.16	0.15	0.43	0.25	0.24	0.07	0.08	
0.16	0.36	0.43	0.36	0.32	0.10	0.16	0.14
		0.03	0.02	0.01	0.13	0.07	
0.06	0.03		0.02				
	0.10	0.20	0.59	0.79	0.78	0.69	0.64
0.17	0.08	0.06	0.03	0.02			0.01
1.48	1.43	1.38	0.75	0.43	0.30	0.23	0.16
0.13	0.07	0.04	0.01	0.07	0.03	0.22	0.07
1.82	6.06	5.04	4.44	9.64	9.52	6.51	7.95
22.48	22.44	28.78	27.61	26.74	31.52	27.45	25.90

10—3 城市居民家庭年末主要消费品拥有情况

(2012)

指　标	Item	单　位	Unit	总平均 Total Average	最低收入组 Lowest Income Households	# 更低收入组 Lower Income Households
摩托车	Motorcycle	辆	unit	15.26	3.23	
助力车	Powered Bicycle	辆	unit	19.48	3.23	
家用汽车	Automobile	辆	unit	18.51	9.68	12.50
洗衣机	Washing Machine	台	set	93.51	83.87	87.50
电冰箱	Refrigerator	台	set	93.83	87.10	81.25
彩色电视机	Color Television Set	台	set	101.62	100.00	100.00
家用电脑	Computer	台	set	70.45	45.16	43.75
组合音响	Hi-Fi Stereo Component	套	set	9.74	6.45	6.25
摄像机	Video Camera	架	set	7.14		
照相机	Camera	架	set	25.32	3.23	6.25
钢琴	Piano	架	set	1.30		
其它中高档乐器	Secondary and Top Grade Musical Instrument	件	set	2.60		
微波炉	Microwave Oven	台	set	55.84	32.26	31.25
空调器	Air Conditioner	台	set	12.66		
淋浴热水器	Water Heater for Shower	台	set	90.58	77.42	75.00
消毒碗柜	Disinfection Cupboard	台	set	1.95		
洗碗机	Dishwasher	台	set			
健身器材	Health Equipment	套	set	1.30		
固定电话	Telephone	部	unit	60.06	41.94	43.75
移动电话	Mobile Telephone	部	unit	206.17	180.65	156.25
接入有线电视机	Television of Lined Network	台	set	96.10	93.55	93.75
接入互联网计算机	Internet Computer	台	set	56.17	32.26	31.25

Ownership Volume of Major Consumer Goods by Urban Households at Year-end

低收入组 Low Income Households	中等偏下收入组 Lower Middle Income Households	中间收入组 Middle Income Households	较高收入组 Upper Middle Income Households	高收入组 High Income Households	最高收入组 Highest Income Households	# 更高收入组 Higher Income Households
19.35	12.90	18.03	20.97	6.45	20.00	20.00
19.35	22.58	26.23	19.35	12.90	23.33	20.00
3.23	14.52	19.67	17.74	32.26	36.67	33.33
80.65	93.55	101.64	93.55	96.77	96.67	93.33
77.42	96.77	101.64	95.16	93.55	93.33	86.67
100.00	96.77	104.92	103.23	100.00	106.67	113.33
41.94	80.65	78.69	70.97	70.97	86.67	80.00
3.23	9.68	11.48	14.52	6.45	10.00	6.67
	4.84	8.20	6.45	19.35	13.33	6.67
3.23	22.58	32.79	33.87	19.35	50.00	53.33
	3.23		3.23			
3.23		1.64	6.45	3.23	3.33	6.67
38.71	50.00	65.57	59.68	67.74	70.00	53.33
	11.29	9.84	16.13	22.58	30.00	33.33
87.10	95.16	91.80	87.10	100.00	93.33	93.33
	1.61	1.64	1.61		10.00	13.33
	1.61		1.61		6.67	13.33
41.94	59.68	65.57	61.29	80.65	63.33	66.67
180.65	222.58	234.43	191.94	193.55	210.00	206.67
90.32	93.55	96.72	98.39	100.00	100.00	100.00
38.71	62.90	65.57	58.06	61.29	56.67	46.67

10—4 城市居民家庭现金收支情况(年人均)

单位:元 (2012)

指 标	Item	总平均 Total Average	最低收入组 Lowest Income Households	# 更低收入组 Lower Income Households
期初手存现金	**Initial Hand Deposit in Cash**	**217.56**	**194.15**	**174.98**
家庭总收入	**Total Income**	**24151.96**	**7459.02**	**6185.06**
# 可支配收入	Disposable Income	21900.50	5903.58	4313.27
工资性收入	Income from Wages and Salaries	14510.67	4249.29	4810.66
工资及补贴收入	Laborage and Allowance Income	14282.26	3703.30	4019.87
其他劳动收入	Other Income from Work	228.42	545.98	790.79
经营净收入	Business Income	2765.40	1906.17	321.28
财产性收入	Income from Properties	199.25	0.59	
利息收入	Interest	9.82	0.59	
股息与红利收入	Dividend and Bonus	44.65		
保险收益	Insurance Profit			
转移性收入	Income from Transfer	6676.64	1302.98	1053.12
离退休金	Pension	6052.63	202.17	
社会救济收入	Social Relief	107.81	647.14	660.03
保险收入	Insurances	22.93	94.64	
# 失业保险金	Insurance of Unemployment	22.93	94.64	
赡养收入	Maintenance Income	91.92	72.80	
捐赠收入	Gift Income	146.65	82.51	153.78
提取住房公积金	Draw Money of Housing Accumulation Fund	41.99		
记账补贴	Allowance of Charge Account	206.71	194.01	222.84
其他转移性收入	Other Transfer	6.01	9.71	16.48
出售财物收入	**Proceeds from Sales of Belongings**	**0.49**	**3.51**	**7.94**
出售住房收入	Sale of Housing			
出售其他物品收入	Sale of Other	0.49	3.51	7.94
借贷收入	**Credit Income**	**15588.24**	**9177.14**	**8840.46**
提取储蓄存款	Draw Saving Deposits	15416.82	8643.26	8730.62
借入款	Borrowed	166.45	533.87	109.84
收回借出款	Recover Loans			
收回储蓄性保险本金	Recover of Principal Insurance Savings	4.96		
收回投资本金	Recouping Investment Principal			
住房贷款	Repayment of House Loan			

(yuan)

低收入组 Low Income Households	中等偏下收入组 Lower Middle Income Households	中间收入组 Middle Income Households	较高收入组 Upper Middle Income Households	高收入组 High Income Households	最高收入组 Highest Income Households	#更高收入组 Higher Income Households
187.00	**190.09**	**173.97**	**222.99**	**384.58**	**294.54**	**360.61**
11420.61	**16601.10**	**23893.36**	**30638.63**	**41261.85**	**55822.37**	**65118.65**
9705.13	14958.17	21368.03	28314.88	37617.53	52375.72	60617.13
8727.44	9800.40	14569.53	16484.58	24725.57	36002.08	44994.61
8418.85	9470.17	14406.85	16352.14	24722.72	35981.60	44952.01
308.59	330.23	162.67	132.44	2.85	20.48	42.60
1097.52	4073.93	3005.86	3088.56	1850.97	1698.19	
0.24	70.61	49.52	296.61	57.45	1546.68	3197.23
0.24	0.96	1.89	7.25	57.45	39.64	62.32
					614.42	1278.11
1595.42	2656.16	6268.45	10768.87	14627.86	16575.42	16926.81
1148.27	2150.93	5631.64	10301.46	14264.73	15299.11	15014.98
127.68	87.94		10.77		64.86	
8.36		59.67				
8.36		59.67				
57.25	52.62	135.40	13.46	32.04	445.80	714.32
63.89	127.17	235.93	211.31	87.38	75.80	
	45.68				426.68	887.57
189.96	186.66	204.62	221.47	237.89	247.82	277.99
	5.16	1.20	10.42	5.83	15.36	31.95
	0.11	**0.04**	**0.12**	**0.87**		
	0.11	0.04	0.12	0.87		
8348.49	**10334.72**	**15700.89**	**18933.55**	**23500.12**	**34699.47**	**46669.35**
8291.24	10195.43	15452.26	18933.55	23500.12	34345.84	46669.35
57.25	139.29	224.66			353.63	
		23.96				

10-4 续表

单位:元 (2012)

指 标	Item	总平均 Total Average	最低收入组 Lowest Income Households	# 更低收入组 Lower Income Households
家庭总支出	**Total Expenditure**	**20896.25**	**13717.23**	**12314.35**
消费性支出	Consumption Expenditure	16389.53	11591.41	10146.39
# 服务性消费支出	Service Expenditure	4499.99	2794.73	3513.42
食品	Food	5470.60	3499.76	3178.01
衣着	Clothing	2065.74	1168.59	1221.50
居住	Residence	1203.69	1039.89	1069.76
家庭设备用品及服务	Household Facilities, Articles and Services	1046.18	1102.17	604.18
医疗保健	Health Care and Medical Services	1348.06	910.10	1123.13
交通和通信	Transport and Communication	2566.73	2327.28	801.16
教育文化娱乐服务	Education, Cultural and Recreation Services	1912.20	1279.16	1858.06
其他商品和服务	Miscellaneous Goods and Services	776.31	264.46	290.59
购房与建房支出	Expenditures of Purchasing and Building Houses	28.19		
购房	Purchasing Houses	28.19		
转移性支出	Transfer Expenditures	2209.21	764.03	518.17
交纳所得税	Individual Income-tax	43.86		
捐赠支出	Gift Expenditures	1449.12	594.60	464.90
购买彩票	Buy Lottery Expenditures	14.65	1.82	2.20
赡养支出	Support Expenditures	608.60	117.69	35.70
# 在外就学子女费用	Costs of Schooling Children Away from Home	301.68		
各种非储蓄性保险支出	Non-saving-deposits Insurance	59.24	45.11	5.49
其他转移性支出	Others	33.73	4.81	9.89
财产性支出	Property Expenditure	259.03		
非生产性贷款利息支出	Interest of Non-productive Loans	234.18		
社会保障支出	Social Security Expenditures	2000.90	1361.42	1648.96
个人交纳的养老基金	Annuities	809.14	1145.16	1412.06
个人交纳的住房公积金	Housing Accumulation Fund	843.42	26.02	50.20
个人交纳的医疗基金	Medical Accumulation Fund	277.21	178.89	173.53
个人交纳的失业基金	Disemployed Accumulation Fund	63.59	11.35	13.17
借贷支出	**Credit Expenditures**	**18837.57**	**2890.60**	**2643.11**
存入储蓄款	Saving Deposits	17630.95	2821.57	2615.65
借出款	Lending	0.62		
归还借款	Repayment of Loans	114.97	12.13	27.46
储蓄性保险支出	Saving-purpose Insurance Costs	332.43	56.89	
购买有价证券	Purchase of Securities			
归还住房贷款	Repayment of House Loan	751.74		
其他借贷支出	Other Credit Expenditures	1.49		
期末手存现金	**Final Hand Deposit in Cash**	**226.64**	**227.70**	**252.42**

continued

(yuan)

低收入组 Low Income Households	中等偏下收入组 Lower Middle Income Households	中间收入组 Middle Income Households	较高收入组 Upper Middle Income Households	高收入组 High Income Households	最高收入组 Highest Income Households	# 更高收入组 Higher Income Households
12312.96	**16844.92**	**20829.78**	**23107.49**	**31981.08**	**38781.20**	**49393.54**
9922.39	13689.59	15880.75	18001.48	24971.35	29013.85	36781.47
2818.87	3767.92	4675.72	4879.40	6002.76	8602.27	12323.03
3790.28	4844.43	5663.68	6521.73	7246.01	7522.33	8120.67
1099.26	1620.61	1997.88	2165.85	3725.90	4234.68	4394.67
877.31	1054.90	1098.69	1367.27	1224.63	2272.60	2727.26
567.12	847.79	943.80	1090.49	1446.60	2047.87	3080.41
623.08	1056.89	1728.14	1477.93	1594.78	2306.68	2846.55
954.10	2291.92	1938.59	2277.57	5785.88	4966.52	6776.04
1302.64	1578.91	1965.55	2174.57	2532.09	3269.96	5161.26
708.62	394.14	544.43	926.06	1415.46	2393.21	3674.62
			152.97			
			152.97			
704.70	1546.06	2500.90	2388.29	3307.25	6106.35	7387.61
1.98	2.15	24.92	104.17	19.26	235.77	447.00
533.24	751.83	1914.10	1624.13	2405.88	3433.29	4918.65
0.11	4.56	20.73	12.11	46.31	39.80	
159.16	776.58	447.10	566.15	610.46	1978.90	1229.08
54.96	193.04	116.82	414.67	375.73	1606.51	674.56
2.98	1.34	38.75	59.86	184.72	264.31	521.77
7.23	9.61	55.30	21.87	40.62	154.28	271.11
150.32	137.33	150.67	550.42	311.68	696.06	1447.92
150.32	137.33	150.67	449.21	311.68	610.72	1270.41
1523.54	1454.13	2295.79	1998.11	3387.17	2963.06	3776.53
832.19	709.56	990.27	562.80	1015.23	498.82	474.00
395.12	480.07	866.93	1079.66	1839.56	2029.89	2710.63
254.42	197.99	345.20	283.93	403.51	352.82	449.06
41.75	58.59	87.24	62.22	115.91	60.92	99.96
7421.84	**10073.25**	**18701.10**	**26458.10**	**32937.06**	**51816.58**	**62526.45**
7064.20	9541.25	17419.89	23760.39	31982.36	49211.40	57849.82
			3.36			
11.68	75.79	299.55	67.30		273.08	568.05
155.46	192.75	593.14	265.36	320.74	887.00	1102.50
190.50	263.47	376.53	2353.62	633.97	1405.24	2923.15
			8.08			
230.04	**209.69**	**234.15**	**229.33**	**234.38**	**237.17**	**224.66**

10—5 城市居民平均每人全年购买商品数量

(2012)

指 标	Item	单 位	Unit	总平均 Total Average	最低收入组 Lowest Income Households	# 更低收入组 Lower Income Households
食用植物油	Edible Vegetable Oil	千克	kg	7.36	5.49	5.25
猪肉	Pork	千克	kg	7.60	6.68	5.02
牛肉	Beef	千克	kg	2.74	1.78	1.71
羊肉	Mutton	千克	kg	4.99	3.52	3.31
禽类	Poultry	千克	kg	7.17	4.83	4.49
鲜蛋	Fresh Eggs	千克	kg	7.72	5.43	5.01
鱼	Fish	千克	kg	3.96	2.71	2.29
鲜菜	Fresh Vegetables	千克	kg	108.26	93.04	88.46
白酒	Liquor	千克	kg	1.03	0.87	0.60
啤酒	Beer	千克	kg	3.02	2.92	1.46
鲜果	Fruits	千克	kg	50.91	37.48	31.41
鲜瓜	Melons	千克	kg	24.20	17.59	16.18
糕点	Cake	千克	kg	6.28	4.16	3.78
鲜乳品	Fresh Dairy Products	千克	kg	26.74	19.77	19.30
酸奶	Yogurt	千克	kg	8.27	4.84	4.25
鞋类	Shoes	双	pair	2.90	2.01	2.16
液化石油气	Liquefied Petroleum Gas	千克	kg	3.20	3.87	3.14
管道天然气	Pipeline Natural Gas	立方米	cu.m	46.83	28.99	36.26

Per Capita Annual Purchases of Major Commodities by Urban Households

低收入组 Low Income Households	中等偏下收入组 Lower Middle Income Households	中间收入组 Middle Income Households	较高收入组 Upper Middle Income Households	高收入组 High Income Households	最高收入组 Highest Income Households	# 更高收入组 Higher Income Households
7.60	7.02	7.14	8.13	8.39	8.24	7.98
6.12	5.76	7.83	10.12	8.63	8.90	7.70
2.72	2.88	2.25	3.33	3.49	2.70	2.72
3.99	4.47	5.11	5.69	7.45	5.28	3.99
5.38	6.82	7.39	8.15	8.94	9.14	6.90
6.35	7.56	6.96	9.72	8.28	9.96	10.00
2.85	3.41	3.77	5.16	5.10	5.39	3.95
98.23	93.54	112.19	129.65	115.97	118.76	106.15
0.56	0.74	0.98	1.59	1.42	1.19	1.28
1.91	2.93	3.30	3.37	3.33	3.02	2.68
37.27	48.01	53.86	56.17	60.21	67.03	66.61
19.83	24.15	22.78	26.04	29.01	33.89	33.64
4.27	6.31	6.78	6.98	7.02	8.13	8.53
21.90	25.27	27.79	31.35	29.47	30.77	28.40
4.36	9.26	9.42	9.29	9.35	8.50	9.13
2.54	2.94	2.83	2.76	3.45	4.54	3.30
4.95	2.67	3.18	2.19	2.66	4.60	3.40
25.37	36.93	45.50	74.74	62.43	51.31	72.90

10—6　城市居民家庭住房基本情况

Housing Statistics of Uran Households

（2012）

指　标	Item	单　位	Unit	合　计 Total
家庭居住人口数	**Number of Family Residence Population**	**人/户**	**person/household**	**2.67**
现住房总建筑面积	**Total Building Space of Current Housing**	**平方米/人**	**sq.m/household**	**30.46**
现住房按市场价估计值	**Current Housing Estimated at Market Price**	**元/户**	**yuan/household**	**339633.12**
租赁房房租	**Rent of Rental Housing**	**元/户**	**yuan/household**	**75.60**
自有房房租	**Rent of Own Housing**	**元/户**	**yuan/household**	**772.66**
购房总金额	**Total Amount of Purchase Houses**	**元/户**	**yuan/household**	**110890.00**
#购房实际支出金额	Actual Expenditures Amount of Purchased Houses	元/户	yuan/household	108545.83
除现住房，还有几处其它住房	**Haved Other Housing Expect Eurrent Housing**	**套/户**	**set/household**	**0.18**
房屋产权	**House Property Right**			
租赁公房	Public House Leasing	%	%	4.22
租赁私房	Private House Leasing	%	%	10.71
原有私房	Inhered Private House	%	%	3.90
房改私房	Reformed Private House	%	%	31.17
商品房	Commercial Residential Building	%	%	49.35
其它	Others	%	%	
用水情况	**Water Using**			
独用自来水	Private Tap Water	%	%	100.00
卫生设备	**Sanitary Equipment**			
有厕所浴室	Having Bathroom	%	%	90.26
有厕所无浴室	Having Toilet But No Shower	%	%	9.74

10—6 续表 continued

(2012)

指 标	Item	单 位	Unit	合 计 Total
取暖设备	**Heating Installation**			
暖气	Heating	%	%	100.00
装修状况	**Decoration Situation**			
有装修	Decorated	%	%	56.17
未装修	No-Decorated	%	%	43.83
如果装修过,最近一次装修花费	If Decorated, the Amount of Speeding Recently	元/户	yuan/household	18448.38
炊用燃料使用情况	**Fuel Using**			
管道天然气	Piped Natural Gas	%	%	62.01
瓶装液化石油气	Liquefied Petroleum Gas	%	%	30.19
其它燃料	Others Fuel	%	%	7.79
住宅建筑式样	**Design of Residential Buildings**			
单栋住宅	Single Homes	%	%	0.32
一居室	One- Bedroom	%	%	6.49
二居室	Two-bedroom	%	%	63.96
三居室	Three - bedroom	%	%	25.00
四居室	Four-bedroom	%	%	4.22

10—7 农村居民家庭基本情况

（2012）

指　标	Item	单　位	Unit	银川市 Yinchuan
调查户数	**Number of Households Surveyed**	**户**	**household**	**473**
常住人口	Number of Usual Residents in the Households Surveyed	人	person	1793
#整半劳动力	Full/Semi Labour Force	人	person	1240
男劳动力人数	Number of Male Labour Force	人	person	650
劳动力文化程度	Labour Force Education			
文盲半文盲	Illiterate or Semi-illiterate	人	person	109
小学程度	Primary School	人	person	272
初中程度	Junior Middle School	人	person	649
高中程度	Senior Middle Mchool	人	person	108
中专程度	Special Secondary School	人	person	31
大专以上程度	College and Higher	人	person	36
劳动力就业情况	Labour Force Employed			
一产业就业劳动力	Primary Industry	人	person	555
二产业就业劳动力	Secondary Industry	人	person	230
三产业就业劳动力	Tertiary Industry	人	person	421
劳动力就业地点	Employed Location of Labour Force			
乡内就业劳动力	Employment of Labor within the Township	人	person	801
县内乡外就业劳动力	Employment Labor Force in the County Outside Township	人	person	218
省内县外就业劳动力	Employment Labor Force in Provice Outside County	人	person	165
国内省外就业劳动力	Employment Labor Force in China Outside Provice	人	person	21
年内新建(购)人均住房面积	Area of Newly-built(purchased) Houses	平方米	sq.m	0.22
#钢筋混凝土结构面积	Reinforced Concrete Structure	平方米	sq.m	0.09
砖木结构面积	Brick and Wood Structure	平方米	sq.m	0.14
年内新建(购)人均住房价值	Value of Newly-built(purchased) Houses	元	yuan	390.07
年末人均住房面积	Per Capita Floor Space of Living Houses at Year-end	平方米	sq.m	44.69
#钢筋混凝土结构面积	Reinforced Concrete Structure	平方米	sq.m	6.06
砖木结构面积	Brick and Wood Structure	平方米	sq.m	37.10

Basic Statistics of Rural Households

兴庆区 Xingqing	金凤区 Jinfeng	西夏区 Xixia	永宁县 Yongning	贺兰县 Helan	灵武市 Lingwu
60	**50**	**60**	**100**	**100**	**100**
224	186	240	388	328	427
152	131	171	267	243	271
80	73	84	141	129	140
2	12	24	28	19	26
39	28	29	54	59	60
85	63	61	144	126	155
13	11	24	20	26	19
2	4	14	12	4	
3	6	8	9	5	7
71	38	63	144	113	111
9	24	30	54	53	54
64	62	67	69	73	102
109	75	101	205	150	152
21	4	17	22	33	115
14	44	38	33	48	
	1	4	7	8	
	0.29		0.23	0.36	0.23
	0.29		0.23		
				0.36	0.23
	198.56		1005.80	334.86	131.07
70.81	40.65	42.78	48.55	41.17	34.20
28.53	2.82	6.90	6.58	1.12	0.86
39.47	35.73	35.88	41.97	40.04	33.34

10—8 农民人均总收入、纯收入

单位:元 （2012）

指　标	Item	银川市 Yinchuan	兴庆区 Xingqing
总收入	**Total Income**	**12658.82**	**12818.71**
工资性收入	Wages Income	2924.52	2250.49
在非企业组织中劳动得到	Tncome Frome Non-business Organizations	77.60	184.38
在本乡地域内劳动得到的	Tncome Frome Location Business	1581.47	1873.79
常住人口外出从业得到的	Tncome Frome Resident Population to Go Out Business	1265.45	192.32
家庭经营收入	Income from Household Operations	9052.18	9530.85
第一产业收入	Primary Industry	6637.77	7074.26
农业收入	Farming	5125.98	6870.93
林业收入	Forestry	40.89	8.37
牧业收入	Animal Husbandry	1318.76	194.79
渔业收入	Fishery	152.14	0.18
第二产业收入	Secondary Industry	96.66	1.70
工业收入	Industry	24.32	1.70
第三产业收入	Tertiary Industry	2317.75	2454.89
交通、运输、邮电业收入	Transport, Postal and Telecommunication Services	1419.39	1733.44
批发、零售贸易、餐饮业收入	Wholesale and Retail Trades and Catering Services	631.01	592.69
社会服务业收入	Social Services	266.77	128.75
财产性收入	Property Income	176.93	556.91
租金收入	Rent	144.65	994.12
转让承包土地经营权收入	Transfer of Contracted Land Management Right	33.14	
转移性收入	Transfer Income	505.19	480.46
家庭非常住人口寄回和带回	Bring and Mail by Unusual Residents	1.81	
城市亲友赠送	Presented by Urban Relatives and Friends	2.93	
农村亲友赠送	Presented by Rural Relatives and Friends	113.56	60.55
可支配收入	Disposable Income	7124.60	7552.98
全年纯收入	Net Income All the Year	8067.95	8834.17

Per Capita Annual Total Income and Net Income of Rural Households

(yuan)

金凤区 Jinfeng	西夏区 Xixia	永宁县 Yongning	贺兰县 Helan	灵武市 Lingwu
12419.25	**9380.85**	**12975.62**	**13902.39**	**12152.63**
3351.47	2668.24	2834.17	2278.76	3794.56
54.99	91.84	101.27		77.22
2934.38	2482.80	1638.20	1152.21	1051.12
362.10	93.60	1094.70	1126.55	2666.21
8522.61	5677.53	9541.64	10857.04	7865.70
5363.97	3907.25	6908.85	8915.53	5373.66
3377.79	2599.20	5958.85	6428.25	3652.57
14.56		77.60		72.03
1971.63	1308.06	872.40	1788.83	1649.06
		0.00	698.45	0.00
83.56		245.16	11.37	86.12
		0.00	11.37	86.12
3075.08	1770.28	2387.63	1930.15	2405.92
2826.03	1174.00	1077.35	832.21	1730.16
205.39	596.28	506.30	1002.87	614.41
43.67		803.97	95.07	59.00
243.50	207.91	100.91	116.81	111.91
99.52	162.51	12.12	28.92	24.95
	34.83	37.77	90.82	3.80
301.67	827.17	498.91	649.77	380.46
		6.83		
		2.58	10.29	
56.52	352.11	199.17	113.66	1.23
6562.12	4260.91	6599.68	7703.98	7244.87
7866.11	5827.79	7764.16	8201.63	8617.75

10—9 农民人均总支出

单位:元 (2012)

指 标	Item	银川市 Yinchuan	兴庆区 Xingqing
总支出	**Total Expenditure**	**12757.45**	**11781.59**
家庭经营费用支出	Expenditure of Household Operations	3826.42	3108.87
农业生产支出	Farming Expenditure for Production	1945.21	2176.65
林业生产支出	Forestry Expenditure for Production	30.03	
牧业生产支出	Animal Husbandry Expenditure for Production	964.91	130.84
渔业生产支出	Fishery Expenditure for Production	92.71	
工业生产支出	Industry Expenditure for Production	2.50	1.37
建筑业支出	Building Industry	22.62	
交通、运输和邮电业支出	Transport, Postal and Telecommunication Services	458.19	473.41
批零贸易餐饮业支出	Wholesale and Retail Trades and Catering Services	209.17	326.42
社会服务业支出	Social Services	100.69	0.18
其他家庭经营支出	Other Household Operations Expenditure	0.33	
购置生产用固定资产支出	Fixed Assets Expenditure of Purchase Productive	790.88	252.17
生活消费支出	Living Expenditure	7089.32	7055.13
财产性支出	Property Expenditure	8.62	21.61
转移性支出	Transfer Expenditure	1036.12	1320.13
# 寄给和带给家庭非常住人口	Bring and Mail to Unusual Residents	150.79	142.37
赠送农村亲友	Presented to Rural Relatives and Friends	402.33	818.13
赠送城市亲友	Presented to Urban Relatives and Friends	48.12	31.70

Total Expenditure of Per Capita Annual by Rural Households

(yuan)

金凤区 Jinfeng	西夏区 Xixia	永宁县 Yongning	贺兰县 Helan	灵武市 Lingwu
13503.87	**11790.41**	**13392.95**	**14404.02**	**11090.70**
3991.16	2667.08	4268.43	4795.41	3092.09
1323.16	1009.17	2434.31	2597.29	1234.11
3.71		61.27		53.48
1587.26	1116.90	504.68	1373.45	1203.06
		0.54	425.00	
				9.36
48.52		69.30		
998.93	386.02	538.84	69.28	258.94
29.11	153.25	296.59	319.43	48.03
	1.75	361.81	10.96	8.63
0.49		1.10		
81.13	55.27	1478.30	734.53	795.93
8073.23	7168.82	6289.64	8146.92	6561.18
	91.35			
1358.35	1807.90	1344.36	727.16	640.49
101.89	457.15		96.61	43.09
661.46	1007.05	544.75	190.22	
24.96	18.77	77.22	95.02	

10—10　农民人均生活消费支出

单位:元　　　　(2012)

指　标	Item	银川市 Yinchuan	兴庆区 Xingqing
生活消费支出	Consumption Expenditure	7089.32	7055.13
#货币性消费	Monetary Consumption	4912.59	5245.68
食品性消费	Consumption of Food	2543.27	2516.58
#货币性消费	Monetary Consumption	2147.30	2178.80
食品消费品支出	Goods Expenditure of Food	2147.30	2178.80
食品消费服务性支出	Services Expenditure of Food	395.96	337.79
衣着消费支出	Consumption of Clothing	681.82	701.43
#货币性消费	Monetary Consumption	680.96	700.99
居住消费支出	Consumption of Residence	1259.28	1148.52
#货币性消费	Monetary Consumption	870.52	793.36
居住消费品支出	Goods Expenditure of Residence	870.52	793.36
居住消费服务性支出	Services Expenditure of Residence	388.76	355.16
家庭设备用品及服务	Household Facilities, Article and Service	381.48	508.93
#货币性消费	Monetary Consumption	369.32	504.10
交通和通讯消费支出	Consumption of Transport and Telecommunications	719.42	735.39
#货币性消费	Monetary Consumption	361.10	364.20
交通和通讯用品支出	Goods Expenditure of Transport and Telecommunications	361.10	364.20
交通和通讯服务消费支出	Services Expenditure of Transport and Telecommunications	358.32	371.18
文教娱乐用品及服务支出	Consumption of Cultural, Educational, Recreational Article and Service	502.31	725.52
#货币性消费	Monetary Consumption	145.55	338.44
文化教育娱乐用品支出	Goods Expenditure of Cultural, Educational and Recreational Article	145.55	338.44
教育服务消费支出	Services Expenditure of Educational and Service	274.29	297.04
文化娱乐服务消费支出	Services Expenditure of Cultural and Recreational Article	82.47	90.04
医疗保健消费支出	Consumption of Medicine and Health Care	658.85	496.70
#货币性消费	Monetary Consumption	158.29	164.48
医药卫生保健用品支出	Goods Expenditure of Medicine and Health Care	158.29	164.48
医疗保健服务消费支出	Services Expenditure of Medicine and Health Care	500.56	332.22
其他商品和服务消费总支出	Consumption of Other Commodities and Services	342.89	222.06
#货币性消费	Monetary Consumption	179.55	201.32
其他商品支出	Goods Expenditure of Other Commodities and Services	179.55	201.32
其他消费服务支出	Services Expenditure of Other Commodities and Services	163.34	20.74

Per Capita Consumption Expenditure of Rural Households

(yuan)

金凤区 Jinfeng	西夏区 Xixia	永宁县 Yongning	贺兰县 Helan	灵武市 Lingwu
8073.23	7168.82	6289.64	8146.92	6561.18
5637.79	4227.72	5944.25	7727.34	1994.07
2908.16	2512.59	2258.75	2886.85	2439.18
2518.08	2145.50	1913.36	2467.27	2100.77
2518.08	2145.50	1893.81	2345.91	2100.77
390.08	367.09	364.94	540.94	338.42
787.26	585.55	630.52	718.15	685.49
786.79	584.68	630.52	718.15	684.12
1311.58	809.73	1316.59	1626.62	1033.12
811.98	517.17	1316.59	1325.45	706.61
811.98	517.17	852.49	1255.05	706.61
499.60	292.56	464.10	371.58	326.51
391.96	305.70	376.89	431.38	304.49
385.58	303.77	376.89	431.38	299.46
822.88	618.87	585.36	952.51	643.45
479.60	190.60	585.36	952.51	301.80
479.60	190.60	286.68	524.73	301.80
343.28	428.26	298.68	427.79	341.65
493.00	659.07	362.70	531.84	379.68
154.07	88.79	362.70	531.84	105.48
154.07	88.79	142.18	113.16	105.48
272.47	459.11	152.47	327.32	189.76
66.47	111.17	68.05	91.36	84.44
1111.34	1424.36	465.73	635.40	583.34
277.49	166.39	465.73	635.40	147.69
277.49	166.39	111.05	174.00	147.69
832.32	1257.97	354.68	461.40	440.64
247.06	252.95	293.10	364.16	487.42
222.67	230.81	293.10	364.16	221.19
222.67	230.81	128.92	148.78	221.19
24.39	22.13	164.18	215.38	266.23

10—11　农民人均消费品消费量

单位:公斤　　(2012)

指　标	Item	银川市 Yinchuan	兴庆区 Xingqing
粮食	Grain	163.49	104.18
# 小麦	Wheat	86.10	67.27
稻谷	Rice	75.79	36.73
玉米	Corn	0.40	
蔬菜及菜制品	Vegetables and Related Products	89.28	82.69
油脂类	Fats and Oils	9.60	10.66
# 植物油	Vegetable Oil	9.57	10.65
动物油	Animal Fat	0.03	0.02
肉类及其制品	Meat and Related Products	20.61	19.09
# 猪肉	Pork	5.03	4.81
牛肉	Beef	3.21	3.85
羊肉	Mutton	3.75	3.84
家禽	Poultry	7.83	6.26
其他肉禽及制品	Other Poultry Meat and Related Products	0.80	0.33
蛋类及蛋制品	Eggs and Related Products	3.77	4.73
奶和奶制品	Milk and Dairy Products	10.86	7.87
水产品	Aquatic Products	1.51	2.71
食糖	Sugar	2.26	2.27
酒	Liquor	3.58	4.98
水果	Fruit	28.59	21.69

10—12　农民百户耐用消费品拥有量

(2012)

指　标	Item	单　位	Unit	银川市 Yinchuan
洗衣机	Washing Machine	台	set	101
电冰箱	Refrigerator	台	set	80
空调机	Air Conditioner	台	set	1
抽油烟机	Exhaust Fan	台	set	16
吸尘器	Vacuum Cleaner	台	set	1
微波炉	Microwave Oven	台	set	16
热水器	Water Heater	台	set	37
自行车	Bicycle	辆	unit	163
摩托车	Motorcycle	辆	unit	77
家用汽车	Automobile	辆	unit	14
电话机	Telephone	部	set	27
移动电话	Mobile Telephone	部	set	238
彩色电视机	Color TV Set	台	set	123
影碟机	Video Disc Player	台	set	33
照相机	Camera	架	set	5
家用计算机	Computer	台	set	21

Per Capita Consumption of Consumer Goods by Rural Households

(kg)

西夏区 Xixia	金凤区 Jinfeng	永宁县 Yongning	贺兰县 Helan	灵武市 Lingwu
96.67	115.28	146.07	173.12	235.70
45.61	52.63	68.88	114.95	110.64
50.81	62.37	76.65	55.40	121.90
0.03		0.12		0.02
100.08	109.72	76.21	105.64	82.45
14.65	11.31	8.75	9.72	7.71
14.65	11.31	8.72	9.69	7.65
		0.03	0.03	0.06
25.37	17.80	19.09	23.50	19.48
5.31	2.96	7.37	5.59	2.63
7.58	4.92	1.27	2.26	3.81
2.64	1.60	2.24	4.60	5.52
9.55	8.02	7.19	9.62	6.98
0.29	0.31	1.03	1.43	0.53
4.65	5.46	3.84	2.88	3.27
11.09	8.96	5.62	11.39	17.67
0.84	0.80	1.24	1.86	1.40
1.87	2.33	1.59	4.24	1.35
4.84	1.81	2.95	5.75	1.82
27.62	31.44	31.35	29.09	27.81

Number of Durable Consumer Goods Owned Per Hundred by Rural Households

兴庆区 Xingqing	西夏区 Xixia	金凤区 Jinfeng	永宁县 Yongning	贺兰县 Helan	灵武市 Lingwu
98	100	95	106	98	101
88	90	78	65	79	91
		5	1		
18	22	5	20	4	25
		5	1	1	
17	30	7	12	21	13
43	10	37	32	39	50
168	142	125	215	147	139
62	68	62	66	85	98
23	10	13	13	11	14
38	18	47	40	7	26
217	178	203	266	238	250
118	108	97	132	123	130
25	10	22	23	4	31
7	2	8	5	7	2
40	14	23	30	19	6

10—13 居民消费价格指数

（2012，以上年价格为 100）

指标	Item	年度 Year	月份 Month 一 Jan.	二 Feb.	三 Mar.
居民消费价格总指数	**Consumer Price Index**	**102.6**	**102.2**	**102.2**	**103.2**
生活费用价格总指数	Cost of Living Price Index	102.6	102.5	101.3	103.0
非食品价格指数	Non-food Price Index	101.2	99.0	100.1	101.6
服务项目价格指数	Service Items Price Index	102.6	101.0	101.0	104.1
工业品价格指数	Producer Price Index	100.5	98.0	99.6	100.3
扣除食品烟酒和能源价格指数	Price Index of Excluding Food ,Alcohol , Tobacco and Energy	100.9	98.8	100.0	101.5
扣除鲜菜鲜果总指数	Price Index of Excluding Fresh Vegetables and Fresh Fruits	102.7	102.1	103.0	103.4
消费品价格指数	Consumer Goods Price Index	102.5	102.5	102.5	102.9
食品	Food	105.3	108.8	106.3	106.3
粮食	Grain	101.7	104.4	105.4	103.4
大米	Rice	99.2	100.4	101.1	100.3
面粉	Flour	107.3	109.0	110.9	108.9
粮食制品	Grain Products	100.7	105.2	106.1	103.0
其他	Others	93.9	92.7	91.2	90.7
淀粉及制品	Starches and Tubers	105.0	105.6	105.5	113.4
淀粉及制品	Starches and Tubers	105.0	105.6	105.5	113.4
干豆类及豆制品	Beans and Bean Products	102.1	98.1	96.0	95.8
干豆	Beans	86.3	85.7	83.6	83.8
豆制品	Bean Products	104.2	99.8	97.8	97.5
油脂	Oil or Fat	106.7	103.1	103.5	104.2
食用植物油	Vegetable Oil	108.2	102.6	103.1	104.6
植物油制品	Vegetable Oil Products	105.8	103.9	104.0	104.0
其他	Others	99.6	95.5	100.0	100.0
肉禽及其制品	Meat, Poultry and Processed Products	104.9	113.4	113.1	111.4
食用畜肉及副产品	Consumption of Meat and By-products	104.8	114.0	114.4	111.6
猪肉	Pork	89.4	119.6	115.8	104.2
牛肉	Beef	121.8	110.9	113.8	117.1
羊肉	Mutton	112.2	105.0	107.6	113.3
畜肉副产品	Meat by-products	107.2	140.0	145.2	131.9
禽	Poultry	105.9	113.1	111.8	113.2
鸡	Chicken	105.7	113.6	112.7	113.4
鸭	Duck	97.5	102.6	102.1	105.5
其他	Others	116.6	122.2	115.9	119.8
加工肉禽	Processed Meat and Poultry	104.3	110.2	106.9	108.2
畜肉制品	Meat Products	104.4	112.9	107.0	109.8
禽制品	Poultry Products	104.1	106.9	106.7	106.3

Consumer Price Indices

(2012, preceding year =100)

月份 Month								
四 Apr.	五 May.	六 June.	七 July.	八 Aug.	九 Sept.	十 Oct.	十一 Nov.	十二 Dec.
102.7	**103.0**	**101.8**	**101.4**	**102.6**	**102.2**	**102.6**	**103.0**	**103.8**
102.6	103.2	100.6	99.7	102.7	102.4	102.8	104.5	105.6
101.3	101.2	100.8	101.4	101.4	101.1	101.8	102.2	102.5
103.3	103.7	103.6	103.4	103.5	102.5	102.5	101.7	101.1
100.3	100.0	99.4	100.4	100.4	100.5	101.4	102.4	103.2
101.2	101.2	100.8	101.0	101.0	100.7	101.3	101.7	102.0
103.0	103.0	102.3	102.3	102.3	102.3	102.8	102.8	103.3
102.6	102.9	101.2	100.9	102.3	102.1	102.6	103.4	104.6
105.7	106.7	103.7	101.5	104.9	104.3	104.3	104.7	106.4
102.4	101.0	100.2	101.3	100.2	99.3	99.9	101.6	102.1
97.3	96.9	97.3	99.7	97.8	97.7	99.4	101.3	101.7
109.6	107.0	108.1	108.4	106.0	104.9	104.9	105.4	105.4
102.6	101.1	98.5	98.9	98.9	97.5	97.5	99.7	100.4
86.6	85.7	83.5	95.2	96.9	98.5	99.6	102.6	104.7
110.2	99.9	104.1	106.1	104.8	104.9	103.6	101.8	101.8
110.2	99.9	104.1	106.1	104.8	104.9	103.6	101.8	101.8
98.4	104.0	104.6	104.1	104.1	104.2	105.0	105.4	106.0
78.2	81.9	81.4	84.8	83.6	89.5	94.3	94.9	96.0
101.2	107.0	107.6	106.5	106.8	106.0	106.4	106.7	107.3
106.7	109.0	108.2	109.2	107.9	106.3	107.3	108.2	107.2
109.0	111.8	109.6	109.9	108.3	107.5	109.7	111.7	110.1
105.0	107.0	107.4	109.2	107.9	105.7	105.6	105.6	105.1
100.0	100.0	100.0	100.0	100.0	100.0	100.0	100.0	100.0
108.7	109.4	101.7	95.3	98.9	101.3	101.0	102.7	105.3
108.1	109.8	100.3	92.7	97.9	101.8	101.4	103.2	106.5
95.6	96.8	77.6	66.5	74.3	82.7	83.2	85.2	89.6
119.2	124.9	126.6	120.3	123.9	123.8	124.4	125.3	130.3
114.0	114.2	115.2	115.7	115.8	114.6	110.2	111.0	111.0
120.3	116.9	102.1	91.6	90.3	91.7	93.9	96.2	99.4
112.5	109.4	106.0	103.3	102.3	101.0	100.3	101.0	100.1
112.4	108.6	105.4	102.4	101.4	100.9	101.0	100.9	99.3
98.8	100.6	98.8	96.0	95.3	93.1	92.4	93.0	93.4
128.8	125.1	119.6	118.5	118.5	110.0	102.7	110.0	113.3
107.7	106.9	105.0	102.8	101.4	98.7	99.3	101.9	103.9
108.8	107.6	104.9	101.5	100.5	96.8	98.3	102.1	105.7
106.4	106.0	105.3	104.6	102.7	101.2	100.7	101.6	101.6

10—13 续表 1

（2012,以上年价格为 100）

指　标	Item	年　度 Year	月　份 Month 一 Jan.	二 Feb.	三 Mar.
蛋	Eggs	97.9	97.6	91.3	95.2
鲜蛋	Fresh Eggs	97.5	96.6	89.5	93.3
蛋制品	Egg Products	100.8	103.7	102.0	107.4
水产品	Aquatic Products	106.7	109.0	109.1	111.5
鱼	Fish	105.2	108.4	107.2	110.8
淡水鱼	Freshwater Fish	106.9	110.9	107.6	116.0
海水鱼	Marine Fish	102.4	104.8	106.5	102.6
其他水产品	Other Aquatic Products	109.4	110.1	112.5	112.7
虾蟹类	Shrimps and Crab	110.6	110.8	113.5	114.2
其他	Others	107.5	108.9	111.0	110.2
菜	Vegetables	99.0	101.6	85.4	97.9
鲜菜	Fresh Vegetables	100.8	105.2	86.1	100.5
干菜及菜制品	Dry Vegetables and Related Products	94.2	90.0	94.5	90.8
薯类	Tubers	83.9	63.4	59.5	66.8
调味品	Flavoring	102.3	102.3	102.3	102.3
食用盐	Edible Salt	100.0	100.0	100.0	100.0
酱油	Sauce	105.5	106.4	106.4	106.5
食醋	Vinegar	102.6	103.7	103.7	103.7
味精	MSG	102.7	99.8	99.8	99.8
其他	Others	100.0	100.0	100.0	100.0
糖	Carbohydrate	102.8	104.9	105.1	105.5
食糖	Sugar	99.5	98.7	100.0	100.0
糖果	Candy	106.8	108.8	108.7	108.7
巧克力制品	Chocolate Products	102.9	109.5	109.5	110.6
糖类小食品	Carbohydrate Products	102.3	106.1	105.0	105.9
茶及饮料	Tea and Beverages	102.7	100.2	100.5	101.1
茶叶	Tea	100.0	100.0	100.0	100.0
茶叶	Tea	100.0	100.0	100.0	100.0
饮料	Beverage	104.2	100.3	100.8	101.7
固体饮料	Solid Drink	108.5	95.8	95.8	96.8
液体饮料	Liquid Beverage	100.9	99.4	100.4	101.3
冷冻饮品	Frozen drinks	107.0	109.5	109.5	110.0
干鲜瓜果	Dried and Fresh Melons and Fruits	97.9	101.1	98.0	98.2
鲜瓜果	Fresh Melons and Fruits	98.0	102.8	98.4	98.5
干(坚)果	Dried Melons and Fruits	97.6	95.9	96.7	97.5

continued

(2012, preceding year =100)

月份 Month								
四 Apr.	五 May.	六 June.	七 July.	八 Aug.	九 Sept.	十 Oct.	十一 Nov.	十二 Dec.
93.0	92.8	100.8	94.4	94.3	99.5	100.8	103.4	111.6
91.3	91.1	100.4	93.3	93.8	100.3	101.9	104.3	113.2
103.4	103.0	103.7	102.1	97.5	94.6	94.4	97.9	102.3
114.5	110.0	104.7	100.5	99.2	103.3	105.8	106.7	108.2
116.4	110.9	103.5	97.1	97.7	100.1	103.3	104.4	105.9
126.6	116.9	107.3	96.5	97.6	97.9	103.4	103.7	104.7
100.8	100.9	96.9	98.3	97.9	103.8	103.1	105.4	107.6
111.4	108.4	106.7	106.9	101.9	109.1	110.3	110.8	112.1
115.3	111.0	110.0	111.4	103.8	107.7	107.9	108.7	112.9
105.3	104.2	101.3	99.6	99.1	111.2	114.0	114.0	110.9
100.6	110.1	89.1	73.9	112.1	96.3	95.6	110.8	126.5
102.8	114.4	89.5	71.7	117.5	96.8	95.1	112.0	129.8
95.8	91.3	92.4	92.7	95.7	93.5	95.5	98.9	100.3
78.7	95.2	80.7	68.6	85.7	95.7	105.0	123.3	135.8
102.3	102.3	102.5	102.8	102.2	102.2	101.6	102.1	102.3
100.0	100.0	100.0	100.0	100.0	100.0	100.0	100.0	100.0
106.4	106.4	106.4	106.4	105.6	103.8	102.5	104.8	104.8
103.7	103.7	103.7	105.4	102.7	101.4	99.9	99.4	100.5
99.8	100.2	101.1	101.6	101.6	107.1	107.1	107.1	107.1
100.0	100.0	100.0	100.0	100.0	100.0	100.0	100.0	100.0
102.8	102.9	102.6	102.3	102.8	102.7	103.8	99.7	99.2
98.8	99.4	97.6	100.0	100.0	100.0	100.0	100.0	100.0
108.7	108.7	108.7	106.0	108.7	108.8	109.2	100.1	97.5
101.4	100.4	102.3	102.3	100.9	100.0	100.0	100.0	100.0
101.5	102.3	102.2	100.4	100.0	100.0	105.9	98.5	100.0
102.8	102.0	102.5	103.3	103.9	103.9	103.9	104.2	104.4
100.0	100.0	100.0	100.0	100.0	100.0	100.0	100.0	100.0
100.0	100.0	100.0	100.0	100.0	100.0	100.0	100.0	100.0
104.4	103.1	103.9	105.2	106.1	106.0	106.0	106.6	106.8
108.5	100.9	105.9	114.2	118.1	116.5	116.5	117.3	118.2
100.7	100.5	100.9	100.9	100.7	101.3	101.3	101.9	101.9
108.9	113.6	108.8	104.1	104.1	104.1	104.1	104.1	104.1
94.6	94.9	93.6	97.4	97.0	102.1	99.9	101.4	97.2
93.5	94.1	93.3	97.5	96.5	103.7	100.4	102.0	96.0
98.2	97.2	94.5	97.0	97.9	98.3	98.6	99.7	100.4

10—13 续表 2

（2012，以上年价格为 100）

指 标	Item	年 度 Year	月 份 Month 一 Jan.	二 Feb.	三 Mar.
糕点饼干面包	Cake,Biscuit and Bread	104.2	110.9	108.6	103.7
糕点	Cake	94.3	100.5	94.5	92.1
饼干	Biscuit	100.4	106.6	107.1	101.1
面包	Bread	118.7	126.6	127.1	120.1
液体乳及乳制品	Milk and Processed Products	104.5	105.4	106.4	104.5
巴氏杀菌乳或灭菌乳	Pasteurized Milk or Sterilized Milk	105.5	105.7	106.7	106.8
酸牛奶	Yogurt	105.2	113.1	115.0	104.9
乳粉	Milk Powder	102.7	98.3	98.8	101.0
其他	Others	102.5	104.2	104.2	104.2
在外用膳食品	Dining Out	112.6	117.9	119.5	113.4
主食	Staple Food	108.0	111.7	113.2	105.7
炒菜	Cooking	115.2	125.5	125.5	117.0
地方小吃	Local Snacks	114.6	111.0	117.4	117.4
其他	Others	100.0	100.0	100.0	100.0
其他食品	Other Foods	106.5	107.8	105.3	106.2
其他食品	Other Foods	106.5	107.8	105.3	106.2
烟酒	Tobacco and Liquor	101.2	102.0	102.0	101.6
烟草	Tobacco	100.0	100.0	100.0	100.0
高档卷烟	High-grade Cigarette	100.0	100.0	100.0	100.0
中档卷烟	Mid- cigarette	100.0	100.0	100.0	100.0
其他	Others	100.0	100.0	100.0	100.0
酒	Liquor	104.1	106.8	106.6	105.4
白酒	Liquor	105.1	108.9	108.5	106.5
葡萄酒	Wine	98.9	97.0	97.0	97.0
啤酒	Beer	100.5	105.3	105.3	105.3
其他	Others	123.2	113.8	113.8	113.8
衣着	Clothing	104.0	96.1	101.0	103.2
服装	Garments	103.9	95.6	99.4	102.1
男式服装	Men's Clothing	103.1	94.8	100.0	102.1
大衣	Overcoats	95.4	87.5	92.9	92.9
毛线衣	Wool Sweaters	96.5	91.8	94.1	95.2
夹克衫	Clip Grams Shirt	111.1	97.9	101.2	113.0
衬衫	Shirts	99.9	97.7	100.6	100.6
T 恤衫	T-shirts	101.6	96.6	96.6	96.6

continued

（2012，preceding year =100）

月份 Month								
四 Apr.	五 May.	六 June.	七 July.	八 Aug.	九 Sept.	十 Oct.	十一 Nov.	十二 Dec.
104.0	105.8	105.2	105.0	104.3	105.1	102.5	97.6	99.1
95.6	93.2	94.0	93.9	93.9	94.0	93.1	92.2	94.6
101.0	100.1	98.1	98.6	99.8	102.1	95.1	95.7	100.5
116.6	125.7	124.5	123.7	120.2	120.2	119.2	104.6	102.7
105.0	104.1	104.6	105.1	104.5	102.9	104.0	103.8	103.4
106.4	105.6	105.5	106.2	105.1	105.5	105.7	104.1	103.0
103.5	103.5	103.5	103.5	103.5	103.5	103.5	103.5	103.5
105.3	103.9	104.4	106.7	103.7	98.4	103.2	104.4	105.0
102.1	99.5	104.2	99.8	107.9	102.6	99.3	102.1	100.0
112.1	112.1	114.0	115.8	112.5	111.6	111.4	106.5	106.5
105.7	105.7	107.5	108.3	109.0	109.0	109.0	105.8	105.8
114.4	114.4	117.2	120.4	113.5	113.0	112.6	106.9	106.9
117.4	117.4	117.4	117.4	117.4	113.7	113.7	108.0	108.0
100.0	100.0	100.0	100.0	100.0	100.0	100.0	100.0	100.0
107.5	107.8	107.0	103.7	102.8	106.4	109.5	107.0	107.0
107.5	107.8	107.0	103.7	102.8	106.4	109.5	107.0	107.0
101.5	101.5	101.5	101.5	101.5	101.1	100.2	100.4	100.2
100.0	100.0	100.0	100.0	100.0	100.0	100.0	100.0	100.0
100.0	100.0	100.0	100.0	100.0	100.0	100.0	100.0	100.0
100.0	100.0	100.0	100.0	100.0	100.0	100.0	100.0	100.0
100.0	100.0	100.0	100.0	100.0	100.0	100.0	100.0	100.0
105.0	104.8	105.0	104.9	104.9	103.5	100.6	101.1	100.7
106.7	106.7	106.7	106.9	106.9	103.4	100.4	100.4	100.4
97.0	98.5	100.0	100.0	100.0	100.0	100.0	100.0	100.0
104.4	100.0	99.4	98.4	98.4	98.4	96.7	97.6	98.4
107.4	122.1	126.5	126.5	126.5	150.4	126.5	137.6	117.7
104.8	104.3	103.6	103.5	103.4	103.7	106.7	108.8	109.2
104.0	104.5	104.5	104.2	104.0	104.2	106.6	108.4	109.6
103.9	103.8	102.9	103.1	103.6	103.5	104.8	106.5	108.7
94.5	96.3	96.3	96.3	96.3	96.3	96.3	97.3	103.5
95.2	95.2	95.2	95.2	95.2	95.2	97.1	103.3	106.5
111.8	114.4	114.4	114.4	114.4	110.5	113.2	114.4	115.2
104.2	102.9	98.1	94.7	96.4	102.5	101.3	101.9	97.3
99.7	104.0	104.7	104.2	103.8	103.6	103.3	103.3	103.3

10—13 续表 3

（2012,以上年价格为 100）

指　标	Item	年　度 Year	月　份 Month 一 Jan.	二 Feb.	三 Mar.
裤子	Pants	99.2	94.5	99.2	100.6
西服	Western Clothes	106.0	96.0	104.5	105.6
运动衫裤	Sports Shirt and Trousers	105.2	102.1	96.7	100.5
内衣	Underwear	109.1	93.8	103.7	106.0
羽绒衣	Down Clothing	105.1	99.2	100.3	105.7
其他	Others	106.8	93.1	106.3	107.7
女式服装	Women´s Clothing	104.4	95.8	98.6	101.7
大衣	Overcoats	99.8	88.3	92.0	99.4
毛线衣	Wool Sweater	106.7	98.8	100.6	104.2
羽绒衣	Down Clothing	104.6	98.3	99.4	104.8
套装	Suits	100.5	100.1	100.1	99.4
衬衫	Shirts	105.8	99.8	99.8	99.8
T恤衫	T-shirts	100.7	97.8	97.8	97.8
裙子	Skirts	105.5	93.2	95.7	97.7
裤子	Pants	107.8	100.3	105.3	106.8
运动衫裤	Sports Shirt and Trousers	93.7	92.0	85.9	89.3
内衣	Underwear	110.5	90.7	101.2	108.4
其他	Others	106.8	96.3	103.5	105.3
儿童服装	Children´s Clothing	104.7	99.6	103.0	105.7
上衣	On Clothing	98.8	92.1	93.9	100.1
裤子	Pants	110.9	112.2	116.8	117.7
裙子	Skirts	104.2	99.2	101.6	101.0
其他	Others	109.3	102.4	107.3	107.3
衣着材料	Clothing Material	101.4	103.9	103.9	101.8
棉布	Cotton Cloth	100.9	103.2	103.2	100.0
化纤布	Chemical Fiber Cloth	102.4	104.0	104.0	101.9
毛线	Woolen	93.6	98.0	98.0	98.0
其他	Others	106.2	110.4	110.4	110.4
鞋袜帽	Footgear and Hats	104.3	96.9	106.0	106.7
鞋	Footgear	104.0	96.6	106.2	107.0
男鞋	Male	107.4	103.0	107.9	106.9
女鞋	Female	101.8	91.2	108.2	110.0
童鞋	Children´s Shoes	102.8	97.5	98.2	99.6
袜子	Socks	107.2	100.1	106.2	106.6
男袜	Male	108.7	100.0	105.7	107.3
女袜	Female	106.2	100.2	106.6	106.1

continued

(2012, preceding year =100)

月份 Month								
四 Apr.	五 May.	六 June.	七 July.	八 Aug.	九 Sept.	十 Oct.	十一 Nov.	十二 Dec.
103.5	100.5	96.7	99.0	101.5	96.3	98.8	99.3	101.6
106.7	106.7	106.7	106.7	106.7	108.7	108.6	106.9	107.9
101.4	100.5	100.5	100.5	100.5	106.9	110.4	117.7	124.2
110.4	108.7	108.7	111.2	112.0	107.2	111.5	114.9	122.6
105.7	105.7	105.7	105.7	105.7	105.7	105.7	110.2	106.0
108.9	106.8	105.0	105.0	105.0	106.7	109.7	115.7	111.9
103.7	104.9	105.8	105.1	104.4	104.7	107.9	109.9	110.6
101.1	101.1	101.1	101.1	101.1	101.1	101.1	102.0	109.8
108.1	108.1	108.1	108.1	108.1	108.1	110.2	108.6	109.6
104.8	104.8	104.8	104.8	104.8	104.8	104.8	110.1	108.5
98.7	101.6	102.6	101.2	98.2	101.5	102.5	101.2	98.1
103.2	108.3	109.5	104.8	102.4	104.4	109.9	113.2	114.1
99.5	103.6	104.7	101.8	103.4	100.9	99.7	100.8	100.8
99.6	104.5	108.1	106.8	108.9	108.2	113.8	116.4	115.5
106.0	106.2	110.0	109.3	106.3	104.2	110.8	114.6	113.5
90.3	89.3	89.3	89.3	89.3	93.3	99.7	107.0	112.9
112.8	111.2	111.2	114.4	114.5	111.4	115.9	119.3	118.2
107.5	105.2	103.4	103.4	103.4	107.3	112.2	118.1	116.0
106.8	106.1	103.5	103.6	102.0	105.2	106.9	107.7	106.1
101.8	100.2	98.5	98.5	98.5	100.0	101.5	102.5	99.2
118.9	119.8	113.4	109.5	104.1	107.3	104.2	104.9	105.6
101.0	101.8	100.6	106.2	103.8	105.8	110.0	111.1	108.6
107.3	106.0	104.8	104.8	104.8	111.8	118.4	118.4	118.4
100.6	100.6	100.6	100.1	99.5	100.0	100.6	101.1	103.8
100.0	100.0	100.0	100.0	100.0	100.0	100.0	100.0	104.6
100.0	100.0	100.0	100.0	100.0	101.9	103.8	105.7	107.5
92.2	92.2	92.2	92.2	92.2	92.2	92.2	92.2	92.1
110.4	110.4	110.4	106.5	101.6	101.6	101.6	101.6	101.6
107.5	103.7	100.7	101.4	101.3	101.7	106.9	110.3	108.0
107.9	103.4	99.9	100.7	100.6	101.1	107.0	110.2	107.4
108.6	108.7	107.0	107.2	104.9	103.8	107.3	111.4	111.5
109.9	99.4	94.1	94.9	95.8	98.2	107.3	109.6	102.6
101.1	103.2	101.0	102.6	103.5	102.9	105.5	108.7	110.5
106.9	106.9	106.9	106.9	106.9	106.9	105.7	112.0	114.7
108.9	108.9	108.9	108.9	108.9	108.9	108.9	115.8	113.4
105.5	105.5	105.5	105.5	105.5	105.5	103.6	109.5	115.6

10—13 续表 4

（2012,以上年价格为 100）

指 标	Item	年 度 Year	月 份 Month 一 Jan.	二 Feb.	三 Mar.
帽子	Hats	104.8	97.5	97.5	98.2
男帽	Male	94.2	90.4	90.4	92.0
女帽	Female	110.9	101.7	101.7	101.7
衣着加工服务费	Clothing Manufacturing Services	113.9	111.5	108.4	110.1
缝纫	Sewing	110.0	106.9	100.0	106.6
清洗	Cleaning	111.5	106.0	104.0	104.0
其他	Others	126.3	133.3	133.3	133.3
家庭设备用品及维修服务	Household Facilities，Articles and Services	99.7	99.8	101.6	101.1
耐用消费品	Durable Consumer Goods	99.6	99.4	101.5	100.6
家具	Furniture	97.8	102.9	103.0	101.8
柜	Cabinets	99.4	105.2	105.9	103.3
床	Beds	95.5	100.9	101.9	101.0
桌	Tables	100.6	114.3	110.8	104.1
椅	Chairs	99.2	114.6	113.5	108.0
沙发	Sofas	98.1	97.4	98.0	100.1
其他	Others	90.0	85.9	87.5	91.1
家庭设备	Household Facilities	100.4	97.7	100.8	100.0
洗衣机	Washing Machine	98.5	98.1	99.7	98.0
电风扇	Electric Fan	92.7	102.4	105.0	94.7
电冰箱(柜)	Refrigerator(cabinet)	99.9	95.8	101.5	99.4
吸排油烟机	Exhaust Fan	102.1	95.3	98.5	100.7
空调器	Air Conditioner	98.8	97.4	100.6	98.9
热水器	Water Heater	102.2	100.0	101.5	102.0
微波炉	Microwave Oven	104.9	100.6	102.1	105.3
其他	Others	98.0	95.5	96.8	95.3
室内装饰品	Interior Decorations	99.9	102.5	102.3	99.2
纺织装饰品	Textile Decorations	104.2	106.9	104.9	102.8
装饰灯具	Decorative Lighting	97.5	102.6	106.3	98.3
其他	Others	91.3	91.1	90.4	90.9
床上用品	Bed Articles	86.0	76.1	86.7	83.3
被子	Quilt	90.9	77.9	89.4	85.7
床上套件	Bed Suite	84.9	75.6	86.8	84.4
其他	Others	82.7	74.8	84.1	80.0

continued

（2012，preceding year =100）

月份 Month								
四 Apr.	五 May.	六 June.	七 July.	八 Aug.	九 Sept.	十 Oct.	十一 Nov.	十二 Dec.
98.7	104.5	109.2	108.7	108.6	108.6	108.6	109.3	109.4
93.4	93.4	93.4	96.1	95.7	95.7	95.7	97.2	97.2
101.7	110.5	117.7	115.7	116.0	116.0	116.0	116.0	116.0
111.6	111.6	111.6	111.6	119.7	121.2	121.2	114.3	114.3
111.8	111.8	111.8	111.8	111.8	111.8	111.8	111.8	111.8
104.0	104.0	104.0	104.0	119.0	121.7	121.7	121.7	121.7
133.3	133.3	133.3	133.3	133.3	133.3	133.3	100.0	100.0
99.0	100.0	98.3	99.7	99.3	99.3	97.8	100.3	100.4
97.8	100.0	98.3	99.0	99.2	99.8	97.9	101.0	100.4
100.7	99.6	96.7	94.3	94.7	94.7	94.8	95.6	95.9
100.3	99.5	97.3	95.8	96.6	96.6	96.6	98.0	98.4
99.1	99.4	95.0	90.9	91.3	91.5	90.9	92.2	92.2
101.6	100.9	98.7	97.0	97.8	96.4	95.9	95.9	97.2
104.6	101.0	96.6	92.4	92.4	91.8	92.4	93.6	94.4
101.5	99.8	97.9	96.5	96.6	96.6	97.3	97.6	97.6
94.8	92.7	89.8	86.5	86.2	90.6	92.1	92.1	92.1
96.4	100.2	99.1	101.3	101.5	102.4	99.4	103.7	102.6
98.3	100.8	99.1	96.9	96.9	98.4	96.9	98.6	100.0
94.7	93.1	87.8	88.2	89.3	89.3	88.2	90.5	90.4
93.7	99.9	100.2	100.2	100.2	102.8	99.4	103.2	103.4
96.7	101.6	101.6	101.6	103.2	104.7	104.7	110.7	106.3
96.8	99.7	96.1	98.4	98.4	98.8	98.9	100.1	102.1
96.3	99.7	97.9	106.2	106.2	106.3	100.7	107.3	103.0
104.0	105.7	105.7	109.3	108.8	104.1	99.6	106.9	106.9
96.7	98.3	98.3	98.3	98.3	99.6	98.3	101.5	98.7
97.0	96.8	95.9	98.8	100.5	102.6	99.8	101.3	101.7
102.8	102.8	99.6	103.7	107.9	106.0	104.2	104.2	104.2
90.2	92.0	94.0	94.0	93.4	100.6	100.6	100.6	100.6
92.6	88.4	88.6	92.7	91.2	95.2	86.4	93.9	95.5
79.2	81.7	80.6	88.5	87.7	88.7	87.8	100.3	98.4
82.2	85.5	83.7	96.9	94.6	96.2	97.8	105.9	102.6
78.7	79.5	78.4	86.7	83.3	86.9	84.0	100.3	101.7
77.0	80.4	80.1	82.9	86.1	83.6	82.5	95.0	91.3

10—13 续表 5

（2012,以上年价格为 100）

指 标	Item	年 度 Year	月 份 Month 一 Jan.	二 Feb.	三 Mar.
家庭日用杂品	Daily Use Household Articles	101.7	103.8	104.2	105.4
茶具	Tea Set	97.4	94.5	97.5	98.6
餐具	Tableware	100.8	101.0	100.6	104.7
厨具	Kitchen	100.8	104.0	103.7	104.0
家用手工工具	Household Hand Tools	101.9	104.7	104.7	104.7
洗涤用品	Detergent	109.8	115.9	116.9	118.3
其他	Others	98.7	100.8	100.8	100.8
家庭服务及加工维修服务	Household Services and Maintenance and Renovation	101.7	103.1	101.4	101.7
家庭服务	Household Services	100.1	102.1	99.6	100.0
加工维修服务	Maintenance and Renovation	104.9	105.4	105.4	105.4
医疗保健和个人用品	Health Care and Personal Articles	101.4	101.6	101.2	101.2
医疗保健	Health Care	100.2	100.3	100.0	99.9
医疗器具及用品	Medical Apparatus and Article	108.1	112.8	112.8	114.8
医疗器具及用品	Medical Apparatus and Article	108.1	112.8	112.8	114.8
中药材及中成药	Traditional Chinese Medicinal Materials and medicines	101.9	104.2	103.0	103.1
中药材	Traditional Chinese	104.1	113.6	109.5	109.9
中成药	Medicinal Materials and Medicines	100.4	98.8	99.1	99.1
西药	Western Medicines	96.7	95.6	95.7	95.1
抗菌药(抗感染药)	Antibacterial Drugs (anti-infectives)	87.9	82.8	82.8	82.8
消化系统用药	Digestive System Drugs	93.5	92.2	92.2	92.2
呼吸系统用药	Respiratory Medicine	95.2	95.5	95.5	94.7
解热镇痛药	Antipyretic and Analgesic	99.6	101.4	101.5	97.9
抗肿瘤药	Antineoplastic	100.0	100.0	100.0	100.0
激素类药	Hormone Drugs	99.1	99.0	98.9	98.9
心血管系统用药	Cardiovascular Drugs	100.5	97.9	98.0	98.1
中枢神经系统用药	Cardiovascular Drugs	96.5	96.2	96.2	96.2
消毒防腐及创伤外科用药	Disinfection Antisepsis and Trauma Surgery Medication	100.0	100.0	100.0	100.0
泌尿系统用药	Urinary System Agents	101.4	101.4	101.8	100.3
维生素类	Vitamins	99.3	100.0	100.0	100.0
其他	Others	100.8	100.7	100.7	100.7
保健器具及用品	Health Care Apparatus and Articles	109.0	106.0	106.0	107.3
保健器具	Health Care Apparatus	107.2	112.7	112.7	112.7
滋补保健用品	Health Care Articles	109.3	105.1	105.1	106.6
医疗保健服务	Health Care Service	100.7	100.7	100.7	100.7
挂号诊疗费	Registration Clinic Fee	100.0	100.0	100.0	100.0
注射费	Injection Fee	100.0	100.0	100.0	100.0
检查费	Inspection Fee	100.0	100.0	100.0	100.0
手术费	Surgery Fee	100.0	100.0	100.0	100.0

continued

（2012，preceding year =100）

月份 Month								
四 Apr.	五 May.	六 June.	七 July.	八 Aug.	九 Sept.	十 Oct.	十一 Nov.	十二 Dec.
104.2	103.4	101.0	102.3	100.6	99.2	98.1	98.7	100.4
98.6	98.6	97.8	97.8	97.8	99.6	93.2	95.7	99.7
104.7	100.0	98.4	101.1	101.1	102.1	98.3	96.1	102.1
100.9	100.9	99.2	100.1	100.1	97.1	100.1	100.1	100.1
104.7	104.7	100.0	100.0	100.0	100.0	100.0	100.0	100.0
116.2	115.6	114.3	111.7	109.3	103.9	101.3	99.3	100.4
100.8	100.8	95.6	100.8	94.9	94.9	94.9	100.0	100.0
101.7	101.7	101.7	101.7	101.7	101.7	101.7	101.7	100.0
100.0	100.0	100.0	100.0	100.0	100.0	100.0	100.0	100.0
105.4	105.4	105.4	105.4	105.4	105.4	105.4	105.4	100.0
101.2	100.9	101.0	100.5	100.9	101.2	101.5	101.9	103.3
99.9	99.5	99.2	98.9	99.7	100.1	100.6	101.0	103.4
114.8	114.8	113.8	112.8	105.2	100.0	100.0	100.0	100.0
114.8	114.8	113.8	112.8	105.2	100.0	100.0	100.0	100.0
102.3	100.8	99.4	98.1	101.0	100.3	101.2	102.0	107.5
107.7	103.5	99.9	96.7	101.2	99.3	99.3	101.3	111.9
99.1	99.1	99.1	99.1	100.9	101.0	102.6	102.6	104.5
95.5	95.6	95.6	95.5	95.5	97.8	98.3	98.9	101.1
83.7	83.7	83.7	83.6	83.6	98.5	98.5	98.5	100.0
92.2	92.2	92.2	92.2	92.2	93.4	94.7	94.7	101.7
94.7	94.7	94.5	94.4	94.4	94.4	94.4	95.5	100.0
98.1	98.5	98.5	98.5	98.5	99.0	99.2	102.3	102.3
100.0	100.0	100.0	100.0	100.0	100.0	100.0	100.0	100.0
98.9	98.9	98.9	98.9	98.9	99.0	99.0	99.9	99.9
100.6	100.9	100.9	100.9	101.3	101.3	102.0	102.0	102.2
96.2	96.2	96.2	96.2	96.2	96.2	96.2	96.2	100.0
100.0	100.0	100.0	100.0	100.0	100.0	100.0	100.0	100.0
100.3	100.3	100.3	100.3	101.1	100.4	102.9	103.9	103.9
100.0	100.0	100.0	100.0	97.7	97.7	97.7	97.7	101.2
101.5	101.5	101.5	101.5	101.5	100.0	100.0	100.0	100.0
106.7	106.8	106.8	109.7	112.5	110.9	110.9	110.9	112.8
112.7	112.7	112.7	114.6	100.0	100.0	100.0	100.0	100.0
105.9	106.0	106.0	109.0	114.4	112.5	112.5	112.5	114.7
100.8	100.8	101.3	100.8	100.8	100.4	100.5	100.2	100.2
100.0	100.0	100.0	100.0	100.0	100.0	100.0	100.0	100.0
100.0	100.0	100.0	100.0	100.0	100.0	100.0	100.0	100.0
100.0	100.0	100.0	100.0	100.0	100.0	100.0	100.0	100.0
100.0	100.0	100.0	100.0	100.0	100.0	100.0	100.0	100.0

10—13 续表 6

（2012,以上年价格为 100）

指　标	Item	年　度 Year	月　份 Month 一 Jan.	二 Feb.	三 Mar.
床位费	Beds Fee	103.1	100.0	100.0	100.0
理疗费	Management Treatment Fee	102.2	104.4	104.4	104.4
化验费	Laboratory Fee	100.0	100.0	100.0	100.0
其他	Others	103.7	104.4	104.4	104.4
个人用品及服务	Personal Articles and Service	103.8	104.3	103.7	103.9
化妆美容用品	Cosmetic Beauty Products	99.6	99.4	99.5	99.5
化妆美容器具	Makeup Beauty Appliances	99.7	99.2	100.8	100.8
美容化妆品	Cosmetics	99.9	99.8	99.8	99.8
护肤品	Skin Care Products	99.2	98.8	98.8	98.8
护发美容品	Hair Care Beauty Products	99.6	99.7	99.5	99.6
清洁类化妆品	Sanitation Articles	104.5	104.6	102.3	103.8
洗发用品	Shampoo	107.4	106.5	105.7	105.7
洗浴用品	Toiletries	103.7	102.1	99.0	102.3
其他	Others	100.4	105.0	101.3	102.6
个人饰品	Personal Ornaments	102.4	109.1	111.2	107.3
首饰	Jewelery	100.2	102.1	110.3	105.7
皮件	Skin pieces	106.1	118.6	111.8	105.7
手表	Watches	107.5	114.0	115.2	114.6
领带	Ties	93.3	100.1	96.4	92.9
其他	Others	95.0	106.2	114.2	114.2
个人服务	Personal Services	108.8	107.3	106.0	107.3
美容	Beauty	103.6	104.4	104.4	104.4
理(烫)发	Management (Hot) Hair	113.1	110.5	107.9	109.7
洗浴	Bath	104.7	101.9	103.1	105.4
其他	Others	106.1	110.5	105.7	105.7
交通和通信	Transportation and Communication	99.2	97.9	98.6	100.4
交通	Transportation	101.5	100.0	100.7	103.5
交通工具	Transportation Facility	99.1	99.6	98.5	99.8
助动自行车	Powered Bicycle	100.7	105.9	105.9	106.2
轿车	Cars	97.3	97.4	95.8	98.2
自行车	Bicycles	100.9	100.0	100.0	101.1
其他	Others	98.0	96.7	94.3	95.5
车用燃料及零配件	Fuels and Parts	102.3	106.2	106.3	106.7
汽油	Gasoline	102.7	107.6	107.8	108.2
柴油	Diesel Oil	103.1	107.0	107.1	107.8
零配件	Parts and Accessories	101.8	103.3	103.3	103.3
其他	Others	96.9	100.0	100.0	100.0

continued

（2012，preceding year =100）

月 份 Month								
四 Apr.	五 May.	六 June.	七 July.	八 Aug.	九 Sept.	十 Oct.	十一 Nov.	十二 Dec.
101.6	101.6	110.2	108.1	108.1	101.6	102.7	102.7	102.7
104.4	104.4	104.4	100.0	100.0	100.0	100.0	100.0	100.0
100.0	100.0	100.0	100.0	100.0	100.0	100.0	100.0	100.0
104.4	104.4	104.4	104.4	104.4	104.4	104.4	100.0	100.0
103.9	103.9	104.7	103.9	103.3	103.3	103.3	103.9	103.1
99.5	99.3	99.1	99.1	99.8	99.9	99.9	99.7	99.9
100.8	100.8	98.6	98.6	98.6	98.6	98.6	102.4	98.5
99.8	99.8	99.8	99.8	100.0	100.0	100.0	100.0	100.0
98.8	98.3	98.3	98.3	100.0	100.0	100.0	100.0	100.0
99.6	99.6	99.7	99.7	99.9	100.0	99.9	98.2	100.0
104.9	106.9	105.9	104.9	104.1	104.9	103.5	104.7	103.8
106.9	111.2	110.7	108.0	108.5	106.3	105.6	108.0	106.3
102.1	101.8	100.9	104.6	104.9	106.2	107.1	107.1	106.5
105.8	107.2	105.1	99.7	94.7	100.2	94.0	94.8	94.8
105.7	102.4	103.0	101.2	97.6	96.7	98.0	98.1	101.2
104.0	98.2	101.7	99.0	92.0	93.0	98.0	97.3	105.0
105.7	105.7	105.7	105.7	107.0	103.9	101.5	102.3	102.4
110.6	109.3	109.3	109.3	103.9	101.4	101.0	102.4	102.1
92.9	92.9	92.9	89.1	92.5	92.5	92.5	92.5	92.5
111.1	101.7	93.8	88.1	84.2	83.6	83.6	82.2	85.2
107.3	107.3	111.1	110.2	110.0	109.9	110.2	111.4	107.1
104.4	104.4	104.4	102.9	102.2	102.2	103.3	103.3	103.3
109.7	109.7	117.1	117.1	117.1	117.1	117.1	117.1	108.4
105.4	105.4	105.4	103.2	103.2	102.5	102.5	109.2	109.2
105.7	105.7	105.7	104.1	106.8	106.8	106.8	105.0	105.0
99.7	100.5	99.3	98.3	99.2	99.1	98.6	99.3	98.9
102.1	103.4	101.7	100.0	101.2	101.4	100.5	101.5	101.6
100.0	100.0	99.5	99.2	98.6	98.4	98.2	98.5	98.6
104.9	103.0	100.9	99.5	96.7	96.7	96.7	96.7	96.7
98.7	98.8	97.7	97.7	97.7	96.8	96.1	96.5	96.4
101.7	101.7	101.7	101.7	100.6	100.6	100.6	100.6	100.6
96.2	97.2	98.4	98.4	99.4	99.7	99.7	100.4	100.7
106.3	102.3	99.7	96.4	97.4	100.4	103.5	102.3	101.1
107.5	103.8	98.7	94.1	95.5	100.7	105.0	103.3	101.7
108.2	104.6	99.1	94.3	95.8	101.4	106.0	104.2	102.3
103.3	98.6	103.3	103.3	103.3	100.0	100.0	100.0	100.0
100.0	95.7	95.7	95.7	95.4	95.1	95.1	95.1	95.1

10—13 续表 7

（2012,以上年价格为 100）

指 标	Item	年 度 Year	月 份 Month 一 Jan.	二 Feb.	三 Mar.
车辆使用及维修费	Fees for Vehicles Use and Maintenance	103.9	109.3	107.6	101.0
保险费	Insurance Fees	100.0	100.0	100.0	100.0
停车费	Parking Fees	103.2	100.0	100.0	100.0
车辆修理服务费	Fees Vehicle Repair and Service	105.3	126.2	126.2	103.0
其他	Others	108.3	109.1	100.0	100.0
市区公共交通费	Incity Traffic Fare	108.5	100.0	100.0	100.0
公共汽车票	Bus Tickets	100.0	100.0	100.0	100.0
出租汽车	Taxi	112.2	100.0	100.0	100.0
其他	Others	100.0	100.0	100.0	100.0
城市间交通费	Intercity Traffic Fare	98.2	97.0	100.4	109.2
飞机票	Air Tickets	91.6	83.5	92.4	118.4
火车票	Train Tickets	100.0	100.0	100.0	100.0
长途汽车	Coach	103.5	109.8	109.8	109.8
短途汽车	Short-distance Car	104.0	112.9	112.9	112.9
其他	Others	100.0	100.0	100.0	100.0
通信	Communication	95.0	94.2	94.9	94.9
通信工具	Communication Facility	77.5	77.8	79.6	78.7
固定电话机	Telephone	99.4	93.9	97.4	100.0
移动电话机	Mobile Telephone	66.7	69.2	70.3	70.4
其他	Others	95.1	96.8	99.2	91.2
通信服务	Communication Service	99.3	98.8	99.1	99.2
移动通信费	Mobile Communications	99.4	100.0	100.0	100.0
市内电话费	Local Telephone Fee	100.0	100.0	100.0	100.0
长途电话费	Telephone Fee	100.0	100.0	100.0	100.0
月租费	Monthly Rental Fee	100.0	100.0	100.0	100.0
上网费	On Network Costs	100.0	100.0	100.0	100.0
邮政邮寄	Postal Mail	100.0	100.0	100.0	100.0
其他邮寄	Other Postal Mail	86.2	70.7	76.0	79.5
其他	Others	100.0	100.0	100.0	100.0
娱乐教育文化用品及服务	Recreation,Education , Culture Articles and Service	98.4	98.1	97.2	99.8
文娱用耐用消费品及服务	Durable Consumer Goods for Cultural and Recreational Use and Services	81.8	84.3	85.0	84.7
电视机	TV Set	69.8	73.4	75.1	74.4
激光视盘机	Video Disc Player	82.1	87.9	87.9	88.8

continued

(2012, preceding year =100)

月份 Month								
四 Apr.	五 May.	六 June.	七 July.	八 Aug.	九 Sept.	十 Oct.	十一 Nov.	十二 Dec.
101.5	102.0	103.7	103.7	103.7	102.6	104.3	104.3	104.3
100.0	100.0	100.0	100.0	100.0	100.0	100.0	100.0	100.0
100.0	104.8	104.8	104.8	104.8	104.8	104.8	104.8	104.8
104.5	103.0	103.0	103.0	103.0	100.0	100.0	100.0	100.0
100.0	100.0	109.1	109.1	109.1	109.1	118.2	118.2	118.2
100.0	112.8	112.8	112.8	112.8	112.8	112.8	112.8	112.8
100.0	100.0	100.0	100.0	100.0	100.0	100.0	100.0	100.0
100.0	118.3	118.3	118.3	118.3	118.3	118.3	118.3	118.3
100.0	100.0	100.0	100.0	100.0	100.0	100.0	100.0	100.0
104.4	100.8	96.6	92.9	96.7	96.7	93.3	95.7	96.2
103.5	98.6	89.9	81.2	91.7	91.4	81.9	86.1	87.7
100.0	100.0	100.0	100.0	100.0	100.0	100.0	100.0	100.0
109.8	105.8	100.0	100.0	100.0	100.0	100.0	100.0	100.0
112.9	100.0	100.0	100.0	100.0	100.0	100.0	100.0	100.0
100.0	100.0	100.0	100.0	100.0	100.0	100.0	100.0	100.0
95.5	95.4	95.0	95.2	95.4	95.0	95.0	95.4	94.1
80.2	78.5	76.5	76.4	77.2	75.1	75.0	76.4	78.5
100.0	100.0	100.0	100.0	100.0	100.1	100.1	101.4	100.1
72.2	69.0	65.3	64.4	65.3	61.7	61.2	62.6	65.8
91.5	93.4	94.8	94.8	94.8	95.7	96.3	96.3	96.3
99.4	99.7	99.7	99.7	99.7	99.7	99.7	99.7	97.5
100.0	100.0	100.0	100.0	100.0	100.0	100.0	100.0	93.2
100.0	100.0	100.0	100.0	100.0	100.0	100.0	100.0	100.0
100.0	100.0	100.0	100.0	100.0	100.0	100.0	100.0	100.0
100.0	100.0	100.0	100.0	100.0	100.0	100.0	100.0	100.0
100.0	100.0	100.0	100.0	100.0	100.0	100.0	100.0	99.5
100.0	100.0	100.0	100.0	100.0	100.0	100.0	100.0	100.0
84.1	90.4	90.4	90.4	90.4	90.4	90.4	90.4	100.0
100.0	100.0	100.0	100.0	100.0	100.0	100.0	100.0	100.0
99.2	98.5	98.4	99.4	99.4	97.5	98.2	97.7	97.8
83.2	82.0	79.4	80.1	80.0	79.8	79.8	81.2	82.1
72.0	69.1	65.6	66.9	66.9	66.7	66.6	69.1	70.6
89.8	89.8	76.8	76.8	76.8	74.7	74.7	79.1	81.2

10—13 续表 8

（2012，以上年价格为 100）

指 标	Item	年 度 Year	月 份 Month 一 Jan.	二 Feb.	三 Mar.
摄像机	Video Camera	86.0	92.8	92.9	92.8
照相机	Camera	76.6	81.9	81.1	78.8
家用音响	Home Audio	90.0	95.6	93.5	92.3
便携式音响	Portable Audio	97.9	99.1	98.4	99.2
电脑	Computers	84.8	85.5	86.3	85.7
修理服务	Maintenance Service	100.0	100.0	100.0	100.0
其他	Others	85.5	80.7	84.1	86.3
教育	Education	105.3	103.8	103.8	104.4
教材及参考书	Teaching Materials and Reference Books	114.4	111.1	111.1	114.6
工具书	Books	103.4	100.0	100.0	100.0
教材	Teaching Materials	101.9	101.1	101.1	99.4
参考书	Reference Books	127.7	123.0	123.0	131.4
教育软件	Educational Software	100.0	100.0	100.0	100.0
教育服务	Educational Service	103.5	102.5	102.5	102.5
学前教育	Pre-school Education	110.5	114.0	114.0	114.0
中等教育	Secondary Education	100.0	100.0	100.0	100.0
高等教育	Higher Education	100.2	100.0	100.0	100.0
专业技能培训	Professional Skills Training	100.0	100.0	100.0	100.0
其他	Others	107.7	100.0	100.0	100.0
文化娱乐类	Cultural and Recreational	100.5	100.5	99.6	100.1
文化娱乐用品	Cultural Articles	99.2	98.3	97.8	98.5
乐器	Musical Instruments	96.5	95.8	95.8	95.8
音响光盘和视盘	Audio CD and Video Disc	100.0	100.0	100.0	100.0
电子存储卡	Electronic Memory Card	94.4	91.8	91.8	91.8
儿童玩具	Children′s Toys	96.5	91.6	91.6	95.1
纸张本册	Paper	100.0	102.5	101.4	101.4
文具	Stationery	102.6	102.2	100.0	100.0
体育用品	Sporting Articles	101.5	103.3	103.3	103.3
其他	Others	103.2	104.3	104.3	104.3
书报杂志	Newspapers and Magazines	100.0	100.0	100.0	100.0
书籍	Books	100.0	100.0	100.0	100.0
报纸	Newspapers	100.0	100.0	100.0	100.0
杂志	Magazines	100.0	100.0	100.0	100.0
文娱费	Expenditure on Culture and Recreation	101.6	102.5	100.8	101.4
电影票	Movie Tickets	101.2	106.7	97.5	97.5

continued

(2012, preceding year =100)

月份 Month								
四 Apr.	五 May.	六 June.	七 July.	八 Aug.	九 Sept.	十 Oct.	十一 Nov.	十二 Dec.
89.7	88.4	85.0	83.6	82.7	82.2	80.4	81.1	80.1
76.0	75.4	74.5	73.2	72.8	74.6	76.7	76.9	76.8
92.3	92.3	88.6	88.6	88.6	84.7	85.1	89.1	89.7
99.2	99.2	99.2	99.2	99.2	96.0	96.6	94.7	95.4
84.9	83.6	82.4	83.7	84.1	84.9	85.1	85.4	85.6
100.0	100.0	100.0	100.0	100.0	100.0	100.0	100.0	100.0
83.0	86.3	86.3	88.6	86.3	86.3	82.2	85.4	91.3
104.4	104.5	104.5	107.3	107.3	105.7	105.7	106.0	106.0
114.6	114.6	114.6	115.2	115.2	115.4	115.4	115.4	115.4
100.0	100.0	100.0	106.8	106.8	106.8	106.8	106.8	106.8
99.4	99.4	99.4	99.4	99.4	106.2	106.2	106.2	106.2
131.4	131.4	131.4	131.4	131.4	124.7	124.7	124.7	124.7
100.0	100.0	100.0	100.0	100.0	100.0	100.0	100.0	100.0
102.4	102.6	102.6	105.8	105.8	103.7	103.7	104.1	104.1
114.1	115.0	115.0	115.0	115.0	102.5	102.5	104.6	104.6
100.0	100.0	100.0	100.0	100.0	100.0	100.0	100.0	100.0
100.0	100.0	100.0	100.0	100.0	100.6	100.6	100.6	100.6
100.0	100.0	100.0	100.0	100.0	100.0	100.0	100.0	100.0
100.0	100.0	100.0	115.5	115.5	115.5	115.5	115.5	115.5
99.8	99.3	99.4	99.6	100.0	100.9	101.0	102.3	103.1
98.2	97.8	98.6	98.4	98.4	100.5	100.8	101.6	101.6
95.8	95.8	95.8	95.8	95.8	95.8	95.8	100.0	100.0
100.0	100.0	100.0	100.0	100.0	100.0	100.0	100.0	100.0
91.8	91.8	91.8	91.8	91.8	100.0	100.0	100.0	100.0
95.1	95.1	95.8	95.8	95.8	100.7	100.7	100.7	100.7
100.0	98.7	98.7	98.7	98.7	100.0	100.0	100.0	100.0
100.0	100.0	103.0	103.0	103.0	103.0	104.7	106.4	106.4
101.6	100.0	101.0	101.0	101.0	101.0	101.0	101.0	101.0
104.3	104.3	104.3	101.2	101.2	102.1	102.8	102.8	102.8
100.0	100.0	100.0	100.0	100.0	100.0	100.0	100.0	100.0
100.0	100.0	100.0	100.0	100.0	100.0	100.0	100.0	100.0
100.0	100.0	100.0	100.0	100.0	100.0	100.0	100.0	100.0
100.0	100.0	100.0	100.0	100.0	100.0	100.0	100.0	100.0
101.0	100.2	99.8	100.2	101.1	101.5	101.5	103.8	105.6
97.5	97.5	97.5	97.5	97.5	100.0	100.0	112.5	112.5

10—13 续表 9

（2012，以上年价格为 100）

指 标	Item	年 度 Year	月 份 Month 一 Jan.	二 Feb.	三 Mar.
景点门票	Attractions Tickets	101.4	102.5	102.5	102.5
有线电视	Cable Television	100.0	100.0	100.0	100.0
健身活动	Fitness Activities	104.2	105.3	105.3	105.3
其他	Others	99.8	94.5	93.7	100.0
旅游	Touring and Outing	99.7	99.4	94.9	106.6
旅行社收费	Travel Agent Fees	98.8	96.0	89.7	109.3
宾馆住宿	Hotel Accommodation	104.9	104.1	105.2	100.0
其他住宿	Other	97.2	116.9	116.9	100.0
居住	Residence	102.7	99.9	100.8	102.6
建房及装修材料	Building and Building Decoration Materials	98.0	96.2	98.9	100.1
木材	Timber	100.0	94.1	96.6	102.1
木地板	Timber Flooring	90.6	92.2	94.2	96.4
砖	Brick	102.9	97.1	101.8	105.1
水泥	Cement	93.9	103.3	95.6	95.6
涂料	Coating	96.4	99.0	106.3	102.9
板材	Board Material	97.7	83.0	94.9	96.5
玻璃	Glass	94.9	94.2	90.9	97.6
粘胶	Viscose	105.6	107.3	102.7	96.9
厨卫设备	Kitchen Equipment	101.9	108.6	105.2	102.1
其他	Others	100.3	94.4	101.1	101.1
住房租金	Renting	115.4	103.4	106.5	121.0
公房房租	Public House Leasing	100.0	100.0	100.0	100.0
私房房租	Private House Leasing	115.3	104.3	104.3	121.7
其他费用	Other Costs	124.9	100.0	122.5	129.1
自有住房	Private Housing	102.4	101.5	102.2	104.5
住房估算租金	Housing Estimates Rent	106.2	104.1	105.7	111.8
物业管理费用	Property Management Fees	100.0	100.0	100.0	100.0
维护修理费用	Maintenance and Repair Costs	100.0	100.0	100.0	100.0
其他	Others	100.0	100.0	100.0	100.0
水、电、燃料	Water,Electricity and Fuels	103.2	100.0	100.0	100.0
水	Water	100.0	100.0	100.0	100.0
电	Electricity	102.1	100.0	100.0	100.0
液化石油气	Liquefied Petroleum Gas	101.9	100.0	100.0	100.0
管道燃气	Pipeline Natural Gas	108.2	100.0	100.0	100.0
其他燃料	Other Fuels	103.5	100.0	100.0	100.0

continued

（2012，preceding year =100）

月份 Month								
四 Apr.	五 May.	六 June.	七 July.	八 Aug.	九 Sept.	十 Oct.	十一 Nov.	十二 Dec.
102.5	102.5	102.5	102.5	100.0	100.0	100.0	100.0	100.0
100.0	100.0	100.0	100.0	100.0	100.0	100.0	100.0	100.0
102.5	100.0	100.0	101.4	105.0	105.0	105.0	105.0	110.7
105.3	105.3	100.0	100.0	100.0	100.0	100.0	100.0	100.0
105.2	103.0	105.0	102.7	102.1	95.9	98.7	92.9	91.2
105.8	102.6	104.3	100.0	103.2	96.2	101.0	89.6	89.4
105.7	109.6	117.7	114.4	104.4	97.4	98.0	104.7	99.6
100.0	94.7	89.9	102.5	91.2	91.2	86.2	95.4	89.9
101.9	101.9	101.9	104.4	104.0	103.7	104.5	103.3	103.7
98.4	98.3	97.9	97.9	98.1	96.5	97.9	97.2	99.1
103.7	104.3	99.2	98.7	97.1	97.1	98.8	103.1	105.6
94.8	92.2	90.3	90.3	90.2	85.0	88.8	82.7	90.8
102.5	102.4	103.9	103.9	106.0	102.5	103.5	103.5	103.5
88.2	90.0	92.1	92.1	92.1	92.1	94.4	95.6	96.8
94.1	94.1	97.9	94.7	94.7	93.1	92.6	92.6	95.7
99.5	99.5	98.0	97.8	100.7	100.4	100.4	102.7	102.7
95.0	94.3	93.6	96.1	96.1	96.1	95.0	95.0	95.0
102.7	102.7	109.8	109.8	106.9	106.9	106.9	106.9	106.9
101.1	102.2	100.4	101.0	99.8	101.6	102.8	101.0	98.4
98.7	99.2	99.2	101.6	101.6	101.6	101.6	101.6	101.6
121.0	121.0	121.0	121.0	117.0	117.0	117.0	109.6	109.6
100.0	100.0	100.0	100.0	100.0	100.0	100.0	100.0	100.0
121.7	121.7	121.7	121.7	116.7	116.7	116.7	108.3	108.3
129.1	129.1	129.1	129.1	129.1	129.1	129.1	122.5	122.5
103.1	103.2	103.1	102.9	102.4	102.4	102.4	100.4	100.4
107.9	108.4	108.1	107.7	106.2	106.2	106.2	101.0	101.0
100.0	100.0	100.0	100.0	100.0	100.0	100.0	100.0	100.0
100.0	100.0	100.0	100.0	100.0	100.0	100.0	100.0	100.0
100.0	100.0	100.0	100.0	100.0	100.0	100.0	100.0	100.0
100.0	100.0	100.2	105.8	105.8	105.8	106.9	106.9	106.9
100.0	100.0	100.0	100.0	100.0	100.0	100.0	100.0	100.0
100.0	100.0	100.0	104.1	104.1	104.1	104.1	104.1	104.1
100.0	100.0	100.0	100.0	100.0	100.0	107.7	107.7	107.7
100.0	100.0	100.0	116.4	116.4	116.4	116.4	116.4	116.4
100.0	100.0	106.1	106.1	106.1	106.1	106.1	106.1	106.1

10—14 商品零售价格分类指数

Retail Price Indices by Classification

（2012，以上年价格为 100）(preceding year =100)

指标	Item	指数 Indice
商品零售价格总指数	Retail Price Index	100.6
食品类	Food	104.9
粮食	Grain	102.2
大米	Rice	99.2
面粉	Flour	107.3
油脂类	Oil or Fat	107.2
肉禽及其制品	Meat,Poultry and Processed Products	104.3
水产品	Aquatic Products	106.7
鲜菜	Fresh Vegetables	100.8
干菜及菜制品	Drived Vegetables and Vegetable Products	94.2
调味品	Flavoring	102.4
糖	Carbohydrate	103.9
干鲜瓜果类	Dried and Fresh Melons and Fruits	97.9
鲜瓜果	Fresh Melons and Fruits	98.0
糕点饼干面包	Cake,Biscuit and Bread	103.2
液体乳及乳制品	Milk and Processed Products	104.1
巴氏杀菌奶或消毒奶	Markov Sterilization of Milk or Pasteurized Milk	105.5
乳粉	Dehydrated milk	102.7
在外用膳食品类	Dining Out	113.0
主食	Staple Food	108.0
炒菜	Cooking	115.2
地方小吃	Local Snacks	114.6
其它食品	Other Food	106.5
烟酒及饮料	Beverages,Tobacco,Liquor and Articles	102.0
茶及饮料	Tea and Drinks	102.1
烟草	Tobacco	100.0
酒	Liquor	103.1
服装鞋帽类	Garments,Shoes and Hats	103.6
服装	Garments	103.7
鞋帽袜	Footgear and Hats	104.5
纺织品类	Textiles	89.3
棉布	Cotton Cloth	100.9
化纤布	Chemical Fiber cloth	102.4
毛线	Woolen	93.6
家用电器及音像器材类	Household Appliances,Music and Video Equipment	92.5
文化办公用品类	Cultural and Office Appliances	95.8
日用品类	Articles for Daily Use	100.2
日用百货	General Merchandise for Daily Use	100.2
日用杂品	Miscellaneous for Daily Use	99.8
体育娱乐用品类	Sports and Recreation Articles	98.9
交通通信用品类	Transportation and Communication Appliances	92.2
家具类	Furniture	97.6
化妆品类	Cosmetics	100.9
金银珠宝类	Gold ,Silver and Jewel	90.9
中西药品及医疗保健用品类	Traditional Chinese and Western Medicines and Health Care Articles	101.5
医疗器具及用品	Medical Apparatus and Article	108.1
中药材及中成药	Traditional Chinese Medicinal Materials and Medicines	103.4
西药	Western Medicines	97.5
保健器具及用品	Health Care Apparatus and Articles	108.5
书报杂志及电子出版物类	Books,Newspapers,Magazines and Electronic Publications	104.5
燃料类	Feuls	103.7
建筑材料及五金电料类	Building Materials and Hardware	97.8

10—15 各种物价总指数

Variety of Price Indices

（2012）

指 标	Item	居民消费价格总指数 Consumer Price Index	商品零售价格总指数 Retail Price Index
以 1957 年价格为 100	Year of 1957=100	804.5	566.0
以 1962 年价格为 100	Year of 1962=100	640.3	454.7
以 1965 年价格为 100	Year of 1965=100	776.9	546.9
以 1970 年价格为 100	Year of 1970=100	737.5	519.6
以 1978 年价格为 100	Year of 1978=100	661.5	463.9
以 1980 年价格为 100	Year of 1980=100	613.9	430.1
以 1985 年价格为 100	Year of 1985=100	518.2	365.1
以 1990 年价格为 100	Year of 1990=100	304.0	216.6
以 1992 年价格为 100	Year of 1992=100	261.5	188.8
以 1995 年价格为 100	Year of 1995=100	153.6	121.4
以 1997 年价格为 100	Year of 1997=100	137.9	111.9
以 1998 年价格为 100	Year of 1998=100	137.7	115.2
以 1999 年价格为 100	Year of 1999=100	137.6	116.7
以 2000 年价格为 100	Year of 2000=100	140.5	119.4
以 2001 年价格为 100	Year of 2001=100	136.9	118.7
以 2002 年价格为 100	Year of 2002=100	137.6	122.3
以 2003 年价格为 100	Year of 2003=100	135.2	120.5
以 2004 年价格为 100	Year of 2004=100	131.1	118.1
以 2005 年价格为 100	Year of 2005=100	133.6	121.4
以 2006 年价格为 100	Year of 2006=100	126.8	116.2
以 2007 年价格为 100	Year of 2007=100	120.5	112.1
以 2008 年价格为 100	Year of 2008=100	111.9	105.7
以 2009 年价格为 100	Year of 2009=100	112.3	107.4
以 2010 年价格为 100	Year of 2010=100	109.8	106.2
以 2011 年价格为 100	Year of 2011=100	102.6	100.6

10—16 工业生产者出厂价格指数

（以上年价格为 100）

指　标	Item	2003 年
全部工业品出厂价格总指数	**Total Industry Products Price Index**	**105.5**
按轻重工业分	**Grouped by Light and Heavy Industry**	
轻工业	Light Industry	99.8
以农产品为原料	Raw Material of Agricultural Products	99.1
以非农产品为原料	Raw Material of Non-Agricultural Products	100.5
重工业	Heavy Industry	108.7
采掘	Mining & Quarrying	99.5
原料	Raw Material	110.6
加工	Process	107.1
按两大部类分	**Grouped by Two Major Categories**	
生产资料	Means of Production	106.8
采掘	Mining & Quarrying	99.5
原料	Raw Material	110.3
加工	Process	104.3
生活资料	Consumer Goods	99.8
食品	Food	100.3
衣着	Clothing	101
一般日用品	Articles for Daily Used	95.5
耐用消费品	Durable Consumer Goods	97
按工业部门分	**Grouped by Industry Branch**	
冶金工业	Metallurgy Industry	109
电力工业	Electric Power Industry	104.5
煤炭及炼焦工业	Coal and Coking Industry	99.5
石油工业	Petroleum Industry	115.5
化学工业	Chemistry Industry	106.9
机械工业	Machinery Industry	98.1
建筑材料工业	Building Materials Industry	99.5
森林工业	Forest Industry	96.6
食品工业	Food Industry	100.1
纺织工业	Textile Industry	97.6
缝纫工业	Sewing Industry	101
皮革工业	Leather Industry	100
造纸工业	Papermaking Industry	95.1

Industrial Producer Price Indices

(preceding year =100)

2004年	2005年	2006年	2007年	2008年	2009年	2010年	2011年	2012年
107.1	**106**	**107**	**104.1**	**111.5**	**97.1**	**108.8**	**109.1**	**99.4**
100.7	102.4	103.2	103.6	108.7	95.5	108.3	119.4	100.4
105.7	105.4	101.6	102.3	104.6	92.8	111.5	117.6	101.8
96.1	99.4	104.8	105.2	114	98.9	103.8	128.3	93.3
110.7	107.6	108.4	104.3	112.9	97.8	109.0	107.2	99.2
108.5	120.8	121.2	110.4	134	103.3	123.1	112.1	92.5
109.6	109.3	110.1	104.3	109.4	98.6	108.3	105.8	101.6
112.1	101.2	101.5	102.2	114.9	93.6	101.2	108.3	96.4
107.5	106.4	107.7	104.1	111.7	96.8	109.1	108.6	99.8
108.5	120.8	121.2	110.4	134	102	123.1	112.1	92.5
109	109	110	104.3	109.3	98.4	108.3	105.7	102.0
106.2	102	103.2	102.8	111.2	93.4	105.9	112.7	98.5
103.9	101.5	99.9	103.9	110.3	99.1	106.2	114.3	95.2
105.8	101.9	99.4	102.8	109.9	100.4	108.3	109.5	100.1
100.8	99.1	96.9	100.3	97.9	97.4	104.7	114.3	108.2
103.8	102.7	101.5	107.8	115.7	96.6	102.7	120.6	88.2
98.1	101.2	98.5	98.3	102.5	99.7	105.4	101.1	100.5
129.4	94.8	104.2	112.2	120.8	81.2	108.1	110.5	95.9
102.7	100.3	103.5	103.8	99.7	99.7	105.8	100.4	100.9
108.5	120.8	121.2	110.4	134	102	123.1	110.1	92.6
110.4	117.8	123	102.5	120.3	99.7	110.2	115.8	108.3
105.4	106	101.5	103.8	117.6	93.5	105.4	116.8	91.3
103.4	101.7	106.4	101.5	104.8	98.1	101.1	103.0	100.5
102.5	99.1	100.2	102.9	116.3	119.9	97.5	102.6	95.2
94.8	101.8	98.5	100	101.4	100.5	102.1	100.1	100.5
105.9	101	99.8	104.1	112.3	100.1	108.5	108.9	100.7
106.5	110.8	103.7	101.1	97.4	84.2	116.4	126.7	102.4
100.8	99	96.5	100.3	97.9	97.2	104.7	109.6	105.4
107	103.7	100	100.1	98.4	96.3	98.0	115.6	109.4
106.1	102.7	102.6	102.5	113.8	99.8	106.7	104.2	100.2

10—16 续表

（以上年价格为 100）

指　标	Item	2003 年
文教艺术用品工业	Culture and Education Articles Industry	99
其它工业	Other Industry	112.7
按工业行业分	**Grouped by Industry Sector**	
煤炭开采和洗选业	Mining and Washing of Coal	99.5
农副食品加工业	Processing of Food from Agricultural Products	101.2
食品制造业	Manufacture of Foods	96.7
饮料制造业	Manufacture of Beverages	102.5
纺织业	Manufacture of Textile	99
纺织服装、鞋、帽制造业	Manufacture of Textile Wearing Apparel,Footware and Caps	100
皮革、毛皮、羽毛(绒)及其制品业	Manufacture of Leather,Fur,Feather and Related Products	100
木材加工及木、竹、藤、棕、草制品业	Processing of Timber,Manufacture of Wood,Bamboo,Rattan,Palm and Straw Products	
家具制造业	Manufacture of Furniture	95.6
造纸及纸制品业	Manufacture of Paper and Paper Products	95.1
印刷业和记录媒介的复制	Printing,Reproduction of Recording Media	102.6
石油加工、炼焦及核燃料加工业	Processing of Petroleum,Coking,Processing of Nuclear Fuel	115.6
化学原料及化学制品制造业	Manufacture of Raw Chemical Materials and Chemical Products	111.5
医药制造业	Manufacture of Medicines	100.9
化学纤维制造业	Manufacture of Chemical Fibers	95.5
橡胶制品业	Manufacture of Rubber	100
塑料制品业	Manufacture of Plastics	107.4
非金属矿物制品业	Manufacture of Non-metallic Mineral Products	99.6
黑色金属冶炼及压延加工业	Smelting and Pressing of Ferrous Metals	115.1
有色金属冶炼及压延加工业	Smelting and Pressing of Non-ferrous Metals	100.3
金属制品业	Manufacture of Metal Products	100.9
通用设备制造业	Manufacture of General Purpose Machinery	97.8
专用设备制造业	Manufacture of Special Purpose Machinery	93.8
交通运输设备制造业	Manufacture of Transport Equipment	101.8
电气机械及器材制造业	Manufacture of Electrical Machinery and Equipment	99.4
仪器仪表及文化、办公用机械制造业	Manufacture of Measuring Instruments and Machinery for Cultural Activity and Office Work	100.1
电力、热力的生产和供应业	Production and Supply of Electric Power,Steam and Hot Water	104.5
燃气生产和供应业	Production and Supply of Gas	106.9
水的生产和供应业	Production and Supply of Tap Water	115.8

continued

(preceding year =100)

2004年	2005年	2006年	2007年	2008年	2009年	2010年	2011年	2012年
100	100	100	100	106.3	95.5	100.9	102.8	104.8
118.1	105.5	99.9	103.3	127.9	94.9	107.4	115.1	101.3
108.5	120.8	121.2	110.4	134.0	102.0	123.1	112.1	92.5
109.7	99.8	101	110	116.2	97.6	105.6	108.7	102.8
105.2	102.6	97.3	99	110.5	101.5	109.8	123.2	91.1
101.8	100.5	101.8	101.8	104.8	103.7	111.1	106.6	102.6
105.8	109.6	103.1	101	97.4	85.3	115.6	126.4	102.5
99.2	100	100.1	100.2	100.4	103.6	100.3	102.4	102.2
107	103.7	100	100.1	98.4	96.3	98.0	115.6	109.4
				100.0	101.3	101.0	98.9	100.3
97.3	101.8	98.5	98.3	102.7	99.8	102.6	100.9	100.6
106.1	102.7	102.6	102.5	113.8	99.8	106.7	104.2	100.2
100	100	100	100	106.7	95.3	98.7	102.8	105.2
110.7	118.6	123.6	102.5	120.6	99.6	110.5	114.1	105.4
116.6	113.4	95.5	100.9	123.4	92.6	105.2	116.2	102.0
99.2	99.3	99.6	111.1	118.8	90.2	102.3	106.2	88.1
115.8	104.1	98.5	101.7	99.9	94.1	90.9		
88.8	98	110	104.6	111.7	96.6	108.4	117.8	85.0
103.3	103.4	101.2	101.5	103.0	90.2	103.0	106.0	99.7
102.6	99.3	100.2	103.2	120.4	115.9	98.6	104.9	96.2
121.8	82.6	100.5	105.9	126.4	79.1	103.9	107.9	94.6
145.4	116.5	115.9	121.8	115.0	77.0	115.4	110.6	94.3
113.9	101.4	91.7	102.8	116.3	94.0	94.1	113.6	102.5
103.5	101.5	101.9	101.4	105.1	98.6	102.5	103.7	100.2
98.2	105.2	104.3	99.1	109.9	99.3	97.6	100.1	99.8
100	100	100	100	100.0	100.0	100.0	101.8	100.0
104.1	101.4	127.6	102.1	103.2	94.7	98.4	102.2	100.0
101.4	105.2	101.1	100.2	101.5	99.7	94.4	104.8	100.9
102.7	100.3	103.5	103.8	99.7	99.7	105.8	100.4	102.6
100	100	110.7	103.7	108.6	101.6	100.0	100.0	133.0
124.6	108.8	100	100	100.0	100.0	120.3	115.1	102.0

10—17 房地产价格指数

指标	Item	2001年	2002年	2003年
新建住宅销售价格指数	New Residential Buildings Sales Price Index	103.6	102.7	101.5
新建商品住宅销售价格指数	New Commercialized Houses Sales Price Index			
1. 90m² 及以下	Housing of 90 Square Meters Below			
2. 90–144m²	Housing of Square Meters Between 90 and 144			
3. 144m² 以上	Housing of 144 Square Meters Above			
二手住宅销售价格指数	Second-hand House Sales Price Index	105.0	106.0	107.0
1. 90m² 及以下	Housing of 90 Square Meters Below			
2. 90–144m²	Housing of Square Meters Between 90 and 144			
3. 144m² 以上	Housing of 144 Square Meters Above			
住宅租赁价格指数	Renting Price Index of Houses	105.7	113.5	103.4
商品住宅租赁价格指数	Renting Price Index of Business Use			
1. 普通住宅	Ordinary Residential			
2. 高档住宅	High-grade Residential			
物业管理价格指数	Property Management Price Index			
土地交易价格指数	Transactions Price Index of Land	103.2	102.9	103.4

注:2011年,国家统计局开始实施新的房屋价格统计制度。此次新房价统计调查方案对调查指标做出了调整。房屋销售价格指数调整为新建住宅销售价格指数和二手住宅销售价格指数。新建住宅类下设保障性住房和商品住宅两类。房屋租赁价格指数调整为住宅租赁价格指数。

a)2011, Nation Bureau of Statisties began to implement the new housing price statistics system. The new survey program adjustments were made to the survey indicators. Housing sales price index is adjusted to the new housing sales price index and seeond-hand housing sales price index. New housing were consist of the security of residetial housing and commercial housing. The rental price index adjusted to residental rental price index.

10—18 工业生产者购进价格指数

(以上年价格为100)

指标	Item	2004年	2005年	2006年
全部原材料购进价格	Purchasing Price of Raw Materials	116.9	117.1	106.5
燃料、动力类	Fuel and Power	119.3	120.9	110.4
黑色金属材料类	Ferrous Metals	131.9	107.7	89.2
#钢材	Steels	128.0	105.7	88.7
其它	Others	140.7	117.9	95.7
有色金属材料和电线类	Nonferrous Metals and Electric Wires	136.1	115.3	116.8
化工原料类	Raw Chemical Materials	111.9	119.0	106.3
木材及纸浆类	Timber and Paper Pulp	108.5	101.4	101.5
建筑材料及非金属矿类	Building Materials and Non-metallic Mineral	105.7	107.8	106.3
其它工业原材料及半成品类	Other Industry Raw Materials and Semi-manufantures	118.5	106.4	100.0
农副产品类	Agricultural Products	120.0	113.2	104.1
纺织原料类	Textile Materials	102.5	122.8	97.2

Price Indices of Real Estate

2004 年	2005 年	2006 年	2007 年	2008 年	2009 年	2010 年	2011 年	2012 年
104.7	102.0	102.1	104.3	109.9	107.6	112.7	102.8	101.1
				110.1	107.8	112.8	102.9	101.2
							104.6	101.2
							101.5	100.9
							103.4	101.7
105.3	103.6	103.5	103.8	111.1	103.6	111.1	102.7	99.4
							102.2	99.1
							103.1	99.2
							102.9	101.1
111.3	109.0	102.6	101.7	101.0	101.5	110.1	106.1	105.7
							109.7	108.1
							109.7	108.5
							100.0	104.5
							101.2	100.0
105.8	103.4	103.1	105.7	106.0	106.1	109.7	103.1	100.4

Purchasing Price Indices of Industrial Producer

(preceding year =100)

2007 年	2008 年	2009 年	2010 年	2011 年	2012 年
105.4	123.2	94.6	115.8	115.0	104.2
104.8	128.0	95.7	116.0	116.5	107.4
106.2	133.9	83.8	110.2	108.9	93.8
104.8	133.4	84.6	107.5	107.5	96.2
128.1	142.0	70.9	118.6	112.5	87.7
119.3	140.4	76.9	128.5	104.2	94.2
110.7	110.0	99.9	116.1	120.8	100.3
119.5	127.7	100.3	101.6	101.9	100.8
106.2	150.6	107.7	111.0	123.0	110.3
105.0	106.2	98.2	110.0	108.7	103.1
103.2	106.0	93.9	116.3	115.5	101.0
101.2	102.0	90.4	109.1	114.7	97.3

主要统计指标解释

【城镇居民家庭可支配收入】 指调查户可用于最终消费支出和其它非义务性支出以及储蓄的总和,即居民家庭可以用来自由支配的收入。它是家庭总收入扣除交纳的所得税、个人交纳的社会保障费以及调查户的记账补贴后的收入。

可支配收入=家庭总收入-交纳所得税-个人交纳的社会保障支出-记账补贴

【城市居民家庭消费性支出】 指调查户用于本家庭日常生活的全部支出,包括食品、衣着、家庭设备用品及服务、医疗保健、交通和通讯、娱乐教育文化服务、居住、其他商品和服务八大类等。包括用于赠送的商品或服务。

【农民人均纯收入】 是总收入扣除生产费用支出,生产用固定资产折旧,交纳国家税收(主要农业税),村提留、乡统筹、保险费支出,其它各项收费后,归农民所有或支配的收入。它一般有现金和实物(折旧)两部分组成。

【农村居民家庭生活消费支出】 指农村常住居民家庭用于日常生活全部开支,是反映和研究农民家庭实际生活消费水平高低的重要指标。

【农民家庭商品性生活消费支出】 指农村常住居民家庭用其货币收入,在市场上购买食品、衣着、家庭用家具器皿、日用杂品、燃料、耐用消费品,以及文教卫生用品等生活消费总量。包括向国有商店、集体商店和集市贸易市场以及其他流通渠道购买的全部生活消费品。农民家庭商品性生活消费支出,是农民家庭生活消费支出一个重要组成部分,是用来反映和分析农民家庭生活消费水平的商品化程度,及其由自给性经济向商品经济发展趋势的重要指标,也是研究和预测农民家庭对市场消费品需求,制定商品供应计划的重要依据。

【商品零售价格指数】 是反映城乡商品零售价格变动趋势的一种经济指数。包括食品、饮料烟酒、服装鞋帽、纺织品、家用电器、文化办公用品、日用品、体育娱乐用品、交通通信用品、家具、化妆品、金银珠宝、中西药品及医疗保健用品、书报杂志及电子出版物、燃料、建筑材料及五金电料等十六个大类、552 种商品。与居民消费价格指数相比较而言,商品零售价格指数主要侧重于反映整个市场零售价格走势,而前者主要侧重同人民生活密切相关的社会产品和服务项目的最终价格波动状况。

【居民消费价格指数】 是度量消费商品及服务项目的价格水平随时间而变动的相对数,反映居民家庭购买的消费品及服务价格水平的变动情况,它是宏观经济分析和调控、价格总水平监测以及国民经济核算的重要指标。其变动率在一定程度上反映了通货膨胀(或紧缩)的程度。

【工业品出厂价格指数】 是反映工业产品价格变化趋势和变动幅度的统计指标,是工业品价格在不同时间和空间条件下平均变动的相对数。工业品价格包括工业品第一次出售时的出厂价格和企业作为中间投入的原材料、燃料、动力购进价格,是进行国民经济核算和经济管理的重要依据。

【房屋销售价格】 指房产所有权转移时买卖双方实际成交的价格(合同价格)。它主要包括商品房销售和二手房销售两部分。

城市公用事业

City Public Utilities

11—1 主要年份城市设施水平

指 标	Item	单 位	Unit	2006年
人均日生活用水量	Per Capita Daily Water Consumption for Residential Use	升	liter	190.77
用水普及率	Coverage Rate of Urban Population with Access to Tap Water	%	%	90.8
每万人拥有公交车辆	Number of Public Transportation Vehicles Per 10 000 Population	标台	unit	11.74
燃气普及率	Coverage Rate of Urban Population with Access to Gas	%	%	92.8
人均拥有城市道路面积	Per Capita Area of Paved Roads	平方米	sq.m	14.19
排水管道密度	Density of City Sewage Pipes	公里/平方公里	km/sq.km	3.77
污水处理率	Rate of Sewage Disposal	%	%	75.0
#污水处理厂集中处理率	Rate of Sewage Disposal	%	%	75.0
粪便处理率	Rate of Disposal of Excrement and Urine	%	%	100
清运生活垃圾无害化处理率	Rate of Life Garbage Disposal	%	%	100
人均公园绿地面积	Per Capita Park Green Area	平方米	sq.m	7.80
建成区绿地率	Parks and Green land Rate of Developed Areas	%	%	29.4
建成区绿化覆盖率	Green Covered Rate of Completed Area	%	%	30.2

11—2 主要年份城市环境卫生

指 标	Item	单 位	Unit	2006年
从业人数	Number of Employed Persons	人	person	2748
道路清扫保洁面积	Area under Cleaning Program	万平方米	10 000 sq.m	1116
#机械清扫	Mechanical Cleaning	万平方米	10 000 sq.m	356
生活垃圾清运量	Volume of Garbage Disposal	万吨	10 000 tons	23.00
生活垃圾无害化处理厂(场)	Harmless Treatment Plant of Garbage(Field)	座	unit	1
生活垃圾无害化处理能力	Harmless Treatment Capacity of Garbage	吨/日	ton/day	1000
生活垃圾无害化处理量	Harmless Treatment quantity of Garbage	万吨	10 000 tons	23.00
粪便清运量	Volume of Excrement and Urine Disposal	万吨	10 000 tons	1.40
公厕数量	Number of Public Lavatories	座	unit	250
#水冲式	Flush	座	unit	208
市容环卫专用车辆	Number of Special Vehicles for Environmental Sanitation	辆	vehicle	167

注:城市公用事业数据资料均来自相关部门。

a)Date in this table came from related department.

The Level of Urban Facilities in Main Years

2007 年	2008 年	2009 年	2010 年	2011 年	2012 年
175.22	180.17	162.00	164.86	153.22	163.0
91.8	99.1	99.5	99.5	85.0	96.3
11.87	15.17	14.10	11.00	11.50	13.3
93.6	97.6	97.8	82.4	73.9	82.6
14.63	15.02	15.06	15.28	12.19	13.6
3.93	3.85	3.78	3.74	4.13	4.0
82.2	87.6	87.0	91.8	92.0	92.0
82.2	87.6	87.0	91.8	92.0	92.0
100	100	100	100	100	100
100	100	100	100	100	100
8.00	14.01	14.01	12.06	12.20	13.4
34.6	41.7	43.2	43.2	43.3	41.9
36.0	43.0	43.0	43.0	43.2	41.7

Environmental Sanitation in Main Years

2007 年	2008 年	2009 年	2010 年	2011 年	2012 年
2854	2958	2591	3290	3045	3233
1376	1564	1793	1503	1916	2544
333	372	494	520	520	660
24.00	24.75	25.99	28.96	29.60	37.0
1	1	1	1	1	1
1000	1000	1000	1000	1000	1000
24.00	24.75	25.99	28.96	29.60	37.0
1.02	1.30	0.77	1.04	全部进入管网	1.0
275	293	288	338	338	392
275	251	251	301	301	355
165	215	279	340	301	299

11—3 主要年份城市供水

指 标	Item	单 位	Unit	2006年
年末水厂个数	Number of Waterworks at Year-end	个	unit	5
地下水综合生产能力	Synthesize Productivity of Groundwater	万立方米/日	10 000 cu.m/day	46.10
水质综合合格率	Qualified Rate of Water Quality at Year-end	%	%	100
年末供水管道总长度	Length of Water Supply Pipelines	公里	km	763
全年供水总量	Total Annual Volume of Water Supply	万立方米	10 000 cu.m	9517
#生产用量	Volume of Productive Use	万立方米	10 000 cu.m	3165
居民生活用量	Volume of Residential Use	万立方米	10 000 cu.m	3349
城市公共管网漏失率	Rate of City Public Pipe Network	%	%	13.7
用水户数	Number of Households with Access to Tap Water	万户	10 000 household	21.36
用水人口	Number of Residents with Access to Tap Water	万人	10 000 person	75.34
城市居民人均生活用水量	Volume of Per Capita in Urban Life	升/人·日	liter/person·day	105
节约用水量	Volume of Water Conservation	万立方米	10 000 cu.m	389

注:供水有关数据包括公共供水和自建设施供水。

a)Water supply date consisted of pubblic supplyied and own-development facilities supplied.

11—4 主要年份城市园林绿化

指 标	Item	单 位	Unit	2006年
园林绿地面积	Area of Parks and Green land	公顷	hectare	4263
#公共绿地面积	Area of Public Parks and Green land	公顷	hectare	647
年末绿化覆盖面积	Green Covered Area at Year-end	公顷	hectare	4410
#建成区	Completed Area	公顷	hectare	3191
公园个数	Number of Parks	个	unit	11
公园面积	Area of Parks	公顷	hectare	315

11—5 主要年份城市公共交通

指 标	Item	单 位	Unit	2006年
公共汽车运营车辆数	Number of Public Vehicles under Operation	辆	unit	1079
标准运营车辆	Number of Standard Vehicles under Operation	标台	unit	974
运营线路网长度	Network Length	公里	km	655
客运总量	Volume of Passenger	万人次	10 000 person-times	10377
出租汽车数	Number of Taxi	辆	unit	4587
出租汽车从业人员	Drivers of Taxi	人	person	10435

Tap Water Supply of City in Main Years

2007年	2008年	2009年	2010年	2011年	2012年
6	6	6	6	6	6
47.00	47.00	44.00	43.96	41.00	39.4
100	100	100	100	100	100
794	821	831	841	850	859
9059	10048	10225	10525	11249	11468
2789	3030	2917	2671	2642	2413
3413	4201	4452	5104	5182	5381
8.0	14.9	9.8	10.2	9.9	10.1
22.82	22.54	22.92	23.00	36.33	34.6
88.00	88.00	105.29	107.56	125.38	122.0
106	131	162	165	153	163
767	260	210	151	90	193

Parks and Green Areas of City in Main Years

2007年	2008年	2009年	2010年	2011年	2012年
4859	5239	5181	5407	5584	5884
767	1385	1545	1556	1651	1780
5073	5403	5403	5701	5865	6165
3854	4765	4976	5188	5332	5632
16	16	17	17	17	17
486	486	532	532	950	532

Public Transportation of City in Main Years

2007年	2008年	2009年	2010年	2011年	2012年
992	1348	1321	1401	1377	1535
1022	1113	1492	1421	1514	1762
410	415	410	420	450	489
11081	15257	17378	18171	19920	25445
4887	5006	5006	5006	5006	5278
10670	11840	11000	9667	12000	12000

11—6 主要年份市政建设及城市燃气

指 标	Item	单 位	Unit	2006 年
市政建设	**Public Facilities**			
年末实有道路长度	Length of Paved Roads at Year-end	公里	km	434
道路面积	Area of Street	万平方米	10 000sq.m	1177
# 人行道面积	Area of Sidewalk	万平方米	10 000sq.m	278
年末实有桥梁数	Number of Bridge at Year-end	座	unit	43
# 立交桥	Overpass	座	unit	2
排水管道长度	Length of Draining Water Pipelines	公里	km	398
路灯盏数	Number of Street Lights	盏	unit	108046
污水年排放量	Volume of Sewage Annual Emission	万立方米	10 000cu.m	7709
污水处理厂座数	Number of Sewage Treatment Plant	座	unit	3
污水年处理量	Volume of Sewage Annual Disposal	万立方米	10 000cu.m	5707
防洪堤长度	Length of Levees	公里	km	64
液化石油气	**Liquefied Petroleum Gas**			
供气总量	Volume of Gas Supply	吨	ton	12307
# 家庭用量	Volume of Household	吨	ton	8044
用气户数	Number of Household Used Gas	户	household	122865
# 家庭用户	Household	户	household	120456
用气人口	Population with Access to Gas	万人	10 000 persons	42.28
天然气	**Natural Gas**			
供气总量	Volume of Gas Supply	万立方米	10 000cu.m	71962
# 家庭用量	Volume of Household	万立方米	10 000cu.m	6001
用气户数	Number of Household Used Gas	户	household	115175
# 家庭用户	Household	户	household	114764
用气人口	Population with Access to Gas	万人	10 000 persons	34.72
供气管道长度	Length of Gas Pipelines	公里	km	903
集中供热	**Heating**			
供热能力(热水)	Heating Capacity(hot water)	兆瓦	mega watts	2982.00
# 热电厂供热(热水)	Heating by Thermal Power Plant(hot water)	兆瓦	mega watts	458.00
锅炉房供热	Heating by Boiler Room	兆瓦	mega watts	2521.00
供热总量(热水)	Quantity of Heat Supplied(hot water)	万吉焦	10 000gigajoules	2874.00
# 热电厂供热(热水)	Heating by Thermal Power Plant(hot water)	万吉焦	10 000gigajoules	441.00
管道长度(热水)	Length of Heating Pipelines(hot water)	公里	km	760
供热面积	Area of Centralized Heating	万平方米	10 000sq.m	2730
# 住宅	Residence	万平方米	10 000sq.m	2186
集中供热率	Rate of Heating	%	%	69.14

11—7 主要年份城市规模及用地情况

指 标	Item	单 位	Unit	2006 年
城市建成区面积	Developed Areas of Cities	平方公里	sq.km	105.66
城市建设用地面积	Land Used of City Areas and Floor Space of Buildings	平方公里	sq.km	105.66
# 居住用地	Land Used of Residence	平方公里	sq.km	33.72
公共设施用地	Land Used of Public Facilities	平方公里	sq.km	17.42
工业用地	Land Used of Industry	平方公里	sq.km	13.67
仓储用地	Land Used of Warehousing	平方公里	sq.km	5.26
对外交通用地	Land Used of External Transport	平方公里	sq.km	5.01
市政公用设施用地	Land Used of Municipal Utilities	平方公里	sq.km	5.11

Public Facilities and City Cas in Main Years

2007 年	2008 年	2009 年	2010 年	2011 年	2012 年
459	469	490	506	551	563
1259	1335	1594	1652	1796	1809
289	290	478	352	395	398
43	47	47	49	49	49
2	2	2	2	2	2
421	426	436	451	522	538
104000	114068	115305	118093	120900	128000
7247	9546	9203	10525	10931	13281
4	4	4	4	5	5
5959	8363	8004	9662	10057	12125
64	64	64	64	64	64
8012	7867	7890	7684	6950	11084
7847	7867	7890	7684	6950	5500
139765	123247	150000	100000	90000	72500
139765	123247	150000	100000	90000	72500
41.92	36.97	45.00	39.90	35.92	28.3
81474	87840	55092	86937	95626	147354
10073	11810	55092	86937	95626	45666
128805	154000	195000	278617	305588	336116
128805	154000	195000	278617	305588	336116
38.64	49.70	58.50	66.36	72.95	80.2
1014	1326	1334	1527	1560	1751
2989.00	2887.00	2947.00	2994.72	3107.72	3394.4
458.00	822.00	977.22	977.22	977.22	977.2
2531.00	2051.00	1955.50	2003.50	2130.50	2417.2
2885.00	2948.00	2894.00	2940.00	2066.52	2462.7
441.00	1019.00	905.00	905.00	638.40	843.4
817	663	656	755	963	1297
2823	3090	3279	3452	3564	3914
2207	2480	2721	2790	2680	3012
66.32	71.03	71.04	71.04	71.05	72.4

Size and Land Used of City in Main Years

2007 年	2008 年	2009 年	2010 年	2011 年	2012 年
107.01	110.77	115.74	120.57	126.38	135.11
107.01	110.77	115.74	120.57	126.38	135.11
34.43	36.60	36.86	37.67	39.74	42.77
17.69	18.82	22.49	23.07	24.01	25.05
13.72	14.04	14.60	14.78	15.01	15.15
5.28	5.42	5.42	5.42	5.65	6.35
5.01	5.01	5.01	5.17	5.22	5.40
5.11	5.11	5.17	5.17	5.18	6.50

主要统计指标解释

【供水综合生产能力】 指按供水设施取水、净化、送水、出厂输水干管等环节设计能力计算的综合生产能力。包括在原设计能力的基础上，经挖、革、改增加的生产能力。计算时,以四个环节中最薄弱的环节为主确定能力。原则上按设计能力填报,对于经过更新改造后,实际生产能力与设计能力相差很大的,按实际能力填报。

【供水管道长度】 指从送水泵至用户水表之间所有管道的长度。不包括新安装尚未使用、水厂内以及用户建筑物内的管道。在同一条街道埋设两条或两条以上管道时,应按每条管道的长度计算。

【供水总量】 指报告期供水企业(单位)供出的全部水量。包括有效供水量和漏损水量。

有效供水量指水厂将水供出厂外后,各类用户实际使用到的水量。包括售水量和免费供水量。售水量指报告期供水企业(单位)收费供应的水量。免费供水量指无偿供应的水量,比如消防用水,特困居民免收水费的水量等。漏损水量指在供水过程中由于管道及附属设施破损而造成的漏水量、失窃水量以及水表失灵少计算的水量。

管道及附属设施漏水量指供水管道、闸井、表井、消火栓及中间加压设施(水池、水库、水塔)等各种管道及附属供水设施的明漏、暗漏、溢流、渗漏等漏失的水量。

【集中供热】 指从一个或多个热源通过热网向城市的热用户供给生产和生活热能的方式。要求具有一定的规模:大、中城市供热设备的单机容量在 7 兆瓦及以上（锅炉单台容量在 10 吨/时及以上），民用建筑供热面积在 10 万平方米及以上;小城市供热设备的单机容量在 3 兆瓦及以上(锅炉单台容量在 4 吨/时及以上)，民用建筑供热面积在 4 万平方米及以上。工业供热能力不得小于 7 兆瓦(单台锅炉容量不小于 10 吨/时)。

【供热总量】 指在报告期供热企业(单位)向城市热用户输送全部蒸汽和热水的总热量。

【运营线路网长度】 指公共交通线路所通过的运营线路净长度。计算公式:

运营线路网长度=运营线路总长度-∑重复的线路长度

【污水处理能力】 指污水处理厂(或污水处理装置)每昼夜处理污水量的设计能力。

【绿化覆盖面积】 指城市中的乔木、灌木、草坪等所有植被的垂直投影面积。包括公园绿地、防护绿地、生产绿地、附属绿地、其他绿地的绿化种植覆盖面积、屋顶绿化覆盖面积以及零散树木的覆盖面积,不含各类绿地中的水域面积以及没有被植被覆盖的面积(硬化道路、无屋顶绿化的建筑物等)。乔木树冠下重迭的灌木和草本植物不能重复计算。

【绿地面积】 指报告期末用作园林和绿化的各种绿地面积。包括公园绿地、生产绿地、防护绿地、附属绿地和其他绿地的面积。

【公园绿地】 城市中向公众开放的、以游憩为主要功能,有一定的游憩设施和服务设施,同时兼有健全生态、美化景观、防灾减灾等综合作用的绿化用地。它是城市建设用地、城市绿地系统和城市市政公用设施的重要组成部分。

教育、科学、文化

Education, Science and Technology and Culture

12—1 主要年份各类学校在校学生数

Number of Students Enrollment by Level and Type in Main Years

单位:人 (person)

年 份 Year	高等学校 Higher Education	# 普通高等学校 Regular Institutions of Higher Education	中等职业教育 Vocational Secondary Education	# 中等专业学校 Regular Specialized Secondary Schools	# 职业学校 Vocational Education Schools	普通中学 Regular Secondary Education Schools	小 学 Primary Schools
1949			190	190		482	11151
1950			419	419		562	11459
1951			708	708		508	11975
1952			1247	1247		729	14769
1953			1389	1389		885	17549
1954			1379	1379		1219	16939
1955			1088	1088		1638	20483
1956			1720	1720		2530	27199
1957			1673	1673		3526	31500
1958	329	329	2254	2254		5285	52329
1959	784	784	2609	2609		6918	60622
1960	1079	1079	4522	4522		7081	65047
1961	1288	1288	2817	2817		6205	51191
1962	1174	1174	919	919		5729	44091
1963	1084	1084	724	724		6804	50397
1964	1056	1056	816	816		7497	62525
1965	982	982	1005	1005		9322	71561
1966	808	808	900	900		9278	67636
1967	627	627	635	635		8766	66962
1968	351	351	612	612		7696	70280
1969						11696	73706
1970			200	200		16141	70880
1971			300	300		19701	78410
1972	441	441	445	445		19741	91292
1973	1025	1025	693	693		25048	102186
1974	1614	1614	800	800		31220	112264
1975	2023	1719	1438	1438		40450	119871
1976	3097	2089	1440	1440		53128	125505
1977	2929	2160	1766	1766		61198	126011
1978	2690	2476	1896	1896		66814	126512
1979	7919	2542	2025	2025		63285	126062
1980	8582	3432	2648	2648		59887	123975

12-1 续表 continued

单位:人 (person)

年 份 Year	高等学校 Higher Education	# 普通高等学校 Regular Institutions of Higher Education	中等职业教育 Vocational Secondary Education	# 中等专业学校 Regular Specialized Secondary Schools	# 职业学校 Vocational Education Schools	普通中学 Regular Secondary Education Schools	小 学 Primary Schools
1981	7145	5078	3512	2668		55417	119041
1982	8776	4204	3349	2677		52891	115465
1983	10485	4563	4254	3342	279	54279	116699
1984	8519	5025	5757	3362	1377	54361	124486
1985	11139	5790	7547	4423	1580	72492	127998
1986	12536	6540	7420	5435	708	65506	128881
1987	12035	6681	11389	6216	2962	71233	130626
1988	12849	6949	12530	6539	3318	66622	129165
1989	13327	7183	12398	6539	2922	63840	126347
1990	12338	7279	11939	6463	2724	69628	123323
1991	11581	7234	18482	11526	2822	68373	119993
1992	11554	7803	20740	12399	3063	67684	118854
1993	13625	8848	22937	13638	3452	63037	119394
1994	15246	9701	28962	18678	3511	63064	172321
1995	14645	9873	22719	12613	3488	65217	123587
1996	15090	9700	23373	12730	3150	67636	131027
1997	11301	10173	24652	13692	3046	69072	127990
1998	19283	10522	28895	17979	3366	69797	132165
1999	22025	12249	29100	19240	3447	70811	132018
2000	28879	15901	32327	22977	4174	77013	136022
2001	43441	20134	35105	26993	3816	84674	136781
2002	55489	25947	31965	24391	3809	92068	135561
2003	62235	30891	35733	26667	3734	99186	134594
2004	57434	36801	36163	26421	4363	104201	140541
2005	60034	40925	42516	30650	5284	107253	142453
2006	71558	46073	45616	31351	7007	106880	147824
2007	74904	52657	48823	30071	8624	109841	149188
2008	79619	60505	57608	33912	10350	115179	149977
2009	86307	62432	64499	40496	9536	120550	147663
2010	98132	69678	64730	46079	9404	123331	147483
2011	98975	74082	67992	50330	11903	123785	148184
2012	107978	78721	60456	45429	11060	125665	147703

12—2 主要年份各类学校专任教师数

Number of Full-time Teachers by Level and Type of Schools in Main Years

单位:人 (person)

年 份 Year	高等学校 Higher Education	# 普通高等学校 Regular Institutions of Higher Education	中等职业教育 Vocational Secondary Education	# 中等专业学校 Regular Specialized Secondary Schools	# 职业学校 Vocational Education Schools	普通中学 Regular Secondary Education Schools	小 学 Primary Schools
1949			21	21		40	433
1950			30	30		31	453
1951			42	42		37	508
1952			78	78		41	637
1953			67	67		45	487
1954			84	84		55	442
1955			55	55		62	525
1956			101	101		118	646
1957			103	103		142	779
1958	79	79	124	124		293	1223
1959	165	165	157	157		313	1397
1960	247	247	189	189		298	1682
1961	336	336	272	272		348	1622
1962	320	320	217	217		364	1591
1963	293	293	223	223		416	1682
1964	273	273	109	109		455	1965
1965	272	272	113	113		480	2214
1966	223	223	74	74		535	2447
1967	217	217	67	67		549	2079
1968	264	264	49	49		551	2264
1969	230	230	43	43		620	2612
1970	230	230	116	116		747	2862
1971	514	514	117	117		877	2679
1972	374	374	144	144		1047	3128
1973	467	467	161	161		1278	3512
1974	496	496	189	189		1393	3660
1975	535	518	330	330		1623	3969
1976	595	534	237	237		2132	4170
1977	674	580	232	232		2530	4433
1978	658	637	208	208		2503	4479
1979	718	712	370	370		2640	4369
1980	766	738	473	388		2913	4563

12-2 续表 continued

单位:人 (person)

年 份 Year	高等学校 Higher Education	# 普通高等学校 Regular Institutions of Higher Education	中等职业教育 Vocational Secondary Education	# 中等专业学校 Regular Specialized Secondary Schools	# 职业学校 Vocational Education Schools	普通中学 Regular Secondary Education Schools	小 学 Primary Schools
1981	724	720	506	506		2938	4551
1982	990	862	1715	1378		3543	5063
1983	1173	1004	1695	1430	19	3622	5111
1984	1270	1126	1715	1363	89	3623	5082
1985	1426	1251	1737	1363	81	4135	5428
1986	1526	1322	2277	1853	46	4002	5314
1987	1590	1371	1512	969	200	3945	5338
1988	1789	1432	1747	969	217	3913	5407
1989	1749	1492	1984	975	221	5099	5534
1990	1717	1466	1672	950	273	4473	5388
1991	1803	1486	1948	1180	237	4210	5216
1992	1870	1562	2163	1328	233	4328	5536
1993	1829	1499	2232	1364	251	4382	5853
1994	1889	1736	2377	1465	248	4348	5988
1995	1792	1627	2428	1534	277	4466	6087
1996	1626	1626	2174	1364	240	4518	6054
1997	1779	1669	1872	975	263	4600	6140
1998	1777	1589	2249	1622	294	4625	6214
1999	1829	1646	2331	1516	299	4683	6543
2000	1897	1714	2352	1454	311	4855	6961
2001	2062	1867	2095	1345	320	5013	7087
2002	2063	1876	2159	1373	297	5256	7066
2003	2791	2711	1468	721	305	5675	6950
2004	2917	2917	1431	651	273	5873	6752
2005	3161	3161	1380	549	323	6146	6856
2006	3407	3407	1648	720	364	6398	6873
2007	3564	3564	1645	723	366	6424	6949
2008	3957	3892	2159	862	421	6941	6937
2009	3720	3655	2739	902	440	7185	7200
2010	5069	5004	2222	743	437	7310	7236
2011	5356	5290	1970	734	299	7555	7356
2012	5771	5703	1880	810	493	7789	7582

12—3 教 育 事 业

Education

（2012）

指 标	Item	单位	Uint	总 计 Total	市 区 City	永宁县 Yongning	贺兰县 Helan	灵武市 Lingwu
学校数	**Number of Schools**							
普通高等学校	Regular Institutions of Higher Education	所	unit	13	11	2		
成人高等学校	Institutions of Higher Education for Adult	所	unit	1	1			
普通中等专业学校	Regular Specialized Secondary Schools	所	unit	12	10	1	1	
成人中等专业学校	Specialized Secondary Schppls for Adult	所	unit	3	3			
技工学校	Technical Schools	所	unit	15	13	1	1	
中学	Secondary Education Schools	所	unit	67	43	9	5	10
职业中学	Vocational Secondary Education Schools	所	unit	4	1	1	1	1
小学	Primary Schools	所	unit	209	107	36	40	26
本年毕业生数	**Graduates in This Year**							
普通高等学校	Regular Institutions of Higher Education	人	person	17391	16375	1016		
#研究生	Postgraduates	人	person	1114	1114			
成人高等学校	Institutions of Higher Education for Adult	人	person	8800	8800			
普通中等专业学校	Regular Specialized Secondary Schools	人	person	13330	11876	395	1059	
成人中等专业学校	Specialized Secondary Schppls for Adult	人	person	1562	1562			
技工学校	Technical Schools	人	person	860	477	171	212	
中学	Secondary Education Schools	人	person	38131	26721	4224	3645	3541
职业中学	Vocational Secondary Education Schools	人	person	5537	1507	282	310	3438
小学	Primary Schools	人	person	25247	15275	3414	3129	3429
本年招生数	**Number of New Student Enrollment This Year**							
普通高等学校	Regular Institutions of Higher Education	人	person	26263	23530	2733		
#研究生	Postgraduates	人	person	1374	1374			
成人高等学校	Institutions of Higher Education for Adult	人	person	14848	14878			
普通中等专业学校	Regular Specialized Secondary Schools	人	person	14415	11471	2009	935	
成人中等专业学校	Specialized Secondary Schools for Adult	人	person	2590	2590			
技工学校	Technical Schools	人	person	655	346	127	182	
中学	Secondary Education Schools	人	person	43810	28842	5251	4548	5169
职业中学	Vocational Secondary Education Schools	人	person	4576	1801	225	40	2510
小学	Primary Schools	人	person	25346	15322	3529	3087	3408

12-3 续表 continued

（2012）

指标	Item	单位	Uint	总计 Total	市区 City	永宁县 Yongning	贺兰县 Helan	灵武市 Lingwu
本年在校学生数	**Number of Students Enrollment in This Year**							
普通高等学校	Regular Institutions of Higher Education	人	person	82469	75914	6555		
#研究生	Postgraduates	人	person	3748	3748			
成人高等学校	Institutions of Higher Education for Adult	人	person	29257	29257			
普通中等专业学校	Regular Specialized Secondary Schools	人	person	41769	35072	4041	2656	
成人中等专业学校	Specialized Secondary Schppls for Adult	人	person	3660	3660			
技工学校	Technical Schools	人	person	3967	2943	446	578	
中学	Secondary Education Schools	人	person	125665	83571	14444	12757	14893
职业中学	Vocational Secondary Education Schools	人	person	11060	5824	722	179	4335
小学	Primary Schools	人	person	147703	89369	21146	18043	19145
本年教职工数	**Number of Teachers and Staff in This Year**							
普通高等学校	Regular Institutions of Higher Education	人	person	8956	8301	655		
成人高等学校	Institutions of Higher Education for Adult	人	person	114	114			
普通中等专业学校	Regular Specialized Secondary Schools	人	person	1171	961	107	103	
成人中等专业学校	Specialized Secondary Schppls for Adult	人	person	180	180			
技工学校	Technical Schools	人	person	1186	578	505	103	
中学	Secondary Education Schools	人	person	8612	5620	1001	970	1021
职业中学	Vocational Secondary Education Schools	人	person	592	376	132		84
小学	Primary Schools	人	person	7785	4554	998	1128	1105
本年专任教师数	**Number of Full-time Teachers in This Year**							
普通高等学校	Regular Institutions of Higher Education	人	person	5703	5229	474		
成人高等学校	Institutions of Higher Education for Adult	人	person	68	68			
普通中等专业学校	Regular Specialized Secondary Schools	人	person	704	592	58	54	
成人中等专业学校	Specialized Secondary Schppls for Adult	人	person	106	106			
技工学校	Technical Schools	人	person	577	396	113	68	
中学	Secondary Education Schools	人	person	7789	5056	894	844	995
职业中学	Vocational Secondary Education Schools	人	person	493	330	79		84
小学	Primary Schools	人	person	7582	4485	977	1017	1103

12—4 学龄儿童入学和小学、初中毕业生情况

Enrollment of School-age Children and Graduates of Primary and Secondary Schools

指　标	Item	单位	Uint	2012 年	2011 年
学龄儿童入学情况	Enrollment of Children at School-age				
学龄儿童数	Number of Children at School-age	人	person	134875	135414
已入学学龄儿童数	Total Enrollment	人	person	134875	135414
学龄儿童入学率	Persontage of Children at School-age Enrollment	%	%	100	100
小学毕业生升学情况	Enrollment of Graduates of Primary Schools				
小学毕业生数	Number of Graduates of Primary Schools	人	person	25247	25259
初级中学学校招生数	New Enrollment of Junior Secondary Schools	人	person	25816	25438
小学毕业生升学率	New Enrollment Percentage of Graduates of Primary Schools	%	%	100	100
初中毕业生升学情况	Enrollment of Graduates of Junior Secondary Schools				
初中毕业生数	Number of Graduates of Junior Secondary Schools	人	person	23619	22601
高中学校招生数	New Enrollment of Senior Secondary Schools	人	person	17994	17716
普通高中升学率	New Enrollment Percentage of Graduates of Regular Secondary Schools	%	%	56.7	56.6

12—5 广播电视基本情况

Basic Statistics on Radio and TV Stations

指　标	Item	单位	Uint	2012 年	2011 年
广播	Broadcasting				
广播发射台	Broadcast Transmitting Stations	座	unit	1	1
转播台	Broadcast Relaying Stations	座	unit	1	1
中短波广播发射台和转播	Number of Transmission and Relaying Statoins of Medium and Short Wave Broadcast	座	unit	1	1
广播综合覆盖率	Radio Coverage of Broadcasting	%	%	100	100
节目套数	Programs	套	set	6	6
全年播音时间	Total Broadcasting-time This Year	时:分	hours:minitus	26559	26593
新闻资讯	News Programs	时:分	hours:minitus	8774	8724
专题服务	Special Subject Programs	时:分	hours:minitus	5525	5572
综艺类	General Entertainment Programs	时:分	hours:minitus	5868	5880
广告	Advertising Programs	时:分	hours:minitus	5398	5374
其他	Others	时:分	hours:minitus	874	921
全年广播节目制作时间	Production of Broadcasting This Year	小时	hour	7270	7252
电视	Television				
电视发射台和转播台	TV Transmission and Relaying Stations	座	unit	4	4
电视综合覆盖率	TV Coverage of Population	%	%	100	100
节目套数	Programs	套	set	6	6
全年播出时间	Production of TV Programs	时:分	hours:minitus	36949	36893
新闻资讯	News Programs	时:分	hours:minitus	2869	2828
专题服务	Special Subject Programs	时:分	hours:minitus	3362	3366
综艺类	General Entertainment Programs	时:分	hours:minitus	3558	3569
广告	Advertising Programs	时:分	hours:minitus	6528	6513
影视剧	TV Play Programs	时:分	hours:minitus	18173	18137
其他	Others	时:分	hours:minitus	2459	2480
全年电视节目制作时间	Production of Broadcasting This Year	小时	hour	4506	4479

12—6 新闻出版情况

Publication of Books,Magazines and Newspapers

指　标	Item	单位	Uint	2012 年	2011 年
图书出版种数	Number of Book Publication	种	kind	1676	1248
新出版	New Publication	种	kind	1224	953
总印数	Printed Copies	万册	10 000 copies	2736	2387
总印张	Printed Sheets	千印张	1000 sheets	236644	193415
杂志出版种数	Number of Magazine Publication	种	kind	37	35
总印数	Printed Copies	万册	10 000 copies	1687	1570
总印张	Printed Sheets	千印张	1000 sheets	164225	157850
报纸出版种数	Number of Newspaper Publication	种	kind	19	15
总印数	Printed Copies	万册	10 000 copies	10712	10021
总印张	Printed Sheets	千印张	1000 sheets	310378	324232

12—7 公共图书馆基本情况

(2012)

指　标	Item	总藏书量（册）Total Collections (volumes)	#开架书刊 Open-shelf Books	书架单层总长度（米）Total Length of Shelves (m)
区属合计	Public Libraries at Provincial Level	2072661	1553711	39896
宁夏图书馆	Ningxia Library	2072661	1553711	39896
市属合计	Public Libraries at Yinchuan Municipal Level	802464	265915	25829
银川市图书馆	Yinchuan	371848	180000	11156
兴庆区图书馆	Xingqing	38000	19200	8362
金凤区图书馆	Jinfeng	25600	7000	750
西夏区图书馆	Xixia	22000		
永宁县图书馆	Yongning	75692	3200	1236
贺兰县图书馆	Helan	147073	51362	3200
灵武市图书馆	Lingwu	122251	5153	1125

12—8 艺术表演团体基本情况

(2012)

指　标	Item	本团原创首演剧目 Original Created and Showed Performances	国内演出场次 Number of Domestic Performances
区属合计	Total of Provincial Level	6	893
宁夏歌舞团	Ningxia Sing and Dance Troupe	3	196
宁夏京剧团	Ningxia Peking-opera Troupe	1	220
宁夏话剧团	Ningxia Drama Troupe	1	237
宁夏秦腔剧团	Ningxia Qinqiang Troupe	1	240
市属合计	Total of Yinchuan Municipal Level		6
银川市秦腔剧团	Yinchuan Municipal Qinqiang Troupe		
灵武民族艺术团	Lingwu Municipal Ethnic Arts Troupe		6

12—9 群众艺术馆、文化馆基本情况

(2012)

指　标	Item	举办展览个数（个）Number of Exhibitions (unit)	组织文艺活动次数（次）Art Performances and Story-telling Sessions (times)
区属合计	Total of Provincial Level	15	180
宁夏文化馆	Ningxia Cultral Center	15	180
市属合计	Total Cultral Center at Yinchuan Municiqal Level	34	1796
银川市文化艺术馆	Yinchuan	12	356
兴庆区文化馆	Xingqing	2	153
金凤区文化馆	Jinfeng	2	150
西夏区文化馆	Xixia	4	320
永宁县文化馆	Yongning	2	215
贺兰县文化馆	Helan	6	342
灵武市文化馆	Lingwu	6	260

Facilities and Services of Public Libraries

发放借书证数（个）Number of Library Cards Distributed (unit)	总流通人次（千人次）Total Number of Circulation (1000 person-times)	# 书刊外借人次 Number of Books Borrowed by Readers	为读者举办各种活动 Activites Hold for Readers 次数（次）Times (times)	参加人次（人次）Participated (Person-times)	阅览室座席（个）Seating Capacity of Rerding-rooms (unit)	# 少儿阅读室座席 Seats for Younger Children
37000	523	138	41	24340	1480	150
37000	523	138	41	24340	1480	150
13302	510	216	66	13123	1280	295
8988	410	178	24	4810	528	60
520	10	10	7	530	85	
858	5	3	8	540	90	
800	33	14	2	80	87	67
1683	24	9	14	6355	250	108
453	28	2	11	808	240	60

Basic Statistics of Art Performance Troupes

# 农村演出场次 Shows in Rural Areas	国内观众人次（千人次）Number of Domestic Spectators (1000person-times)	国外演出场次（场）Number of Perfofmances Showed Abroad (unit)
637	1712	15
100	412	
210	213	
157	356	
170	731	
6	8	
6	8	

Basic Statistics of Mass Art Centres and Cultral Centres

举办训练班 Training Courses	
班　次（次）Number of Classes (times)	结业人次（人次）Number of Persons Completing Courses (person-times)
20	3600
20	3600
179	13610
100	6380
6	680
8	480
18	1100
12	520
27	4000
8	450

12—10 银川市规模以上工业企业科技活动情况

Basic Statistics on Scientific Reserch of Indusrtial Enterprises above Designated Size in Yinchuan

指 标	Item	2012 年
企业数(个)	Number of Enterprises(unit)	327
#有科技活动的企业	Number of Enterprises Having R&D Activities	55
#有科技机构	Number of Enterprises Having R&D Institutions	66
R&D 人员(人)	Personel Engaged in R&D Activities(person)	4478
#参加项目人员	Participated in R&D Activities	3954
#管理人员	Adminisitrative Members	524
#研究人员	Researchers	1123
#全时人员	Full-time Members	2489
#非全时人员	Part-time Members	1989
R&D 人员折合全时人员当量(人年)	Full-time Equivalent of R&D Personel(man-year)	2433.1
R&D 经费内部支出(万元)	Intramural Expenditure on R&D(10000 yuan)	79081.1
按经济活动类型分	Grouped by Type of Intramural Expenditure on R&D	
#基础研究支出	Basic Research	
#应用研究支出	Applied Research	769.4
#试验发展支出	Experimental Development	78311.7
按资金来源分	Grouped by Fund Resource	
#企业资金	Self-raised Funds by Enterprises	70536.1
#政府资金	Government Funds	7837.1
#其他资金	Others	520.4
#境外资金	Foreign Funds	187.5
R&D 经费外部支出(万元)	Extramural Expenditure on R&D(10000 yuan)	4537.2
企业 R&D 项目数(个)	Number of R&D Activities(unit)	786
参加项目人员(人)	Participated in R&D Activities(person)	3954
项目人员折合全时人员当量(人年)	Full-time Equivalent of R&D Personel(man-year)	2151.8
企业办科技机构(个)	Number of R&D Institutions Run by Enterprises(unit)	77
机构人员数(人)	Members of R&D Institutions(person)	4219
机构经费支出(万元)	Expenditure of R&D Institutions(10000yuan)	46501.7
专利申请数(件)	Patent Applications(item)	556
#发明专利	Inventive Patent	257
发表科技论文(篇)	Scientific Papers Issued (pieces)	623
新产品开发项目数(项)	Number of New Products R&D Project(item)	820
新产品开发经费支出(万元)	Expenditure of New Products R&D Project(10000 yuan)	82940.2
新产品产值(万元)	Output Value of New Products(10000 yuan)	1350883.6
新产品销售收入(万元)	Sales Revenue of New Products(10000 yuan)	1233868.5
技术改造经费支出(万元)	Expenditure of Technology Update(10000 yuan)	71686.2
技术引进经费支出(万元)	Expenditure of Technology Introduction(10000 yuan)	9458.2
消化吸收经费支出(万元)	Expenditure for Assimilation of Technology (10000 yuan)	1530.5
购买国内技术经费支出(万元)	Expenditure for Purchase of Domestic Technology (10000 yuan)	929.7

主要统计指标解释

【普通高等学校】 指按国家规定审批程序批准举办，通过全国统一招生考试招收高级中等学校毕业生或具有同等学历者，实施高等教育，培养高等专门人才的学校。包括大学、专门学院、高等专科学校和短期职业大学。

【成人高等学校】 指按照国家规定的审批程序批准举办，招收高中毕业或同等学历者，利用多种形式对成人实施高等教育，培养相当普通高等学校专科或本科毕业水平的专门人才的学校。包括广播电视大学、职工高等学校、农民高等学校、干部管理学院、教育学院、独立函授学院以及普通高等学校举办的函授、夜大学等。

【毕业生数】 指上学年度内，具有学籍的学生学完教学计划规定的全部课程，考试及格，实际毕业的学生数。不包括结业生和肄业生数。

【招生数】 指新学年开学时，一年级实际招收入学的新生数。不包括留级生和复学生数。

【在校学生数】 指学年初具有学籍的在校生总数。

【专任教师】 指主要从事教育工作人员。包括临时(一年以内)调去帮助做其他工作的教学人员。不包括调离教学岗位，担任行政领导工作或其他工作的原教学人员；不包括兼任教师和代课教师。

【艺术表演团体】 指从事戏曲、音乐、舞蹈、杂技等专业艺术表演，有独立账户，实行单独核算的团体。不包括半工半艺、半农半艺的业余剧团。

【艺术表演观众人数(人次)】 指售票、包场演出或民族地区免费演出的艺术表演观众人次数。不包括彩排审查和内部观摩演出的观看人次数。

卫生、体育、民政、司法及其他

Public Health,Sports,Civil Administration,Justic and Others

13—1 主要年份卫生发展情况

Basic Statistics of Health Care Development in Main Years

年 份 Year	卫生机构数 （个） Number of Health Care Institutions （unit）	医院、卫生院 （个） Hospitals and Health Centers （unit）	#医 院 Hospitals	卫生技术人员 （人） Medical Technology personnel （person）	#医 生 Doctors	卫生机构床位数 （张） Number of Beds in Health Care Institutions （bed）
1949	3	13	1	124	102	40
1950	18	15	4	158	14	40
1951	31	15	4	182	122	50
1952	26	15	4	251	148	120
1953	37	19	8	371	189	150
1954	51	21	10	471	231	200
1955	56	22	11	514	239	255
1956	83	21	10	708	396	276
1957	83	22	11	779	422	341
1958	96	25	14	992	487	501
1959	129	25	14	1210	648	635
1960	176	26	15	1379	777	726
1961	195	35	24	1444	735	739
1962	175	36	25	1344	692	795
1963	167	36	25	1500	756	924
1964	205	37	26	1712	815	1126
1965	199	37	26	1707	788	1234
1966	195	42	31	1834	812	1296
1967	190	42	31	1858	820	1313
1968	177	42	31	1905	852	1348
1969	176	42	31	1951	912	1448
1970	182	43	32	1993	993	1432
1971	192	47	36	2174	1060	1764
1972	208	48	37	2867	1273	1830
1973	243	47	36	3002	1396	1891
1974	257	46	35	3478	1605	2075
1975	275	53	42	3625	1653	2429
1976	313	55	44	3950	1813	2650
1977	331	57	46	4275	1934	2953
1978	312	60	60	4280	2000	2859
1979	337	58	58	4572	2078	2653
1980	392	60	60	5126	2354	2749
1981	416	61	61	5400	2352	3008

年 份 Year	卫生机构数（个） Number of Health Care Institutions (unit)	医院、卫生院（个） Hospitals and Health Centers (unit)	#医 院 Hospitals	卫生技术人员（人） Medical Technology personnel (person)	#医 生 Doctors	卫生机构床位数（张） Number of Beds in Health Care Institutions (bed)
1982	466	61	61	5785	2440	3180
1983	474	63	63	6085	2610	3237
1984	438	63	63	6093	2613	3470
1985	433	59	59	6252	2758	3495
1986	475	53	53	6720	3021	3792
1987	478	45	45	7060	3221	3797
1988	455	56	56	7316	3418	4237
1989	447	55	55	7650	3585	4253
1990	510	54	54	7876	4082	4491
1991	472	51	51	8224	4060	4906
1992	471	53	53	8567	4136	5082
1993	389	50	50	8798	4364	5645
1994	403	74	74	7493	3641	5680
1995	134	76	76	7552	3845	5759
1996	148	67	67	7820	3678	5575
1997	135	67	67	7990	3754	5730
1998	136	67	67	7881	3564	5908
1999	136	40	40	7894	3612	5761
2000	137	39	39	7932	4033	6166
2001	137	86	49	8189	3860	6148
2002	130	83	42	7900	3357	6155
2003	149	94	53	8256	3582	6845
2004	163	107	62	8751	3762	7726
2005	158	104	59	8619	3660	8058
2006	143	95	52	8581	3631	8132
2007	495	101	58	10733	4541	7975
2008	595	101	59	11532	4827	8333
2009	533	101	61	12626	5096	8506
2010	543	99	61	13667	5301	9472
2011	862	99	61	14651	5461	10329
2012	903	91	53	15952	5829	11313

注：从 2007 年起含社区卫生服务中心、诊所卫生所和医务室，从 2011 年起含村卫生室

a)Since 2007, date in this table included community sanitary serive center, clinic health conter and infirmary, included village clinic since 2011.

13—2 卫生机构、床位、人员数

单位:人 (2012)

指 标	Item	机构数(个) Health Care Institutions (unit)	床位数(张) Beds (bed)	工作人员 Number of Staff
总 计	**Total**	**903**	**11313**	**19822**
医院	Hospitals	53	10280	14225
#综合医院	Ceneral Hospitals	29	7924	11438
中医医院	Hospitals Specialized in Chinese Medicine	6	1193	1383
中西医结合医院	Hospitals of Traditional Chinise and Western Medicine	1	26	85
专科医院	Specialized Hospitals	17	1137	1319
疗养院	Sanatoriums	1	100	44
社区卫生服务中心(站)	Community Health Centers(station)	53	142	569
卫生院	Health Centers	38	379	743
村卫生室	Village Clinics	270		518
门诊部	Clinics	9		216
诊所、卫生院、医务室	Clinics,Health Centers and Dispensaries	443		1576
急救中心(站)	Emergency Centers(station)	1		32
采供血机构	Blood Stations	1		105
妇幼保健院(所、站)	Maternity and Child Care Centers(unit, station)	5	412	897
疾病预防控制中心	Center for Disease Control and Prevention	8		441
卫生监督所(中心)	Health Supervision centers(center)	8		215
医学在职培训机构	Health In-service Training Centers	1		15
健康教育所(站、中心)	Health Education Centers(station,center)	4		20
其他卫生机构	Other Institutions	8		206

Number of Health Care Institutions,Beds and Persons

(person)

卫生技术人员 Medical Technical Personnel	#医　生 Doctors	其他技术人员 Other Technical Personnel	管理人员 Administrators	工勤人员 Workers
15952	**5829**	**911**	**987**	**1440**
11520	3791	748	845	1112
9267	3024	592	680	899
1208	410	57	31	87
66	23	2	6	11
979	334	97	128	115
31	13	3	6	4
532	213	19	11	7
687	297	17	11	28
28	27			
154	80			60
1467	860			69
19	11	2	1	10
58	9	28	7	12
757	256	39	36	65
348	206	24	30	39
215				
4	1	3	6	2
11	6	1	5	3
121	59	27	29	29

13—3 卫 生 事 业

Health Protection

(2012)

指 标	Item	全 市 Yinchuan	#市 区 City
机构数(个)	Health Care Institutions (unit)	903	497
# 医院	Hospitals	53	46
床位数(张)	Beds (bed)	11313	9931
人员数(人)	Number of Staff (person)	19822	17007
卫生技术人员	Medical Technical Personnel	15952	13873
执业(助理)医师	Licensed and Assistant Doctors	5829	5021
# 执业医师	Licensed Doctors	5393	4750
注册护士	Regietered Nurses	6506	5786
药师(士)	Phamacist(person)	901	725
技师(士)	Technician(person)	866	746
# 检验师	Library Technician	591	511
其他	Others	1850	1595
其他技术人员	Other Technical Personnel	911	798
管理人员	Administrators	987	927
工勤技能人员	Workers	1440	1276

13—4 中心敬老院、敬老院情况

Basic Statistics of Homes for the Elderly

(2012)

指 标	Item	中心敬老院和敬老院 (Geracomiums)
院数(个)	Number of Geracomiums(unit)	5
床位数(张)	Beds(bed)	672
年末在院人员数(人)	Adoptd Persons at Year-end(person)	545

13—5 群众体育活动情况

Basic Statistics of Mass Sports

（2012）

指　标	Item	举办全民健身活动次数 Number of Mass Sports Activities hold	参加活动人数 Number of Attendees
总　计	**Total**	**205**	**346030**
银川市	Yinchuan	43	150000
兴庆区	Xingqing	23	60000
西夏区	Xixia	80	26000
金凤区	Jinfeng	13	20000
永宁县	Yongning	17	32030
贺兰县	Helan	16	20000
灵武市	Lingwu	13	38000

13—6 体育场地数(标准)

Number of Sports Venues(Standard)

（2012）

指　标	Item	体育场 Stadium	体育馆 Gymnasium	游泳馆 Natatorium	游泳池 Swimming Pool	#室　内 Indoor	有固定看台灯光球场 Floodlit Court With Fixed Stand	乒乓球房馆 Table-tennis Saloon	篮球房馆 Basketball Museum	排球场 Volleyball Court
总　计	**Total**	**118**	**17**	**3**	**4**	**4**	**13**	**39**	**13**	**127**
银川市	Yinchuan	2	2	1				2	2	
兴庆区	Xingqing	69	7	1	2	2	2	32	6	58
西夏区	Xixia	11	4	1				1		55
金凤区	Jinfeng	2			2	2	1	1	1	2
永宁县	Yongning	27	1				3			5
贺兰县	Helan	5	3				5	3	4	4
灵武市	Lingwu	2					2			3

13—7 重点优抚对象人员情况

Basic Statistics of Key Preferencial Treatment Group

单位:人　　　　(person)

指　标	Item	2012 年	2011 年
重点优抚对象总人数	Total Number of Recsiving Key Preferential Treatnent	2229	2211
革命伤残人员	Revolution Disabled Staff	987	951
“三属”人员	Three Types of Family Members	74	87
#烈士家属	Family Members of Martyr	30	32
牺牲军人家属	Family Members of Sacrifice Soldiers	24	26
病故军人家属	Family Members of Disseas Dead Soldiers	20	29
在乡退伍红军老战士、在乡西路军红军老战士、红军失散人员	Retired Old Soldiers of Red Army in the Township, Old Soldiers of Xilujun in the Township and Lost Staff of Red Army	3	3
在乡复员军人	Number of Demobilized Soldiers in Rural Areas	669	727
带病回乡退伍军人	Number of Returning Soldiers With Disseas	93	43
参战退役人员	Number of Ex-serviceman of War -participater	280	278
参核退役人员	Number of Ex-serviceman of Nuclear-participater	123	122

13—8 社会救济对象情况

Basic Statistics of Social Relief

单位:人 (person)

指 标	Item	2012 年	2011 年
城乡低保对象	Number of Persons Receiving Minimum Living Allowance in Urban and Rural Areas	51477	58943
#城市低保对象	Number of Persons Receiving Minimum Living Allowance in Urban Areas	30640	37846
农村低保对象	Number of Persons Receiving Minimum Living Allowance in Rural Areas	20837	21097
五保老人总数	Number of Persons Receiving Livelihood Guaranteed in Five Aspects in Rural Areas	927	882
#集中供养	Concentrated Support	368	332
散居供养	Scatterd Support	559	550

13—9 律师、公证、调解工作基本情况

Basic Statistics on Lawyers,Notarization and Mediation

指 标	Item	单 位	Unit	2012 年	2011 年
律师工作	Lawyers				
律师事务所	Number of Law Offices	家	unit	41	40
律师	Lawyers	人	person	830	727
担任法律顾问	Legal Advisors	家	unit	788	788
民(商)事代理	Agent of Civil Cases	件	case	5522	5522
刑事辩护	Defender of Criminal Cases	件	case	555	1320
非诉讼事件	Agent of Non-Litigious Legal Affairs	件	case	1062	1561
解答法律询问	Agent of Legal Advisory	人次	person-time	11738	11738
代定法律事务文书	Agent of Legal Documents Written on Behalf of Clients	件	case	3974	3974
公证工作	Notarization				
公证处	Number of Notary Offices	家	unit	5	5
公证员	Notaries Personnel	人	person	45	40
办理公证	Number of Notarized Documents	件	case	27310	26245
办理涉外公证	Number of Notarized Documents Concerning Foreign Affairs	件	case	3093	2684
人民调解委员会	Number of People´s Mediation				
人民调解委员会	Number of Full-time Judicial Assistants	个	unit	730	729
人民调解员	Number of People´s Mediation Committees	人	person	4074	4071
调解民间纠纷	Number of Mediators	件	case	8198	9343

13—10 社 会 治 安

Public Security

指 标	Item	单 位	Unit	2012 年	2011 年
火灾	Fire Accidents				
火灾起数	Number of Fire Accidents	起	case	1239	1708
火灾死亡、伤亡人数	Number of Deaths and Injuries	人	person		
#死亡人数	Number of Deaths	人	person		
火灾事故经济损失	Losses Converted into Cash	万元	10 000 yuan	70.1	72.1
交通事故	Traffic Accidents				
交通事故起数	Number of Traffic Accidents	起	case	861	812
交通事故死亡、伤亡人数	Number of Deaths and Injuries	人	person	1231	1288
#死亡人数	Number of Deaths	人	person	88	105
交通事故经济损失	Losses Converted into Cash	万元	10 000 yuan	330.8	336.75
刑事案件	Criminal Cases				
刑事案件立案数	Registered Criminal Cases	起	case	19572	18138
刑事案件破案数	Solved Criminal Cases	起	case	7790	6938

13—11 殡 葬

Funeral and Interment

单位:个、亩 （2012 年） (unit, unit)

指 标	Item	公 墓 Cemetery	占 地 Cover Land
总 计	**Total**	**131**	**29583**
经营性公墓	Profit-making Cemetery	10	14583
#市级公墓	Cemetery at Municipal level	6	9662
县级公墓	Cemetery at County level	4	4921
#回民公墓	Hui Cemetery	2	2421
汉民公墓	Han Cemetery	8	12162
#骨灰公墓	Bone Ash Cemetery	3	2762
公益性公墓	Public-Welfore Cemetery	121	15000
#乡、村级公墓	Cemetery at Countryside or Village Level	121	15000

13—12 银川市一级以上地震情况

Basic Statistics of Level One Grade above Earthquake

年 份 Year	发震时间 Earthquake Occurence					震中位置 Epicenter			震 级 Earthquake magnitude
	月 Month	日 Date	时 Hour	分 Minute	秒 Second	经 度 Longitude	纬 度 Latitude	地 点 Place	Ms
2012	1	3	14	6	5	106.5°	38.2°	灵武	1.7
2012	1	3	14	28	53	106.4°	38.1°	灵武	2.7
2012	6	1	22	41	27	106.4°	37.6°	灵武	1.8
2012	7	29	15	50	6	106.5°	38.0°	灵武	1.1
2012	8	5	5	31	3	106.5°	38.1°	灵武	2.9
2012	9	20	4	38	40	106.4°	37.7°	灵武	1.9
2012	10	2	8	19	53	106.3°	37.8°	灵武、吴忠交界	1.3
2012	11	9	9	43	38	106.3°	37.8°	灵武、吴忠交界	1.8
2012	11	20	10	24	23	106.4°	38.5°	永宁	4.5
2012	11	20	10	44	16	106.3°	38.4°	永宁	1.0
2012	11	20	20	50	58	106.3°	38.4°	永宁	1.2
2012	11	26	1	17	14	106.3°	38.8°	永宁	1.5
2012	11	28	10	47	9	106.3°	38.4°	永宁	2.0
2012	12	4	7	26	59	106.2°	38.4°	银川、永宁交界	2.8
2012	12	4	17	57	52	106.3°	38.4°	永宁	1.3
2012	12	12	11	33	8	106.3°	38.4°	永宁	1.1
2012	12	14	3	34	26	106.1°	38.2°	永宁	1.5
2012	12	16	1	29	40	106.2°	38.5°	永宁	1.0
2012	12	24	9	54	46	106.3°	38.4°	永宁	1.0

注:不含离台较远的单台地震。

a) The data in above table excluding from the station far single seismic station.

13—13　工业"三废"排放及处理利用情况

Basic Statistics of Industrial Waste Water,Waste Gas&Solid Wastes Discharge and Utilization

指　标	Item	单位	Unit	2012 年	2011 年
工业废水排放总量	Industrial Waste Water Discharge	万吨	10 000 tons	5963.18	6078.19
工业废水中污染物排放量	Pollutant Emissions of Volume Industrial Waste Water				
镉	Cadmium	吨	ton		
六价铬	Hexavalent Chromium	吨	ton	0.01	
铅	Lead	吨	ton	0.01	0.01
砷	Arsenic	吨	ton	0.04	0.04
挥发酚	Volatile Phenol	吨	ton	4.90	4.50
氰化物	Cyanide	吨	ton	0.68	0.44
化学需氧量	Chemical Oxygon Demand	吨	ton	16676.85	18074.13
石油类	Oil Type	吨	ton	53.41	41.02
氨氮	Ammonia Nitrogen	吨	ton	2779.87	2884.77
工业废气排放总量	Waste Air Emission Volume of Industrial	万标立方米	10 000 standard cu.m	20634527	17519861
工业二氧化硫排放量	Emission Volume of Industrial Sulphur Dioxide	吨	ton	105742.61	75355.49
工业氮氧化物排放量	Emission Volume of Industrial Nitrogen Oxide	吨	ton	75090.36	67382.91
烟(粉)尘排放量	Emission Volume of Soot(dust)	吨	ton	26347.75	26415.01
工业固体废物产生量	Solid Wastes Produced Volume of Industrial	万吨	10 000 tons	732.79	627.75
工业固体废物综合利用量	Solid Wastes Utilized Volume of Industrial	万吨	10 000 tons	595.66	526.09
工业固体废物贮存量	Solid Wastes Stored Volume of Industrial	万吨	10 000 tons	116.59	28.18
工业固体废物处置量	Solid Wastes Dealed Volume of Industrial	万吨	10 000 tons	28.87	72.87
工业固体废物排放量	Solid Wastes Discharge Volume of Industrial	万吨	10 000 tons	0	0.61
工业用水总量	Water Volume of Industrial	万吨	10 000 tons	97979.39	88802.73

注:2011 年,烟尘与工业粉尘合并统计,指标更名称为"烟(粉)尘"排放量。

a) The data in above table that soot and industrial dust merger statistics, index name changed to soot(dust) emissions Since 2011.

13—14 万元工业增加值主要污染物排放强度

Intensity of Main Pollutant Emissions by Ten Thousand Value Added of Industry

单位:吨/万元 (ton/10 000yuan)

指　标	Item	2007 年	2008 年	2009 年	2010 年	2011 年	2012 年
万元工业增加值废水排放强度	Emission Intensity of Waste Water	31.92	23.34	21.07	19.73	15.33	12.64
万元工业增加值化学需氧量排放强度	Emission Intensity of Chemical Oxygen Demand	0.0101	0.0053	0.0053	0.0050	0.0046	0.0035
万元工业增加值烟(粉)尘排放强度	Emission Intensity of Industrial Fumes(dust)	0.0032	0.0030	0.0030	0.0028	0.0067	0.0056
万元工业增加值二氧化硫排放强度	Emission Intensity of Sulfur Dioxide	0.0096	0.0087	0.0086	0.0081	0.0190	0.0224

主要统计指标解释

【卫生机构】 指各个部门(军事部门除外)、各种性质的设有专职卫生技术人员的卫生事业机构包括:医院、卫生院、门诊部、采供血机构、妇幼保健院(所、站)、专科疾病防治院(所、站)、疾病预防控制中心(防疫站)、卫生监督所、医学科学研究机构、医学在职培训机构、健康教育所(站、中心)、其他卫生机构。

【医院】 指名称为医院、设有固定床位能收容病人住院并能为病人提供医疗、护理服务的医疗机构。包括县及县以上医院、农村乡卫生院、其他医院三部分,按所属性质分为卫生部门、工业及其他部门、集体所有制三类。其中县及县以上医院按业务性质分为综合医院和专科医院。

【卫生技术人员】 指卫生事业机构支付工资的全部固定职工和合同制职工中现任职务为卫生技术工作的人员。包括执业医师、执业助理医师、注册护士、药剂人员、检验人员、其他。

【医生】 指经卫生部门审查合格,从事医疗工作的专业人员。包括卫生技术人员中的执业医师、执业助理医师、其他。

【公证员】 是国家的法律工作者,是在公证处专门行使国家证明权,独立办理公证事务的法律专业人员。

【公证文书】 是指公证处根据当事人的申请,依照事实和法律,按照法定程序制作的,具有特殊法律效力的司法证明文书。

【废水排放总量】 废水包括生产废水和生活废水。生产废水指企业事业单位在生产、科研、医疗等工作中,向外环境排放的所有废水。

【工业废水达标量】 指全国达到国家排放标准的外排工业废水量(包括经过处理和未经处理的)。但不包括虽经处理仍未达到国家排放标准的工业废水。

【工业粉尘回收量】 指经过各种回收处理装置回收的工业粉尘和尘泥量(包括干法和湿法)。

【工业粉尘排放量】 指生产工艺过程中排放的固体粉状物重量。

【工业固体废物产生量】 指工矿企业、事业单位在生产(试验)过程中产生的工业固体废弃物总量,不包括矿山开采的剥离废石和掘进废石(煤矸石除外)。

【工业固体废物综合利用量】 指已用作农业服料、造田、生产建筑材料以及其他方式综合利用的工业固体废物量(不包括填埋和焚烧量)。

【三废综合利用产品产值】 指企业利用“三废”作为主要原料生产的回收利用的产品产值。

【三废综合利用利润】 指企业利用“三废”作为主要原料生产和回收利用的产品售后所得的利润额。

【污染事故】 指由于某种原因引起的、偶然的、突发性的向环境排放污染物,从而造成环境污染和损害,其直接经济损失在千元以上的事件。

全区分市县资料

Statistical Databy City and County

14—1 各市县地区生产总值

Gross Domestic Product by City and County

单位:万元　　　　（2012）　　　　（10 000yuan）

指　标	Region	地区生产总值 Gross Domestic Product	第一产业 Primary Industry	第二产业 Secondary Industry	工　业 Industry	建筑业 Construction	第三产业 Tertiary Industry	人均地区生产总值（元/人） Per Capita GDP (yuan/person)
全区总计	**Total**	**23412900**	**1994000**	**11593700**	**8786300**	**2807400**	**9825200**	**36394**
银川市	Yinchuan	7135115	169972	3047812	2067811	980002	3917331	54053
永宁县	Yongning	942324	120003	516416	343311	173105	305905	42489
贺兰县	Helan	927010	131524	489490	342598	146892	305996	40761
灵武市	Lingwu	2504895	88019	2136783	1965452	171331	280093	93880
石嘴山市	Shizuishan	2982162	61378	1992192	1711521	280671	928592	62012
平罗县	Pingluo	1117526	162360	657276	576994	80282	297890	43496
利通区	Litong	1022159	147860	516182	325430	190752	358118	26422
红寺堡区	Hongsipu	110316	36679	44583	24121	20462	29054	6484
盐池县	Yanchi	442104	52065	223643	145930	77713	166396	29737
同心县	Tongxin	360657	90951	141038	91054	49984	128668	10970
青铜峡市	Qingtongxia	1215045	141354	784630	651525	133105	289061	45136
原州区	Yuanzhou	678402	111540	176872	99243	77629	389990	16096
西吉县	Xiji	357554	106235	78816	29760	49056	172503	9825
隆德县	Longde	145900	39540	38347	15524	22823	68013	8944
泾源县	Jingyuan	95557	24454	28756	11361	17395	42347	9268
彭阳县	Pengyang	307132	99440	100067	74278	25789	107625	15052
沙坡头区	Shapotou	1183085	174645	479129	393029	86100	529311	30722
中宁县	Zhongning	1029143	145395	573136	385749	187387	310612	32384
海原县	Haiyuan	293652	90625	58304	16380	41924	144723	7394

14—2 各市县农林牧渔业总产值

Gross Output Value of Agriculture, Forestry, Animal Husbandry and Fishery by City and County

单位:万元　　(2012,按现行价格计算)(calculated at current price)　　(10 000 yuan)

指　标	Region	农林牧渔业总产值 Gross Output Value of Agriculture, Forestry, Animal Husbandry and Fishery	农　业 Agriculture	林　业 Forestry	牧　业 Animal Husbandry	渔　业 Fishery	农林牧渔服务业 Output Value of Services for Agriculture,Forestry, Animal Husbandry and Fishery	农林牧渔业总产值指数(上年=100) Indices of Gross Output (preceding year=100)
全区总计	**Total**	**3851490**	**2404648**	**97655**	**1057236**	**133627**	**158325**	**106.0**
银川市	Yinchuan	951769	591855	14732	235317	62908	46956	106.0
银川市	District	305752	175056	3070	87659	14037	25930	104.1
永宁县	Yongning	221642	154046	2425	48309	10062	6800	106.6
贺兰县	Helan	252756	173609	1009	36359	34866	6912	107.4
灵武市	Lingwu	171620	89144	8229	62990	3943	7314	106.8
石嘴山市	Shizuishan	419402	290316	5361	73208	37244	13273	105.0
石嘴山市	District	118136	75166	2550	25731	9216	5473	103.7
平罗县	Pingluo	301266	215150	2811	47477	28028	7800	105.5
吴忠市	Wuzhong	915022	473179	23574	369785	14227	34256	106.8
利通区	Litong	284004	127844	3028	136246	2836	14050	107.8
红寺堡区	Hongsipu	70041	50548	4773	12239		2480	106.1
盐池县	Yanchi	109652	41529	9038	53546	83	5456	105.6
同心县	Tongxin	191503	102221	3765	80717		4800	106.6
青铜峡市	Qingtongxia	259822	151038	2970	87037	11308	7470	106.6
固原市	Guyuan	793117	497184	42409	211106	197	42221	106.8
原州区	Yuanzhou	230319	158452	7942	51434		12491	107.6
西吉县	Xiji	217250	151680	5875	47411	197	12088	107.1
隆德县	Longde	87545	54757	3233	25265		4290	107.8
泾源县	Jingyuan	57790	15572	11051	23126		8040	106.6
彭阳县	Pengyang	200213	116723	14308	63870		5312	105.0
中卫市	Zhongwei	772180	552113	11579	167819	19051	21618	104.6
沙坡头区	Shapotou	318211	236148	5128	54510	13967	8458	101.5
中宁县	Zhongning	279740	197650	3830	65275	5027	7958	106.8
海原县	Haiyuan	174230	118315	2621	48034	58	5202	107.1

14—3 各市县规模以上工业企业主要财务指标

Main Financial Indicators on Industrial Enterprises above Designated Size by City and County

单位:个、万元 （2012） （unit,10 000yuan）

指　标	Region	企业单位数 Number of Enterprises	亏损企业 Loss-suffering Enterprises	资产总计 Total Assets	流动资产 Working Capitals	固定资产 Fixed Assets	固定资产原值 Original Value of Fixed Assets
全区总计	**Total**	**865**	**303**	**48601883**	**17483333**	**23613784**	**29510859**
银川市	Yinchuan	326	74	20309433	6890600	10489347	12779878
银川市	District	123	38	10350601	3078211	5669628	7904681
永宁县	Yongning	34	6	1412202	509109	780463	945051
贺兰县	Helan	96	18	984687	431623	353043	409489
灵武市	Lingwu	73	12	7561943	2871657	3686213	3520657
石嘴山市	Shizuishan	232	119	6826664	3487015	2839414	3686612
石嘴山市	District	127	67	4661487	2219086	2126057	2903458
平罗县	Pingluo	105	52	2165177	1267929	713356	783154
吴忠市	Wuzhong	190	63	6698630	2513406	3541570	4579255
利通区	Litong	70	25	2156486	872451	878740	867085
红寺堡区	Hongsipu	4	3	336413	25529	294673	295468
盐池县	Yanchi	27	12	338214	150204	135927	145740
同心县	Tongxin	15	1	296209	239813	32466	36727
青铜峡市	Qingtongxia	74	22	3571309	1225409	2199765	3234235
固原市	Guyuan	25	4	526617	158086	353289	266705
原州区	Yuanzhou	10	4	85940	36050	47371	55545
西吉县	Xiji	5		56483	25100	31318	28871
隆德县	Longde	3		26137	12977	11785	14674
泾源县	Jingyuan	3		34947	10589	13303	20123
彭阳县	Pengyang	4		323110	73370	249511	147492
中卫市	Zhongwei	91	43	5875680	2615149	2182152	2218296
沙坡头区	Shapotou	51	25	2706822	988030	1255266	1117155
中宁县	Zhongning	35	16	3145564	1609545	924460	1099613
海原县	Haiyuan	5	2	23295	17574	2426	1528
其他	others	1		8364859	1819077	4208012	5980113

14-3 续表 1 continued

单位:个、万元　　　　(2012)　　　　(unit,10 000yuan)

指　标	Region	累计折旧 Accumulated Depreciation	流动负债 Working Liabilities	非流动负债合计 Total Non-current Liabilities	所有者权益 Owners' Equities	实收资本 Paid-in Capital	国家资本 National
全区总计	**Total**	**8331217**	**19726859**	**11518780**	**16126913**	**8329619**	**2052170**
银川市	Yinchuan	3360528	7095504	5660262	6882394	3907636	993618
银川市	District	2535102	3504229	2896862	3881293	2257885	807681
永宁县	Yongning	251085	688460	175400	518525	184501	1887
贺兰县	Helan	100182	393666	107307	416535	245123	7000
灵武市	Lingwu	474159	2509150	2480693	2066041	1220127	177050
石嘴山市	Shizuishan	1134808	3680952	720693	2274833	1112935	131917
石嘴山市	District	976982	2197895	629770	1795519	854422	130388
平罗县	Pingluo	157826	1483058	90924	479314	258513	1529
吴忠市	Wuzhong	1364907	3237840	1181497	2017331	1054714	101627
利通区	Litong	146722	1148361	344359	623981	421418	28459
红寺堡区	Hongsipu	9937	81503	4251	72762	70050	4500
盐池县	Yanchi	28787	144960	43339	143273	64187	3377
同心县	Tongxin	5320	108810	21048	166351	46194	
青铜峡市	Qingtongxia	1174141	1754208	768500	1010965	452864	65292
固原市	Guyuan	57210	124190	178034	207181	153191	126624
原州区	Yuanzhou	11315	28880	4490	46108	28900	23879
西吉县	Xiji	3589	18958	13967	16066	7600	620
隆德县	Longde	2889	14489		11649	4050	
泾源县	Jingyuan	6836	4213	18	27510	17028	7713
彭阳县	Pengyang	32582	57650	159559	105849	95612	94412
中卫市	Zhongwei	641663	3195058	1085419	1466504	1098097	206891
沙坡头区	Shapotou	265207	1569614	464622	581249	563123	177318
中宁县	Zhongning	376254	1614447	620797	876838	525788	29573
海原县	Haiyuan	202	10997		8417	9187	
其他	other	1772101	2393316	2692875	3278668	1003047	491493

14-3 续表 2 continued

单位:个、万元 （2012） （unit,10 000yuan）

指 标	Region	主营业务收入 Revenue from Principal Business	主营业务成本 Cost of Principal Business	主营业务税金及附加 Taxes and Other Charges on Principal Business	管理费用 Management Csots	利息支出 Interest Expenses	利润总额 Total Profits	亏损企业亏损总额 Losses Value of Loss-suffering Enterprises
全区总计	**Total**	**29814552**	**25407693**	**620311**	**1247967**	**1058456**	**1312215**	**503996**
银川市	Yinchuan	13390579	11591084	498827	444821	461906	459822	177822
银川市	District	8501495	7573686	468601	238363	214605	82677	143954
永宁县	Yongning	913982	772467	3220	63231	30750	47248	4386
贺兰县	Helan	954090	775935	9897	51141	10954	81371	5141
灵武市	Lingwu	3021012	2468996	17109	92085	205597	248527	24341
石嘴山市	Shizuishan	5457880	4901104	22038	201893	163420	106158	78608
石嘴山市	District	3551525	3174069	18960	152526	94116	105842	49444
平罗县	Pingluo	1906355	1727035	3078	49366	69304	316	29164
吴忠市	Wuzhong	4399199	4003874	18431	112646	164743	46436	138406
利通区	Litong	980273	800534	2094	45940	30828	81096	18217
红寺堡区	Hongsipu	12875	10557	58	2663	2840	-3597	6093
盐池县	Yanchi	248412	218492	6602	9374	6757	-199	5827
同心县	Tongxin	172180	148132	358	3438	6365	15359	184
青铜峡市	Qingtongxia	2985460	2826159	9319	51231	117953	-46222	108084
固原市	Guyuan	258931	186753	3337	14197	9335	28123	3415
原州区	Yuanzhou	58084	51565	246	2808	1845	-893	3415
西吉县	Xiji	50781	39674	681	1581	852	5692	
隆德县	Longde	8976	7701	41	514	221	209	
泾源县	Jingyuan	21398	17498	114	818	27	2084	
彭阳县	Pengyang	119692	70315	2255	8476	6391	21031	
中卫市	Zhongwei	2904177	2632261	6540	92635	142578	17949	105745
沙坡头区	Shapotou	1229896	1143650	3083	56580	77247	-24456	87709
中宁县	Zhongning	1635593	1447606	3415	35762	65331	42073	17702
海原县	Haiyuan	38688	41005	42	294		333	335
其他	Other	3403786	2092617	71139	381776	116473	653727	

14—4 各市县固定资产投资

Investment in Fixed Assets by City and County

单位:万元、平方米、个　　(2012)　　(10 000 yuan,sq.m,unit)

指　标	Region	计划总投资 Total Planned Investment	本年新开工项目计划投资 Planned Investment of New Projects This	本年完成投　资 Investment Completed This Year	Year 住　宅 Residence	本年新增固定资产 Newly Increased Fixed Assets This Year
全区总计	**Total**	**76112816**	**19640315**	**20456885**	**3225709**	**12184457**
银川市	Yinchuan	38224379	6531363	8898934	1906062	3733547
银川市区	District	13490147	1860576	3675923	1395772	1936327
永宁县	Yongning	2829065	933508	1009404	155296	519594
贺兰县	Helan	3505965	723999	1026784	279836	565817
灵武市	Lingwu	18399202	3013280	3186823	75158	711809
石嘴山市	Shizuishan	10853691	2945023	3319964	313521	2841309
石嘴山市	District	6706122	1579280	2315252	258471	2214429
平罗县	Pingluo	4147569	1365743	1004712	55050	626880
吴忠市	Wuzhong	8967325	4158478	3650544	416524	2344545
利通区	Litong	3438795	1400688	1420861	146568	636791
红寺堡区	Hongsipu	743791	380286	382829	7280	191348
青铜峡市	Qingtongxia	1592103	837907	788610	129015	533611
盐池县	Yanchi	2202460	1069601	679426	57258	703303
同心县	Tongxin	990176	469996	378818	76403	279492
固原市	Guyuan	6524656	1377777	1540989	224250	1137432
原州区	Yuanzhou	4023676	469569	654190	76480	351776
西吉县	Xiji	456004	118494	217228	34081	287504
隆德县	Longde	771800	172611	217188	38184	142381
泾源县	Jingyuan	219175	114534	155682	22364	157832
彭阳县	Pengyang	1054001	502569	296701	53141	197939
中卫市	Zhongwei	8578541	4053636	2420722	365352	1918231
沙坡头区	Shapotou	3006976	1226171	979710	174462	810216
中宁县	Zhongning	4886758	2597808	1107707	159849	1034599
海原县	Haiyuan	684807	229657	333305	31041	73416
不分地区	Not Classified by Region	2964224	574038	625732		209393

14—5 各市县城镇居民人均可支配收入

Per Capita Annual Disposable Income of Urban Households by City and County

单位:元 (yuan)

指　标	Region	2011 年	2012 年	增加额 Incremental	增　长 Growth (%)
全　区	**Total**	17579	19831	2252	12.8
银川市	Yinchuan	19203	21620	2416	12.6
兴庆区	Xingqing	21235	23809	2574	12.1
西夏区	Xixia	16356	18526	2170	13.3
金凤区	Jinfeng	18156	20466	2310	12.7
永宁县	Yongning	17203	19530	2327	13.5
贺兰县	Helan	17290	19570	2280	13.2
灵武市	Lingwu	17523	19909	2386	13.6
石嘴山市	Shizuishan	17928	20294	2366	13.2
大武口区	Dawukou	19377	21908	2531	13.1
惠农区	Huinong	16377	18398	2021	12.3
平罗县	Pingluo	15125	17122	1996	13.2
吴忠市	Wuzhong	15753	17845	2092	13.3
利通区	Litong	16649	18801	2153	12.9
红寺堡区	Hongsipu	12047	13719	1672	13.9
青铜峡市	Qingtongxia	14379	16238	1859	12.9
同心县	Tongxin	12602	14430	1829	14.5
盐池县	Yanchi	16572	18760	2188	13.2
固原市	Guyuan	14879	16854	1975	13.3
原州区	Yuanzhou	16311	18451	2140	13.1
隆德县	Longde	13492	15282	1791	13.3
西吉县	Xiji	12798	14568	1770	13.8
彭阳县	Pengyang	13260	15039	1779	13.4
泾源县	Jingyuan	13121	14906	1786	13.6
中卫市	Zhongwei	15866	17867	2001	12.6
沙坡头区	Shapotou	16718	18867	2149	12.9
中宁县	Zhongning	14774	16582	1808	12.2
海原县	Haiyuan	13251	14867	1616	12.2

14—6 各市县农民家庭平均每人纯收入来源情况

Per Capital Annual Income of Rural Households by City and County

单位:元　　（2012）　　(yuan)

指　标	Region	纯收入 Net Income	按纯收入来源分 Grouped by Source					
			工资性收入 Wages Income	家庭经营收入 Income from Household Operations	一产业纯收入 Primary Industry	非农产业纯收入 Non-agriculture	财产性收入 Property Income	转移性收入 Transfer Income
全　区	**Total**	6180.32	2510.53	3071.52	2578.92	492.60	101.55	496.73
川区	Plain	7870.79	2901.55	4395.53	3340.35	1055.18	145.09	428.62
山区	Mountain Area	4590.54	2052.92	2134.78	1884.00	250.78	26.86	375.97
银川市	Yinchuan	8067.95	2924.52	4562.70	3227.77	1334.93	176.93	403.80
兴庆区	Xingqing	8834.17	2250.49	5606.86	4107.41	1499.45	556.91	419.91
西夏区	Xixia	5827.79	2668.24	2456.84	1530.04	926.80	207.91	494.80
金凤区	Jinfeng	7866.11	3351.47	4023.83	2133.01	1890.82	243.50	247.31
永宁县	Yongning	7764.16	2834.17	4510.06	3531.63	978.43	100.91	319.03
贺兰县	Helan	8201.63	2278.76	5269.95	4042.46	1227.49	116.81	536.11
灵武市	Lingwu	8617.75	3794.56	4310.09	2659.76	1650.33	111.91	401.19
石嘴山市	Shizuishan	7966.71	2763.50	4535.48	3802.43	733.05	201.84	465.89
大武口区	Dawukou	6475.65	4162.17	1851.58	539.99	1311.59	208.37	249.83
惠农区	Huinong	8381.63	3287.54	4557.53	3580.13	977.40	134.95	401.60
平罗县	Pingluo	8167.44	2361.68	5065.16	4504.77	560.39	216.53	524.07
吴忠市	Wuzhong	6370.32	2352.51	3513.01	2823.48	689.53	99.45	405.35
利通区	Litong	8804.06	3169.39	5160.16	3553.96	1606.19	85.73	388.78
红寺堡区	Hongsipu	4615.71	2850.38	1459.57	1299.33	160.23	33.39	272.38
盐池县	Yanchi	4792.54	952.66	3089.47	2997.00	92.47	82.41	667.99
同心县	Tongxin	4532.86	1832.06	2339.23	2126.91	212.33	25.81	335.75
青铜峡市	Qingtongxia	8655.65	3151.36	4793.24	3721.52	1071.71	309.17	401.88
固原市	Guyuan	4690.46	2192.16	2073.82	1804.51	269.31	21.13	403.36
原州区	Yuanzhou	4792.63	2351.88	2033.01	1704.01	329.00	12.76	394.98
西吉县	Xiji	4658.45	2195.11	2180.54	1991.06	189.48	3.39	279.41
隆德县	Longde	4672.15	2143.31	1767.09	1454.15	312.94	90.68	671.07
泾源县	Jingyuan	4314.74	1849.06	1985.01	1759.09	225.92	19.80	460.88
彭阳县	Pengyang	4798.22	2162.98	2187.53	1864.76	322.76	17.97	429.74
中卫市	Zhongwei	5927.43	2449.99	3053.49	2509.45	544.04	45.78	378.18
沙坡头区	Shapotou	7000.40	3106.81	3277.35	2797.80	479.56	39.76	576.48
中宁县	Zhongning	6956.71	2306.62	4248.68	3302.78	945.91	82.68	318.72
海原县	Haiyuan	4225.33	1966.63	1990.27	1678.85	311.42	24.50	243.93

附 记

Appendix

银川市统计局2012年大事记

1月4日　银川市市长王儒贵观看了银川市统计局“两会”信息咨询服务演示系统，对银川市社会主要经济指标完成情况、银川市与全国各城市经济指标的对比排名情况等热点内容进行详细查看，赞誉银川市统计局“两会”统计服务系统内容丰富，表现形式新颖。对于统计服务在“两会”中所发挥的作用，给予了充分肯定。

是日，为做好2012年银川市第十三届五次人代会和第十一届五次政治协商会议的统计服务工作，银川市统计局编辑的《数说银川2011》一书正式出版。

是日，银川市统计局分别对市辖三区规模以上工业、有资质的建筑业、限额以上批发零售业、限额以上住宿和餐饮业、全部房地产开发经营企业法人单位开展了劳动工资一套表方法及其制度的培训，同时对私营及非私营法人单位针对2011年年报及2012年定报制度也作了培训。

1月5日　自治区党委常委、银川市委书记徐广国观看了银川市统计局“两会”服务系统，对统计服务工作给予了充分肯定。

1月6日　银川市依法治市领导小组办公室，委托第三方对我市2011年依法治市及严格执法工作进行了第二次满意度测评。在39个行政执法部门和2个司法机关中，银川市统计局评价总满意度排位第三名。在2011年上半年第一次满意度测评中，银川市统计局评价总满意度位列第一。

1月10日　银川市统计局组织召开了2011年全市工业统计年报暨企业一套表实施工作会议，三区规模以上工业企业统计人员100余人参加了会议。

是日，银川市统计局组织召开了2011年全市能源统计年报工作会议，市辖三区规模以上工业企业的能源统计人员100余人参加了会议。

1月11日　银川市统计局首次对企业撰写的分析报告进行评审，共评选出企业优秀统计分析报告8篇，并进行了通报表彰。

1月12日　银川市统计局组织召开了贸易专业2011年统计年报工作及“企业一套表”实施培训会议。来自市辖区260多家限额以上批发零售和住宿餐饮企业单位的统计人员及市辖三区统计局的贸易统计人员参加了培训。

1月13日　银川市统计局党组书记、局长王奎带领班子成员和部分干部到灵武市郝家桥镇新民村，深入到部分因病致残户、孤老残疾户等困难农户家中开展慰问活动，送上慰问金和慰问品，并鼓励贫困户战胜病魔和困难，争取早日脱贫致富。

1月16日　自治区社会信用体系建设和金融生态环境建设考评组莅临我市，对我市社会信用体系建设各项工作进行了考评。市政府副秘书长尉凯翔、市统计局局长、市诚信办主任王奎、市发改委主任陈军等市直部门和县(市)区的领导同志参加考评报告会。

1月17日　银川市统计局党组书记、局长王奎带领局领导班子成员及机关干部来到驻市行政中心武警中队，对官兵们表示节日的慰问和亲切的关怀，并致以新春佳节良好的祝愿。

是日，银川市统计局领导班子分三组对18名离退休干部进行了慰问。

1月18日　银川市统计局、国家统计局银川调查队联合召开了2011年全市国民经济运行情况新闻发布会。市统计局局长王奎主持了新闻发布会，市直有关部门单位负责人及新华通讯社、人民日报、文汇报、宁夏日报、新消息报、法制新报、宁夏电视台、宁夏新闻网、银川晚报、银川电视台、银川电台等媒体记者近50人参加了会议。

是日，银川市统计局隆重召开了2011年度全市统计系统总结表彰会。市统计局党组书记、局长王奎做了题为《鼓实劲、干实事、求实效，不断提升统计工作服务科学发展的水平》的报告，全面总结了2011年的工作成绩，安排部署了2012年统计工作。会议表彰了2011年度全市统计系统先进集体和先进个人。会上，市统计局还与各县(市)区统计局签订了2012年目标责任书。国家统计局银川调查队全体干部职工，市农调队、各县(市)区统计局领导以及市统计局全体干部共110多人参加了会议。会议由市统计局党组成员、副局长刘晓天主持。会后,银川市统计局和国家统计局银川调查队联合举办了2012年全市统计系统新春联谊会。

1月29日　银川市统计局召开全体干部集体学习会议,安排学习了自治区党委常委、市委书记徐广国在全市进一步营造风清气正发展环境大会上的讲话、在市第十三届委员会第一次全会上的讲话以及在十三次党代会闭幕式上的讲话,并结合统计工作实际开展了讨论交流。

是日,银川市政协副主席李自辉带领政协经科委等负责人来到市统计局看望了市统计局干部职工,对全市统计工作者致以节日的问候。

2月3日　银川市统计局组织到宁夏穆斯林国际商贸城对商贸城总体运行情况及部分新开业商贸企业进行了走访调研。

2月6日　银川市副市长杨有贤在市统计局第9期统计分析报告《2011年银川市清真产业实现营业收入首次突破80亿》上做出重要批示:“这个材料不错。清真产业是我市新兴产业,随着自治区‘西进’战略实施和经济发展水平的进一步提高、需求和推动经济作用会进一步增强。统计局要及时跟进这块产业的发展情况,适时做一些前瞻性研究。”

2月7日–9日　自治区统计局局长梅廷彦、副局长徐秀梅、自治区政府督查室副主任李东洲带队对银川市及所辖两县一市三区政府贯彻落实《自治区人民政府关于开展企业一套表统计改革工作的通知》和《自治区人民政府关于加强和完善服务业统计工作的通知》进展情况进行了督查。市统计局局长王奎、市政府办公厅副主任王军、市政府督查室副主任马元文、市统计局副局长吕东萍、副调研员曹庆宁、市发展和改革委员会、财政局、工业和信息化局、建设局、商务局、住房和保障局的有关领导以及各县(市)区政府领导班子部分成员、各县(市)区统计局局长参加了汇报会并陪同调研。

2月13日　银川市副市长杨有贤在阅读了统计局呈送的2012年工作要点和第11期简明统计信息后批示:“我看了统计局2012年工作要点,觉得思路清晰,重点突出,对“五个四”工作和实现十个新跨越印象很深。随着国民经济和社会发展进一步加快,统计工作的基础性地位日益突出,希望按照你们的工作部署,全面完成各项目标任务,有些工作也可做成自治区亮点工作。”

2月14日　银川市统计局对2011年度新增加房地产开发企业和未参加年报培训会企业统计人员约20人进行了培训。

2月17日　石嘴山统计局来我局学习交流。

2月18日　企业一套表全国联网直报开网的第一天,自治区统计局局长梅廷彦、总经济师崔祝平、副巡视员黎志毅带领相关处室业务人员到兴庆区、金凤区、贺兰县、永宁县的基层企业进行一套表联网直报督导,实地查看企业统计人员一套表联网直报开网上报报表情况。市统计局局长王奎、副局长吕东萍、局法建办、工业、贸易、投资处室负责人及贺兰、永宁县领导和县区统计局局长随同参加了检查。

2月20日　国家统计局举行了“统计万人进万企”和“企业一套表联网直报系统”全面启动仪式,银川市统计局局长王奎及全局干部职工在市统计局分会场参加了视频会议,并认真听取了国家统计局马建堂同志重要讲话。

2月21日　银川市副市长杨有贤在市统计局局长王奎的陪同下,深入到金凤区等地的企业督查企业一套表实施情况。

2月22日,由市直机关工委和市卫生局组织的考核组到我局督查考核控烟工作。我局向考核组就文明单位创建、精神文明建设、控烟工作的领导、机构、制度、文件、宣传、巡查、劝导等方面向考核组进行了汇报。考核组对我局所有会议室、办公室进行了查验,未发现有烟具、烟头、烟味,真正做到了“无吸烟,无烟头,无烟具”的三无标准。

2月24日　银川市统计局对银川瑞艺办公文仪有限责任公司不依照统计法律法规和企业一套表统计调查制度的规定如实填报企业一套表情况,依照法定权限和程序,依法向银川瑞艺办公文仪有限责任公司送达了《统计法律事务告知书》。

2月27日　银川市统计局启动《2012年银川市情手册》编辑工作。

是日,自治区统计局总经济师崔祝平带领工交处处长吴苏等一行到银川市督导重点工业企业一套表联网直报及成本费用调查工作。

是日,银川市审计局进驻市统计局,正式开始对2011年度预算执行情况和王奎局长任期经济责任进行审计。

2月29日　国家统计局数据管理中心副主任胡帆一行2人来银川市督导企业一套表联网直报

工作。自治区统计局徐秀梅副局长、黎志毅副巡视员和市统计局吕东萍副局长陪同先后到宁夏烟草公司银川分公司、宁夏荣恒房地产集团有限责任公司，现场查看企业一套表工作的进展情况，并与企业进行了座谈交流。

3 月 1 日　银川市统计局组织召开全市农村农业统计数据库试点工作业务培训会议，各县（市）区统计局分管领导、农业统计人员、试点乡（镇）和试点村统计人员 30 余人参加了会议。

3 月 5 日　银川市统计局组织青年工作委员和青年代表来到西夏区北京西路办事处星光巷社区，看望慰问社区内的部分孤寡和空巢老年人。

是日，银川市统计局组织召开了企业一套表程序和久其年报、定报统计数据处理程序操作培训会议，兴庆区、金凤区、西夏区统计局贸易专业统计人员参加了培训。

3 月 6 日　银川市统计信息外网完成升级改版并正式开通运行。

是日，银川市统计局组织对西夏区、金凤区工业企业一套表暨成本费用调查表审核工作进行督导。

3 月 7 日　银川市统计局组织全体干部职工在永宁县鹤泉湖开展了庆祝“三八”国际妇女节系列活动。

3 月 13 日　银川市统计局组织人员参加了市社会管理综合治理委员会办公室集中开展的社会管理综合治理宣传月活动。

是日，自治区统计局联合银川市工信局、统计局、西夏区统计局及有关专业人员对银川佳通轮胎有限公司、宁夏银星能源光伏发电设备制造有限公司、宁夏银星能源风电设备制造有限公司等企业进行督导及调研，对成本费用调查工作进行现场指导。

3 月 14 日　自治区统计局局长梅廷彦带领相关处室负责人来银调研我市一季度经济运行情况。

是日，银川市统计局保密领导小组办公室召开保密工作培训会议，各县（市）区统计局办公室及局各处室工作人员参加了培训。

3 月 15 日　银川市统计局在宁园世纪钟广场设置宣传点，开展了统计法律法规宣传咨询活动。

是日，市诚信办、市关工委和团市委联合在玉皇阁广场隆重举行了《影响一生的诚信故事》“爱心捐赠”活动。

3 月 16 日　银川市统计局经济责任审计进点会在本局会议室召开。审计组全体人员、统计局班子全体成员、本局科级以上干部及财务人员参加了会议，会议由市审计局副局长张国华主持。

3 月 22 日　自治区统计局朱尼巡视员、服务业处徐学奎副处长一行三人到我市兴庆区检查指导服务业重点企业一套表调查工作。

3 月 26 日　自治区统计局农村处副处长王金贵在市统计局副局长刘晓天、兴庆区统计局副局长保雪岚等陪同下，来到我市兴庆区通贵乡，对该乡畜牧业生产特别是规模养殖情况进行了调研。

3 月 26–28 日　银川市统计局联合国家统计局银川调查队对 23 户规模以上工业企业进行了统计执法检查暨一季度经济形势调研。

3 月 23、26 日　国家和自治区统计局分别召开企业一套表联网直报阶段性工作总结视频会议，银川市统计局全体干部职工在银川分会场参会收看。并采取措施，贯彻落实全国、全区企业一套表联网直报视频会议精神。

3 月 28 日　自治区党委常委、银川市委书记徐广国在我局《促进银川市消费市场健康发展的分析报告》上作出重要批示：“大力发展现代服务业是银川的必然选择，也是建设区域中心城市的支撑，要将这项工作作为牵动全局工作来抓。”

3 月 28 日　自治区党委常委、银川市委书记徐广国在我局《2011 年银川市社会消费品零售额与西部省会城市对比情况》上作出重要批示：“这组分析数据非常有力的说明了我市在流通领域的潜力和差距，请银杰和政府相关市长研究推进措施”。

3 月 30 日　银川市统计局组织召开了全市统计工作联席会暨信息工作座谈会。

3 月 31 日　银川市统计局组织对全局内网计算机安装了 kill 网络版杀毒软件。

4 月 1 日　自治区党委常委、银川市委书记徐广国在我局《2011 年银川市重点商品交易市场分析报告》上作出重要批示：“市委办：要将市场建设列入近期重点工作之一，政府可先开常务会，市委适时听情况”。

4 月 4 日　银川市统计局组织全体干部到览山园博园基地义务植树 690 棵。

4 月 5 日　银川市统计局对宁夏华健房地产开发有限公司、宁夏功达酒店有限公司和兴庆区大食客湘鄂情酒楼未按企业一套表统计调查制度的规定按时上报统计报表，依照法定程序对上述三家单位送达了《统计报表催报通知书》。

4 月 9 日　银川市统计局召开全局干部会议，

安排第一季度公务员实绩考核工作和全市第一季度经济形势分析会有关工作。

4 月 11 日　银川市重点投资项目巡视督查对宁东工业园区和贺兰县的部分重点工业投资项目进行了专项督查。

4 月 12 日　银川市统计局正式向市直机关文明办递交了创建全国文明单位申请。

4 月 12-13 日　自治区统计局人口就业处处长张雪艳带队对银川市大城市月度劳动力调查电话核查准备工作进行督查。督查组一行到西夏区、金凤区、兴庆区、永宁县采取入户抽查的方式进行督查,每到一地按照样本量 10%的比例抽取调查户进行入户登记。

4 月 13 日　银川市诚信建设领导小组召开了 2012 年度第 1 次工作会议,市委副书记、市诚信建设领导小组副组长杜银杰同志到会并做了重要讲话,副市长、市诚信建设领导小组副组长杨有贤同志主持了会议,有 37 个诚信建设领导小组成员参加了会议。

4 月 13 日　银川市委副书记杜银杰在我局《工业经济开局良好潜在问题不容忽视——2012 年一季度银川市经济运行情况系列分析报告之三》上作出重要批示:“统计局这几期分析报告很好,理性分析、认真研判、提出建议,这对市委、政府下步科学决策很有益处,望再接再励!”

是日,银川市统计局组织开展了周末卫生日活动。

4 月 17 日　银川市召开了第一季度经济形势运行情况分析会。会上,市统计局局长王奎通报了一季度全市经济运行情况。

4 月 17 日　自治区统计局贸易处何胜兰处长一行调研检查了金凤区和兴庆区企业一套表联网直报和数据质量情况。

4 月 18 日　由银川市人力资源和社会保障局、银川市档案局联合表彰全市档案工作先进单位和先进个人,我局马立青同志荣获先进工作者。

4 月 19 日　自治区统计局召开 2012 年全区统计法制暨“五五”普法表彰工作会议,对全国、全区“五五”普法宣传教育先进单位和先进个人进行了表彰,银川市统计局荣获全国统计“五五”普法宣传教育先进单位,于建亮荣获全区统计“五五”普法宣传教育先进个人。

是日　在厦门召开的 2012 年全国地方统计年鉴工作会议上,《银川统计年鉴—2011》荣获全国地方统计年鉴乙组一等奖。

4 月 24-26 日　在市统计局副调研员曹庆宁的带领下,市统计局检查组对 15 家限额以上批零贸易业、餐饮业和重点市场开展了统计执法检查。

4 月 17-30 日　银川市统计局组织统计系统 14 名干部赴厦门市统计局学习统计“四大工程”建设方面的好做法、统计优质服务方面的好经验,聆听了厦门大学统计经济学教授的讲课。市局王奎局长、贺兰县局杨慧局长在杭州参加自治区统计局组织的业务培训。

4 月 26 日　银川市统计局召开全局干部会议,组织观看全区风清气正教育暗访片。

4 月 28 日　银川市统计局组织干部到滚钟口(小口子)登山。

5 月 4 日　银川市统计局召开全局干部大会,学习传达市纪委《关于认真贯彻〈中央纪委监察部委关于加强廉政风险防控的指导意见〉深入推进我市廉政风险防控工作的通知》精神,并按照通知要求,对照《指导意见》进行了认真自查。

5 月 9 日　经银川市纪委常委会研究决定在市统计局设立纪检监察室,于建亮任市纪委监察局派驻市统计局监察室主任(兼)。

是日,银川市重点投资项目巡视督查组继前期市县(区)和市直部门重点投资项目督查情况,再次对未开工重点投资项目进行专项督查。

是日,银川市统计局组织人员到银川金凤万达广场商业管理有限公司和宁夏锦湖饭店有限公司开展调研活动。

5 月 10 日　银川市统计局组织人员到西夏区西花园街道办事处梦园社区开展“下基层”活动。

是日,银川市统计局召开专题会议,研究落实自治区统计局《关于开展全区投资和房地产统计数据质量专项执法检查工作的通知》和《关于在五市开展投资方法制度改革调研的通知》文件精神。

5 月 11 日　银川市统计局召开了全市农村农业统计数据库建设培训会。培训会由市统计局刘晓天副局长主持,市统计局党组书记、局长王奎到会并做重要讲话,各县(市)区统计局分管局长、统计业务骨干以及全市各个乡镇和涉农街道办事处统计员 50 余人参加了会议。

是日,银川市统计局青年志愿者们来到金凤区北京中路办事处锦绣园社区居委会所属的工行小区、土畜产小区和新材小区,开展了环境整治和卫生清扫志愿服务工作。

5 月 12-16 日　银川市统计局派员参加了自治

区统计局在桂林举办的全区统计业务知识培训班。

5月13日　银川市人民政府对在银川市国家节水型城市复查工作中表现突出的先进集体和先进个人进行了表彰，银川市统计局荣获先进集体称号，张丽、孟德平获先进个人。

5月14日　银川市统计局对宁夏宝丰能源集团有限公司计划投资18亿元的第二套年产200万吨焦化项目和计划投资141亿元的焦化废气综合利用制烯烃项目，以及国电英力特计划投资27亿元的热电项目、计划投资36亿元的BDO(1,4丁二醇)项目、计划投资14亿元的醋酸项目和计划投资4亿元的电石渣制水泥项目进行了调研。

是日，银川市统计局决定成立了银川市统计局"下基层、解民忧、帮发展、促和谐"活动领导小组，切实加强对"下基层"活动的组织领导。

5月16日　银川市社会信用建设促进会第一次会员代表大会在银川市行政中心隆重召开，会议由市政府副市长杨有贤主持，王儒贵市长也对促进会的召开表达了热切关注，自治区党委常委、市委书记徐广国亲自发来了贺信。

是日，银川市人大副主任雷鸣、市政协副主席孙建峰带领市委督查室、市政府督查室、市委组织部、市纪委、市发改委、市招商局、市财政局和市统计局，以及银川电视台和银川晚报两家新闻媒体对贺兰县上半年项目开工建设情况进行全面巡视督查。

5月17日　银川市统计局组织部分干部深入到西夏区宁化路社区两户残疾人家中开展助残活动。

是日，在银川市第十七届市直机关职工运动会上，银川市统计局取得了优异的成绩：获得10人集体跳绳第四名，王元春获得女子个人跳绳项目第六名。

是日，银川市统计局深入到宁夏盐业公司、宁夏虹桥大酒店有限责任公司、宁夏协力厚医药有限公司三家企业，检查指导了企业一套表联网直报、统计基础规范化建设等工作。

5月18日　银川市统计局举办深入学习贯彻党的十七届六中全会精神专题讲座，组织党员干部深入学习十七届六中全会精神。讲座特邀市委宣传部讲师团副团长脱俊卿作题为"学习探讨社会主义核心价值体系的建设问题"的专题报告。市统计局领导、全体党员干部共计40余人参加专题讲座。

是日，银川市统计局组织开展了对兴庆区玉皇阁北街办事处和中山南街办事处的调研活动。

5月21日–25日　银川市统计局派员参加了在南昌召开的第二十四届全国大中城市投资统计信息交流会议。

5月22日　银川市统计局被银川市建设健康城市领导小组命名为无烟单位，并在大会上做了经验交流发言。

是日，银川市统计局自主研发完成银川市统计局目标责任考核系统。

5月22–25日　银川市统计局派员参加了在南京举办的全国中心城市工业能源统计信息交流会，银川市统计局作为五个代表城市之一，在会上作了交流发言。

5月23日　银川市统计局组织召开全市部分限额以上贸易企业统计业务培训会，市统计局法建办、贸易处人员和企业统计人员共40多人参加了会议。

是日，银川市依法治市领导小组办公室对市统计局依法治市工作进行了暗访，就依法统计、执法依据和专项整治情况进行了现场提问和问卷调查，查看了相关的统计法制资料。

5月24日–28日　银川市统计局、监察局组成联合执法检查组对市民政局、市财政局、市教育局、市卫生局、市交通局、市住房保障局、市建设局等24家市直部门开展了部门统计执法检查。

5月29日　银川市统计局编印了《银川市统计局廉政风险防控手册》。

5月30日　银川市第二届文明诚信个体工商户命名表彰大会在行政中心礼堂隆重召开。会议由市人大常委会副主任、市诚信建设领导小组副组长段小平主持，市政府副市长、市诚信建设领导小组副组长杨有贤，市政协副副主席、市诚信建设领导小组副组长李自辉以及市诚信办、市工商局和市个私协会的领导同志为荣获银川市第二届"文明诚信个体工商户"代表颁发了证书和奖牌。

是日，银川市统计局组织全体干部职工学习了新修订的《保密法》。

5月31日　银川市统计局组织人员在兴庆区宁园开展了世界无烟日宣传活动。

6月1日　第22届全国图书交易博览会在宁夏银川会展中心召开。为了能够全面、详尽、快速掌握为期4天的书博会举办情况，银川市统计局对此次全国图书交易博览会进行了问卷调查。

6月1日至8日　银川市统计局在银川统计网

络学校上开展了为期一周的计算机安全保密警示教育专题学习活动。

6月5日　银川市统计局农村农业电子台账程序正式投入运行。

是日，银川市统计局购置了计算机违规深度检查取证和存储介质信息清除两套工具软件，并对局保密委办公室工作人员进行了技术培训。

6月6日　银川市统计局对全市农村农业统计数据库建设入户登记阶段工作进行全面督查。

6月7日　银川市统计局组织开展了“服务统计事业发展”大讨论活动。

6月12-13日　全国房地产联网直报先进企业表彰暨培训会议在贵阳市召开，银川市统计局荣获2011年度全国重点房地产开发企业联网直报工作二等奖，我市宁夏中房实业集团股份有限公司、宁夏亘元房地产开发有限公司、宁夏新材房地产开发有限公司和宁夏浩海房地产开发集团有限公司4家房地产开发企业荣获2011年度全国重点房地产开发企业联网直报先进企业。

6月12日至15日　自治区统计局投资和房地产数据质量专项检查组对我市开展检查工作。

6月13日　银川市统计局召开全体党员干部大会，学习贯彻自治区第十一次党代会精神。

是日，银川市统计局召开“下基层”工作会议，专题传达了市委组织部、市直机关工委关于在党建月开展下基层“三送三帮三带”主题实践活动的通知精神，并对本局下基层干部切实开展好本次主题实践活动进行了动员部署。

是日，由自治区统计局综合处处长蔡川生带队，银川市统计局和区局投资处组成的检查小组对中卫市及中宁县、海原县9个投资项目，以及宁夏世和房地产开发有限责任公司、宁夏煜基置业有限公司和宁夏中合市场建设开发有限公司的统计数据质量进行了专项检查。

6月15日-19日　银川市统计局组织开展了对石油、汽车、医药、住餐贸易重点行业企业一套表数据质量核查工作。

6月19日　自治区统计局副局长周万佩一行到银川市督查上半年工作。

6月20日-22日　银川市统计局组织全体干部到六盘山开展接受红色教育，重温入党誓词活动。

6月21日　北京市西城区统计局一行到银川市统计局考察学习。

6月26日　自治区统计局党组书记张存平率队到银川市调研上半年经济运行情况。调研组一行听取了银川市统计局局长王奎对银川市上半年经济运行情况汇报。银川市副市长王久彬、银川市政府办公厅副主任王军、市统计、发改、工信、财政、住房保障、商务、农牧、政研室等经济综合部门负责人以及部分企业代表参加了汇报座谈。

6月27-28日　银川市统计局组织对市辖区部分乡镇、农林牧场的原始统计记录、统计台账、统计报表等基础数据质量进行了检查。

6月29日　银川市统计局召开“双述双评”会议。

6月30日　银川市统计局组织开展健步走活动。

7月3日　银川市统计局全面完成1-6月国家一套表劳动工资的上报工作，市辖三区及永宁、贺兰、灵武上报率均达100%。

7月5日　银川市统计局通过局党组会议、中心组学习会和全局党员干部会议专题学习自治区第十一次党代会精神，并结合本单位实际，制定了市统计局学习贯彻自治区第十一次党代会精神实施方案。

7月9日　银川经济技术开发区召开“保增长”暨统计工作会议，银川市统计局局长王奎应邀出席会议并做重要讲话。

7月12日-7月17日　银川市统计局对上半年全市农村农业统计数据库建设工作进行了督查。

7月12日-7月17日　银川市诚信建设领导小组办公室对全市的12个诚信先进社区进行了验收。

7月16日　银川市统计局组织所辖各县（市）区统计局局长，贺兰县、永宁县、灵武市社会经济调查队队长，全局干部职工收看了自治区统计局上半年工作总结视频会议。

7月17日-19日　市统计局抽查组对永宁县基本单位名录库维护更新数据质量进行了抽查。

7月18日　自治区统计局总统计师金国华、普查中心主任聂一平、法规处副处长席黎、农业处副处长王金贵等来银川市调研，征求《宁夏回族自治区企业统计星级单位管理实施方案》和《宁夏回族自治区基层星级统计站评选办法》的意见和建议。市统计局局长王奎、副局长刘晓天、局法建办、工业处、农业处、投资处、贸易处等有关处室人员参加了座谈。

7月19日　银川市统计局党组召开局机关党建工作会议，回顾总结上半年机关党建工作，谋划安排下半年局机关党建工作任务。局党组书记王奎、副局长刘晓天、局机关党委书记及委员、各党支部书记及委员和党群组织成员 22 人参加了会议。

是日,银川市统计局组织召开了“党组书记讲党课”活动,局党组书记、局长王奎就“如何加强党支部建设、怎样开创机关党建工作新局面”给大家上了一堂课生动的党性教育课。局党委、局机关党委、局各支部和党群组织成员参加了会议。

是日,银川市统计局青年志愿者们来到位于览山剧场北面的景观林带,开展了林地除草平整志愿服务活动。

7 月 20 日　自治区党委常委、银川市委书记徐广国在我局《2012 年上半年银川市与西北四省会城市主要指标对比简析》上作出重要批示:“请市委办印发所有市级领导和经济部门负责同志。”

是日,银川市统计局召开全市重点房地产企业联网直报培训会议,对全市重点房地产开发企业联网直报人员进行培训。全市 61 家重点房地产开发企业和所属区县统计局专业人员参加了会议。

是日,银川市统计局在行政中心召开全市房地产开发经营企业一套表培训会议,市统计局局长王奎、自治区统计局投资处副处长冯海江和自治区统计局负责房地产统计工作的主任科员刘小龙,以及各县(市)区统计局负责房地产统计工作的相关人员和银川市辖区 205 家资质内房地产开发企业统计人员。

是日,银川市统计局组织青年志愿者对金凤区阅海湖环湖西路湖边长廊及周边环境进行了清扫整治。

7 月 24 日　银川市统计局召开全市统计法制工作暨统计行政处罚案卷评查工作会议。

7 月 25 日　银川市委副书记杜银杰在我局《银川市 2012 年上半年移民地区农民收入监测报告》上作出重要批示:“请市委办公厅综合向区党委办公厅报专题信息;另请江龙同志阅,移民群众收入水平提高有些数字可体现在书记汇报材料中。”

7 月 26 日　银川市统计局召开了上半年全市农村农业统计数据库建设工作总结汇报会,各县(市)区统计局局长、市局副科级以上干部 40 余人参加了会议。

是日,银川市统计局组织全局副科级以上干部 29 人在灵武市凯悦国际饭店进行了为期一天的集体封闭学习。

7 月 27 日–7 月 28 日　银川市统计局组织对兴庆区、金凤区、西夏区以及公安局等 14 个部门的城市公共文明指数进行了实地考察和问卷调查。

7 月 30 日　国家统计局人口就业司副司长彭永涛率调研组来到银川市统计局,与两县三区统计局及相关专业人员围绕当前“劳动工资统计一套表”工作开展情况进行座谈交流。

是日,银川市委决定,钱冬任银川市统计局党组成员、副局长。

8 月 1 日　市委召开常委会,原则通过了市统计局(市诚信办)负责起草的《银川市党和国家机关及其工作人员失信行为问责办法》。自治区党委常委、银川市委书记徐广国同志指出,该办法的制定是银川市打造诚信银川、推行依法决策、科学决策、民主决策的重要举措,是规范国家机关及其工作人员道德行为规范的一个重要条规,制定该办法是一项具有创新性的工作。

是日,银川市统计局召开党组会议,研究科级干部竞争上岗人员任用事宜。

8 月 2 日　银川市统计局统计人员深入到宁夏逐鹿工程机械有限公司、宁夏润通达农业机械有限公司和宁夏鹿鸣汽车贸易有限公司等企业进行调研,开展现场指导培训工作。

是日,银川市统计局副局长钱冬带领服务业处人员到兴庆区,就商贸物流业发展情况及统计调查工作进行实地调研。对宁夏新世纪冷链物流中心、穆斯林国际商贸城、银川曲江生态花园酒店三家单位下达了统计法律事务告知书。

8 月 2–4 日　全国劳动力调查工作会议在银川召开,来自全国各省市的 70 多位代表参加了会议,银川市统计局派员参加了会议。

8 月 3 日　银川市统计局副局长钱冬来到市政务服务中心统计局窗口,与市政务服务中心领导就统计窗口如何进一步提高统计业务管理和服务质量、如何妥善解决存在问题等方面进行了诚挚的交流与沟通,并现场查看了窗口在办理统计登记过程中的审批流程是否严谨简洁,了解了日办工作数量和群众满意度等情况。

8 月 7 日　银川市统计局工作人员来到西夏区西花园街道办事处梦园社区、福利社区开展“下基层”活动。向社区发放了《银川市诚信公约》、创建银川市诚信社区宣传资料500多份，为进一步营造我市“诚信银川”建设的浓厚氛围，不断提升我市市民关注“诚信银川”建设、参与“诚信银川”建设的热情和意识起到积极的推动作用。

8月8日　银川市统计局副局长吕东萍带领投资处专业人员深入兴庆区、金凤区和西夏区结合全市434家外地来银施工建筑企业地域分布特点调查摸底，为准确掌握全市外地来银施工建筑企业基本情况，全面做好外地来银建筑企业资源产出率调查奠定了扎实的工作基础。

8月9日　银川市统计局青年工作委员会组织全局所有共产党员和50岁以下的在职党外干部职工进行志愿者网络注册。

8月13-14日　银川市统计局副局长刘晓天带队，联合三区统计局对辖区内部分规上企业一套表报送情况进行检查。

8月13日-24日　银川市统计局在全市范围内开展创业环境满意度问卷调查，并对调查结果进行综合汇总分析，及时提供给市委政府和有关部门。

8月14-15日　银川市统计局副局长钱冬带领服务业处人员对辖区内17家重点服务业企业一套表数据质量情况进行检查。

8月15日　银川市统计局和国家统计局银川调查队联合召开全市城乡一体化统计调查工作会议。会议由国家统计局银川调查队队长罗占廷主持，国家统计局宁夏调查总队赵川副总队长、市统计局刘晓天副局长分别做了重要讲话，银川市辖三区统计局局长、三区部分街道（乡镇）负责人70余人参加了会议。

8月15日　银川市统计局青年工作委员会组织局机关青年干部职工一行30多人到兴庆区东部的鸣翠湖湿地公园进行了一次拓展训练。

8月23-27日　银川市统计局副局长吕东萍、副调研员曹庆宁的带领两个检查组对24家建筑业、房地产企业开展了统计执法检查。

8月27日　银川市统计局服务业处在局会议室召开了全市部分限额以上贸易企业统计业务培训会。

8月28日　银川市统计局召开自治区级文明单位创建领导小组第一次会议。

是日，银川市统计局方案，对市本级开展“第三届中国统计开放日”活动进行安排部署。

8月30日　银川市统计局完成公务员及参公人员电子信息建档工作。

是日，银川市统计局制定方案，安排开展创建“勤政廉政好机关”活动。

8月31日-9月2日　银川市统计局青年志愿者们驻守主干道公交站台，开展了为期3天的文明劝导帮扶志愿服务。

9月3日　银川市统计局深入宁夏宝塔石化集团公司、宁夏檀溪房地产开发有限公司指导投资统计工作。

9月4日　银川市副市长马军生对我局《创业环境不断优化创业指数稳步提升》调研报告作出重要批示：“转创业办和人社局参阅。这份报告对我们抓创业就业工作很有参阅借鉴价值。作为国家级创业型城市，看来我们工作的水准与社会期望还是有差距的。比如在满意度中：政府为企业主动及后续服务、创业成本及创业回报、劳动力市场创业培训、融资环境、大中专毕业生等满意度都几乎最低，而这些恰恰是我们政府的职能职责。要逐一逐项认真研究分析原因并制定加强和改进的措施办法，用我们扎实的作风认真负责的履职实践，做好法定的工作，使国家级创业型城市更加名副其实”。

是日，《银川统计年鉴—2012》出版。

9月5日　银川市统计局副调研员、机关党委书记曹庆宁带领法建办同志深入永宁县指导开展创建乡镇星级统计站、企业统计星级单位工作。自治区统计局法规处调研员袁爱明应邀参加观摩。

9月6日　银川市统计局副局长钱冬带领贸易处人员深入到贺兰德胜工业园调研汽车销售市场。

9月10日　银川市统计局召开国际比较项目（ICP）政府职务工资报酬调查工作会议，全面安排部署调查工作。

9月11-12日　自治区统计局巡视员朱尼带领自治区统计局人口就业处和银川市统计局人口社会处人员深入调查样本单位，对银川市国际比较项目（ICP）政府职务报酬调查工作进行了检查指导。

9月12日　银川市统计局召开了全市农村农业统计数据库演示会。各县（市）区统计局长、市统计局各业务处处长以及银川市农牧局、财政局、工信局相关领导30余人参加了会议。

是日，银川市组织课题评审组专家对我市人口普查研究课题进行了评审，对获得全市人口普查研究课题一、二、三等奖及优秀奖的各单位课题组进行了通报表彰。

9 月 13 日　市统计局安排部署基本单位名录库及“三上”企业审核工作。

是日，银川市统计局与有关公司合作开发完成了全市农村农业统计数据库管理系统，并进入试运行阶段。

9 月 16 日　自治区统计局党组书记张存平、人事处处长李文海在银川市统计局领导的陪同下，来到银川考区实验中学考点，巡视了 2012 年全国统计从业资格考试银川考点情况，对银川考点的工作给予了高度的评价。

9 月 17 日　银川市统计局召开全体干部职工会议，传达市委关于近期维护社会稳定工作会议精神，并对全体干部职工提出了具体要求。

9 月 18 日　银川市统计局举办了全市统计系统第二届青年岗位技能大赛，来自全市统计系统的 40 名统计人员参加了竞赛。

9 月 19 日　自治区统计局总统计师金国华带领法规处同志在银川市统计局党组成员、机关党委书记曹庆宁陪同下，到兴庆区督导企业统计星级管理工作开展情况，听取了银川市、兴庆区统计局统计星级管理工作的情况汇报，了解了企业统计星级管理工作的进展情况以及存在的问题，对银川市、兴庆区统计局的统计星级管理工作给予了较高评价。

9 月 20 日　银川市统计局召开全市企业统计“双基”建设经验交流暨诚信统计建设工作会议，来自三区两县一市统计局的领导、各统计专业统计人员以及 140 多家“三上”企业的统计人员参加了会议。

是日，第五届宁蒙陕甘毗邻地区统计联席会议在银川市召开。自治区统计局副局长周万佩、银川市人民政府副市长杨有贤等领导应邀出席了会议。来自宁蒙陕甘毗邻地区 11 个会员城市，特邀的嘉峪关市，以及鄂托克前旗、定边县等 7 个县(旗)统计局近 50 名代表参加了会议。

9 月 25–26 日　自治区统计局副局长周万佩带领区局贸易处相关人员，在银川市统计局副局长钱冬及贸易处人员的陪同下、对兴庆区、永宁县、贺兰县市的消费品市场运行情况进行了调研，走访了汽车、医药、家电等 12 家不同行业的企业。

9 月 27 日　银川市统计局机关党委组织青联干部深入到西夏区宁化路办事处农垦建社区和宁朔南路社区两户残疾人家庭，开展专访慰问活动。

9 月 28 日　银川市统计局积极响应市直机关工委组织发起的“志愿服务迎双节、奉献爱心促和谐”志愿服务活动号召，组织全局志愿服务者到金凤区锦绣园社区开展了一次志愿服务活动。银川市委副书记杜银杰和市委常委、宣传部长王玮一行来到银川市统计局志愿服务社区，现场查看了我局志愿服务活动情况。

9 月 29 日　为纪念中国政府统计机构成立 60 周年，由银川市统计局机关党委组织编印了《我与统计共成长》一书，局党组书记、局长王奎为该书撰写了序。

10 月 11 日　银川市统计局组织完成第四季度“三上”企业审核确认工作。

是日，银川市统计局组织开展喜迎党的十八大摄影展活动。

10 月 12 日　银川市统计局组织完成“两法衔接”网络信息录入工作，将市统计局查处的统计行政处罚案件录入信息平台并上报银川市检察院。

是日，银川市统计局召开向从事统计工作二十年以上同志颁发荣誉证书表彰会，自治区统计局副局长徐秀梅、杨有贤副市长参加了表彰会，向从事统计工作二十年、二十五年、三十年以上的 25 位同志颁发了荣誉证书和纪念品。

是日，银川市统计局向全市统计系统第二届青年岗位技能大赛中获得先进集体和个人进行表彰奖励。

是日，宁夏回族自治区前三季度经济形势分析会召开，银川市统计局吕东萍副局长参加了会议，并做了《银川市 2012 年前三季度经济形势分析》发言。

10 月 15 日–16 日　自治区国民经济核算工作暨前三季度地区生产总值统一核算数据评审认定会议在中卫召开。银川市统计局吕东萍副局长和从事国民经济核算工作的业务骨干参加了会议。

10 月 16 日　银川市重点项目巡视组组长、人大副主任雷鸣带领市委督查室、市政府督查室、市委组织部、市纪委、市发改委、市招商局、市财政局和市统计局，以及银川电视台和银川晚报两家新闻媒体对灵武市投资项目建设情况进行全面巡视督查。

是日，银川市首批"诚信社区"命名表彰观摩会在兴庆区北关社区召开。会议由银川市诚信办副主任、银川市统计局副局长刘晓天主持，银川市诚信办主任、市统计局局长王奎，市委副秘书长戴亮、市委宣传部副部长杜翔普，兴庆区常委、宣传部部长周东海，兴庆区人大副主任雍根业等领导参加了会议并向受表彰的社区书记颁发了"诚信社区"奖牌。

10 月 17 日　银川市统计局召开了全市农村农业统计数据库建设工作总结表彰暨演示发布会。会议由市统计局局长王奎主持。会议对全市 15 个基层统计先进单位和 35 个基层统计先进个人进行了表彰奖励，演示了农村农业统计数据库工作阶段性成果，并对程序操作进行了培训。自治区统计局农业处王金贵处长应邀到会，市农牧局、市财政局分管领导，各县(市)区政府分管领导、统计局局长、分管副局长、统计业务骨干以及全市受表彰的先进集体代表和先进个人共 70 余人参加了会议。

10 月 18 日，自治区统计局党组书记张存平、总统计师金国华带领自治区统计局效能目标第一考核组对银川市统计局 2012 年效能目标完成情况进行了考核，并对创新工作和亮点工作进行了观摩。

是日，银川市诚信建设领导小组办公室召开了 2012 年度全市企业征信系统软件客户端培训会。市中级法院、市统计局、市工商局、地税局、国税局、质量技术监督局、食品药品监督管理局、人力资源和社会保障局、住房保障局、卫生局、环保局、建设局等 12 个部门到会参加了培训。

10 月 19 日–21 日　银川市统计局从市辖区 22 个街道办事处，抽取样本 1000 份，分 5 个小组对我市 16 岁以上城市常住人口进行了幸福感调查。

10 月 25 日　银川市统计局召开竞争上岗新任科级干部任前廉政谈话会，市统计局党组书记、局长王奎和局纪检监察室主任于建亮对 12 位新任科级干部进行了廉政谈话。

是日，银川市统计局对全市范围内 225 家重点服务业企业核查工作进行统一部署和安排。

10 月 30 日　银川市统计局公务员信息采集工作完成。

10 月 31 日　自治区服务业重点企业核查工作会议召开。会上自治区统计局服务业处传达学习了全国服务业统计年报工作会议精神，对全区重点服务业企业核查工作进行了统一部署和安排。

11 月 2 日　银川市统计局组织开展了主题为"敬老爱老·共建共享"的敬老月活动。

11 月 6–7 日　银川市统计局副局长吕东萍带领工业能源处和投资处对银川市三区的 7 家企业进行了现场数据质量核查工作。

是日，自治区统计局法规处处长蔡川生、银川市统计局副调研员曹庆宁带领自治区、银川市统计局相关人员，组成两个组分别对金凤区、西夏区申报的五星级统计星级单位开展了审核评定工作。

11 月 8 日　银川市统计局组织干部职工集中收看十八大开幕式，认真聆听了胡锦涛同志代表十七届中央委员会向大会作报告，学习、领会大会精神。

11 月 9 日　银川市统计局综合核算处牵头召开了《数说银川—数字五年》编辑工作会议。

11 月 12–14 日　自治区基本单位年报布置暨"三上"企业年报审批会议在银川市举行，会议由自治区普查中心主任聂一平主持。各市、县(区)统计局主管局长和从事名录库维护更新工作业务骨干共 50 多人参加会议。

11 月 13–14 日　为认真落实《自治区统计局关于开展统计星级管理工作的通知》宁统字〔2012〕84 号文件精神。银川市统计局吕东萍副局长带领相关处室人员，对兴庆区申报的五星级房地产开发企业进行验收。

11 月 14 日　自治区统计局工交处吴苏处长一行来银川市进行调研，并与银川市统计局、工信局、发改委及七个行业龙头企业代表就工业经济结构和产业升级方向、方式、方法及应采取的具体措施进行座谈交流，座谈会由银川市统计局刘晓天副局长主持。

11 月 20 日　银川市统计局组织全体干部职工集中学习十八大报告精神。会议集中学习了市委徐广国书记在银川市领导干部大会上关于十八大精神的传达要点、对银川市统计局学习贯彻十八大精神进行了安排、对机关作风提升活动进行了部署。

是日，银川市统计局召开全体干部会议，对机关作风建设提升活动作了全面动员和安排部署。

是日，银川市"两型机关"创建领导小组一行四人到银川市统计局检查验收统计局创建"两型机关"工作。

11 月 22–24 日　根据银川市委〔2012〕第 30 号督查事项通知要求，由银川市委督查室、政府督查室及银川市发改委、财政局、工信局、环保局、商务局和统计局组成的联合督查组，对各县（市）区、经济技术开发区主要经济指标完成情况进行专项督查。

11 月 29 日　银川市统计局对全市移民地区贫困监测工作进行了调研。调研组深入全市三区二县一市 9 个乡镇、18 个村的 106 户移民农户家中详细了解农户生产生活现状、查看农户记账情况，并对农户记账不详细、不清楚等问题提出了改进意见。

12 月 4 日　银川市统计局与国家统计局银川调查队组织人员参加了市依法治市办、司法局、普法办在南门广场组织的"优化法治环境，服务'两区'建设"为主题的"12·4"全国法制宣传日活动。

12 月 4 日–5 日　银川市统计局协同银川市国土资源局开展耕地保护责任目标考核工作，对两县三区一市 2012 年耕地保护责任目标履行情况进行了检查。

12 月 3 日至 7 日　银川市统计局深入市辖三区两县一市，就农村农业统计数据库程序应用及数据库 SAP 录入程序采取"一对一"形式，分别对全市 30 个乡镇、涉农街道的 50 多名基层农业统计人员进行了培训。

12 月 12 日　银川市统计局召开会议，专题安排部署参加全区统计工作会议暨文艺汇报演出节目的编演排练事宜。

是日，银川市统计局召开了全市重点商品交易市场统计年报培训会议，并对 2012 年重点市场统计报表先进个人进行了表彰。

12 月 13 日　银川市统计局召开会议，传达国家和自治区统计局有关保障性安居工程统计工作精神；表彰 2012 年保障性安居工程统计工作先进个人；布置和培训 2012 年保障性安居工程统计年报和 2013 年定期报表工作。市财政局、市国土资源局、市住房保障局、市规划管理局和人民银行银川中心支行等相关部门以及项目承建单位 30 余人参加了会议。

是日，银川市统计局组织召开了全市移民地区农民收入监测工作会议，就《银川市移民地区农民收入监测工作管理办法》（讨论稿）开展和生态移民地区农民收入监测工作等进行了深入讨论，并达成共识。会议由市统计局刘晓天副局长主持，灵武市、贺兰县社会经济调查队、国家统计局永宁调查队、自治区社会经济调查队调查二科负责人参加了会议。

是日，银川市统计局召开了 2012 年度农业统计年报暨 2013 年定期统计报表培训会议，各县（市）区统计局、乡镇和国营农林牧渔场共 40 余人参加了会议。

是日，银川市统计局召开了全市成品油批发和零售业单位统计人员培训会议，来自各成品油单位统计人员共 35 人参加了会议。

12 月 14 日　银川市统计局召开了全市投资统计年报培训会议，三区统计局、经济技术开发区负责投资专业以及投资项目建设单位的 150 余名统计人员参加。

是日，银川市统计局召开了 2012 年度房地产统计工作先进表彰暨年报培训会议，兴庆区和西夏区房地产企业共 130 余人参加了会议。

12 月 18 日　银川市统计局召开了人口与劳动就业统计工作总结暨劳动力调查先进表彰会议，自治区统计局张雪艳处长参加了会议。

12 月 19–20 日　银川市辖三区统计局组织召开辖区内建筑专业年报培训会议，共有 280 余人参加了会议。

12 月 20–21 日　银川市统计局组成三个组深入各县（市）区"三上"企业和乡镇（街道）统计站实地检查验收认定四星级统计单位。

12 月 24 日　银川市统计局召开全市基本单位年报布置暨"三上"企业年报审批汇审会议，各县（市）区分管局长、名录库管理业务骨干及市普查中心相关人员参加了会议。

12 月 25 日　市委组织部、市直机关工委到统计局检查指导党建工作。

12 月 26 日　2012 年全国地方统计年鉴评比结果揭晓，《银川统计年鉴–2012》再获全国地市级年鉴组评比一等奖。

12 月 28 日　银川市统计局组织召开了领导班子民主生活会。

中国统计出版社最新图书简目

（仅供参考，以最后出书为准）

统计资料

中国统计年鉴-2013
2013 中国发展报告
中国劳动统计年鉴-2013
中国建筑业统计年鉴-2013
中国商品交易市场统计年鉴-2013
中国民政统计年鉴-2013
中国科技统计年鉴-2013
中国高技术产业统计年鉴-2013
全国农产品成本收益资料汇编-2013
大中型批发零售和住宿餐饮企业统计年鉴-2013
第二次全国 R&D 资源清查资料汇编-工业企业卷
第二次全国 R&D 资源清查资料汇编-综合卷

中国统计摘要-2013
中国第三产业统计年鉴-2013
中国社会统计年鉴-2013
中国人口和就业统计年鉴-2013
中国房地产统计年鉴-2013
中国贸易外经统计年鉴-2013
中国农村统计年鉴-2013
中国教育经费统计年鉴-2013
中国科学技术协会统计年鉴-2013
中国住户调查年鉴-2013
中国县域统计年鉴-2013
中国人才资源统计报告-2011
中国民族统计年鉴-2013

国际统计年鉴-2013
中国区域经济统计年鉴-2013
中国城市统计年鉴-2013
中国工业经济统计年鉴-2013
中国能源统计年鉴-2013
2013 中国地区经济监测报告
中国农产品价格调查年鉴-2013
中国农村贫困监测报告-2013
工业企业科技活动资料-2013
中国价格统计年鉴-2013
中国农村全面建设小康监测报告-2013
中国零售和餐饮连锁企业统计年鉴-2013
2010 年中国第六次人口普查公报

2013 年省级综合统计年鉴系列

北京　天津　河北　山西　内蒙古
河南　湖北　湖南　广东　广西
辽宁　吉林　黑龙江　上海　江苏
海南　重庆　四川　贵州　云南
浙江　安徽　福建　江西　山东
西藏　陕西　甘肃　青海　宁夏
新疆　新疆生产建设兵团

2013 年市(县)级综合统计年鉴系列

天津滨海新区
运城　忻州　临汾　呼和浩特　包头
上海浦东新区　南京　苏州　无锡
杭州　宁波　绍兴　台州　温州
厦门经济特区　宁德　南昌　上饶
十堰　荆州　荆门　咸宁　长沙　广州
石家庄　唐山　邯郸　太原　大同
通辽　沈阳　大连　长春　吉林市
常州　徐州　南通　盐城　镇江
金华　嘉兴　衢州　舟山
济南　青岛　潍坊　郑州　洛阳　南阳
东莞　惠州　深圳　桂林　南宁　柳州
贵阳　昆明　西安　兰州　庆阳
长治　阳泉　晋城　朔州　晋中
四平　哈尔滨　黑龙江垦区
宿迁　泰州　连云港　江阴　丹阳
福州　福州经济技术开发区
三门峡　商丘　平顶山　武汉　宜昌
来宾　河池　海口　三亚　成都　绵阳
银川　乌鲁木齐

2010 年人口普查资料系列

中国 2010 年人口普查资料
浙江　安徽　福建　江西　山东
西藏　陕西　甘肃　青海　宁夏
中国分县 2010 年人口普查资料
北京　天津　河北　山西　内蒙古
河南　湖北　湖南　广东　广西
新疆　新疆生产建设兵团
中国分乡镇、街道 2010 年人口普查资料
辽宁　吉林　黑龙江　上海　江苏
海南　重庆　四川　贵州　云南
河南省各市 2010 年人口普查资料丛书
中国分民族 2010 年人口普查资料

“十一五”规划教材

统计学（“十二五”规划，黄良文）
抽样调查理论与实践（“十二五”规划，冯士雍）
统计学（“十二五”规划，单徽）
试验设计（“十二五”规划，茆诗松）
贝叶斯统计（“十二五”规划，茆诗松）
统计学：从数据到结论（十二五规划，吴喜之）
医学统计学（陆守曾）
非参数统计（吴喜之）
多元统计分析（任雪松）
经济计量学教程（贺铿）
社会统计学（蒋萍）
国民经济核算教程（杨灿）
概率论与数理统计（茆诗松）
应用时间序列分析（王振龙）
质量管理统计方法（茆诗松）
市场调查与预测（蒋志华）
概率论与数理统计（经济、管理类专业使用，朱胜）
现代金融投资统计分析（李腊生）
统计指数理论及应用（徐国祥）
统计实验系列教材（许涤龙）
统计学原理（非统计专业用，朱胜）

重点图书

挑大学选专业 2013—高考志愿填报指南　　挑大学选专业 2013—考研择校指南

中国统计出版社发行部电话：(010)63376907,63376908　同楫行书店电话：68783171,68783172

通讯地址：北京市西城区三里河月坛南街 57 号　邮政编码：100826

网址：http://csp.stats.gov.cn

局长　赵 盾

永宁县公安局成立于1949年9月，现有在职人员158人，其中：男133人，女25人（含工勤人员）。授衔在编的公安民警148人，工勤人员10人，离退休人员34人。全局人员平均年龄40.6岁。其中内设机构10个（政工监督室、110指挥中心(办公室)、警务保障室、法制室、国内安全保卫大队、经济犯罪侦查大队、治安管理大队、刑事侦查大队、禁毒大队、交通警察大队指挥中心），派出机构10个（城关派出所、杨和派出所、望远派出所、胜利派出所、望洪派出所、李俊派出所、闽宁派出所、黄羊滩派出所、玉泉营派出所、望远经济开发区派出所）监管场所：2个看守所、行政拘留所。

我局在县委、政府和上级公安机关的正确领导下，在社会各界的大力支持下，坚持以科学发展观为统领，以党的十八大精神为指导，认真贯彻落实全国全区政法工作会议和公安厅局长会议精神。紧紧围绕“三项建设”和“三项重点工作”目标任务，进一步完善体制机制建设，狠抓工作措施的落实，认真履行公安机关职责，公安工作在队伍正规化建设、社会治安防控体系建设、刑事侦查、社会治安管理、维护治安稳定、公安“三项建设”等六个方面取得了显著成效。队伍正规化建设效果明显，思想政治工作在全区公安机关思想政治网格化考核中，名列全区前列；社会治安防范取得了突破性发展，社会治安技术防范措施得到了充分应用，破案打击工作走在了全市的前列；执法规范化建设稳步推进，公安执法公信力明显提高，警民关系更加和谐，有力地维护了全县社会和政治稳定，为全县经济社会又好又快发展提供了强有力的保障。全县公安机关共出动警力43464人次，受理各类报警11731起，处置11731起，其中：受理违法犯罪案件2418起，占总数的20.61%；矛盾纠纷2840起，占总数24%；公民求助4959起，占总数42.27%。始终坚持“命案必破”的目标，严厉打击暴力犯罪，相继开展了“打击多发性侵财犯罪专项行动”、“严打整治”、“堵源截流”、破案会战等一系列专项行动，成功侦破了白兆丰故意杀人案、孙文故意伤害致死案等一批重大刑事案件。先后打掉犯罪团伙5个，成功侦破区公安厅挂牌督办的系列盗窃设施园艺温棚电机案；破获经济犯罪案件22起，完成市局下达的目标任务的183%；破获毒品刑事犯罪案件14起，抓获毒品犯罪嫌疑人16人，缴获各类毒品1330.11克，破获吸毒案件84起，抓获吸毒人员98人；破毒品刑事案件数、打击处理犯罪嫌疑人数较前三年平均数增幅排名全区第二。全局有14个基层单位受到区、市、县表彰奖励，43名民警立功受奖。全县未发生影响社会安定和政治稳定的重大案（事）件，社会治安大局持续稳定。

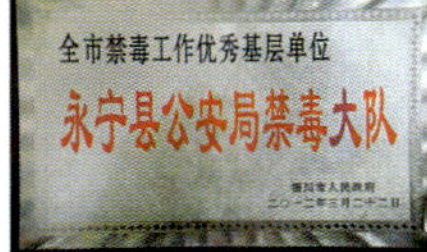

下基层指导工作之一

城关交警队指导工作

局党委中心组十八专题学习会议

召开十八大维稳安保推进工作会议

永宁县财政局

YONGNINGXIANCAIZHENGJU

局长 邹光新

财政收支2012年永宁县财政收支实现总量增长。全年完成地方财政收入15.32亿元，增长12%。其中公共财政预算收入9.11亿元，占年度预算任务的101%，比2011年增长21%；政府性基金收入完成6.21亿元，占年度预算的102%,比2011年增长1%。全年实现财政支出26.98亿元，为年度变动预算的96%，比2011年增长11%，其中公共财政预算支出20.95亿元，比2011年增长15%；基金预算支出6.03亿元，比2011年下降1%。

项目管理2012年永宁县财政局继续开展“项目管理年”活动，树立“不抓项目就不得要领”、“抓项目就是抓发展”的管理理念，积极捕捉项目信息，整理、储备建立了重点项目库，完善了项目管理制度，加强项目资金的管理和监督检查。选取永宁县南部人畜饮水工程等6个项目，聘请中介机构开展绩效评价工作，让“项目管理年”活动取得实实在在的的效果。积极与上级财政部门沟通联系，加大资金争取和筹措力度，全年共从上级部门争取项目和补助资金12.06亿元，比2011年增长9.6%；

社保民生按照公共财政要求，积极调整理财思路，科学统筹资金支出，财政支出在总量增长的同时，支出结构进一步优化，在确保正常运转的前提下，着力支持社会保障和民生事业发展，使公共财政的服务规模不断扩大和延伸。全年投入社保民生方面资金23.02亿元，占财政总支出的85.32%。其中教育投入2.51亿元，科技投入2360万元，社会保障和就业投入2.01亿元，医疗卫生投入1.41亿元；加大惠农政策落实力度，通过“一卡通”向全县4.33万户农户发放各类补贴资金5693.06万元，其中发放粮食、农资补贴资金4182.92万元，发放良种补贴509.55万元，兑付家电下乡补贴资金320万元。认真落实支农政策，农业基础设施方面投入3.3亿元，主要用于现代农业发展项目、农业综合开发项目、农村饮水安全、生态移民安置、灌区续建配套和节水改造项目、生态经济林和湿地保护项目，村级公益事业“一事一议”项目等，夯实了农业生产基础，提高了农业综合生产能力，从而巩固了农业的基础地位。逐步提高干部职工工资待遇，2012年永宁县干部职工的津补贴水平从18600元／年・人提高到25200元／年・人，发放民族团结和谐奖5000元／人，发放应休未休公休假报酬共计788万元，创建文明城市奖1824万元。

重点项目2012年永宁县财政局积极筹措资金支持永宁县基础设施建设，其中用于永黄、许黄、胜通公路等农村道路建设支出8964万元；用于幸福小镇、纳家户新村、望远43万平方米安置房等代建工程支出2.16亿元；用于第二自来水厂建设支出1250万元；用于生态移民基础设施配套建设支出2.75亿元，用于支持中小企业技术改造创新、产业升级、市场开拓、节能减排等企业补助1.57亿元。

财政监督通过完善制定预算约束、绩效考评等监管机制和充分发挥工程预决算审查、会计集中核算、政府采购、内部监督检查的监督作用，逐步形成重大工程招投标、工程预决算审查、财政拨款、国库直接支付等规范化的程序。全年审核核减资金2.76亿元。其中工程预决算审查中心审核决算391项，送审金额12.16亿元，审定金额9.82亿元，核减金额2.34亿元；核算中心严把审核关，共拒付不合理、不合法、不符合财务规定的业务483笔，金额达3221万元；政府采购中心完成集中采购项目191批次，执行政府采购预算总金额8076.73万元，实现政府采购合同金额7050.47万元，节约预算资金1026.26万元，从而提高了财政资金使用效益。为促进财政资金安全、合规使用,加强财政监督检查工作，检查财政投资项目19个，涉及财政部门内部控制、部门专项业务经费、义务教育生均公用经费、财政扶持企业专项资金、村队干部报酬、科技专项经费、村级公益事业“一事一议”财政奖补资金、非税收支管理等项目，检查金额达8380万元。

2012年4月16日国家财政部副部长张少春到永宁县望洪镇南方新村调研新农村建设

自治区政府主席刘慧一行调研支农惠农政策落实情况

社保部领导视察我县民生工作

邹光新局长调研乡镇民生服务中心

永宁县预算单位公务卡管理培训

为独生子女户、双女户发放补助

民生服务中心

财政法规政策进农村

积极参加地震应急演练

深入工地宣传财政法规

永宁县“财政政策法规宣传周”活动

永宁县财务管理知识竞赛

永宁县政府采购政策法规知识竞赛

永宁县 YONGNINGXIANFAZHANGAIGEHEGONGYEXINXIHUAJU
发展改革和工业信息化局

参加发改和工信局党委系统庆祝建党92周年纪念大会与会领导

受表彰的先进个人

受表彰奖励的先进基层党组织

在县委、政府的正确领导下，在上级部门的大力支持下，我局按照县委、政府的整体工作部署，认真贯彻落实中央、区市县经济工作会议精神，以创先争优、营造风清气正发展环境为动力，围绕“三项要求，七个重点”工作要求，突出项目建设，加强运行协调，切实在提高工作质量上下功夫，在提高工作效率上下功夫，在严明工作纪律、提高执行力上下功夫，为顺利完成各项工作目标任务打好基础。

1-12月，全县共实现工业总产值123.3亿元，其中规模以上工业实现产值109.3亿元,同比增长16%，实现工业增加值29.62亿元，可比增长15.4%，增幅比全市平均水平低0.6个百分点，总量和增速均位于全市第四位。1-12月，规模以上工业企业实现销售产值98.5亿元，同比增长15.5%，工业产销率89.8%，比去年同期低3个百分点。

2012年，争取国家及区市项目资金32242.2万元，比去年同期增长63.3%，再创历史新高。其中：国家预算内资金18077.5万元，自治区专项资金13510.7万元，银川市专项资金654万元。共实施固定资产投资项目192个。全年完成投资112.3亿元，超额完成银川市下达111亿元固定资产投资任务，其中：已完工项目93个，正在建设项目99个，项目开工率100%。继续积极搭建银企合作平台，全年为企业解决项目和建设资金1.2亿元。组织25家中小企业参加中小企业服务券培训工作，为9家中小企业落实服务券金额共计98400元。不断建立完善部门沟通协调机制和考评激励机制，提高新农村商网信息采集量和购销对接成功率。截止目前已注册商户46户，发布购销信息31条，通过新农村商网实现销售额282万元，其中：果蔬销售246万元，羊肉36万元。被自治区商务厅授予先进集体。

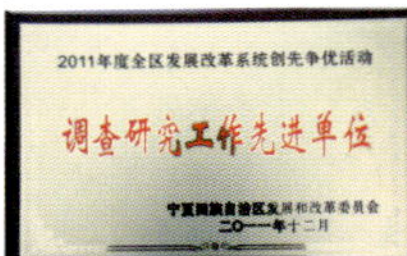

参加发改和工信局党委系统庆祝建党92周年大合唱

舞蹈《红色记忆》场景

参加全县干部职工运动会

全县职工篮球赛场景

永宁县胜利乡

YONGNINGXIANSHENGLIXIANG

全国人大视察组到我乡杨村生态移民庄点视察安置情况

胜利乡地处永宁县西北部，唐徕、西干和汉延三大干渠流境而过，石中高速、109国道及李银、观平、广厦、金玉公路贯穿全乡，区域面积105平方公里。现辖9个行政村，84个村民小组，总人口为5285户、19060人，农业资源丰富，生态环境良好，地理位置优越，交通条件便利。

坚持突出特色，大力发展现代观光旅游休闲农业。依托小任果业、董洋果业、观桥鱼庄和胜利村果园、设施温棚，着力打造“市外桃源”生态观光休闲旅游园区。依托银川至永宁快速通道，以“三沙园”生态旅游为主，辐射带动陆坊、杨显、五渠、先锋村充分利用湖泊湿地，大力发展休闲农家乐旅游园区。以海蓝山庄、龙草堂、园林、烽火经果林基地为主，大力发展独具特色的休闲旅游园区，建立以西瓜、胡萝卜、辣椒、盘菜、山药等供外蔬菜基地5000亩。

创新思路，彰显特色，精神文明蓬勃发展。不断创新活动载体，以各村宣传文化体育中心户为依托，不断丰富活动内容，建成胜利乡文化站，为全乡9个行政村配备农家书屋，配书籍约2万余本，极大地丰富了广大群众的文化生活。积极组建杨显村生态移民社火队、金沙农民互助社秧歌队和许旺果蔬专业合作社秧歌队，春节期间进行社火表演达20场次，活跃节日氛围。并以“政府引导扶持、农民自主经营”的方式，建立了永宁县胜利乡农民文化艺术团。艺术团先后全县市文艺演出达200场次，观众人员达40000余人，极大地满足了广大群众日益增长的多样性、多层次的精神文化需求。乡党委、政府组织干部群众积极参与永宁县“湖城之夏”、“踏歌起舞”、“舞动乡村”等文艺活动，开展送戏下乡、农民运动会、红歌赛文化庆祝活动约30场次，在全乡逐步树立健康文明的生活方式和积极向上的生活情趣，推进“乡风文明”的形成，保持农村社会的繁荣稳定。

设施农业规模发展，打造千亩万间示范园区。全乡集中连片建设100亩以上设施园区21个，设施农业总面积达10771.4亩、2844栋，73687间。拥有全区知名的小任果业、建成农林开发公司、董洋果业、天天鲜等各类设施农业示范园区15个，创新发展思路，在全县率先与新百连超实施“农超对接”，设施农业发展规模和效益均走在了全县前列，农民来自设施园艺人均纯收入2100元，全乡设施农业正在向产业化方向迈进。

农业基础设施建设不断增强。近年来，完成高标准农田建设3万亩，砌护农渠452条257.7公里。建设各类水利设施358座，清挖沟、渠377条230.8公里，整修农路804条348公里。通过农田水利建设等工作的开展，使农业基础设施条件得到了极大的改善，解决了农民群众淌水难，行路难等问题。

新农村建设取得新突破。投资9363万元建设小城镇，全面提高人居生活水平。江湾城八渠中心一期、二期2000套房屋建设工程，将农户集中安置。建成后，村内卫生室、幼儿园、休闲公园、文化娱乐中心休闲广场、商业网点等文化、教育、体育、休闲配套设施一应俱全，环境优美，综合服务功能更加完善。通过实施农村改水改厕等工程，通过村容村貌的整治、生活垃圾的处理、水源地的保护极大地改善了全乡生态环境。烽火、八渠村获得自治区级生态村，乡政府被命名为市级绿化先进单位。

县人大、县政府、县政协领导与乡党委书记黄建伟共同为艺术团揭牌

顺利召开“靓丽永宁是我家”综合整治工程动员大会

召开农田水利基本建设乡、村、队三级干部动员会

第十七届第一次会议顺利召开

许旺果蔬专业合作社秧歌队

灵武公司远景

塞外明珠

HUADIANNINGXIALING WUFADIANYOUXIANGONGSI

华电宁夏灵武发电有限公司

塞外明珠—灵武电厂

华电宁夏灵武发电有限公司成立于2006年，是宁夏宁东能源重化工基地的标志性工程和国家“西电东输”的重要电源支撑点。目前拥有生产装机容量332万千瓦，一期两台600MW空冷机组分别于2007年6月8日、9月22日投产发电；二期两台1060MW机组为世界首个百万千瓦空冷机组工程，分别于2011年1月1日和2011年5月1日并网发电。

2012年，面对严峻的市场形势，灵武公司以增强市场营销意识为主导，以经营管理评价为引擎，贯彻“大经营”理念，围绕燃料、电量、费用管控、政策争取等关键点，积极开展经营创效工作。

2012年，公司共完成发电量186.28亿千瓦时，基数外电量14.2亿千瓦时，完成供电标准煤耗316.76克/千瓦时，较年度承包目标值降低0.9克/千瓦时，完成利用小时数5821小时，完成综合厂用电率7.09%，实现利润2.42亿元，资产负债率降低2.04%。截至2012年底，公司累计发电596.18亿千瓦时，上交利税达5.5亿多元人民币，为宁夏经济的发展和腾飞做出了积极贡献。公司荣获了自治区“五一劳动奖状”、集团公司“文明单位”、“全国‘安康杯’竞赛优胜单位”、全区“安全生产先进单位”、华电国际“市场营销管理先进单位”等荣誉称号，并跻身自治区工业龙头企业十强。

面对经济下滑，全社会用电量增速放缓，宁夏区域火电市场竞争日趋激烈等不利发展环境，灵武公司在2013年初制定了“1232”全年工作思路：即坚持一个愿景，开展两项活动，突出三个重点，实现两个目标。

坚持一个愿景，即：坚持全面建设“最受尊重发电企业”的愿景目标。

开展两项活动，即：深入开展“双提升、创一流”、“三实三提升”管理实践活动和“AAAA”级标准化良好行为企业认证活动。

突出三个重点，即：加大环保管控和设备检修治理力度；抓好电量和燃料管理工作；推进全员培训，提升全员素质。

实现两个目标，即：再创集团公司“五星级发电企业”和确保三期工程核准并开工建设。

具体工作中，公司将不断强化安全管理，努力创建本质安全型企业。狠抓检修全过程管理，高标准完成公司四台机组的检修任务，同时做好机组日常运行维护，保证安全稳定。高标准实施一、二期的环保技改项目，提高环保设备的运行维护水平，保证环保工作万无一失，维护形象良好。加大市场营销力度，保证基数电量，积极争取外送和替代电量，提高全员保电量、争电量意识，最大程度兑现电量计划，确保一、二期机组利用小时数高于“三同”水平，达到区域相对最好目标。密切关注电煤市场走势，超前谋划，推进厂矿直供，拓宽进煤渠道，保证来煤质量，降低燃料成本。加强对标管理，不断优化主要指标，提高发展质量。强化费用管控，不断完善并严格执行重要费用承包兑现考核制度，在保证生产前提下，最大可能降低成本。加快推进三期工程前期工作，确保取得“路条”，早日核准并开工建设。

灵武公司将继续秉承“安全第一、效益至上”理念，发扬“严细、高效、超越”的企业精神，团结一致、攻坚克难，确保完成公司全年目标任务，争取为宁夏经济和社会发展做出更大贡献。

尊尚历史 传承中华酒文化

——灵武市金灵州酒业有限公司

金灵州酒业有限公司总经理——夏涛

宁夏灵武市金灵州酒业公司原是宁夏农垦集团灵武农场所属的酿酒企业，从1958年建厂至今有50多年生产历史，原酒厂下属白酒厂、啤酒厂和黄酒厂，拥有职工1000余人，其中黄酒厂50余人。后因经营不善，酒厂于2006年企业改制，白酒厂被拍卖，啤酒厂转卖给嘉士伯公司，原厂职工纷纷下岗。仅剩的黄酒厂于2009年在酒厂原址改制新注册成立了灵武市金灵州酒业有限公司，并召回50多名原厂职工开始了黄酒的生产和销售。

2009-2010年总生产量30吨，销售25吨，销售收入225万元，仅够维持企业生存。2010-2011年生产100吨，销售50吨，销售收入600万元，企业度过难关，开始有所好转。2012年年初企业多方筹措资金1000余万元，在3月上马一条全自动生产线，提高自主生产能力，解决优质黄酒供不应求的局面。企业改制后，通过QS质量体系认证，向消费者提供优质产品、优质服务，生产的“灵洲同壶”牌系列黄酒，深受区内外广大消费者的欢迎与信赖。企业先后被市工商局评为“优秀示范”企业和“诚信”单位。

公司现有生产、采购、办公室、销售、财务五个部门，公司共有员工82人，其生产中生产线人员50人，营销人员20人，管理人员12余人，主要生产和销售以营养保健酒为主的系列黄酒。公司与一大批实力雄厚的经销商建立了良好的合作关系。在宁夏全区建立了经销点。产品远销北京、扬州、兰州、内蒙古、陕西、甘肃等省区，形成了网状式的营销渠道。

面对激烈的市场竞争，为了充分发挥企业独创的黄酒酿造技术，为使企业能取得长远发展，顺应绿色、低度、保健的饮酒趋势。经过大量的市场调研，企业与宁夏医科大学、灵武市中医院等科研院校组成联合开发小组，相继开发出养生金酒、长枣酒、枸杞酒、乌鸡酒、乳鸽酒、米酒和羊羔美酒。其中，养生金酒具有调节内分泌等保健功效，企业拥有全套知识产权，已申报国家发明专利。

公司本着以人为本、以德为先、以和为贵、以智为尊的企业哲学，遵循“尊尚历史、传承中华酒文化，用好料、做好酒”的理念，坚持求实、创新、合作、奉献的精神，把肩负振兴中国古代名酒传统产业和创新发展作为企业的历史责任，围绕中国酿酒行业的发展趋势，树立良好的企业形象，争创酿酒业知名品牌。

金灵州礼

金灵州羊羔酒

金灵州羊羔酒

长枣酒

银川北环蔬菜果品综合批发市场

市场雕塑

董事长 王宏伟

总经理 徐彦文

银川北环蔬菜果品综合批发市场建于1991年，于2001年整体迁移扩建，位于银川市丽景街与上海路交接处，占地面积180亩，是以蔬菜批发为龙头，集蔬菜、鲜肉、水产、畜禽蛋、水果、豆制品、冷冻食品等农副产品的批发、加工、仓储、配送、集散为一体的综合性批发市场。发展批发商、经销商、代理商1000余户，从业人员7000余人，农副产品的日成交量逾150万公斤，成交额逾500万元，日客流量3万人次，北环市场2011年的蔬菜交易量达53万吨，交易额13亿元，每天有海南、山东、广东、广西、四川等二十多个省市区的各种蔬菜在此集散，产品除满足银川市的需求外，还远销陕西、青海、内蒙等周边省区，辐射半径达500公里，是西北地区规模最大的农副产品流通集散地之一。

北环批发市场与全国20多个省、市、区均有贸易往来，具有货源足、品种全、销量大、价格稳等显著特点，较好地促进了银川及周边地区的农业增效、农民增收。开业几年来，银川北环批发市场在各级领导和有关部门的大力关怀和支持下，本着“服务城市，富裕农民”的宗旨，狠抓企业内部管理，规范交易行为，提升经营水平。市场先后被授予农业部“定点市场”、商务部“双百市场”、“绿色市场”、中国农产品交易市场“4星级”单位、2009年被国家商务部、宁夏回族自治区政府联合评为“一级综合批发市场”，2010年荣获首批银川市“小巨人企业”等荣誉称号，赢得了良好的社会信誉和声望。

2007年，经过上级有关部门批准，公司先后成立了党支部和工会委员会，工会委员会还下设了女工委员会。支部现有正式党员61名党员，其中流动党员5名，200名员工全部加入

市场二期开业庆典

团结奋进的领导班子

北环批发市场诚信经营户授牌仪式

第四届职工运动会

职工在进行拔河比赛

北环批发市场第三届体育运动会

现代化的电子监控中心

市场东门照片

工会组织，并选举出41名职工代表。在上级领导的关心和指导下，公司党支部紧紧围绕“服务城市，富裕农民”的总体工作思路，以经济发展为中心，定期召开学习例会，深化思想工作，转变作风，围绕“固定党员有特色、流动党员亮身份、党员活动有实效”，努力搭建先锋平台，发挥共产党员的先锋模范作用，并以此为契机，深入开展争先创优活动，加强党建工作、并以党建带动工建工作发展，真正做到了“围绕经济抓党建，抓好党建带工建”。

为了满足大银川建设，公司多方筹措资金，积极建设市场二期扩建工程。二期工程占地95亩，建筑面积15万平米，预计总投资4.2亿元，将于2012年10月投入使用。二期项目建成后，预计年成交额翻一番，市场将成为集蔬菜、水果、干鲜、水产海鲜、调味品批发零售和农产品冷链物流于一体的综合性市场。

乘改革开放之天时，占区位交通之地利，我们有信心把银川北环蔬菜果品综合批发市场建设成为一个布局合理、功能完备、安全卫生、机制健全、交易先进、运行规范的现代化农产品物流中心，我们将充分利用现有的物流、人流、信息流的规模优势，不断寻找社会需求，拓展经营规模，培育新的经济增长点，充分发挥自治区蔬菜批发龙头企业的带动作用，努力把市场打造成西北地区蔬菜批发的绿色市场、文明市场、样板市场，为全面建设小康社会做出应有的贡献。

马力市长视察工作

服务城市
富裕农民
王正伟

王正伟题词

荣誉榜

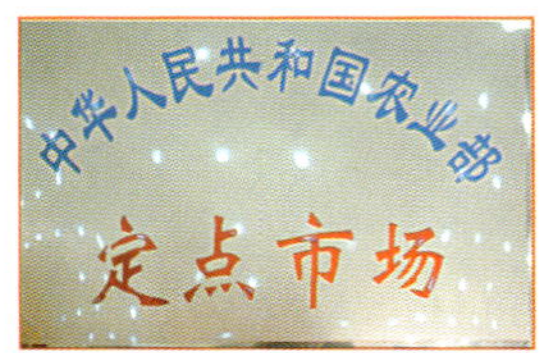

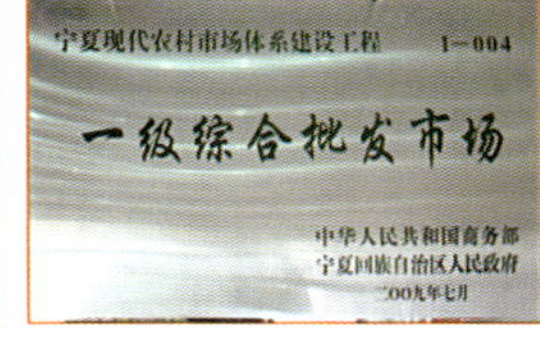

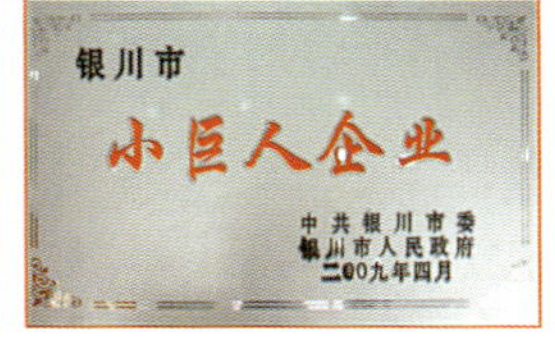

一、企业概况

宁夏宏达羊绒制品有限公司地处美丽的国际精品羊绒之都宁夏灵武市，公司于1995年7月依法注册成立，注册资本3000万元。公司是一家从事生产无毛绒、羊绒纱线及各类针织制品的现代民营股份制企业。具有无毛绒分梳、染色、纺纱及成衣针织到终端销售的一条龙产业化生产体系。经过10余年的努力，公司始终奉行“以诚为本、以质取信”的经营理念，发扬“品质为先，信誉为重，自强不息，厚德载物”的企业精神，开拓创新，奋力拼搏，企业由小到大，由弱到强。目前公司占地面积达30亩，下属销售公司5家，拥有各种专用生产设备200多台/套，职工186人，其中各类技术人员、企业专业管理人员30多人。宁夏宏达羊绒制品有限公司于2009年被评为全国纺织行业500强企业,公司先后荣获“中国羊绒行业百强企业”、“中国成长型中小企业100强”等荣誉及称号。

二、品牌战略

公司于2006年注册并开始使用“帕雪蘭”商标，该商标曾在2008年“3·15”荣获自治区消费者信赖品牌奖；同年12月，被自治区名牌战略推进委员会评为“宁夏名牌”；2009年“3·15”活动荣膺“宁夏名牌”产品；2010年10月份被自治区工商行政管理局评为“宁夏著名商标”。

2009年，是我公司“帕雪蘭”品牌羊绒衫取得辉煌成就的一年，年初“帕雪蘭”品牌羊绒衫经国家纤维检验监督中心检验合格，并授权使用纯天然纤维及纯山羊绒标志（是宁夏第一家使用此标志）；同年8月，该产品参加中国毛针织服装名优精品推荐活动获得2个奖项，圆领提花男套衫获得羊绒及羊绒混纺针织品“精品奖”，花边领女套衫获得羊绒及羊绒混纺针织品“优质产品奖”。

宁夏宏达羊绒制品有限公司以“帕雪蘭”品牌羊绒衫享誉全国，但是公司生产的“灵达”牌羊绒纱线又是公司的一大亮点。2008年，公司投入巨资进行“粗纺羊绒低温染色工艺研究和开发”和“粗纺高支羊绒纱设备工艺技术改造”两个项目工程，目前已经取得圆满成功并正式投入生产。2009年年底，“灵达”牌羊绒纱线被自治区名牌战略推进委员会评为“宁夏名牌”；为满足广大消费者的需求，宁夏宏达羊绒制品有限公司在不断努力探索，提高自主创新能力，加快产品的升级换代。

三、企业荣誉

宁夏宏达羊绒制品有限公司一贯注重产品质量及信誉管理，目前已通过GB/T1991-2000 idtISO9001-2000质量标准体系及GB/T24001—2004/ISO 14001:2004环境管理体系认证，2005年获宁夏银川市最具成长型先进企业；1999-2002年连续获宁夏灵武市先进纳税企业；2005-2010年连续被评为宁夏银行AA++级信用客户、2010年被评为中国农业银行宁夏分行AA+级信用客户、2010年被评为中国建设银行宁夏分行AA+级信用客户；2008年获得全国质量、信用、服务AAA等级企业；2009年荣获全国第一批国家级征信企业称号。2009年12月30日荣获宁夏质量管理将；2010年1月荣获宁夏纺织工业10强企业荣誉称号。

自2008年以来，我公司为扩大销售市场，设立5家销售公司，在全国各大中城市进入商场专柜达40家，羊绒衫销售跨越7省市，远至哈尔滨牡丹江，近至银川。2009年8月，在此基础上，经公司研究决定投资建设宏达羊绒ERP系统项目，从而实现了宁夏宏达羊绒制品有限公司的现代网络化体系。自公司帕雪□系列服装上市以来，为公司今后全面进入服装终端市场奠定了坚实的基础，仅服装产品每年均以25%的增长率在发展，公司整体主营业务收入每年均以21%的增长率快速发展。

目前，公司正致力于管理创新、科技创新，不断深化改革，做精产品，优化服务，提升品牌，以满足客户的需求。愿我们的企业能为地区经济增添色彩，愿我们的产品能永远温暖全世界。

榮譽榜

荣誉证书

授予：

宁夏宏达羊绒制品有限公司

全国质量、信用、服务AAA等级企业称号

特颁此证！

公示证书编号：ZX-06-NX-013

公示信息查询：www.china365315.net

中国企业产品质量协会

二〇〇八年八月

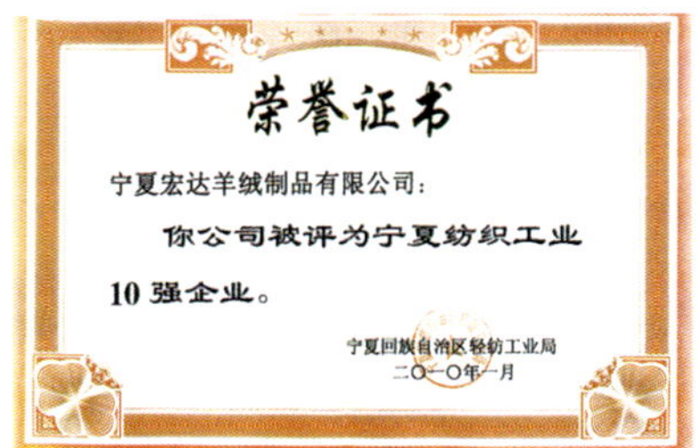

荣誉证书

宁夏宏达羊绒制品有限公司：

你公司被评为宁夏纺织工业10强企业。

宁夏回族自治区轻纺工业局

二〇一〇年一月

证书编号：2008-042

根据宁夏回族自治区名牌战略推进委员会评价结果，特授予宁夏宏达羊绒制品有限公司生产的“帕雪蘭”牌羊绒衫为：

宁夏名牌产品

有效期：二〇〇八年十二月至二〇一三年十二月

宁夏回族自治区名牌战略推进委员会

证书编号：2009-042

根据宁夏回族自治区名牌战略推进委员会评价结果，特授予宁夏宏达羊绒制品有限公司生产的“灵达”牌羊绒纱为：

宁夏名牌产品

有效期：二〇〇九年十二月至二〇一四年十二月

宁夏回族自治区名牌战略推进委员会

第八届宁夏著名商标证书

宁夏宏达羊绒制品有限公司：

你单位“帕雪蘭”商标（注册证号：5768853）被延续认定为第八届宁夏著名商标。

宁夏回族自治区工商行政管理局

二〇一二年九月

证　书

宁夏宏达羊绒制品有限公司：

在中国毛纺织行业协会组织的2010年全国毛针织服装名优精品评审活动中，你单位帕雪蘭牌粗梳26/2公支山羊绒圆领电脑提花男套衫，被评为羊绒及羊绒混纺针织服装“精品奖”。

中国毛纺织行业协会

二零一零年七月

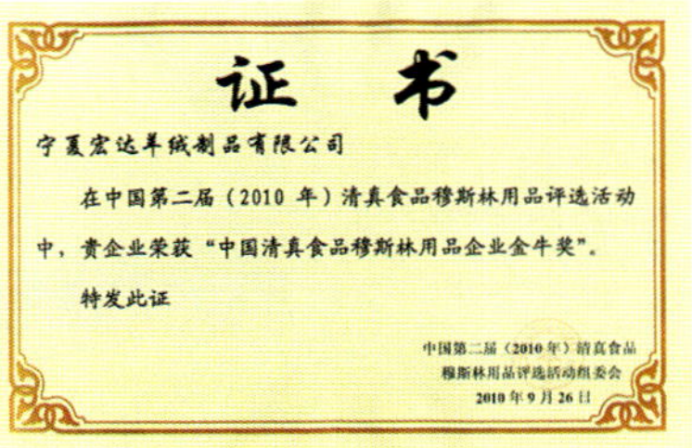

证　书

宁夏宏达羊绒制品有限公司

在中国第二届（2010年）清真食品穆斯林用品评选活动中，贵企业荣获“中国清真食品穆斯林用品企业金牛奖”。

特发此证

中国第二届（2010年）清真食品穆斯林用品评选活动组委会

2010年9月26日

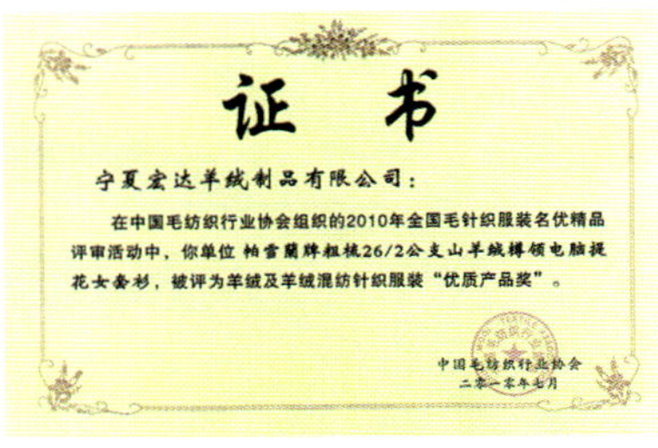

证　书

宁夏宏达羊绒制品有限公司：

在中国毛纺织行业协会组织的2010年全国毛针织服装名优精品评审活动中，你单位帕雪蘭牌粗梳26/2公支山羊绒樽领电脑提花女套衫，被评为羊绒及羊绒混纺针织服装“优质产品奖”。

中国毛纺织行业协会

二零一零年七月

宁夏佳美诺绒业有限公司

NING XIA JIA MEI NUO RONG YE YOU XIAN GONG SI

宁夏佳美诺绒业有限公司（以下简称公司）成立于2007年6月，是一家长期从事各类绒毛收购，加工，销售等为一体的有限责任公司，注册资金为1168万元。其主要经营各类绒毛，纯羊绒制品及其他混纺产品加工，销售，同时亦承接山羊绒、绵羊绒等粗纺加工业务。公司位于银川市德胜工业园区。此外，公司在全国主要的羊绒集散地河北省清河县和同心县羊绒工业园区设有分厂。

公司现拥有生产设备50套，熟练技工50余人，各类专业办公及管理人员10多名。现拥有固定资产800万元，流动资金3000万元人民币，已建立起了辐射周边省区和远至蒙古、中亚等国的羊绒收购网络。公司在土库曼斯坦，吉尔吉斯斯坦，伊朗等国家设有固定的收购网点，每年仅从上述各国就收购羊绒原料500吨以上。公司拥有进出口贸易自主经营权，并与国内外商客保持着紧密友好的业务关系。公司的羊绒产品大多数销往意大利、英国、香港、美国、日本、韩国等国家和地区，与世界上许多羊绒生产企业建立了良好的供销关系。

公司于2008年11月通过了ISO9001：2000质量管理体系认证，2009年4月通过了ISO14001：2004环境管理体系认证，2010年10月通过了OHSAS18000职业健康安全管理体系认证。

公司在政府有关部门的正确领导和大力支持下，本着“信誉第一、质量取胜”的经营方针，以诚信打造企业文化，实施品牌战略，不断拓展新的经营领域，增加产品的高科技含量，以高品质的产品服务于国内外广大客户，现已进入自治区“百家培育，千家成长”企业名单，致力于为民族经济的振兴做出更大的贡献。

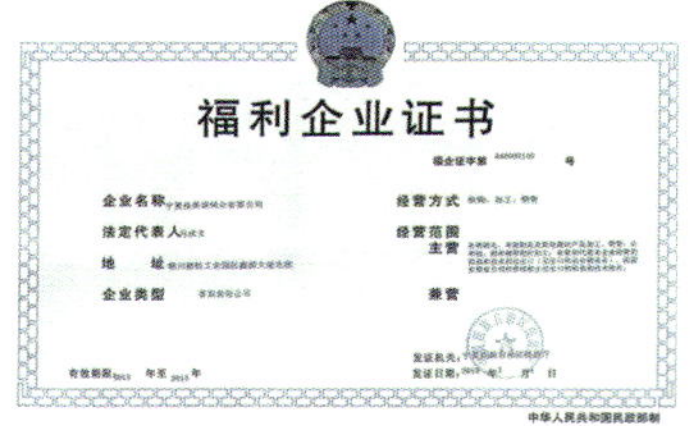

福利企业证书

企业名称

法定代表人

地　　址

企业类型

经营方式

经营范围 主营

兼营

发证机关

发证日期

有效期限 年至 年

中华人民共和国民政部制

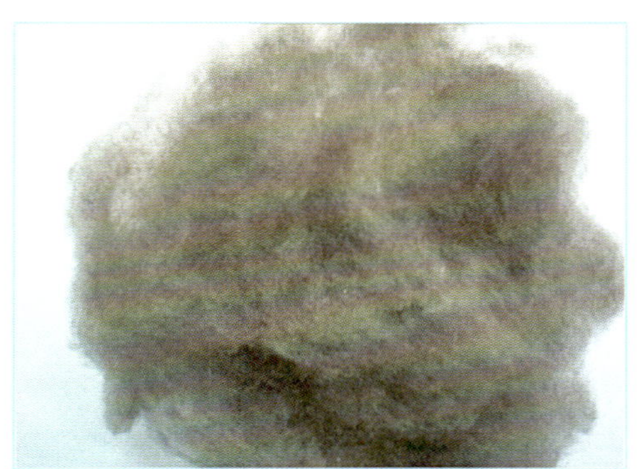

①②

① 产品一
② 产品二

③④

③ 产品三
④ 车间

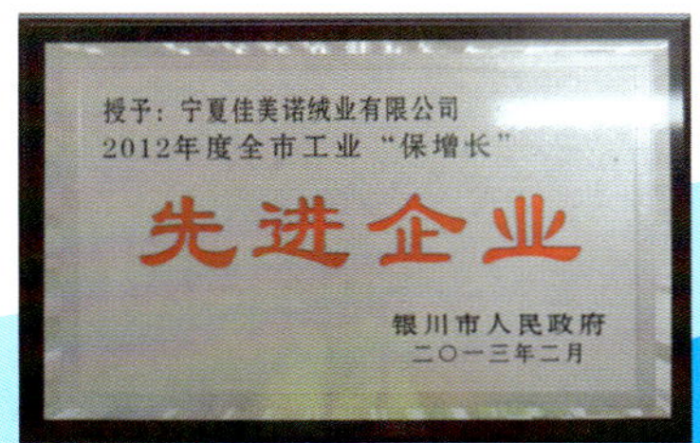

奖给：宁夏佳美诺绒业有限公司

创先进诚信经营争优秀科学管理

杰出企业

宁夏社科联社会组织党委
宁夏企业家协会
二〇一一年六月

宁夏中银绒业股份有限公司

NINGXIAZHONGYINRONGYEGUFENYOUXIANGONGSI

宁夏中银绒业股份有限公司成立于1998年9月，主营羊绒及其制成品的生产及国内外销售，是国内唯一一家专业经营羊绒及其制品的全产品系的上市公司。截止2012年12月，公司总股本7.19亿股，总资产50.5亿元，主营业务收入24.25亿元，利润总额3.23亿元，出口创汇超过1.6亿美元。

公司总部位于中国银川国家级高新技术产业开发区，占地面积404亩，建筑面积11万多平方米，现有员工近3000人。有九个控股及全资子公司，三个分公司。公司主要产品有水洗绒、无毛绒、绒条；羊绒纱线；羊绒衫、羊绒大衣、围巾等制成品。公司拥有“Todd&Duncan”（托德邓肯）、“Brown Allan”（布朗艾伦）、“Philosofie”（菲洛索菲）等多个产品品牌，自主品牌“菲洛索菲”荣获“宁夏名牌产品”和“宁夏著名商标”。

公司现达到年收储羊绒原料5000吨，年产水洗绒3500吨，分梳无毛绒1100吨，羊绒条300吨，粗纺羊绒纱1420吨，精纺羊绒纱线260吨，羊绒衫400万件的生产能力。已建成宁夏山羊绒工程技术研究中心、自治区企业技术中心和山羊绒技术创新战略联盟，公司负责起草的“山羊绒绒条”地方标准通过自治区质量技术监督局的审核，获准发布实施，填补了羊绒条无地方标准和国家标准的空白。公司所生产的羊绒纱线和羊绒制品通过国际环保纺织认证中心Oeko-TexStandard100的认证，通过欧洲“倡议商界遵守社会责任组织（BSCI）”三年期认证。

公司自2004年起已连续九年无毛绒、绒条出口全国第一，羊绒纱线及羊绒制品出口位居全国前三甲；被国家质量监督检验检疫总局核准为国家级“出口工业产品一类生产企业”，是宁夏自治区农业产业化龙头骨干企业和少数民族用品定点生产企业。同时获得中国质量诚信企业、全国就业先进企业、中国清真食品穆斯林用品企业金牛奖、宁夏回族自治区模范集体、自治区稳定出口贡献单位、自治区进出口预警监测企业先进单位、自治区外贸创新发展先进企业、自治区民营企业社会帮扶先进单位、宁夏纺织工业十强企业、宁夏轻纺创新发展先进企业、宁夏百强企业、银川市诚信建设先进企业、银川市劳动关系和谐模范企业等荣誉称号。

公司董事长马生国同志被授予“全国纺织工业劳动模范”、“全国优秀乡镇企业家”、“宁夏十大经济人物”、“宁夏优秀中国特色社会主义事业建设者”、“宁夏回族自治区民族团结进步先进个人”、“建国六十周年为宁夏建设做出突出贡献100位英雄模范人物”、“宁夏慈善突出贡献人物奖”、“宁夏民族团结进步十大模范人物”以及“银川市第二届优秀中国特色社会主义事业建设者”等荣誉称号。

公司地址：宁夏灵武市羊绒工业园区中银大道南侧
邮编：750400　　联系人：杨晓军（办公室主任）
联系电话：0951-4038950 传真：0951-4519290

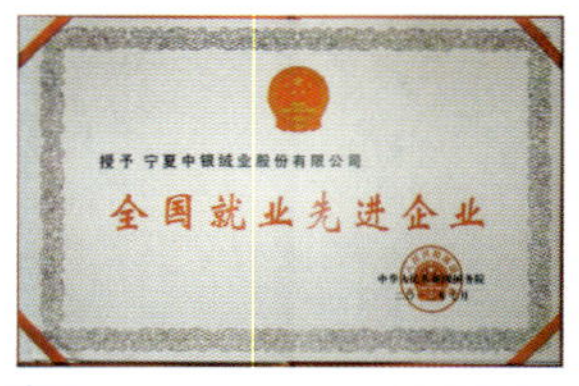

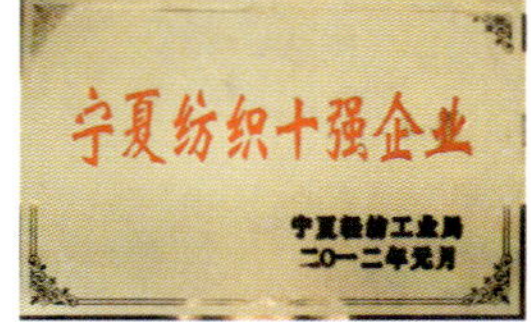

公司厂区

针织厂

荣誉证书

授予：马生国

全国纺织工业劳动模范称号

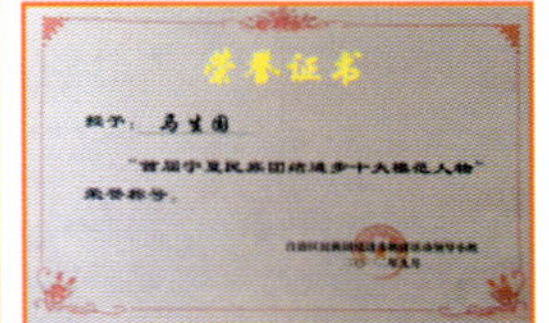

荣誉证书

授予：马生国

"首届宁夏民族团结进步十大模范人物"

荣誉称号。

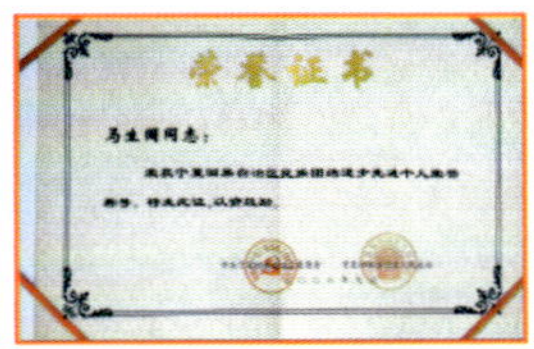

荣誉证书

马生国同志：

称号，特发此证，以资鼓励。

荣誉证书

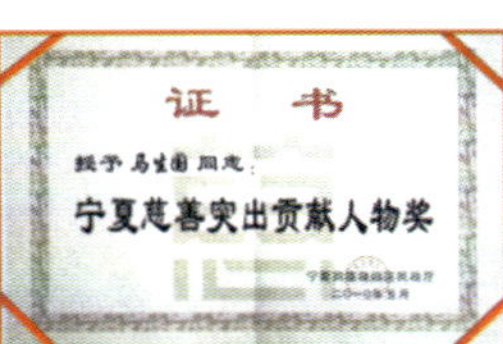

证　书

授予马生国同志：

宁夏慈善突出贡献人物奖

荣誉证书

马生国同志

被评选为"100位为宁夏建设作出突出贡献英雄模范"。

特颁此证

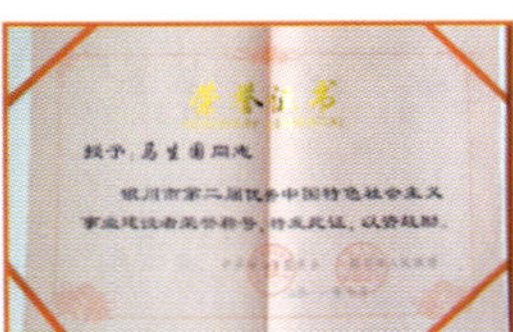

荣誉证书

授予：马生国同志

特发此证，以资鼓励。

宁夏盛源绒业有限公司

NINGXIASHENGYUANRONGYEYOUXIANGONGSI

总经理　周学文

签约仪式

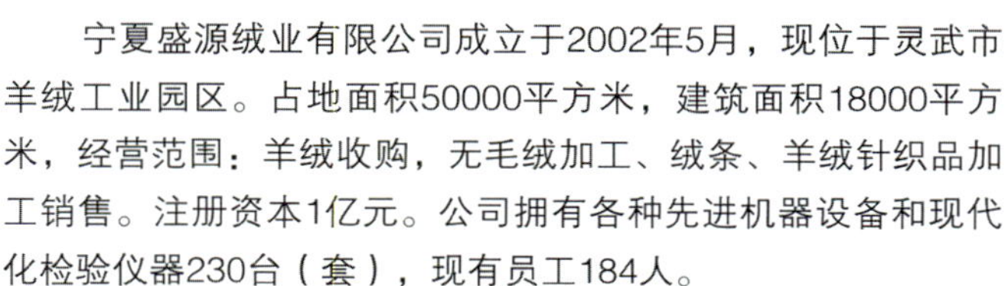

宁夏盛源绒业有限公司成立于2002年5月，现位于灵武市羊绒工业园区。占地面积50000平方米，建筑面积18000平方米，经营范围：羊绒收购，无毛绒加工、绒条、羊绒针织品加工销售。注册资本1亿元。公司拥有各种先进机器设备和现代化检验仪器230台（套），现有员工184人。

2012年资产合计33401万元,销售收入35815万元,税金总额115万元，利润总额2382万元，固定资产11221万元。公司现已发展成为灵武市绒毛加工及民族制品的龙头企业。公司经过几年的努力已通过了IS09001质量管理体系认证、IS014001环境体系管理认证、中国质量环保产品认证和18001职业健康安全管理体系认证。近几年公司被宁夏银行吴忠支行、农行灵武支行分别评为“A+”级信用企业等级称号。

公司具有原绒分拣、过轮、洗绒、精梳、绒条、针织、检验、打包一条龙的加工生产流程和国内最先进的分梳机、绒条机、针织机、电脑横编机等加工设备。公司已成为全区民营企业创汇大户，荣获自治区30户非公有制工业骨干企业、中国纺织服装企业竞争力500强、中国羊绒行业百强企业、宁夏纺织工业10强企业、银川市“小巨人”企业、全国少数民族定点企业、银川市农业产业化龙头企业、宁夏轻纺工业50户重点企业、宁夏农业产业化龙头企业及农产品加工业自治区级诚信企业和全国少数民族特需商品定点生产企业等荣誉称号。

企业具有自主经营出口资质，产品出口国家和地区主要有英国、意大利、美国、日本和香港。近3年出口创汇情况是：2010年出口创汇941万美元、2011年出口创汇650万美元、2012年出口创汇489万美元。出口产品重点是白山羊无毛绒、绒条、以少数民族服饰为主的羊绒针织品（羊绒衫、羊绒裤、羊绒围巾、羊绒盖头、马夹、礼拜毯）。

公司坚持“以经济效益为中心、以创新求发展”的战略方针，“内强素质，外树形象”，依托本地和周边绒毛资源优势，以科学的发展观培育发展市场，有效的防范了市场风险。不断引进新装备、新工艺、新技术，形成了产品开发的连续性，增强了市场的竞争力。公司生产的无毛绒、绒条、羊绒针织品，经过严格的出厂质量检验，均达到了国家商检局和客户要求的质量规格标准，品质始终处于国内先进水平。

珍惜荣誉 再创辉煌

先进基层党组织

红旗党组织
二〇〇八年六月

全国少数民族特需商品
定点生产企业
国家民委 财政部 中国人民银行

级信用企业

先进基层党组织

竞争力500强
中国纺织工业协会
二〇一〇年九月

授予：宁夏盛源绒业有限公司
农业产业化龙头企业
银川市人民政府
二〇〇九年十一月

宁夏纺织工业
十强企业

中国羊绒行业百强企业

信用等级证书
你单位2010年度信用等级为AAA级，有效期壹年。

荣誉证书
宁夏盛源绒业有限公司：
你公司被评为宁夏纺织工业10强企业。
二〇一〇年一月

荣誉证书
宁夏盛源绒业有限公司
在中国羊绒羊毛行业表彰先进评选活动中，被评为中国羊绒行业百强企业。
特颁此证

证书
授予：宁夏盛源绒业有限公司"盛鑫绒"
宁夏特色品牌

质量管理体系认证证书

QUALITY SYSTEM CERTIFICATE

职业健康安全管理体系认证证书

OCCUPATIONAL HEALTH AND SAFETY MANAGEMENT SYSTEM CERTIFICATE

ISO14001 认证证书

ISO14001 CERTIFICATE

中国质量环保产品认证证书

ENVIRONMENTAL LABEL CERTIFICATE

质量管理体系认证证书

质量管理体系认证证书

国家工商行政管理总局商标局
盛鑫绒

国家工商行政管理总局商标局

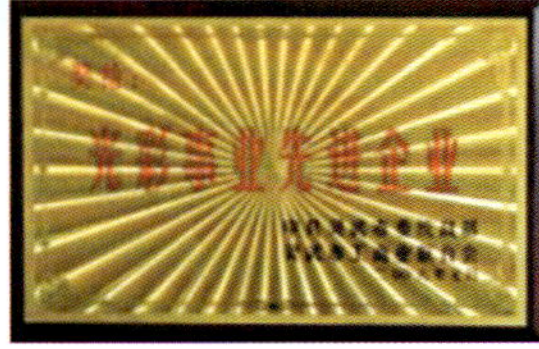

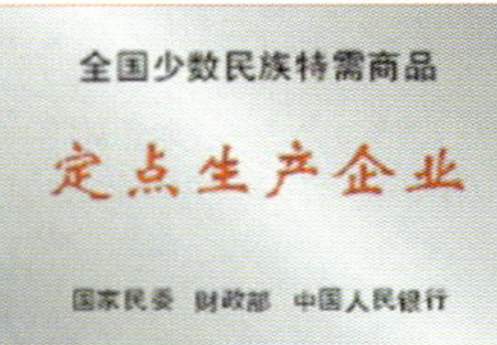

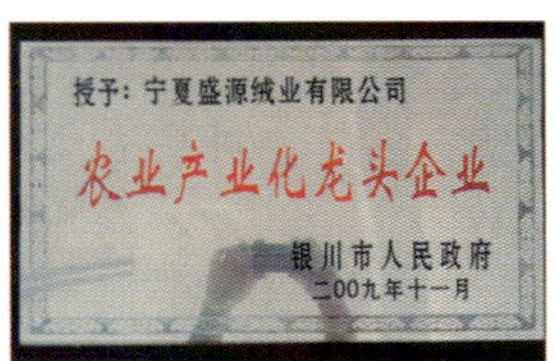

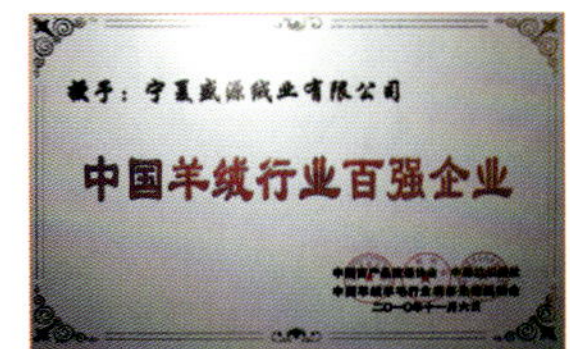

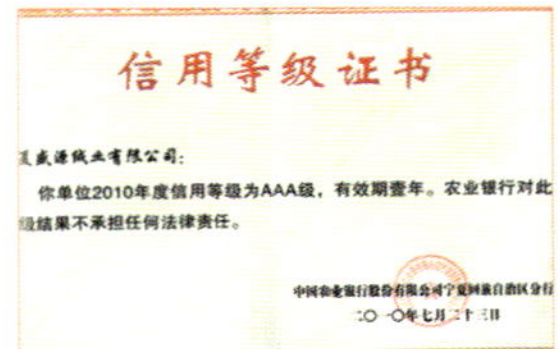

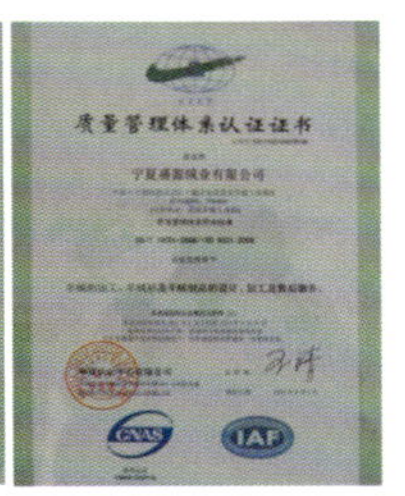

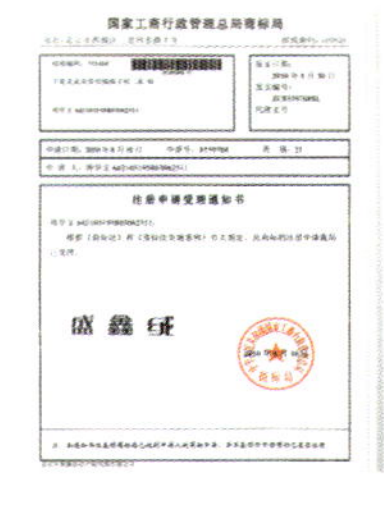

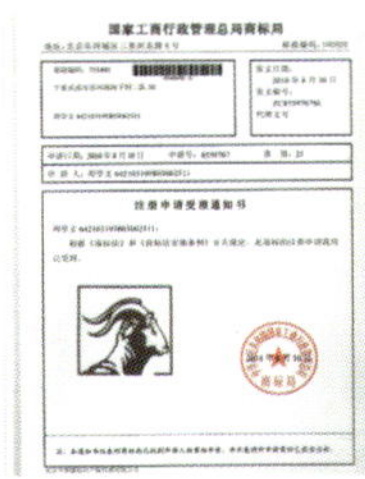

宁夏成丰工贸有限公司

ningxiachengfenggongmaoyouxiangongsi

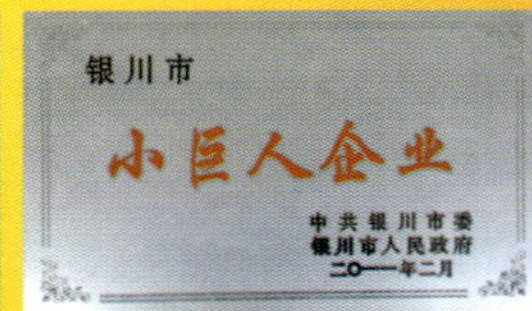

宁夏成丰工贸有限公司成立于2001年，企业注册资本金1500万元,位于宁夏灵武市羊绒产业园区占地面积58.27亩，建筑面积13000平方米。截止2012年底企业资产总额11070万元，实现销售收入9220万元。

公司现有员工156人，大专以上学历员工占员工总数的31%，主要管理人员14人，全部为大专以上文化程度，占企业人数的9%；科技人员47人，全部为大学以上文化程度，占企业人数的30.1%；市场开发人员17人，占企业人数的10.8%，全部为高等职业技术学校毕业生。

公司拥有自营出口权，2006年注册了自有知识产权NIN BAO商标。主要经营土畜产品、服装服饰、皮草、床上用品的加工及销售；羊绒原料的收购、加工及销售；无毛绒、毛条、羊绒衫的生产、加工及销售。

公司多次被银川市政府及灵武市政府命名为“优秀民营企业”、“光彩之星”、“模范企业”等。诚信是企业一直坚守的根本，2002年至2009年被银川市人民政府，评为“守合同重信用”先进单位，2004年至2007年被灵武市消费者协会，评为全市“诚信单位”，2004年至2011年被宁夏银行审核评定为“AA++级信用企业”，连续5年度获得“中小企业成长之星”称号，并被政府作为重点进行扶持，2009年8月获得“中国穆斯林企业百强”称号，2010年被全国畜产品协会，评为“AA+级信誉单位”，2011年被宁夏品牌协会，评为“宁夏特色品牌”和“宁夏最具成长力品牌”。

公司充分利用宁夏在世界上特有的资源宁夏滩羊毛皮，生产加工各种规格的皮褥子，毛革两面用皮张、大衣、时装皮草、各种皮毛工艺品、装饰品、披肩、围巾、服饰及床上用品等，共有四大系列60多个品种的产品，做工精细，用料精良，生产的产品质量稳定。使用进口环保化料，能加工一毛双色、一毛三色，染色、渐变色、幻彩、扎染、印花、草上霜白等到二百多个花色品种，美观实用，投放市场以后受到用户好评。

在此基础上公司新建鞣制车间，染色整理车间、裁剪加工车间等生产车间和检验、仓库等辅助用房13800平方米，引进国内先进的皮毛干洗机、自动裁剪机、PDM数据管理系统等设备管理软件，使用国外最新型的皮毛鞣制剂，引用生态清洁生产工艺。项目建成后解决就业360人，带动当地农牧民增收，促进宁夏滩羊产业发展。

光荣与梦想

——宁夏嘉源绒业集团董事长杨立功的传奇人生

黄河脉脉温情地流淌着，古老而隽永的回乡大地焕发出别样的生机。在这块充满光荣与梦想的土地上，从来都不缺少传奇。

当市场经济的大潮涌动在亘古的塞上，多少弄潮儿翻腾起滚滚的浪花？当“民族的，就是世界的”呼声响彻云霄的时候，又有多少卓越的回族儿女在世界的舞台上展现出时代的风采？当“为世界编织梦想”的宏愿扎根在一个集体的心中，你能想象他们将开创怎样的宏图伟业？

在嘉源集团“宁夏羊绒研究院”的大门入口处，就有这样动人的一幕：一边是那句气势磅礴的宣言、一边是一幅巨大的世界地图；塑造这个场景的正是“全国羊绒行业十大领军人物”——宁夏嘉源绒业集团有限公司董事长杨立功。

初涉绒海不如意历经考验方得志

上世纪70年代末80年代初，改革开放的春风刚刚吹进西北大地，活跃在古灵州城的小商小贩们开始倒腾起了一种珍贵而稀缺的纺织行业“新”原料——羊绒。说它“新”，其实它一点也不新，第一批英国产业工人在熟稔了棉花这种材料后就试图规模化使用过这种原料；在中国纺织行业史上，这种原料甚至出现得更早。初刊于明朝晚期、被誉为“中国17世纪的工艺百科全书”的《天工开物》（1637年）中就有关于“羊绒”如何提取、做衣的记载。可是对于灵州城里的那些商人，还真是初次听说这种东西。

像大多数刚刚脱离了土地的农业商人一样，1985年的杨立功还没有名片，他的职业是一名走村串巷的“羊绒贩子”。也像大多数羊绒贩子一样，那时的杨立功对羊绒的认识还仅仅停留在“吃个过水面，挣点零花钱”，但是他靠着一股钻研、认真的精神很快成长为一个行家里手，短短两三年时间他就赚了几十万，在羊绒界小有名气。正当他甩开膀子大干一场的进候，赶上了八十年代后期的羊绒大战，一桩羊绒掺沙子的大买卖非但没让他赚上钱，反而背上了一百多万元的血债。沉重的债务使他走到了人生的最低谷，要债的人成群结队、络绎不绝。

初涉羊绒的不如意曾一度几乎摧毁了他坚强的心灵。在近两年的沉默之后，内心深处那份不服输、敢担当的精神渐渐复苏，他又重新找到了生活的勇气：从哪里跌倒就从哪里站起来。人活着不能没有责任心，欠的债一个都不能赖，哪怕活到八十岁也要还掉乡亲的帐，不能背着骂名进坟墓。正是在这样一种信念和责任的支撑下，他重新进入羊绒商海。

成功后的杨立功也许应该感谢这段经历，当他失去了“小有所成”的荣耀，在人生的谷底伏砺前行的时候，重新赋予他力量的正是心中不灭的梦想；这份永恒的梦想奠定了他生命的底色。

调整思路做产业规模效应显威力

重新投入羊绒行业，杨立功走得更加踏实。

1995年，一次偶然的机会他得到一条信息，无毛绒的价格要高于原绒的数倍，为此他度过了无数个不眠之夜。通过对比算账，研究分析证明了这条信息的可靠程度。决心已下，就要付诸行动，要开一家梳绒厂，面对的困难太多太多，在一道道难关闯过之后，杨立功终于如愿以偿，有了自己的工厂——宁夏嘉源绒业有限公司。从此，他的生意路子越走越宽阔，短短几年功夫，在他的带领和影响下不但公司得到了长足发展，而且还带动了一批有识之士在灵武建起了不同规模的梳绒厂达七、八家。全市无毛绒加工销售在西北乃至全国都有很大影响，产品畅销国内外，尤其是在国际市场声誉日高。

正在快马加鞭、奋力前行的杨立功可能都没有来得及细想，正是自己和广大同行的不懈努力，使得在灵武这片水草丰美的土地上诞生了一个发展潜力巨大的新型产业，为发展地方经济和出口创汇创出了一条新路。

然而正当其他同行都在为取得的成绩沾沾自喜的时候，杨立功敏锐地察觉到这种初级加工方式的局限性。要想在国际市场上赢得更多话语权，就必须提高产品的附加价值，进行原绒的精深加工。于是接连几年，通过合资、融资等多种渠道，杨立功迅速建立了从原绒分梳到绒条、纺纱、染色到围巾面料、针织生产的一整条产业链。这就是迄今为止世界上产业链最完整、最集中的宁夏嘉源绒业集团有限公司。

通过完善的产业链协作，嘉源集团的规模效应逐渐显现出巨大的市场威力。多产品线共同发力，在国际市场上创造了一年销售近十亿元的“嘉源奇迹”。

创建品牌是长策百年嘉源靠文化

如果说仅靠销售额去衡量一个企业的发展能力还有偏颇的话，嘉源集团接下来的动作绝对不辱“嘉源奇迹”这四个字。

2005年，当竞争对手纷纷上马各种产品线、展开全产业链竞争的时候，嘉源集团又快人一步，抢先注册了“绒典”“绒意”商标，开始向价值链最前沿集中企业资源。众所周知，自主品牌是一个生产型企业最终极的梦想；对于杨立功来说，经过十年的绒海拼搏，已经积累了足够的经验来应对种种挑战，是时候向着终极梦想冲刺了。

嘉源集团的冲刺信心十足，他们聘请专业的营销人员，在梳理企业愿景环节就已经定下了“为世界编织梦想”的战略规划，这也成为嘉源从此以后深深印刻在每位嘉源职工心头的的企业标语。当个人梦想凝聚成集体价值观的时候，嘉源集团仅仅用了五年时间就将“绒典”打造成了“中国驰名商标”，而这是其他企业需要十年甚至更长时间才能获得的荣誉。

“嘉源奇迹”还远不止于此。2010年底，嘉源集团决定进军奢侈品服装领域；2011年3月，从德国引进的“CY”女装品牌旗舰店开业盛典在北京银泰中心启幕，开业当天即实现日销售额80万元。成熟的高端品牌管理理念、独具特色的运作模式成为嘉源集团品牌建设的两大法宝。

这一切似乎都与那句“为世界编织梦想”息息相关，它也是嘉源文化最直观的体现。“打造百年文化嘉源”是嘉源集团刚刚提出的又一目标，透过这个目标我们能看到嘉源集团董事长杨立功的眼光、胸怀与气魄吗？或者，这是他又一个内心的“梦想”？

当南非的客户带着手绘的样衣找到嘉源集团围巾面料厂的工艺技术人员寻求帮助，当意大利米兰古老的手工作坊开始为“绒典”品牌的羊绒衫打造纯手工的工艺纽扣配饰，当德国巴伐利亚地区低调而奢华的品牌将旗舰店开在中国首都的高端商业区，我们在感叹世事如此奇妙的同时也不禁为宁夏企业家在世界舞台上的长袖善舞而折服。这也使我们更加相信：在这片黄河水浸润的土地上，每天都在上演着跌宕起伏的故事，每个故事都是一个传奇，每个传奇都在彰显着一份特殊的光荣。

这份光荣只属于那些有梦想的人。

宁夏平顺源清真食品有限公司

NINGXIAPINGSHUNYUANQINGZHENSHIPINYOUXIANGONGSI

董事长　顾忠

宁夏平顺源清真食品有限公司，位于灵武市西郊，1997年注册，是灵武市具有“清真食品”生产经营资格的生产加工型法人企业，占地面积12187㎡，建筑面积5200㎡，是自治区农业产业化重点龙头企业之一。现有员工176名，其中回族员工90人，管理人员20名，专业技术人员22名。

主导产品有“平顺源”牌清真牛、羊肉速冻水饺、鲜食糯玉米、粽子、南瓜饼、馄饨、汤圆等52个品种，专门聘请清真食品监督员，定期对产品进行监督，以优质的产品和良好的诚信赢得了社会的认可，从未发生过产品质量问题。通过多年的实践，公司总结创建了“用质量赢信誉、用信誉赢顾客、用顾客赢效益、用效益促发展、以科技为先导”的“平顺源”发展链。2012年资产总额达8055万元，其中固定资产5387万元。营业收入达到7295万元，比去年增长20.3%，突破了7000万元大关，实现了20%的增长率。连续6次被评为自治区农业产业化优秀（重点）龙头企业，“平顺源”牌糯玉米荣获2012年度宁夏名特优农产品评选活动“优质农产品奖”。产品不仅远销北京、上海、杭州、广州、深圳、西安、兰州、成都等全国大中城市，还与香港华润万家签订了有机糯玉米销售合同，成功在香港上市，共计销售34吨，是我区香糯玉米第一次出口，也是我区清真预包装食品首次出口，填补了我区该项工作的空白。

经过多年的艰苦创业不断发展，持之以恒的抓产品质量，良好的信誉和诚信，以速冻食品和糯玉米为主的主导产品，得到了快速发展，达到了一定的生产规模，起到了龙头企业的带动作用，被农业部门推荐申报为银川市和自治区做大做强龙头企业之一。在市民族宗教局、工业和商务局的全力支持下，公司再次被国家定为“十二五”期间民品民贸定点生产企业。先后被评为2010-2011年度国家级“守合同重信用企业”、全区中小企业50强、全区“民族团结进步创建活动模范单位”。被中共银川市工业和信息化工作委员会授予“企业文化建设优秀单位”；被银川市妇联授予“巾帼文明岗”、“自治区农村妇女岗位建功先进集体”、“感恩伟大的党、回报银川人民”文艺汇演一等奖；被市工业和商务局党委评为“先进基层党组织”，被银川市工信党工委授予“活力和谐‘先锋工程’企业；被自治区团委评为“青年文明号”。

顾忠同志担任宁夏平顺源清真食品有限公司董事长、总经理期间，取得了很好的业绩，多次获得区、市级荣誉奖励。2012年1月，被评为灵武市2011年度“环保先进工作者”；2012年2月，被宁夏民贸民品清真产品企业协会授予贡献奖；2013年1月，被评为灵武市2012年度农业工作先进个人；2013年5月，荣获银川市五一劳动奖章。

国家级守合同重信誉

区、市领导观摩团考察我司有机玉米种植基地

水饺车间

中阿经贸论坛会——泰国观摩图

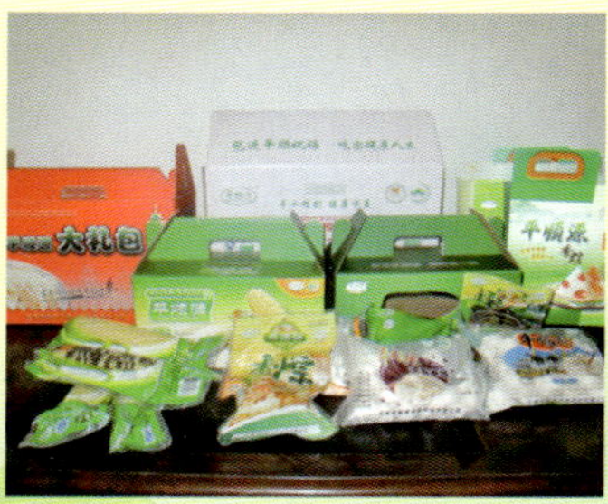

产品

丰富多彩文化生活

宁夏四季鲜农产品综合批发市场

ningxiasijixiannongchanpinzonghepifashichang

董事长　唐旭峰

宁夏四季鲜农产品综合批发市场始建于2010年4月，占地面积720亩，建筑面积48万平方米。由宁夏四季鲜置业有限责任公司投资建设，并于2011年8月成立了宁夏四季鲜果品蔬菜批发市场有限公司负责运营管理。公司组织机构健全，管理制度完善，现有各类管理、技术人员130余人。市场位于宁夏首府银川南郊的银川市望远物流园，距银川市新南门汽车站1公里，东靠京藏高速公路，南邻兰花花国际大酒店，西至109国道，距银川市南绕城高速望远出口约600米，区位优势明显，交通十分便利。市场规划建设有水果交易区、蔬菜交易区、地产菜交易区、干坚果炒货交易区、水产品交易区、粮油调味品交易区、清真综合交易区、非清真综合交易区、烟酒副食百货区、冷链仓储区和商务服务区十一个业态经营区，并配套建设有信息中心、农产品质量检测中心和电子结算中心。

作为大型现代化的农产品综合批发市场为了在激烈的竞争中占有一席之地，为了贯彻落实国家提出的开展鲜活农产品流通创新的目标，广泛应用现代交易技术、方式和模式，建立完善的电子结算和信息服务系统，农产品质量安全检验检测系统，提高管理运营水平。市场投入1300余万元建立了市场信息化系统，系统分为三大平台十四个子系统，涵盖了市场业务运行平台中的电子结算系统、电子监控系统、车辆管理系统、全场广播系统、综合管理系统、电子商务系统、物流配送系统、远程视频会议系统；信息采集发布平台中的数据交换系统、LED显示屏与触摸屏信息采集发布系统、市场门户网站信息采集发布系统；信息基础平台中的核心数据处理系统、计算机网络及硬件系统、网络管理及安全系统。信息化系统的建立和投入使用，实现了市场管理运营的规范化，提高了工作效率，真正构建起现代化农产品批发市场管理的新模式。

市场的快速发展，得到了各级政府的高度重视，市场规模不断扩大，市场功能日趋完善，运营水平稳步提高，辐射带动能力日益增强，呈现出市场商户稳定，交易量及交易额稳步上升的良好运营态势。已成为“南菜北运”、“产销对接”、“农批对接”、“肉菜追溯体系建设”等国家产业政策贯彻和实施的重要主体，是宁夏地区加快鲜活农产品流通创新，减少流通环节，降低流通成本，提高流通效率的重要平台，也是示范带动当地农产品生产流通向标准化、规范化、品牌化发展，完善农产品流通增值服务体系建设的积极实践环节。

展望未来，宁夏四季鲜农产品综合批发市场将依托先进的物流设施、现代化的信息系统优势加强与国际、国内农产品批发市场、物流企业、农民专业合作组织、农产品生产基地的对接，大力发展电子商务、农产品加工和连锁配送，实施品牌化、集团化经营战略，不断拓展农产品产、供、销产业链，10年内实现年销售收入100亿元。成为宁夏地区农产品物流体系建设的领跑者、助农增收的带动者，为调节供需，稳定价格，改善民生，做出应有的贡献。

交易图片

市场鸟瞰图新

四季鲜最新业态分布图

银川市口腔医院

YINCHUANSHIKOUQIANGYIYUAN

马力市长、李卫东副市长到银川市口腔医院迁建工地现场办公

副厅长田丰年率队对2013年自治区民生工程进行督导检查

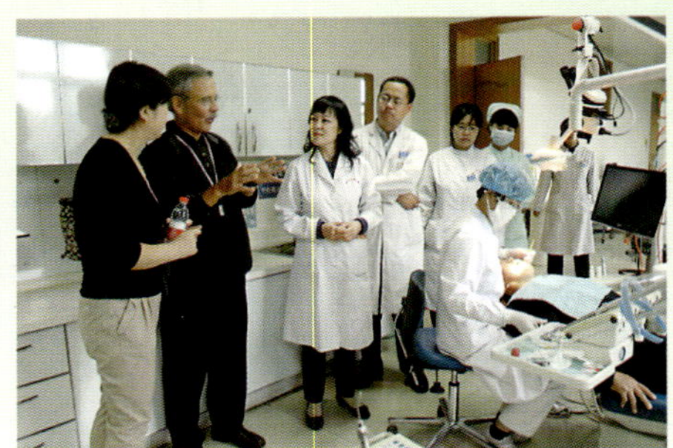

美国宾夕法尼亚大学罗伯特·考利教授来银访问并对我区口腔公共卫生工作进行指导

银川市口腔医院位于银川市解放东街85号，是自治区唯一一所集口腔医疗、教学、科研为一体的现代化综合性口腔医院。在口腔及颌面部疾病的临床诊断、治疗、科学研究方面居区内领先水平，其中诸多技术已达到国内先进水平。医院开设有10个口腔临床医疗特色科室。为二级甲等医院和医疗保险定点医院、兰州大学定点教学单位、宁夏医科大学定点教学医院。

医院有中国医师协会口腔医师分会全国委员会委员1人，中华口腔医学会老年病专业委员会委员1名，中华预防医学会口腔保健事业委员会委员1名，中华口腔医学会颌面放射委员会委员1人，全国护理协会理事1人，自治区“313”人才2人，银川市优秀专业技术拔尖人才1人，银川市科技明星1名，国家专利一项。

医院先后被评为全国“明明白白看病百姓放心医院”，全国“医疗优质高效百姓放心医院”。医院还荣获由国家民政部颁发的“中华慈善奖”。获得了银川市文明单位、银川市治安安全单位、银川市卫生达标单位、银川市绿化达标单位、银川市节水型单位、银川市“五创”工作先进集体及由银川市总工会颁发的先进职工之家和三星级职代会及“安康杯”先进集体称号。医院的修复科、颌面外科荣获自治区“青年文明号”，牙体科荣获市级“青年文明号”和“巾帼文明岗”。

银川市口腔医院迁建项目效果图

获第四届全国医院（卫生）文化建设先进单位

自治区首批四个区级医学优势专科—口腔种植顺利通过专家评审验收

高军院长被国际牙医师学会授予中国区院士称号照

聘任国内著名口腔医学专家孙正教授为“自治区特聘专家”

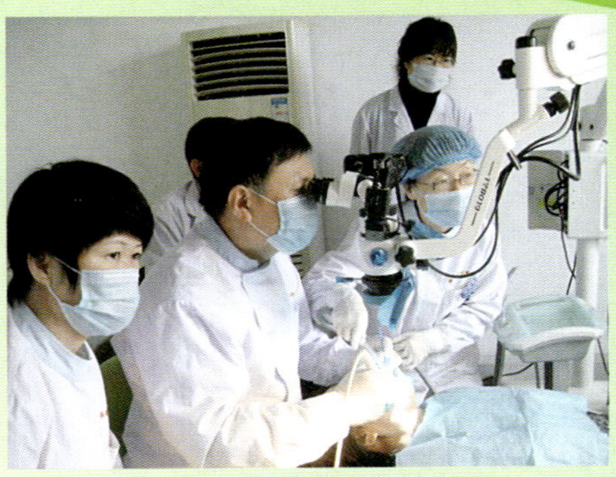

显微根管技术治疗疑难复杂病例

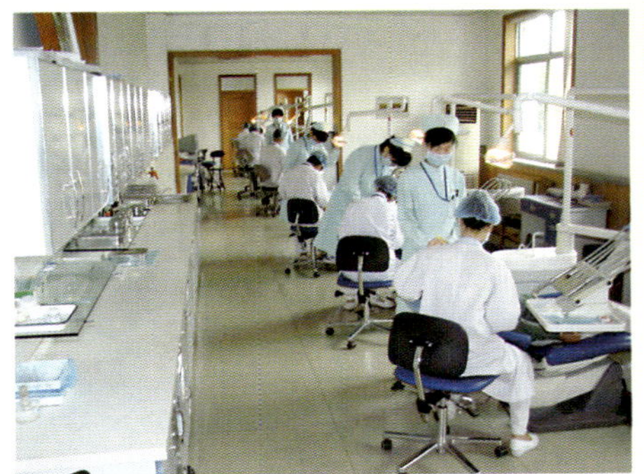

临床工作场景

开展民族团结月“敬老爱老”口福行动

2013年民生工程健康教育讲座

银川市为民办实事“为1万名少年儿童窝沟封闭”项目启动仪式

组织党员定期下乡进行义诊活动

积极组织党员赴女子监狱为服刑人员口腔健康讲座及检查

参加首届全球华人口腔医学大会，为大会带去精彩表演

与首都医科大学附属北京口腔医院建立协作关系

迅速崛起的塞上名校

银川唐徕回民中学

开展“数学与物理方法的整合”跨学科协同教研活动，提高课堂教学质量

我校获北京大学2013年“中学校长实名推荐制”资格

赴太阳山参观风力和光伏发电，了解清洁能源

开展暑期综合社会实践活动，培养实践能力

银川唐徕回民中学，坐落在古老而美丽的唐徕渠畔，始建于1990年8月，是一所公立完全中学，也是宁夏回族自治区普通高中首批八所示范学校之一，是自治区、银川市民族教育的窗口学校。2009年初中部与原银川市二十二中整合后，初中部搬到了原银川市二十二中，高中部留在了校本部。目前，两校区占地144亩，教职工340人，教学班95个，学生5800多人（高中部教学班35个，学生2200；初中部教学班60个，学生3600人）。

2012年度，学校高度重视基层党建和教师队伍建设工作，加强教学改革，让课堂充满活力，加强课堂教学管理，切实提高教学质量，开展未成年人思想道德建设工作，取得了可喜成绩：

学校获国家级表彰奖励3项，自治区级表彰奖励8项，市级表彰奖励8项。其中主要有：全国优秀文学校园，全国中学生沙滩排球锦标赛女子高中组第五名，“国培计划（2011）”-中西部项目、幼师国培项目先进集体，全区五四红旗团支部，全区沙滩排球锦标赛高中男子组第一名，银川市第四届青少年“诵中华经典做儒雅少年”古诗文诵读大赛高中组一等奖、初中组二等奖，2011年度银川市教育系统目标责任管理考核先进单位，银川市首届青少年多米诺骨牌比赛最佳创新奖等。

2012年高考，有1名学生的成绩排在全区理科第七名，有2名学生的成绩分别排在全区文科第七名、第十一名，这三名同学都被北京大学录取；一本上线率达49.3%，二本上线率达80.2%，再创历史新高。2012年中考，总分600分以上的学生近300人，占银川市（包括所有民办初中）600分以上总人数的九分之一，单科状元63人次，为全市公办初中第一。

在各类学科竞赛和比赛中，高中部有90人次获国家级奖励，56人次获自治区级奖励，其中有1名学生在全国数学联赛（宁夏赛区）中获得全区第一名，也是全区历年来该赛取得的最好成绩。在第27届全国青少年科技创新大赛中，有4名同学荣获全国二等奖，其中有1名学生荣获自治区主席奖。初中部有24人次获国家级奖励，75人次获自治区级奖励。

之所以能够取得以上好成绩，是学校历来非常重视教师专业发展和师德师风建设，打造学习型学校，先后涌现出了一大批敬业、爱生、博学和富有创新精神的优秀教师：特级教师10人，高级教师106人，硕士研究生15人，取得教育学硕士研究生结业证的146人；国家级骨干校长2名，国家级骨干教师2名，自治区级骨干教师23名，银川市骨干教师18名，县区级骨干教师39名；获全国“苏步青数学教育奖”的教师2名，国家数学奥林匹克高级教练员6名；享受国务院特殊津贴的教师4名，享受自治区特殊津贴的教师3名；“全国模范教师”1名，“全国先进工作者”1名，“全国优秀班主任”2名，获得全国第六届“十杰中小学青年教师”提名奖的教师1名；全国、自治区级师德标兵各1名，全国民族教育先进个人1名，自治区313人才2名，银川市拔尖人才1名。

目前，高中部拥有完善的教学设施、一流的教学设备、一流的师资队伍和广阔的发展空间，为在校高中学生的快乐学习和健康成长提供了前所未有的优越条件。2013年6月，经银川市政府常务会议研究，决定成立“银川唐徕回民中学发展共同体”。成员有东校区、西校区、南校区和宝湖校区。一校四区，属全日制公办完全中学，实行集团化管理。统一调配师资，统一设施装备，统一教学管理，统一考核奖惩。加强对干部队伍和教师队伍的建设力度，干部、教师统一管理、合理流动。倾力打造银川唐徕回民中学升级版，成为一流的学校发展共同体。

银川市建设局

YINCHUANSHIJIANSHEJU

2013年6月5日自治区领导视察重点工程

2013年5月14日自治区建设厅张厅长调研重点工程

2013年徐广国书记视察道路畅通工程

2013年2月5日银川市市长马力视察新华西街跨唐徕渠桥工程

2012年，在市委、市政府的正确领导下，建设行业上下凝心聚力、奋力攻坚，以实施“六大工程”和城市建设百日大会战为抓手，较好地完成了市委、市政府安排部署的各项建设任务，开创了城市建设“银川速度”，有力地推动银川市城市建设发展再上新台阶。

全年实施基础设施建设项目48个，组织开工建设了一大批涉及长远发展、事关民生的重大项目，完成投资12.5亿元，为近三年来最高。重点完成了友爱中心路、六盘山路等34条城市主次干道新建续建和康居保障性住房周边配套设施建设任务，进一步完善了城市路网结构。建设完成城市快速公交（BRT）一号线，改造10条小街巷，安装11条老旧街巷路灯，实施5条特色街区亮化美化，加快实施国内首创全封闭自行车站亭建设任务，开展市政基础设施集中整治活动，全力实施道路畅通工程，顺利完成了南薰路、永安巷等拓宽改造，进一步方便和服务民生。实施金凤区城市防汛排涝应急通道、泵站改造等项目建设任务，进一步完善了城市防汛体系，经受住

锻造银川作风　开创银川速度